원큐패스

QPASS

ISMS-P
인증심사원 자격검정
실전모의고사

KB194529

다락원

Q PASS 는 '원큐에 패스'
즉, **한 번에 합격**을 뜻합니다.

Q PASS

ISMS-P 인증심사원 자격검정
실전모의고사

지은이 김창중·한종빈·강용훈·오명선·오세현·김웅·박창만
　　　　서은주·민경수·권승만·박예슬·정진애·이승훈·윤상호
펴낸이 정규도
펴낸곳 (주)다락원

초판 1쇄 발행 2022년 4월 15일
개정3판 1쇄 발행 2025년 3월 15일

기획 권혁주, 김태광
편집 이후춘, 한채윤, 윤성미

디자인 정현석, 김희정

다락원 경기도 파주시 문발로 211
내용문의: (02)736-2031 내선 296
구입문의: (02)736-2031 내선 250~252
Fax: (02)732-2037
출판등록 1977년 9월 16일 제406-2008-000007호

ISBN 978-89-277-7473-0 13000

● 원큐패스 카페(http://cafe.naver.com/1qpass)를 방문하시면 각종 시험에 관한 최신 정보와
　자료를 얻을 수 있습니다.

안녕하세요. [ISMS-P 인증심사원 자격검정 실전모의고사] 저자 김창중입니다.

필자는 2019년에 ISMS-P 교재를 처음 집필하고, 매년 모의고사 문제집을 출간하게 되었습니다. 이번에 모의고사 문제집을 출간하는 목적은 어려운 ISMS-P 시험에 효과적으로 대응하기 위함입니다.
ISMS-P 심사원이 되고 싶은 간절함이 있으나, 시험의 본질에 대한 이해가 부족하여 실전에서 제 기량을 발휘하지 못하고, 아쉽게 탈락하는 분을 보면 가슴이 아픕니다.
ISMS-P 문제는 답이 100% 명확하지 않은 문제가 상당수입니다. 더군다나 기출문제가 제공되지 않기 때문에 본인의 답이 정답인지 오답인지 확인할 수 없어 답답하다는 하소연을 듣곤 합니다.
ISMS-P 시험에 합격하기 위해서는 먼저 시험의 본질을 살펴보아야 합니다.

ISMS-P 시험의 본질은 ISMS-P 심사원이 인증심사를 효과적으로 하기에 적합한지 판단하는 시험입니다. 특히 극악의 난이도인 필기시험에서 어떠한 능력이 요구되는지 살펴보아야 합니다.

첫째, 방대한 지문양에서 필요한 정보를 뽑아내는 역량입니다.
실제 인증심사를 수행할 때에도 신청기관의 정보보호 관련 법규, 내규, 증적의 양이 상당합니다. 이를 모두 읽고 심사할 수는 없습니다. 업무 경험에 기반하여 핵심을 뽑아낼 수 있는 기본기가 요구됩니다.

둘째, 기준을 정확히 이해하고, 합리적으로 판단할 수 있는 역량입니다.
법령과 인증기준을 정확히 이해하고 암기하고 있어야 합니다. 심사원이 잘못된 기준으로 신청기관을 심사한다면 안 될 것입니다. 감사 관점에서 합리적인 시각이 요구됩니다.

셋째, 객관식 시험의 함정에서 탈출할 수 있는 역량입니다.
응시생이 많은 가운데 객관식 시험을 치르다보니 변별력을 높이고자 여러 함정이 도사리고 있습니다. 제시된 명제를 꼼꼼히 읽고, 여러 가지 함정을 알아차리고 벗어나야 합니다. 날카로운 비판적 시각이 요구됩니다.

고기도 먹어본 사람이 먹는다고, 실전 문제 유형을 접하는 것만으로도 본인의 수준을 인지하고, 가시적인 학습 방향을 설정할 수 있습니다.
기본서로 지식을 이해하고, 암기하고, 모의고사로 본인의 부족한 부분을 찾아서 체계적으로 대응한다면, 합격의 지름길로 갈 수 있으리라 확신합니다.

김창중 ISMS-P 심사원

목차

머리말 03p

이 책의 구성 05p

2024년 ISMS-P 인증심사원 합격 수기 06p

Ⅰ **2025년 ISMS-P 합격 핵심 정보** **35p**

Ⅱ **샘플 테스트** **77p**

Ⅲ **실전모의고사** **115p**

부록 **실전모의고사 정답 및 해설** **465p**

이 책의 구성

1 2025년 ISMS-P 합격 핵심 정보

시험 합격에 필요한 핵심 정보를 요약 정리했습니다. 사전에 미리 알아보고 시험에 응시합니다.

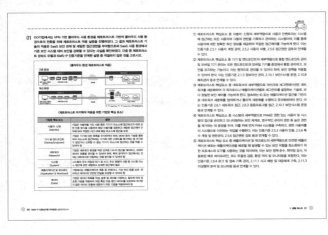

2 샘플 테스트

맛보기 문제로 충분히 연습을 하고 친절한 해설과 함께 문제를 완벽히 익힙니다.

3 실전모의고사

기출문제를 완벽히 반영한 실전 문제를 풀어보면서 실전 감각을 익히고, 틀린 문제는 다시 한 번 점검합니다.

2024년 ISMS-P 인증심사원 합격 수기

1 eulogy7 합격자

1. CSF vs. CFF (Critical Success Factor vs. Critical Failure Factor)

이 글을 통해 ISMS-P 합격을 위해 이렇게 하면 성공한다는 내용보다는, 이렇게 하면 안 되는 점을 저의 실패 사례를 기반으로 작성하고자 합니다. 사실 어느 정도 노력하신 분들의 지식/실력은 별반 차이 없을 거라 생각됩니다. 50점 후반 60점 초반 점수를 취득하신 분들이 많다는 것만 봐도 이 말이 틀리지 않았다고 생각됩니다. 따라서, 절대 좌절하지 마시고 한 번 더 도전하시길 기원합니다. 내 실력과 더불어 그분이 오시는 날까지…!

2. 경력/자격 현황

저는 신입사원일 때는 어플리케이션 개발/운영업무를 시작으로, 중간에 DBA 업무도 담당했었고, 2003년부터 현재까지는 정보보호팀에 근무하고 있습니다. 중간에 업무변동이 있었던 기간을 제외하면 순수하게 14년 정보보호팀에 근무한 경력을 가지고 있습니다.

제가 현재 보유하고 있는 자격증은 다음과 같습니다.
정보처리기사, PMP, 정보시스템감리사, PIA, CPPG, 기술지도사, 기업재난관리사, ISO27001(27017/27018), ISO42001(인공지능), ISO22301(재난관리)

하지만 기술사님 말씀처럼 정보보호 업무수행 경험이나 자격증 보유 여부는 ISMS-P 합격에 거의 영향을 주지 않는다고 생각합니다. 이것이 필요조건일 수는 있으나, 충분조건은 아니라는 겁니다. 정보보호 업무 경험이 전혀 없더라도, 다른 자격증을 가지고 있지 않더라도 합격하는 분들이 종종 계신 걸 보면 맞는 말 같습니다.

3. 과거 실패 경험, 원인 그리고 개선방안

저도 그 유명한 "장수생" 중 한 명입니다. 장수를 하면서 스스로 실패 요인이라고 느낀 점들을 적어봤습니다.

(1) 시험을 너무 쉽게 생각함

첫 시험에는 KISA의 ISMS-P 인증기준 안내서만 읽어봤습니다. 그런데, "인증기준", "주요 확인사항", "세부설명", "결함사례" 어느 것 하나 특이한 것이 없다고 느껴졌습니다. 정보보호팀에 있어서 그런지, 일부 법령이나 기술적인 몇 가지 사실을 제외하면 모두 당연한 내용만 기술되어 있다고 생각되었습니다. 해설서 분량이 250여 페이지 정도라서 읽는데 시간이 좀 걸리긴 했지만, 두 번 정도 읽어보고 첫 시험에 임했습니다.

첫 시험에서는 출제관이 어떤 의도로 무엇을 묻고 있는지도 파악할 수 없었을 뿐만 아니라, 시험 시간도 모자라 10여 문제를 읽지도 못하고 찍었습니다. 당연히 보기 좋게 낙방….

(2) 최적의 학습 사이트 선택 실패

첫 시험에 불합격 후 '아… 혼자서는 쉽지 않겠구나'라는 생각에, 두 번째 시험대비를 위해 강남 모 학원에 등록하여 몇 개월 수강했습니다. 이곳에서는 인증기준에 대한 해설은 해줬지만, 해설 서 내용을 크게 벗어나지 않는 "강독" 수준이었습니다. 과정 중에 문제풀이 시간도 포함되어 있었 지만, 인증시험의 많은 부분을 차지하는 종합상황 문제보다는, 단편 지식을 다루는 단순한 문제 위주였습니다. 결함사항을 보기로 주고 해당 인증기준 고르는 문제 등… 그리고 인증심사위원이 필요로 하는 기술적인 문제(wtmp, btmp 등)도 포함되어 있긴 하였으나 요즘 현장에서 이슈화되 고 있는 최신기술 동향 등을 다루지는 않았습니다. 이후 이곳에서 1년 더 수강하였으나 큰 틀에서 교육내용의 변화는 없었습니다. 돌아보면, 학원만의 문제가 아닌 제 자신의 노력과 학습범위/학 습량 문제가 컸지만요.

그 후 우연한 기회에 김창중 기술사님의 ISMS-P WIN을 알게 되어 수강하였지만, 게으름으로 인 해 과정을 모두 소화하지도 못하고 겨우 문제만 두 번 풀고 응시했고 당연히 낙방….

(3) 학습범위/학습량 부족

가끔 단톡방이나 게시판을 보면 "어떤 걸 필수로 공부해야 하나요? 가장 효율적인 학습 방법은 무 엇인가요?"라는 질문을 볼 수 있습니다. 사실 저 역시 그런 생각을 한 적이 있습니다. 이러한 질 문에 대한 김창중 기술사님 답변은 한결같았습니다. "불합격할 사람은 '어떤 것만 공부하면 되나 요?'라고 묻지만, 합격할 사람은 '무엇을 더 공부해야 하나요?'라고 묻습니다."라고 말입니다. 저 역시 그랬습니다. 가장 효율적인 공부 방법만 찾았던 거죠.

그 이후에는 인증기준해설서와 법령은 당연하고 KISA와 관련 기관에서 게시한 안내서, 가이드, 교육자료 등을 보기 시작했습니다. 자료가 너무 많고 방대해서 엄두가 나질 않았지만, 하나하나 볼 때마다 해당 영역에 대한 이해도가 깊어지는 것을 느꼈습니다. 물론 자료가 좀 오래되거나, 너 무 전통적인 내용은 생략했습니다. 이미 핵심적인 많은 내용은 기술사님이 제공한 문제 및 문제풀 이 해설서에 담겨 있기에, 최근 발간된 자료 위주로 보기 시작했습니다.

언젠가는 기술사님께 질문을 드린 적이 있습니다. "저는 난독증이 있는 것 같아요. 문제를 한 번 만 읽어서는 이해를 못하고 두 번 이상 읽어야 하는 경우가 많습니다. 그래서 시간이 많이 부족하 다는 생각이 듭니다." 이에 대한 기술사님 답변은 너무나 명확했습니다. "공부가 부족한 겁니다. 공부가 부족하니 문제를 한 번에 읽지 못하고 다시 읽게 되는 것이고, 해당 분야에 대한 전문성이 부족하다 보니 단어 하나하나에 숨이 턱 막히면서 문장을 쉽게 읽어내지 못하는 겁니다." 생각해 보니 반박할 수 없는 말씀이셨습니다. 속독법으로 해결할 수 있는 문제가 아니었던 겁니다. 그래 서 다양한 KISA 자료를 많이 보려고 노력했고 평소에도 관련 뉴스/자료를 보기 시작했습니다.

(4) 지나친 계획수립/실적관리에 대한 강박관념

다들 학창시절 중간고사/기말고사 준비하던 기억이 있으실 겁니다. 시험공부를 하려고 하면 방이 지저분하고 어질러져 있다고 생각해 청소하기 시작합니다. 깨끗한 환경에서 공부가 더 잘 될 것 같기 때문입니다. 많은 시간을 들여 한참 청소하고 나면 주변 정리는 잘 되었으나 그 과정에서 너무 많은 에너지를 소모하는 바람에(?) 한숨 자고 공부하자는 생각이 들어서 누웠다가 눈을 떠보면 다음 날 아침… 아~ 좌절.

저는 유난히 사전 준비작업이 많습니다. 학습계획을 수립하더라도 과목별로 일 단위 학습계획을 수립하고, 결과를 매일 기록해야 행복합니다. 강의 동영상이 올라오면 일단 학습하기 전에 Play time이 얼마인지 찾아서 엑셀에 기입합니다. 전체 학습에 필요한 시간이 집계되고, 학습 후 실적을 기입합니다. 일면 체계적이고, 진도확인도 할 수 있고, 계획대비 실적이 나쁜 경우 스스로 독려도 할 수 있어서 좋긴 합니다. 그러나 여기에 너무 에너지를 쏟다 보면 정작 본 공부에 들일 시간과 에너지 낭비도 발생하게 됩니다. (방청소 하듯^^;;)

따라서, '24년 준비에는 계획수립/실적평가에 있어서 스스로 좀 관대해지기 위해 엑셀을 만들지 않았습니다. (요식행위 집어치우고, 학습에 집중!!!)

(5) 단톡방/개별스터디 활동 부재

몇 년 전에는 단톡방에 가끔 참여도 했었고, 마음 맞는 4명이 모여 소규모 스터디 그룹도 구성해서 학습을 했었으나, 올해는 이런 활동을 전혀 하지 않았습니다. 이런 활동이 전혀 도움이 되지 않는다거나 방해가 된다고는 생각하지는 않습니다. 다만, 제 개인적으로는 이러한 활동으로 인한 득보다는 실이 크다고 생각했기 때문입니다. 물론, 단톡방/개별스터디를 한다고 합격하는 것은 아니지만, 매년 보면 단톡방/개별스터디 활동을 열심히 하신 분은 합격하신 경우가 많습니다. 과거 제가 스터디 했던 멤버 4명 중 법령/제도에 대해 고수가 한 분 있었고, 한 분은 엔지니어 기반이 확실한 분이셔서 어느 영역이든 막힘 없이 질문과 답변이 이루어졌습니다. 4명 중 엔지니어 한 분만 합격하셨지만, 나머지 분들도 충분히 합격하실 수 있는 내공을 갖추셨던 것으로 기억합니다.

단톡방 장단점(제 생각)

- 장점 : 단톡방을 통해 새로운 지식, 사례에 대한 판단근거 등 이해력/응용력 증진. 특히, 인증기준, 법/제도에 대해 이해도가 낮거나 경험이 적은 분에게 추천(기술사님이나 멘토님의 강평을 접할 수 있고, 다른 사람들이 궁금해하는 점이나, 오판도 접할 수 있어서 내가 미처 생각하지 못한 실수를 미리 알아볼 수 있음). 도사가 던진 귀중한 정보 취득 가능('23년도 출제된 SBOM 관련 사항을 시험 전날 어느 분이 투척했으나, 저는 본문을 읽지 않고 카톡 알림창만 보고 닫아 버림)
- 단점 : 다른 사람들의 글에 너무 신경 쓰느라 정작 자신의 공부를 못함. 자기가 아는 분야 질문에 대한 답을 하면서 한 번 더 정리되고 설명했던 기억이 해당 지식을 더욱 강화하는 장점도 있지만, 이로 인해 지나친 시간 낭비 가능(지나친 오지랖).

개별스터디 장단점(제 생각)

- 장점 : 지식/경험 레벨이 비슷하고 열정적인 사람이 모이면 Best! 서로 찾아낸 새로운 지식, 암기법(기가 막힌 두음 등) 공유로 시너지 제고 가능
- 단점 : 스터디에 대한 부담감 및 시간 소모(?) 과다. 제가 스터디 할 때는 서로의 학습을 방해하지 않도록, 저녁 10시부터 12시까지로 시간을 정해서 카톡으로 학습 진행(새로운 지식, 암기법, 개발한 문제 출제/답변)하였으나, 스터디 멤버에 누가 되지 않도록 상대가 이해할 수 있도록 자료를 정리/요약해서 공유하는데 생각보다 시간 소모 큼

(6) 보고 싶은 것만 보는 어리석음

지금은 그나마 많이 나아졌지만, 초기만 해도 문제를 읽다가 인터뷰 내용이나 지문에 결함 유사한 것이 눈에 띄면 그냥 그에 대한 인증기준 결함이라고 판단하는 경향이 많았습니다. 예를 들면, 전산실 출입자가 어쩌고저쩌고… 아하… 2.4.2 출입통제 결함이야!!! 결함 후보라고 생각하고 다음 지문까지 읽어보고 더 큰 결함, 더 근본적인 결함 원인을 생각하기보다는 내가 찾아낸 것 혹은 내가 답이라고 주장하고 싶은 것에 꽂혀서 다른 답을 거부했던 겁니다.

사실 모두 답이 될 수 있는 가능성을 가진 보기를 주기 때문에, 정답에 가까울 확률이 50%, 70%, 80% 등으로 보기가 갖는 정답 가능성을 열어두고 생각하지 못한다는 점을 깨닫고 문제를 끝까지 읽는 습관을 들이고자 노력하였습니다. 예전과 달리 요즘은 "개인정보접속기록 보관주기는 몇 년일까요?"와 같은 100% 정답이 있는 단순한 문제는 거의 없는 것 같습니다.

(7) 인증기준에 대한 이해 부족

다들 인증기준 관련 문제 접하시면서 "이 문제는 X.X.X 인증기준 결함을 주면 왜 안 되는 거지?"라는 의문을 한 번쯤 가진 적이 있으실 겁니다. 전 요즘도 그런 혼란을 겪는 경우가 종종 있습니다. 인증기준 차이를 명확히 인지하고 있지 못하기 때문인 것 같습니다.

그래서 몇 년 전에는 인증기준 간의 차이점을 나름 정리하면서 유사인증 기준의 차별점이 무엇인지 알아내려고 한 적도 있었습니다. 다만, 기술사님/멘토님 말씀처럼 정형화된 답이 있다기보다는 상황에 맞게 유연하게 인증기준을 적용할 수 있는 생각을 키워야 할 것 같습니다.

이를 기반으로 전체 인증기준에 대해 시각화 노력도 해봤습니다. A4 한 장에 양면 출력 후, 열코팅기(?)를 사서 코팅하여 들고 다니면서 혹은 책상 옆에 붙여 두고 틈날 때마다 보곤 했었습니다… 하지만, 올해는 위 유사 인증기준 비교 및 아래 시각화 노력은 하지 않았습니다. 대신 인증기준을 음성 파일로 만들어 출퇴근 시 반복 청취하면서 인증기준에 대한 이해도를 높이고자 노력했습니다(인증기준 듣기 관련 내용은 뒤에 나오는 '24년도 응시전략 및 준비과정' 참조).

(8) 충분한 휴식 실패

전에 같이 스터디 하던 분 중 그 해 합격하셨던 분은 매일 오후 2시부터 4시 사이 문제풀이를 하

셨습니다. 생체리듬을 시험에 맞춰 최적화하겠다는 전략이었던 겁니다. 물론 일반 직장인이 따라 하기 쉽지 않은 방법이긴 합니다.

저의 경우는 생활리듬이 엉망이어서 그 시간에 맞춰 문제풀이는 커녕 오후에는 늘 몽롱한 상태가 계속되곤 하였습니다. 특히 시험을 앞두고 잠을 설쳐 정신이 맑지 못한 상태에서 당일 새벽같이 수험장 근처에 가서 정리자료 복기를 하곤 했습니다. 지금 생각하면 잠도 못 자고 새벽부터 에너지를 몽땅 써버리는 바람에 정작 시험시간에는 맑은 정신이 아니었던 적이 많았던 것 같습니다. 언젠가는 25번 문제까지 신나게 달리면서, '아~ 이번엔 합격하겠구나'라고 생각한 적이 있었습니다. 답이 눈에 쏙쏙 들어왔거든요(물론 답이라고 제가 착각한 것일 수도 있죠). 하지만 문제는 그 다음에 발생합니다. 갑자기 '여긴 어디? 난 누구?'라는 생각이 들면서 머리가 멍해지는 겁니다. 부랴부랴 정신을 차리려고 시도해 보았지만 한 번 맛이 간 몸은 쉽게 돌아오질 않았고 당연히 낙방. 이게 핑계 같지만, 새벽에 나가서 공부해본들 그중 몇 문제가 시험에 나올 것이며, 오히려 체력만 고갈되어 정작 시험시간에 맑은 정신을 유지하지 못해 판단력이 흐려지는 것이죠.

이후, '22년부터 시험 전 이틀은 수면제 반 알을 먹고 깊은 잠을 잤습니다. 당연히 시험 당일에는 새벽 일찍 나가서 요약노트 보는 짓도 하지 않았습니다. 느지막하게 9시 넘어서까지 자고 일어나니 한결 머리가 가볍고 시험시간에 집중할 수 있었습니다. 또한, 시험 중 열량 보충을 위해 미니 초콜릿을 준비해 갔습니다. 시험 중 부스럭거릴 수 없으므로 포장은 미리 뜯어 책상 아래 손이 닿기 편한 위치에 두고 중간중간 열량 보충을 했습니다(시험감독 뭐라 하지 않았음).

(9) 자료정리/학습에 효율적이지 못한 방법 사용

기존에 저는 기술사님이 제공하신 자료를 대부분 출력해서 공부했었습니다. 출력한 자료에 밑줄 긋고, 형광펜으로 색칠하고, 여백에 두음을 적고, 기술사님 자료에 없는 내용을 법령이나 다른 자료에서 찾아낸 경우 오려 붙이고 한쪽 귀퉁이에 적기를 반복… 이 과정에서 눈으로만 보는 것보다는 정리하는 과정에서 학습이 많이 되고, 복습할 때도 흰 백지와 까만 글씨만 있는 것보다는 내용이 눈에 잘 들어와 좋았습니다. 다만, 그 과정에 색칠/밑줄/내용기입을 손으로 하다 보니 시간이 엄청 많이 걸렸습니다.

출력한 자료 높이만 거의 1미터가 넘어서 모두 들고 다닐 수도 없었기에 필요할 때 쉽게 볼 수도 없었구요. 그래서, 택한 방법이 PDF 리더 프로그램을 사용하는 것이었습니다. 노안에 난시까지 생긴 탓에 출력해서 공부했던 건데, 이 습관을 바꾼 겁니다.

찾아보니, ezPDF Editor, PDF 2020, 알PDF, PDF Ink 등 여러 가지가 있었는데, 저는 제게 가장 맞는 도구로 Drawboard PDF를 선택했습니다. 유료버전도 있지만 무료버전도 충분히 활용도 높게 느껴졌습니다. 개인 취향이긴 하지만, 형광펜, 밑줄긋기, 글자삽입, 이미지 붙여넣기 기능 등만 사용해도 충분했고, 무엇보다도 다른 pdf 도구는 밑줄긋기가 삐뚤삐뚤하게 되는 반면 이 도구는 자로 잰 듯 깨끗하게 그어지는 것이 마음에 들었습니다. 또한 제가 마킹하거나 삽입한 내용도 목록화 되어 있어서 찾아보기 쉽다는 장점도 있습니다.

(10) 두음의 함정에 빠지다

어느 정도 두음이 익숙해지면서 마치 내가 해당 내용을 모두 알고 있다는 착각에 빠졌습니다.

• 목적 외 이용·제공 : 동률급(통) 소조범법형 → "조약"
• 개인정보파일 등록면제 : 비범형 안(내)조출관~ 일 → "조세"

위 두 가지 두음에 나오는 "조"는 내용이 다릅니다. 이렇게까지 혼란스럽게 나오는 문제는 없지만, 만약 나온다면 틀렸을 겁니다.

• 수집·이용 시 명확고지 : 홍민/고기목자

너무나 익숙한 두음이지만, 몇 년 전 수집 동의 양식 문제가 나왔을 때 틀렸습니다. 두음은 기억이 나는데, 민감/고유/홍보/제3자 제공 시 어느 부분을 강조해야 하는지 제가 명확하게 모르고 있었던 겁니다. 두음만 외우고 있다가 그 함정에 빠졌던 겁니다.

그래서 이번에는 이를 구분하는 저만의 두음을 만들어 봤습니다.

• 명확고지 사례 : 민항기/ 마자목기

와우… 그랬더니, 이번 시험에 이 문제가 또 나온 겁니다. 당연히 맞췄죠^^

간혹, 기출문제도 출제되곤 하는 것 같습니다.

4. '24년도 응시전략 및 준비과정

(1) 나에 대한 성찰

스스로 자신을 돌아보며 곰곰이 생각해보았습니다. 어떤 분야의 공부를 했고 어느 영역이 부족한가? 과거 어려웠던/부족했던 부분은 어디인가? 올해 시험준비에 남은 기간은 얼마나 되고, 어느 영역에 집중할 것인가? 알고 있는 부분을 틀리고 아쉬워하지 않도록 기존 영역을 더욱 강화할 것인가? 아니면, 부족하거나 새로운 영역에 집중할 것인가? 시간을 정해 몇 날 며칠을 고민한 건 아니지만, 제가 내린 큰 결론은 아래 세 가지입니다.

• 작년/올해 법이 많이 바뀌었다. 오랜만에 법/제도 쪽에서 많이 출제될 것 같다.
• KISA 및 관련 기관에서 제공하는 안내서, 가이드, 교육자료를 심도 있게 학습하자.
• '23년 출제된 SBOM과 같은 신기술 동향이 출제될 수 있으니 관련 자료를 모으자.

법/제도 학습
• '23년 시험 이후 발간된 법령/제도 변경 안내서를 찾아서 정리/학습
• KISA 등 안내서/가이드/교육자료 학습
• 기술사님이 제공해주신 200개 가까운 학습목록 중 별점(★) 높은 것부터 순차 학습

최신 동향 파악

• 뉴스레터 구독을 통해 법/제도/기술 정보 취득

운 좋게도, 연초부터 구독하고 있었던 "법무법인 화우"의 뉴스레터에 이번 시험에 출제된 AI 관련 자료가 있었습니다 → "AI 시대 안전한 개인정보 활용; '합성데이터'에서 해답을 찾다"

뉴스레터에는 법/제도 개정사항도 공유하고 있어서 굳이 매일 KISA/개보위 등 관련 사이트의 자료실을 뒤지지 않아도 해당 사이트에 자료가 올라온 하루 이틀 사이에 빠르게 소식을 접할 수 있어서 상당히 편리하였습니다.

(2) 학습자료 정리

학습자료 정리는 기존에 하던 방식을 그대로 따랐습니다. 매년 시험공고일 기준으로 법령/가이드 등 출제 기준문서가 확정되므로 공고일 이후 하루 이틀 사이에 기술사님이 올려주시는 자료를 분야별로 폴더화하여 내려받고 정리합니다.

법/제도 등은 공고가 나기 전까지 계속 새로운 버전이 나오지만, KISA 및 관련기관에서 제공하는 안내서, 가이드, 교육자료는 특별히 변동되는 것이 없으므로 기술사님이 자료를 올리시기 전에 미리 작년 자료를 기반으로 학습을 시작하는 것이 좋습니다.

또한, 학습자료 목록을 엑셀로 만들어 찾아보기 쉽게 구성하였습니다. 기술사님이 학습자료별 추천도를 별표(★)로 제시해 주셔서, 우선 별표 다섯 개부터 학습하였습니다. 엑셀에 학습자료 목록을 정리함으로써 문제풀이 도중 혹은 문득 자료를 찾고 싶을 때, 자료가 어디 있는지 몰라 찾는 시간 낭비를 제거할 수 있었고, 학습하지 않은 목록(다음 학습대상) 관리에 유용했습니다. 학습이 끝나면 Study에 "○" 표시를 해서 날이 갈수록 성취욕을 느낄 수 있고, 살짝 지칠 때는 Page 수가 적은 것으로 눈을 돌려 쉬어가기^^;;

(3) 인증기준 이해도 제고

위 실패 경험 중 (7) 인증기준에 대한 이해 부족을 해결하기 위해서 나름 자신만의 차이점 정리를 통해 변별력을 갖고자 하는 노력도 좋았지만, 근본적인 것은 인증기준을 많이 접해보지 못했기 때문이라고 생각되었습니다. 출퇴근 시간에 차에서 들을 수 있도록 인증기준을 음성 파일로 만들어서 매일 청취하였습니다("인증기준", "주요 확인사항", "결함사례"). 총 3시간가량의 Play time이 소요되므로, 하루 반 정도면 전체를 다 청취할 수 있었고 매일 출퇴근 시 반복 청취하였습니다. 전에 보니 어느 분이 인증기준 음성 파일을 올리셨던 것도 같은데, 저는 네이버 파파고를 활용하여 음성 파일을 만들었습니다.

운전 중에 들다 보면 주의력이 산만해져서 자칫 사고가 발생할 수 있으므로 시내 주행 시에는 청취하지 않았습니다. 저는 새벽 5시 전에 집을 나서고, 주로 고속도를 이용해서 출근하기 때문에 차량이 많지 않았고, 신호도 없어서 특별히 위험한 경우는 없었습니다.

인증기준 음성 파일을 들을 때는 속으로 같이 따라 하면서 단순히 흘려듣기가 되지 않도록 노력했습니다. 곰곰이 듣다 보면, '어? 이 내용이 왜 이 인증기준에 있지?'라는 의문도 들고, 나중에 찾아보게 되어 이해도를 증진시킬 수 있는 방법이 되었습니다.

(4) 요약노트/엑셀 정리

학습한 내용 모두를 정리하면 좋겠지만, 워낙 게을러서 그러지 못했습니다. 일단, 최신 법/제도 변경사항 위주로 정리했고, 구글 클래스룸 등에 다뤄진 기술자료는 정리하다 말았습니다. 대신 "00일차 참고자료.pdf"를 쭈욱 복기하는 식으로 복습했습니다.

신정법 등 금융관련 사항은 학습도 부족하고 내용이 워낙 방대해서 간략히만 정리하였고, 전체 내용을 별도 요약하는 행위는 Skip.

워드로 정리한 요약노트는 다시 두음 위주로 엑셀에 정리/출력하여 복습하였습니다.

기술자료는 구글 클래스룸 문제별로 다뤄진 내용을 엑셀에 목록화하였습니다. 문제를 다시 푸는 것보다는 회차별로 기술자료만 뽑아서 빠르게 보기 위한 이정표로 삼기 위한 목적입니다. 예를 들면, 갑자기 'wtmp가 뭐였지?'하는 생각이 들 때 이 엑셀을 열어서 wtmp를 검색하면 4일차 4번 문제에 이 내용이 있다는 것을 알 수 있고 "4일차 참고자료.pdf"를 열어서 확인할 수가 있어서 관련 자료 찾는 시간을 상당히 절약할 수 있었습니다.

그러나, 올해는 구글 클래스룸을 정리하지 못해서 기존 엑셀만 활용했습니다. (게으름~~)

5. 응시현장 헤프닝

(1) 한 문제의 늪에 빠지다

도덕시험이 아니므로 모르는 문제를 붙잡고 계속해서 읽어봐야 맞을 확률이 높지 않다는 것을 알기에 보통 모르는 문제는 과감히 찍고 다음 문제를 풀곤 했습니다. 그런데 이번에는 제도(?) 쪽 한 문제의 답이 모호하여 고민하다 보니 거기서 5분 이상 훌쩍 흘러버렸습니다. 망한 겁니다.

(2) 답안지를 두 번 교체하다

여태껏 답안지 교체는 한 번도 없었는데… 이번 시험에는 답안지 교체를 했습니다.

이번 시험에는 방화벽 문제를 좀 더 체계적으로 풀 수 있도록 많이 준비했으나, 역시 방화벽 문제는 맨 마지막에 풀기 위해 풀이 순서를 조정했습니다. 마지막 문제를 풀고 남아있던 방화벽 네 문제로 넘어가려던 순간 그 마지막 문제 마킹을 잘못한 겁니다. 평소 같으면 무시하고 넘어갔겠지만, '22년과 '23년 연속 58점으로 고배를 마신 경험이 떠올라 고민을 했습니다. 방화벽 문제를 풀 것인가… 답안지 교체를 할 것인가… 순간, 짧게 고민한 후 방화벽 문제를 버리고 답안지를 새로 작성하기로 마음먹었습니다. 방화벽 문제가 본질적인 것보다는 너무 희한하게 구성되는 경우가 많아서 정답을 맞출 확률이 낮을 것 같다는 생각이 들었기 때문입니다.

그런데, 새로운 답안지 작성을 마무리할 즈음… 또 다시 마킹 실수를… 아뿔싸…. 두 번째 답안지를 작성합니다. 떨리는 마음에 하나씩 확인하면서 천천히 작성하다 보니… 결국 방화벽 문제를 풀 시간이 남아 있지 않았고, 모두 찍을 수밖에 없었지만 결과적으로 답안지 교체는 잘 한 선택이라 생각됩니다.

6. '25년 학습계획

올해도 낙방할 경우 아래와 같이 학습할 계획이었습니다.
- 다른 자격시험 준비/응시: ~ 10월
- 신정법/위치정보법/전금법 집중정리: ~ 12월 말
- ISMSPWIN 과정 학습: '25.1월 ~
- 꾸준히 신기술 동향 정보 및 기술자료 취합/정리: 뉴스레터 등 활용

결전일이 다가올수록 마음은 급해지고 찬찬히 학습할 시간도 없어지므로 연말까지 부족한 영역을 좀 더 확실히 마스터 할 생각이었습니다.

기술사 시험도 아닌데, 올해 AI를 위한 합성데이터 문제가 나오질 않나… 신기술은 아니나, 차분프라이버시, 동형 암호화, VPN 스플릿 터널링, 쿠버네티스도 나오고, CentOS EOL 문제… 이건 다행히 제가 보안취약점 진단업무도 담당하고 있어서 맞췄네요.

창피한 글 끝까지 읽어 주셔서 감사드리며, 여러분도 목표하신 바 꼭 이루시기를 기원합니다. 감사합니다.

② 케이 합격자

IT 분야에서 15년간 일하면서 2022년에 ISMS-P 인증 심사원 자격증을 알게 되었습니다. 이 자격증은 정보보호와 개인정보보호 분야에서 최고의 권위를 자랑하는 자격증입니다.

저는 단순히 경력 한 줄 추가가 아니라 실질적으로 제 전문성을 증명하고 성장의 발판이 될 것이라고 믿고 도전을 시작했습니다. 하지만 시험의 난도가 높고 준비해야 할 범위가 방대해서 어떤 것부터 시작해야 할지 막막했습니다.

2022년 1월 ISMS-P 인증 심사원 자격증을 준비하면서 먼저 공부한 문서는 아래 문서들이었습니다. 「ISMS-P 인증제도 안내서, ISMS-P 인증기준 안내서, 개인정보의 안전성 확보조치, 개인정보 보호법, 정보통신망법」

1개월 정도 공부해보고 혼자서는 방향이 잡히지 않아서 힘들다고 판단하여 ISMS-P WIN에 합류하였습니다.

3월쯤 퇴사 절차를 밟고 ISMS-P WIN 프로세스에 따라 매일 6시간씩 공부했습니다. 과거 기출 모의고사 문제를 3~4번 반복해서 풀어봤습니다. 처음에는 40점대 나오던 점수들이 차츰 80점대가 나오기 시작하면서 자신감이 생겼습니다.

2022년 첫 시험에서 58점을 받았습니다. 시험시간이 부족하여 방화벽 문제 포함 6문제 이상 찍었으며 다음 시험에 대한 전략을 준비했습니다.
• 방화벽 문제는 패스하고 마지막에 풀 것
• 생각하는 시간을 줄이기 위해서 필수적으로 외워야 할 항목들은 두음을 사용하여 외울 것

목표 점수를 70점으로 상향 조정하고 다시 공부에 몰두하였습니다.
2023년 두 번째 필기시험에서 66점으로 합격하였습니다. 모든 문제를 풀고 마지막에 방화벽 문제 6문제를 풀다가 찍었습니다. 전략이 잘 맞아떨어진 것 같습니다.

2023년 실기시험에서 시간이 부족함을 느꼈고 불합격하여 다시 전략을 세웠습니다.
• 다양한 정책서나 지침을 눈에 익혀두고 증적 파악하는데 시간을 오래 소요하지 않을 것
• 1,2,3번 문제에서 시간이 오래 걸릴 것 같으면 4,5번 결함보고서 먼저 작성할 것
• 일반적인 결함사례가 어떤 경우에는 결함을 줄 수 없는지 명확히 준비해 둘 것
• 다양한 결함보고서를 많이 작성해 볼 것

스터디 그룹을 만들고 6개월간 하루 2시간 정도 실기시험 준비에 매진했습니다. 서로 모의고사 문제를 만들어서 토론하면서 다른 사람의 생각과 의견을 듣고 함께 고민했던 시간들이 많은 도움이 되었습니다.

2024년 두 번째 실기시험에서는 답안을 모두 작성하고 시간이 1시간 남았고 83점으로 합격 결과를 받았습니다.

저는 퇴사하고 3년 만에 합격했습니다.
ISMSP 분야는 관점에 따라 다양한 정답이 존재할 수 있습니다. 다른 시각에 대해서 열린 사고방식을 유지하는 것이 많이 중요합니다.
그동안 많은 도움을 주신 ISMSP-WIN 수험 동기분들과 김창중 기술사님께 감사의 말씀 드립니다. 감사합니다.

③ 서인 합격자

3년에 걸쳐 시험을 준비하면서 힘든 과정을 겪었기에 합격의 기쁨이 배가 되는 것 같습니다.

처음에는 인증기준서와 법과 시행령, 안전성 확보기준 고시 정도만 보고 시험을 보았으나 54점으로 불합격.

이후 제대로 공부해보고자 ISMS-P WIN 카페 종합반에 가입하여 1월부터 준비일정에 따라 인증제도, 기준1, 2, 3을 차근차근 보면서 인증항목이 눈에 보이기 시작하였고, 두음을 외우고 인증항목 확인사항과 결함사항을 반복하여 공부하면서 자신감이 생겼습니다. 이후 모의고사를 풀고 클래스룸 스터디를 통해 모르는 부분을 보완해 나갔습니다.

이 정도면 합격할 수 있겠다고 생각하고 시험을 본 결과 56점으로 불합격.

이후 계속 시험준비를 해야 하나 고민도 많이 했는데 다시 도전하기로 결심하고, 부족한 부분이 무엇인지 꼼꼼히 생각하게 되었습니다.

그리고 다시 한번 도전, 다시 ISMS-P WIN 종합반에서 좀 더 꼼꼼하게 인증기준 교재와 법, 그리고 클라우드 등 최신기술과 최근 개정된 개인정보보호법을 반복 학습하면서 충분히 이론을 숙지하였고, 공개 및 비공개 모의고사를 여러 번 반복하면서 실력이 점점 향상되는 것을 느꼈습니다.

기존에 공부한 것이 있어서 그런지 좀 더 빠르게 문제를 보고 답을 파악하는 능력이 생겼고 클래스룸을 통해 매일 한 문제를 풀고 멤버들과의 문답을 통해 몰랐던 부분도 이해가 되었습니다.

이번 시험에서 72점으로 필기시험을 합격하였고, 실기시험도 ISMS-P WIN 실기반에 가입하여 일정에 따라 차분히 준비한 결과 96점으로 합격하였습니다.

ISMS-P 시험은 문장 지문이 길고 복합적 상황 문제가 많이 나왔습니다. 틀린 것 갯수 고르기는 정확히 알아야 고를 수 있었고, 금융 분야 및 가상자산, 클라우드 등 최신기술 유형 문제도 꼼꼼히 공부해야 합격할 수 있습니다.

혼자 하기는 정말 힘들고, ISMS-P WIN카페에 종합반으로 가입하여 계획된 일정에 따라 매일 공부를 하면 합격할 수 있을 것으로 생각합니다. 특히 멘토님들이 여러 명 계셔서 서로 질문과 답을 통해 몰랐던 부분을 알고 찾아보게 되면서 실력이 좀 더 늘었던 거 같습니다. 도움을 주신 김창중 기술사님뿐만 아니라 멘토님들께도 감사드립니다.

❹ 은구슬 합격자

개인정보보호 업무를 하면서 알게 된 ISMS-P 인증심사원 자격증 시험을 담당자니까 쉽게 생각하고 2022년도에 준비 없이 응시했다가 낮은 점수로 불합격했습니다. 2023년도에는 박기홍 심사원님의 오프라인 교육을 수강하면서 알게 된 ISMS-P win 카페에서 종합반을 수강하여 많은 양의 자료와 동영상 강의를 보고 준비하여 시험을 본 결과 58점으로 또다시 불합격하였습니다.

공부를 다시 한다고 합격할 수 있을지에 대한 의문이 들던 중에 2024년 향후 준비 방안을 모색하고자 하는 불합격자들의 모임이 마련되어 다시 마음을 잡고 함께 스터디해 보기로 하였습니다.

필기시험은 불합격했지만 ISMS-P win 실기(5기)를 수강하였고 이것은 복합형 문제로 출제되는 필기시험에서 인증기준을 이해하는 데 도움이 되었습니다.

스터디 메이트들과 개인정보보호법 개정안을 시작으로 가이드들과 해설서들을 하나씩 공부하고 복습을 반복하며 24년도 대비 필기시험을 준비하였습니다.

금년도 필기시험을 보고 나서는 너무 어려웠다는 것만 기억에 남아서 합격은 전혀 기대도 안 하고 있었는데 합격 통보 이메일을 받고 몇 차례나 다시 보고 다시 보았는지 모르겠습니다.

필기 합격 이후 새로운 실기 대비 스터디 메이트들을 만나고 ISMS-P win 실기(6기)를 재수강하였습니다. win 실기 카페의 커리큘럼과 멘토님들의 첨삭은 실기 대비에 많은 도움이 되었습니다.

실기시험도 100% 합격률은 아니기에 긴장을 많이 하였는데 시험을 보는데 잘 풀고 있는 것인지 의심되도록 문제가 쉽다고 생각하며 풀었습니다.

시험이 끝나고 겸허하게 결과만 기다리며 쉬고 있었는데 합격 메일을 받아 너무나 기뻤습니다.

마지막으로 함께하는 스터디를 할 수 있도록 좋은 인연과 다양한 강의 자료를 만들어 주신 ISMS-P win 카페 운영진들께 감사드립니다.

5 PCM 합격자

안녕하세요. 2024년 ISMS-P 인증심사원 시험에 최종 합격을 하여 합격 후기를 작성하게 되었습니다.

벽에 부딪치다

처음 ISMS-P 인증심사원 시험을 알게 된 2021년, 처음 도전한 시험에서 52점이라는 낮은 점수를 받았습니다. 그때는 '시험이 대략 이렇게 나오는구나' 정도로 분위기를 파악하는 수준이었던 것 같습니다. 다음 해인 2022년, 심사숙고하여 독학으로 열심히 준비했지만, 결과는 더 낮은 50점이라는 점수였습니다. 그동안 주로 ISMS-P 인증 컨설팅을 수행하며 인증에 대한 지식이 꽤 있다고 생각했지만, 시험이라는 영역은 너무나 큰 벽처럼 느껴지기 시작했습니다

귀인을 만나다

ISMS-P 인증심사원이라는 자격증은 너무 매력적이기 때문에 절대 포기하고 싶지 않았습니다. '어떻게 공부해야 할까, 방향은 어떻게 잡고, 어떤 범위까지 공부해야 할까'라는 고민을 수없이 했습니다.

그러던 중 ISMS-P WIN이라는 카페를 알게 되었고, 거기서 김창중 기술사님의 ISMS-P 인증심사원 강의를 발견했습니다. 저는 망설임 없이 강의를 신청했고, 그해 초부터 김창중 기술사님의 커리큘럼을 믿고 열심히 준비했습니다.

강의에서는 ISMS-P의 모든 영역을 꼼꼼하게 다뤄주었고, 방대한 양에 지치기도 했지만 '합격'이라는 결과를 얻기 위해 최선을 다했던 것 같습니다.

필기 결과 턱걸이였지만 합격이라는 메일을 확인하고 정말 기뻤습니다.

방심을 하다

필기시험을 합격 후 실기시험을 앞두고 실기시험에 대한 정보를 확인하였습니다. 합격률이 80~90%에 육박하는 시험이라는 것입니다. ISMS-P WIN 종합반에 등록하였지만 저는 이 합격률을 확인하고 '아 그냥 붙여주기 위한 시험이구나'하고 거의 손을 놓다시피 시간을 흘려보냈던 것 같습니다. 필기 합격이라는 기쁨에 취해 그동안 여행도 다녀오고 손을 놓다 보니, ISMS-P 인증에 대한 지식이 점점 휘발되고 있었습니다.

대망의 실기시험 날, 시험지를 받아 보고 문제를 풀기 시작하면서 '뭔가 잘못됐다'라는 생각이 들었습니다. '이게 정말 90%가 합격할 수 있나? 떨어지면 어떡하지?'라는 생각이 들고 불안해지며 글씨도 잘 써지지 않았습니다.

그렇게 시험이 끝나고 가채점을 해보니 불안감이 엄습했고, 실기시험 발표일에 그 불안함은 현실로 다가왔습니다.

실패를 분석하다

실기시험을 낙방한 후 가장 힘들었던 부분은 1년이라는 긴 시간을 또 기다려야 한다는 점이었습니다. 그러면서 스스로 실패의 원인을 생각해보았는데, 실기시험을 준비하는 분들께 꼭 말씀드리고 싶은 부분입니다.

합격률이 80~90%인 시험이지만, 이 수치의 대상은 극악의 난이도인 필기시험을 통과한 소위 ISMS-P 통제항목 지식의 초고수들이 보는 시험입니다. 만약 실기시험이 전체를 대상으로 치러졌다면 합격률은 훨씬 낮을 것으로 될 것으로 예상됩니다.

심기일전하다

2024년 실기시험을 위해 ISMS-P WIN 실기반을 재등록하고 마음을 다잡았습니다. 이번에는 방심이라는 단어를 완전히 지우고 필기를 준비하는 것만큼 시간을 투자하였습니다. 결함보고서의 필사 연습과 결함보고서 작성을 빠트리지 않았고, 결함보고서 작성 후 기술사님과 멘토님들의 피드백을 꼼꼼히 살피면서 실기시험을 준비했습니다. 실기시험 유형, 결함보고서 작성법 등 피드백을 정성스럽게 해주신 부분 덕분에 실기 준비에 대한 자신감을 쌓았고, 이 자신감은 곧 98점이라는 점수로 합격을 할 수 있었습니다.

이 자리를 빌려 다시 한번 기술사님과 멘토분들께 감사하다고 말씀드리고 싶습니다.

6 벨라 합격자

1. 필기시험 대비

〈2022년 1차 시도 : 실패 – 허탈함〉

2021년 ISMS-P 인증 업무를 담당하면서 ISMS-P 인증심사원 자격증 도전이 시작되었습니다. 인증 업무를 위해서 회사에서 제공하는 인증심사원 과정(5일)을 듣고 책을 한 권 얻었습니다. 「인증심사원 자격검정 한권으로 합격하기」(2021년도 발간). 메모와 밑줄 색칠 등으로 너덜너덜해질 정도로 보고 또 보았습니다. 우여곡절 끝에 인증심사를 마치고(최초 인증심사 팀장님께 감사드립니다.) 2022년에 첫 시험을 보았습니다. 한 달 휴가를 내서 공부하였으나, 처참한 점수로 불합격하였습니다. 투자한 시간에 대한 아까움과 허탈함에 공부에 대한 방향성이 잡히지 않았습니다. 보고 또 보았던 책의 저자를 불합격하고 나서야 확인하고, 검색해서 ISMS-P WIN 종합반을 수강하였습니다.

〈2023년 2차 시도 : 결시〉

2023년 시험 접수를 하였지만, 결시를 하였습니다.

〈2024년 3차 시도 : 합격〉

2023년 8월부터 여러 분야에 근무하시는 분들과 스터디를 하게 되었습니다. 주 1회 2시간 온라인으로 하는 스터디로 문제를 보는 시야가 확장된 것 같습니다. 중간중간 포기할까 하는 생각이 자주 들었는데, 함께 하는 스터디원 분들의 지식과 열정으로 겨우겨우 놓지 않고 계속하게 되었습니다. 포기하지 않는다면 합격하실 것입니다.

- 인증기준: 기본 지식이 없으시면, 어느 강의든 수강하시는 것을 추천드립니다(나는 암호화가 뭔지 전혀 모른다 → 무슨 강의든 얼른 들으세요!!). 인증기준 결함사례 맞추기를 매일 1차례 연습하였습니다.
- 법령: 읽고 정리하여 내 것으로 만드는 시간이 필요합니다.
- 기술: 정보보안 기사 필기 교재 정도를 아시면 충분하실 것 같습니다.
- 신기술: 신문기사나 세미나 등을 통해 정보를 수집하였습니다.

개인정보보호위원회 보도자료와 결과공표, 기사를 읽으며 인증기준 어디에 해당하는지 유추해보았습니다.

2. 실기시험 대비

필기를 합격하고 WIN실기 과정을 모집한다는 소식을 듣고, 과정을 따라갈 수 있을까 하는 고민과 비용에 대한 부담이 있었습니다. 그런데, 이 과정을 놓치면 다시 또 1년을 해야 할 것 같은 생각이 들어 빠르게 접수했습니다. WIN 실기 과정과 업무 경력으로 실기시험은 자신 있었습니다.

그런데!!!! 한국인터넷진흥원에서 진행하는 실기 교육을 듣고 인증기준이 헷갈려지기 시작했습니다. 교육 듣기 전에는 명확했던 기준이 흔들리고, 시험 도중에도 교육 시 애매하게 말씀하셨던 틀린 답만 기억이 났습니다. 그래도 합격할 수 있었던 것은 WIN실기과정의 첨삭과 훈련 덕분인 것 같습니다.

이 시험은 정답이 명확하지 않아 어렵습니다. 지식의 깊이보다는 넓은 바다에서 우리 인증기준을 지켜서 따라와~ 하는 느낌의 시험이라 여겨졌습니다. 넓게만 보다가 갑자기 훅 하고 깊은 바다에 빠져 허우적거리게 됩니다. 때로는 깊이 있는 지식도 필요하지만 너무 매몰되어서 빠지지 않으시길 바랍니다. 제한된 시간에 폭넓게 하는 공부이므로 혼자 하기보다는 같이 하시길 권장 드립니다.

아이 둘 워킹맘에 대학원 과정과 사이버대학 수강을 함께하며 시험을 준비하였습니다. 3년 동안 마음 편히 보낸 적이 없어서, 가족들에게 항상 미안하였습니다. 아이들과 시간을 많이 보내고 싶어서 이번이 마지막이다! 라는 생각으로 시험을 보았는데 다행히 합격하였습니다.

이 책을 보시는 분들은 빠르게 합격하시고, 가족과 행복한 시간 보내시기 바랍니다.

⑦ 쓸슬 합격자

안녕하세요. 정보보안&개인정보보호 비전공자 ISMS-P 시험 3수 합격 후기입니다.

햇수로 3년 공부한 끝에 21년 CPPG, 24년 PIA, ISMS-P 시험도 동차 합격하게 되었습니다. 꾸준히 공부한 결과인 것도 같고, 운도 좋았던 것 같습니다.

IT 쪽에서 일하고 있으며 회원 PO를 하고 있을 때였습니다. 21년에 CPPG를 취득하고 탄력받아 ISMS-P까지 공부하게 되었습니다. 보안 비전공, 비업무자라 도전을 망설일 때 ISMS-P WIN 스터디 운영진분들의 독려 덕분에 시작할 수 있게 되었습니다.

22년 첫 시험은 경험 삼아 봤는데 56점을 취득하고 '어라? 조금만 더 하면 될 수 있겠는데' 안일한 생각을 했던 것 같습니다. 그러나!!! 23년 시험에는 성적이 더 떨어지는 경험을 하게 됩니다. 왜 떨어졌을까... 합격한 사람들에 비해 내가 부족한 것이 무엇이었을까 고민했습니다.
업무적으로 보안에 대한 지식이 풍부한가? 아니요.
인증기준과 법을 다 암기할 수준으로 공부했는가? 아니요.
합격한 분들만큼 체계적이고 전략적으로 공부했는가? 아니요.
합격한 분들만큼 물리적, 정신적으로 열심히 했는가? 아니요.
네, 떨어질만 했고, 붙었다면 요행이었을 것입니다.

전체적인 공부 방향을 넓고 얕게 잡았던 것이 문제였습니다. 비전공, 비업무자인만큼 전체를 깊이 알진 못하더라도 필수적인 부분은 깊이 있게 공부를 하는 것으로 전략을 수정했습니다. 이 시험이 초반에 지식을 습득하며 역량이 가파르게 상승하다가, 어느 순간 디테일과 판단력을 요하는 시기가 오는데 그 시기에 성적이 정체되거나 오히려 떨어지면서 슬럼프를 느끼지 않나 싶습니다. 본인이 공부했고, 일하는 필드에 매몰되지 않고 일반론적인 시각에서 문제를 대하는 자세, 법에 대한 디테일한 지식, 그리고 트렌드를 섭렵한 기술적 지식이 복합적으로 필요하기 때문입니다.

ISMS-P 공부는 장기전이고 고독한 과정이라 멘탈관리 필수입니다.

공부방법
1. 인증기준
인증기준은 이 시험에서는 법과 같습니다. 인증기준 한 단어 한 단어를 음미하고 되새기며, 주요 확인사항과 결함사례까지 암기할 정도로 집요한 이해가 필요합니다.
r.f) 소규모 스터디 토론, 핵심키워드 암기, 꾸준한 셀테 반복

2. 법

법은 범위가 넓기도 하지만 개인정보보호법 3장과 안확보는 법 목차 정도는 암기할 정도로 정확하고 깊이 있게 파악해야 합니다.
r.f) 두음 암기, 해설서, 가이드, 사례집 등 폭넓게 정독, 2회독 이상

3. 모의고사

모의고사를 통해 시험의 유형을 파악하고 실제 시험의 분량과 시간 배분 등에 대해 감각을 익히는 연습이 중요합니다. 실제로 시험 이틀 전에는 시험과 동일한 시간에 모의고사를 다시 풀며 시간관리 연습을 실전처럼 했습니다.
r.f) 소규모 스터디 토론, 타이머 연습

4. 기술

기술은 아주 집약적으로 나오는 것보다 최신 트렌드의 용어와 서비스를 기반으로 트렌디한 환경에서도 인증심사를 중심 있게 잘 수행할 수 있을지 판단하는 문제가 나옵니다. AI나 빅데이터, 클라우드 환경에서의 인증심사를 진행하는 지문들이 그러합니다.
r.f) 보안기사 필기, 클라우드 강의

인증기준은 공부할수록 헷갈리고, 모호한 부분이 있습니다. 봐도 봐도 모르겠고 간과하고 지나갈 수밖에 없는 부분도 있습니다. 그런 고민들이 WIN 카페 모의고사에 잘 담겨 있고 시중 어떤 자료에 비해서도 최신 경향을 잘 담아내고, 시험과 유사한 난도를 유지하기 위해 투자와 노력을 한 산출물임은 확실합니다.

유사한 인증기준을 구분하고, 시나리오의 상황이 어떤 인증기준인지 명확한 판단을 하는데 스터디에서 정리한 '핵심키워드'가 좋은 가이드가 되었습니다. 핵심키워드는 기본적으로 암기하고, 셀테는 시험 직전까지 반복적으로 풀었습니다. 셀테를 반복하는 것이 크게 지식 강화에 큰 도움이 되지 않는 것처럼 느껴지지만 셀테를 멈추는 순간 인증기준에 대한 감각은 급격하게 퇴화합니다.

그리고 무엇보다 소규모 스터디를 꾸려 인증기준에 대해 토론하고 판단근거를 나누면서 보편적인 시각, 출제자의 의도, 내가 생각하지 못했던 관점들을 키울 수 있었습니다. 저는 이 부분이 아주 큰 도움이 되었습니다. 혼자 공부하면 방향도 잘 모르고 지칠 수 있는데, WIN 카페 스터디가 앞에서 방향을 제시해 주었습니다. 스터디를 꾸려 부족한 의지를 다지고, 다양한 시각을 나누며 지식을 확장한 것이 좋은 결과로 이어진 것 같습니다.

필기시험은 더 디테일하고 트렌디하며 정확한 지식을 묻고 있습니다. 복수 답 또는 맞는 보기가 몇 개인지를 고르는 문제가 점차 늘어가고 있습니다(24년 시험은 거의 20문제가 복수 보기를 고르는 문제였습니다). 시험 응시자는 늘어가고 이미 필드에 심사원 풀도 많은 상황이라 시험이 점점 어려워지는 것 같습니다. 찍신이 강림하여 찍기로 20점 이상 맞을 자신이 없다면 전방위적인 학습전략이 필요합니다. 그리고 어느 정도 운도 분명히 필요합니다. 다만 '3개 중에 찍어야 되는가', '2개 중에 찍어야 되는가'의 범위를 줄일 수 있도록 관련 지식을 탄탄히 쌓아야 합니다.

정말 열심히 했고, 역량이 출중하신 분들은 반드시 합격합니다. 마음의 각오를 단단히 하시고, 1년 정도 후회 없이 몰입하신다면 좋은 결과는 따라오리라 생각합니다. 감사합니다.

8 Superhm 합격자

처음에는 독학으로 인증기준 공부와 모의고사를 풀어보는 정도로 시험을 봤었습니다. 정보보호 및 개인정보보호 업무를 수행하였고 정보보안기사, CPPG 취득 등을 통해 기반 지식은 갖추었다고 생각했으나, ISMS-P 시험의 광범위한 범위와 높은 난도로 난감함을 느끼고 있었습니다.

여러 교육 기관 중 잘 짜인 커리큘럼과 교육 스케줄 그리고 제공되는 공부 자료 등을 보고 ISMS-P WIN 종합반을 수강하였습니다. 기본 강의와 자료를 바탕으로 시험의 전반적인 내용과 범위를 이해하고, 어떻게 시험을 준비해야 할지 방향을 잡을 수 있었습니다.

무엇보다 ISMS-P WIN의 광범위한 이론 교육 및 자료와 많은 양의 문제를 풀어볼 수 있는 것이 강점이라고 생각합니다. 더불어 기술사님뿐 아니라 멘토님들께서 활동하시며 스터디와 질의응답, 신규 문제 제공 등 수강생의 합격을 위해 적극적으로 도움 주시고 노력해 주시는 것에 아주 큰 도움을 받아 합격할 수 있었습니다.

나름대로 공부를 열심히 하고 시험을 준비하였지만, 실제 시험에선 시간도 부족하고 매우 어려웠습니다. 어느 정도 이해를 하고 있으면 풀 수 있는 여타 시험과는 다르게 제대로 알지 못하면 답을 찾기 어려운 시험이라고 생각합니다.

정보보호 및 개인정보보호 관련 다방면의 자료를 공부하며 외울 것은 확실하게 외우고, 무엇보다 많은 문제를 풀어보는 것이 중요하다고 생각합니다. 이런 면에서 ISMS-P WIN에서 제공하는 공부 자료와 양질의 많은 문제는 독보적으로 큰 도움이 된다고 생각합니다.

김창중 기술사님, 멘토님과 운영진분들께 감사드리며, 수험생분들께서도 함께하셔서 좋은 결과 있기를 바랍니다.

공부 방법
- '24년 1월 ISMS-P WIN 종합반 수강
- KISA ISMS-P 인증기준 안내서 3회 정독 및 인증기준 암기
- 기본 인강(50강) 수강
- ISMS-P WIN 이론 교재, 문제집 2회전
- 구글 클래스룸 스터디 22회분
- 정보보호 및 개인정보보호 관련 가이드, 기술자료 등 공부
- 오답노트 작성 및 수회 반복, 관계 법령 공부

9 cjsfkdtjdm 합격자

개인에게 맞는 공부 방법, 학습량, 시험 전략이 다 다르겠지만 조금이나마 도움이 되었으면 하는 마음에 제 경험을 공유해 보겠습니다.

1. 필기 준비

보안 담당자로 ISMS-P 인증 업무를 하고 있어 인증제도와 인증기준은 알고 있었고, 심사원으로 더 다양한 활동을 하고 싶어서 시험준비를 하게 되었습니다. 필기는 인증기준 안내서와 인증제도 안내서, 정보통신망법, 개인정보보호법, 시행령, 고시를 위주로 공부했습니다.

필기 공부에 많은 도움이 되었던 것은 [단권화]와 [인증기준 안내서 정독]입니다. 손에 쉽게 잡히도록 인증기준 안내서를 A5 사이즈 책으로 만들었고, 암기가 필요한 사항들(키워드, 법, 시행령, 고시 등)을 요약해서 책에 계속 추가 작성해 가며 단권화시켰습니다. 그리고 단권화된 책을 가지고 다니면서 계속 반복해서 읽었습니다. 각 인증기준은 무엇을 요구하는지, 왜 요구하는지, 왜 해당 인증기준의 결함인지를 생각하면서 반복 정독했습니다. 인증기준과 인증기준 설명, 결함사례를 중점적으로 읽었고, 세부설명은 이해를 위한 참고 정도만 했습니다. 내용을 업데이트해 가면서 책이 너덜너덜해질 정도로 반복해서 읽다 보니 처음 읽을 때와 이해도도 달라졌고, 자연스럽게 외워지는 부분도 있었습니다. 모의고사 문제를 풀 때도 틀린 문제들은 해설과 함께 다시 한번 인증기준을 정독하면서 고민했던 것이 많은 도움이 되었습니다.

2. 필기시험

2시간에 50문제, 시간이 많이 부족합니다. 많이 맞추자 보다는 60점 이상 합격이라는 점을 생각하고 전략적으로 접근하는 것이 중요한 것 같습니다. 방화벽 문제같이 구성 분석, 정책 비교로 시간이 많이 필요한 문제나 아예 도메인 지식이 없는 최신기술 용어 문제는 우선 건너뛰고 풀었습니다. 보기 2개 중 헷갈리는 경우에도 체크만 해두고 넘겼다가 나중에 다시 풀었습니다. 결함을 판단하는 문제의 경우, 너무 깊이 생각하지 않고 인터뷰와 지문 안에서 확인할 수 있는 팩트 만으로 판단하려고 했습니다. 합격, 불합격의 당락을 가르는(?) '모두 고르시오(2개)' 유형의 문제가 생각보다 많이 나오기 때문에 당일의 컨디션과 순간 판단력이 중요하다고 생각합니다. 시험 당일, 공부는 충분히 했다고 생각하고 편한 마음으로 풀었기에 오히려 좋은 결과를 낼 수 있었던 것 같습니다.

3. 실기 준비

실기는 70점 이상 합격이고 필기 합격자 대부분 합격한다는 이야기를 들었지만, 반대로 불합격도 분명히 나온다는 말이었기에 필기 합격 후 기회를 놓칠 수 없다는 생각으로 필기시험보다 더 열심히 준비했습니다.

실기는 [인증기준 안내서 정독]과 [필사 연습]으로 준비했습니다. 인증기준 안내서를 다시 정독하면서 인증기준과 결함사례를 다시 정리하고, 필사 연습을 주 3~4회씩 했습니다. 결함보고서를 그대로 따라 써보기도 하고, 예제 문제를 통해 직접 결함을 판단하고 결함보고서를 처음부터 끝까지 써보기도 했습니다. 결함을 맞게 판단하더라도 운영현황, 결함내역, 조치사항을 논리적으로 풀어 쓰는 것이 처음엔 쉽지 않았습니다. 실무 교육 5일 수강과 함께 ISMS-P WIN 실기 교육도 수강하면서 꾸준히 연습하니 점점 완성도 있는 보고서를 작성할 수 있게 되었습니다. 글씨체가 좋지 않아 글씨체 교정 책을 구매해서 가볍게 하루 한 장씩 썼던 것도 글씨의 가독성을 높이는 데 많은 도움이 되었습니다.

4. 실기시험

실기시험 또한 제한된 시간 안에 문제를 풀고, 답안까지 작성해서 제출해야 하기 때문에 시간이 여유롭지 않습니다. 서술형 2문항, 논술형 2문항으로 심사원 질의 사항, 통제항목 판단, 결함 발견, 결함보고서 작성의 문제들이 출제됩니다. 실무 교육을 받고 실기 준비를 하면서 접했던 유형들이라 결함을 판단하는 것은 어렵지 않았습니다. 답안을 작성할 때 좀 더 설득력 있는 문장으로 작성하고 가독성에 신경을 쓰다 보니 시간이 빠듯했지만, 필기 합격 이후 3개월 정도의 시간 동안 꾸준하게 인증기준 정리와 필사 연습을 했기에 답안을 잘 작성할 수 있었다고 생각합니다.

보안 업무를 하면서 바라던 자격 중 하나였는데 2024년 마지막을 인증심사원 합격으로 마무리할 수 있어서 뿌듯합니다. 범위가 포괄적이기에 얼마나 많이 알고 있는지도 중요하지만, 주어진 상황에서 기준에 따라 얼마나 적절하게 판단할 수 있느냐가 더 중요한 것 같습니다. 시험을 준비하시는 분들 모두 개인에게 맞는 공부 방법, 전략을 찾으셔서 좋은 결과로 이어지길 바랍니다. 감사합니다.

🔟 shy 합격자

합격 후기를 통해 제가 준비과정에서 느낀 점과 여러분께 드리고 싶은 조언을 나눠보고자 합니다.

1. 시험 준비과정과 학습의 중요성

ISMS-P를 준비하면서 가장 중요하다고 느꼈던 것은 정보보호 관리체계의 본질과 취지에 대한 깊은 이해였습니다. 시험은 단순히 암기나 속도만으로 해결되는 것이 아니라, 각각의 관리 항목과 보안 통제들이 조직에 어떤 가치를 더하고, 실무에 어떻게 적용될 수 있는지를 이해하는 데 초점이 맞춰져 있습니다.

시험공부를 하며 저는 틀린 문제나 이해가 잘 안 되는 부분에 특히 집중했습니다. 단순히 정답을 외우는 데 그치지 않고, 문제의 맥락과 개념을 제 방식대로 풀이하고 해석하며 내재화하려고 노력했습니다. 이를 통해 각 개념이 제 머릿속에 자리 잡게 되었고, 실무에서도 자연스럽게 적용할 수 있는 자신감을 갖게 되었습니다.

특히 ISMS-P WIN 카페와 같은 커뮤니티에서 많은 도움을 받았습니다. 기존 합격자를 비롯하여 같이 시험을 준비하며 실무 경험을 공유하는 분들의 조언은 단순히 이론으로만 배우기 어려운 깊이 있는 통찰을 주었고, 공부의 방향을 잡는 데 큰 힘이 되었습니다.

2. 실전 모의고사 문제집 활용법

모의고사 문제를 풀며 틀린 문제나 이해가 가지 않는 문제를 단순히 답안으로 넘어가지 마시고, 해설을 참고하고 확장하여 반드시 자기만의 방식으로 이해하고 체득화 하는 시간을 가지시길 권장합니다.

(1) 문제의 배경을 이해하기

틀린 문제의 경우 해당 문제가 다루는 핵심 개념과 배경을 다시 한번 정리하세요. 왜 이 답이 맞고 다른 답은 틀렸는지 스스로 설명해 보며 출제된 문제의 의도와 인증기준의 취지를 이해하며 학습의 틀을 잡는 것이 중요합니다.

(2) 실무와 연결하기

각 문제를 실무와 연결지어 생각해보세요. 예를 들어, 해당 통제항목이 실제 조직에서는 어떻게 적용될 수 있는지를 고민하며 학습하면 개념이 더욱 명확해집니다.

(3) 커뮤니티의 활용

저처럼 ISMS-P WIN 카페 등 커뮤니티를 활용해보세요. 공부하는 동안 겪는 어려움이나 궁금증을 해소하는 데 큰 도움이 될 겁니다.

3. 꾸준한 연습과 몰입의 중요성

ISMS-P는 단순히 자격증을 얻는 것을 넘어, 정보보호와 개인정보보호를 심층적으로 이해하고, 이를 조직의 관리체계에 적용할 수 있는 역량을 키우는 과정이라고 생각합니다. 시험준비 과정에서의 꾸준한 연습과 스스로 문제를 풀이하고 체득화하는 몰입의 시간은 그 어떤 것보다 값진 경험이었습니다.

스스로 풀이하며 내재화하는 과정이 결국 여러분의 실력과 자신감을 크게 성장시킬 것입니다. ISMS-P를 준비하시는 모든 분께 좋은 결과가 있길 응원합니다!

🕚 푸딩 합격자

안녕하세요~ 저는 정보보호 및 개인정보보호 업무 경력 만 2년이 조금 넘은 보안 새내기 직장인입니다. 그간 개발, 운영, 기획 업무를 10년 가까이 했으니 마냥 새내기라고만 할 수도 없겠네요.

저 같은 경우 첫 직장을 제외하고 모두 공공에서 경력을 쌓고 있어서 미래에 대한 불안감이 생기기 시작했습니다. 아직 30대지만, 퇴직 이후 삶이 그려지지 않았습니다. 그래서 공공에서도 많은 이직을 시도했고, 벌써 4번째 직장에서 근무 중입니다.

4번째 직장에서 정보보호 및 개인정보보호 업무를 처음 접하게 되면서 작년에 ISMS-P 인증심사원이라는 자격이 있다는 것을 알게 되었고, 엄청나게 핫한 주제라는 것도 알게 되었습니다.

사실 작년 이맘때만 해도 스터디를 할까 말까 고민하고 있었고... 합격은 시나리오에 있지도 않았습니다. 1년이 지나고 이렇게 최종 합격까지 하고 나니 감회가 정말 새롭습니다. 제 경력과 기본 배경은 이미 필기시험 합격 후기에서 남겼기 때문에 실기시험과 최종 합격에 대한 소회를 밝히고 싶습니다.

1. 준비방법

저는 정보보안 전공자(단, 컴퓨터공학은 전공했으나 보안과목 미이수)가 아닐뿐더러, ISMS-P 인증심사라는 것을 본 적도, 받아 본 적도 없습니다. ISMS-P 인증심사원 필기 스터디를 시작하면서도 합격이 목표가 아니었습니다. 스터디를 통해 '정보보호 및 개인정보보호 분야 지식을 좀 더 쌓자'가 현실적인 목표였습니다. 정보보안기사도 수차례 낙방했었습니다. 다행히 ISMS-P를 공부하면서, 정보보안기사를 병행하여 '24년 1회 시험에 합격(합격률 11%)했습니다.

ISMS-P WIN 필기 스터디를 참여하면서 처음에는 깜지도 아니고, 필사가 무슨 도움이 될까 의문을 가지기도 했습니다. 근데 사실 저는 더 나은 대안이 없었기 때문에 기를 쓰고 따라갔던 것 같습니다. 그대로 해보고 안 되면 그때 가서 다시 평가하면 될 일이었으니까요. 필사를 통해 저도 모르게 곱씹는 느낌을 받았고, 평소라면 지나쳤을 문구에도 집중하는 효과가 있었습니다. 정독만큼이나 문구나 단어가 자연스럽게 머리에 박혔습니다.

우여곡절 끝에 스터디의 도움으로 필기에 합격하고 난 뒤, 실기를 준비하게 되었습니다. 고민할 것도 없이 ISMS-P WIN 실기 스터디를 신청했습니다. 실전같은 시나리오와 놓치기 쉬운 부분을 코멘트 받으면서 결함보고서를 다듬어 나갔습니다. 저도 모르게 매번 실수하는 부분도 멘토님들이 잡아주셨습니다. 멘토 님마다 강조하시는 부분이 조금씩 달랐기 때문에 해당 과제의 멘토 분 의견을 최대한 반영하기 위해 신경 썼습니다. 멘토님 의견을 하나하나 반영하면서 결함보고서 품질이 계속 높아지는 느낌을 받았습니다. 과제를 전부 마치고 나니 손으로 직접 쓴 결함보고서가 70페이지를 넘었습니다.

2. 불안, 마인드컨트롤 그리고 실기시험

연말이 다가오면서 각종 평가 일정들로 업무 과부하가 복병이었습니다. 퇴근하면 밤 10시, 11시는 일상이었습니다. 10월에 연휴가 그렇게 많았는데 국정감사, 개인정보보호 평가 대응을 위해 쉬는 날 없이 모두 출근했습니다. 폭증하는 업무량으로 충분한 학습시간 확보에 제약이 걸리는 와중에도 새벽 2~3시까지 스터디 과제를 모두 소화하며 나름대로 준비가 되었다고 생각했지만, 실기 시험일이 다가오면서 불안감이 엄습했습니다.

'그 어렵다는 필기를 겨우 합격했는데... 만약 실기에 떨어지면...'이라는 시나리오가 엄청난 압박으로 다가왔습니다. 인증 간소화 등 다양한 변화가 예고되는 가운데, 내년 시험준비는 너무 가혹했습니다. 공부 동력이 떨어지고 지칠 때마다, 불합격한 제 모습을 그려보며 자신을 채찍질했습니다.

실기시험은 익숙한 서초고에서 진행되었습니다. CPPG를 취득하기 위해 방문했던 곳입니다. 작년 시험 후기에서 시간이 부족하다는 후기를 많이 보았기 때문에, 제가 익숙한 주제 먼저 빠르게 식별하고 문제를 풀어나갔습니다. 하지만, 너무 긴장한 탓인지... 문제를 잘못 해석하여 인증기준 선택에서 실수를 하고 말았습니다(문제 관련 내용은 보안 서약을 했기 때문에 공개하지 않습니다). 시간이 아주 부족하진 않았지만, 남아도는 느낌은 아니었습니다. 다만, 차분하게 생각하면서 문제를 풀어갈 수 있는 수준이었습니다.

3. 최종 합격

실기시험 종료 후 잘못 푼 1문제가 자꾸 머리에 맴돌아서 견딜 수가 없었습니다. 일부러 다른 생각도 해보고 다른 시험공부도 하면서 기억을 잊기 위해 애썼습니다.

그러다 우연히 부처에서 진행하는 정보보호 및 개인정보보호 교육에서 김창중 기술사님을 뵙게 되었습니다. 교육 중이라 오랜 시간 대화할 수 있는 상황은 아니었지만, 합격할 수 있을 거라고 응원해 주시는 기운을 듬뿍 받았습니다. 기술사님이 설명해 주시는 강의도 참 열심히 들었던 것 같습니다. 필기시험 직전에도 운 좋게 한 멘토님 강의를 들었는데, 실기시험 발표 전에도 이런 기회가 생겨서 뭔가 운이 따를 것 같았습니다.

심지어 실기시험은 합격 발표일이 사전에 공지되지 않아서 11월이 어떻게 지나갔는지 모르겠습니다. 11월의 마지막 주 목요일, 마침내... 합격 메일을 받았습니다.

4. 감사 인사

1년 전 제 모습을 생각하면 너무나도 감회가 새롭습니다. 정보보호 및 개인정보보호 업무 경력 3년 도 안 되는 제가 전문가라고 말할 순 없겠지만, 그래도 조금은 안다고 말할 수 있게 되었습니다. 아 니... ISMS-P 인증심사원이라고 하면 더이상 많은 부연 설명이 필요하지 않았습니다.

합격의 기쁨과 고양의 기분을 느끼게 해주신 김창중 기술사님과 멘토님들께 진심으로 감사드립니 다. 마지막까지 전력 질주하신 스터디원 분들도 승승장구하시길 기원합니다.

혹시라도 아쉽게 불합격하신 분들이 계신다면, 내년에는 꼭 합격하실 수 있다고 말씀드리고 싶습 니다. 심사 현장에서 뵙겠습니다. 감사합니다.

I

합격 핵심 정보

1) ISMS-P 인증심사원 자격 검정의 법적 근거 및 시행 절차

ISMS-P 인증심사원 자격검정은 개인정보보호위원회·과학기술정보통신부의 『정보보호 및 개인정보보호 관리체계 인증 등에 관한 고시』 제4장 인증심사원에 따라 인증심사원 자격 요건, 자격 신청, 자격 발급 및 관리 등이 제정되어 있다. 자격검정 시험은 한국인터넷진흥원이 주관하며, 공공 사업 발주시스템인 G4C에 "ISMS-P 인증심사원 자격검정 및 교육 운영" 용역 과제 입찰을 통해 시행된다. 입찰에서 수주한 업체가 인증심사원 선발에 관련한 행정 처리를 위한 사무국을 두고, 시험 출제, 집필, 평가, 교육, 선발 등의 업무를 위탁 받아 운영하게 된다.

2) ISMS-P 인증심사원 선발 과정

특징	내용
문제 운영	• 문제은행 시스템
필기 평가	• 문자, 이메일, 홈페이지 안내 후 자격 신청서류 제출 • 위탁 운영 업체에서 서류 검토 후 준비 안내서 발송 • 필기 시험 채점(OMR 방식) 및 합격자 안내
실기 평가	• 필기 합격자에 한해 5일 교육과정 이후 실기 평가 실시 • 필기 합격 후 실기 불합격 시 차년도 실기 평가 1회 재응시 가능 • 5일 과정으로 회차 별 40명 규모 선발

※ 필기 평가에 합격한 후 실기 평가에 탈락한 경우 차년도에 필기시험을 1회 면제하고, 실기시험에 재응시할 수 있습니다.

3) ISMS-P 인증심사원 자격검정 시험의 특징

특징	필기	실기
응시 자격	• 신청 서류 합격자에 한해 응시	• 필기 시험 합격자에 한해 응시
시험 시간	• 120분	• 120분
문항수	• 객관식 50문제	• 서술형 4~6문제

문제 형식	• 객관식 5지 선다형 문항
	  – 단순질의, 복합응용, 상황판단
	• 2개 이상 선택문항 약 20%
		• 교육 출석 일수
		• 서술형 2문항
		  – 인증심사 방법 이해 및 통제항목 판단 능력 검증
		• 논술형 2문항
		  – 결함 발견 능력 및 결함보고서 작성 능력 검증

교육기간	–	• 5일
응시료	• 무료	• 무료
합격률	• 5% 내외	• 50~90% 내외
합격자 발표	• 시험 후 약 1개월 후	• 시험 후 약 1개월 후

→ 2024년 필기시험은 3,000여 명 중 120여 명으로 4%대로 합격하였습니다.

4) ISMS-P 인증심사원 자격검정 시험 범위

No	구분	비고
1	ISMS-P 인증제도	• 인증제도 개요 • 인증기준 요구사항 　– 101개 인증기준 및 세부점검항목 • ISMS-P 인증기준 안내서에 포함된 주요 확인사항, 결함사례, 증적문서 등
2	ISMS-P 인증기준	
3	(개인)정보보호 이론 및 기술	• 정보보안기사, CPPG, CISA, CISSP
4	(개인)정보보호 관련 법규	• 「개인정보보호법」, 정보통신망법 등
5	개인정보 생명주기	• 개인정보보호 종합포털 개인정보 자료

02 ISMS-P 인증심사원 혜택

ISMS-P 인증심사원 자격을 취득하면 금전적으로나 비금전적으로 다양한 혜택이 있다. 일단 권위 있는 자격증이기 때문에 취득하면 그 자체로도 성취감이 있다. 게다가 취득 후 체감이 되는 직·간접적인 혜택이 많다. 단, 본인의 열정에 따라 자격증의 쓰임새는 황금이 될 수도 있고, 쇠붙이가 될 수 있다.

1) ISMS-P 취득 시 금전적 혜택

구분	혜택
자문료	• 심사일 수 20일 이하 : 일 20만 원 • 심사일 수 20일 이상 : 일 30만 원 • ISMS-P 심사일수 15일 이상 : 일 35만 원 • 책임심사원 임명 시 : 일 45만 원
전문심사원 활동 가능	• 심사 자문료 : 월 15일 수행 시 500만 원 이상 • 컨설팅 전문 프리랜서 : 월 800~2,000만 원(평균 : 1,000만 원)
제안 평가위원	• KISA 사업 제안서 평가위원 신청 가능 • 평가 보수 : 시간당 10만 원 이상
강의료	• 인증 컨설팅 기업 강의 : 시간당 5만 원~50만 원

※ 자문료를 제외하고, 개인의 역량에 따라 활동 보수가 차이가 있다.

2) ISMS-P 취득 시 비금전적 혜택

구분	ISMS
자격증 위상	• 정보보호 업계에서 인정해주는 최고 권위 자격증
업무 기회	• 신청기관 ISMS-P 인증 컨설팅 PM 기회 • 컨설팅 ISMS-P 인증 컨설팅 PM 기회 • 정보보호 프로젝트 투입 기회
보안 커뮤니티	• ISMS-P 인증심사원풀에 등록되어 심사원과 협력 가능 • KISA, TTA 기관 담당자, 보안컨설팅 기업과 보안 관련 사업, 교육, 강의 등 활동
보안전문가	• 보안전문가로서의 한단계 도약하는 지름길 • 기술사, 석사, 박사 등의 전문가로서의 도약
이직 시 혜택	• 보안 업무 담당 회사 이직 시 1순위 우대 자격증

※ 본인의 의지, 열정, 역량, 친화도에 따라 혜택의 수준이 좌우된다.

03 ISMS-P 인증심사원 자격검정 Q&A

Question	Answer
ISMS-P 인증심사원 자격검정을 치셔야 하는 이유	대한민국 최고의 국가 공인 정보보호 자격증입니다. 1년에 1회 시행되는 시험이기 때문에 자격증의 희소성이 매우 높습니다. 응시비용이 없기 때문에 금전적인 부담이 없습니다. ISMS-P 자격검정 수험서 여러 책을 비교해 보시고, 최고의 책을 선택하여 도전하시기 바랍니다. 좋은 책을 선택하시고, 열심히 학습하시면 누구든지 합격하실 수 있습니다.
필기, 실기 어느 시험이 중요한가요?	ISMS-P 인증심사원 시험은 필기, 실기 모두 어렵습니다. 하지만 합격의 당락은 사실상 필기시험에서 판가름됩니다. 필기시험의 난이도는 매우 높기 때문에 심화 학습이 필요합니다. 실기 시험은 합격자수 제한이 없기 때문에 일정 기준을 넘어서면 절대 평가로 합격자 수가 정해집니다. 일단, 실기 시험을 걱정하기 보다는 필기 시험에 집중하시기를 바랍니다.
시험 범위가 매우 넓은데, 어떡하죠?	다락원 ISMS-P 인증심사원 기본서에 ISMS-P 시험범위 1~5까지의 내용을 1권에 수록하였습니다. 이러한 방대한 시험범위를 커버하기 위해 실제 시험에서 출제된 지식을 역분석하여 서적 10권, 가이드 50개 이상을 핵심 내용만 선별하여 최소한의 분량으로 집필하였습니다.
CPPG도 없는데 도전해봤자 떨어지지 않을까요?	ISMS-P 인증심사원 시험은 CPPG나 정보보안기사가 있으면 이해도 측면에서 수월할 수는 있습니다. 하지만 큰 도움이 되지 않습니다. 저 또한 어떠한 보안 자격증도 없이 도전하여 취득하였습니다. 기존 자격증이 많은 것이 중요한 게 아니라 얼마나 좋은 자료를 보느냐, 깊게 이해하느냐, 핵심을 암기하느냐가 가장 중요합니다.
보안 업무를 하고 있지만 개발자 출신이라, 법을 잘 모르는데 괜찮을까요?	개발자 출신이시면 컴플라이언스를 어렵게 생각하실 수 있습니다. 하지만 단연코, 법을 모르시는 건 아닙니다. 현재 우리가 생활하는 IT환경(홈페이지, 스마트폰 앱, 종이 서류)에 이미 법이 반영되어 있습니다. 마음을 여시고, 자료를 자주 보시면 이해가 되고, 암기도 하실 수 있습니다.
학습하다가 모르는 부분이 있으면 어떡하죠?	저자가 운영하는 ISMS-P 인증심사원 합격 네이버 카페에 방문하여 글을 남겨 주세요. 언제든지, 어떠한 질문이든지 환영합니다. 신속하게 답을 드리겠습니다. https://cafe.naver.com/ismspwin

ISMS-P 인증심사원은 2018년과 2019년 전환시험에서 상당수가 불합격하고 신규 인증심사원 공급도 제한적인 상황에서, ISMS-P 인증 수요는 의무대상자 증가와 개인정보 보호 중요성 강화로 지속적으로 증가하고 있어, 향후 인증심사원이 되면 심사 기회가 풍부하게 주어질 것이며 정부의 정보보호 정책 강화와 함께 전문성을 인정받는 안정적인 경력 기회로 자리매김할 전망이다.

1) ISMS-P 인증 심사 예상 수요

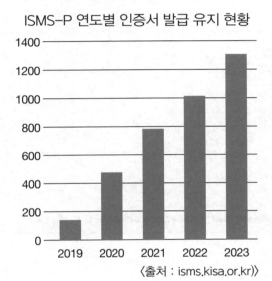

ISMS-P 연도별 인증서 발급 유지 현황

〈출처 : isms.kisa.or.kr〉

2019년 5월 이후로 구 ISMS(PIMS) 인증기준은 사후심사를 제외하고 더 이상 적용되지 않는다. ISMS 의무대상자인 신청기관도 개인정보 보호를 위해 기존보다 적은 수수료로 ISMS-P를 취득하는 경우가 늘고 있다. 따라서 신규 ISMS-P 인증 심사는 지속적으로 증가할 예정이다.

2) ISMS-P 심사원 공급 예측

ISMS 심사원, PIMS 전환시험 합격자 수가 다소 낮고, 매년 배출되는 심사원 수도 낮아서 수요에 대한 공급이 부족한 상황이다. 기존 ISMS, PIMS 심사원의 ISMS-P 전환시험 기회를 다시 제공하는 것도 이에 기인한다. 2025년 신규 ISMS-P 심사원 합격자 수도 예년보다 다소 늘어날 것으로 예상된다. 당분간 인증심사원의 낮은 공급으로 ISMS-P 자격증의 위상은 날로 높아질 것으로 예상된다.

설문 조사는 저자의 카페에서 투표로 진행되었다.

1) 2024년 ISMS-P 필기시험 난이도는?

2024년 ISMS-P 시험을 치른 응시자들은 2024년 시험이 작년 대비 더욱 어렵다고 느낀다는 결과가 나왔다. 실제로 시험은 2015년 이후 매년 어려워지고 있음을 느끼고 있고 2023년에는 합격자가 230명 가까이 나와, 2024년 합격자 수는 줄어들 것으로 예상되었지만, 시험난이도가 2023년 대비 2024년에는 더욱 어려워져 합격자 수가 절반까지 하락하였다.

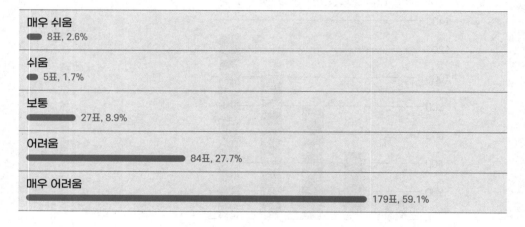

매우 쉬움
● 8표, 2.6%

쉬움
● 5표, 1.7%

보통
27표, 8.9%

어려움
84표, 27.7%

매우 어려움
179표, 59.1%

2) 금년도 ISMS-P 본인 예상 점수는?

실제 합격자 수는 약 120~130명 정도로 최종 선발되었고 특히, 필기시험 난이도가 매우 높아져 많은 응시자가 낮은 점수 획득을 예상하였으며 실제 결과도 그렇게 나왔다.

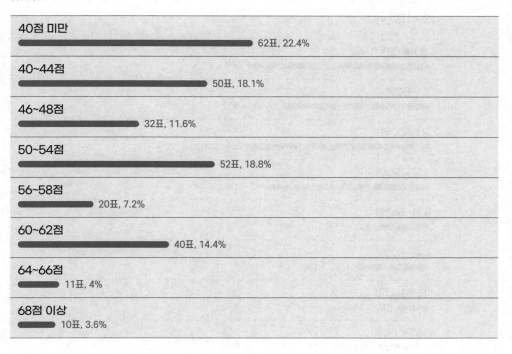

3) 2024년 필기시험 합격자 수 예상

예상대로 실제 합격자가 120~130명 정도 선발되었다. 난이도가 더욱 상향됨에 따라 예상된 결과로 볼 수 있다. 특히 2023년 필기 합격 후, 실기시험에서 떨어진 약 50명 정도의 인원을 포함한다면 2024년에는 최종 150명 정도로 선발될 것으로 추정 가능하다.

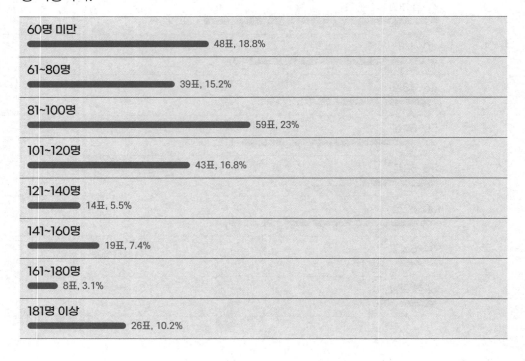

60명 미만
48표, 18.8%

61~80명
39표, 15.2%

81~100명
59표, 23%

101~120명
43표, 16.8%

121~140명
14표, 5.5%

141~160명
19표, 7.4%

161~180명
8표, 3.1%

181명 이상
26표, 10.2%

4) 금년 시험 가장 어려운 과목 2개

전반적으로 인증기준+법문제가 공통적으로 많이 나왔고 특히 '모두 고르시오(2개)' 문제와 '맞는 것은/틀린 것은 모두 몇 개인가?' 문제들이 많이 나와 수험생들의 체감 난이도는 더욱 올라갔으며, 신기술 보안(개인정보, 보안기술)에 대한 토픽 문제도 출제되었다.

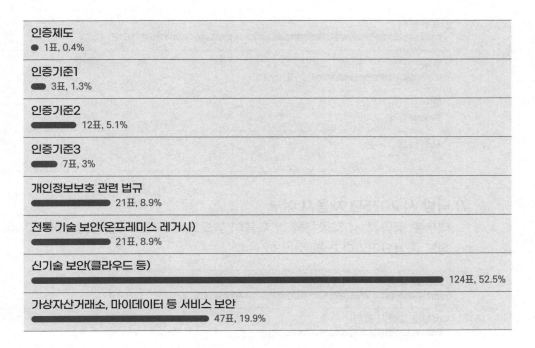

인증제도
● 1표, 0.4%

인증기준1
● 3표, 1.3%

인증기준2
● 12표, 5.1%

인증기준3
● 7표, 3%

개인정보보호 관련 법규
● 21표, 8.9%

전통 기술 보안(온프레미스 레거시)
● 21표, 8.9%

신기술 보안(클라우드 등)
● 124표, 52.5%

가상자산거래소, 마이데이터 등 서비스 보안
● 47표, 19.9%

5) 어쩔 수 없이 찍은 문제 수

찍은 문제 수의 분포가 가장 높은 구간은 11개 이상으로 합격점수인 60점을 획득하는데 상당한 어려움이 예상된다.

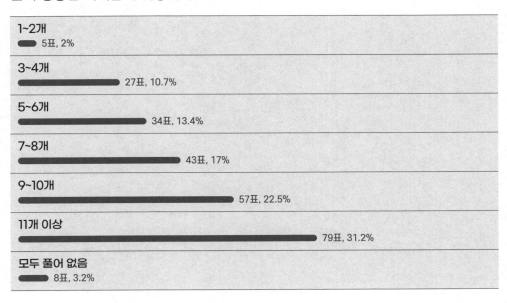

1~2개
● 5표, 2%

3~4개
● 27표, 10.7%

5~6개
● 34표, 13.4%

7~8개
● 43표, 17%

9~10개
● 57표, 22.5%

11개 이상
● 79표, 31.2%

모두 풀어 없음
● 8표, 3.2%

6) 시간적 여유

문제지문이 매우 길다 보니 시간적 여유는 2024년 역시 매우 부족하였다. 수험생들에게 관리적 보안과 동시에 보안기술, 법, 클라우드와 함께 문해력까지 많이 요구되는 걸 확인할 수 있다.

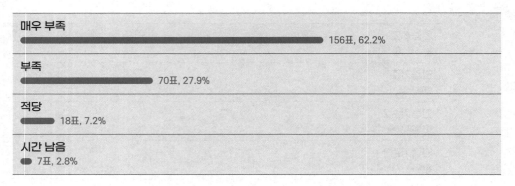

7) 낙방 시 2025년 재응시 여부

대부분 불합격 시 재응시를 할 확률이 높으므로 ISMS-P 인증심사원의 가치는 어느 정도 증명되어있다고 볼 수 있다.

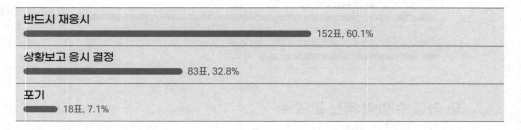

8) 시험준비 관련 본인에게 아쉬웠던 점

시험이 광범위하다 보니 전체적으로 학습의 양적인 측면(학습량)과 질적인 측면(학습 방향성)에 대한 아쉬움이 전체 응답의 약 59%를 차지하고 있어, 이 두 가지가 시험준비에서 가장 중요한 요소로 인식되고 있음을 알 수 있다.

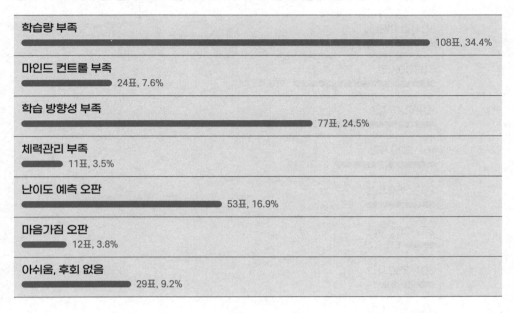

학습량 부족	108표, 34.4%
마인드 컨트롤 부족	24표, 7.6%
학습 방향성 부족	77표, 24.5%
체력관리 부족	11표, 3.5%
난이도 예측 오판	53표, 16.9%
마음가짐 오판	12표, 3.8%
아쉬움, 후회 없음	29표, 9.2%

9) 금년 시험 대비 총 학습량

전체적으로 학습시간이 양극화되어있는 경향이 있고 ISMS-P 시험은 어느 정도 실무지식과 관리적인 보안 능력, 법 등 넓은 범위를 가지고 있으므로 시험준비에 있어 개인별 학습전략과 가용 시간의 차이가 매우 큰 것으로 보여진다.

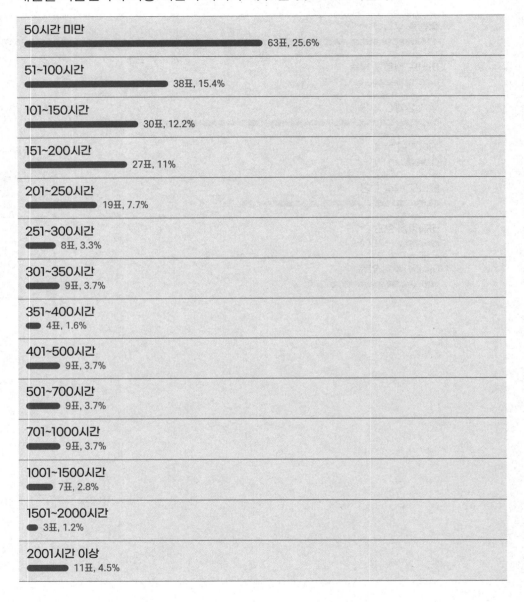

50시간 미만
63표, 25.6%

51~100시간
38표, 15.4%

101~150시간
30표, 12.2%

151~200시간
27표, 11%

201~250시간
19표, 7.7%

251~300시간
8표, 3.3%

301~350시간
9표, 3.7%

351~400시간
4표, 1.6%

401~500시간
9표, 3.7%

501~700시간
9표, 3.7%

701~1000시간
9표, 3.7%

1001~1500시간
7표, 2.8%

1501~2000시간
3표, 1.2%

2001시간 이상
11표, 4.5%

ISMS-P 시험은 관리적 보안의 다른 자격증과 범위가 상당수 겹친다. 예를 들어 PIA(개인정보 영향평가) 자격증을 취득하면 ISMS-P의 법규, 인증기준3의 시험범위를 커버한다고 볼 수 있다. 따라서 PIA 자격증 보유자는 ISMS-P의 시험범위 상의 개념 이해도가 높다고 볼 수 있고, ISMS-P 학습 및 암기가 수월함을 느낄 것이다. 하지만 자격증을 언제 취득했느냐와 얼마나 암기하고 있느냐가 관건이다.

아래 자격증을 모두 취득한 응시생도 ISMS-P 자격증 취득에 빈번히 실패하곤 한다. 과거의 자격증 취득 이력으로 '나는 쉽게 합격할 수 있어' 라는 오만한 생각은 도리어 자격증이 없느니만 못하는 결과를 낳을 수 있다. 필자는 ISMS-P 시험을 취득하기 전에 다른 자격증 시험에 응시하여 기초를 단단히 다지는 것을 추천한다. 물론 자격증이 없더라도 열정적인 노력과 탁월한 문제풀이 감각으로 합격할 수 있다. 1년에 합격자 200명 중 100명 정도는 유사 자격증 취득 없이 심사원으로 배출된다.

1) ISMS-P 제도

	ISMS-P					
Level 5	인증제도	인증기준1	인증기준2	보안기술	법규	인증기준3
Level 4					PIA	
Level 3			정보보안기사			
			CISSP			
Level 2		ISO 27001			CPPG	
Level 1		CISA				

ISMS-P 시험은 대개 7월에 치러진다. 현재 어느 정도 시간이 있다면 체계적인 학습계획 수립을 추천한다. 사실 역량에 따라 책 1권으로 합격할 수도 있지만, 대개는 다다익선 학습 전략을 통해 합격자가 배출된다. 저자 또한 KISA 가이드를 전체를 출력하여 한 장씩 밑줄을 그으며 학습했던 기억이 있다.

물론 모든 KISA 가이드를 읽고, 대다수의 보안 자격증을 취득하여도 반드시 합격한다고 볼 수 없다. 하지만 합격 가능성이 매우 높아지고, 더불어 정보보호 업무 역량도 비약적으로 상승할 것이다.

자격증이 없는 분들은 아래 2024년 응시일정을 참고하여 각 자격증 2025년 시험일정을 모니터링하여 신청한다. 이미 자격증이 있는 분들은 기존 자격증 학습내용을 복습하고 KISA 가이드를 출력하여 학습하는 것을 추천한다.

본인의 의지가 약한 분은 사내 또는 사외 스터디를 구성하여 요약 과제를 할당하고 발표하는 방법으로 진행하면 좋다. 스터디는 열정과 의지가 강한 리더를 선출하고, 반드시 회비와 출석 벌금제를 운영하여 나태함을 방지해야 한다.

1) ISMS-P 제도

구분	1월	2월	3월	4월	5월	6월	7월	8월	9월	10월	11월	12월
ISMS-P				ISMS-P 필기				ISMS-P 실기				
KISA Guide	기술보안 가이드 / 관리보안 가이드											
관리보안		CPPG	PIA									
		CISA										
기술보안	보안기사필기	보안기사실기										
		CISSP										
감리사										감리사 시작 / 기술사 시작		

08 2025년 ISMS-P 시험 범위 중요도

집필진들이 학습한 경험을 바탕으로 ISMS-P 시험 범위를 구분하고, 주요 토픽과 중요도를 산정하였다. 중요도는 별 1개인 것도 모두 보아야 하나, 별 3개인 것은 집중적으로 암기하고 준비하여야 한다.

1) ISMS-P 제도

대구분	소구분	토픽	중요도
1. **ISMS-P** **개요**	ISMS-P와 ISMS 비교	ISMS-P, PIMS 개념, 대상, 선택기준, 범위	★★★
	정보보호 관리체계	ISMS 필요성, 기대효과	★
	인증제도 추진 연혁	ISMS, PIMS, PIPL 통합	★
	인증심사 종류	최초심사, 사후심사, 갱신심사	★★★
	ISMS-P 법적 근거	법률 근거, 고시 통합 이유	★★
	ISMS-P 인증 체계	정책기관, 인증기관, 심사기관	★★
	ISMS-P 인증제도 질문과 답변	인증기준 선택, 인증 범위	★★★
	인증 관련 위원회	인증위원회, 개인정보 분쟁조정위원회, 개인정보보호위원회	★
2. **ISMS-P** **인증 절차**	인증 절차 단계별 소요기간	준비, 심사, 인증, 보완조치 기간	★★★
	인증 심사 단계별 주요 내용	신청, 계약, 심사, 인증	★★
	심사 방법	문서심사, 인터뷰, 시스템 실사	★★
3. **ISMS-P** **인증 대상자**	인증 대상자 종류	임의신청자(자율신청자), 의무대상자	★★★
	ISMS 인증 의무대상자 정의	전기통신사업자, 기간통신사업자(ISP), 집적정보통신시설사업자(IDC), 정보통신서비스 제공자, 상급종합병원, 고등교육법상 학교	★★★
	ISMS 인증 의무대상자 기준	ISP, IDC, 매출액 또는 세입, 이용자수	★★★
4. **ISMS-P** **인증 심사원**	인증심사원 등급별 자격 요건	심사원보, 심사원, 선임심사원, 책임심사원	★★
	인증심사원자격 신청요건	정보보호 경력, 개인정보보호 경력, 정보기술 경력	★★
	심사원 자격 유지 요건	교육 시간 이수	★★
	심사원 자격 취소 요건	부정, 교육 미이수, 불공정 심사, 비밀 누설, 부당 이익수수	★

2) ISMS-P 인증기준

대구분	소구분	토픽	중요도
개요	ISMS-P 인증기준 통합	ISMS, PIMS, ISMS-P 인증기준 비교	★★★
	국내 ISMS 근간 국제 표준	BS7799-2, ISO/IEC 27001	★
	인증기준 필수, 선택 구분	(필수)1.관리체계수립 및 운영 (선택)2.보호대책요구사항 (선택)3.개인정보처리단계별 요구사항	★
	정보보호 요건 수준 이해	법규, 내규, 인증기준, 위험평가	★★★
1.1. 관리체계 기반 마련	1.1.1 경영진의 참여	경영진 참여 위한 책임 및 역할 문서화	★
		경영진 참여 위한 의사소통 절차 수립·이행	★
	1.1.2 최고책임자의 지정	최고경영자는 CISO, CPO를 공식적 지정	★
		임원급 지정 및 법령 자격 요건 충족	★
		CPO 지정 요건(민간, 공공)	★★★
		CISO 지정 및 과기정통부장관 신고 기준	★★★
	1.1.3 조직 구성	ISMS-P 구축·운영 위한 실무 조직 구성	★★★
		정보보호 관련 사항 의사결정 위한 정보보호 위원회 구성	★★
		정보보호 담당자 및 부서별 담당자로 구성된 실무 협의체 구성	★★
	1.1.4 범위설정	핵심 서비스, 자산을 포함하도록 ISMS-P 범위 설정	★★★
		범위 내 예외사항은 사유 및 책임자 승인 등 관련 근거 기록·관리	★
		ISMS-P 범위 확인을 위해 문서화 관리	★
	1.1.5 정책 수립	정보보호 정책 수립 시 포함사항	★
		정보보호 사항을 시행하기 위한 하위 실행 문서 수립	★
		정책·시행문서 제·개정 시 최고경영자 승인	★
		정책·시행문서의 제·개정 시 최신본을 임직원에게 제공	★
		정책, 지침, 표준, 절차, 기준 개념	★★★
		내부관리계획 포함사항	★★★
	1.1.6 자원 할당	정보보호 활동을 수행하기 위한 전문성 갖춘 인력 확보	★★★
		ISMS-P 구현과 운영에 필요한 예산 및 인력 지원	★
		연도별 정보보호 업무 세부추진계획 수립·시행·분석·평가	★

대구분	소구분	토픽	중요도
1.2. **위험 관리**	**1.2.1 정보자산 식별**	정보자산 분류기준을 수립하고 ISMS-P 범위 내 자산 식별 및 목록화	★★★
		정보자산 중요도 평가 및 보안등급 부여	★★★
		정기적 정보자산목록 최신 유지	★
	1.2.2 현황 및 흐름분석	현황 및 흐름분석의 의의	★★
		정보서비스 현황 식별 및 업무 절차와 흐름을 문서화	★
		개인정보 흐름도, 흐름표 문서화	★
		업무 절차 및 개인정보 흐름 주기적 검토 및 최신성 유지	★
	1.2.3 위험 평가	위험 식별 및 평가 방법을 정의하고 문서화	★★★
		위험관리 방법 및 절차 등 위험관리계획 수립	★★★
		연1회 이상 수행	★
		수용 가능한 수준 초과 위험 식별	★★★
		위험 식별 및 평가 결과 경영진 보고	★
	1.2.4 보호대책 선정	식별된 위험에 대해 위험처리 전략 수립 및 보호대책 선정	★★★
		정보보호 대책의 이행계획 수립 및 경영진 보고	★
1.3. **관리체계** **운영**	**1.3.1 보호대책 구현**	보호대책 구현 및 이행결과를 경영진에 보고하여 효과성 확인	★
		보호대책 구현 및 운영현황을 기록한 운영명세서 작성	★★
	1.3.2 보호대책 공유	보호대책 운영 부서 및 담당자 파악	★
		보호대책 운영 담당자에게 관련 내용 공유 또는 교육	★
	1.3.3 운영현황 관리	(개인)정보보호 정보보호 활동을 식별하고 운영현황표 작성·관리	★★★
		운영활동을 경영진 보고 및 개선 조치	★
1.4. **관리체계** **점검 및 개선**	**1.4.1 법적 요구사항 준수 검토**	정보보호 및 개인정보보호 법적 요구사항 파악 최신성 유지	★
		법적 요구사항 준수 여부 연1회 정기적 검토	★★
	1.4.2 관리체계 점검	법규 및 내규에 따라 관리체계가 운영되는지 점검계획 수립 및 경영진 보고	★
		독립성, 객관성, 전문성이 확보된 인력이 점검 수행 및 문제점 경영진 보고	★
	1.4.3 관리체계 개선	식별된 관리체계상의 문제점에 대한 근본원인 분석 및 재발방지 대책 수립 ·이행	★
		재발방지 및 개선 결과 효과성 여부를 확인할 기준과 절차 마련	★

대구분	소구분	토픽	중요도
2.1. 정책, 조직, 자산 관리	**2.1.1 정책의 유지관리**	(개인)정보보호 정책 및 시행문서의 타당성 검토 절차 수립 및 필요 시 정책 제·개정	★
		법규, 조직의 정책 연계성, 조직 환경 변화 등을 반영할 수 있도록 타당성 검토 수행	★
		중대한 변화 발생 시 검토하고 필요 시 정책 제·개정	★
		제·개정 시 이해관계자와 협의·검토	★
		변경사항 이력 관리	★
	2.1.2 조직의 유지관리	정보보호 관련 책임자와 담당자의 역할 및 책임을 시행문서에 구체적으로 정의	★
		정보보호 활동 평가체계 수립	★
		정보보호 구성원 간 의사소통 체계 수립·이행	★
	2.1.3 정보자산 관리	정보자산의 보안등급에 따른 취급절차 및 보호대책 정의·이행	★★
		정보자산 책임자, 관리자 지정	★
2.2. 인적 보안	**2.2.1 주요 직무자 지정 및 관리**	개인정보의 취급, 주요 시스템 접근 등 주요 직무 기준 정의	★★★
		주요 직무자로 공식 지정하고 목록을 최신화하여 관리	★
		개인정보취급자 지정 및 목록 관리	★★
	2.2.2 직무 분리	직무 분리 기준 수립, 적용	★★★
		직무 분리가 불가피할 시 보완통제 마련	★★★
	2.2.3 보안 서약	신규 인력 채용 시 (개인)정보보호서약서 징구	★
		외부자에게 정보자산 접근권한 부여 시 서약서 징구	★
		임직원 퇴직 시 별도의 비밀유지 서약서 징구	★
		서약서를 안전하게 보존하고 확인 가능하도록 관리	★
	2.2.4 인식제고 및 교육훈련	연간 (개인)정보보호 교육계획 수립 후 경영진 승인	★
		모든 임직원, 외부자를 연 1회 이상 정기적 교육	★★★
		채용, 계약 시 업무 시작 전 교육 시행	★
		주요 직무자에 직무별 전문성 제고를 위한 별도 교육 시행	★★★
		교육 시행 기록 보존 및 교육 효과와 적정성 평가하여 다음 교육 계획에 반영	★
	2.2.5 퇴직 및 직무변경 관리	인사 변경 내용을 관련 부서 간 신속히 공유	★★
		퇴직 및 직무변경 시 정보자산 반납, 접근 권한 회수 등 절차 수립 이행	★★
	2.2.6 보안 위반 시 조치	법규, 내규 위반 시 처벌 규정 수립	★
		위반 적발 시 내부 절차에 따라 조치 수행	★★

대구분	소구분	토픽	중요도
2.3. **외부자 보안**	**2.3.1 외부자 현황 관리**	업무 위탁, 시설, 서비스 이용 현황 식별	★
		업무 위탁 및 외부 서비스 현황 목록 작성 현행화 관리	★★
		법적 요구사항, 위험 파악 및 보호대책 마련	★
	2.3.2 외부자 계약 시 보안	외부자 선정 시 정보보호 역량 평가 절차 마련	★
		보안 요구사항 정의 및 계약 시 반영	★★★
		개발을 위탁 시 (개인)정보보호 요구사항을 계약서에 명시	★★★
	2.3.3 외부자 보안 이행 관리	외부자의 보안 요구사항 주기적 점검 또는 감사 수행	★★
		발견된 문제점에 대한 개선계획 수립·이행	★★
		수탁자가 제3자에게 재위탁 시 위탁자의 승인	★★★
	2.3.4 외부자 계약 변경 및 만료 시 보안	외부자 계약 만료 시 보안대책 수립·이행	★★★
		중요정보 및 개인정보 보유 시 회수·파기 절차 수립·이행	★
2.4. **물리 보안**	**2.4.1 보호구역 지정**	물리적 보호구역 지정기준 마련	★★★
		보호구역 지정 및 보호대책 수립·이행	★
	2.4.2 출입통제	출입통제 절차 마련 및 출입 인원 현황 관리	★
		출입기록 보존, 출입기록 및 출입권한 주기적 검토	★
	2.4.3 정보시스템 보호	정보시스템 중요도를 고려하여 배치 장소 분리	★★
		물리적 위치 확인 방안 마련	★
		전력 및 통신케이블을 전기적 영향으로부터 보호	★
	2.4.4 보호설비 운영	보호구역 별 보호설비 운영절차 수립·운영	★
		IDC 위탁 운영 시 보안 요건 계약서 반영 및 운영 상태 주기적 검토	★
	2.4.5 보호구역 내 작업	보호구역 내 작업 신청 및 수행 절차 수립·이행	★★
		보호구역 내 작업 기록 주기적 검토	★
	2.4.6 반출입 기기 통제	보호구역 내 정보기기 반출입 시 통제 절차 수립·이행	★★★
		반출입 기록 관리 및 이력 주기적 점검	★
	2.4.7 업무환경 보안	공용시설 및 사무용기기 보호대책 수립·이행	★★★
		개인업무 환경 내 중요정보 유·노출 방지 보호대책 수립·이행	★★
		개인 및 공용업무 환경에서의 정보보호 준수여부 주기적 검토	★

대구분	소구분	토픽	중요도
2.5. 인증 및 권한 관리	**2.5.1 사용자 계정 관리**	사용자 계정 및 접근권한 등록·변경·삭제·해지 절차 수립·이행	★
		직무별 접근권한 분류체계에 따라 최소한의 권한만을 부여	★★★
		계정에 대한 보안책임 본인임을 인식시킴	★★
	2.5.2 사용자 식별	사용자별 유일 식별자 할당 및 추측 가능한 식별자 사용 제한	★★★
		동일한 식별자 공유 사용 시 책임자 승인	★★★
	2.5.3 사용자 인증	정보시스템에 대한 접근 시 안전한 인증절차에 의해 통제	★
		외부에서 정보시스템에 접속 시 안전한 인증수단 또는 접속수단 적용	★★★
	2.5.4 비밀번호 관리	사용자 비밀번호 관리절차 및 작성규칙 수립·이행	★★★
		정보주체(이용자) 비밀번호 작성규칙 수립·이행	★★★
	2.5.5 특수 계정 및 권한 관리	최소한의 인원에게만 부여하기 위한 공식적인 권한 신청 및 승인 절차 수립·이행	★★
		특수 계정 및 권한 식별 및 목록관리 등 통제 절차 수립·이행	★
	2.5.6 접근권한 검토	사용자 계정 및 접근권한 생성·등록·부여·이용·변경·말소 등의 이력 남김	★★★
		사용자 계정 및 접근권한의 적정성 검토 정기적 이행	★★★
		접근권한 검토 결과 문제점 발견 시 조치 절차 수립·이행	★

대구분	소구분	토픽	중요도
2.6. 접근통제	2.6.1 네트워크 접근	네트워크 경로 식별 및 네트워크 접근통제 관리절차 수립·이행	★★★
		네트워크 영역 분리 및 영역 간 접근통제 적용	★★★
		사설 IP 할당 및 외부에서 직접 접근이 불가능 하도록 설정	★★★
		물리적으로 떨어진 네트워크 연결 시 안전한 접속환경 구성	★★★
	2.6.2 정보시스템 접근	정보시스템별 OS접근이 허용되는 사용자, 접근 수단 등 정의	★★★
		장시간 미사용 시 시스템 접속 차단 조치	★★
		불필요한 서비스 또는 포트 제거 또는 차단	★★★
		주요서비스 제공서버는 독립된 서버로 운영	★★
	2.6.3 응용프로그램 접근	응용프로그램 접근권한 차등 부여	★★★
		불필요한 노출 최소화를 위한 응용프로그램 구현·운영	★★
		일정 시간 입력 없는 세션 자동 차단 및 사용자의 동시 세션수 제한	★★
		관리자 전용 응용프로그램 비인가자 접근통제 수행	★★★
		개인정보 및 중요정보 표시제한 조치(마스킹 정책)의 일관성 확보	★★
	2.6.4 데이터베이스 접근	데이터베이스 정보를 식별하고 지속적 현행화 관리	★★★
		데이터베이스 내 정보에 접근 대상 식별 및 접근 통제	★★★
	2.6.5 무선 네트워크 접근	무선 AP 및 네트워크 구간 구간을 위한 보호대책 수립·이행	★★★
		무선 네트워크 사용 신청 및 해지 절차 수립·이행	★
		비인가된 무선 네트워크에 대한 보호대책 수립·이행	★
	2.6.6 원격접근 통제	인터넷 외부 네트워크를 통한 원격운영 금지	★★★
		내부 네트워크를 통한 원격 운영 시 특정 단말에 한하여 접근 허용	★★★
		원격업무 수행 시 침해사고 예방 대책 수립·이행	★
		개인정보처리시스템에 직접 접속하는 단말기에 대한 보호조치 적용	★★
	2.6.7 인터넷 접속 통제	업무용 PC의 인터넷 접속 통제정책 수립·이행	★★★
		주요 정보시스템에서 불필요한 외부 인터넷 접속 통제	★★★
		망분리 의무 대상자를 안전한 방식으로 망분리 적용	★★★
		안전한 방식으로 망분리	★★★

대구분	소구분	토픽	중요도
2.7. **암호화 적용**	**2.7.1 암호정책 적용**	법적 요구사항을 반영한 암호정책 수립	★★★
		개인정보의 저장, 전송, 전달 시 암호화 수행	★★★
	2.7.2 암호키 관리	암호키 관리 정책 및 절차 수립	★★
		암호키를 안전한 장소에 보관하고 암호키 사용 시 접근권한을 최소화	★★
2.8. **정보 시스템** **도입 및** **개발 보안**	**2.8.1 보안 요구사항 정의**	정보시스템 도입·개발·변경 시 (개인)정보보호 타당성 검토 및 인수 절차 수립·이행	★★
		정보시스템 도입·개발 또는 변경 시 보안요구사항 정의 및 설계 단계부터 반영	★★
		시큐어코딩 표준 마련 및 적용	★★★
	2.8.2 보안 요구사항 검토 및 시험	보안요구사항 검토기준과 절차 수립 및 시험 수행	★
		정보시스템 개발 후 취약점 점검 수행	★★
		발견된 문제점 개선계획 수립, 이행점검 절차 이행	★
		공공기관 영향평가 수행 및 개선사항 이행	★★★
	2.8.3 시험과 운영 환경 분리	개발 및 시험환경을 운영환경과 분리	★★
		개발과 운영환경의 미분리 시 보완대책 마련	★★
	2.8.4 시험 데이터 보안	개발 및 시험 과정에서 실제 운영데이터 사용 제한	★★
		운영데이터를 시험환경에서 사용 시 통제 절차 수립·이행	★
	2.8.5 소스 프로그램 관리	소스 프로그램 접근 통제 절차 수립·이행	★★
		운영환경이 아닌 곳에 소스 프로그램 보관	★★
		소스 프로그램 변경이력 관리	★
	2.8.6 운영환경 이관	운영환경 이관 통제 절차 수립·이행	★
		이관 시 발생할 수 있는 문제에 대한 대응 방안 마련	★
		운영환경에는 필요한 파일만 설치	★★

대구분	소구분	토픽	중요도
2.9. 시스템 및 서비스 운영관리	**2.9.1 변경관리**	정보시스템 자산 변경 절차 수립·이행	★★
		정보시스템 자산 변경 수행 전 성능 및 보안 영향 분석	★
	2.9.2 성능 및 장애관리	성능 및 용량 모니터링 절차 수립·이행	★★
		임계치 초과 시 대응절차 수립·이행	★
		장애 대응 절차 수립·이행	★★
		장애 조치내역 기록 및 관리	★
		장애원인 분석 및 재발방지 대책 마련	★
	2.9.3 백업 및 복구관리	백업 및 복구절차 수립·이행	★★★
		정기적 복구 테스트 실시	★
		백업매체 소산	★
	2.9.4 로그 및 접속기록 관리	로그관리 절차 수립 및 로그 생성, 보관	★
		로그기록을 별도 저장장치를 통해 백업 및 로그기록 접근권한 최소화	★★★
		개인정보처리시스템 접속기록은 법적 요구사항 준수	★★★
	2.9.5 로그 및 접속기록 점검	로그 검토 및 모니터링 절차 수립·이행	★
		로그 검토 및 모니터링 결과 보고 및 이상징후 발견 시 대응	★
		개인정보처리시스템 접속기록 정기적 점검	★★★
	2.9.6 시간 동기화	정보시스템 표준 시간 동기화	★
		시간 동기화 주기적 점검	★
	2.9.7 정보자산의 재사용 및 폐기	정보자산의 재사용 및 폐기 절차 수립·이행	★
		재사용 및 폐기 시 중요정보가 복구되지 않는 방법으로 처리	★
		자체적 폐기 시 관리대장을 통한 이력관리	★
		외부업체 통한 폐기 시 폐기절차를 계약서에 명시 및 절차 준수 확인	★
		유지보수 과정에서 교체, 복구 발생 시 보호 대책 마련	★

대구분	소구분	토픽	중요도
2.10. 시스템 및 서비스 보안관리	2.10.1 보안시스템 운영	보안시스템 운영절차 수립·이행	★★★
		보안시스템 허용 인원 최소화 및 비인가자 접근 통제	★★★
		보안시스템 정책 변경 공식 절차 수립·이행	★
		보안시스템 예외 정책 등록 절차 관리 및 예외 정책 사용자 최소화 관리	★★★
		보안시스템 설정 정책 타당성 주기적 검토	★
		개인정보처리시스템에 대한 보안시스템 설치·운영	★★
	2.10.2 클라우드 보안	클라우드 서비스 제공자와 (개인)정보보호 책임과 역할 계약서 반영	★★★
		클라우드 서비스 이용 시 보안 통제 정책 수립·이행	★★★
		클라우드 서비스 관리자 권한 최소화 및 보호대책 적용	★★★
		클라우드 서비스 보안 운영현황 모니터링 및 정기적 검토	★★★
	2.10.3 공개서버 보안	공개서버 운영 시 보호대책 수립·이행	★★★
		공개서버는 DMZ영역에 설치 및 보안시스템을 통한 보호	★★
		공개서버 중요정보 게시 절차 수립·이행	★★
		웹사이트 중요정보 노출 차단 조치 수행	★★
	2.10.4 전자거래 및 핀테크 보안	전자거래 및 핀테크 서비스 제공 시 보호대책 수립·이행	★★
		외부시스템과 연계 시 송·수신 정보 보호 대책 수립·이행 및 안전성 점검	★★
	2.10.5 정보전송 보안	외부에 중요정보 전송 시 안전한 전송 정책 수립	★★
		조직 간 중요정보를 상호교환 시 보호대책 수립·이행	★★
	2.10.6 업무용 단말기기 보안	업무용 단말기 보안 통제 정책 수립·이행	★★★
		업무용 단말기를 통해 중요정보 유출 방지 정책 수립·이행	★★★
		업무용 모바일 기기의 중요정보 유·노출을 방지 보안대책 적용	★★
		업무용 단말기기 접근통제 대책 적절성 점검	★★
	2.10.7 보조저장매체 관리	보조저장매체 사용 정책 및 절차 수립·이행	★★
		보조저장매체 관리현황 주기적 점검	★
		보호구역 내 보조저장매체 사용 제한	★
		보조저장매체 보호대책 마련	★★
		보조저장매체를 안전한 장소에 보관	★

대구분	소구분	토픽	중요도
2.10. 시스템 및 서비스 보안관리	**2.10.8 패치관리**	패치관리 정책 및 절차 수립·이행	★★★
		패치적용 현황 주기적 관리	★
		최신 패치 미적용 시 보완대책 마련	★
		주요 자산은 인터넷 접속을 통한 패치 제한	★★★
		패치관리시스템(PMS)활용 시 보호대책 마련	★★
	2.10.9 악성코드 통제	악성코드 보호대책 수립·이행	★★★
		백신을 통한 악성코드 예방·탐지 활동 수행	★★
		백신 최신 상태 유지 및 필요 시 긴급 업데이트 수행	★★★
		악성코드 감염 시 대응절차 수립·이행	★★
2.11. 사고 예방 및 대응	**2.11.1 사고 예방 및 대응 체계 구축**	침해사고 예방 및 대응체계 구축	★★
		외부 기관 활용 시 침해사고 대응절차 내용 계약서 반영	★
		침해사고 관련 기관과 협조체계 수립	★
	2.11.2 취약점 점검 및 조치	취약점 점검 절차 수립 및 정기적 점검 수행	★★
		발견된 취약점 조치 수행 및 책임자 보고	★
		최신 보안취약점 파악 및 영향도 분석·조치	★★
		취약점 점검 이력 기록관리	★
	2.11.3 이상행위 분석 및 모니터링	이상행위 분석 및 모니터링 수행	★★
		이상행위 판단 기준·임계치 정의 및 조치 수행	★★
	2.11.4 사고 대응 훈련 및 개선	사고 대응 훈련계획 수립 및 실시	★
		사고 대응체계 개선	★
	2.11.5 사고 대응 및 복구	사고 대응 절차에 따라 대응 및 보고	★★
		개인정보 침해사고 발생 시 신고 절차 이행	★★★
		사고 종결 후 결과 보고	★
		침해사고 대응체계 변경	★
2.12. 재해복구	**2.12.1 재해, 재난 대비 안 전조치**	IT 재해 유형 식별 및 핵심 업무 및 시스템 식별	★★★
		복구 목표시간, 복구 목표시점 정의	★★★
		재해 복구 계획 수립·이행	★★
	2.12.2 재해 복구 시험 및 개선	재해 복구 시험계획 수립·이행	★
		복구전략 및 대책 검토·보완	★

대구분	소구분	토픽	중요도
3.1. 개인정보 수집 시 보호조치	**3.1.1 개인정보 수집·이용**	개인정보 수집 시 정보주체 내용 고지 후 동의	★★★
		수집매체 특성 반영 및 정보 필요 시점에 수집	★★★
		서면 동의 시 중요 내용 명확히 표시	★★
		아동 개인정보 동의 시 법정대리인 고지 및 동의	★★★
	3.1.2 개인정보 수집 제한	서비스 제공 또는 법령에 근거하여 최소한의 정보 수집	★★★
		개인정보 수집 포괄 동의의 금지	★★★
		재화, 서비스 등의 제공 거부 금지	★★★
	3.1.3 주민등록번호 처리 제한	주민등록번호의 원칙적 처리 금지	★★★
		주민등록번호 처리 근거 법조항 식별 및 입증 책임	★★★
		주민등록번호 대체 수단 제공	★★
	3.1.4 민감정보 및 고유식별정보의 처리 제한	민감정보 별도 동의 또는 법령 근거 처리	★★★
		고유식별정보 별도 동의 또는 법령 근거 처리	★★★
	3.1.5 개인정보 간접수집	간접수집 적법성 확인 및 계약 명시	★★
		공개된 매체에서 수집 시 정보주체 동의 의사 표시 명확화	★★
		서비스 계약 이행 및 제공을 위해 필요한 최소한의 개인정보 수집	★★★
		정보주체의 요구가 있을 시 정보주체 고지	★★★
	3.1.6 영상정보처리기기 설치·운영	공개된 장소에 설치·운영 시 법적 요건 검토	★★★
		공공기관은 설치·운영 시 공청회·설명회 등 의견 수렴	★★★
		정보주체가 인식할 수 있도록 안내판 설치	★★★
		영상정보처리기기 운영·관리 방침 마련	★★
		영상정보 보관기간 만료 시 지체 없이 삭제	★★
		위탁 시 위탁 계약서에 문서화	★★
	3.1.7 마케팅 목적의 개인정보 수집·이용	홍보 및 마케팅 목적 처리 시 정보주체 별도 동의	★★★
		광고 전송 시 사전 동의 및 정기적 동의 여부 확인	★★★
		영리목적의 광고성 정보 전송 중단	★★★
		영리성 광고 정보 전송 시 고지사항	★★
3.2. 개인정보 보유 및 이용 시 보호조치	**3.2.1 개인정보 현황관리**	개인정보 현황 관리	★★
		공공기관 개인정보파일 등록	★★
		개인정보파일 현황을 개인정보 처리방침에 공개	★★
	3.2.2 개인정보 품질보장	개인정보 안정성 및 최신성 유지	★★
		정보주체에게 정확성, 완전성, 최신성 유지 방법 제공	★★

대구분	소구분	토픽	중요도
3.2. **개인정보** **보유 및 이용** **시 보호조치**	**3.2.3 이용자 단말기** **접근 보호**	이동통신단말장치 접근 권한에 대한 정보주체 동의	★★★
		선택접근 권한 미동의라도 서비스 제공 거부 금지	★★★
		접근권한 동의 및 철회방법 마련	★★
	3.2.4 개인정보 목적 외 **이용 및 제공**	동의 목적 또는 법령 범위 내 이용·제공	★★★
		목적 외 또는 범위 초과 시 별도 동의 또는 법령 근거하여 제한	★★★
		목적외 용도로 제3자 제공 시 이용 제한 또는 안전성 확보조치 요청	★★★
		공공기관 목적 외 이용 또는 제3자 제공 시 관보 또는 인터넷 홈페이지 게재	★★★
		개인정보 목적 외 이용 및 제3자 제공대장 기록·관리	★★★
	3.2.5 가명정보 처리	가명처리 방법 및 기준, 적정성 검토, 재식별 금지 등	★★★
		가명정보의 안전성 확보에 필요한 기술적·관리적·물리적 조치	★★★
		다른 개인정보 처리자와의 가명정보 결함	★★
3.3. **개인정보** **제공 시** **보호조치**	**3.3.1 개인정보 제3자 제공**	제3자 제공 시 정보주체 고지 후 동의	★★★
		제3자 제공 동의 별도 동의 및 서비스 제공 거부 금지	★★★
		제3자 제공 시 최소한의 개인정보 항목 제한	★★★
		제3자 제공 시 안전한 절차와 방법으로 제공 및 제공 내역 기록·보관	★★
		제3자에게 개인정보 접근 허용 시 보호절차에 따라 통제	★★
	3.3.2 개인정보 처리 업무 **위탁**	위탁 업무 및 수탁자 현행화 공개	★★★
		개인정보 처리 위탁 동의	★★★
		홍보, 마케팅 업무 위탁 시 정보주체 통지	★★★
		수탁자 또는 위탁 업무 변경 시 고지	★★★
		제3자 재위탁 시 위탁자의 사전 동의	★★★
	3.3.3 영업의 양도 등에 따른 개인정보 이전	영업 양도 등에 따라 개인정보 이전 시 정보주체 통지	★★★
		개인정보 이전받은 사실 정보주체 통지	★★★
		본래 목적으로만 이용 및 제공	★★
	3.3.4 개인정보 국외이전	국외 제3자 제공 시 동의	★★★
		국외 처리위탁 또는 보관 고지로 동의절차 생략	★★★
		국외 이전에 관한 계약 체결	★★★
		국외 이전 시 개인정보 보호 조치 이행	★★

대구분	소구분	토픽	중요도
3.4. 개인정보 파기 시 보호조치	**3.4.1 개인정보 파기**	개인정보 파기 정책 수립	★★★
		불필요하게 될 시 개인정보 파기	★★★
		안전한 방법으로 파기	★★★
		파기 기록 남기고 관리	★★
	3.4.2 처리목적 달성 후 보유 시 조치	개인정보 보존 시 보존·관리	★★★
		분리 DB를 물리적 또는 논리적으로 분리	★★★
		분리 보관 개인정보 목적 외 활용 금지	★★
		분리 보관 개인정보 접근권한 최소화	★★
3.5. 정보주체 권리보호	**3.5.1 개인정보처리방침 공개**	개인정보 처리방침 공개	★★★
		법령 요건 포함 개인정보 처리방침 작성	★★★
		개인정보 처리방침이 변경 시 공지	★★
	3.5.2 정보주체 권리보장	정보주체 권리 행사 방법 및 절차 마련	★★★
		열람 요구 시 조치	★★
		정정·삭제 요구 시 조치	★★
		처리정지 요구 시 정지	★★
		이의 제기 절차 마련	★★
		동의 철회 시 조치	★★
		요구 및 처리 결과 기록 남김	★★
		타인 권리 침해 시 처리 절차 마련	★★★
	3.5.3 정보주체에 대한 통지	개인정보 이용내역 통지 및 기록 유지	★★★
		통지항목 내 법적 요건 포함	★★★

3) (개인)정보보호 법규

대구분	소구분	토픽	중요도
1. 개인정보 보호 관련 법제	개인정보 보호 관련 법제	헌법, 법률, 시행령, 시행규칙, 고시, 지침, 가이드라인	★★
	법 적용의 원칙	상위법 우선, 특별법 우선, 신법 우선	★★★
2. 개인정보 보호 개요	개인정보 의의	신분정보, 사회의 구성 유지 발전 필수 요소, 수익 창출 자산적 가치	★★
	개인정보 보호 법령 상의 개인정보 정의 특징	살아 있는 개인에 관한 정보, 개인에 관한 정보, 정보의 내용·형태 등은 제한 없음, 개인을 알아볼 수 있는 정보, 다른 정보와 쉽게 결합하여 개인을 알아볼 수 있는 정보	★★★
	개인정보 유형	신분관계, 내면의 비밀, 심신의 상태, 사회 경력, 경제관계, 새로운 유형	★★
	개인정보보호 법제 비교	「개인정보보호법」 내에 처리하는 개인정보의 유형에 따른 규제기관, 정의, 목적, 적용대상, 보호대상, 대상자	★★★
3. 개인정보 보호 법률 개요	OECD 프라이버시 8원칙	수집제한, 정보정확성, 목적명확화, 이용제한, 안전성확보, 처리방침 공개, 정보주체 참여, 책임의 원칙	★★
	개인정보 피해구제 제도	개인정보 침해 신고상담, 개인정보 분쟁조정	★
	개인정보 손해배상제도	징벌적 손해배상제도, 법적 손해배상제도	★
	개인정보 처리단계별 보호조치 비교	「개인정보보호법」, 「정보통신망법」별 개인정보 처리 조항 비교	★

대구분	소구분	토픽	중요도
	1) 수집 및 이용	개인정보보호법(2024.03.15) 제15조	★★★
	2) 만14세 미만 법정대리인 동의	개인정보보호법(2024.03.15) 제22조의 2	★★★
	3) 동의를 받는 방법	개인정보보호법(2024.03.15) 제22조	★★★
	4) 최소한의 개인정보 수집	개인정보보호법(2024.03.15) 제16조	★★★
	5) 민감정보 처리제한	개인정보보호법(2024.03.15) 제23조	★★★
	6) 고유식별정보 처리제한	개인정보보호법(2024.03.15) 제24조	★★★
	7) 주민등록번호 처리제한	개인정보보호법(2024.03.15) 제24조의2 정보통신망법(2020.12.10) 제23조의2	★★★
	8) 간접 수집 보호조치	개인정보보호법(2024.03.15) 제20조	★★
	9) 영상정보처리기기의 설치·운영 제한 설치 운영 제한	개인정보보호법(2024.03.15) 제25조	★★★
	10) 목적 외 이용 및 제공 제한	개인정보보호법(2024.03.15) 제18조	★★★
	11) 제3자 제공 – 국외 제공 및 이전 제한	개인정보보호법(2024.03.15) 제17조	★★★
	12) 처리 위탁	개인정보보호법(2024.03.15) 제26조	★★★
	13) 영업 양도양수	개인정보보호법(2024.03.15) 제27조	★★
4. 개인정보 보호법과 정보통신망 법 비교	14) 개인정보의 안전 조치 의무	개인정보보호법(2024.03.15) 제29조	★★★
	15) 가명정보 처리	개인정보보호법(2024.03.15) 제28조의 2~7	★★★
	16) 개인정보 처리방침	개인정보보호법(2024.03.15) 제30조	★★★
	17) 개인정보 보호책임자	개인정보보호법(2024.03.15) 제31조	★★
	18) 개인정보 유출 등의 통지 및 신고	개인정보보호법(2024.03.15) 제34조	★★★
	19) 개인정보파일 등록 및 공개신고	개인정보보호법(2024.03.15) 제32조	★★
	20) 개인정보 파기	개인정보보호법(2024.03.15) 제21조	★★★
	21) 개인정보의 열람	개인정보보호법(2024.03.15) 제35조	★★
	22) 개인정보의 정정·삭제	개인정보보호법(2024.03.15) 제36조	★★
	23) 개인정보의 처리정지 등	개인정보보호법(2024.03.15.) 제37조	★★
	24) 자동화된 결정에 대한 정보주체의 권리	개인정보보호법(2024.03.15.) 제37조의2	★★★
	25) 이용·제공 내역의 통지	개인정보보호법(2024.03.15.) 제20조의2	★★★
	26) 손해배상의 보장	개인정보보호법(2024.03.15.) 제39조의7	★★★
	27) 영리목적의 광고성 정보 전송 제한	정보통신망법(2020.12.10) 제50조	★★★

대구분	소구분	토픽	중요도
5. 개인정보보호 보호관련 고시	개인정보 보호조치 관련 고시 비교	규제기관, 대상자, 고시근거, 처벌규정	★★★
	개인정보 보호 조치 기준	법률, 시행령, 고시	★★★
	1) 목적	안전성 확보조치 기준(2023.09.22) 제1조	★★
	2) 정의	안전성 확보조치 기준(2023.09.22) 제2조	★★★
	3) 안전조치의 적용 원칙	안전성 확보조치 기준(2023.09.22) 제3조	★★
	4) 내부 관리계획의 수립 · 시행 및 점검	안전성 확보조치 기준(2023.09.22) 제4조	★★★
	5) 접근 권한의 관리	안전성 확보조치 기준(2023.09.22) 제5조	★★★
	6) 접근통제	안전성 확보조치 기준(2023.09.22) 제6조	★★★
	7) 개인정보의 암호화	안전성 확보조치 기준(2023.09.22) 제7조	★★★
	8) 접속기록 관리	안전성 확보조치 기준(2023.09.22) 제8조	★★★
	9) 악성프로그램 등 방지	안전성 확보조치 기준(2023.09.22) 제9조	★★★
	10) 물리적 안전조치	안전성 확보조치 기준(2023.09.22) 제10조	★★
	11) 재해 · 재난 대비 안전조치	안전성 확보조치 기준(2023.09.22) 제11조	★★★
	12) 출력 · 복사 시 보호조치	안전성 확보조치 기준(2023.09.22) 제12조	★★★
	13) 개인정보의 파기	안전성 확보조치 기준(2023.09.22) 제13조	★★★
	14) 공공시스템 운영기관의 안전조치 기준 적용	안전성 확보조치 기준(2023.09.22) 제14조	★★
	15) 공공시스템 운영기관의 내부 관리계획의 수립 · 시행	안전성 확보조치 기준(2023.09.22) 제15조	★★
	16) 공공시스템 운영기관의 접근 권한의 관리	안전성 확보조치 기준(2023.09.22) 제16조	★★
	17) 공공시스템 운영기관의 접속기록의 보관 및 점검	안전성 확보조치 기준(2023.09.22) 제17조	★★
	18) 재검토 기한	안전성 확보조치 기준(2023.09.22) 제14조	–

4) 보안 이론 및 기술

대구분	소구분	토픽	중요도
1. 네트워크 보안	OSI 7 Layer	계층별 특징, 프로토콜, 대상 장비	★
	네트워크 보안 장비 개념, 특징	방화벽, IPS, Anti-DDos, 웹방화벽, UTM	★★★
	네트워크 보안 장비 배치	방화벽, IPS, Anti-DDos, 웹방화벽, UTM	★★★
	네트워크 구성도 심사	통제지점, 통제지점 장비, 정보시스템 위치, 망구성, 네트워크 경로 등	★★★
	방화벽, ACL, VPN	방화벽 룰셋, 스위치 ACL, 원격 두지점 VPN 구성	★★★
	주요 포트 서비스	FTP, Telnet, SMTP, DNS, TFTP, HTTP, POP3, RPC, NetBIOS, IMAP, SNMP 등	★★
	Snort	Snort Rule 형식, 분석	★
	서브넷 마스크	서브넷 마스크 개념, 사용법	★
	SSL / TLS	SSL / TLS 개념, 취약점(DROWN, POODLE, FREAK, BEAST, Heartbleed), SSL/TLS 연결방식	★★
	Datalink Layer 네트워크 공격	Switch Jamming, ARP Spoofing	★
	Network Layer 네트워크 공격	DNS Cache Poisoning(DNS Spoofing), Land Attack, Tear Drop, Ping of Death, Smurf, SYN Flooding	★
	Application Layer 네트워크 공격	Slowloris, Slowread	★
	기타	Port Scan, Brute force, 피싱(스캠, 피싱, 파밍, 스미싱), MITM 공격, 허니팟	★★
	무선 네트워크 보안	WEP, WPA, WPA2, TKIP, CCMP	★★★

대구분	소구분	토픽	중요도
2. 시스템 보안 (리눅스)	리눅스 시스템 로그	utmp, wtmp, btmp, lastlog, secure, dmesg, messages, syslog, sulog, pacct, history	★★★
	리눅스 주요 파일	/etc/passwd, /etc/shadow	★★★
	UID, GID	/etc/passwd, /etc/group 확인	★
	파일권한 보기/변경	rwxrwxrwx(파일), drwxrwxrwx(디렉토리) chmod(권한변경), chown(소유주변경), chgrp(파일그룹변경)	★★★
	파일 소유자권한 실행	SETUID, SETGID, Sticky bit(공용 디렉토리)	★★★
	umask	파일 생성 시 설정 권한, umask 022 → file 755	★★★
	리눅스 시스템 파일 검색	find 파일 검색 옵션	★
	리눅스 시스템 암호정책	PASS_MAX_DAYS, PASS_MIN_DAYS, PASS_MIN_LEN	★
	Root 계정의 SSH 원격 접속 제한	/etc/ssh/sshd_config #PermitRootLoginyes → PermitRootLoginno	★
	세션 타임아웃 설정	/etc/profile TIMEOUT=600설정	★★★
	로그인 실패 시 계정 잠금 설정	/etc/pam.d/system-auth	★★
	crontab	*(분) *(시) *(일) *(월) *(요일, 0이 일요일, 1이 월요일이다.) 수행할 명령어	★★★
	IP Tables	Iptables -A [방향] -s [소스 IP] -p [프로토콜] -dport [목적포트] -j [대응]	★★
	TCP Wrapper	hosts.allow, hosts.deny	★★★
2. 시스템 보안 (윈도우)	로컬 보안 정책 설정	암호 복잡성, 최근 암호 기억, 계정 잠금 정책 설정	★★★
	레지스트리	레지스트리명 설명	★★
	윈도우 로그파일 확인	eventvwr.msc, 윈도우 이벤트 뷰어	★★
	공유폴더 설정	net share	★★★
	계정 관리 명령어	net user	★
	시스템 보안 위협	Race condition, Buffer overflow	★
	악성 프로그램	웜, 트로이목마, 스파이웨어, 랜섬웨어, 키로거, 백도어, 루트킷	★★★

대구분	소구분	토픽	중요도
3. 애플리케이션 보안	**FTP**	파일 관련 프로토콜, FTP 보안 위협(anonymous FTP, TFTP, Bounce attack) 및 대책	★★
	애플리케이션 공격	XSS, SQL Injection, CSRF 등	★★★
	애플리케이션 프로토콜	SNMP(GET, Trap), openssl(Heartbleed)	★
	웹서버 보안 Apache	Apache 보안 설정, 에러로그 분석(7단계)	★★★
	웹서버 보안 Tomcat	Tomcat 보안 설정	★★
	웹서버 보안 IIS	Window ISS 보안설정	★★
	DNS	이메일 관련 프로토콜, 이메일 보안 기술(PEM, PGP), 스팸메일 대응 보안기술, 기타 이메일 보안 대응 기술	★★
	이메일 프로토콜	SMTP, POP3, IMAP4, MIME	★★
	이메일 보안 기술	PEM, PGP, S/MIME	★
	스팸메일 대응 보안기술	SPF, Promail, Sanitizer, Inflex, SpamAssassin	★★
	sendmail	sendmail 관련 주요파일 및 디렉토리 /etc/mail/access스팸메일방지법 /etc/mail/sendmail.cf파일설정 sendmail로그	★★★
	MS 익스플로러 보안	쿠키, 캐시, 세션, MDM	★★
	데이터보안	DRM, 워터마크, 핑거프린팅	★★

대구분	소구분	토픽	중요도
4. **인증/암호화** **보안**	**계정/권한 관리**	계정/권한 관리 솔루션 비교(SSO, EAM, IAM)	★★
	생체인증 방식	지식, 소유, 생체, 기타	★★
	AAA 구현 프로토콜	RADIUS, DIAMETER, TACACS+	★
	대칭키 암호	DES, AES, IDEA, SEED, ARIA (특징, 블록크기, 키길이, 라운드)	★★★
	블록암호모드	ECB, CBC, CFB, OFB, CTR	★
	비대칭키 암호	Diffie-Helman, RSA, Rabin, Elgamal, ECC, Hybrid	★★★
	해시함수	MD2, MD4, MD5, SHA-1, SHA2, RIPEMD	★★★
	해시함수 성질	비둘기집 원리, 약일방향성(역상저항성), 강일방향성 (제2역상저항성), 충돌회피성(충돌저항성)	★
	해시함수 공격	생일 공격, 무차별 공격, 연쇄 공격	★★
	암호분석	COA, KPA, CPA, CCA	★
	PKI 구성요소	CA, RA, Directory, User	★★
	PKI 인증서(X.509)	버전, 일련번호, 서명알고리즘 식별자, 발행자 이름, 유 효기간, 주체 이름, 주체의 공개키 정보, 서명 등	★★
	암호화 방식 비교	응용프로그램자체, DB서버, DBMS 자체, DBMS 암호 화 기능 호출, 운영체제	★★★
	암호화 관련 용어 정의	정보통신망, 비밀번호, 바이오정보, 암호화, 암호키, 해 쉬함수, 일방향 함수	★★★
	암호화 용도별 암호화 **방식**	정보통신망 전송 시, 보조저장매체 전달 시, 개인정보 처리시스템 저장 시, 업무용 컴퓨터 및 모바일기기 저 장 시	★★★
	암호화 알고리즘 수학적 **기반 원리**	대칭키, 공개키, 해쉬 각 기반원리 및 종류	★★★
	암호화 알고리즘 안전성	암호화 유형별 취약, 안전 알고리즘	★★★
	개인정보 테이블 암호화 **화면**	취약, 안전 판별	★★★

대구분	소구분	토픽	중요도
5. 클라우드 보안	클라우드 보안 개념	클라우드 속성, 일반보안과 클라우드 보안 차이, 책임 범위, 클라우드 보안 모델	★★★
	클라우드 보안 설계	클라우드 전환 프로세스, 클라우드 도입전략	★
	클라우드 보안 아키텍처 설계	현황분석 단계, 도입 대상 선정 단계, 클라우드 보안 위험평가 단계, 보안 아키텍처 설계 단계	★
	공통보안 서비스	클라우드 관리포털 보안, 로깅과 모니터링, 마켓플레이스 환경	★
	네트워크 보안 서비스	가상 사설 클라우드(VPC), 서브넷(Subnet), 접근제어목록(ACL), 방화벽(Security Group), 네트워크 구간 암호화(TLS), 가상 사설 네트워크(VPN), 전용선 구축(Direct Connect), 외부 침입탐지/차단(IDS/IPS), DDoS 방지서비스	★★★
	컴퓨팅 자원 및 저장소 보안 서비스	중계 서버(Bastion-host), 클라우드 서비스 자원 간 내부 게이트웨이 구성	★★
	애플리케이션 보안 서비스	웹방화벽(WAF), API 보호 서비스, 보안 감사(Security Inspector)	★★
	콘텐츠 보안 서비스	키관리 서비스(KMS), 키관리 보안모듈(Cloud HSM), 민감정보 자동검색, 분류, 보호 서비스(DLP)	★
	Managed 보안 서비스	클라우드 접근 보안 중계(CASB), 클라우드 보안 서비스(SECaaS), 보안운영 아웃소싱(MSSP)	★

기본 ISMS-P 학습 교재뿐 아니라 KISA, 개보위, 금융보안원 등의 가이드까지 보시면 합격에 더욱 가까이 갈 수 있다. 문제 지문의 상당수가 해당 가이드를 기반으로 출제된다. 가이드는 동향에 따라 계속 출간되고 있으므로 최신 가이드는 ISMS-P WIN 카페나 KISA, 개인정보보호위원회, 금융보안원 등의 홈페이지를 참고해야 한다.

No	자료 명	중요도		
		상	중	하
1	ISMS-P 인증제도 안내서(2024.07)	○		
2	ISMS-P 인증기준 안내서(2023.11)	○		
3	정보보호 및 개인정보보호 관리체계 인증수수료 산정내역서		○	
4	정보보호 및 개인정보보호 관리체계 인증신청서 양식		○	
5	MVNO(알뜰폰 사업자) ISMS 인증관련 자료		○	
6	ISMS-P 간편인증 세부점검항목(2024.7.24.)		○	
7	가상자산사업자용 ISMS 세부점검항목(23.7.11.)		○	
8	금융권에 적합한 ISMS-P 인증기준 점검항목 안내서 (2023.12.)		○	
9	금융권에 적합한 ISMS-P 인증기준 점검항목(399개) (2023.12.)		○	
10	개인정보 보호 법령 및 지침·고시 해설(25년 상반기 개정 예정)	○		
11	긴급 상황 시 개인정보 처리 안내서 / 관계부처 합동			○
12	아동·청소년 개인정보 보호 안내서		○	
13	인터넷 자기게시물 접근배제요청권 안내서			○
14	자동화된 결정에 대한 정보주체의 권리 안내서		○	
15	분야별 개인정보 보호 안내서 / 관계부처 합동		○	
16	개인정보 처리 통합 안내서(안) (25.3월 확정 예정)		○	
17	개인정보의 안전성 확보조치 기준 안내서	○		
18	개발자 대상 개인정보 보호조치 적용 안내서(25년 상반기 개정 예정)		○	
19	생체정보 보호 안내서		○	
20	고정형 영상정보처리기기 설치·운영 안내서		○	
21	이동형 영상정보처리기기 안내서		○	
22	스마트도시 개인정보 보호 안내서			○
23	합성데이터 생성·활용 안내서			○

No	자료 명	중요도		
		상	중	하
24	가명정보 처리 가이드라인		○	
25	공공분야 가명정보 제공 실무 안내서 / 부처합동(행안부)		○	
26	교육분야 가명·익명정보 처리 가이드라인 / 부처합동(교육부)		○	
27	보건의료 데이터 활용 가이드라인 / 부처합동(복지부)		○	
28	합성데이터 생성 참조모델		○	
29	AI 개발·서비스를 위한 공개된 개인정보 처리 안내서		○	
30	안전한 인공지능(AI)·데이터 활용을 위한 AI 프라이버시 리스크 관리 모델		○	
31	자율규제단체 참여사를 위한 업종별 개인정보 처리 가이드(25년 상반기 개정 예정 * 6종 통합)		○	
32	소상공인을 위한 개인정보 보호 핸드북		○	
33	개인정보 처리방침 작성 지침	○		
34	개인정보 영향평가 수행안내서		○	
35	개인정보 영향평가 대가 산정가이드		○	
36	홈페이지 개인정보 노출방지 안내서		○	
37	개인정보 유출 등 사고대응 매뉴얼	○		
38	해외사업자의 개인정보 보호법 적용 안내서		○	
39	개인정보 손해배상책임 보장제도 안내서		○	
40	마이데이터 표준화 업무 안내서		○	
41	마이데이터 전송보안 안내서		○	
42	개인정보 질의응답 모음집		○	
43	개인정보 비식별 조치 가이드라인		○	
44	개인정보 수집 최소화 가이드라인	○		
45	개인정보 수집·제공 동의서 작성 가이드라인	○		
46	개인정보 위험도 분석 기준 및 해설서		○	
47	개인정보 처리방침_작성예시(공공기관용)		○	
48	개인정보 처리방침_작성예시(민간용)		○	
49	개인정보처리방침_작성예시(소상공인용)		○	
50	개인정보보호 자율점검 가이드라인	○		
51	금융분야 개인정보보호 가이드라인		○	

No	자료 명	중요도		
		상	중	하
52	모바일 대민서비스 보안취약점 점검 가이드		○	
53	무선랜 보안 안내서		○	
54	보안서버 구축 안내서		○	
55	보조기억매체 이용 안내서		○	
56	분야별 주민등록번호 처리기준 상담사례집	○		
57	불법 스팸 방지를 위한 정보통신망법 안내서		○	
58	상용 소프트웨어에서의 암호기능 이용 안내서		○	
59	소프트웨어 개발보안 가이드			○
60	소프트웨어 보안약점 진단 가이드			○
61	스마트폰 앱 개인정보보호 가이드라인	○		
62	스마트폰 앱 접근권한 개인정보보호 안내서	○		
63	암호 알고리즘 및 키 길이 이용 안내서	○		
64	암호이용 안내서		○	
65	암호정책 수립 기준 안내서		○	
66	암호키 관리 안내서		○	
67	영상정보처리기기 운영·관리 방침 예시		○	
68	온라인 개인정보 처리 가이드라인	○		
69	웹사이트 회원탈퇴 기능구현 안내서		○	
70	패스워드 선택 및 이용 안내서	○		
71	표준 개인정보처리위탁 계약서(샘플)	○		
72	홈페이지 개발 보안 안내서		○	
73	홈페이지 개인정보 노출방지 안내서		○	
74	i-PIN 2.0 도입 안내서			○
75	주요정보통신기반시설 기술적 취약점 분석 평가 상세 가이드		○	
76	침해사고 분석절차 안내서		○	
77	침해사고대응팀(CERT) 구축/운영 안내서	○		
78	정보보호시스템 구축을 위한 실무가이드			○

10 ISMS-P 시험 합격을 위한 정보 제공 사이트

ISMS-P 시험 합격을 위해서는 정보보호 분야의 최신정보에 대한 이해가 필요하다. 아래 사이트를 수시로 둘러보며 관심을 가지다 보면, 뒤처지지 않고 최신 정보를 접할 수 있다.

1) 정보보호 및 개인정보보호 정보 제공 사이트

No	사이트 명	사이트 주소	사이트 내용
1	KISA 정보보호 및 개인정보보호관리체계 인증	isms.kisa.or.kr	제도소개, 인증서 발급현황, 자료실, 신청절차, 인증대상, 온라인학습
2	한국인터넷진흥원(KISA)	www.kisa.or.kr	한국인터넷진흥원 기관 소개, 인터넷산업경쟁력 강화, 개인정보보호, 정보보호 산업 지원, 사이버침해 대응
3	개인정보보호위원회	www.pipc.go.kr	개인정보 보호 심의, 의결기관, 개인정보보호법 법령, 정책 소개, 최근 소식, 보도자료, 자료실 제공
4	개인정보분쟁조정위원회	www.kopico.go.kr	위원회 소개, 개인정보 분쟁조정 제도소개, 개인정보 분쟁조정 절차 및 신청 안내
5	개인정보보호 종합지원 포털	www.privacy.go.kr	행정자치부 운영 개인정보보호포털, 개인정보바로알기, 민원창구, 정책참여, 사이버교육, 홍보자료 제공
6	온라인 개인정보보호포털	www.privacy.kr	방송통신위원회 제공, 개인정보보호 교육자료, 침해신고센터, 자가진단, 법제, 규정 등 안내
7	kisa 불법스팸대응센터	spam.kisa.or.kr	한국 인터넷진흥원 불법스팸대응 센터
8	KISA 인터넷 보호나라 &KrCERT	www.boho.or.kr	피싱, 스미싱 사고, 스미싱, 상담 및 신고, 맞춤형 전용백신, 사이버위협, 보안공지
9	e프라이버시 클린서비스	www.eprivacy.go.kr	아이핀, 휴대폰 등을 통한 본인확인내역 통합조회 및 웹사이트 회원탈퇴 지원 등
10	kisa 개인정보침해 신고센터	privacy.kisa.or.kr	센터 소개, 개인정보침해 신고, 상담, 분쟁조정 신청, 법령 정보 등 수록
11	대검찰청사이버수사과	www.spo.go.kr	온라인 민원, 정보서비스, 검찰안내
12	경찰청 사이버수사국	ecrm.police.go.kr	사이버범죄 신고/상담, 사이버범죄 예방교육 신청, 인터넷 사기의심 전화, 계좌번호 조회, 사이버범죄 예방홍보물

2) 정보보호 및 개인정보보호 카페

No	카페 명	카페 주소	카페 내용
1	ISMS-P 인증심사원 합격 카페	cafe.naver.com/ismspwin	ISMS-P를 포함한 관리적 보안 자격증 정보 카페
2	CPPG 합격 카페	cafe.naver.com/cppgwin	ISMS-P WIN 카페가 운영하는 CPPG 자격증 합격 카페
3	알기사	cafe.naver.com/algisa	알기쉬운 정보보안기사 카페
4	보안프로젝트	cafe.naver.com/boanproject	보안 기술 나눔, 협업, 집필, 강의 카페
5	보안인닷컴	cafe.naver.com/nsis	전국민 보안 업데이트 커뮤니티
6	CPPG PIMS ISMS 자격정보 공유 공간	cafe.naver.com/pimskorea	CPPG, PIMS, ISMS 자격정보 공유 공간
7	바이러스 제로 시즌2	cafe.naver.com/malzero	기술적 보안 중심의 보안 카페
8	정보보안 문제 공작소	cafe.naver.com/is1000	CISA, CISSP, 기술사, 감리사, 보안기사

11 ISMS-P 시험 합격 전략

저자가 시험 응시생에게 당부하는 합격 전략이다. 합격의 기반은 지식 습득이지만, 완성은 전략 이행이다.

[마음 관리 전략]

★ 준비된 자세로 담대하게, 후회 없이 치른다.
1. 시험당일 경쟁자들 중 내가 승리한다고 생각하기
2. 시험 직전, 공부자료, 수기 요약자료 반복하기
3. 시험 초반, 어려운 문제를 봐도 뒷문제에 악영향 차단하기
4. 긍정적 마인드와 비판적 사고 겸비
5. 시험 중후반, 마지막 퇴실까지 최선을 다하기

[시간 관리 전략]

★ 필요한 문제에만 필요한 시간을 쓴다.
1. 인증기준 두음 암기하기
2. 정보보호 관련 자료 속독 연습하기
3. 수험용 전자 탁상 시계 준비
4. 응시 시간 사전 배분하기(120분 50문제)
   • 1문제 2분씩 총 100분
   • 검토시간 10분 안배, OMR 마킹 10분 안배
5. 정답 확률 낮은 문제는 시간 들이지 말고 대충 찍기

[시험 집중 전략]

★ 최고의 컨디션으로 최선을 다해 집중한다.
1. 며칠 전부터 시험 시간과 동일하게 바이오리듬 맞추기
2. 두뇌 활성화를 위해 전날 일찍 자기
3. 시험장소에 여유있게 도착하기
4. 시험 중 지문 내 키워드 밑줄 그으면서 읽기
5. 시험 시간에 딴 생각하면 볼 꼬집기
6. 시험시간 내 초콜릿, 젤리 등으로 당분 보강

[함정 탈출 전략]

★ 사소한 실수 방지로 5문제 더 맞춘다.
1. 먼저 출제자의 의도를 생각하기
2. 균형 잡힌 시각으로 보고 싶은 대로 보지 않도록 하기
3. 문제들이 쉽게 보여도 자만에 빠지지 말기
4. 틀린 것은, 맞는 것은, 모두 고르시오 등 문제 정확히 읽기
5. 절대로, 반드시, 할 수 있다. 해야한다. 등 유심히 보기

II
샘플 테스트

문제지 A형

2025년도 ISMS-P(정보보호 및 개인정보보호 관리체계) 인증심사원 자격검정 필기시험 문제지 실전 모의고사 (샘플 테스트)

성명		수험번호	

[응시자 필독 사항]

1. 자신이 선택한 문제지의 유형을 확인하시오.

2. 문제지의 해당란에 성명과 수험번호를 정확히 쓰시오.

3. 답안지의 필적 확인란에 서약서 내용을 정자로 기재하고, 서명하시오.

4. 답안지의 해당란에 성명과 수험번호를 쓰고, 또 수험번호와 답을 정확히 표시하시오.

5. OMR 카드 교환은 시험 종료 10분 전까지만 가능하며, 그 이후에는 교환이 불가함.

6. 답안 수정을 위한 수정액 또는 수정 테이프는 사용할 수 없음.

7. 시험 시작 후 1시간 이전에는 퇴실할 수 없으며, 퇴실 후 입실은 불가함.

8. 부정행위 적발 시 그 시험을 무효로 하며, 향후 국가 자격 시험에 5년간 응시할 수 없음.

9. 본 문제지의 내용을 전부 또는 일부를 강의 또는 출판 등의 목적으로 인터넷 또는 SNS 등의 매체에 공개할 수 없으며, 무단 공개 시 저작권 위반 등에 대한 민·형사상의 책임을 질 수 있음.

※ 시험이 시작되기 전까지 표지를 넘기지 마시오.

ISMS-P 시험 출제 기관

※ 본 표지는 공개된 국가자격시험의 일반적인 양식을 바탕으로 임의로 작성한 것으로 실제 ISMS-P 시험과 상이할 수 있음

ISMS-P 인증기준

1. 관리체계 수립 및 운영

1.1. 관리체계 기반 마련

1.1.1	경영진의 참여	최고경영자는 정보보호 및 개인정보보호 관리체계의 수립과 운영활동 전반에 경영진의 참여가 이루어질 수 있도록 보고 및 의사결정 체계를 수립하여 운영하여야 한다.
1.1.2	최고책임자의 지정	최고경영자는 정보보호 업무를 총괄하는 정보보호 최고책임자와 개인정보보호 업무를 총괄하는 개인정보보호 책임자를 예산·인력 등 자원을 할당할 수 있는 임원급으로 지정하여야 한다.
1.1.3	조직 구성	최고경영자는 정보보호와 개인정보보호의 효과적 구현을 위한 실무조직, 조직 전반의 정보보호와 개인정보보호 관련 주요 사항을 검토 및 의결할 수 있는 위원회, 전사적 보호활동을 위한 부서별 정보보호와 개인정보보호 담당자로 구성된 협의체를 구성하여 운영하여야 한다.
1.1.4	범위 설정	조직의 핵심 서비스와 개인정보 처리 현황 등을 고려하여 관리체계 범위를 설정하고, 관련된 서비스를 비롯하여 개인정보 처리 업무와 조직, 자산, 물리적 위치 등을 문서화하여야 한다.
1.1.5	정책 수립	정보보호와 개인정보보호 정책 및 시행문서를 수립·작성하며, 이때 조직의 정보보호와 개인정보보호 방침 및 방향을 명확하게 제시하여야 한다. 또한 정책과 시행문서는 경영진 승인을 받고, 임직원 및 관련자에게 이해하기 쉬운 형태로 전달하여야 한다.
1.1.6	자원 할당	최고경영자는 정보보호와 개인정보보호 분야별 전문성을 갖춘 인력을 확보하고, 관리체계의 효과적 구현과 지속적 운영을 위한 예산 및 자원을 할당하여야 한다.

1.2. 위험 관리

1.2.1	정보자산 식별	조직의 업무특성에 따라 정보자산 분류기준을 수립하여 관리체계 범위 내 모든 정보자산을 식별·분류하고, 중요도를 산정한 후 그 목록을 최신으로 관리하여야 한다.
1.2.2	현황 및 흐름분석	관리체계 전 영역에 대한 정보서비스 및 개인정보 처리 현황을 분석하고 업무 절차와 흐름을 파악하여 문서화하며, 이를 주기적으로 검토하여 최신성을 유지하여야 한다.
1.2.3	위험 평가	조직의 대내외 환경분석을 통해 유형별 위협정보를 수집하고 조직에 적합한 위험 평가 방법을 선정하여 관리체계 전 영역에 대하여 연 1회 이상 위험을 평가하며, 수용할 수 있는 위험은 경영진의 승인을 받아 관리하여야 한다.
1.2.4	보호대책 선정	위험 평가 결과에 따라 식별된 위험을 처리하기 위하여 조직에 적합한 보호대책을 선정하고, 보호대책의 우선순위와 일정·담당자·예산 등을 포함한 이행계획을 수립하여 경영진의 승인을 받아야 한다.

1.3.	관리체계 운영	
1.3.1	보호대책 구현	선정한 보호대책은 이행계획에 따라 효과적으로 구현하고, 경영진은 이행결과의 정확성과 효과성 여부를 확인하여야 한다.
1.3.2	보호대책 공유	보호대책의 실제 운영 또는 시행할 부서 및 담당자를 파악하여 관련 내용을 공유하고 교육하여 지속적으로 운영되도록 하여야 한다.
1.3.3	운영현황 관리	조직이 수립한 관리체계에 따라 상시적 또는 주기적으로 수행하여야 하는 운영활동 및 수행 내역은 식별 및 추적이 가능하도록 기록하여 관리하고, 경영진은 주기적으로 운영활동의 효과성을 확인하여 관리하여야 한다.
1.4.	관리체계 점검 및 개선	
1.4.1	법적 요구사항 준수 검토	조직이 준수하여야 할 정보보호 및 개인정보보호 관련 법적 요구사항을 주기적으로 파악하여 규정에 반영하고, 준수 여부를 지속적으로 검토하여야 한다.
1.4.2	관리체계 점검	관리체계가 내부 정책 및 법적 요구사항에 따라 효과적으로 운영되고 있는지 독립성과 전문성이 확보된 인력을 구성하여 연 1회 이상 점검하고, 발견된 문제점을 경영진에게 보고하여야 한다.
1.4.3	관리체계 개선	법적 요구사항 준수검토 및 관리체계 점검을 통해 식별된 관리체계상의 문제점에 대한 원인을 분석하고 재발방지 대책을 수립·이행하여야 하며, 경영진은 개선 결과의 정확성과 효과성 여부를 확인하여야 한다.

2. 보호대책 요구사항

2.1.	정책, 조직, 자산 관리	
2.1.1	정책의 유지관리	정보보호 및 개인정보보호 관련 정책과 시행문서는 법령 및 규제, 상위 조직 및 관련 기관 정책과의 연계성, 조직의 대내외 환경변화 등에 따라 주기적으로 검토하여 필요한 경우 제·개정하고 그 내역을 이력관리하여야 한다.
2.1.2	조직의 유지관리	조직의 각 구성원에게 정보보호와 개인정보보호 관련 역할 및 책임을 할당하고, 그 활동을 평가할 수 있는 체계와 조직 및 조직의 구성원 간 상호 의사소통할 수 있는 체계를 수립하여 운영하여야 한다.
2.1.3	정보자산 관리	정보자산의 용도와 중요도에 따른 취급 절차 및 보호대책을 수립·이행하고, 자산별 책임소재를 명확히 정의하여 관리하여야 한다.

2.2.	인적 보안	
2.2.1	주요 직무자 지정 및 관리	개인정보 및 중요정보의 취급이나 주요 시스템 접근 등 주요 직무의 기준과 관리방안을 수립하고, 주요 직무자를 최소한으로 지정하여 그 목록을 최신으로 관리하여야 한다.
2.2.2	직무 분리	권한 오·남용 등으로 인한 잠재적인 피해 예방을 위하여 직무 분리 기준을 수립하고 적용하여야 한다. 다만, 불가피하게 직무 분리가 어려운 경우 별도의 보완대책을 마련하여 이행하여야 한다.
2.2.3	보안 서약	정보자산을 취급하거나 접근권한이 부여된 임직원·임시직원·외부자 등이 내부 정책 및 관련 법규, 비밀유지 의무 등 준수사항을 명확히 인지할 수 있도록 업무 특성에 따른 정보보호 서약을 받아야 한다.
2.2.4	인식제고 및 교육훈련	임직원 및 관련 외부자가 조직의 관리체계와 정책을 이해하고 직무별 전문성을 확보할 수 있도록 연간 인식제고 활동 및 교육훈련 계획을 수립·운영하고, 그 결과에 따른 효과성을 평가하여 다음 계획에 반영하여야 한다.
2.2.5	퇴직 및 직무변경 관리	퇴직 및 직무변경 시 인사·정보보호·개인정보보호·IT 등 관련 부서별 이행하여야 할 자산반납, 계정 및 접근권한 회수·조정, 결과확인 등의 절차를 수립·관리하여야 한다.
2.2.6	보안 위반 시 조치	임직원 및 관련 외부자가 법령, 규제 및 내부정책을 위반한 경우 이에 따른 조치 절차를 수립·이행하여야 한다.
2.3.	외부자 보안	
2.3.1	외부자 현황 관리	업무의 일부(개인정보취급, 정보보호, 정보시스템 운영 또는 개발 등)를 외부에 위탁하거나 외부의 시설 또는 서비스(집적정보통신시설, 클라우드 서비스, 애플리케이션 서비스 등)를 이용하는 경우 그 현황을 식별하고 법적 요구사항 및 외부 조직·서비스로부터 발생되는 위험을 파악하여 적절한 보호대책을 마련하여야 한다.
2.3.2	외부자 계약 시 보안	외부 서비스를 이용하거나 외부자에게 업무를 위탁하는 경우 이에 따른 정보보호 및 개인정보보호 요구사항을 식별하고, 관련 내용을 계약서 또는 협정서 등에 명시하여야 한다.
2.3.3	외부자 보안 이행 관리	계약서, 협정서, 내부정책에 명시된 정보보호 및 개인정보보호 요구사항에 따라 외부자의 보호대책 이행 여부를 주기적인 점검 또는 감사 등 관리·감독하여야 한다.
2.3.4	외부자 계약 변경 및 만료 시 보안	외부자 계약만료, 업무종료, 담당자 변경 시에는 제공한 정보자산 반납, 정보시스템 접근계정 삭제, 중요정보 파기, 업무 수행 중 취득정보의 비밀유지 확약서 징구 등의 보호대책을 이행하여야 한다.
2.4.	물리 보안	
2.4.1	보호구역 지정	물리적·환경적 위협으로부터 개인정보 및 중요정보, 문서, 저장매체, 주요 설비 및 시스템 등을 보호하기 위하여 통제구역·제한구역·접견구역 등 물리적 보호구역을 지정하고 각 구역별 보호대책을 수립·이행하여야 한다.

2.4.2	출입통제	보호구역은 인가된 사람만이 출입하도록 통제하고 책임추적성을 확보할 수 있도록 출입 및 접근 이력을 주기적으로 검토하여야 한다.
2.4.3	정보시스템 보호	정보시스템은 환경적 위협과 유해요소, 비인가 접근 가능성을 감소시킬 수 있도록 중요도와 특성을 고려하여 배치하고, 통신 및 전력 케이블이 손상을 입지 않도록 보호하여야 한다.
2.4.4	보호설비 운영	보호구역에 위치한 정보시스템의 중요도 및 특성에 따라 온도·습도 조절, 화재감지, 소화설비, 누수감지, UPS, 비상발전기, 이중전원선 등의 보호설비를 갖추고 운영절차를 수립·운영하여야 한다.
2.4.5	보호구역 내 작업	보호구역 내에서의 비인가행위 및 권한 오·남용 등을 방지하기 위한 작업 절차를 수립·이행하고, 작업 기록을 주기적으로 검토하여야 한다.
2.4.6	반출입 기기 통제	보호구역 내 정보시스템, 모바일 기기, 저장매체 등에 대한 반출입 통제절차를 수립·이행하고 주기적으로 검토하여야 한다.
2.4.7	업무환경 보안	공용으로 사용하는 사무용 기기(문서고, 공용 PC, 복합기, 파일서버 등) 및 개인 업무환경(업무용 PC, 책상 등)을 통해 개인정보 및 중요정보가 비인가자에게 노출 또는 유출되지 않도록 클린데스크, 정기점검 등 업무환경 보호대책을 수립·이행하여야 한다.
2.5.	**인증 및 권한관리**	
2.5.1	사용자 계정 관리	정보시스템과 개인정보 및 중요정보에 대한 비인가 접근을 통제하고 업무 목적에 따른 접근권한을 최소한으로 부여할 수 있도록 사용자 등록·해지 및 접근권한 부여·변경·말소 절차를 수립·이행하고, 사용자 등록 및 권한부여 시 사용자에게 보안책임이 있음을 규정화하고 인식시켜야 한다.
2.5.2	사용자 식별	사용자 계정은 사용자별로 유일하게 구분할 수 있도록 식별자를 할당하고 추측 가능한 식별자 사용을 제한하여야 하며, 동일한 식별자를 공유하여 사용하는 경우 그 사유와 타당성을 검토하여 책임자의 승인 및 책임추적성 확보 등 보완대책을 수립·이행하여야 한다.
2.5.3	사용자 인증	정보시스템과 개인정보 및 중요정보에 대한 사용자의 접근은 안전한 인증절차와 필요에 따라 강화된 인증방식을 적용하여야 한다. 또한 로그인 횟수 제한, 불법 로그인 시도 경고 등 비인가자 접근 통제방안을 수립·이행하여야 한다.
2.5.4	비밀번호 관리	법적 요구사항, 외부 위협요인 등을 고려하여 정보시스템 사용자 및 고객, 회원 등 정보주체(이용자)가 사용하는 비밀번호 관리절차를 수립·이행하여야 한다.
2.5.5	특수 계정 및 권한 관리	정보시스템 관리, 개인정보 및 중요정보 관리 등 특수 목적을 위하여 사용하는 계정 및 권한은 최소한으로 부여하고 별도로 식별하여 통제하여야 한다.
2.5.6	접근권한 검토	정보시스템과 개인정보 및 중요정보에 접근하는 사용자 계정의 등록·이용·삭제 및 접근권한의 부여·변경·삭제 이력을 남기고 주기적으로 검토하여 적정성 여부를 점검하여야 한다.

2.6.	접근통제	
2.6.1	네트워크 접근	네트워크에 대한 비인가 접근을 통제하기 위하여 IP관리, 단말인증 등 관리절차를 수립·이행하고, 업무목적 및 중요도에 따라 네트워크 분리(DMZ, 서버팜, DB존, 개발존 등)와 접근통제를 적용하여야 한다.
2.6.2	정보시스템 접근	서버, 네트워크시스템 등 정보시스템에 접근을 허용하는 사용자, 접근제한 방식, 안전한 접근수단 등을 정의하여 통제하여야 한다.
2.6.3	응용프로그램 접근	사용자별 업무 및 접근 정보의 중요도 등에 따라 응용프로그램 접근권한을 제한하고, 불필요한 정보 또는 중요정보 노출을 최소화할 수 있도록 기준을 수립하여 적용하여야 한다.
2.6.4	데이터베이스 접근	테이블 목록 등 데이터베이스 내에서 저장·관리되고 있는 정보를 식별하고, 정보의 중요도와 응용프로그램 및 사용자 유형 등에 따른 접근통제 정책을 수립·이행하여야 한다.
2.6.5	무선 네트워크 접근	무선 네트워크를 사용하는 경우 사용자 인증, 송수신 데이터 암호화, AP 통제 등 무선 네트워크 보호대책을 적용하여야 한다. 또한 AD Hoc 접속, 비인가 AP 사용 등 비인가 무선 네트워크 접속으로부터 보호대책을 수립·이행하여야 한다.
2.6.6	원격접근 통제	보호구역 이외 장소에서의 정보시스템 관리 및 개인정보 처리는 원칙적으로 금지하고, 재택근무·장애대응·원격협업 등 불가피한 사유로 원격접근을 허용하는 경우 책임자 승인, 접근 단말 지정, 접근 허용범위 및 기간 설정, 강화된 인증, 구간 암호화, 접속단말 보안(백신, 패치 등) 등 보호대책을 수립·이행하여야 한다.
2.6.7	인터넷 접속 통제	인터넷을 통한 정보 유출, 악성코드 감염, 내부망 침투 등을 예방하기 위하여 주요 정보시스템, 주요 직무 수행 및 개인정보 취급 단말기 등에 대한 인터넷 접속 또는 서비스(P2P, 웹하드, 메신저 등)를 제한하는 등 인터넷 접속 통제 정책을 수립·이행하여야 한다.
2.7.	암호화 적용	
2.7.1	암호정책 적용	개인정보 및 주요정보 보호를 위하여 법적 요구사항을 반영한 암호화 대상, 암호 강도, 암호 사용 정책을 수립하고 개인정보 및 주요정보의 저장·전송·전달 시 암호화를 적용하여야 한다.
2.7.2	암호키 관리	암호키의 안전한 생성·이용·보관·배포·파기를 위한 관리 절차를 수립·이행하고, 필요 시 복구방안을 마련하여야 한다.

2.8.	정보시스템 도입 및 개발 보안	
2.8.1	보안 요구사항 정의	정보시스템의 도입·개발·변경 시 정보보호 및 개인정보보호 관련 법적 요구사항, 최신 보안취약점, 안전한 코딩방법 등 보안 요구사항을 정의하고 적용하여야 한다.
2.8.2	보안 요구사항 검토 및 시험	사전 정의된 보안 요구사항에 따라 정보시스템이 도입 또는 구현되었는지를 검토하기 위하여 법적 요구사항 준수, 최신 보안취약점 점검, 안전한 코딩 구현, 개인정보 영향평가 등의 검토 기준과 절차를 수립·이행하고, 발견된 문제점에 대한 개선조치를 수행하여야 한다.
2.8.3	시험과 운영 환경 분리	개발 및 시험 시스템은 운영시스템에 대한 비인가 접근 및 변경의 위험을 감소시키기 위하여 원칙적으로 분리하여야 한다.
2.8.4	시험 데이터 보안	시스템 시험 과정에서 운영데이터의 유출을 예방하기 위하여 시험 데이터의 생성과 이용 및 관리, 파기, 기술적 보호조치에 관한 절차를 수립·이행하여야 한다.
2.8.5	소스 프로그램 관리	소스 프로그램은 인가된 사용자만이 접근할 수 있도록 관리하고, 운영환경에 보관하지 않는 것을 원칙으로 하여야 한다.
2.8.6	운영환경 이관	신규 도입·개발 또는 변경된 시스템을 운영환경으로 이관할 때는 통제된 절차를 따라야 하고, 실행코드는 시험 및 사용자 인수 절차에 따라 실행되어야 한다.
2.9.	시스템 및 서비스 운영관리	
2.9.1	변경관리	정보시스템 관련 자산의 모든 변경내역을 관리할 수 있도록 절차를 수립·이행하고, 변경 전 시스템의 성능 및 보안에 미치는 영향을 분석하여야 한다.
2.9.2	성능 및 장애관리	정보시스템의 가용성 보장을 위하여 성능 및 용량 요구사항을 정의하고 현황을 지속적으로 모니터링하여야 하며, 장애 발생 시 효과적으로 대응하기 위한 탐지, 기록, 분석, 복구, 보고 등의 절차를 수립·관리하여야 한다.
2.9.3	백업 및 복구관리	정보시스템의 가용성과 데이터 무결성을 유지하기 위하여 백업 대상, 주기, 방법, 보관장소, 보관기간, 소산 등의 절차를 수립·이행하여야 한다. 아울러 사고 발생 시 적시에 복구할 수 있도록 관리하여야 한다.
2.9.4	로그 및 접속기록 관리	서버, 응용프로그램, 보안시스템, 네트워크시스템 등 정보시스템에 대한 사용자 접속기록, 시스템로그, 권한부여 내역 등의 로그유형, 보존기간, 보존방법 등을 정하고 위·변조, 도난, 분실 되지 않도록 안전하게 보존·관리하여야 한다.
2.9.5	로그 및 접속기록 점검	정보시스템의 정상적인 사용을 보장하고 사용자 오·남용(비인가접속, 과다조회 등)을 방지하기 위하여 접근 및 사용에 대한 로그 검토기준을 수립하여 주기적으로 점검하며, 문제 발생 시 사후조치를 적시에 수행하여야 한다.
2.9.6	시간 동기화	로그 및 접속기록의 정확성을 보장하고 신뢰성 있는 로그분석을 위하여 관련 정보시스템의 시각을 표준시각으로 동기화하고 주기적으로 관리하여야 한다.
2.9.7	정보자산의 재사용 및 폐기	정보자산의 재사용과 폐기 과정에서 개인정보 및 중요정보가 복구·재생되지 않도록 안전한 재사용 및 폐기 절차를 수립·이행하여야 한다.

2.10.	시스템 및 서비스 보안관리	
2.10.1	보안시스템 운영	보안시스템 유형별로 관리자 지정, 최신 정책 업데이트, 룰셋 변경, 이벤트 모니터링 등의 운영절차를 수립·이행하고 보안시스템별 정책적용 현황을 관리하여야 한다.
2.10.2	클라우드 보안	클라우드 서비스 이용 시 서비스 유형(SaaS, PaaS, IaaS 등)에 따른 비인가 접근, 설정 오류 등에 따라 중요정보와 개인정보가 유·노출되지 않도록 관리자 접근 및 보안 설정 등에 대한 보호대책을 수립·이행하여야 한다.
2.10.3	공개서버 보안	외부 네트워크에 공개되는 서버의 경우 내부 네트워크와 분리하고 취약점 점검, 접근통제, 인증, 정보 수집·저장·공개 절차 등 강화된 보호대책을 수립·이행하여야 한다.
2.10.4	전자거래 및 핀테크 보안	전자거래 및 핀테크 서비스 제공 시 정보유출이나 데이터 조작·사기 등의 침해사고 예방을 위해 인증·암호화 등의 보호대책을 수립하고, 결제시스템 등 외부 시스템과 연계할 경우 안전성을 점검하여야 한다.
2.10.5	정보전송 보안	타 조직에 개인정보 및 중요정보를 전송할 경우 안전한 전송 정책을 수립하고 조직 간 합의를 통해 관리 책임, 전송방법, 개인정보 및 중요정보 보호를 위한 기술적 보호조치 등을 협약하고 이행하여야 한다.
2.10.6	업무용 단말기기 보안	PC, 모바일 기기 등 단말기기를 업무 목적으로 네트워크에 연결할 경우 기기 인증 및 승인, 접근 범위, 기기 보안설정 등의 접근통제 대책을 수립하고 주기적으로 점검하여야 한다.
2.10.7	보조저장매체 관리	보조저장매체를 통하여 개인정보 또는 중요정보의 유출이 발생하거나 악성코드가 감염되지 않도록 관리 절차를 수립·이행하고, 개인정보 또는 중요정보가 포함된 보조저장매체는 안전한 장소에 보관하여야 한다.
2.10.8	패치관리	소프트웨어, 운영체제, 보안시스템 등의 취약점으로 인한 침해사고를 예방하기 위하여 최신 패치를 적용하여야 한다. 다만 서비스 영향을 검토하여 최신 패치 적용이 어려울 경우 별도의 보완대책을 마련하여 이행하여야 한다.
2.10.9	악성코드 통제	바이러스·웜·트로이목마·랜섬웨어 등의 악성코드로부터 개인정보 및 중요정보, 정보시스템 및 업무용 단말기 등을 보호하기 위하여 악성코드 예방·탐지·대응 등의 보호대책을 수립·이행하여야 한다.

2.11.	사고 예방 및 대응	
2.11.1	사고 예방 및 대응 체계 구축	침해사고 및 개인정보 유출 등을 예방하고 사고 발생 시 신속하고 효과적으로 대응할 수 있도록 내·외부 침해시도의 탐지·대응·분석 및 공유를 위한 체계와 절차를 수립하고, 관련 외부기관 및 전문가들과 협조체계를 구축하여야 한다.
2.11.2	취약점 점검 및 조치	정보시스템의 취약점이 노출되어 있는지를 확인하기 위하여 정기적으로 취약점 점검을 수행하고 발견된 취약점에 대해서는 신속하게 조치하여야 한다. 또한 최신 보안취약점의 발생 여부를 지속적으로 파악하고 정보시스템에 미치는 영향을 분석하여 조치하여야 한다.
2.11.3	이상행위 분석 및 모니터링	내·외부에 의한 침해시도, 개인정보유출 시도, 부정행위 등을 신속하게 탐지·대응할 수 있도록 네트워크 및 데이터 흐름 등을 수집하여 분석하며, 모니터링 및 점검 결과에 따른 사후조치는 적시에 이루어져야 한다.
2.11.4	사고 대응 훈련 및 개선	침해사고 및 개인정보 유출사고 대응 절차를 임직원과 이해관계자가 숙지하도록 시나리오에 따른 모의훈련을 연 1회 이상 실시하고 훈련결과를 반영하여 대응체계를 개선하여야 한다.
2.11.5	사고 대응 및 복구	침해사고 및 개인정보 유출 징후나 발생을 인지한 때에는 법적 통지 및 신고 의무를 준수하여야 하며, 절차에 따라 신속하게 대응 및 복구하고 사고분석 후 재발방지 대책을 수립하여 대응체계에 반영하여야 한다.
2.12.	재해복구	
2.12.1	재해, 재난 대비 안전조치	자연재해, 통신·전력 장애, 해킹 등 조직의 핵심 서비스 및 시스템의 운영 연속성을 위협할 수 있는 재해 유형을 식별하고 유형별 예상 피해규모 및 영향을 분석하여야 한다. 또한 복구 목표시간, 복구 목표시점을 정의하고 복구 전략 및 대책, 비상시 복구 조직, 비상연락체계, 복구 절차 등 재해 복구체계를 구축하여야 한다.
2.12.2	재해 복구 시험 및 개선	재해 복구 전략 및 대책의 적정성을 정기적으로 시험하여 시험결과, 정보시스템 환경변화, 법규 등에 따른 변화를 반영하여 복구전략 및 대책을 보완하여야 한다.

3. 개인정보 처리단계별 요구사항

3.1.	개인정보 수집 시 보호조치	
3.1.1	개인정보 수집·이용	개인정보는 적법하고 정당하게 수집·이용하여야 하며, 정보주체의 동의를 근거로 수집하는 경우에는 적법한 방법으로 정보주체의 동의를 받아야 한다. 또한, 만 14세 미만 아동의 개인정보를 수집하는 경우에는 그 법정대리인의 동의를 받아야 하며 법정대리인이 동의하였는지를 확인하여야 한다.

3.1.2	개인정보 수집 제한	개인정보를 수집하는 경우 처리 목적에 필요한 최소한의 개인정보만을 수집하여야 하며, 정보주체가 선택적으로 동의할 수 있는 사항 등에 동의하지 아니한다는 이유로 정보주체에게 재화 또는 서비스의 제공을 거부하지 않아야 한다.
3.1.3	주민등록번호 처리 제한	주민등록번호는 법적 근거가 있는 경우를 제외하고는 수집·이용 등 처리할 수 없으며, 주민등록번호의 처리가 허용된 경우라 하더라도 인터넷 홈페이지 등에서 대체수단을 제공하여야 한다.
3.1.4	민감정보 및 고유식별정보의 처리 제한	민감정보와 고유식별정보(주민등록번호 제외)를 처리하기 위해서는 법령에서 구체적으로 처리를 요구하거나 허용하는 경우를 제외하고는 정보주체의 별도 동의를 받아야 한다.
3.1.5	개인정보 간접수집	정보주체 이외로부터 개인정보를 수집하거나 제3자로부터 제공받는 경우에는 업무에 필요한 최소한의 개인정보를 수집하거나 제공받아야 하며, 법령에 근거하거나 정보주체의 요구가 있으면 개인정보의 수집 출처, 처리목적, 처리정지의 요구권리를 알려야 한다.
3.1.6	영상정보처리기기 설치·운영	고정형 영상정보처리기기를 공개된 장소에 설치·운영하거나 이동형 영상정보처리기기를 공개된 장소에서 업무를 목적으로 운영하는 경우 설치 목적 및 위치에 따라 법적 요구사항을 준수하고, 적절한 보호대책을 수립·이행하여야 한다.
3.1.7	마케팅 목적의 개인정보 수집·이용	재화나 서비스의 홍보, 판매 권유, 광고성 정보전송 등 마케팅 목적으로 개인정보를 수집·이용하는 경우 그 목적을 정보주체가 명확하게 인지할 수 있도록 고지하고 동의를 받아야 한다.
3.2.	개인정보 보유 및 이용 시 보호조치	
3.2.1	개인정보 현황관리	수집·보유하는 개인정보의 항목, 보유량, 처리 목적 및 방법, 보유기간 등 현황을 정기적으로 관리하여야 하며, 공공기관의 경우 이를 법률에서 정한 관계기관의 장에게 등록하여야 한다.
3.2.2	개인정보 품질보장	수집된 개인정보는 처리 목적에 필요한 범위에서 개인정보의 정확성·완전성·최신성이 보장되도록 정보주체에게 관리절차를 제공하여야 한다.
3.2.3	이용자 단말기 접근 보호	정보주체(이용자)의 이동통신단말장치 내에 저장되어 있는 정보 및 이동통신단말장치에 설치된 기능에 접근이 필요한 경우 이를 명확하게 인지할 수 있도록 알리고 정보주체(이용자)의 동의를 받아야 한다.
3.2.4	개인정보 목적 외 이용 및 제공	개인정보는 수집 시의 정보주체에게 고지·동의를 받은 목적 또는 법령에 근거한 범위 내에서만 이용 또는 제공하여야 하며, 이를 초과하여 이용·제공하려는 때에는 정보주체의 추가 동의를 받거나 관계 법령에 따른 적법한 경우인지 확인하고 적절한 보호대책을 수립·이행하여야 한다.
3.2.5	가명정보 처리	가명정보를 처리하는 경우 목적제한, 결합제한, 안전조치, 금지의무 등 법적 요건을 준수하고 적정 수준의 가명처리를 보장할 수 있도록 가명처리 절차를 수립·이행하여야 한다.

3.3.	개인정보 제공 시 보호조치	
3.3.1	개인정보 제3자 제공	개인정보를 제3자에게 제공하는 경우 법적 근거에 의하거나 정보주체의 동의를 받아야 하며, 제3자에게 개인정보의 접근을 허용하는 등 제공 과정에서 개인정보를 안전하게 보호하기 위한 보호대책을 수립·이행하여야 한다.
3.3.2	개인정보 처리업무 위탁	개인정보 처리업무를 제3자에게 위탁하는 경우 위탁하는 업무의 내용과 수탁자 등 관련사항을 공개하여야 한다. 또한 재화 또는 서비스를 홍보하거나 판매를 권유하는 업무를 위탁하는 경우 위탁하는 업무의 내용과 수탁자를 정보주체에게 알려야 한다.
3.3.3	영업의 양도 등에 따른 개인정보 이전	영업의 양도·합병 등으로 개인정보를 이전하거나 이전받는 경우 정보주체 통지 등 적절한 보호조치를 수립·이행하여야 한다.
3.3.4	개인정보 국외 이전	개인정보를 국외로 이전하는 경우 국외 이전에 대한 동의, 관련 사항에 대한 공개 등 적절한 보호조치를 수립·이행하여야 한다.
3.4.	개인정보 파기 시 보호조치	
3.4.1	개인정보파기	개인정보의 보유기간 및 파기 관련 내부 정책을 수립하고 개인정보의 보유기간 경과, 처리목적 달성 등 파기 시점이 도달한 때에는 파기의 안전성 및 완전성이 보장될 수 있는 방법으로 지체 없이 파기하여야 한다.
3.4.2	처리목적 달성 후 보유 시 조치	개인정보의 보유기간 경과 또는 처리목적 달성 후에도 관련 법령 등에 따라 파기하지 아니하고 보존하는 경우에는 해당 목적에 필요한 최소한의 항목으로 제한하고 다른 개인정보와 분리하여 저장·관리하여야 한다.
3.5.	정보주체 권리보호	
3.5.1	개인정보 처리방침 공개	개인정보의 처리 목적 등 필요한 사항을 모두 포함하여 정보주체가 알기 쉽도록 개인정보 처리방침을 수립하고, 이를 정보주체가 언제든지 쉽게 확인할 수 있도록 적절한 방법에 따라 공개하고 지속적으로 현행화하여야 한다.
3.5.2	정보주체 권리보장	정보주체가 개인정보의 열람, 정정·삭제, 처리정지, 이의제기, 동의철회 등 요구를 수집 방법·절차보다 쉽게 할 수 있도록 권리행사 방법 및 절차를 수립·이행하고, 정보주체의 요구를 받은 경우 지체 없이 처리하고 관련 기록을 남겨야 한다. 또한, 정보주체의 사생활 침해, 명예훼손 등 타인의 권리를 침해하는 정보가 유통되지 않도록 삭제 요청, 임시조치 등의 기준을 수립·이행하여야 한다.
3.5.3	정보주체에 대한 통지	개인정보의 이용·제공 내역 등 정보주체에게 통지하여야 할 사항을 파악하여 그 내용을 주기적으로 통지하여야 한다.

01 OO기업에서는 VPN 기반 클라우드 사용 환경을 제로트러스트 기반의 클라우드 사용 환경으로의 전환을 위해 제로트러스트 적용 실증을 진행하였다. 그 결과 제로트러스트 기술의 적용은 SaaS 보안 관제 및 세밀한 접근권한을 부여함으로써 SaaS 사용 환경에서 기존 보안 시스템 대비 보안을 강화할 수 있다는 사실을 확인하였다. 다음 중 제로트러스트 성숙도 모델과 ISMS-P 인증기준을 연계한 설명 중 적절하지 않은 것을 고르시오.

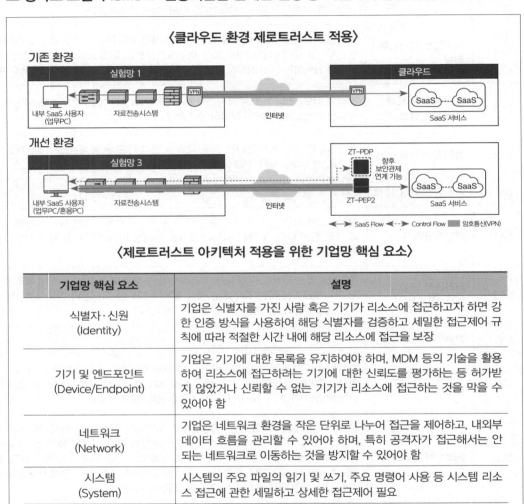

〈클라우드 환경 제로트러스트 적용〉

〈제로트러스트 아키텍처 적용을 위한 기업망 핵심 요소〉

기업망 핵심 요소	설명
식별자·신원 (Identity)	기업은 식별자를 가진 사람 혹은 기기가 리소스에 접근하고자 하면 강한 인증 방식을 사용하여 해당 식별자를 검증하고 세밀한 접근제어 규칙에 따라 적절한 시간 내에 해당 리소스에 접근을 보장
기기 및 엔드포인트 (Device/Endpoint)	기업은 기기에 대한 목록을 유지하여야 하며, MDM 등의 기술을 활용하여 리소스에 접근하려는 기기에 대한 신뢰도를 평가하는 등 허가받지 않았거나 신뢰할 수 없는 기기가 리소스에 접근하는 것을 막을 수 있어야 함
네트워크 (Network)	기업은 네트워크 환경을 작은 단위로 나누어 접근을 제어하고, 내외부 데이터 흐름을 관리할 수 있어야 하며, 특히 공격자가 접근해서는 안 되는 네트워크로 이동하는 것을 방지할 수 있어야 함
시스템 (System)	시스템의 주요 파일의 읽기 및 쓰기, 주요 명령어 사용 등 시스템 리소스 접근에 관한 세밀하고 상세한 접근제어 필요
애플리케이션 및 워크로드 (Application & Workload)	기업에서는 애플리케이션 계층 및 컨테이너, 가상 머신 등을 보호·관리하고 데이터의 안전한 전달을 보장할 수 있어야 함
데이터 (Data)	기업은 데이터 목록을 작성, 분류 및 레이블 지정하고, 필요에 따라 암호화 기법을 적용하여 저장 혹은 전송 중인 데이터를 보호하며 허가받지 않은 데이터 유출에 대응하기 위한 기법을 적용하여야 함

① 제로트러스트 핵심요소 중 식별자·신원의 세부역량으로 사용자 인벤토리는 시스템에 접근하는 모든 사용자와 그들의 권한을 기록하고 관리하는 시스템이며, 이를 통해 사용자에 대한 정확한 최신 정보를 제공하여 적절한 접근제어를 가능하게 한다. 이는 인증기준 2.5.1 사용자 계정 관리, 2.5.2 사용자 식별, 2.5.6 접근권한 검토와 연계할 수 있다.

② 제로트러스트 핵심요소 중 기기 및 엔드포인트의 세부역량으로 통합 엔드포인트 관리 및 모바일 기기 관리는 모든 엔드포인트와 모바일 기기를 중앙에서 통합 관리하고, 보안을 유지하는 기능이다. 이는 원격으로 관리될 수 있어야 하며, 보안 정책을 적용할 수 있어야 한다. 이는 인증기준 2.1.3 정보자산 관리, 2.10.1 보안시스템 운영, 2.10.8 패치관리 등과 연계할 수 있다.

③ 제로트러스트 핵심요소 중 네트워크의 세부역량으로 마이크로 세그멘테이션은 네트워크를 세분화하여 각 워크로드나 애플리케이션별로 세그먼트를 설정하는 기술로, 보다 정밀한 보안 제어를 가능하게 한다. 접속하는 ID 또는 애플리케이션 접근을 기반으로 네트워크 세분화를 정의하거나 물리적 세분화를 수행하고 문서화하여야 한다. 이는 인증기준 2.6.1 네트워크 접근, 2.6.3 응용프로그램 접근, 2.10.1 보안시스템 운영 등과 연계할 수 있다.

④ 제로트러스트 핵심요소 중 시스템의 세부역량으로 PAM은 권한 있는 사용자 및 시스템의 접근을 관리하고 모니터링하는 보안 체계로, 영구적인 관리자 권한 등 높은 권한을 제거하는 데 중점을 두며, 이를 위해 먼저 PAM 시스템을 구축하고, 권한 사용자를 이 시스템으로 이전하는 작업을 수행한다. 이는 인증기준 2.5.3 사용자 인증, 2.5.6 특수 계정 및 권한관리, 2.5.6 접근권한 검토 등과 연계할 수 있다.

⑤ 제로트러스트 핵심 요소 중 애플리케이션 및 워크로드의 세부역량으로 안전한 애플리케이션 배포는 애플리케이션을 배포할 때 발생할 수 있는 보안 위협을 최소화하기 위한 프로세스와 도구를 사용하는 것을 의미하며, 이는 보안 정책 준수, 취약점 검사, 자동화된 배포 파이프라인, 코드 무결성 검증, 환경 격리 및 모니터링을 포함한다. 이는 인증기준 2.9.4 로그 및 접속 기록 관리, 2.11.1 사고 예방 및 대응체계 구축, 2.11.3 이상행위 분석 및 모니터링 등과 연계할 수 있다.

02 정보보호 관리체계의 부재로 MVNO사업자에게서 침해사고가 지속적으로 발생하고 있어 법률을 정비하여 ISMS인증을 의무화할 예정이다. 다음 MVNO사업자의 ISMS 인증 설명 중 적절하지 않은 것을 모두 고르시오. (2개)

① 금융권 수준에 준하는 정보보안 관리체계 적용의 필요로 알뜰폰서비스에 적합한 특화항목을 추가하였다.

② ISMS 인증 의무대상이며 본인확인 서비스를 제공하는 경우에는 ISMS-P 인증을 받아야 한다.

③ 정보보호 관리체계 항목과 침해사고 예방을 위한 조치항목, 본인인증을 위하여 개인정보 보호 항목을 강화한 특화항목을 추가하였다.

④ 관리체계 수립 및 운영 인증기준에서는 MVNO 서비스만의 정책수립 및 본인인증 등 시스템운영상 위험을 관리하여 평가하고 위험조치 연 1회 등 보호대책을 강화하였다.

⑤ 보호대책 요구사항 인증기준에서는 물리보안, 인증 및 권한관리, 개발보안, 시스템 보안관리 항목 등 특화항목을 추가하고 금융 ISMS 및 전자금융감독규정에서 요구하는 접근통제, 개발보안, 보안시스템운영 등 정책들을 적용하였다.

03 다음 이동형 영상정보처리기기 운영·관리 시 개인영상정보 보호·활용에 대한 내용 중 가장 적절한 것을 고르시오.

① 공공기관이 아닌 민간 기업에서 민원인이 폭언과 기물파손 등을 한다는 이유로 피해구제를 위한 증거를 확보하기 위해 영상 또는 음성을 녹화·녹음하는 것은 법 위반이다.

② 이동형 영상정보처리기기를 공개된 장소에서 개인영상정보를 촬영할 때 촬영되는 정보주체의 동의를 받았음에도 불구하고 촬영 사실을 명확히 표시하지 않았을 경우에는 법 위반이다.

③ 범죄예방, 시설안전 및 관리, 인명보호 등 공익적 목적이 아닌 기업의 연구개발이나 제품·서비스 제공, 합법적인 홍보 및 마케팅 등을 위한 영상의 촬영은 정당한 목적의 촬영이라고 볼 수 없다.

④ 드론을 통한 항공촬영의 표시위치 방법은 불빛이나 소리 등을 통해서도 촬영 사실을 알리는 것이 아닌 개인정보위원회가 구축·운영하는 인터넷 사이트를 통해 촬영 목적과 범위, 관리책임자 등을 공지하는 것으로 표시위치를 나타낼 수 있다.

⑤ 야외 활동 등 개인의 취미를 위해 바디캠을 활용한 촬영 시 불빛, 소리, 안내문구 등을 통해 촬영 사실을 명확히 표시하지 않을 경우 법 위반 사항이다.

04 다음은 (주)가나다 회사의 ISMS-P인증 심사를 진행하면서 확인된 내용으로 심사원과 담당자의 인터뷰, 증적자료를 바탕으로 심사원이 판단한 내용 중 가장 적절한 것을 고르시오.

CCTV 설치 안내

◆ **설치목적** : 범죄 예방 및 시설안전

◆ **설치장소** : 출입구의 벽면/천장, 엘리베이터/각층의 천장

◆ **촬영범위** : 출입구, 엘리베이터 및 각층 복도(360°회전)

◆ **촬영시간** : 24시간 연속 촬영

◆ **관리책임자** : 인사과 부장 02-000-0000

◆ **수탁관리자** : 영상정보K업체 02-000-0000

<CCTV 담당자 인터뷰>

■ **심사원** : 안녕하세요. CCTV 관리 현황을 확인할 수 있을까요?

○ **담당자** : 네, 이쪽으로 안내하겠습니다.

■ **심사원** : 녹화 데이터는 며칠 동안 저장되나요?

○ **담당자** : 기본적으로 30일 이상 저장되며, 저장 용량이 가득 차면 오래된 영상부터 자동으로 삭제됩니다.

■ **심사원** : 그럼 결과적으로는 30일 이상 저장되는 건가요?

○ **담당자** : 네, 실제로는 약 60일 정도 저장되는 경우가 많습니다.

■ **심사원** : 그렇군요. 그런데 건물 외부에 있는 CCTV 설치를 봤는데 안내판이 설치되어 있지 않네요?

○ **담당자** : 건물 외부에 있긴 한데 저희가 관리하지 않아서 잘 모르겠습니다.

■ **심사원** : 건물 외부에는 안내판이 설치되어 있지만, 직접 관리하지 않는 부분이라 잘 알지 못한다는 거죠?

<복합기 담당자 인터뷰>

■ **심사원** : 복합기를 보니까 직원들이 사원증을 Tag하고 복사지를 수령하는군요.

○ **담당자** : 네, 저희는 인쇄물을 출력하려면 사원증을 확인하고 본인인증을 해야 인쇄가 가능합니다.

■ **심사원** : 그런데 이 복합기로 팩스도 주고받을 수 있는 것 같은데 받은 팩스는 어디서 확인하나요?

○ **담당자** : 저희 임직원만 사용하는 내부 공용폴더에 저장되며, 해당 폴더는 ID와 비밀번호로 접근할 수 있습니다.

■ **심사원** : 그런데 공용폴더가 별도 인증 없이 접근 가능하네요. 게다가 ID와 비밀번호가 동일한데요?

○ **담당자** : 공용폴더의 경우에 각각 ID를 주고 관리하기가 어려워서 공용ID를 이용하고 있습니다.

■ **심사원** : 내부 폴더를 살펴보니, 3년 전 임직원의 건강정보와 주민등록번호가 포함된 파일도 보입니다.

○ **담당자** : 확인을 못 했던 것 같습니다. 팩스 문서량이 많아 일일이 점검하지 못했습니다.

① 2.4.1 보호구역 지정 : 영상감시 구역 및 기타 보호구역에서 출입통제가 이루어져야 하지만, 외부인의 접근에 대한 관리 체계가 부재하여 결함이다.

② 2.4.4 보호설비 운영 : CCTV 운영과 관련된 명확한 절차가 수립되지 않아 운영 기준이 명확하지 않아 결함이다.

③ 2.4.7 업무환경 보안 : 개인정보 및 중요 정보는 비인가자에게 노출되거나 유출되지 않아야 하지만, 출력물 및 복사물에 대한 보안 조치가 부족하여 결함이다.

④ 2.5.1 사용자 계정관리 : 개인정보 및 중요 정보에 대한 접근 권한은 최소한으로 부여되어야 하나, 공용 ID와 비밀번호가 사용되고 있어 보안이 취약한 점이 지적되어 결함이다.

⑤ 3.1.6 영상정보처리기기 설치·운영 : 영상정보처리기기 설치·운영 시 정보주체가 쉽게 인식할 수 있도록 안내판을 설치해야 하나, 해당 안내판이 부재하여 결함이다.

05 나열심 심사원은 인터넷 쇼핑몰에 대한 ISMS-P 인증심사를 수행하고 있다. 아래 설정정보를 보고 심사원이 판단한 내용 중 적절하지 않은 것을 모두 고르시오. (2개)

(가)
```
#cat /etc/pam.d/login
auth required /lib/security/pam_securetty.so

#cat /etc/securetty
pts/0 ~ pts/x 관련 설정이 존재하지 않음 [SSH]

#cat /etc/sshd_config
PermitRootLogin no
```

(나)
```
public void validateFileToUpload(FileUpload objFile)
{  intMAX_FILE_SIZE=(4*1024*1024);
   int fileSize = objFile.PostedFile.ContentLength;
   if(fileSize>MAX_FILE_SIZE)
   {  returnMessage="FileUploadFailed";
      returnreturnMessage;
   }
   string chosenFileExtension = System.IO.Path.GetExtension(objFile.FileName);
   string[]allowedExtensions= {".doc",".xls",".ppt",".pptx",".txt" };
   if(!allowedExtensions.Contains(chosenFileExtension))
   {  returnMessage="FileUploadFailed";
      returnreturnMessage;
   }
   string[] allowedMimeTypes = { "text/plain", "text/xml" };
   stringchosenFileMiMeType=objFile.PostedFile.ContentType;
   if(!allowedMimeTypes.Contains(chosenFileMiMeType))
   {  returnMessage="FileUploadFailed";
      returnreturnMessage;
   }
}
```

(다)
```
#ls -l /etc/xinetd.conf
rw-r------ root 〈xinetd.conf 파일〉
#ls -al /etc/xinetd.d/*
rw-r------ root 〈xinetd 디렉터리 내 모든 파일〉
```

```
(라)   # pwconv
       # ls  −l /etc/shadow
       r————————— root 〈shadow 파일〉
```

```
(마)   #vi /etc/inetd.conf
       #shell    stream    tcp     nowait    root    /usr/sbin/in.rshd      in.rshd
       #shell    stream    tcp     nowait    root    /usr/sbin/in.rshd      in.rshd
       #shell    stream    tcp6    nowait    root    /usr/sbin/in.rshd      in.rshd
       #login    stream    tcp6    nowait    root    /usr/sbin/in.rlogind   in.rlogind
       #exec     stream    tcp     nowait    root    /usr/sbin/in.rexecd    in.rexecd
       #exec     stream    tcp6    nowait    root    /usr/sbin/in.rexecd    in.rexecd
```

① (가)는 "/etc/securetty" 파일에서 pts/0 ∼ pts/x 설정이 조회되지 않음에 따라, root 계정의 안전한 원격접속 환경 설정이 생략되어 있어서 2.6.6 원격접근 통제 결함으로 판단하였다.

② (나)는 Whitelist 방식으로 지정한 형식의 파일만 업로드 가능하도록 제한함으로써, 공격자가 서버에 악성 Server Side Script 파일 업로드하는 공격을 차단할 수 있도록 조치가 잘 되어있다고 판단하였다.

③ (다)는 슈퍼데몬 (x)inetd에 대해 root 계정만 사용할 수 있도록 설정되어 있어서 결함이 아니라고 판단하였다.

④ (라)는 pwconv 명령을 통해 /etc/shadow 파일이 생성된 것을 확인할 수 있으며, /etc/shadow 파일을 관리자만 제어할 수 있도록 설정되어 있어서 결함이 아니라고 판단하였다.

⑤ (마)는 인증없는 원격접속을 차단할 수 있도록 r-command 계열 서비스를 비활성화 하고 있어서 결함이 아니라고 판단하였다.

06 다음은 인증심사원과 IT기획 담당자의 인터뷰, 인적 보안지침 일부이다. 이를 통해 유추할 수 있는 결함으로 가장 적절한 인증기준을 고르시오.

인적 보안지침

2.1.1 입사 시
- 모든 임직원은 입사 시 별지 서식 제1호 보안서약서(입사 시)를 작성하도록 한다.
- 모든 임직원에게 정보보호지침을 배포하여 숙지하도록 한다.

2.1.2 재직 시
- 정기적인 보안 교육을 수강해야 한다.
- 보안 사고와 재난에 대한 대응 절차를 숙지하도록 한다.
- 소프트웨어 기능 장애 발견 시 보고 절차를 숙지하도록 한다.

2.1.3 퇴직 시
- 모든 사무기기 및 ID 카드를 반납하도록 한다.
- 시스템에 대한 접근을 막기 위하여, 기 할당되었던 사용자 ID와 패스워드를 삭제하도록 한다.
- 퇴직 시 내부정보가 외부로 유출되는 것을 불가하도록 한다.
- 별지 서식 제2호 보안서약서(퇴직 시)를 작성하도록 한다.

2.1.4 제3자 보안
- 아웃소싱이나 협력업체 직원에 대해서는 주관부서가 신원확인을 거치도록 하며, 내부의 정보를 이용하거나 접근 가능할 시에는 별지 서식 제3호 보안서약서(외부자용)를 작성하여 정보보호 담당팀에게 제출하도록 한다.
- 정보보호담당자는 외부자의 내부 시스템이나 정보에 접근할 이유나 근거를 확인한 후 시스템담당자에 통보하여 필요시 사용자 ID를 발급받도록 한다.

〈최근 3개월간 입·퇴사자 목록〉

퇴사자			입사자		
성명	사번ID	퇴사일	성명	사번ID	입사일
채경신	2019030	2025.4.25	윤은혜	2024002	2025.07.01
강 율	2020011	2025.5.10	주지훈	2024003	2025.07.01
유하나	2015022	2025.6.25	–	–	–

- **심사원** : IT기획 담당자께서는 어떤 업무를 수행하고 계시나요?
- **담당자** : 당사는 전체 직원이 많지 않아 제가 장비 구매 및 도입, 인적 보안, 협력사 계약 및 관리를 수행하고 있습니다.
- **심사원** : 중요한 업무를 많이 담당하고 계시네요. 인력 현황을 확인해 보니 최근 임직원 중 2명이 입사하시고, 3명이 퇴사하셨던데요. 보안서약서 확인을 요청드립니다.
- **담당자** : 네, 찾아보겠습니다. 여기 퇴사자 3명의 보안서약서와 입사자 2명의 보안서약서입니다.
- **심사원** : 개인정보취급자 목록을 확인한 결과 사번 '2015022'은 퇴사 직원인데 삭제되지 않았네요. 고객원장에 접근한 계정 목록도 부탁드립니다.
- **담당자** : 네, 확인해 보니 제가 6월 마지막 주 휴가 중이어서 다른 직원이 업무를 대신 처리한 일이 있었습니다. 제가 수행하는 퇴사 시 사무기기와 ID 카드 반납업무, 그리고 보안서약서 징구만 하고 그 외 처리하여야 하는 퇴직 사항이 관련 부서에 전달되지 않아서 계정 삭제가 되지 않았네요. 개인정보취급자 목록 및 계정 삭제를 해당 부서에 통보하여 바로 조치하도록 하겠습니다.
- **심사원** : 개인정보와 관련된 업무는 자체 인력으로 개발하시나요?
- **담당자** : 내부 직원이 부족하여 일부 신규 시스템 개발은 외부업체에서 하고 있습니다. 신규 시스템 오픈 당시에는 20명 정도 근무하셨는데, 지금은 유지보수를 위해 5명만 상주하시면서 개발 업무를 수행하고 계십니다.
- **심사원** : 개인정보처리방침에 있는 A사가 해당 업체 인력인가 보네요. 20명이 근무하다 5명만 남았다고 하셨는데, 개발 업무를 끝내고 철수하실 때 보안서약서를 확인할 수 있을까요?
- **담당자** : 네, 찾아보겠습니다. 여기 20명의 보안서약서입니다.
- **심사원** : 외부 인력은 퇴사 시 보안서약서가 없네요.
- **담당자** : 네, 외부 인력의 경우 업체의 인력 변동이 빈번하여 인력 투입 시 작성하는 보안서약서에 입·퇴사 시 내용을 함께 받고 있습니다.
- **심사원** : 보안서약서 보관은 어떻게 하고 계시나요?
- **담당자** : 임직원의 입사, 퇴사 보안서약서와 외부 인력에 대한 보안서약서를 양식대로 구분하여 문서고에 보관하고 있습니다.
- **심사원** : 문서고에 시건장치는 되어 있나요?
- **담당자** : 네, 문서고 출입문에 잠금장치가 있고 해당 열쇠는 저희 부서에서 관리하고 있습니다.

① 2.2.3 보안 서약
② 2.2.5 퇴직 및 직무변경 관리
③ 2.3.2 외부자 계약 시 보안
④ 2.3.4 외부자 계약 변경 및 만료 시 보안
⑤ 2.4.7 업무환경 보안

07 다음 ISMS 인증심사에서 심사원의 판단 중 적절하지 않은 것을 고르시오.

①
- 업체 : ○○쇼핑몰
- 확인사항 : 내부에서 보유한 가명정보의 결합을 수행하면서 별도의 결합전문기관을 통하지 않고 직접 수행함
- 심사원 판단 : 결함에 해당하지 않는 것으로 판단

②
- 업체 : ○○리조트
- 확인사항 : 클라우드서비스에서 제공하는 DRaaS를 이용하고 있음을 근거로 재해복구 테스트를 별도로 수행하지 않음
- 심사원 판단 : 2.12.2 재해복구 시험 및 개선

③
- 업체 : ○○여행사
- 확인사항 : 고객의 얼굴사진에서 추출한 정보를 암호화하지 않고 PC에 저장하고 있으나 추출정보가 개인 인증/식별에 사용할 수 없는 정보로 확인되었음
- 심사원 판단 : 결함에 해당하지 않는 것으로 판단

④
- 업체 : ○○위치정보서비스 사업자
- 확인사항 : 사전에 개인위치정보 제3자 제공을 위해 정보주체에게 동의를 받았으나 정보주체에게 사후 통보는 수행하지 않음
- 심사원 판단 : 결함에 해당하지 않는 것으로 판단

⑤
- 업체 : ○○금융기관
- 확인사항 : 클라우드 서비스를 처음 이용하기 시작한 날로부터 10일이 지나서 금융감독원에 보고함
- 심사원 판단 : 2.10.2 클라우드 보안 결함으로 판단

08 심사원은 ABC 기업에 ISMS 인증심사를 진행하고 있다. 다음 담당자와의 인터뷰를 보고 ABC 기업의 개인정보보호 활동 현황에 대해 1.4.1 법적 요구사항 준수 검토 통제항목의 결함으로 적절한 것은 모두 몇 개인지 고르시오.

(ㄱ)

- ■ **심사원** : 수탁사 현황에 100여 개의 업체가 있는 것 같습니다.

- ○ **담당자** : 네, 저희 기업의 특성상 위수탁 계약 체결이 빈번하여 수탁사 수도 많은 것 같습니다.

- ■ **심사원** : 이렇게 수탁사 수가 많으면 관리가 많이 힘드실 것 같은데요. 계약 관리는 어떻게 진행되고 있을까요?

- ○ **담당자** : 네, 현업부서에서 계약 체결 건이 발생하면 내부 그룹웨어를 통해 계약 체결 확인이 올라오게 됩니다. 그러면 저희 정보보안팀에서는 해당 건을 확인 후 개인정보 위수탁 계약인지 아닌지를 검토하게 됩니다. 개인정보 위수탁 계약이 아니면 일반 서약서와 함께 진행시키며, 개인정보 위수탁 계약 건이면 개인정보보호 협약서 및 개인정보 서약서를 추가로 체결하여 진행하게 됩니다.

- ■ **심사원** : 그렇군요. 수탁사 교육은 어떻게 진행되나요?

- ○ **담당자** : 저희는 연 1회 전사 교육을 진행하면서 수탁사도 함께 교육을 진행하고 있습니다.

- ■ **심사원** : 연 1회라고 하면 단기 계약이나 1회성 계약 등의 수탁사는 교육이 진행되지 않을 수도 있을 것 같은데요.

- ○ **담당자** : 네, 말씀하신 단기 계약이나 1회성 계약 같은 경우 최초 계약서류에 교육사항을 명시하고, 해당 수탁사에 개인정보 관련 직원들을 교육할 수 있도록 요청하고 있습니다.

(ㄴ)

- **심사원** : A서비스 회원의 개인정보 파기 관리에 대해 설명 부탁드립니다.
- **담당자** : 회원의 개인정보는 직접 탈퇴를 하거나 탈퇴 요청 시 즉시 파기하고 있습니다. 여기 회원 DB테이블을 보시면 회원 리스트가 보이는데, 탈퇴한 개인정보는 현황과 같이 회원번호 외 전부 삭제 처리하여 관리하고 있습니다.
- **심사원** : 네, 알겠습니다. B서비스 회원의 개인정보 파기 관리도 동일하게 관리된다고 보면 될까요?
- **담당자** : 맞습니다. 파기 대상의 B서비스 회원 개인정보도 회원번호 외 전부 삭제 처리하고 있습니다.
- **심사원** : 아까 A서비스 회원 중 탈퇴회원 한 명의 회원정보를 B서비스 회원 DB에서 한 번 조회해 볼 수 있을까요?
- **담당자** : 네, 조회하였습니다.
- **심사원** : B서비스 DB에서 A서비스 탈퇴 회원의 개인정보가 전부 보이는 것 같습니다.
- **담당자** : 네, 서비스가 별개이다 보니 한쪽의 서비스만 이용하고 다른 한쪽의 서비스는 이용하지 않는 경우가 많습니다.
- **심사원** : 담당자님처럼 A서비스 DB와 B서비스 DB에 접근이 둘 다 가능하신 분들이 또 있을까요?
- **담당자** : 저희 팀 4명이 가능합니다.

(ㄷ)

- **심사원** : 서버실 내부에 CCTV가 설치되어 있는 것을 확인했습니다. 영상정보 관리에 대해 설명 부탁드립니다.
- **담당자** : 네, 저희는 서버실을 통제구역으로 지정하고 서버실의 출입 모니터링을 위해 입구에 CCTV를 설치하여 관리하고 있습니다. 영상정보에 대해서는 60일 동안 보관 후 파기하고 있습니다. 해당 내용은 내부 지침인 영상정보처리기기 운영 및 관리 지침 내 명시하고 있습니다.
- **심사원** : 영상정보를 60일 동안 보관하는 이유가 있을까요?
- **담당자** : 네, 통제구역에 분기 단위로 출입하는 외부자로부터 사고가 발생했었습니다. 그 당시 영상정보가 30일 동안만 보관되어 출입이력을 확인할 수 없는 문제가 있었습니다. 이 일을 계기로 내부적으로 영상정보 보관기간에 대해 협의 후 CISO 승인을 받아 관리하게 되었습니다.

(ㄹ)

- **심사원** : 수탁사에 개인정보 파일을 제공하는 경우가 있는 것 같습니다. 설명 부탁드립니다.
- **담당자** : 네, 마케팅팀에서 고객 대상으로 DM을 보내기 위해 DM전송 업체에 개인정보 파일을 전달하고 있습니다.
- **심사원** : 개인정보 파일의 형태와 전달 방식이 어떻게 될까요?
- **담당자** : 엑셀 형태의 개인정보 파일에 비밀번호를 설정하여 암호화 한 후 업체 담당자 메일로 전달하고 있습니다.
- **심사원** : 엑셀 파일에 단순 비밀번호만 설정하는 것일까요? 따로 암호화 솔루션을 통해 암호화하진 않는 것일까요?
- **담당자** : 네, 맞습니다.

(ㅁ)

- **심사원** : 개인정보의 이용 및 제공 내역에 대한 통지는 어떻게 진행하고 있을까요?
- **담당자** : 저희 업체는 해당 의무 대상이 아니어서 따로 통지하지 않습니다.
- **심사원** : 제가 문서상으로 확인했을 때 110만 명 정도의 고객 정보를 처리하고 있는 것 같았는데요.
- **담당자** : 아 네, 맞습니다. 저희 업체는 3개의 서비스를 운영하고 있는데, 해당 개인정보 수는 모든 서비스의 개인정보를 합한 값이며 1개의 서비스 단위로의 개인정보는 100만 명이 넘지 않습니다. 그래서 서비스 단위에서 통지할 의무는 없는 것으로 확인했습니다.

① 1개   ② 2개   ③ 3개   ④ 4개   ⑤ 5개

09 심사원은 ABC 기업의 ISMS-P 인증심사를 진행하고 있다. 다음 담당자와의 인터뷰를 통해 심사원이 판단한 내용 중 적절한 것을 모두 고르시오. (2개)

- **심사원** : 최근에 인프라 환경을 클라우드로 이전하는 작업을 진행한 것으로 확인하였습니다.

- ○ **담당자** : 네, 올해 초부터 말까지 기존 On-Premise로 운영하던 인프라 환경에서 클라우드 환경으로의 이전을 진행하였습니다.

- **심사원** : 네, 혹시 어떤 업체의 클라우드로 이전하였을까요?

- ○ **담당자** : A CSP의 클라우드를 이용하고 있습니다. B MSP를 통해 계약을 진행했고 유지 및 운영도 같이 해주고 있습니다.

- **심사원** : 클라우드 서비스 이용 계약서나 SLA 등을 좀 볼 수 있을까요?

- ○ **담당자** : 여기 보시면 계약서 사본입니다.

- **심사원** : 계약서 안에 정보보호 관련 책임이나 역할이 포함되어 있지 않은 것 같은데요. 이 부분은 인지를 하고 있을까요?

- ○ **담당자** : 네, 아까 말씀드렸다시피 MSP에서 계약 진행을 해주었고, 유지 및 운영과 더불어 정보보안팀 인력 이슈에 따라 정보보호 관련 업무도 해주고 있기 때문에 따로 확인하지는 않았습니다.

- **심사원** : 그렇군요. 알겠습니다. 그럼 클라우드 보안 관련하여 몇 가지 여쭤보도록 하겠습니다. 이전 시 네트워크 구성은 어떻게 했나요?

- ○ **담당자** : VPC를 이용하여 사설 네트워크망을 구성하고 Subnet을 나눠 네트워크 영역을 분리하였습니다. Subnet의 경우 NACL을 통해 유입되는 트래픽을 제어하도록 설정하였습니다.

- **심사원** : 그렇군요. 서버망은 어떻게 구성하였죠?

- ○ **담당자** : 화면에 보시는 것처럼 Instance들은 Security Group 설정을 통해 인·아웃바운드 설정을 통해 접근통제를 적용하였습니다.

- **심사원** : 그렇군요. Security Group에서 허용규칙만 있는 것 같은데, NACL처럼 거부규칙은 따로 설정하지 않았나요?

- ○ **담당자** : 음.. 그렇네요. 따로 설정되어 있지 않은 것 같습니다.

- **심사원** : 네, 알겠습니다. 혹시 스토리지에 개인정보가 포함되어 있을까요?

- ○ **담당자** : 네, 기존 내부망 내 DB에 보관하고 있던 개인정보도 마찬가지로 클라우드로 이전하였고, 스토리지에 저장하여 암호화 적용하였습니다.

- **심사원** : 알겠습니다. 마지막으로 클라우드 콘솔 계정 현황을 확인 부탁드리겠습니다.

- ○ **담당자** : 여기 클라우드 콘솔 계정 현황입니다.

- **심사원** : 사용자가 10명으로 확인되고.. 사용자 그룹은 1개로 그룹명이 admin인데 사용자 모두가 여기 그룹에 포함되어 있네요.
- **담당자** : 사용자 그룹의 역할 지정 및 구분에 대해 작업을 진행하고 있습니다. 현재는 admin 사용자 그룹에 모든 사용자가 포함되어 있는 것이 맞습니다.
- **심사원** : 현재는 사용자 10명 모두 클라우드 보안 설정을 변경할 수 있는 권한이 부여되어 있겠네요. 알겠습니다. 오늘 인터뷰 감사드립니다.

① 계약서 내 정보보호 및 개인정보보호에 대한 책임 및 역할이 정의되어 있지 않아 2.10.2 클라우드 보안 결함으로 판단하였다.

② 정보보호 관련 모든 업무를 MSP에 맡기고 있기 때문에 2.3.2 외부자 계약 시 보안 결함으로 판단하였다.

③ Security Group에서 트래픽에 대한 거부규칙을 설정하지 않아 2.10.2 클라우드 보안 결함으로 판단하였다.

④ 기존 On-Premise 환경의 내부망 DB에 보관하고 있던 개인정보를 클라우드 스토리지에 보관함으로써 리스크가 있을 수 있다고 판단되어 기존 DB에 저장할 것을 권고하였다.

⑤ 클라우드 서비스의 보안설정을 변경할 수 있는 권한이 업무상 반드시 필요하지 않은 사용자에게 과도하게 부여되어 있어서 2.10.2 클라우드 보안 결함으로 판단하였다.

10 DASARA 페이는 [SARA 페이 서비스]를 인증 범위로 ISMS-P 인증 심사 중이다. 심사원은 각 담당자들과의 인터뷰를 통해 확인한 결과를 바탕으로 결함 사유와 인증 기준을 정리하였다. 다음 중 결함 사유와 인증 기준이 적절하지 않은 것을 고르시오.

① 개인정보취급자인 A는 안식년 휴가 기간 동안의 업무 공백을 채우기 위해 별도 보고 없이 같이 입사한 인사팀 동기에게 메신저로 계정을 공유하여 업무를 처리하였다. 이 경우 "2.5.1 사용자 계정 관리" 결함이다.

② 데이터베이스 담당자 B는 데이터베이스에 대한 접근통제를 위해 신규로 DB 접근 제어 솔루션을 도입하였으나, 제조사에서 제공하는 기본 관리자 계정을 변경하지 않고 그대로 사용하고 있다. 이 경우 "2.5.2 사용자 식별" 결함이다.

③ 개인정보취급자인 C는 개인정보처리시스템 접근 시도 중 비밀번호를 5회 틀려 개인정보처리시스템 화면에 "비밀번호가 올바르지 않습니다"라는 문구를 확인하고 담당자에게 초기화 요청을 하였다. 이 경우 "2.5.3 사용자 인증" 결함이다.

④ 서버 담당자 D는 비밀번호 관련 내부 규정에 사용자 및 개인정보취급자의 비밀번호 변경 주기를 90일로 정하고 이행하도록 하고 있음에도 불구하고 업무 PC의 비밀번호를 6개월 동안 변경하지 않고 그대로 사용하고 있다. 이 경우 "2.5.4 비밀번호 관리" 결함이다.

⑤ 정보보호 담당자 E는 네트워크 접근 통제를 위한 NAC 솔루션을 운영하고 있으나, 유지보수를 위해 분기 1회 방문하는 유지보수용 특수 계정을 사용 기간 제한 없이 상시로 활성화하고 있다. 이 경우 "2.5.5 특수 계정 및 권한 관리" 결함이다.

| 1 | ⑤ | 2 | ②,③ | 3 | ④ | 4 | ③ | 5 | ①,③ | 6 | ② | 7 | ④ | 8 | ② | 9 | ①,⑤ | 10 | ② |

1번 정답　⬇　⑤

해설

⑤ 제로트러스트 핵심 요소 중 애플리케이션 및 워크로드의 세부역량으로 안전한 애플리케이션 배포는 애플리케이션을 배포할 때 발생할 수 있는 보안 위협을 최소화하기 위한 프로세스와 도구를 사용하는 것을 의미하며, 이는 보안 정책 준수, 취약점 검사, 자동화된 배포 파이프라인, 코드 무결성 검증, 환경 격리 및 모니터링을 포함한다. 이는 인증기준 **2.8.2 보안 요구사항 검토 및 시험, 2.8.3 시험과 운영 환경 분리, 2.8.6 운영환경 이관, 2.9.1 변경관리, 2.11.2 취약점 점검 및 조치** 등과 연계할 수 있다.

핵심 요소	세부역량	ISMS-P 인증기준 연계
어플리케이션 및 워크로드	리소스 권한 부여 및 통합	2.5.3 사용자 인증, 2.5.5 특수 계정 및 권한관리, 2.5.6 접근권한 검토, 2.10.1 보안시스템 운영, 2.11.3 이상행위 분석 및 모니터링
	지속적인 모니터링 및 진행 중인 승인	2.1.3 정보자산 관리, 2.5.5 특수 계정 및 권한관리, 2.6.2 정보시스템 접근, 2.6.3 응용프로그램 접근
	원격 접속	2.1.1 정책의 유지관리, 2.6.6 원격접근 통제
	안전한 애플리케이션 배포	2.1.1 정책의 유지관리, 2.1.3 정보자산 관리, 2.8.2 보안 요구사항 검토 및 시험, 2.8.3 시험과 운영 환경 분리, 2.8.6 운영환경 이관, 2.9.1 변경관리, 2.11.2 취약점 점검 및 조치
	애플리케이션 인벤토리	1.1.5 정책 수립, 1.2.1 정보자산 식별, 2.1.3 정보자산 관리, 2.6.3 응용프로그램 접근, 2.9.4 로그 및 접속기록 관리, 2.11.2 취약점 점검 및 조치, 2.11.3 이상행위 분석 및 모니터링
	보안 스포트웨어 개발 및 통합	2.1.1 정책의 유지관리, 2.9.1 변경관리, 2.9.4 로그 및 접속기록 관리, 2.11.1 사고 예방 및 대응체계 구축, 2.11.3 이상행위 분석 및 모니터링
	소프트웨어 위험 관리	1.2.3 위험 평가, 1.2.4 보호대책 선정, 1.3.1 보호대책 구현, 2.2.2 직무 분리, 2.8.1 보안 요구사항 정의, 2.8.2 보안 요구사항 검토 및 시험, 2.8.3 시험과 운영 환경 분리, 2.11.1 사고 예방 및 대응체계 구축

[참조 : 제로트러스트 가이드라인 2.0(2024.12) : ISMS-P 인증기준과 제로트러스트 성숙도 모델 연계]

2번 정답 ⬇ ②, ③

해설

알뜰폰사업자 대상 KISA, 보안업체를 통한 취약점 진단 등 조치 지원에도 불구, 여전히 보안 위협 존재하여 기존 ISMS 인증 기준에 따른 점검 항목만으로는 알뜰폰 서비스에 내재된 모든 보안 위협을 커버하기 어려워 알뜰폰 사업자가 반드시 지켜야 할 필수 항목을 도출하여 ISMS 인증 준비 시 중점 점검하도록 제도화하였다.

② 기존 ISMS 의무대상인 정보통신망 서비스 제공자 정의 규정 내의 MVNO(알뜰폰) 사업자를 포함시켰으므로 ISMS만 의무인증이고 ISMS-P는 선택사항이다. 본인확인 서비스 제공 여부가 ISMS-P 인증의 필수 조건은 아니다.

③ 세부점검 항목은 아래 그림과 같다 3. 개인정보 처리 단계별 요구사항에서는 특화된 항목이 존재하지 않는다.

〈MVNO(알뜰폰) 서비스 대상 세부점검항목〉

구분	ISMS 세부점검항목	MVNO 특화항목	MVNO 전용 인증모듈
관리분야	42	11(강화항목 5 + 사고예방 6)	53
보호대책 분야	195	29(강화항목 7 + 사고예방 12)	224
합계	237	40	277

3번 정답 ⬇ ④

해설

④ 드론을 통한 항공촬영의 경우에는 촬영방법의 특성으로 인해 불빛이나 소리 등을 통해서도 촬영 사실을 알리는 것이 매우 어려운 특성이 있어 개인정보위원회가 구축·운영하는 인터넷 사이트를 통해 촬영 목적과 범위, 관리책임자 등을 공지하는 것으로 표시 위치를 나타낼 수 있다.

① 폭언·폭행, 기물파손 등에 따른 자제 요청에도 불구하고 이를 계속한다면 사전 고지 후 녹음·촬영을 할 수 있고 개인정보보호법 제15조제1항제6호에 따른 '개인정보처리자의 정당한 이익을 달성하기 위해 필요한 경우'로 인정된다.

② 촬영되는 정보주체 모두에게 별도동의(제25조의2제1항1호)를 받았으면 촬영 사실을 명확히 표시하지 않은 것(법 제25조의2제1항2호)은 법 위반사항이 아니다.

③ 기업의 연구개발이나 제품·서비스 제공, 합법적인 홍보 및 마케팅 등을 위한 영상의 촬영도 정당한 목적의 촬영이라고 인정된다. 단, 이러한 경우에는 부당한 권리침해 예방을 위한 충분한 사전 조치와 관련 법령을 준수하려는 노력이 전제되어야 한다.

⑤ 업무 목적이 아닌 사적인 촬영은 법 제25조의2 조항의 규율 대상에서 제외된다.

참고

「개인정보 보호법」 [시행 2024. 3. 15.] [법률 제19234호, 2023. 3. 14., 일부개정]

제25조의2(이동형 영상정보처리기기의 운영 제한) ① 업무를 목적으로 이동형 영상정보처리기기를 운영하려는 자는 다음 각 호의 경우를 제외하고는 공개된 장소에서 이동형 영상정보처리기기로 사람 또는 그 사람과 관련된 사물의 영상(개인정보에 해당하는 경우로 한정한다. 이하 같다)을 촬영하여서는 아니 된다.

1. 제15조제1항 각 호의 어느 하나에 해당하는 경우

2. 촬영 사실을 명확히 표시하여 정보주체가 촬영 사실을 알 수 있도록 하였음에도 불구하고 촬영 거부 의사를 밝히지 아니한 경우. 이 경우 정보주체의 권리를 부당하게 침해할 우려가 없고 합리적인 범위를 초과하지 아니하는 경우로 한정한다.

[해설]

2.4 물리보안 관점에서 접근한 결과, 공용 복합기와 사무용 기기에 대한 보호 대책이 수립 및 이행되지 않아 2.4.7 업무환경 보안 결함으로 판단할 수 있다.

– 공용 사무기기 : 팩스, 복사기, 프린터 등 공용 사무기기 주변에 중요 문서 방치 금지

– 파일서버 : 부서별 및 업무별 접근 권한 부여, 불필요한 정보 공개 최소화, 사용자별 계정 발급

[출처 : ISMS-P 인증기준 안내서(2023.11.23.), 85페이지]

■ 2.4.1 보호구역 지정, 2.4.4 보호설비 운영, 3.1.6 영상정보처리기기 설치·운영 관련하여 CCTV에 결함을 줄 수는 없다.

– 2023.09.15부터 시행되는 「개인정보보호법」에서는 "관리책임자 성명 및 연락처"에서 "관리책임자의 연락처"를 기재하도록 개정되었다.

– 영상보존기간은 반드시 30일 이내로 제한할 필요는 없으며, CCTV 운영관리 방침을 확인하지 못한 상태에서 운영 기준이 불명확하다거나, 60일 이상 저장된다는 이유로 결함을 줄 수 없다(다만, 정책지침을 확인 후 보존기간이 명시되어있다면 보존일을 제한해야 한다).

[출처 : 민간분야 고정형 영상정보처리기기 설치·운영 가이드라인 5차 개정(2024.1), 25페이지]

■ 2.5.1 사용자 계정관리는 정보시스템, 개인정보 및 중요 정보에 접근할 수 있는 사용자 계정과 접근 권한의 생성·등록·변경 시 직무별 접근 권한 분류 체계에 따라 업무상 필요한 최소한의 권한만 부여되었는지를 확인하는 관점으로 보아야 한다.

– 공용 ID 사용에 대해 잘못된 관점으로 결함을 준다면, 이는 2.5.2 사용자 식별의 결함으로 보는 것이 더 적절하다.

[해설]

① PermitRootLogin no로 설정되어 있어서 root 원격접속이 제한되어 있어서 안전한 설정이다.
③ 소유자가 root로 되어있으나, 권한이 640으로 되어있어서 취약한 설정이다.

(가) root 계정 원격접속 제한(LINUX)

취약점 개요	
점검내용	시스템 정책에 root 계정의 원격터미널 접속차단 설정이 적용되어 있는지 점검
점검목적	관리자계정 탈취로 인한 시스템 장악을 방지하기 위해 외부 비인가자의 root 계정 접근 시도를 원천적으로 차단하기 위함
보안위협	root 계정은 운영체제의 모든 기능을 설정 및 변경이 가능하여(프로세스, 커널 변경 등) root 계정을 탈취하여 외부에서 원격을 이용한 시스템 장악 및 각종 공격으로(무작위 대입 공격) 인한 root 계정 사용 불가 위협
참고	※ **root 계정** : 여러 사용자가 사용하는 컴퓨터에서 모든 기능을 관리할 수 있는 총괄권한을 가진 유일한 특별 계정. 유닉스 시스템의 루트(root)는 시스템 관리자인 운용 관리자(Super User)로서 윈도우의 Administrator 보다 높은 System 계정에 해당하며, 사용자 계정을 생성하거나 소프트웨어를 설치하고, 환경 및 설정을 변경하거나 시스템의 동작을 감시 및 제어할 수 있음 ※ **무작위 대입 공격(Brute Force Attack)** : 특정한 암호를 풀기 위해 가능한 모든 값을 대입하는 공격 방법 ※ **사전 대입 공격(Dictionary Attack)** : 사전에 있는 단어를 입력하여 암호를 알아내거나 암호를 해독하는 데 사용되는 컴퓨터 공격 방법

점검대상 및 판단기준	
점검대상	SOLARIS, LINUX, AIX, HP-UX 등
판단기준	양호 : **원격 터미널 서비스를 사용하지 않거나**, 사용 시 root 직접 접속을 차단한 경우
	취약 : 원격 터미널 서비스 사용 시 root 직접 접속을 허용한 경우
조치방법	원격 접속 시 root 계정으로 바로 접속할 수 없도록 설정파일 수정

(나) 파일 업로드(WEB)

취약점 개요	
점검내용	웹사이트의 게시판, 자료실 등에 조작된 Server Side Script 파일 업로드 및 실행 가능 여부 점검
점검목적	업로드되는 파일의 확장자에 대한 적절성 여부를 검증하는 로직을 통해 공격자가 조작된 Server Side Script 파일 업로드 방지 및 서버상에 저장된 경로를 유추하여 해당 Server Side Script 파일 실행을 불가능하게 하기 위함
보안위협	해당 취약점이 존재할 경우 공격자는 조작된 Server Side Script 파일을 서버에 업로드 및 실행하여 시스템 관리자 권한 획득 또는 인접 서버에 대한 침입을 시도할 수 있음
참고	※ Server Side Script : 웹에서 사용되는 스크립트 언어 중 서버 측 실행 스크립트 ※ 소스코드 및 취약점 점검 필요

점검대상 및 판단기준	
점검대상	웹 애플리케이션 소스코드, 웹 서버, 웹 방화벽
판단기준	양호 : 업로드되는 파일에 대한 **확장자 검증이 이루어지는 경우**
	취약 : 업로드되는 파일에 대한 **확장자 검증이 이루어지지 않는 경우**
조치방법	업로드되는 파일에 대한 확장자 검증 및 실행 권한 제거

(다) /etc/(x)inetd.conf 파일 소유자 및 권한 설정

취약점 개요	
점검내용	/etc/(x)inetd.conf 파일 권한 적절성 점검
점검목적	/etc/(x)inetd.conf 파일을 관리자만 제어할 수 있게 하여 비인가자들의 임의적인 파일 변조를 방지하기 위함
보안위협	(x)inetd.conf 파일에 소유자 외 쓰기 권한이 부여된 경우, 일반사용자 권한으로 (x)inetd.conf 파일에 등록된 서비스를 변조하거나 악의적인 프로그램(서비스)을 등록할 수 있음
참고	※ (x)inetd (슈퍼데몬) : 자주 사용하지 않는 서비스가 상시 실행되어 메모리를 점유하는 것을 방지하기 위해 (x)inetd(슈퍼대몬)에 자주 사용하지 않는 서비스를 등록하여 요청이 있을 시에만 해당 서비스를 실행하고 요청이 끝나면 서비스를 종료하는 역할 수행

점검대상 및 판단기준	
점검대상	SOLARIS, LINUX, AIX, HP-UX 등
판단기준	양호 : /etc/inetd.conf 파일의 **소유자가 root이고, 권한이 600인 경우**
	취약 : /etc/inetd.conf 파일의 **소유자가 root가 아니거나, 권한이 600이 아닌 경우**
조치방법	"/etc/(x)inetd.conf" 파일의 소유자 및 권한 변경 (소유자 root, 권한 600)

(라) /etc/shadow 파일 소유자 및 권한 설정

취약점 개요	
점검내용	/etc/shadow 파일 권한 적절성 점검
점검목적	/etc/shadow 파일을 관리자만 제어할 수 있게 하여 비인가자들의 접근을 차단하도록 shadow 파일 소유자 및 권한을 관리해야 함
보안위협	shadow파일은 패스워드를 암호화하여 저장하는 파일이며 해당 파일의 암호화된 해쉬값을 복호화하여(크래킹) 비밀번호를 탈취할 수 있음
참고	※ /etc/shadow : 시스템에 등록된 모든 계정의 패스워드를 암호화된 형태로 저장 및 관리하고 있는 파일

점검대상 및 판단기준	
점검대상	SOLARIS, LINUX, AIX, HP-UX 등
판단기준	양호 : /etc/shadow 파일의 **소유자가 root이고, 권한이 400 이하인 경우**
	취약 : /etc/shadow 파일의 **소유자가 root가 아니거나, 권한이 400 이상인 경우**
조치방법	"/etc/shadow" 파일의 소유자 및 권한 변경 (소유자 root, 권한 400)

(마) r 계열 서비스 비활성화

취약점 개요	
점검내용	r-command 서비스 비활성화 여부 점검
점검목적	r-command 사용을 통한 원격 접속은 NET Backup 또는 클러스터링 등 용도로 사용되기도 하나, 인증 없이 관리자 원격접속이 가능하여 이에 대한 보안위협을 방지하고자 함
보안위협	rsh, rlogin, rexec 등의 r command를 이용하여 원격에서 인증절차 없이 터미널 접속, 쉘 명령어를 실행이 가능함
참고	※ r-command : 인증 없이 관리자의 원격접속을 가능하게 하는 명령어들로 rsh(remsh), rlogin, rexec, rsync 등이 있음

점검대상 및 판단기준		
점검대상	SOLARIS, Linux, AIX, HP-UX 등	
판단기준	양호 : 필요한 **r 계열 서비스가 비활성화 되어 있는 경우**	
	취약 :불필요한 **r 계열 서비스가 활성화 되어 있는 경우**	
조치방법	NET Backup등 특별한 용도로 사용하지 않는다면 아래의 서비스 중지	
	shell(514)	login(513)	exec(512)

[출처 : 주요정보통신기반시설_기술적_취약점_분석_평가_방법_상세가이드.pdf, KISA]

6번 정답 ②

해설

① 2.2.3 보안 서약
내부지침에 따라 임직원 입·퇴사시 보안서약서를 받고 있고, 외주인력은 투입 시 보안서약서에 입·퇴사 시 내용을 포함하여 보안서약서(외부자용)로 받고 있으므로 결함으로 판단하기 어렵다.

② **2.2.5 퇴직 및 직무변경 관리**
퇴직 시 부서간 공유가 잘 이루어지지 않아 퇴직자에 대한 계정삭제 및 개인정보취급자 삭제가 미흡하여 결함으로 판단할 수 있다.

③ 2.3.2 외부자 계약 시 보안
외부자 계약 변경 및 만료에 대한 내용은 인터뷰에서 확인되지 않으므로 결함으로 판단하기 어렵다.

④ 2.3.4 외부자 계약 변경 및 만료 시 보안
외부자 계약 변경 및 만료에 대한 내용은 인터뷰에서 확인되지 않으므로 결함으로 판단하기 어렵다.

⑤ 2.4.7 업무환경 보안
업무환경 중 문서고에 시건장치 관리가 되고 있다는 인터뷰 내용이 있으나 결함여부는 추가 확인이 필요하므로 결함으로 판단하기 어렵다.

7번 정답 ④

해설

① 내부에서 보유한 가명정보의 결합은 결합전문기관을 통하지 않아도 가능하다.

② DRaaS를 사용하는 것은 복구 환경을 제공하는 서비스일 수 있지만, 이를 사용한다고 해서 복구 절차가 자동으로 이루어지거나 복구 테스트가 면제되는 것은 아니다. ISMS-P 인증 기준에서는 "재해 복구 계획의 점검 및 복구 시험"을 수행할 것을 요구하고 있으며, 이는 클라우드 기반 솔루션을 포함한 모든 복구 시스템에 대해서도 적용된다.

③ 암호화 대상이 아니다.

④ 개인위치정보는 위치정보사업자로부터 위치기반서비스사업자로 전송되어 이용·제공되므로, 위치기반서비스 사업자가 개인위치정보를 이용·제공하는 경우에는 위치정보사업자가 수집 시 동의 받은 것과는 별도로 동의를 받는 절차가 필요하다. 또한, 개인위치정보를 제3자에게 제공하는 서비스는 단순 이용하는 것보다 개인 프라이버시 침해의 위험이 높으므로 더욱 두텁게 보호할 필요성이 있는바, 위치정보법은 이를 위해 사전 고지 및 동의와 사후 통보 의무를 함께 규정하고 있다.

⑤ 금융기관 ISMSP 인증 주요 확인사항(클라우드 서비스를 이용·변경하는 경우 실제 이용하려는 날 또는 변경사항이 발생된 날로부터 7영업일 이내에 금융감독원에 보고하고 있는가?)

참고

「위치정보법」
제19조(개인위치정보의 이용 또는 제공)
① 위치기반서비스사업자가 개인위치정보를 이용하여 서비스를 제공하고자 하는 경우에는 미리 다음 각호의 내용을 이용약관에 명시한 후 개인위치정보주체의 동의를 얻어야 한다.
1. 위치기반서비스사업자의 상호, 주소, 전화번호 그 밖의 연락처
2. 개인위치정보주체 및 법정대리인(제25조제1항에 따라 법정대리인의 동의를 얻어야 하는 경우로 한정한다)의 권리와 그 행사방법
3. 위치기반서비스사업자가 제공하고자 하는 위치기반서비스의 내용
4. 위치정보 이용·제공사실 확인자료의 보유근거 및 보유기간
4의2. 개인위치정보의 보유목적 및 보유기간
5. 그 밖에 개인위치정보의 보호를 위하여 필요한 사항으로서 대통령령이 정하는 사항
② 위치기반서비스사업자가 개인위치정보를 개인위치정보주체가 지정하는 제3자에게 제공하는 서비스를 하고자 하는 경우에는 제1항 각호의 내용을 이용약관에 명시한 후 제공받는 자 및 제공목적을 **개인위치정보주체에게 고지하고 동의를 얻어야 한다.**

③ 제2항에 따라 위치기반 서비스사업자가 개인위치정보를 개인위치정보주체가 지정하는 제3자에게 제공하는 경우에는 매회 개인위치정보주체에게 제공받는 자, 제공일시 및 제공목적을 즉시 통보하여야 한다.
④ 위치기반서비스사업자는 제3항에도 불구하고 대통령령으로 정하는 바에 따라 개인위치 정보주체의 동의를 받은 경우에는 최대 30일의 범위에서 대통령령으로 정하는 횟수 또는 기간 등의 기준에 따라 모아서 통보할 수 있다.
⑤ 개인위치정보주체는 제1항·제2항 및 제4항에 따른 동의를 하는 경우 개인위치정보의 이용·제공 목적, 제공받는 자의 범위 및 위치기반서비스의 일부와 개인위치정보주체에 대한 통보방법에 대하여 동의를 유보할 수 있다.

8번 정답 ⬇ ②

해설

ㄴ. 회원 관련 정보가 모두 파기되고 남아있는 회원번호만으로는 더 이상 누구의 정보인지 알아볼 수 없거나, 다른 정보와 쉽게 결합하여도 누구의 정보인지 알아볼 수 없는 경우 등에는 개인정보보호법 상 개인정보라고 볼 수 없기 때문에 파기하지 않을 수 있다. 다만, A 시스템과 B 시스템 접근이 가능한 담당자가 탈퇴한 회원의 회원번호로 다른 시스템에서 검색 시 누구의 정보인지 확인할 수 있기 때문에 결함이다.

ㄷ. ABC 회사라는 하나의 개인정보처리자로서의 개인정보를 처리하는 것이라면 처리하는 정보주체의 총 수를 기준으로 산정하여야 한다. 즉, 회사에서 복수의 서비스를 운영하고 있더라도 하나의 개인정보처리자로서 개인정보를 처리하는 경우라면 정보주체의 수는 서비스별로 구분하여 적용하는 것이 아니라 처리하는 총 수를 기준으로 산정하여야 한다. 그러므로 결함이다.

참고

※ 개인정보 질의응답 모음집
1. 수탁자를 직접 교육할 수 없는 단기 1회성 위탁의 경우 수탁자를 어떻게 교육해야 할까요?
   – 1회성 단기 위탁으로 수탁자를 직접 교육할 수 없는 경우에는 위탁 계약 서류에 교육사항을 명시하는 등의 방법을 활용할 수 있습니다.
2. 회원 탈퇴 시 다른 개인정보는 모두 파기하되 회원번호만 남겨둘 수 있을까요?
   – 남아있는 회원번호만으로 탈퇴한 회원을 알아볼 수 없거나 다른 정보와 쉽게 결합하여도 탈퇴한 회원을 알아볼 수 없다면 파기하지 않을 수 있습니다.
3. CCTV 영상 보관기간을 30일 이상으로 정할 수 있나요?
   – 영상정보는 반드시 30일 이내로 보관하여야 하는 것은 아니며, CCTV 설치 목적 달성을 위해 필요한 최소한의 기간동안 보관할 수 있습니다.
4. 엑셀, 한글 등 상용프로그램의 비밀번호를 설정하는 것이 보호법상 암호화인가요?
   – 보호법상 암호화 조치 중 하나에 해당할 수 있습니다.
5. 여러 서비스를 제공하는 회사인데, 이용, 제공 내역 통지의 요건이 되는 정보주체의 수는 서비스별로 각각 산정해도 되나요?
   – 하나의 개인정보처리자로서 개인정보를 처리하는 것이라면 처리하는 정보주체의 총 수를 기준으로 산정하여야 합니다.

9번 정답 ①, ⑤

해설

① **클라우드 서비스 제공자와 정보보호 및 개인정보보호에 대한 책임 및 역할을 계약서 등에 반영**해야 하지만 정의되지 않아 2.10.2 클라우드 보안 결함으로 적절하다.

⑤ **클라우드 서비스 보안설정 변경 권한을 과도하게 부여**하고 있으면 2.10.2 클라우드 보안 결함으로 적절하다.

② 기업의 규모와 성격상 정보보호에 대한 업무를 외부업체에 위탁할 수 있고, 2.3.2 외부자 계약 시 보안 통제항목은 위탁 시 정보보호 및 개인정보보호 관련 역량 확인, 계약서 작성 및 개발 요구사항 명시 등으로 해당 항목과 관련이 없다.

③ Security Group의 경우 트래픽에 대한 허용규칙만을 설정할 수 있어서 거부규칙이 설정되지 않았다고 결함으로 판단할 수 없다.

④ 클라우드 환경에서 개인정보 보관 시 법률 및 보안 요구사항을 적절히 충족한다면 반드시 내부망이 아닌 환경이라도 리스크가 있다고 보기 어렵다.

참고 ISMS-P 인증기준 안내서

– 2.10.2 클라우드 보안

사례1 : 클라우드 서비스 계약서 내에 보안에 대한 책임 및 역할 등에 대한 사항이 포함되어 있지 않은 경우

사례2 : 클라우드 서비스의 보안설정을 변경할 수 있는 권한이 업무상 반드시 필요하지 않은 직원들에게 과도하게 부여되어 있는 경우

10번 정답 ②

해설

② DB 접근 제어 솔루션 제조사에서 제공하는 기본 관리자 계정을 변경할 수 있는지 추가 확인이 필요하다. 기본 관리자 계정을 사용하고 있다고 해서 결함으로 판단할 수 없다.

III

실전모의고사

2025년도 ISMS-P(정보보호 및 개인정보보호 관리체계) 인증심사원 자격검정 필기시험 문제지 실전 모의고사 (1회)

성명		수험번호	

[응시자 필독 사항]

1. 자신이 선택한 문제지의 유형을 확인하시오.

2. 문제지의 해당란에 성명과 수험번호를 정확히 쓰시오.

3. 답안지의 필적 확인란에 서약서 내용을 정자로 기재하고, 서명하시오.

4. 답안지의 해당란에 성명과 수험번호를 쓰고, 또 수험번호와 답을 정확히 표시하시오.

5. OMR 카드 교환은 시험 종료 10분 전까지만 가능하며, 그 이후에는 교환이 불가함.

6. 답안 수정을 위한 수정액 또는 수정 테이프는 사용할 수 없음.

7. 시험 시작 후 1시간 이전에는 퇴실할 수 없으며, 퇴실 후 입실은 불가함.

8. 부정행위 적발 시 그 시험을 무효로 하며, 향후 국가 자격 시험에 5년간 응시할 수 없음.

9. 본 문제지의 내용을 전부 또는 일부를 강의 또는 출판 등의 목적으로 인터넷 또는 SNS 등의 매체에 공개할 수 없으며, 무단 공개 시 저작권 위반 등에 대한 민·형사상의 책임을 질 수 있음.

※ 시험이 시작되기 전까지 표지를 넘기지 마시오.

ISMS-P 시험 출제 기관

※ 본 표지는 공개된 국가자격시험의 일반적인 양식을 바탕으로 임의로 작성한 것으로 실제 ISMS-P 시험과 상이할 수 있음

ISMS-P 인증기준

1. 관리체계 수립 및 운영

1.1. 관리체계 기반 마련

1.1.1	경영진의 참여	최고경영자는 정보보호 및 개인정보보호 관리체계의 수립과 운영활동 전반에 경영진의 참여가 이루어질 수 있도록 보고 및 의사결정 체계를 수립하여 운영하여야 한다.
1.1.2	최고책임자의 지정	최고경영자는 정보보호 업무를 총괄하는 정보보호 최고책임자와 개인정보보호 업무를 총괄하는 개인정보보호 책임자를 예산·인력 등 자원을 할당할 수 있는 임원급으로 지정하여야 한다.
1.1.3	조직 구성	최고경영자는 정보보호와 개인정보보호의 효과적 구현을 위한 실무조직, 조직 전반의 정보보호와 개인정보보호 관련 주요 사항을 검토 및 의결할 수 있는 위원회, 전사적 보호활동을 위한 부서별 정보보호와 개인정보보호 담당자로 구성된 협의체를 구성하여 운영하여야 한다.
1.1.4	범위 설정	조직의 핵심 서비스와 개인정보 처리 현황 등을 고려하여 관리체계 범위를 설정하고, 관련된 서비스를 비롯하여 개인정보 처리 업무와 조직, 자산, 물리적 위치 등을 문서화하여야 한다.
1.1.5	정책 수립	정보보호와 개인정보보호 정책 및 시행문서를 수립·작성하며, 이때 조직의 정보보호와 개인정보보호 방침 및 방향을 명확하게 제시하여야 한다. 또한 정책과 시행문서는 경영진 승인을 받고, 임직원 및 관련자에게 이해하기 쉬운 형태로 전달하여야 한다.
1.1.6	자원 할당	최고경영자는 정보보호와 개인정보보호 분야별 전문성을 갖춘 인력을 확보하고, 관리체계의 효과적 구현과 지속적 운영을 위한 예산 및 자원을 할당하여야 한다.

1.2. 위험 관리

1.2.1	정보자산 식별	조직의 업무특성에 따라 정보자산 분류기준을 수립하여 관리체계 범위 내 모든 정보자산을 식별·분류하고, 중요도를 산정한 후 그 목록을 최신으로 관리하여야 한다.
1.2.2	현황 및 흐름분석	관리체계 전 영역에 대한 정보서비스 및 개인정보 처리 현황을 분석하고 업무 절차와 흐름을 파악하여 문서화하며, 이를 주기적으로 검토하여 최신성을 유지하여야 한다.
1.2.3	위험 평가	조직의 대내외 환경분석을 통해 유형별 위협정보를 수집하고 조직에 적합한 위험평가 방법을 선정하여 관리체계 전 영역에 대하여 연 1회 이상 위험을 평가하며, 수용할 수 있는 위험은 경영진의 승인을 받아 관리하여야 한다.
1.2.4	보호대책 선정	위험 평가 결과에 따라 식별된 위험을 처리하기 위하여 조직에 적합한 보호대책을 선정하고, 보호대책의 우선순위와 일정·담당자·예산 등을 포함한 이행계획을 수립하여 경영진의 승인을 받아야 한다.

1.3.	관리체계 운영	
1.3.1	보호대책 구현	선정한 보호대책은 이행계획에 따라 효과적으로 구현하고, 경영진은 이행결과의 정확성과 효과성 여부를 확인하여야 한다.
1.3.2	보호대책 공유	보호대책의 실제 운영 또는 시행할 부서 및 담당자를 파악하여 관련 내용을 공유하고 교육하여 지속적으로 운영되도록 하여야 한다.
1.3.3	운영현황 관리	조직이 수립한 관리체계에 따라 상시적 또는 주기적으로 수행하여야 하는 운영활동 및 수행 내역은 식별 및 추적이 가능하도록 기록하여 관리하고, 경영진은 주기적으로 운영활동의 효과성을 확인하여 관리하여야 한다.
1.4.	관리체계 점검 및 개선	
1.4.1	법적 요구사항 준수 검토	조직이 준수하여야 할 정보보호 및 개인정보보호 관련 법적 요구사항을 주기적으로 파악하여 규정에 반영하고, 준수 여부를 지속적으로 검토하여야 한다.
1.4.2	관리체계 점검	관리체계가 내부 정책 및 법적 요구사항에 따라 효과적으로 운영되고 있는지 독립성과 전문성이 확보된 인력을 구성하여 연 1회 이상 점검하고, 발견된 문제점을 경영진에게 보고하여야 한다.
1.4.3	관리체계 개선	법적 요구사항 준수검토 및 관리체계 점검을 통해 식별된 관리체계상의 문제점에 대한 원인을 분석하고 재발방지 대책을 수립·이행하여야 하며, 경영진은 개선 결과의 정확성과 효과성 여부를 확인하여야 한다.

2. 보호대책 요구사항

2.1.	정책, 조직, 자산 관리	
2.1.1	정책의 유지관리	정보보호 및 개인정보보호 관련 정책과 시행문서는 법령 및 규제, 상위 조직 및 관련 기관 정책과의 연계성, 조직의 대내외 환경변화 등에 따라 주기적으로 검토하여 필요한 경우 제·개정하고 그 내역을 이력관리하여야 한다.
2.1.2	조직의 유지관리	조직의 각 구성원에게 정보보호와 개인정보보호 관련 역할 및 책임을 할당하고, 그 활동을 평가할 수 있는 체계와 조직 및 조직의 구성원 간 상호 의사소통할 수 있는 체계를 수립하여 운영하여야 한다.
2.1.3	정보자산 관리	정보자산의 용도와 중요도에 따른 취급 절차 및 보호대책을 수립·이행하고, 자산별 책임소재를 명확히 정의하여 관리하여야 한다.

2.2.	인적 보안	
2.2.1	주요 직무자 지정 및 관리	개인정보 및 중요정보의 취급이나 주요 시스템 접근 등 주요 직무의 기준과 관리방안을 수립하고, 주요 직무자를 최소한으로 지정하여 그 목록을 최신으로 관리하여야 한다.
2.2.2	직무 분리	권한 오·남용 등으로 인한 잠재적인 피해 예방을 위하여 직무 분리 기준을 수립하고 적용하여야 한다. 다만, 불가피하게 직무 분리가 어려운 경우 별도의 보완대책을 마련하여 이행하여야 한다.
2.2.3	보안 서약	정보자산을 취급하거나 접근권한이 부여된 임직원·임시직원·외부자 등이 내부 정책 및 관련 법규, 비밀유지 의무 등 준수사항을 명확히 인지할 수 있도록 업무 특성에 따른 정보보호 서약을 받아야 한다.
2.2.4	인식제고 및 교육훈련	임직원 및 관련 외부자가 조직의 관리체계와 정책을 이해하고 직무별 전문성을 확보할 수 있도록 연간 인식제고 활동 및 교육훈련 계획을 수립·운영하고, 그 결과에 따른 효과성을 평가하여 다음 계획에 반영하여야 한다.
2.2.5	퇴직 및 직무변경 관리	퇴직 및 직무변경 시 인사·정보보호·개인정보보호·IT 등 관련 부서별 이행하여야 할 자산반납, 계정 및 접근권한 회수·조정, 결과확인 등의 절차를 수립·관리하여야 한다.
2.2.6	보안 위반 시 조치	임직원 및 관련 외부자가 법령, 규제 및 내부정책을 위반한 경우 이에 따른 조치 절차를 수립·이행하여야 한다.
2.3.	외부자 보안	
2.3.1	외부자 현황 관리	업무의 일부(개인정보취급, 정보보호, 정보시스템 운영 또는 개발 등)를 외부에 위탁하거나 외부의 시설 또는 서비스(집적정보통신시설, 클라우드 서비스, 애플리케이션 서비스 등)를 이용하는 경우 그 현황을 식별하고 법적 요구사항 및 외부 조직·서비스로부터 발생되는 위험을 파악하여 적절한 보호대책을 마련하여야 한다.
2.3.2	외부자 계약 시 보안	외부 서비스를 이용하거나 외부자에게 업무를 위탁하는 경우 이에 따른 정보보호 및 개인정보보호 요구사항을 식별하고, 관련 내용을 계약서 또는 협정서 등에 명시하여야 한다.
2.3.3	외부자 보안 이행 관리	계약서, 협정서, 내부정책에 명시된 정보보호 및 개인정보보호 요구사항에 따라 외부자의 보호대책 이행 여부를 주기적인 점검 또는 감사 등 관리·감독하여야 한다.
2.3.4	외부자 계약 변경 및 만료 시 보안	외부자 계약만료, 업무종료, 담당자 변경 시에는 제공한 정보자산 반납, 정보시스템 접근계정 삭제, 중요정보 파기, 업무 수행 중 취득정보의 비밀유지 확약서 징구 등의 보호대책을 이행하여야 한다.
2.4.	물리 보안	
2.4.1	보호구역 지정	물리적·환경적 위협으로부터 개인정보 및 중요정보, 문서, 저장매체, 주요 설비 및 시스템 등을 보호하기 위하여 통제구역·제한구역·접견구역 등 물리적 보호구역을 지정하고 각 구역별 보호대책을 수립·이행하여야 한다.

2.4.2	출입통제	보호구역은 인가된 사람만이 출입하도록 통제하고 책임추적성을 확보할 수 있도록 출입 및 접근 이력을 주기적으로 검토하여야 한다.
2.4.3	정보시스템 보호	정보시스템은 환경적 위협과 유해요소, 비인가 접근 가능성을 감소시킬 수 있도록 중요도와 특성을 고려하여 배치하고, 통신 및 전력 케이블이 손상을 입지 않도록 보호하여야 한다.
2.4.4	보호설비 운영	보호구역에 위치한 정보시스템의 중요도 및 특성에 따라 온도·습도 조절, 화재감지, 소화설비, 누수감지, UPS, 비상발전기, 이중전원선 등의 보호설비를 갖추고 운영절차를 수립·운영하여야 한다.
2.4.5	보호구역 내 작업	보호구역 내에서의 비인가행위 및 권한 오·남용 등을 방지하기 위한 작업 절차를 수립·이행하고, 작업 기록을 주기적으로 검토하여야 한다.
2.4.6	반출입 기기 통제	보호구역 내 정보시스템, 모바일 기기, 저장매체 등에 대한 반출입 통제절차를 수립·이행하고 주기적으로 검토하여야 한다.
2.4.7	업무환경 보안	공용으로 사용하는 사무용 기기(문서고, 공용 PC, 복합기, 파일서버 등) 및 개인 업무환경(업무용 PC, 책상 등)을 통해 개인정보 및 중요정보가 비인가자에게 노출 또는 유출되지 않도록 클린데스크, 정기점검 등 업무환경 보호대책을 수립·이행하여야 한다.
2.5.	**인증 및 권한관리**	
2.5.1	사용자 계정 관리	정보시스템과 개인정보 및 중요정보에 대한 비인가 접근을 통제하고 업무 목적에 따른 접근권한을 최소한으로 부여할 수 있도록 사용자 등록·해지 및 접근권한 부여·변경·말소 절차를 수립·이행하고, 사용자 등록 및 권한부여 시 사용자에게 보안책임이 있음을 규정화하고 인식시켜야 한다.
2.5.2	사용자 식별	사용자 계정은 사용자별로 유일하게 구분할 수 있도록 식별자를 할당하고 추측 가능한 식별자 사용을 제한하여야 하며, 동일한 식별자를 공유하여 사용하는 경우 그 사유와 타당성을 검토하여 책임자의 승인 및 책임추적성 확보 등 보완대책을 수립·이행하여야 한다.
2.5.3	사용자 인증	정보시스템과 개인정보 및 중요정보에 대한 사용자의 접근은 안전한 인증절차와 필요에 따라 강화된 인증방식을 적용하여야 한다. 또한 로그인 횟수 제한, 불법 로그인 시도 경고 등 비인가자 접근 통제방안을 수립·이행하여야 한다.
2.5.4	비밀번호 관리	법적 요구사항, 외부 위협요인 등을 고려하여 정보시스템 사용자 및 고객, 회원 등 정보주체(이용자)가 사용하는 비밀번호 관리절차를 수립·이행하여야 한다.
2.5.5	특수 계정 및 권한 관리	정보시스템 관리, 개인정보 및 중요정보 관리 등 특수 목적을 위하여 사용하는 계정 및 권한은 최소한으로 부여하고 별도로 식별하여 통제하여야 한다.
2.5.6	접근권한 검토	정보시스템과 개인정보 및 중요정보에 접근하는 사용자 계정의 등록·이용·삭제 및 접근권한의 부여·변경·삭제 이력을 남기고 주기적으로 검토하여 적정성 여부를 점검하여야 한다.

2.6.	접근통제	
2.6.1	네트워크 접근	네트워크에 대한 비인가 접근을 통제하기 위하여 IP관리, 단말인증 등 관리절차를 수립·이행하고, 업무목적 및 중요도에 따라 네트워크 분리(DMZ, 서버팜, DB존, 개발존 등)와 접근통제를 적용하여야 한다.
2.6.2	정보시스템 접근	서버, 네트워크시스템 등 정보시스템에 접근을 허용하는 사용자, 접근제한 방식, 안전한 접근수단 등을 정의하여 통제하여야 한다.
2.6.3	응용프로그램 접근	사용자별 업무 및 접근 정보의 중요도 등에 따라 응용프로그램 접근권한을 제한하고, 불필요한 정보 또는 중요정보 노출을 최소화할 수 있도록 기준을 수립하여 적용하여야 한다.
2.6.4	데이터베이스 접근	테이블 목록 등 데이터베이스 내에서 저장·관리되고 있는 정보를 식별하고, 정보의 중요도와 응용프로그램 및 사용자 유형 등에 따른 접근통제 정책을 수립·이행하여야 한다.
2.6.5	무선 네트워크 접근	무선 네트워크를 사용하는 경우 사용자 인증, 송수신 데이터 암호화, AP 통제 등 무선 네트워크 보호대책을 적용하여야 한다. 또한 AD Hoc 접속, 비인가 AP 사용 등 비인가 무선 네트워크 접속으로부터 보호대책을 수립·이행하여야 한다.
2.6.6	원격접근 통제	보호구역 이외 장소에서의 정보시스템 관리 및 개인정보 처리는 원칙적으로 금지하고, 재택근무·장애대응·원격협업 등 불가피한 사유로 원격접근을 허용하는 경우 책임자 승인, 접근 단말 지정, 접근 허용범위 및 기간 설정, 강화된 인증, 구간 암호화, 접속단말 보안(백신, 패치 등) 등 보호대책을 수립·이행하여야 한다.
2.6.7	인터넷 접속 통제	인터넷을 통한 정보 유출, 악성코드 감염, 내부망 침투 등을 예방하기 위하여 주요 정보시스템, 주요 직무 수행 및 개인정보 취급 단말기 등에 대한 인터넷 접속 또는 서비스(P2P, 웹하드, 메신저 등)를 제한하는 등 인터넷 접속 통제 정책을 수립·이행하여야 한다.
2.7.	암호화 적용	
2.7.1	암호정책 적용	개인정보 및 주요정보 보호를 위하여 법적 요구사항을 반영한 암호화 대상, 암호 강도, 암호 사용 정책을 수립하고 개인정보 및 주요정보의 저장·전송·전달 시 암호화를 적용하여야 한다.
2.7.2	암호키 관리	암호키의 안전한 생성·이용·보관·배포·파기를 위한 관리 절차를 수립·이행하고, 필요 시 복구방안을 마련하여야 한다.

2.8.	정보시스템 도입 및 개발 보안	
2.8.1	보안 요구사항 정의	정보시스템의 도입·개발·변경 시 정보보호 및 개인정보보호 관련 법적 요구사항, 최신 보안취약점, 안전한 코딩방법 등 보안 요구사항을 정의하고 적용하여야 한다.
2.8.2	보안 요구사항 검토 및 시험	사전 정의된 보안 요구사항에 따라 정보시스템이 도입 또는 구현되었는지를 검토하기 위하여 법적 요구사항 준수, 최신 보안취약점 점검, 안전한 코딩 구현, 개인정보 영향평가 등의 검토 기준과 절차를 수립·이행하고, 발견된 문제점에 대한 개선조치를 수행하여야 한다.
2.8.3	시험과 운영 환경 분리	개발 및 시험 시스템은 운영시스템에 대한 비인가 접근 및 변경의 위험을 감소시키기 위하여 원칙적으로 분리하여야 한다.
2.8.4	시험 데이터 보안	시스템 시험 과정에서 운영데이터의 유출을 예방하기 위하여 시험 데이터의 생성과 이용 및 관리, 파기, 기술적 보호조치에 관한 절차를 수립·이행하여야 한다.
2.8.5	소스 프로그램 관리	소스 프로그램은 인가된 사용자만이 접근할 수 있도록 관리하고, 운영환경에 보관하지 않는 것을 원칙으로 하여야 한다.
2.8.6	운영환경 이관	신규 도입·개발 또는 변경된 시스템을 운영환경으로 이관할 때는 통제된 절차를 따라야 하고, 실행코드는 시험 및 사용자 인수 절차에 따라 실행되어야 한다.
2.9.	시스템 및 서비스 운영관리	
2.9.1	변경관리	정보시스템 관련 자산의 모든 변경내역을 관리할 수 있도록 절차를 수립·이행하고, 변경 전 시스템의 성능 및 보안에 미치는 영향을 분석하여야 한다.
2.9.2	성능 및 장애관리	정보시스템의 가용성 보장을 위하여 성능 및 용량 요구사항을 정의하고 현황을 지속적으로 모니터링하여야 하며, 장애 발생 시 효과적으로 대응하기 위한 탐지, 기록, 분석, 복구, 보고 등의 절차를 수립·관리하여야 한다.
2.9.3	백업 및 복구관리	정보시스템의 가용성과 데이터 무결성을 유지하기 위하여 백업 대상, 주기, 방법, 보관장소, 보관기간, 소산 등의 절차를 수립·이행하여야 한다. 아울러 사고 발생 시 적시에 복구할 수 있도록 관리하여야 한다.
2.9.4	로그 및 접속기록 관리	서버, 응용프로그램, 보안시스템, 네트워크시스템 등 정보시스템에 대한 사용자 접속기록, 시스템로그, 권한부여 내역 등의 로그유형, 보존기간, 보존방법 등을 정하고 위·변조, 도난, 분실 되지 않도록 안전하게 보존·관리하여야 한다.
2.9.5	로그 및 접속기록 점검	정보시스템의 정상적인 사용을 보장하고 사용자 오·남용(비인가접속, 과다조회 등)을 방지하기 위하여 접근 및 사용에 대한 로그 검토기준을 수립하여 주기적으로 점검하며, 문제 발생 시 사후조치를 적시에 수행하여야 한다.
2.9.6	시간 동기화	로그 및 접속기록의 정확성을 보장하고 신뢰성 있는 로그분석을 위하여 관련 정보시스템의 시각을 표준시각으로 동기화하고 주기적으로 관리하여야 한다.
2.9.7	정보자산의 재사용 및 폐기	정보자산의 재사용과 폐기 과정에서 개인정보 및 중요정보가 복구·재생되지 않도록 안전한 재사용 및 폐기 절차를 수립·이행하여야 한다.

2.10.	시스템 및 서비스 보안관리	
2.10.1	보안시스템 운영	보안시스템 유형별로 관리자 지정, 최신 정책 업데이트, 룰셋 변경, 이벤트 모니터링 등의 운영절차를 수립·이행하고 보안시스템별 정책적용 현황을 관리하여야 한다.
2.10.2	클라우드 보안	클라우드 서비스 이용 시 서비스 유형(SaaS, PaaS, IaaS 등)에 따른 비인가 접근, 설정 오류 등에 따라 중요정보와 개인정보가 유·노출되지 않도록 관리자 접근 및 보안 설정 등에 대한 보호대책을 수립·이행하여야 한다.
2.10.3	공개서버 보안	외부 네트워크에 공개되는 서버의 경우 내부 네트워크와 분리하고 취약점 점검, 접근통제, 인증, 정보 수집·저장·공개 절차 등 강화된 보호대책을 수립·이행하여야 한다.
2.10.4	전자거래 및 핀테크 보안	전자거래 및 핀테크 서비스 제공 시 정보유출이나 데이터 조작·사기 등의 침해사고 예방을 위해 인증·암호화 등의 보호대책을 수립하고, 결제시스템 등 외부 시스템과 연계할 경우 안전성을 점검하여야 한다.
2.10.5	정보전송 보안	타 조직에 개인정보 및 중요정보를 전송할 경우 안전한 전송 정책을 수립하고 조직 간 합의를 통해 관리 책임, 전송방법, 개인정보 및 중요정보 보호를 위한 기술적 보호조치 등을 협약하고 이행하여야 한다.
2.10.6	업무용 단말기기 보안	PC, 모바일 기기 등 단말기기를 업무 목적으로 네트워크에 연결할 경우 기기 인증 및 승인, 접근 범위, 기기 보안설정 등의 접근통제 대책을 수립하고 주기적으로 점검하여야 한다.
2.10.7	보조저장매체 관리	보조저장매체를 통하여 개인정보 또는 중요정보의 유출이 발생하거나 악성코드가 감염되지 않도록 관리 절차를 수립·이행하고, 개인정보 또는 중요정보가 포함된 보조저장매체는 안전한 장소에 보관하여야 한다.
2.10.8	패치관리	소프트웨어, 운영체제, 보안시스템 등의 취약점으로 인한 침해사고를 예방하기 위하여 최신 패치를 적용하여야 한다. 다만 서비스 영향을 검토하여 최신 패치 적용이 어려울 경우 별도의 보완대책을 마련하여 이행하여야 한다.
2.10.9	악성코드 통제	바이러스·웜·트로이목마·랜섬웨어 등의 악성코드로부터 개인정보 및 중요정보, 정보시스템 및 업무용 단말기 등을 보호하기 위하여 악성코드 예방·탐지·대응 등의 보호대책을 수립·이행하여야 한다.

2.11.	사고 예방 및 대응	
2.11.1	사고 예방 및 대응 체계 구축	침해사고 및 개인정보 유출 등을 예방하고 사고 발생 시 신속하고 효과적으로 대응할 수 있도록 내·외부 침해시도의 탐지·대응·분석 및 공유를 위한 체계와 절차를 수립하고, 관련 외부기관 및 전문가들과 협조체계를 구축하여야 한다.
2.11.2	취약점 점검 및 조치	정보시스템의 취약점이 노출되어 있는지를 확인하기 위하여 정기적으로 취약점 점검을 수행하고 발견된 취약점에 대해서는 신속하게 조치하여야 한다. 또한 최신 보안취약점의 발생 여부를 지속적으로 파악하고 정보시스템에 미치는 영향을 분석하여 조치하여야 한다.
2.11.3	이상행위 분석 및 모니터링	내·외부에 의한 침해시도, 개인정보유출 시도, 부정행위 등을 신속하게 탐지·대응할 수 있도록 네트워크 및 데이터 흐름 등을 수집하여 분석하며, 모니터링 및 점검 결과에 따른 사후조치는 적시에 이루어져야 한다.
2.11.4	사고 대응 훈련 및 개선	침해사고 및 개인정보 유출사고 대응 절차를 임직원과 이해관계자가 숙지하도록 시나리오에 따른 모의훈련을 연 1회 이상 실시하고 훈련결과를 반영하여 대응체계를 개선하여야 한다.
2.11.5	사고 대응 및 복구	침해사고 및 개인정보 유출 징후나 발생을 인지한 때에는 법적 통지 및 신고 의무를 준수하여야 하며, 절차에 따라 신속하게 대응 및 복구하고 사고분석 후 재발방지 대책을 수립하여 대응체계에 반영하여야 한다.
2.12.	재해복구	
2.12.1	재해, 재난 대비 안전조치	자연재해, 통신·전력 장애, 해킹 등 조직의 핵심 서비스 및 시스템의 운영 연속성을 위협할 수 있는 재해 유형을 식별하고 유형별 예상 피해규모 및 영향을 분석하여야 한다. 또한 복구 목표시간, 복구 목표시점을 정의하고 복구 전략 및 대책, 비상시 복구 조직, 비상연락체계, 복구 절차 등 재해 복구체계를 구축하여야 한다.
2.12.2	재해 복구 시험 및 개선	재해 복구 전략 및 대책의 적정성을 정기적으로 시험하여 시험결과, 정보시스템 환경변화, 법규 등에 따른 변화를 반영하여 복구전략 및 대책을 보완하여야 한다.

3. 개인정보 처리단계별 요구사항

3.1.	개인정보 수집 시 보호조치	
3.1.1	개인정보 수집·이용	개인정보는 적법하고 정당하게 수집·이용하여야 하며, 정보주체의 동의를 근거로 수집하는 경우에는 적법한 방법으로 정보주체의 동의를 받아야 한다. 또한, 만 14세 미만 아동의 개인정보를 수집하는 경우에는 그 법정대리인의 동의를 받아야 하며 법정대리인이 동의하였는지를 확인하여야 한다.

3.1.2	개인정보 수집 제한	개인정보를 수집하는 경우 처리 목적에 필요한 최소한의 개인정보만을 수집하여야 하며, 정보주체가 선택적으로 동의할 수 있는 사항 등에 동의하지 아니한다는 이유로 정보주체에게 재화 또는 서비스의 제공을 거부하지 않아야 한다.
3.1.3	주민등록번호 처리 제한	주민등록번호는 법적 근거가 있는 경우를 제외하고는 수집·이용 등 처리할 수 없으며, 주민등록번호의 처리가 허용된 경우라 하더라도 인터넷 홈페이지 등에서 대체수단을 제공하여야 한다.
3.1.4	민감정보 및 고유식별정보의 처리 제한	민감정보와 고유식별정보(주민등록번호 제외)를 처리하기 위해서는 법령에서 구체적으로 처리를 요구하거나 허용하는 경우를 제외하고는 정보주체의 별도 동의를 받아야 한다.
3.1.5	개인정보 간접수집	정보주체 이외로부터 개인정보를 수집하거나 제3자로부터 제공받는 경우에는 업무에 필요한 최소한의 개인정보를 수집하거나 제공받아야 하며, 법령에 근거하거나 정보주체의 요구가 있으면 개인정보의 수집 출처, 처리목적, 처리정지의 요구권리를 알려야 한다.
3.1.6	영상정보처리기기 설치·운영	고정형 영상정보처리기기를 공개된 장소에 설치·운영하거나 이동형 영상정보처리기기를 공개된 장소에서 업무를 목적으로 운영하는 경우 설치 목적 및 위치에 따라 법적 요구사항을 준수하고, 적절한 보호대책을 수립·이행하여야 한다.
3.1.7	마케팅 목적의 개인정보 수집·이용	재화나 서비스의 홍보, 판매 권유, 광고성 정보전송 등 마케팅 목적으로 개인정보를 수집·이용하는 경우 그 목적을 정보주체가 명확하게 인지할 수 있도록 고지하고 동의를 받아야 한다.
3.2.	개인정보 보유 및 이용 시 보호조치	
3.2.1	개인정보 현황관리	수집·보유하는 개인정보의 항목, 보유량, 처리 목적 및 방법, 보유기간 등 현황을 정기적으로 관리하여야 하며, 공공기관의 경우 이를 법률에서 정한 관계기관의 장에게 등록하여야 한다.
3.2.2	개인정보 품질보장	수집된 개인정보는 처리 목적에 필요한 범위에서 개인정보의 정확성·완전성·최신성이 보장되도록 정보주체에게 관리절차를 제공하여야 한다.
3.2.3	이용자 단말기 접근 보호	정보주체(이용자)의 이동통신단말장치 내에 저장되어 있는 정보 및 이동통신단말장치에 설치된 기능에 접근이 필요한 경우 이를 명확하게 인지할 수 있도록 알리고 정보주체(이용자)의 동의를 받아야 한다.
3.2.4	개인정보 목적 외 이용 및 제공	개인정보는 수집 시의 정보주체에게 고지·동의를 받은 목적 또는 법령에 근거한 범위 내에서만 이용 또는 제공하여야 하며, 이를 초과하여 이용·제공하려는 때에는 정보주체의 추가 동의를 받거나 관계 법령에 따른 적법한 경우인지 확인하고 적절한 보호대책을 수립·이행하여야 한다.
3.2.5	가명정보 처리	가명정보를 처리하는 경우 목적제한, 결합제한, 안전조치, 금지의무 등 법적 요건을 준수하고 적정 수준의 가명처리를 보장할 수 있도록 가명처리 절차를 수립·이행하여야 한다.

3.3.	개인정보 제공 시 보호조치	
3.3.1	개인정보 제3자 제공	개인정보를 제3자에게 제공하는 경우 법적 근거에 의하거나 정보주체의 동의를 받아야 하며, 제3자에게 개인정보의 접근을 허용하는 등 제공 과정에서 개인정보를 안전하게 보호하기 위한 보호대책을 수립·이행하여야 한다.
3.3.2	개인정보 처리업무 위탁	개인정보 처리업무를 제3자에게 위탁하는 경우 위탁하는 업무의 내용과 수탁자 등 관련사항을 공개하여야 한다. 또한 재화 또는 서비스를 홍보하거나 판매를 권유하는 업무를 위탁하는 경우 위탁하는 업무의 내용과 수탁자를 정보주체에게 알려야 한다.
3.3.3	영업의 양도 등에 따른 개인정보 이전	영업의 양도·합병 등으로 개인정보를 이전하거나 이전받는 경우 정보주체 통지 등 적절한 보호조치를 수립·이행하여야 한다.
3.3.4	개인정보 국외 이전	개인정보를 국외로 이전하는 경우 국외 이전에 대한 동의, 관련 사항에 대한 공개 등 적절한 보호조치를 수립·이행하여야 한다.
3.4.	개인정보 파기 시 보호조치	
3.4.1	개인정보파기	개인정보의 보유기간 및 파기 관련 내부 정책을 수립하고 개인정보의 보유기간 경과, 처리목적 달성 등 파기 시점이 도달한 때에는 파기의 안전성 및 완전성이 보장될 수 있는 방법으로 지체 없이 파기하여야 한다.
3.4.2	처리목적 달성 후 보유 시 조치	개인정보의 보유기간 경과 또는 처리목적 달성 후에도 관련 법령 등에 따라 파기하지 아니하고 보존하는 경우에는 해당 목적에 필요한 최소한의 항목으로 제한하고 다른 개인정보와 분리하여 저장·관리하여야 한다.
3.5.	정보주체 권리보호	
3.5.1	개인정보 처리방침 공개	개인정보의 처리 목적 등 필요한 사항을 모두 포함하여 정보주체가 알기 쉽도록 개인정보 처리방침을 수립하고, 이를 정보주체가 언제든지 쉽게 확인할 수 있도록 적절한 방법에 따라 공개하고 지속적으로 현행화하여야 한다.
3.5.2	정보주체 권리보장	정보주체가 개인정보의 열람, 정정·삭제, 처리정지, 이의제기, 동의철회 등 요구를 수집 방법·절차보다 쉽게 할 수 있도록 권리행사 방법 및 절차를 수립·이행하고, 정보주체의 요구를 받은 경우 지체 없이 처리하고 관련 기록을 남겨야 한다. 또한, 정보주체의 사생활 침해, 명예훼손 등 타인의 권리를 침해하는 정보가 유통되지 않도록 삭제 요청, 임시조치 등의 기준을 수립·이행하여야 한다.
3.5.3	정보주체에 대한 통지	개인정보의 이용·제공 내역 등 정보주체에게 통지하여야 할 사항을 파악하여 그 내용을 주기적으로 통지하여야 한다.

01 정보보호 및 개인정보보호 관리체계 인증(이하 ISMS-P)은 기업의 정보보호 및 개인정보보호를 위한 일련의 조치와 활동이 인증기준에 적합함을 인증하는 제도이다. 다음 중 ISMS-P 인증 제도에 대한 설명이 적절하지 않은 것을 모두 고르시오. (2개)

① "인증기관"은 인증 관련 업무를 수행할 수 있도록 과학기술정보통신부 장관과 보호위원회가 지정하는 기관을 말하며, 인증기관 중 금융보안원은 금융 분야 인증심사를 담당하고 인증서를 발급한다.

② "심사기관"은 인증심사 업무를 수행할 수 있도록 과학기술정보통신부장관과 보호위원회가 지정하는 기관을 말하며, 심사기관의 지정 유효기간은 3년이다. 각 심사기관은 위원회를 운영하여 심사에 필요한 사항을 협의한다.

③ "인증위원회"란 한국인터넷진흥원 및 인증기관의 장이 인증심사 결과 등을 심의·의결하기 위해 운영된다.

④ "협의회"는 인증제도 연구, 제도 운영을 위한 제반사항 검토 및 품질관리, 인증기관 및 심사기관의 지정·재지정 및 정지·취소에 관한 사항 등을 협의한다.

⑤ 거짓이나 부당한 방법으로 심사기관의 지정을 받은 경우, 업무정지 기간 중 인증심사를 한 경우 등 심사기관의 자격 취소는 자격심의위원회를 통해 이루어지며, 위원회 3인 이상을 포함하여야 한다.

02 다음의 ISMS-P 인증제도에 대한 설명 중 틀린 것은 모두 몇 개인지 고르시오.

> **가.** 인증을 취득한 자가 인증의무기간을 유예하기 위해 고의로 인증을 취소하고 다시 신청하여 다음 해 8월 31일까지 인증을 받는 것은 법 위반에 해당하지 않는다.
>
> **나.** ISMS 인증 의무대상자는 「정보통신망법」 제47조 제2항에 따라 기업 스스로 의무대상 여부를 판단하여 ISMS를 구축하고 인증을 취득하는 것이 원칙이다.
>
> **다.** ISMS 예비인증 특례 도입하여 신규 가상자산사업자에 대해 예비인증 획득 시 신고 수리 인정하게 되며 금융보안원에 신고해야 한다.
>
> **라.** ISMS 또는 ISMS-P는 기업환경에 맞게 선택이 가능하며 의무대상자는 ISMS 또는 ISMS-P 인증을 받으면 의무를 다한 것으로 인정된다.
>
> **마.** ISMS제도의 인증구분은 단일인증과 다수인증으로 구분되며 단인일증은 하나의 인증만 신청하는 경우에 해당하며 다수인증은 같은 관리체계 내에서 일부 서비스만 개인정보 흐름을 포함하여 인증을 받고자 하는 심사의 경우 심사과정을 통합하여 다른 2장의 인증서 발급이 가능하며 다른 기간에 개별로 받은 인증도 해당된다.

① 1개   ② 2개   ③ 3개
④ 4개   ⑤ 5개

03「정보통신망 이용촉진 및 정보보호 등에 관한 법률」(약칭 정보통신망법) 시행령에 정보보호 최고책임자(CISO) 자격요건을 규정하고 있다. 다음의 회사에서 법적 자격요건이 충족되는 정보보호 최고책임자(CISO) 후보자를 모두 고르시오. (2개)

> ○ **회사명** : ABC 쇼핑몰
> ○ **정보통신서비스부문 매출액** : 1,000억 원(전년도 기준)
> ○ **일일 평균 이용자 수** : 100만 명(전년도 말 기준 직전 3개월간 일일 평균)
> ○ **자산 총액** : 6,000억 원(전년도 말 기준)

구분	성명	학력	경력	보유 자격증	상근여부
①	홍길동	정보보안 학사	정보기술 3년 정보보호 5년	CPPG, PIA	비상근
②	강감찬	정보기술 학사	정보기술 2년 정보보호 3년	CPPG, ISMS-P인증심사원	상근
③	이순신	정보기술 학사	정보기술 5년 정보보호 3년	CISA	상근
④	유관순	정보보안 석사	정보보호 3년	CPPG, PIA	상근
⑤	김유신	정보기술 박사	정보기술 2년 정보보호 2년	-	상근

04정보보호 및 개인정보보호 관리체계 인증(ISMS-P)은 정보보호 및 개인정보보호를 위한 일련의 조치와 활동이 인증기준에 적합함을 인증하는 제도이다. 다음 중 ISMS-P 인증제도에 대한 설명으로 적절하지 않은 것을 모두 고르시오. (2개)

① 인증을 취득하고자 하는 자는 인증을 신청하기 전에 인증기준에 따른 정보보호 및 개인정보보호 관리체계 또는 정보보호 관리체계를 구축하여 최소 2개월 이상 운영하여야 한다.

② 심사수행기관은 인증위원회 심의결과에 따라 인증위원회 종료 다음 날부터 60일 이내에 신청인에게 추가 보완조치를 요구할 수 있다.

③ 인증을 취득한 자는 인증서 유효기간 만료 3개월 전에 사후심사를 신청하여야 한다.

④ 인증 협의회는 인증제도 연구 및 개선, 정책 결정, 인증기관 및 심사기관 지정 등의 업무를 수행한다.

⑤ 인증위원회는 인증심사 결과가 인증기준에 적합한지 여부 등을 심의·의결하기 위하여 설치·운영하는 기구이다.

05 OO기업은 ISMS 인증을 위해 정보보호업체로부터 컨설팅을 수행 중이다. 다음 개발/배포/운영서버 네트워크 구성도를 참고하여 컨설턴트가 확인하고 설명한 내용 중 올바른 내용은 총 몇 개인가?

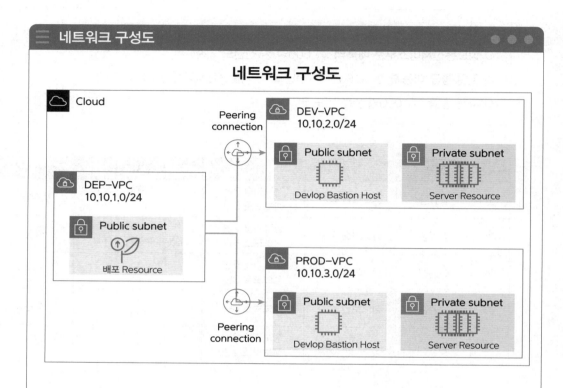

[DEV(개발) 클라우드 네트워크 라우팅 테이블]

Type	Destination	Target	Status	Description
Public	10.10.2.0/24	local	active	DEV VPC 내부
	0.0.0.0/0	internet-gateway	active	인터넷 통신
	10.10.1.0/24	Peering Connections	active	DEP(배포) VPC peering

[PROD(운영) 클라우드 네트워크 라우팅 테이블]

Type	Destination	Target	Status	Description
Public	10.10.3.0/24	local	active	PROD(운영) VPC 내부
	0.0.0.0/0	internet-gateway	active	인터넷 통신
	10.10.1.0/24	Peering Connections	active	DEP(배포) VPC peering
Private	0.0.0.0/0	nat-gateway	active	인터넷 통신
	10.10.3.0/24	local	active	PROD(운영) VPC 내부

[DEP(배포) 클라우드 네트워크 라우팅 테이블]

Type	Destination	Target	Status	Description
Public	10.10.1.0/24	local	active	DEP(배포) VPC 내부
	0.0.0.0/0	internet-gateway	active	인터넷 통신
	10.10.3.0/24	Peering Connections	active	PROD(운영) VPC peering
	10.10.2.0/24	Peering Connections	active	DEV(개발) VPC peering

[DEV(개발) Bastion Host F/W정책]

In/Out	Source	Protocol	Port	Description
Inbound	10.10.1.0/24	TCP	22	배포 서버
	─── 중략 ───			
Outbound	─── 중략 ───			

[PROD(운영) Bastion Host F/W정책]

In/Out	Source	Protocol	Port	Description
Inbound	10.10.1.0/24	TCP	22	배포 서버
	─── 중략 ───			
Outbound	─── 중략 ───			

[DEP VPC SG Group]

In/Out	Source	Protocol	Port	Description
Inbound	없음			
Outbound	10.10.2.0/24	TCP	22	DEV bastion
	10.10.3.0/24	TCP	22	PROD bastion

가. 현재 클라우드에 구성된 전체 VPC가 모두 연결되어 있어 취약한 상태입니다.

나. VPC Peering Connection은 설정을 통해 배포 시에만 활성화 되도록 운영 지침을 마련하시는 게 좋습니다.

다. 현재처럼 소규모 네트워크 환경에서는 복잡하고 확장가능한 네트워크에 쓰이는 VPC peering보다는 단순한 연결에 효율적인 Transit Gateway방식이 더 효율적입니다.

라. 배포 자원과 peering 설정 시 배포 Resource의 IP주소를 특정(/32)하여 설정할 수 있게 개발, 운영환경의 VPC에 설정해 주십시오.

마. 잘 알려진 TCP 22번 포트를 변경하여 보안성을 향상시키는 방법도 좋은 방법입니다.

바. 관리자 계정을 제외하고 다른 클라우드 계정들의 OU(Organization Unit)정책에서 VPC Peering연결을 만들거나 수정할 수 없게 제한하여 수시로 모니터링을 하셔야 합니다.

① 2개
② 3개
③ 4개
④ 5개
⑤ 6개

06 다음 사례 중 인증기준 항목에서 결함이 될 수 있는 항목이 아닌 것을 모두 고르시오. (2개)

① 정보주체 A씨는 스키장 시즌권을 구입하고 온라인으로 회원정보를 등록하였고, 별도 마케팅 목적의 개인정보 수집·이용에 대한 선택 동의 항목은 미동의하였으나, 정보입력 후 3개월 후 다음과 같은 문자 메시지를 수신하였다.

> [Web발신]
> (광고)[놀러와 리조트] 금일 11시30분 스키장오픈
> 매일 09시~23시까지★홈피참조
> 무료수신거부 08012341234

② 정보주체 B씨는 △△ 마트에서 판매하는 매장 상품을 무인계산대에서 구입하였으나, △△ 마트 보안요원이 B씨 행위를 절취로 의심하고 B씨에게 구매 물품의 계산 여부 확인을 요청하자 거부하였고, 이에 보안요원이 직접 무인계산대에서 직전 거래 영수증을 발급하여 구매 물품을 확인하였다.

③ □□ 한의원에서 환자들에 대한 치료경과(치료 전·후)에 대한 사진을 정보주체의 동의를 받지 않고 홈페이지 게시판에 지속적으로 게시하고 있다. 정보주체에 대한 성명, 나이 등에 대한 정보는 제외하고 치료환부에 대한 사진을 잘 보이도록 게시하였다.

④ 정보주체 D씨는 개인사업자로 운영 중인 온라인 쇼핑몰에 화장품을 구입하였는데, 온라인 쇼핑몰에서 재고가 없다는 이유로 품절취소보다 정보주체 D씨의 주문이행이 바람직하다고 판단하고 정보주체 D씨의 개인정보를 이용하여 타 쇼핑몰에서 주문·발송처리를 하였다.

⑤ 정보주체 E씨는 본인의 통화내역발급(기지국 정보 포함)을 신청하자, 기지국 정보는 법원에서 발급한 위치확인 보정명령서 또는 관공서의 공문을 제출할 경우에만 제한적으로 발급해준다는 사유로 사실상 기지국 정보 제공을 거부당하였다.

07 개인정보보호위원회는 가명정보의 활용 가능성을 높이고, 보다 유연하게 활용할 수 있도록 가명정보의 적용이 제외되는 규정을 두고 있다. 가명정보의 처리 및 결합 제한에 따라 처리된 가명정보에 대해 제외되는 규정으로만 짝지어진 것을 고르시오.

구분	내용
㉠	제20조 정보주체 이외로부터 수집한 개인정보의 수집 출처 등 고지
㉡	제20조의2 개인정보 이용·제공 내역의 통지
㉢	제21조 개인정보의 파기
㉣	제27조 영업양도 등에 따른 개인정보의 이전 제한
㉤	제34조 제1항 개인정보 유출 시 정보주체 통지
㉥	제35조 개인정보의 열람
㉦	제35조의2 개인정보의 전송 요구
㉧	제36조 개인정보의 정정·삭제
㉨	제37조 개인정보의 처리정지 등
㉩	제38조 권리행사의 방법 및 절차

① ㉠, ㉡, ㉢, ㉣

② ㉠, ㉡, ㉢, ㉣, ㉤

③ ㉠, ㉡, ㉣, ㉤, ㉩

④ ㉠, ㉣, ㉤, ㉦, ㉧, ㉨

⑤ ㉠, ㉡, ㉢, ㉤, ㉥, ㉦, ㉩

08 기업 신뢰도 제고 및 이용자 보호를 위한 정보보호 공시제도를 시행 중이다. 다음 내용 중 맞는 내용은 몇 개인가?

(ㄱ) 정보보호 공시 의무 대상 기준으로 회선설비를 보유한 기간통신사업자는 정보보호 공시 의무 대상자이다.

(ㄴ) 전년도 말 직전 3개월간 정보통신서비스 일일 평균 이용자 수가 100만 명 이상의 중견기업일 경우 정보보호 공시 의무 대상자이다.

(ㄷ) 클라우드컴퓨팅서비스를 제공하는 자 중 응용프로그램 등 소프트웨어의 개발·배포·운영·관리 등을 위한 환경을 제공하는 서비스를 제공하는 자는 정보보호 공시 의무 대상자이다.

(ㄹ) 은행, 보험, 카드 등 금융회사는 「전자금융거래법」에 의거 정보보호 공시 의무 대상자이다.

(ㅁ) 전년도 말 직전 3개월간 정보통신서비스 일일 평균 이용자 수가 100만 명 이상의 공공기관일 경우 정보보호 공시 의무 대상자이다.

(ㅂ) 보건복지부장관이 지정한 상급종합병원은 정보보호 공시 의무 대상자이다.

---

① 2개
② 3개
③ 4개
④ 5개
⑤ 모두 다 맞다.

09 양자내성암호(Post-Quantum Cryptography)는 양자 컴퓨팅 환경에서 안전하게 암호 기술을 이용할 수 있도록 하는 새로운 공개키 암호다. 1994년 피터 쇼어(Peter Shor)에 의해 양자 컴퓨팅을 이용한 연산으로 인수분해, 이산로그 등 기존 공개키 암호의 기반문제를 이론적으로 해독할 수 있는 알고리즘이 개발된 이후, 이러한 양자 컴퓨팅 환경에서 해독 위협에 대응하는 새로운 공개키 암호를 양자내성암호라고 한다. 다음 중 양자내성암호(PQC)에 대한 설명 중 올바르지 않은 것을 고르시오.

① 미국의 NIST(국가표준기술연구소)에서는 양자 컴퓨터의 공개키 암호 해독 위협에 대비하기 위해 2016년부터 공개키를 이용한 암호(PKE), 키 캡슐화(KEM) 및 서명(Signature) 기능을 보유한 새로운 알고리즘의 표준화를 위한 공모를 진행하여 최종 알고리즘을 선정하고 표준으로 제정될 예정이다.

② PQC 알고리즘 표준화 공모전에서 2023년 말 최종 선정된 PQC 알고리즘은 CRYSTALS-KYBER, CRYSTALS-DILITHIUM, FALCON, SPHINCS+ 4가지가 있다.

③ CRYSTALS-KYBER, CRYSTALS-DILITHIUM은 키교환 알고리즘이고, FALCON, SPHINCS+는 전자서명 알고리즘이다.

④ 양자 컴퓨팅 및 양자암호 업계에서는 2030년이 되면, 현 공개키 암호를 해독할 수준의 양자 컴퓨터가 상용화될 것으로 예상하고 있다. 이에 따라 암호학적으로 해독이 가능한 양자 컴퓨터가 출현하기 전 현재의 RSA, ECC 등 모든 공개키 암호 알고리즘에 대해서 양자내성암호로 전환을 준비하고 있다.

⑤ 양자내성암호는 기존 공개키 암호에 비해 큰 대역폭이나 암복호화 키길이 등으로 인해 실제 다양한 ICT 서비스 및 플랫폼, 경량디바이스에 적용하기 위해서는 허용 메모리 크기, 지연 시간 등의 문제를 고려해야 한다.

10 A 쇼핑몰은 정보보호 및 개인정보보호 관리체계 인증 심사를 받고 있다. 다음 인터뷰 상황을 보고 올바른 것을 고르시오.

> ■ **심사원** : 안녕하세요. A 쇼핑몰 정보자산 목록에 대해 설명 부탁드립니다.
> ○ **담당자** : 네. 저희는 매년 상·하반기마다 정보자산을 조사하여 현행화하고 있습니다. 지금 보고 계신 자산 목록에는 서버, 네트워크, 시스템, 업무용 기기 등 정보자산이 기재되어 있습니다.
> ■ **심사원** : 관리가 잘 되고 있네요. 수탁 업체 등 외부 업체 자산도 있으신가요?
> ○ **담당자** : 네. 정보자산 목록에 포함되어 있습니다.
> ○ **담당자** : ㈜가나다 컴즈에서 개발한 상담 시스템을 도입하여 사용하고 있고, ㈜가나다 컴즈에서 고객 상담 업무까지 진행해 주고 계십니다.

- **심사원** : 그렇군요. 혹시 ㈜가나다 컴즈와 개인정보 처리 위탁 합의서는 체결하셨나요? 제출해 주신 자료에는 확인할 수 없네요.

- **담당자** : 네. 문서로 합의하여 관리하고 있습니다. 제출 자료에서 누락된 것 같네요. 바로 출력하여 전달해 드리겠습니다.

- **심사원** : 감사합니다.
  (이후 심사원은 본사에 상주하고 있는 수탁업체 ㈜가나다 컴즈 상담실에 방문하였다.)

- **심사원** : 안녕하세요. 상담원분들이 보유하고 계신 장비는 무엇인가요?

- **상담 파트장** : 총 5명이 A 쇼핑몰의 상담 업무를 하고 있고, 상담 시스템에 접속하는 전용 노트북 5대를 A 쇼핑몰에서 지급받아 업무를 하고 있습니다. 그리고 저희 회사 그룹웨어에 접속하고 화상 회의를 하는 공용 노트북 1대가 있습니다.

- **심사원** : A 쇼핑몰 담당자님, 공용 노트북 1대도 정보자산 목록에 포함되어 있나요?

- **담당자** : 해당 장비는 저희가 위탁한 고객 상담 업무에 관여하지 않고, 수탁 업체의 자산이기 때문에 자산 목록에 포함하지 않았습니다. 상담 시스템에 접속하는 전용 노트북 5대는 포함되어 있습니다.

- **심사원** : 음.. 그래도 A 쇼핑몰 본사에서 상담 업무를 하고 계신데, 포함될 필요가 없을까요?

- **담당자** : 네. 저희가 위탁한 상담 업무와 전혀 관련이 없고, 업체 그룹웨어 접속 및 화상 회의 용도로 업체에서 가져온 자산이기 때문에 포함할 필요 없을 것 같습니다.

- **심사원** : 네. 설명 감사합니다.

① 심사원은 정보자산 식별에 앞서 관리체계 범위 설정에 문제가 있으므로, 1.1.4 범위 설정 결함으로 판단했다.

② 심사원은 정보자산 분류 기준이 잘못되어 관리체계 범위 내 모든 정보자산을 식별하지 않았으므로, 1.2.1 정보자산 식별 결함으로 판단했다.

③ 심사원은 ㈜가나다 컴즈에서 보유한 공용 노트북 1대는 상담 업무와 관련이 없더라도 정보자산 목록에서 누락되었으니 1.2.1 정보자산 식별 결함으로 판단했다.

④ 심사원은 ㈜가나다 컴즈와 체결한 개인정보 처리 위탁 합의서가 제출 자료에 누락되어 있으므로, 2.3.2 외부자 계약 시 보안 결함으로 판단했다.

⑤ 정답 없음

11 강태양 심사원은 우주쇼핑몰의 ISMS-P 인증심사를 수행하고 있다. 서류 심사 및 현장 심사 결과 내용을 보고 심사원의 판단으로 가장 적절한 것을 고르시오.

- 쇼핑몰 운영현황과 사용자의 회원관리 업무 내용에 대해서 내부감사를 월 1회 수행하고 있음
- 내부 감사자 중에는 쇼핑몰 개발부서에서 근무하고 있는 오하늘 부장이 포함되어 있음
- 담당자에게 쇼핑몰 가입자 정보 조회를 요청하자 담당자는 관리자 화면에 접속하기 위해서 비밀번호와 모바일 OTP를 입력
- 심사 전에 미리 회원가입을 했던 강태양 심사원은 자신의 정보 조회를 요청했으며, 담당자는 "강태양"을 입력하여 회원목록을 확인
- 조회된 강태양 회원의 '상세보기'를 클릭하니 화면에 회원자의 이름, ID, 핸드폰번호, 생년월일 확인이 가능했으며 출력된 회원 정보는 마스킹 처리가 되어 있음
- 담당자는 회원 정보인 이름, 핸드폰번호, ID, 생년월일 모두 암호화되어 DB상에 저장하고 있다고 함
- 심사원은 회원 관리 담당자의 회원 조회 이력을 내부감사용 페이지에서 확인할 수 있는지 확인을 요청
- 내부 감사자는 감사자 페이지에서 ID와 비밀번호를 입력한 후, 지문인식을 통해 추가 확인 후 로그인
- 관리자 이력 화면을 통해 앞서 관리자가 수행한 '이용자 조회' 내역이 기록되어있음을 확인
- 관리자가 수행 이력 상세보기를 클릭하니 조회했던 이용자의 이름, ID, 비밀번호, 생년월일이 출력(출력된 이용자 정보는 마스킹 처리가 되어 있었으나, 관리자 화면과 다른 마스킹 기준이 적용되어 있었음)
- 감사 관리 화면에 출력되는 내용은 모두 로그로 기록되어 있는 사항이고, 암호화 여부를 확인하자 로그기록은 암호화 대상이 아니라고 함

① 내부 감사자 중에 쇼핑몰 개발 담당자가 포함되어있는 것은 문제가 없다고 판단하였다.

② 회원 관리 담당자와 내부 감사자가 서로 다른 인증수단을 사용하는 것에 대해 운영지침을 확인한 결과 운영지침 상에도 다른 2차 인증수단을 사용하는 것으로 기록되어 있어 운영지침에 일관성 유지가 필요한 것으로 판단하였다.

③ 서로 다른 사용자(관리자, 감사자) 화면의 개인정보 마스킹 기준이 다른 것은 결함이 아니라고 판단하였다.

④ 로그기록을 암호화하지 않는 것은 결함이라고 판단하였다.

⑤ 심사원이 심사 전에 신청기관 사이트의 결함을 찾기 위해서 회원가입을 하는 것은 심사원으로서 올바르지 않은 행동이다.

12 '홈페이지상 개인정보를 누구든지 알아볼 수 있어 개인정보 유출로 이어질 수 있는 상태'로 게시판에 개인정보가 게시되어 있다면 개인정보 노출에 해당하지만 이미 다른 사람이 접근하거나 다운로드하였다면 이는 유출에 해당한다. 기존 서비스의 개편, 통합, 이전 등으로 인하여 구 서버 관리를 소홀히 하면서 관리하던 개인정보 등의 위험이 증가할 수 있다. 다음 중 개인정보 노출을 방지하기 위해 각 기관별 대응 방안 중 잘못된 것을 모두 고르시오. (2개)

① 기관 A는 홈페이지 이용자가 게시판 및 댓글을 통해 문의하는 과정에서 이용자의 부주의로 개인정보가 노출되는 경우를 방지하기 위해서 게시물 작성 시, 개인정보를 입력하는 경우 마스킹을 처리한 후 작성하도록 안내 문구를 띄우고, 게시물은 이용자가 별도로 선택하지 않으면 기본적으로 비공개로 등록되도록 하였다.

② 기관 B는 개인정보가 포함된 엑셀파일을 관리자 페이지에 업로드하는 경우 행 또는 열을 숨기기 처리하고 숨기기 취소가 안 되도록 시트 보호 기능을 설정하였다.

③ 기관 C는 이미지 파일의 개인정보를 마스킹 처리하는 경우, 도형 등 '객체'를 사용하여 마스킹하지 않고, 이미지 편집 소프트웨어를 사용하여 마스킹 후, 마스킹 처리 후 재가공할 수 없도록 PDF로 재저장하도록 하였다.

④ 기관 D는 홈페이지 개발 시, 회원이 자신의 정보를 조회할 때 웹 브라우저 주소 표시줄에 파라미터 값이 보이지 않도록 POST 방식을 사용하도록 하였다.

⑤ 기관 E는 사업계획서, 사업자 등록증, 이력서 등을 관리하고 있었으나 홈페이지 설계상의 오류로 직원 이력서가 노출되었음을 인지하고 즉시 삭제 조치를 수행하였다. 담당자는 책임자에게 개인정보 노출에 따른 이력서의 삭제 조치를 통해 개인정보 노출에 따른 대응을 마무리 했으며, 개인정보 유출이 아니므로 정보주체 통지 또는 관련 기관 신고는 수행하지 않아도 된다고 하였다.

13 BBC 쇼핑몰은 '쇼핑몰 홈페이지 서비스'를 인증범위로 ISMS-P 인증 최초심사를 받고 있다. 다음 심사원과 담당자 인터뷰 및 현장실사 내용에서 결함사항으로 가장 적절한 것을 고르시오.

■ **심사원** : 안녕하세요. 개인정보 처리시스템 실사를 요청 드려도 될까요?

○ **담당자** : 네. 개인정보 처리시스템은 정해진 단말기에서만 접근이 가능합니다. 해당 자리로 이동 후 시연해드리겠습니다.

- 접속 가능 단말 자리로 이동 -

○ **담당자** : 어떤 정보를 조회해 드릴까요?

■ **심사원** : 먼저, 개인정보 처리시스템 접근권한 부여 내역은 얼마나 보관하고 계신가요?

○ **담당자** : 저희는 법적 요구사항에 맞게 3년 이상 보관하고 있습니다.

■ **심사원** : 쇼핑몰 회원 수는 몇 명이나 되나요?

○ **담당자** : 약 110만 명의 온라인 회원을 보유하고 있습니다.

■ **심사원** : 그럼 BBC 쇼핑몰은 100만 명 이상의 이용자를 보유하고 있기 때문에 개인정보 처리시스템 접근권한 부여 기록을 5년 이상 보관해야 하지 않나요?

○ **담당자** : 음...다시 한번 확인해보겠습니다. 분명 확인해 봤을 텐데 이상하네요.

■ **심사원** : 이 부분은 나중에 다시 확인해보도록 하구요, 개인정보 처리시스템 접속기록 로그를 최근일자로 정렬해서 보여주시겠어요?

○ **담당자** : 네. 요청하신 접속기록 조회했습니다.

■ **심사원** : 접속기록 중에 처리한 정보주체 정보는 따로 기록하고 있지 않네요?

○ **담당자** : 네. 4개월 전 내부감사 때 정보주체 정보 기록이 누락되고 있는 내용을 발견했습니다. 해당 로그 기록 변경은 내부 사정 상 즉시 변경 및 반영이 어렵다고 판단하여 위원회 안건으로 상정하였고, 위원회에서도 역시 당장 조치는 어렵다고 판단하고 내년 예산 반영 후 조치 전까지 위험수용으로 결정하였습니다.

■ **심사원** : 로그기록 누락을 위험수용으로 결정해도 되는지 모르겠네요.

---

① 1.2.4 보호대책 선정

② 1.3.1 보호대책 구현

③ 1.4.1 법적 요구사항 준수 검토

④ 2.9.4 로그 및 접속기록 관리

⑤ 2.9.5 로그 및 접속기록 점검

[14~15] AAA 쇼핑몰은 정보통신서비스 부문 연매출 300억 원 이상인 정보통신서비스 제공자로 2025년 1월 8일~12일 5일간 ISMS-P 인증 심사 중에 있다. 다음은 AAA 쇼핑몰의 네트워크 구성도이며, 심사원은 네트워크 구성도를 보고 담당자와 인터뷰를 진행하였다.

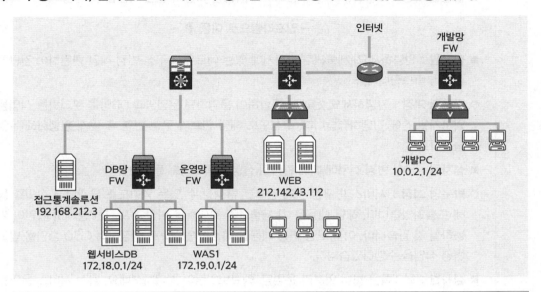

- **심사원** : 네트워크 구성에 대해 간단히 설명 부탁드립니다.
- ○ **김열심 차장** : 네트워크를 용도에 맞게 존을 구별하여 구축하였습니다. 존은 방화벽에 의해 구분, 보호되고 있습니다. 크게 운영망, DB망, DMZ망 그리고 개발망으로 나눠 구성하였고, DMZ을 제외한 모든 망은 사설 IP로 구성되어 있습니다.
- **심사원** : 접근통제솔루션이 있네요? 다른 네트워크 서버로 접속할 경우는 접근통제솔루션을 통해 접속하게 되나요?
- ○ **김열심 차장** : 다른 네트워크뿐만 아니라 동일 네트워크 서버간 접속 시에도 접근통제솔루션을 통해 접속하도록 설정해 두었습니다.
- **심사원** : 서버간 접근통제는 어떻게 수행하고 계시나요?
- ○ **김열심 차장** : 서버별로 TCPWrapper을 설정하였습니다. hosts.allow 파일에 접근통제 솔루션 서버 IP만 설정되어 있고, hosts.deny 파일에 접근통제 All:All 정책을 설정하였습니다.
- **심사원** : 개발망 PC는 인터넷 접속이 차단되어 있나요?
- ○ **김열심 차장** : 네. 맞습니다. 외부 악성코드 유입 등을 방지하기 위해 인터넷 접속은 차단되어 있고, 인터넷이 필요한 경우 개별 노트북을 사용하고 있으며, 소스코드 등 외부 파일 다운로드가 필요할 경우에는 백신 검사를 모두 수행한 후 보안 USB에 담아 옮기고 있습니다.
- **심사원** : 네. 알겠습니다. WAS1 서버 콘솔에서 "ssh root@172.18.0.1 –p 2022" 명령어를 실행해 주실 수 있나요?
- ○ **김열심 차장** : 실행했습니다.

- **심사원** : 네. 감사합니다. 제출해주신 문서를 보니 얼마 전 네트워크 변경 작업이 있었네요? 이와 관련하여 인터뷰가 가능할까요?
- **김열심 차장** : 요청하신 부분은 인프라팀 박운영 과장이 답변 가능할 것 같습니다.

– 인프라팀으로 이동 후 –

- **심사원** : 안녕하세요. 제출해주신 문서에 있는 네트워크 구성 변경 작업 관련하여 간단히 설명 부탁드립니다.
- **박운영 과장** : 안녕하세요. 원래는 통합하여 운영하던 운영망과 DB망을 분리하는 작업을 약 4개월 전에 진행하였습니다. 구성도도 해당 인프라 구성 변경 후 맞게 현행화해 두었습니다.
- **심사원** : 구성 변경 절차에 대해 간략히 설명 부탁드려도 될까요?
- **박운영 과장** : 서비스망 구성 변경 전후로 발생할 수 있는 영향도를 유관부서 회의를 통해 도출하였습니다. 해당 내용은 기 제출드린 회의록을 확인해 보시면 상세히 확인이 가능하실 것 같습니다. 이후 구성 변경 내용을 위원회 안건으로 상정하여 CISO 승인을 받고 변경 작업을 수행하였습니다.
- **심사원** : 회의록을 보니 인프라 운영팀, 정보보안팀이 참여하셨네요. 혹시 서비스 운영팀은 따로 참여할 필요가 없었나요?
- **박운영 과장** : 당시 서비스 운영팀 담당자 2명이 해외 출장으로 참여할 수 없는 상황이어서 어쩔수 없이 인프라팀과 정보보안팀이 회의를 진행하였습니다.
- **심사원** : 그럼 관련 내용에 대해서는 이후 서비스 운영팀에 공유가 되었나요?
- **박운영 과장** : 아닙니다. 다행히 인프라 운영팀에 과거 서비스 운영팀에서 근무하던 직원이 있어 해당 직원이 운영망쪽 작업을 맡아 진행해주었습니다.
- **심사원** : 네. 알겠습니다. 구성도에 백업서버 관련 내용은 표시되어 있지 않던데, 백업은 어떻게 이루어지고 있나요?
- **박운영 과장**: 백업은 현재 설정파일을 모두 클라우드로 백업 중이어서 현 구성도에는 따로 표시하지 않았습니다. 내부 백업 지침에 서버별 백업 주기를 정하고 있으며, 이에 맞게 자동 백업을 수행하고 있습니다.
- **심사원** : 그럼 복구테스트는 가장 최근 언제 수행하셨나요?
- **박운영 과장** : 복구테스트는 연 1회 수행하고 있으며 6개월 전인 작년 7월에 수행하였습니다.
- **심사원** : 네트워크 구성이 변경된 이후로는 복구테스트가 진행되지 않았네요. 답변 감사드립니다.

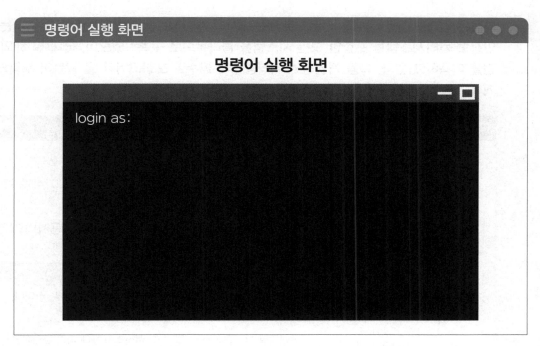

명령어 실행 화면

login as:

14 김열심 차장과 심사원의 인터뷰 내용에서 결함으로 도출할 수 있는 가장 적절한 인증기
준을 고르시오.

① 2.5.6 접근권한 검토

② 2.6.1 네트워크 접근

③ 2.6.2 정보시스템 접근

④ 2.6.4 데이터베이스 접근

⑤ 2.10.1 보안시스템 운영

15 박운영 과장과 심사원의 인터뷰 내용에서 결함으로 도출할 수 있는 가장 적절한 인증기
준을 고르시오.

① 1.2.3 위험 평가

② 2.6.1 네트워크 접근

③ 2.9.1 변경관리

④ 2.9.3 백업 및 복구관리

⑤ 2.12.1 재해 복구 시험 및 개선

16 다음은 인터넷 물품 판매를 전문으로 하는 B사의 개인정보 처리방침 전문이다. B사는 개인정보 처리시스템을 포함한 모든 시스템을 클라우드로 구축하였으며, 국내 및 해외 리전을 이용하고 있다. 다음 개인정보 처리방침에 필수로 포함되어야 할 항목이 누락되었거나, 잘못 쓰여진 내용을 모두 고르시오. (2개)

☰ 개인정보 처리방침   ● ● ● ●

개인정보 처리방침

개정 : 2024.12.22.

1. 개인정보의 수집항목 및 목적

회사는 이용자 확인, 이용대금 결제, 상품 배송 및 취향 분석 등을 위하여 이용자의 개인정보를 수집·이용하고 있습니다. 구체적인 수집·이용목적은 다음과 같습니다.

구분		목적	항목
필수	회원가입	서비스 이용 시 본인 확인, 포인트 적립 및 사용	이름, 성별, 생년월일, 아이디, 비밀번호
	휴대폰 본인인증	생년월일, 휴대폰번호	서비스 이용에 따른 본인확인
선택	서비스 이용과정에서 수집	주소	상품 및 경품배송
		이메일, 휴대폰번호, 수신동의여부	이벤트 정보 제공
	SNS연동	SNS ID	SNS 계정 연동
	상품구매	신용카드정보, 계좌정보	구매물품 결재

2. 개인정보 보유 및 이용기간

회사는 법령에 따른 개인정보 보유·이용기간 또는 정보주체로부터 개인정보를 수집 시에 동의 받은 개인정보 보유·이용기간 내에서 개인정보를 처리·보유합니다. 개인정보의 수집목적 또는 제공받은 목적이 달성된 때에는 이용자의 개인정보를 지체 없이 파기합니다.

– 회원가입 : 회원가입 탈퇴 시
– 배송정보 : 물품 배송 완료 시
– 이벤트 수집정보 : 이벤트 종료 후 6개월 이내
– 표시/광고에 관한 기록 : 6개월(「전자상거래 등에서의 소비자보호에 관한 법률」)
– 계약 또는 청약철회 등에 관한 기록 : 5년(「전자상거래 등에서의 소비자보호에 관한 법률」)
– 대금결제 및 재화 등의 공급에 관한 기록 : 5년(「전자상거래 등에서의 소비자보호에 관한 법률」)
– 거래에 관한 장부 또는 증빙서류 : 5년(「국세기본법」, 「법인세법」)

3. 개인정보 파기

이용자가 회원가입 등을 위해 입력한 정보는 목적이 달성된 후 내부 방침 및 기타 관련 법령에 의한 정보보호 사유에 따라(보유 및 이용기간 참조) 일정 기간 저장된 후 파기합니다.

개인정보는 법률에 의한 경우가 아니고서는 보유 되어지는 이외의 다른 목적으로 이용되지 않습니다.

종이에 출력된 개인정보는 분쇄기로 분쇄하거나 소각을 통하여 파기하고 전자적 파일형태로 저장된 개인정보는 기록을 재생할 수 없는 기술적 방법을 사용하여 삭제합니다.

4. 개인정보 제3자 제공

회사는 이용자의 동의가 있거나 관련 법령의 규정에 의한 경우를 제외하고는 어떠한 경우에도 「개인정보의 수집항목 및 목적」에서 고지한 범위를 넘어 이용자의 개인정보를 이용하거나 제3자에게 제공하지 않습니다.

제3자 제공이 발생할 경우 해당 내용에 고지하겠습니다.

5. 개인정보 처리위탁

회사는 보다 나은 서비스 제공, 고객편의 제공, 마케팅 등 원활한 업무 수행을 위하여 다음과 같이 개인정보 처리 업무를 외부 전문업체에 위탁하여 운영할 수 있습니다.

수탁업체	위탁업무	보유 및 이용기간
A신용평가	실명확인	회원탈퇴 시 혹은 위탁계약 종료시까지
B배송업체	온라인 쇼핑몰 택배 배송, 기타 상품 배송	
C정보시스템	SNS를 이용한 구매내용 발송대행	

6. 개인정보의 국외 이전

회사는 서비스 제공을 위하여 필요 시 아래 내용에 국외 이전 내용을 기재할 수 있습니다. 이용자는 회사의 고객상담실을 통해 개인정보의 국외 이전을 거부할 수 있습니다. 이용자가 개인정보의 국외 이전을 거부하는 경우 회사는 해당 이용자의 개인정보를 국외 이전 대상에서 제외합니다. 다만, 이 경우 회사의 서비스 중 개인정보의 국외 이전이 필수적으로 수반되는 서비스의 이용이 제한될 수 있습니다.

7. 만 14세 미만의 아동의 개인정보보호

회사는 만 14세 미만의 아동으로부터 개인정보를 수집하지 않도록 하기 위해 만 14세 미만 아동인 경우 회원 가입 및 서비스 이용을 하지 못하도록 기술적 조치를 취하고 있습니다.

8. 쿠키에 의한 개인정보 수집 및 그 거부사항

회사는 이용자의 정보를 수시로 저장하고 찾아내는 '쿠키(cookie)'를 운용합니다. 이용자가 웹사이트에 접속을 하면 회사의 컴퓨터는 이용자의 브라우저에 있는 쿠키의 내용을 읽고, 이용자의 추가정보를 이용자의 컴퓨터에서 찾아 접속에 따른 아이디 등의 추가 입력 없이 서비스를 제공할 수 있습니다. 웹브라우저의 옵션을 조정함으로써 모든 쿠키를 다 받아들이거나, 쿠키가 설치될 때 통지를 보내도록 하거나, 아니면 모든 쿠키를 거부할 수 있는 선택권을 가질 수 있습니다.

① 쿠키설치 허용 여부를 지정하는 방법(INTERNET EXPLORER 11.0을 사용하고 있는 경우) 인터넷 화면 작업표시줄의 [도구]를 클릭한 후 [인터넷 옵션]을 선택하고, [개인정보 탭]을 선택한 후, [고급개인정보 설정]에서 쿠키허용 여부를 설정

9. 이용자 및 법정대리인의 권리와 그 행사방법

1) 귀하의 개인정보를 최신의 상태로 정확하게 입력하여 불의의 사고를 예방해 주시기 바랍니다. 이용자가 입력한 부정확한 정보로 인해 발생하는 사고의 책임은 이용자 자신에게 있습니다.

2) 귀하는 개인정보를 보호받을 권리와 함께 스스로를 보호하고 타인의 정보를 침해하지 않을 의무도 가지고 있습니다. 비밀번호를 포함한 귀하의 개인정보가 유출되지 않도록 조심하시고 게시물을 포함한 타인의 개인정보를 훼손하지 않도록 유의해 주십시오.

10. 개인정보 보호책임자 및 담당자

이용자는 회사의 서비스를 이용하시며 발생하는 모든 개인정보보호 관련 민원을 개인정보 보호책임자 혹은 담당부서로 신고하실 수 있습니다.

[개인정보 보호책임자]
– 이름 : 박몽룡 이사
– 전화번호 : 031–1123–4212

[개인정보 보호담당자]
– 이름 : 김춘향 대리
– 전화번호 : 031–1123–4112
– 이메일 주소 : desk@gogle.com

11. 개인정보의 열람청구를 접수·처리하는 부서

이용자는 「개인정보보호법」에 따른 개인정보의 열람 청구를 아래의 부서에 할 수 있습니다. 회사는 이용자의 개인정보 열람청구가 신속하게 처리되도록 노력하겠습니다.

[개인정보 열람청구 접수·처리 부서]
– 상담센터 : 031-1123-2007

12. 개인정보 침해사고/대응 피해구제 방법

정보주체는 아래의 기관에 개인정보 침해에 대한 피해구제, 상담 등을 문의하실 수 있습니다.

경찰청 사이버수사국	https://ecrm.cyber.go.kr	(국번없이) 182
대검찰청 사이버수사과	http://www.spo.go.kr	(국번없이) 1301
개인정보 침해신고센터 (한국인터넷진흥원 운영)	http://privacy.kisa.or.kr	(국번없이) 118

13. 정책 변경에 따른 고지

회사는 개인정보처리방침을 변경하는 경우 웹사이트 공지사항을 통하여 공지합니다. 위 개인정보처리방침은 2024년 12월 22일부터 적용됩니다. 이전의 개인정보처리방침은 아래와 같이 확인하실 수 있습니다.
▶ 이전 개인정보 처리방침

① 개인정보 처리위탁
② 개인정보 국외 이전
③ 개인정보의 안전성 확보조치
④ 영상정보 처리기기 운영
⑤ 개인정보 보호책임자 및 담당자

17 다음은 「신용정보법」과 마이데이터 서비스 가이드라인에서 정한 내용에 대한 설명이다. 설명 중 적절하지 않은 것을 모두 고르시오. (2개)

① 개인신용정보를 처리하지 않고 단지 개인정보 또는 기업신용정보만을 처리하는 경우에는 마이데이터 산업 허가를 받을 필요는 없으며, 마이데이터를 통해 취득한 개인신용정보는 정보주체로부터 별도의 동의를 명확히 받은 경우에만 본래 영위하는 업무의 마케팅 목적으로 활용이 가능하다.

② 「신용정보법」에 따라 개인신용정보를 전송한 신용정보제공·이용자 등과 개인신용정보를 전송받은 중계기관 및 본인신용정보관리회사는 전송내역에 대한 기록을 작성하고 보관해야 하며, 중계기관 및 본인신용정보관리회사는 전송 받은 신용정보내역에 관한 기록을 신용정보주체에게 연 1회 이상 통지해야 한다.

③ 마이데이터와 관련한 주요 당사자 중 정보수신자란 정보제공자가 제공하는 개인신용정보를 수신하는 자를 의미하며, 그 대상은 신용정보주체 본인, 본인신용정보관리회사, 법령에 따른 신용정보제공·이용자, 개인신용평가회사, 개인사업자신용평가회사 및 금융위원회가 정하여 고시한 자이며, 본인신용정보관리회사가 정보제공자로부터 개인신용정보를 수집할 경우 반드시 API를 이용하여야 한다.

④ 고객이 전송을 요구할 수 있는 개인신용정보는 고객으로부터 직접 수집한 정보, 고객이 제공한 정보, 권리·의무관계에서 발생한 정보, 정보제공자가 별도 생성하거나 가공한 신용정보가 해당한다.

⑤ 고객의 전송요구에 의한 정보 전송은 전송 정보, 전송하는 자, 전송받는 자, 전송주기, 전송종료 시점 등을 스스로 결정하여 요구하는 것으로 고객은 자신의 신용정보를 본인·마이데이터 사업자·마이데이터 사업자 외 다른 금융기관 등으로 전송할 것을 요구할 수 있으며, 전송요구의 종료시점은 최대 1년이다.

18 ISMS-P 인증심사 기준 '1.1.2 최고책임자의 지정'에 따르면 최고경영자는 정보보호 및 개인정보보호 관리 활동을 효과적으로 추진하기 위하여 이를 총괄하여 책임질 수 있는 정보보호 최고책임자 및 개인정보 보호책임자를 공식적으로 지정하도록 하고 있다. 다음 중 적절하지 않은 항목을 모두 고르시오.

가. 경기도 A군은 개인정보 보호책임자로 5급 공무원인 김유신 총무과장을 인사발령 등의 절차를 통하여 공식적으로 임명하고 조직도에 반영하였다.

나. 직전 사업연도말 기준 연 매출액이 100억 이상인 정보통신서비스 제공자인 B 쇼핑몰의 임꺽정 정보보호 최고책임자는 「정보통신망법」에 의해 상근해야 한다.

다. C 게임사의 개인정보보호 책임자인 홍길동 이사는 접근권한 관리 등 내부관리계획의 이행 실태를 연 1회 이상 점검·관리하여야 한다.

라. 정보통신서비스 제공자인 D 인터넷의 이도령 정보보호 최고책임자의 책임 하에 개인정보에 대한 파기를 수행하고 있다.

마. E 대학교의 개인정보보호 책임자로 조직도 상에 개인정보 처리 업무를 총괄하는 개인정보보호팀장인 서형님 팀장을 임명하였다.

바. F 통신은 「정보통신망법」에 따라 정보보호 최고책임자가 상근해야 하는 정보통신서비스 제공자로, 정보보호 학사학위 취득하고 정보보호 1년, 정보기술 경력 5년인 정나라 이사를 지정하였다.

---

① 가, 나, 마, 바
② 나, 다, 라, 마
③ 나, 다, 라, 바
④ 가, 나, 라, 마, 바
⑤ 가, 나, 다, 라, 마, 바

19 다음은 아파치 서버 내 주요 보안설정과 관련하여 httpd.conf 파일 내 설정 예시이다. 박스 안의 예시와 예시 아래의 설명이 적절하지 않은 것을 모두 고르시오. (2개)

①
```
# LogLevel:Control the number of messages logged to the error_log
# Possible values include: debug, ~~ , emerg
#
LogLevel error
```
: 아파치 에러로그의 심각도(낮음 →높음) 수준은 debug, info, notice, warn, error, crit, alert, emerg 이다. 현재의 로그레벨 설정은 error이며, error 이하의 심각도에 해당하는 debug, info, notice, warn, error 수준의 로그를 기록한다.

②
```
〈Directory /usr/etc/apache2/admin〉
  Order Allow,Deny
  Allow from 192.168.25.1
  Deny from all
〈/Directory〉
```
: 웹서버 내 /usr/etc/apache2/admin 위치에 대한 특정IP 대역(192.168.25.1)만 접근을 허용하기 위하여 설정파일인 httpd.conf를 예시와 같이 설정하였다.

③
```
ServerRoot      /usr/etc/apache2
DocumentRoot  "/usr/etc/apache2/httpdocs"
Timeout     300
```
: 설정된 아파치 서버의 루트디렉토리는 /usr/etc/apache2 이며, 웹문서들의 루트디렉토리는 /usr/etc/apache2/httpdocs 이다. 서버와 연결시 timeout시간은 300초이다.

④
```
ServerTokens  OS
ServerSignature On
```
: 예시의 설정은 아파치 서버의 서버 및 버전정보가 노출될 위험성이 높음으로 ServerTokens은 Prod, ServerSignature는 Off로 설정할 것을 권장한다.

```
⟨Directory /⟩
  Options Indexes FollowSymLinks
  ~~
⟨/Directory⟩

⟨Directory /⟩
  ⟨LimitExcept PUT GET POST⟩
    Order allow,deny
    Deny from all
  ⟨/LimitExcept⟩
⟨/Directory⟩
```

⑤

: 예시의 설정에는 디렉토리 리스팅 및 서버 자원을 삭제할 수 있는 메소드(PUT)의 사용이 가능한 보안상 위험이 존재하므로 Indexes의 제거 및 ⟨LimitExcept GET POST⟩ 로 수정을 권장한다.

20 다음은 ISMS-P 인증심사원과 Z사이트(B2C) 담당자 간의 대화이다. 본 인터뷰를 통해 가장 결함에 가까운 인증기준을 고르시오.

> ■ **심사원** : 정보보호 및 개인정보보호 관련 정책은 변경주기가 어떻게 되나요?
>
> ○ **담당자** : 네. 저희는 매년 정보보호 정책과 개인정보보호 정책을 개정하고 있습니다.
>
> ■ **심사원** : 금번에 법 개정이 필요한 사실은 알고 계시나요?
>
> ○ **담당자** : 네. 금번에 「개인정보보호법」이 개정된 것으로 알고 있습니다. 저희는 매년 2월에 정책의 제개정 검토를 수행하고 있어서 금번에 변경된 법령은 반영하지는 않았습니다. 하지만 내년에는 변경할 계획에 있으며 예산도 수립하였습니다.
>
> ■ **심사원** : 하지만, 시행된 법령이 적용되어야 될 부분이 있으실텐데요? 현재 지침을 확인해보면 정보통신서비스 제공자의 경우 종전 법 제39조의3에 따라 의무적으로 동의를 받아 왔으나 해당 규정이 삭제되었으므로 법 제15조의 규정을 따라야 하는데 이에 대한 반영이 전혀 안 되어 있어서 개선되어야 될 것 같습니다.
>
> ○ **담당자** : 네. 금번 변경사항에 대해 인지하고 있고 컨설팅을 통해 변경 예정에 있습니다.
>
> ■ **심사원** : 네. 알겠습니다. 다음으로 위험평가에 대해 문의드리겠습니다. 자산 식별도 하여서 상반기 하반기 위험평가를 계획하고 수행도 하셨네요. 수행내역을 확인할 수 있을까요?
>
> ○ **담당자** : 네. 여기 있습니다.
>
> ■ **심사원** : 네. 확인해보겠습니다. 음…. 그런데 보호대책에 대한 계획이 조치가 되지 않는 사항이 있네요. 이전 2023년에 있던 웹/앱의 위험조치가 중장기에 따라 일정은 수립되었는데 일정 내 조치가 이루어지지 않은 것 같은데 이유가 있을까요?
>
> ○ **담당자** : 이 부분이 예상과 다르게 시간이 많이 지연되더라구요. 그래서 이에 대해 담당자에게 전달하였고 담당팀장님도 내용을 잘 알고 계십니다.
>
> ■ **심사원** : 알겠습니다. 그럼 지연 사유에 대해서 별도의 공식적인 승인절차가 있었나요?
>
> ○ **담당자** : 제가 이미 구두로 말씀을 드렸고 아마도 메일에도 내용이 있을 겁니다.
>
> ■ **심사원** : 그럼 메일 내용은 있는데 별도의 승인절차는 없었다는 말씀이신거죠?
>
> ○ **담당자** : 네. 저희 업무가 과중되다 보니 보고 절차까지 진행되는게 현실적으로 어려움이 많이 있습니다.
>
> ■ **심사원** : 네. 알겠습니다. 다른 사항 질문드리겠습니다. 그리고 위의 정책변경 일정이나 계획안이 있으시면 알려주시기 바랍니다.

① 1.1.1 경영진의 참여
② 1.1.4 범위설정
③ 1.1.5 정책수립
④ 1.2.3 위험 평가
⑤ 2.1.1 정책의 유지관리

21 **파일 업로드 취약점은 웹 에디터의 파일 첨부 기능을 이용하여 웹셸과 같은 실행 파일을 업로드한 후 원격에서 실행시키는 취약점을 의미한다. 다음 중 이에 대한 대응방안으로 적절하지 않은 것을 고르시오.**

① 파일 확장자 및 MIME 타입 검증 : 업로드된 파일의 확장자 및 MIME 타입을 검증하여 허용된 파일 형식만을 업로드할 수 있도록 한다.

② 파일 크기 제한 설정 : 업로드 가능한 파일의 최대 크기를 제한하여 공격자가 대용량 파일을 업로드하여 서버를 공격하는 시나리오를 방지한다.

③ 안전한 파일 저장 경로 및 파일명 사용 : 업로드된 파일은 웹 루트 경로 외의 안전한 디렉토리에 저장되어야 하며, 파일명에는 랜덤 문자열이나 고유 식별자를 사용하여 충돌을 방지한다.

④ 서버에 CAPTCHA를 설치 : 파일 업로드 시에 사용자에게 CAPTCHA를 풀게 하여 로봇에 의한 자동 업로드를 방지한다.

⑤ 웹 애플리케이션 방화벽(WAF) 사용 : 웹 애플리케이션 방화벽을 도입하여 알려진 공격 시그니처를 탐지하고 차단함으로써, 악의적인 파일 업로드를 막을 수 있다.

22 다음은 클라우드 보안과 관련하여 확인 중 나타난 현황이다. 이러한 현황 중에 클라우드 보안상 문제점으로 볼 수 있는 것을 고르시오.

① 일반계정 root 권한 관리 점검 내용

■/etc/passwd파일의 필드 확인
$ cat /etc/passwd
...
root:x:0:0:root:/root:/bin/bash
daemon:x:1:1:daemon:/usr/sbin:/usr/sbin/nologin
bin:x:2:2:bin:/bin:/usr/sbin/nologin
...
specialuser:x:0:1000:Special User:/home/specialuser:/bin/bash

② passwd 파일 권한 설정 점검 내용

■/etc/passwd 파일의 접근권한 확인
$ ls −al /etc/passwd
−rw−r−−r−− 1 root root 1234 Dec 22 12:34 /etc/passwd

③ group 파일 권한 설정 점검 내용

■/etc/group 파일의 접근권한 확인
$ ls −al /etc/group
−rw−r−−r−− 1 root root 5678 Dec 22 12:34 /etc/group

④ 사용자 UMASK(User Mask) 설정 점검 내용

■ UMASK 확인
 1) /etc/pam.d/su 파일을 아래와 같이 설정
# umask
# cat /etc/profile | grep　－i "umask"
$ umask
0022
$ umask
0027

⑤ 사용자 홈 디렉터리 및 파일 관리 점검 내용

■ 사용자 홈 디렉터리 및 파일 권한 확인
 1) /etc/passwd 파일에서 사용자 홈 디렉터리 확인
$ cat /etc/passwd | grep john
john:x:1000:1000:John Doe:/home/john:/bin/bash
■ 심사원 : 사용자 'john'의 홈 디렉터리는 /home/john 이네요. 이제 해당 디렉터리의
　권한을 확인해 볼 수 있을까요?
$ ls －ld /home/john
drwxr－xr－x 5 john users 4096 Dec 22 12:34 /home/john

23 다음은 업무용 PC에서 실행한 윈도우 명령어에 대한 조회 화면이다. 틀린 설명을 모두 고르시오. (2개)

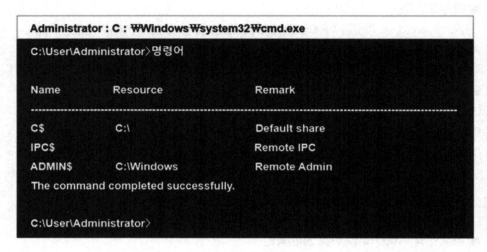

```
Administrator : C : ₩₩Windows₩system32₩cmd.exe

C:\User\Administrator>명령어


Name            Resource                    Remark
----------------------------------------------------------------

C$              C:\                         Default share
IPC$                                        Remote IPC
ADMIN$          C:\Windows                  Remote Admin
The command completed successfully.


C:\User\Administrator>
```

① '명령어' 부분에 들어갈 윈도우 명령어는 net user이고, 공유폴더를 확인하고 설정하는 명령어이다.

② C$, IPC$, ADMIN$는 기본적으로 공유 설정되어 있으므로 특별한 이유가 없다면 삭제해야 한다.

③ C$는 C 드라이브 접근에 사용되는 공유폴더이다.

④ C$를 삭제하는 방법은 '명령어' C$ / remove를 입력한다.

⑤ 중요한 여러 대의 업무용 PC에서 삭제되지 않았으면 2.10.6 업무용 단말기기 보안 또는 2.11.2 취약점 점검 및 조치 결함이 될 수 있다.

24 글로벌 클라우드 서비스 및 국가 간 전자상거래 확대 등으로 개인정보의 국외 이전에 대한 중요도와 규모가 지속적으로 증가하고 있다. 이에 따라 국외 이전에 대한 요건을 다양화하고 국제 규범과의 형평성 유지 및 보호조치를 강화하는 방향으로 「개인정보보호법」 개정이 이루어졌다. 개인정보의 국외 이전과 관련된 다음의 사례 중 적절하지 않은 것을 고르시오.

① OO 해외기업이 ISMS-P 인증을 취득한 경우, 국내기업에서 OO 해외기업으로 개인정보를 제공(조회 포함)·처리위탁·보관할 때 정보주체에게 국외 이전 별도 동의를 받지 않아도 된다.

② 개인정보보호위원회가 A국가의 개인정보 보호 수준을 검토하여 A국가의 개인정보 보호 수준이 국내법과 동등하다고 인정하는 경우, A국가의 개인정보처리자에게는 정보주체의 국외 이전 별도 동의를 받지 않고 개인정보의 이전이 가능하다.

③ B社는 해외에 소재하고 있으며 B社가 소재한 국가는 개인정보보호위원회로부터 개인정보 보호 수준을 인정받은 국가라고 할 때, 국내기업 C社가 해외에 소재한 B社에게 마케팅 활용 등을 목적으로 개인정보를 제공하고자 하는 경우에는 정보주체에게 국외 이전 동의를 받아야 한다.

④ 개인정보 국외 이전 요건을 확대하는 반면에 개인정보 국외 이전 관련한 중대한 규정을 위반하거나 필수적인 안전조치를 누락한 사실이 확인되는 경우 개인정보보호위원회는 국외 이전 중지를 명할 수 있다.

⑤ 개인정보 국외 이전 중지를 명령받은 개인정보처리자는 명령을 받은 날로부터 7일 이내에 이의를 제기할 수 있으며, 개인정보보호위원회는 이의 제기 내용을 검토하여 30일 이내에 처리 결과를 해당 개인정보처리자에게 통보해야 한다.

25 점점 늘어나는 사용자, 수많은 단말과 장비, 이로 인해 복잡해지는 권한 관리 등의 현안 들은 각 기관과 기업의 사이버보안 관리를 어렵게 만들고 있다. 뿐만 아니라, 디지털 대 전환의 가속화로 네트워크 경계의 확장 및 다변화로 사이버 보안 영역 또한 국민의 일상 생활 및 다양한 산업분야로 확장되어져 가고 있다. 이런 다양한 니즈에 의해 전통적인 사 이버 보안 체계의 변화가 필요하여 등장한 제로트러스트라는 개념이 최근 떠오르고 있다. 다음 중 제로 트러스트에 관한 핵심원칙과 기본철학이 올바르게 연결된 것을 고르시오.

제로트러스트 핵심원칙

(A) 소프트웨어 정의 경계
(B) 마이크로 세그멘테이션
(C) 인증 체계 강화

제로트러스트 기본 철학

1. 모든 종류의 접근에 대해 신뢰하지 않을 것(명시적인 신뢰 확인 후 리소스 접근 허용)
2. 일관되고 중앙 집중적인 정책 관리 및 접근제어 결정·실행 필요
3. 사용자, 기기에 대한 관리 및 강력한 인증
4. 자원 분류 및 관리를 통한 세밀한 접근제어(최소권한 부여)
5. 논리 경계 생성 및 세션 단위 접근 허용, 통신 보호 기술 적용
6. 모든 상태에 대한 모니터링, 로그 기록 등을 통한 신뢰성 지속 검증·제어

---

① (A) – 1, 3, 5
② (B) – 2, 3, 6
③ (C) – 1, 2, 6
④ (B) – 2, 4, 5
⑤ (C) – 1, 2, 3, 4, 6

26 "이동형 영상정보처리기기"란 사람이 신체에 착용 또는 휴대하거나 이동 가능한 물체에 부착 또는 거치(据置)하여 사람 또는 사물의 영상 등을 촬영하거나 이를 유·무선망을 통하여 전송하는 장치로서 대통령령으로 정하는 장치를 말한다. 이동형 영상정보처리기기에 대한 설명 중 잘못된 것을 모두 고르시오. (2개)

① 업무를 목적으로 이동형 영상정보처리기기 운영 시, 촬영 사실의 명확한 표시 및 정보주체의 동의가 필요하다.

② 이동형 영상정보처리기기의 운영관리 방침을 고정형 영상정보처리기기 운영관리 방침과 별도로 마련하여 공개해야 한다.

③ 이동형 영상정보처리기기의 경우 고정형 영상정보처리기기와 달리 녹음 기능 사용이 가능하다.

④ 정보주체의 촬영거부 의사표현 방식은 별도의 제한을 두고 있지 않으므로 모든 형태의 표현 방식이 포함될 수 있다.

⑤ 개인차량이나 화물차의 블랙박스의 경우 교통사고 발생 시 원인을 파악하고 대응하기 위한 목적이므로 업무 목적에 해당되지 않아 별도 촬영사실을 표시하지 않아도 된다.

27 소셜미디어 서비스를 운영하는 ㈜소셜굿은 ISMS-P 인증심사를 받고 있다. 다음의 담당자 인터뷰 내용을 바탕으로 결함으로 도출할 수 있는 것을 모두 고르시오. (2개)

- **심사원** : 소셜미디어 서비스를 운영하고 계시네요, 개인정보를 많이 관리하고 있겠어요.

- ○ **담당자** : 네. 약 700만 명 정도의 개인정보를 관리하고 있습니다.

- **심사원** : 네. 그러시다 보니 개인정보에 대한 외부 시스템과의 제3자 제공 연동도 많을 것 같은데요.

- ○ **담당자** : 네. 아무래도 쇼핑몰이나, 게임사에서 저희 시스템을 플랫폼처럼 사용하기도 해서요, 그에 따른 개인정보 연동이 매일 발생하고 있습니다.

- **심사원** : 개인정보의 연동은 어떤 방식으로 이뤄지고 있나요?

- ○ **담당자** : 개인정보를 요청하는 회사와의 개인정보 연동과 관련된 계약 및 협의 후 정보전송 협의서를 작성하여 진행하고 있고 연동 방식은 Rest API를 이용하여 Json 형태의 데이터로 전송하고 있습니다.

- **심사원** : 개발보안 가이드 중 개인정보 전송 API 요건에 맞춰서 개발이 되었을까요?

- ○ **담당자** : 네. 그렇습니다.

- **심사원** : API를 호출해 볼 수 있을까요?

- ○ **담당자** : 네. 이쪽으로 오시죠.

– API 테스트 후 –

- **심사원** : 개발보안 가이드에서는 인증과 관련하여 JWT을 통한 토큰의 유효시간을 20초로 제한한다고 되어 있는데요. 현재 1분이 넘어서 응답이 왔는데, 에러가 아닌 정상적인 개인정보가 왔네요.

- ○ **담당자** : 개발자 분에게 문의해 보겠습니다.

– 개발자 확인 후 –

- ○ **담당자** : 현재 JWT 토큰 유효성 체크가 빠져 있다고 하네요, 이 부분 수정토록 하겠습니다.

- **심사원** : 그리고 정보전송 협의서 상에는 개인의 성명, 핸드폰번호, 이메일을 연동하도록 정의되어 있는데, 지금 받은 데이터는 주소 정보도 같이 있네요.

- ○ **담당자** : 네. 그것도 확인해 보겠습니다.

---

① 2.7.1 암호정책적용

② 2.8.2 보안 요구사항 검토 및 시험

③ 2.8.5 소스프로그램관리

④ 2.8.6 운영환경 이관

⑤ 2.10.5 정보전송보안

28 온라인 쇼핑몰을 운영하는 AA 화장품은 현재 ISMS-P 인증심사를 받고 있다. 다음 인터뷰를 바탕으로 심사원은 3.2.5 가명정보 처리 결함으로 판단하였다. 판단 근거로 적절하지 않은 것을 모두 고르시오. (2개)

- **심사원** : AA 화장품의 BB 온라인몰이 짧은 시간에 대단한 성장을 이룬 것으로 알고 있습니다. 현재 통계 목적의 가명정보를 처리하고 있는 것으로 파악되었는데 이 부분에 대한 설명을 부탁드립니다.
- **담당자** : 네. 저희 회사는 미백제품 하나로 엄청난 매출을 달성했습니다. 얼마 전 출시한 주름 개선 제품도 가파르게 매출이 늘고 있고요. 판매 상품에 대한 생산 및 재고 예측을 위해 품명, 재고, 판매수량, 금액 등의 가명정보로 통계를 내고 있으며, 주름개선 화장품 출시 초반 구매 통계 분석을 위해 정보주체의 동의 없이 품명, 연령, 재구매 횟수, 미백화장품 구매 내역 등을 가명 처리 하였습니다.
- **심사원** : 주름개선 화장품 출시 초반의 구매 통계 분석을 위한 가명정보도 아직 이용 중이신가요?
- **담당자** : 아니오. 초반 분석을 위한 자료였고 현재는 더 이상 이용은 하지 않고 있습니다.
- **심사원** : 현재 더 이상 이용하고 있지 않다면 처리 기한은 혹시 정하셨나요?
- **담당자** : 따로 처리 기한은 없고 유출되지 않도록 잘 보관하고 있습니다.
- **심사원** : 가명정보에 대한 처리를 위탁하고 계시네요?
- **담당자** : 네. 저희는 그런 통계 분석은 전문이 아니라서 위탁하여 처리하고 있습니다.
- **심사원** : 위탁사 담당자와 인터뷰가 필요할 것 같습니다.

– 이동 후 –

- **심사원** : AA 화장품의 생산 및 재고 예측을 위한 통계를 위해 가명정보 처리를 하고 계시죠? 이 외 AA 화장품의 다른 정보를 가명처리하고 계신 건 없을까요?
- **위탁업체 담당자** : AA 화장품에서 위탁하여 처리한 가명정보 외엔 없고요. 저희가 그 가명정보를 익명처리하여 다른 곳에 활용하고 있습니다.
- **심사원** : AA 화장품에서 동의한 사실일까요?
- **위탁업체 담당자** : 아니오. 익명정보는 개인정보가 아닌데 상관없는 것 아닌가요?

---

① 가명처리를 위탁하여 처리함에 따라 이를 결함으로 판단함
② 수탁사가 위탁사의 사전동의 없이 별도로 익명처리를 하고 있어 이를 결함으로 판단함
③ 정보주체 동의 없이 가명 처리하고 있어 이를 결함으로 판단함
④ 처리기한을 정하지 않고 있어 이를 결함으로 판단함
⑤ 처리 목적을 달성한 가명정보를 파기하지 않고 있어 이를 결함으로 판단함

29 AA 쇼핑몰은 정보통신서비스 부문 매출액 150억 원인 정보통신서비스 제공자로써 ISMS-P 인증 심사를 받고 있다. 다음 심사원과 담당자 인터뷰 내용에서 도출 가능한 인증 결함항목으로 가장 적절한 것을 고르시오.

☰ 개인정보 수집·이용 동의화면 ● ● ●

개인정보 수집·이용 동의화면

● 쇼핑몰 서비스 이용을 위한 개인정보 수집·이용 동의

목적	구분	항목	보존기간
서비스 회원가입 및 관리	회원가입	(필수) 이름, 전화번호, 이메일 주소, 아이디, 비밀번호, (선택) 성별	**회원탈퇴 시**
	상담	이름, 전화번호	

• 회사는 계약 및 서비스 이행을 위해 개인정보 처리 업무를 위탁할 수 있으며, 개인정보 처리방침에 그 내용을 고지합니다.

☰ 회원가입 화면 ● ● ●

회원가입 화면

● **로그인 정보**

아이디*   [   ]

비밀번호*   [   ]

비밀번호 확인*   [   ]

　• 비밀번호는 영문 대문자, 소문자, 특수문자 혼합 8자리 이상으로 입력

● **회원 정보**

이름*   [   ]

전화번호*   [   ]

이메일 주소*   [   ] [메일발송]

이메일 인증번호*   [   ]

성별   [   ]

주소*   [   ]

> ■ **심사원** : 인터넷 쇼핑몰 회원가입은 홈페이지를 통해서만 이루어지나요?
>
> ○ **담당자** : 네. 맞습니다. 현재 앱 서비스는 제공하고 있지 않으며, 내년에 서비스 출시를 목표로 앱 개발을 진행하고 있습니다.
>
> ■ **심사원** : 쇼핑몰 회원가입과 탈퇴 과정에 대해 간략히 설명 부탁드립니다.
>
> ○ **담당자** : 가입자는 홈페이지를 통해 개인정보 수집·동의 후 정보를 입력하여 회원가입 및 쇼핑몰 이용이 가능합니다. 회원 탈퇴도 마찬가지로 홈페이지를 통해 이루어지며, 탈퇴 시에는 가입 시 입력한 이메일 인증을 통해 본인 확인을 거친 후 탈퇴가 이루어집니다.
>
> ■ **심사원** : 홈페이지 탈퇴 회원의 개인정보 관리 및 파기 과정에 대해 설명 부탁드립니다.
>
> ○ **담당자** : 탈퇴 회원 정보는 영업일 기준 5일 이내에 삭제하고 있습니다. 다만, 전자상거래법에 의한 결제 관련 기록은 5년간 보관하고 이후 파기하고 있습니다. 파기는 전자적으로 복원되지 않도록 로우레벨 포맷을 수행하며, 파기 결과를 CISO께서 감독·관리하고 있습니다.
>
> ■ **심사원** : 마지막으로, 일정 기간 홈페이지 접속을 하지 않은 이용자에 대해서는 어떻게 관리하고 계시나요?
>
> ○ **담당자** : 그부분에 대해서는 따로 조치하고 있지 않습니다.
>
> ■ **심사원** : 네. 알겠습니다. 감사합니다.

① 1.4.1 법적 요구사항 준수 검토
② 3.1.1 개인정보 수집·이용
③ 3.4.1 개인정보 파기
④ 3.4.2 처리목적 달성 후 보유 시 조치
⑤ 3.5.2 정보주체 권리보장

30 다음은 심사원이 ISMS를 신청한 기관의 위임전결규정 사항을 보고 담당자와 관련 인터뷰를 진행한 사항이다. 다음 중 결함으로 판단되는 인증기준 중 가장 적절한 것으로 고르시오.

위임전결사항

위임전결사항

일련 번호	업무분류	전결사항	담당	부서장	본부장	대표이사
1	예산집행	500만 원 미만			○ (재무담당)	
		500만 원 이상				○
2	인사관리	인사발령, 퇴직				○
		퇴직				○
		휴직			○ (인사)	
		휴가		○		
		시간외 근무		○		
3	보안관리	계정관리			○ (CISO)	
		권한관리			○ (CISO)	
4	감사	정기감사		○		
		수시감사		○		
		감사결과 조치			○	
5	민원관리	단순/반복적 업무 질의	○			
		민원서류 보완	○			
		다수인 관련 민원		○		
		기타 파급효과가 큰 민원			○	

> ■ **심사원** : 안녕하세요, 위임전결기준을 살펴봤습니다. 인사발령은 대표이사, 예산집행은 재무담당 본부장 또는 대표이사 승인이 나더라구요. 혹시 정보보호 관련 인사 및 예산수립 시엔 중간에 CISO 검토 및 결재가 들어가는 부분이 있나요?
>
> ○ **담당자** : 아니요, 대표이사님께서 직접 챙기십니다. 대표님이 회사의 경영상황을 가장 잘 알고 계셔서 임직원의 업무분장, 예산집행 방향을 가장 효과적으로 수립하여 주십니다. 그래서 그런지 해당 부분에 대해서는 불만이나 이의제기 같은 사항이 없었고, 오랫동안 이 기준대로 진행하고 있습니다.
>
> ■ **심사원** : 그렇군요, 대표이사님께서 회사 설립하셨던 분이라고 들었는데 그래서 그런 것 같습니다. 결론적으로 CISO께서 500만 원 미만의 정보보호 관련 예산을 집행할 때에는 재무담당 임원께 결재를 올리고, 그 이상은 대표이사님께 결재를 받는 형식으로 진행되는거죠?
>
> ○ **담당자** : CISO 지정은 최근에 진행되었습니다. 그래서 아직까진 필요한 정보보호 장비구매, 관련 자문 등에 대해서는 각 부서에서 알아서 품의를 올려서 위임전결에 따른 결재를 올리고 있습니다.
>
> ■ **심사원** : 위임전결에 기재된 계정관리와 권한관리는 정보보호 장비에 대한 계정 및 권한관리를 뜻하나요?
>
> ○ **담당자** : 그것도 있고, 우리회사의 메인 업무시스템의 계정 및 권한 관리도 포함해서 CISO께서 관리하여 주십니다.

① 1.1.1 경영진 참여
② 1.1.2 최고책임자의 지정
③ 1.1.3 조직 구성
④ 1.1.5 정책 수립
⑤ 1.1.6 자원 할당

31 다음은 개인정보 수집이용 등에 관련된 내용이다. 다음 설명 중 틀린 것의 개수를 고르시오.

ㄱ. 만 14세 미만 아동의 회원가입 시 법정대리인으로부터 동의를 받은 기록을 보존할 경우, 동의 일시, 동의 항목, 동의자를 보관해야 한다.

ㄴ. 법정대리인이 동의를 거부하거나, 동의 의사가 확인되지 않은 경우 10일 이내에 수집한 개인정보를 파기해야 한다.

ㄷ. 고유식별정보는 이용자의 별도 동의를 받아 수집·이용이 가능하다.

ㄹ. 오후 9시부터 그 다음 날 오전 8시까지는 이메일, 문자메시지 등 전자적 전송매체를 이용한 영리 목적의 광고성 정보의 전송은 금지된다.

ㅁ. 처리하는 가명정보가 유출되었을 경우, 이용자 대상 유출 통지는 법적 요구사항이 아니다.

ㅂ. 가명정보 처리시스템의 접근권한 부여, 변경, 말소내역 기록은 최소 3년간 보관해야 한다.

ㅅ. 영업의 양도 등에 따라 개인정보를 이전하는 경우, 정보주체의 연락처를 알 수 없어 직접 알릴 수 없는 경우에는 고지가 면제된다.

① 2개
② 3개
③ 4개
④ 5개
⑤ 6개

32 A 쇼핑몰은 인터넷 쇼핑몰 부문에 대한 ISMS-P 최초 인증심사를 신청하였다. 다음은 심사원과 A 쇼핑몰의 인터넷 쇼핑몰 담당직원과의 인터뷰 내용이다. 인터뷰 내용을 바탕으로 도출 가능한 결함 항목으로 가장 적절한 것을 고르시오.

- ■ **심사원** : 안녕하세요! A 쇼핑몰 심사를 하게 된 나심사입니다. A 쇼핑몰은 정보보호 정책서를 통해 개인 정보 취급자 및 쇼핑몰 회원의 비밀번호 관련 정책을 수립하도록 되어 있는데 관련 내용에 대해 확인을 해주시기 바랍니다.

- ○ **담당자** : 네. 저희는 정책서의 하위 지침서인 비밀번호 관리지침을 통해 비밀번호 작성규칙과 변경 주기, 처리 절차 등 비밀번호와 관련된 세부 지침을 수립하여 운영 중에 있습니다. 조직의 대내·외 환경 변화에 따라 지침서 개정이 필요한 경우는 내부 규정에 따라 개인정보 보호책임자의 승인을 받아 개정하고 그 이력을 관리하도록 하고 있습니다.

- ■ **심사원** : 그렇군요. 지침서 상의 비밀번호 작성규칙에 대해서 간단히 설명을 부탁드립니다.

- ○ **담당자** : 개인정보 취급자의 경우 비밀번호는 영문, 숫자, 특수문자 중 3가지 이상을 조합하여 최소 8자리 이상으로 하고, 반기에 1번은 변경하도록 강제화하고 있습니다. 연속된 숫자나 생년월일, 전화번호 등은 사용 제한을 권고하고 있습니다.

- ■ **심사원** : 그럼 상품구매를 위해 홈페이지에 로그인하는 회원분의 비밀번호도 개인정보 취급자와 동일한 수준으로 관리를 하고 계시나요?

- ○ **담당자** : 개인정보 취급자와 동일한 수준으로 작성 규칙과 변경 주기를 관리했었는데, 고객들께서 불편을 호소하여 고객관리 담당부서와 협의를 하여 3개월 전에 영문, 숫자, 특수문자 중 2종류 이상의 조합에 최소 8자리 이상으로 하고, 1년이 되는 시점에 비밀번호 변경을 안내하는 수준으로 완화했습니다. 이로 인해 고객들의 비밀번호 관련한 컴플레인이 상당히 줄었습니다.

- ■ **심사원** : 그럼 쇼핑몰 회원의 비밀번호와 관련한 변경된 내용은 정책서와 지침서에 반영이 되었겠죠? 어떤 절차로 진행이 되었나요?

- ○ **담당자** : 변경된 내용을 반영하여 지침서를 개정을 한 후 사내 업무연락 및 사내 게시판에 공지를 하여 회사 내에 전파하였습니다. 다만, 담당자의 착오로 개인정보 보호팀장의 결재만을 받아 개정하였습니다. 3개월 뒤에 정기적인 지침서 개정이 있을 예정으로 회원의 비밀번호와 관련된 변경된 내용을 포함하여 개인정보 보호책임자의 승인을 받아서 개정을 할 예정입니다.

① 1.1.5 정책 수립
② 2.1.1 정책의 유지관리
③ 2.5.4 비밀번호 관리
④ 2.6.7 인터넷 접속 통제
⑤ 2.7.1 암호정책 적용

33 인터넷 쇼핑몰 업체인 K쇼핑몰은 현재 ISMS-P 인증심사를 진행하고 있다. 다음은 개인정보 국외 이전 운영 규정 및 K쇼핑몰의 개인정보처리방침, K쇼핑몰 담당직원과 ISMS-P 인증심사원의 인증심사 인터뷰 내용이다. 이를 참고하여 심사원의 판단으로 가장 적절한 것을 고르시오.

☰ 개인정보 국외 이전 운영 등에 관한 규정   ● ● ●

개인정보 국외 이전 운영 등에 관한 규정

■ 개인정보 국외 이전 운영 등에 관한 규정 [별표 17]

인정국가	인정유효기간	비고
미국	해당없음	법 28조의8 제1항 제5호

* 별표17의 내용은 문제풀이를 위해 가상으로 제공하는 내용입니다.

☰ 개인정보처리방침(일부발췌)   ● ● ●

개인정보처리방침(일부발췌)

제7조. 개인정보 제공
가. K 쇼핑몰은 이용자의 동의를 얻어 개인정보 수집·이용·제공 목적에서 명시한 범위 내에서 제휴사에게 필요한 최소한의 범위 내에서만 제3자에게 제공합니다.
단, 「개인정보보호법」, 「정보통신망 이용촉진 및 정보보호 등에 관한 법률」 등 다른 법률에서 특별한 규정이 있는 경우에는 법률에서 정한 절차에 따라 제공할 수 있습니다.

제공받는자	제공목적	제공정보	보유 및 이용기간
A 물류	상품배송	이름, 이메일, 휴대폰번호	목적 달성 후 파기
B 서비스	경품발송	이름, 이메일, 휴대폰번호, 주소	목적 달성 후 파기
C 서비스	포인트 제공	이름, 고객관리번호, 휴대폰번호	목적 달성 후 파기

* 이용자는 개인정보의 제3자 제공에 동의하지 않을 수 있으며 이 경우 관련 서비스 이용이 제한될 수 있습니다.

제8조. 개인정보 위탁
가. K 쇼핑몰은 원활한 서비스 제공을 위하여 「개인정보보호법」 제26조에 따라 개인정보 처리업무를 아래와 같이 위탁하고 있습니다.

수탁자	위탁업무 목적
K 인증	본인 확인
S 물류	상품 배송
T 서비스	상품판매 권유
Z 결제	간편 결제

제9조. 개인정보 국외 이전

가. K 쇼핑몰은 아래와 같이 국외에 개인정보 처리업무의 위탁처리 및 개인정보를 제공하고 있습니다.

수탁자	국가	일시 / 방법	개인정보 항목	목적	보유 및 이용기간
F GOLOBAL	인도	개인정보 처리필요 시 / 안전한 네트워크 통해 전송	서비스 이용기록	시스템 개발 및 운영	위탁계약 종료 시 즉시파기
G SYSTEM	중국	개인정보 처리필요 시 / 안전한 네트워크 통해 전송	서비스 이용기록	시스템 개발 및 운영	위탁계약 종료 시 즉시파기
H SERVICE	일본	개인정보 처리필요 시 / 안전한 네트워크 통해 전송	서비스 이용기록	개인화서비스 제공 및 분석	위탁계약 종료 시 즉시파기
I SERVICE	미국	개인정보 처리필요 시 / 안전한 백업 네트워크 통해 전송	복구 데이터	시스템복구	위탁계약 종료 시 즉시파기
J CARD	미국	제휴카드 사용 시 / 안전한 백업 네트워크 통해 전송	구매내역	제휴서비스 제공	제휴계약 종료 시 즉시파기

※ 서비스 제공을 위하여 국외 이전되는 것으로 거부하실 경우 서비스 이용이 불가합니다. 이전을 원하지 않을 경우 회원탈퇴 또는 고객센터(1588-XXXX)에 문의주시기 바랍니다.

(이하 생략)

- **심사원** : 개인정보처리방침에 개인정보의 제공, 위탁 및 국외 이전에 대해서 상세히 작성이 되어 있네요. 개인정보 제공에 대한 정보주체의 동의를 받을 경우 정보주체에게 고지하는 내용은 개인정보처리방침에 작성된 내용과 동일한가요?
- **담당자** : 네. 맞습니다. 개인정보처리방침의 내용을 정보주체에게 고지하고 제3자 제공에 대한 동의를 수집·이용 동의와 구분하여 받고 있습니다.
- **심사원** : 개인정보처리방침에 위탁업무를 공개하고 계시는데 공개 외에 추가로 정보주체에게 고지하는 내용이 있을까요?
- **담당자** : T서비스의 경우 판매 권유업무를 위탁하였기 때문에 서면 등의 방법으로 정보주체에게 업무의 내용과 수탁자를 고지하고 있습니다.

- **심사원** : 수탁업체와 위탁 계약 시 계약문서에 어떤 내용이 포함되어 있나요?
- **담당자** : 위탁업무 수행목적 외 개인정보 처리금지 관련사항, 개인정보의 기술적·관리적 보호조치 관련 사항, 위탁업무 목적 및 범위, 재위탁 제한 사항, 안전성 확보 조치에 관한 사항, 위탁업무와 관련하여 보유하고 있는 개인정보의 관리현황 점검 등 감독에 관한 사항 및 수탁자가 준수하여야 할 의무를 위반한 경우의 손해배상 책임에 관한 사항이 필수로 반영되어 있습니다.
- **심사원** : 2023.9월 「개인정보보호법」 개정 시행으로 재위탁 시는 반드시 위탁자의 동의를 받도록 강화되었는데 업무에 차질은 없으시나요?
- **담당자** : 저희는 원래 재위탁을 금지하고 있어서 업무 수행에 별다른 문제는 없습니다.
- **심사원** : 개인정보의 국외 이전도 개인정보처리방침에 공개하고 계시는데 간단히 설명을 부탁드립니다.
- **담당자** : 네. 국외 이전 관련해서 국외에 위탁 계약 중인 4개사에 대해서는 개인정보처리방침을 통해서 개인정보의 처리위탁을 공개하는 것으로 동의를 갈음하고 있었습니다. 제휴 계약에 의해 국외 제공 중인 1개사에 대해서는 개인정보처리방침에 공개한 사항에 대해 정보주체에게 고지하고 동의를 받고 있었습니다만, 2023.9월 「개인정보보호법」이 개정 시행이 되고 미국이 국외 이전 운영 규정에서 인정국가로 지정이 되면서 동의 절차 없이 제휴업체에 국외 제공하고 있습니다.
- **심사원** : 개인정보 국외 이전 요건을 충족하는 것과 별개로 개인정보 제공에 대한 동의는 별도로 받고 있는지요?
- **담당자** : 국외 이전 관련 개인정보처리방침에 공개하고 국외 이전이 가능한 인정국가 지정 확인 외에는 추가로 수행하는 절차는 없습니다.
- **심사원** : 네. 확인 감사합니다.

① 위탁관련 계약문서에 법령에서 정한 필수사항이 일부 누락이 되었으므로 2.3.2 외부자 계약 시 보안 결함으로 판단하였다.
② 개인정보의 제3자 제공 동의 시 정보주체에게 고지하여야 할 사항을 일부 누락하고 있으므로 3.3.1 개인정보 제3자 제공 결함으로 판단하였다.
③ 판매를 권유하는 업무를 위탁하면서 정보주체의 동의를 받고 있지 않으므로 3.3.2 개인정보 처리 업무 위탁 결함으로 판단하였다.
④ 개인정보의 국외 위탁계약 중인 사항에 대해 정보주체에게 서면 등의 방법으로 알리지 않았으므로 3.3.4 개인정보 국외 이전 결함으로 판단하였다.
⑤ 개인정보의 국외 이전 요건과 별개로 정보제공에 대한 동의 등의 절차를 수행하지 않으므로 3.3.4 개인정보 국외 이전 결함으로 판단하였다.

34 다음의 ISMS-P 인증 심사에서 결함 사례에 따른 인증기준 선택이 적절하지 않은 것을 모두 고르시오. (2개)

① 이행계획 시행에 대한 결과를 정보보호 최고책임자 및 개인정보 보호책임자에게 보고 하였으나, 일부 미이행된 건에 대한 사유 보고 및 후속 조치가 이루어지지 않은 경우 1.3.1 보호대책 구현 결함이다.

② 내부 지침에 따라 전산장비 반출입이 있는 경우 작업계획서에 반출입 내용을 기재하고 관리책임자의 서명을 받도록 되어 있으나, 작업계획서의 반출입 기록에 관리책임자의 서명이 다수 누락되어 있는 경우 2.4.6 반출입 기기 통제 결함이다.

③ 데이터베이스에 대한 접근 및 작업이력을 효과적으로 기록 및 관리하기 위하여 데이터베이스 접근통제 솔루션을 신규로 도입하여 운영하고 있으나, 보안시스템 보안 관리지침 및 데이터베이스 보안 관리지침 등 내부 보안지침에 접근통제, 작업이력, 로깅, 검토 등에 관한 사항이 반영되어 있지 않은 경우 2.6.4 데이터베이스 접근 결함이다.

④ 외부 근무자를 위하여 개인 스마트 기기에 업무용 모바일 앱을 설치하여 운영하고 있으나, 악성코드, 분실·도난 등에 의한 개인정보 유출을 방지하기 위한 적절한 보호대책(백신, 초기화, 암호화 등)을 적용하고 있지 않은 경우 2.6.6 원격접근 통제 결함이다.

⑤ 중요정보를 처리하고 있는 정보시스템에 대한 이상접속(우회경로 접속 등) 또는 이상행위(대량 데이터 조회 등)에 대한 모니터링 및 경고 알람 정책이 수립되어 있지 않은 경우 2.11.3 이상행위 분석 및 모니터링 결함이다.

[35~36] 2025년 2월 1일 현재, 정보통신망서비스로 온라인 교육 사이트를 운영하고 있는 IFX 기업은 매년 다양한 기업과의 인수합병을 통해, 급변하는 온라인 교육 업계에서 효율적이고 안전한 수강생 관리를 위해서 ISMS-P 인증심사를 진행 중이다.

☰ 운영시스템 관리 규정   ● ● ●

운영시스템 관리 규정

제1조 로그관리
1. 개인정보 관리를 위한 로그는 2년 이상 관리한다.
2. 월 1회 이상 개인정보 관련된 로그를 주기적으로 검토하여, 이상·특이 사항을 확인한다.
3. 개인정보의 다운로드가 발생한 이력에 대한 검토를 필히 실시한다.
4. 「개인정보보호법」 법적 요건에 맞는 항목을 로그에 필히 관리하도록 한다. 이를 위해 지속적으로 법적 요건의 변경 사항을 반기별로 확인하도록 한다.

(중략)

제2조 접근권한관리
1. 시스템 접근권한에 대해서는 법적 요건을 확인하여 적합한 보관 및 점검을 실시하도록 한다.
2. 불필요한 접근권한에 대해서는 즉시 조치하도록 하여야 한다.
3. 최소권한의 원칙에 따라 접근권한을 부여 및 운영하도록 한다.

(중략)

제3조 백업관리
1. 백업 데이터는 DRS 기준의 RTO 및 RPO를 기반으로 관리한다.
2. 1외의 데이터는 우선순위 기반의 별도의 백업관리 지침에 작성 및 이에 따르도록 한다.
3. 백업된 정보 중, 1등급 관리 대상에 대해서는 주기적인 복구 테스트를 진행하도록 한다.

(중략)

제4조 유지관리

1. 기업 비지니스의 연속성을 위하여 DRS를 운영한다.
2. 모든 콘텐츠는 장애 시, 24시간 내에 서비스를 재개할 수 있도록 상시 유지·관리되어야 한다.
3. 년 1회 이상 해당 DRS 시스템의 정상적인 작동 유무를 확인하는 테스트를 실시하고, 개선이 필요한 내용에 대해서 조치를 실시한다.

(이하 생략)

사이트공지

2024.01에 치뤄진 A시험에 합격자 발표가 있습니다.
축하합니다^^

김*준 010-4**-8***(yu**@naver.com)

| 승인자:콘텐츠관리팀장 |

확인

■ **심사원** : 안녕하세요 인증 심사를 맡게된 나심사라고 합니다.

○ **담당자** : 교육 사이트를 운영하고 있는 나운영입니다.

■ **심사원** : 최근 다양한 온라인 사이트들이 많이 생겨나고 있고, 많은 콘텐츠들이 온라인으로 이동 중이라 바쁘시겠습니다. 이런 콘텐츠 관리들은 어떻게 진행되고 있나요?

○ **담당자** : 네. 말씀하신 대로, 코로나 시대를 거치면서 많은 콘텐츠가 오프라인에서 온라인으로 이동이 된 상황이고요. 많은 콘텐츠를 오프라인 못지 않게 지원·관리·배포하고 있습니다.

■ **심사원** : 해당 사이트를 보면 IT콘텐츠, 아동콘텐츠, 영어학습, 직무교육, 평생교육 등 다양한 콘텐츠를 가지고 있으신 걸로 보입니다. 모든 콘텐츠를 직접 제작·관리하고 계신건가요?

○ **담당자** : 해당 콘텐츠들을 모두 직접 제작·관리한 건 아닙니다. 전문 기업에 콘텐츠 제작을 맡기는 경우도 있고, 인수 합병을 통한 콘텐츠를 늘려가는 경우도 있습니다. 최근, 개인이 공개하는 콘텐츠를 다양한 경로로 컨택해서 양질의 사이트 품질을 유지하는 데 초점을 맞추고 있습니다. 자체 제작 시스템에서 콘텐츠를 흡수·합병하고 나아가 콘텐츠 플랫폼 형태로 사업 확장한다고 이해해 주시면 감사할 것 같습니다.

■ **심사원** : 네. 사이트가 확장되어지는 게 콘텐츠 갯수만 봐도 체감이 됩니다. 사이트 상단에 합격자 명단이라는 공지가 있는데요. 합격자를 팝업 공지로 하신 특별한 이유라도 있으신가요?

○ **담당자** : 해당 A시험은 난이도가 굉장히 높은 걸로 정평이 나 있고, 매년 1회 시험으로 합격자가 많지 않습니다. 올해 저희 사이트에서 처음으로 개강한 콘텐츠에서 합격자가 나와서, 홍보를 겸해서 팝업으로 공개하게 되었습니다.

■ **심사원** : 당사자에게 사전 동의를 받고 공지한 건가요?

○ **담당자** : 게시 전 사전 동의를 받았는지는 확인하지 못했지만, 내부 프로세스에 의해 관리자 승인 이후 게시했으며, 마스킹 등을 통해 가명처리를 진행하여서 문제 없다고 생각합니다. 또한, A시험 홈페이지에서도 비슷한 방식으로 공지를 하고 있는 상황이며, 해당 대상자 또한 내용 확인 후, 별다른 불만 없이 감사의 마음을 저희에게 전해주었습니다.

■ **심사원** : 그렇군요. 사이트의 관리자는 몇 명이고, 어떤 프로세스를 통해 관리가 이루어지나요?

○ **담당자** : 관리자 권한은 총 두 분이고, 콘텐츠 관리팀장과 운영팀장 두 분이 가지고 계십니다. 일상 운영 시에는 콘텐츠 관리 팀장님에 의해서, 공개되는 정보의 관리와 심사 등을 관리하시고 있습니다. 부재 시에는 운영팀장님이 일시적으로 콘텐츠 관리를 하시고 있습니다.

■ **심사원** : 여러 서류들을 읽다보니, 해당 게시가 된 당일 콘텐츠 팀장님이 연차 휴가였던 걸로 확인되었습니다. 어떻게 해당 내용이 게시될 수 있었나요?

○ **담당자** : 확인해 보니, 해당 당일 콘텐츠 팀장님이 연차 휴가였던 게 맞고요. 마침 운영팀장님도 1박2일 출장 중이셔서 콘텐츠관리팀의 그룹장께서 대리로 권한을 사용하였다고 합니다. 팀장님들이 자주 자리를 비우시지 않아서, 이런 경우가 잘 없지만 피치 못하게 생기는 경우가 종종 있는 일이라고 알고 있습니다. 특별히 문제된 적이 없습니다.

■ **심사원** : 알겠습니다. 그럼 해당 접근권한에 대한 이력 관리는 어떻게 이뤄지고 있나요?

○ **담당자** : 저희는 정보통신서비스제공자인지라, 5년간 접근권한에 대한 이력을 보관하고 있습니다. 해당 내용도 첨부해서 보내 드리도록 하겠습니다.

■ **심사원** : 최근 「개인정보보호법」의 변경으로 접근권한의 이력 보관이 달라졌는데요. 이를 감안한 법적 요건 등을 고려해야 할 것으로 보입니다. 개인정보처리자와 정보통신서비스제공자 모두 접근권한 관리 대상이 3년으로 변경되었습니다. 개인정보를 처리하는 담당자의 규모는 어느 정도인가요?

○ **담당자** : 미리 말씀 드린대로 저희 기업은 다양한 콘텐츠를 위해 지속적이고 공격적인 인수 합병 진행을 최근에 많이 했습니다. 그런 이유로 현재는 90명 정도의 개인정보취급자가 업무에 임하고 있습니다.

■ **심사원** : 개인정보취급자의 규모가 많군요. 이 모든 사람들이 현재 모든 개인정보처리 권한을 가지고 있나요?

○ **담당자** : 네. 맞습니다. A, B, C, D, E 콘텐츠 기업의 합병 시 인원이 모두 합쳐졌는데요. 현재는 업무 분장보다는 기존의 콘텐츠를 잘 서비스하는데 주안점을 두다보니 모든 권한을 개인정보처리취급담당자에게 주고 있는 실정입니다. 운영이 안정화되고, 관리의 프로세스가 정립화 된 수준이 되면, 개인정보처리자의 권한을 세부적으로 나누고 일부 인원은 다른 업무로 전환 배치 등을 고려할 계획인 것으로 알고 있습니다.

■ **심사원** : 네. 알겠습니다. 지금까지 답변 감사합니다.

35 상기의 내부 규정과 인터뷰를 통해, 인증 결함 항목으로 가장 적절한 것을 고르시오.
① 2.2.4 인식제고 및 교육훈련
② 2.5.5 특수 계정 및 권한 관리
③ 2.5.6 접근권한 검토
④ 2.10.3 공개서버 보안
⑤ 3.1.1 개인정보 수집·이용

36 상기의 내부 규정과 하기 인터뷰 내용에서 인증 결함 항목으로 적절하지 않은 것을 고르시오.

■ **심사원** : 안녕하세요. 심사원 나심사입니다.

○ **담당자** : 안녕하세요. 저는 운영 중 생성되는 시스템 정보들을 생성·백업·DRS 업무 등을 관리 및 진행하는 운영팀 나영은입니다.

■ **심사원** : 최근 대부분의 서비스 기업들은 클라우드를 활용해서 다양한 서비스를 진행하고 있는 것으로 아는데요. IFX의 내부 상황은 어떤지 설명 부탁드려도 될까요?

○ **담당자** : 저희 또한 클라우드를 통해 서비스를 진행하고 있습니다. 지속적으로 추가되는 콘텐츠, 방학과 휴가 등 계절적으로 변동되는 수요 변화에 유동적으로 변경될 수 있어서 유용하다고 생각합니다. 특히 대용량 콘텐츠들이 증가되고 있으며, 이를 유연하게 Scale In·Out을 통해서 대처하여, 운영 효율성을 유지하는 점이 가장 큰 장점입니다.

■ **심사원** : 교육 증적 관리 등의 백업 및 성능 이슈에도 많은 투자를 했으리라고 생각합니다.

○ **담당자** : 맞습니다. 교육의 종류가 다양화되면서, 기업체의 법정 필수 교육에 대한 니즈와 수료증 및 교재 배송 등을 위해 다루고 있는 개인정보들이 나날이 늘어나고 있습니다. 교육 이력 관리 등을 통한 성장 도우미 역할을 위해, 개인정보들의 백업 주기와 백업 그리고 이를 문서화하는 시스템에 상당한 투자를 진행했습니다. 참고로, 클라우드로 자원의 이관 전에 자체 전산실을 유지하고 있었습니다. 활용 방안 후보가 있었습니다만, 최종적으로는 혹시나 모를 클라우드 서비스 장애에 대비하여 기존 온프레미스 환경을 DRS 환경과 개발 환경으로 활용하며 합리적 투자를 위한 노력을 하였습니다.

■ **심사원** : 온프레미스 환경을 유지하는 비용 대비 효과가 만족할 만한 수준인가요? 대부분 비용 대비 효율적이려고 클라우드를 활용하는 측면이 강하니까요. 안전성을 강조하기 위해서, 클라우드 구조의 DRS를 최근에 많이 활용하는데, 이런 구조는 보안상 문제점이 여러 의미에서 발생될 수도 있다는 생각이 막연히 들기도 합니다.

○ **담당자** : 해당 환경은 장점과 단점이 공존한다고 생각합니다. 기존 자원을 활용해서 소스 프로그램 등 자원관리를 내부적으로 할 수 있으며, 내부적인 테스트 등을 자체적으로 진행하는 데 용이합니다. 외부자원인 클라우드 운영 환경에 자원을 사전에 미리 자체 서버 환경에서 개발을 하고, 바이너리 파일만 테스트를 통해 안정적인 자원을 이관·관리할 수 있게 되었으니 말입니다. 다만, 일부 네이티브 클라우드 형식의 자원에 대해서는 테스트 시 일부 제약 등이 있으며, 운영 환경의 이원화 문제가 공존하고 있습니다. 개인적으로는 이런 상황들을 고려하여 클라우드 환경으로 완전 이전을 고려해야 하는 시점이라고 검토 요청을 기술팀에 한 상황입니다.

■ **심사원** : 백업 데이터를 관리하는 기준은 어떻게 되고 있습니까?

○ **담당자** : 백업은 지침상의 프로세스를 감안하여 적용하고 있습니다만, 최근에는 다양한 콘텐츠의 증대와 사용자 폭증으로 인해 일부 일정이나 예정된 사항을 모두 진행하지 못하는 일들이 종종 벌어지고 있습니다. 연초에 위험평가 섹션에 해당 내용이 감안되어서, 백업 일정과 DRS 등을 통합적으로 고려하여 조정하는 계획이 다음 달에 예정되어 있습니다. 아울러서, 지켜지지 못한 백업은 자동화된 RPA 등을 활용해서 주기를 추가적으로 운영하면서 일부 GAP을 줄여가고 있는 현실입니다.

■ **심사원** : 지속적으로 늘어나는 콘텐츠와 정보를 감안하면, 온프레미스 환경의 자원은 지속적으로 업그레이드를 하고 있으신 걸까요?

○ **담당자** : 최근 3년동안 첫 해 1회 정도 업그레이드를 실시하고, 업그레이드는 하지 못했습니다.

■ **심사원** : 그렇다면, 혹시 자원의 성능이나 용량에 이상이 있지는 않은가요?

○ **담당자** : 성능은 지속적으로 활용하는 게 아니라서, 개발용으로는 활용하는데 문제는 없는 상황입니다. 용량 측면에서는 90% 이상 용량이 활용되고 있는 것으로 알고 있습니다.

■ **심사원** : 그럼 해당 자원을 활용하여 DRS 등의 테스트는 어떻게 진행되고 있나요?

○ **담당자** : 말씀 드린대로 최근 3년 내에 첫 해에는 DRS를 실시하였습니다. 작년에는 문서 위주로 담당자들과의 walk-through 형태로 진행을 해서 문제점들을 보완을 한 상황입니다.

■ **심사원** : 용량 등을 고려하고, 백업 데이터 등을 추가적으로 고려해 보면 현재의 시스템을 기반으로는 DRS가 이뤄질 수 없다고 판단되는데, 추가적인 고려 사항은 없습니까?

> ○ **담당자** : 네. 해당 내용이 전사 정보보호위원회 안건으로 산정된 적은 있지만, 사업 확장 이슈들이 우선순위가 있다 보니 특별한 결정 사항은 없습니다.
>
> ■ **심사원** : 알겠습니다. 답변 감사합니다.

① 1.2.4 보호대책 선정
② 2.9.2 성능 및 장애관리
③ 2.9.3 백업 및 복구관리
④ 2.10.2 클라우드 보안
⑤ 2.12.2 재해 복구 시험 및 개선

37 개인정보처리방침 평가제도는 국민의 개인정보 처리에 관한 법정 고지 사항 등을 담은 '개인정보 처리방침'의 적정성, 가독성, 접근성 등을 평가하여 개인정보 처리의 책임성, 투명성 강화를 목적으로 2023.09.15에 시행되었다 다음의 개인정보처리방침 평가제도에 대한 설명 중 적절하지 않은 것을 모두 고르시오. (2개)

① 개인정보 처리방침 평가 대상은 개인정보 유출 등이 2회 이상 되었거나, 보호위원회로부터 과징금, 과태료 처분을 받은 자가 포함된다.

② 개인정보 처리방침 평가 대상은 개인정보처리자 중 전년도말 기준 직전 3개월간 민감정보 또는 고유식별정보가 저장·관리되고 있는 정보주체의 수가 일일평균 5만 명 이상인 자이다.

③ 개인정보 처리방침 평가 대상은 개인정보처리자 중 연간 정보통신서비스 매출액이 1,500억 원 이상이면서, 전년도말 기준 직전 3개월간 그 정보가 저장·관리되고 있는 정보주체의 수가 일일평균 100만 명 이상인 자가 해당된다.

④ 개인정보 처리방침 평가위원회 자격요건은 학교나 공인된 연구기관에서 조교수 이상의 직 또는 이에 상당하는 직에 있거나 있었던 자로 개인정보 연구경력이 3년 이상인 사람, 개인정보 보호 관련 업체 기관 또는 단체(협회, 조합)에서 3년 이상 개인정보 보호 업무에 종사한 사람, 그 밖에 개인정보 안전한 활용, 정보보호·보안에 관한 학식과 경험이 풍부한 사람이다.

⑤ 개인정보 처리방침 평가 결과 우수한 등급을 받은 개인정보처리자에 대해서는 최대 25% 범위 내에서 과징금 추가적 감경 및 10% 범위 내에서 과태료 감경이 가능하다.

38 개인정보처리자는 개인정보의 처리에 관한 업무를 총괄해서 책임질 개인정보 보호책임자를 지정하여야 한다. 다음 중 개인정보 보호책임자에 대한 설명으로 적절하지 않은 것을 고르시오.

① 「소상공인기본법」제2조 제1항에 따른 소상공인에 해당하는 개인정보처리자는 개인정보 보호책임자를 지정하지 아니할 수 있으며, 이 경우 개인정보처리자의 사업주 또는 대표자가 개인정보 보호책임자가 된다.

② 개인정보 보호책임자는 개인정보 보호 관련 자료의 관리 업무를 수행한다.

③ 시·도 및 시·도 교육청은 3급 이상 공무원 또는 그에 상당하는 공무원을 개인정보 보호책임자로 지정한다.

④ 정무직공무원을 장(長)으로 하는 국가기관은 4급 이상 공무원 또는 그에 상당하는 공무원을 개인정보 보호책임자로 지정한다.

⑤ 공공기관 외의 개인정보처리자는 사업주 또는 대표자나 임원(임원이 없는 경우에는 개인정보 처리 관련 업무를 담당하는 부서의 장)을 개인정보 보호책임자로 지정한다.

39 개인정보 및 주요정보 보호를 위하여 법적 요구사항을 반영한 암호화 대상, 암호 강도, 암호 사용 정책을 수립하고 개인정보 및 주요정보의 저장·전송·전달 시 암호화를 적용하여야 한다. 다음 암호화 관련 내용 중 가장 적절하지 않은 것을 고르시오.

① 정보통신망을 통한 송·수신 시 인증정보 및 개인정보를 암호화하여야 한다.

② 비밀번호 저장 시 일방향 암호화하여야 한다.

③ 일방향 암호 알고리즘에는 SHA-256/384/512 등이 있다.

④ 정보통신망을 통한 송·수신 시 웹서버에 SSL(Secure Socket Layer) 인증서를 설치하여 전송하는 정보를 암호화 송·수신 할 수 있다.

⑤ 업무용 컴퓨터 및 모바일 기기 저장 시 문서도구에서 자체 제공하는 암호화(오피스 등에서 제공하는 암호 설정 기능 활용)를 사용할 수 있다.

[40~41] 심사원은 ISMS-P 인증심사 신청기관에 대해 아래와 같은 자료를 검토하였다.

정보보호위원회 심의·의결 목록

정보보호위원회 심의·의결 목록

날짜	심의 안건	의결 여부
2022.12.22	정보보호 부문 예산(안) 승인의 건	의결
2023.01.18	관리체계 점검 이행조치 및 전사 정보보호 교육 계획 승인의 건	의결
2023.05.11	멤버쉽 플라스틱 카드제작 및 발송((주)AB카드)업무의 재위탁 승인의 건	의결
2023.07.27	키즈 서비스 관리시스템 장애에 대한 후속 조치 적정성 검토의 건	의결

정보보호위원회 조직

정보보호위원회 조직

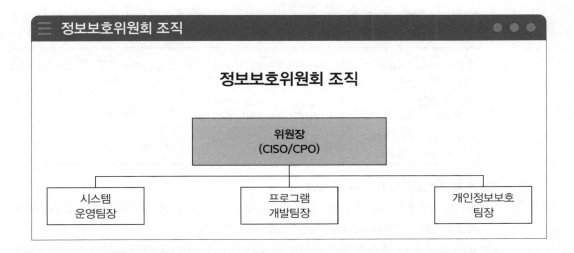

개인정보 처리방침

개인정보 처리방침

제1조 총칙

고객님의 자유와 권리 보호를 위해 「개인정보보호법」 및 관계 법령이 정한 바를 준수하여, 적법하게 개인정보를 처리하고 안전하게 관리하고 있습니다. 이에 「개인정보보호법」 제30조에 따라 고객님에게 개인정보 처리에 관한 절차 및 기준을 안내하고, 이와 관련된 고충을 신속하고 원활하게 처리할 수 있도록 하기 위하여 다음과 같이 개인정보 처리방침을 수립·공개합니다.

제2조 개인정보의 처리목적, 수집 항목, 보유 및 이용기간

1. 회원가입, 상담, 서비스 제공 등을 위하여 필요한 최소한의 개인정보만을 수집합니다.

   가. 필수 수집·이용 목적, 항목 및 보유기간

목적	항목	보유기간
서비스 가입/변경/해지, 청구서 발송	신청인 또는 (법정)대리인의 성명, 생년월일, 고유식별정보, 연계번호(CI), 중복가입 확인정보(DI), 성별, 주소, 연락전화번호, 이메일주소	서비스 이용기간 동안 • 요금정산/요금과오납 등 분쟁대비를 위해 해지 후 6개월까지 • 요금 미/과납이 있을 경우와 요금관련 분쟁 지속 시, 해결 시까지 보유
멤버십 서비스 제공 및 카드발급	신청인 또는 (법정)대리인의 성명, 생년월일, 성별, 연계번호(CI), 주소(제출/제시 신분증상 주소 포함), 명의자 회선번호, 이메일주소, 멤버십 카드 번호	상기 기재사항과 동일

   나. 선택 수집·이용 목적, 항목 및 보유기간

목적	항목	보유기간
키즈 서비스 이용	자녀정보(이름, 생년월일, 성별)	서비스 이용기간
개인 맞춤형 연계 서비스 제공	위치정보, 온라인 채널 서비스 이용 기록, 거래정보(상품정보, 금액 등)	서비스 이용기간
Shop 상담예약, 기획전 이벤트 응모건의 처리	성명, 연락처	상담예약, 이벤트 응모 후 3개월

제3조 개인정보의 파기 절차 및 방법

1. 회사는 개인정보 보유기간의 경과, 개인정보 처리 목적 달성 등 개인정보가 불필요하게 되었을 때에는 지체없이 해당 개인정보를 파기합니다.
2. 고객님으로부터 동의 받은 개인정보 보유기간이 경과하거나 처리 목적이 달성되었음에도 불구하고 다른 법령에 따라 개인정보를 계속 보존하여야 하는 경우에는, 해당 개인정보를 별도의 데이터베이스(DB)로 옮기거나 보관장소를 달리하여 보존합니다.
3. 개인정보 파기 절차 및 방법은 다음과 같습니다.

   가. 파기절차 : 보유기간이 경과하거나 처리목적이 달성된 후 복구 또는 재생할 수 없도록 파기됩니다. 다만 법령에 따라 개인정보를 계속 보존하여야 하는 경우에는 해당 개인정보를 별도의 데이터베이스(DB)로 옮기거나 보관장소를 달리하여 법령에서 정한 기간 동안 저장 후 파기됩니다.

   나. 파기방법 : 전자적 파일 형태로 기록·저장된 개인정보는 기록을 재생할 수 없도록 파기하며, 종이 문서에 기록·저장된 개인정보는 분쇄기로 분쇄하거나 파기합니다

제4조 개인정보의 제3자 제공

제공받는 자	제공하는 개인정보 항목	제공받는 자의 이용목적	보유 및 이용기간
㈜ AB카드	카드번호, 혜택 대상여부	항공 마일리지 혜택 제공	서비스 이용기간
㈜ 만경영화관	성명, 생년월일, 영화예매정보	영화예매 할인	
㈜ 위티OTT	가입번호, 상품명, 상품가입일자	위티OTT 동영상 서비스 제휴 안내	
㈜ CD인터넷뱅킹	서비스 이용기록, 거래정보, 멤버쉽 정보	개인별 맞춤형 금융상품 혜택 안내 (이벤트, 쿠폰, 할인 등) – 제3자제공/제공받는자 보유 정보 간 결합분석과 상품/서비스 연구개발	

제5조 개인정보 처리의 위탁

수탁사	위탁목적
㈜ 퍼블리카	요금조회 및 수납대행(결제서비스 납부)
㈜ 랩랩	온/오프라인 이벤트 참여 및 경품제공을 위한 고객정보수집
㈜ AB카드	멤버쉽 플라스틱 카드제작 및 발송
㈜ 휴머뱅크	메시지 전송(SMS/LMS/알림톡)

제6조 이용자 및 법정대리인의 권리·의무 및 행사방법

1. 정보주체는 회사 홈페이지를 통하여 언제든지 본인의 개인정보를 열람하거나 정정하실 수 있으며, 회사가 정보주체의 개인정보를 이용하거나 제3자에게 제공한 내역을 확인하실 수 있습니다. 정보주체의 개인정보 열람, 정정·삭제, 처리정지 요구 등 권리·의무 및 행사방법은 다음과 같습니다.

   가. 개인정보 열람 및 정정
     ○ 웹사이트 내 개인정보이용내역 열람신청 또는 회원정보 수정 메뉴 활용
     ○ 전화(1588–XXXX) 또는 이메일(privacy@mumu.com) 문의 또는 우편을 통한 서면요청

   나. 개인정보 삭제 및 처리정지 요구
     ○ '해지신청서'를 제출 또는 웹사이트 내 '회원탈퇴' 요청

제7조 개인정보의 안전성 확보조치

회사는 개인정보의 안전성 확보를 위해 다음과 같은 조치를 취하고 있습니다.

1. 관리적 조치 : 내부관리계획 수립·시행, 전담조직 운영, 정기적 직원 교육 및 인식제고, 정기적 점검 시행 등
2. 기술적 조치 : 개인정보처리시스템 등의 접근권한 관리, 침입차단 및 탐지 시스템 설치·운영, 접근통제시스템 설치, 개인정보의 암호화, 보안프로그램 설치 및 갱신 등
3. 물리적 조치 : 전산실, 자료보관실 등의 접근통제 등

제8조 개인정보 자동 수집장치의 설치 운영 및 거부에 관한 사항

1. 회사는 고객님의 정보를 수시로 저장하고 찾아내는 '쿠키(cookie)'를 사용합니다. 쿠키란 고객님이 특정 홈페이지를 접속할 때 생성되는 정보를 담은 작은 크기의 임시파일로 고객님이 특정 홈페이지에 재접속 시 빠르게 별도 절차 없이 접속할 수 있도록 해주는 기능을 제공합니다.
2. 고객님은 웹브라우저 상단의 도구>인터넷 옵션>개인정보 메뉴의 옵션 설정을 통해 쿠키 저장을 거부할 수 있습니다. 단, 쿠키 저장을 거부할 경우 서비스 제공에 어려움이 발생할 수 있습니다.

제9조 가명정보의 처리

1. 회사는 통계작성, 과학적 연구, 공익적 기록보존 등을 위하여 수집한 개인정보를 특정 개인을 알아볼 수 없도록 가명처리 하여 다음과 같이 처리하고 있습니다.

   가. 가명정보 처리에 관한 사항

구분	처리 목적	처리 항목
과학적 연구	가명정보 결합을 통한 신용평가모형 분석	서비스 이용정보 및 결제 관련 정보

   나. 가명정보의 제3자 제공에 관한 사항

제공받는자	제공하는 항목	제공하는 목적
AB 뱅크, Bad평가정보	서비스 이용정보 및 결제 관련 정보	가명정보 결합을 통한 신용평가모형 분석

   다. 가명정보 처리의 위탁에 관한 사항

위탁 받는 자	위탁 목적
K2JIT	개인정보의 가명처리

제10조 개인정보 보호책임자 및 연락처

회사는 아래와 같이 개인정보 보호책임자를 지정하고 있습니다.

구분	성명	연락처
개인정보보호책임자	김민감 (전무)	1588–xxxx

제11조 개인정보 열람청구 접수 및 침해 관련 상담·신고

1. 개인정보 처리 관련 문의사항이 있을 경우 고객센터, 홈페이지 등에 문의하시기 바랍니다.

   가. 전화번호 : 1588–XXXX(타사 이용 시, 유료)

   나. 온라인상담 : 고객지원 〉 온라인문의 〉 이메일 상담

2. 기타 개인정보 침해에 대한 신고나 상담에 대하여는 아래 기관에 문의하시기 바랍니다.
   가. 개인정보 분쟁조정위원회 : (국번없이) 1833-6972 (www.kopico.go.kr)
   나. 개인정보 침해신고센터 : (국번없이) 118 (privacy.kisa.or.kr)
   다. 대검찰청 : (국번없이) 1301 (www.spo.go.kr)

제12조 개인정보처리방침 변경
회사는 2011년 9월 30일에 개인정보 처리방침을 제정하였으며, 법령 또는 정책 등의 변경에 따라 개인정보 처리방침을 변경하는 경우에는 변경일자 및 변경내용 등을 홈페이지에 지속적으로 공개하겠습니다.

– 본 개인정보처리방침 개정일 : 2023년 12월 22일

개인정보처리방침 개정내역
– 제정일 2011년 09월 30일 [전문보기]
– 개정일 2014년 10월 31일 [전문보기]
....
– 개정일 2020년 12월 20일 [전문보기]

40 심사원이 상기 신청기관의 자료를 살펴보고 판단할 수 있는 내용으로 적절하지 않은 것을 고르시오.

① 개인 맞춤형 연계서비스 제공 목적을 위해 선택정보로써 온라인 채널서비스 이용기록을 수집하는 것을 보고 '3.1.7 마케팅 목적의 개인정보 수집·이용' 결함이 있는지 살펴보기 위해 맞춤형 광고 등을 위해 행태정보를 수집·이용 여부를 확인하였다.

② 처리방침 내 "제6조 이용자 및 법정대리인의 권리·의무 및 행사방법" 내용에 대한 적정성을 확인하기 위해 '3.1.1 개인정보 수집·이용', '3.5.2 정보주체 권리보장' 인증기준에 대한 증빙자료를 살펴보기로 하였다.

③ 개인정보보호 책임자의 연락처가 해당 당사자에게 연결되는 연락처가 아니지만 심사원은 이 부분에 대해서는 '3.5.1 개인정보 처리방침 공개'에 대한 결함은 아니라고 생각하였다.

④ 처리방침 내 "제9조 가명정보의 처리"에서 '처리기간'이 기재되어 있지 않아 심사원은 결함이라고 생각하였다.

⑤ 정보보호위원회 관련 증빙자료를 살펴봤을 때 심사원은 결함사항이 없다라고 판단하였다.

41 상기 신청기관의 자료에서 결함으로 판단할 수 있는 인증기준 항목을 고르시오.

① 1.1.2 최고책임자의 지정
② 3.2.5 가명정보 처리
③ 3.3.2 개인정보 처리 업무 위탁
④ 3.3.1 개인정보 제3자 제공
⑤ 3.5.1 개인정보처리방침 공개

42 다음은 ISMS-P 인증심사원과 KA사이트(B2C) 담당자 간의 대화이다. 대화 내역에서 도출 가능한 결함으로 가장 적절한 것을 고르시오.

> ■ **심사원** : 안녕하세요, KA사이트의 정보보호 담당자분이시죠? 제 이름은 나심사이고, 오늘은 ISMS-P 심사를 진행하러 왔습니다. 먼저 정보보호 교육과 관련한 내용부터 말씀해주시죠.
>
> ○ **담당자** : 사용자 교육은 온라인 교육과 주기적인 워크샵을 통해 이루어지고 있습니다. 모든 직원은 정보보호 정책과 절차에 대한 이해를 확인하기 위해 교육을 받아야 합니다. 각 내용은 다음과 같습니다.
>
> ■ **심사원** : 좋습니다. 사용자 교육에 대한 내용은 잘 들었습니다. 교육의 효과를 어떻게 평가하고 있는지 설명해주실 수 있을까요?
>
> ○ **담당자** : 네. 그런데 현재로서는 교육의 효과를 정량적으로 측정하는 구체적인 지표가 아직 마련되지 않았습니다.
>
> ■ **심사원**: 그렇다면 교육 효과를 어떻게 파악하고 있나요?
>
> ○ **담당자** : 일단은 교육 이후에 사용자들로부터 피드백을 받고 있습니다. 그리고 이 피드백을 기반으로 교육 프로그램을 조정하고 개선하고 있습니다.
>
> ■ **심사원** : 피드백은 중요하겠죠. 하지만 효과적인 교육 평가를 위해 어떤 추가적인 계획이나 방안을 고려하고 계신가요?
>
> ○ **담당자** : 실제로는 교육 효과를 더 정량적으로 파악하기 위한 방안에 대한 논의가 필요한 상태입니다. 예를 들어 교육 후 특정 기간 동안 보안 인시던트 발생률이 감소하는지를 측정하는 등의 방안을 검토 중입니다.
>
> ■ **심사원** : 그렇군요. 향후 교육 평가에 대한 계획이나 지표를 마련하는 데 어떤 도움이 필요할 것 같아 보입니다. 추가적인 지원이나 자원이 필요하다면 어떻게 계획하고 있나요?
>
> ○ **담당자** : 향후 교육 평가에 대한 논의를 더 진행해 나가기 위해 관련 부서와 협의 중이며, 필요한 경우 외부 전문가의 지원을 받아보려고 하고 있습니다.
>
> ■ **심사원** : 좋습니다. 사용자 교육에 대한 내용 잘 들었습니다. 그런데 외부자 교육 이행에 대해서도 알려주실 수 있을까요?

- ○ **담당자** : 네. 외부자 교육 또한 중요한 부분입니다. 저희는 협력사 및 외부 제휴업체에게 정보보안 교육을 제공하고 있습니다. 외부자들도 저희의 보안 정책과 절차에 대한 이해를 가지고 작업할 수 있도록 지속적으로 교육하고 있습니다.

- ■ **심사원** : 그렇군요. 그럼 외부자 교육을 이행하는 데 있어서 특별한 도구나 방법을 사용하고 있나요?

- ○ **담당자** : 네. 우리는 온라인 교육 플랫폼을 활용하여 외부자들에게 교육 자료를 제공하고 있습니다. 또한 교육 이수 여부를 확인하기 위해 간편한 시험 혹은 퀴즈를 통해 이수 여부를 확인하고 있습니다.

- ■ **심사원** : 감사합니다. 그렇다면 외부자 교육 이행에 있어서 현재까지 어떤 성과를 거둔 것 같나요?

- ○ **담당자** : 현재까지 외부자 교육은 원활하게 이루어지고 있습니다. 대부분의 외부인들이 교육을 완료하고 우리의 보안 정책을 준수하고 있습니다.

실제로 외부자 교육 이행 시 누락된 인원 발견

- ■ **심사원** : 제가 확인해 보니 보고서를 통해 몇몇 외부인 중에서 교육을 받지 않은 인원이 있다는 사실을 확인했습니다. 이에 대한 설명이 가능한가요?

- ○ **담당자** : 실수가 있었음을 인정하며 죄송하다는 말씀을 드립니다. 외부자 교육의 경우, 모든 협력사 및 외부 제휴업체에게 교육 알림 및 참여 의무화 메일을 보내고 있습니다. 그러나 이번에 확인한 결과 몇몇 인원이 교육을 받지 않은 것으로 나타났습니다.

- ■ **심사원** : 어떤 조치를 취하고 계신지 설명해 주실 수 있을까요?

- ○ **담당자** : 먼저, 누락된 인원에게 즉시 교육 참여를 요청하고 있습니다. 또한, 이와 같은 사례를 방지하기 위해 교육 알림 프로세스를 개선하고 추가적인 확인 절차를 도입할 계획입니다. 이런 일이 더 이상 발생하지 않도록 내부 프로세스를 강화하겠습니다.

① 1.2.4 보호대책 선정
② 2.1.2 조직의 유지관리
③ 2.2.4 인식제고 및 교육훈련
④ 2.3.1 외부자 현황 관리
⑤ 2.3.3 외부자 보안 이행 관리

43 ISMS-P 심사를 신청한 공공기관 A기업은 2024년 2월 29일 최초심사를 마치고 있다. 2023년 시행된, 「개인정보보호법」이 다수 변경되고, 이후에도 다양한 입법 예고 등이 검토되고 있는 상황을 고려하여 향후 사후심사에 반영하여야 하며, 이와 관련한 다양한 내용들에 대한 점검이 필요한 사항이다. 이러한 내용에 대해 심사원과 담당자의 대화가 이어지고 있다. 다음의 대화 내용 중 잘못된 내용의 개수를 고르시오.

○ **담당자** : 심사원님 수고 많으셨습니다. 덕분에 많은 새로운 내용들에 대해서 이해할 수 있었습니다.

■ **심사원** : 아닙니다. 담당자님이야말로 바쁘신 업무 중에 인증심사 대응하시느라 고생이 많으셨습니다. 아무래도 심사는 처음이다 보니, 다양한 애로 사항들이 많을 것이라고 생각합니다. 최초심사 담당자들이 인증심사 시, 고뇌하는 모습들을 종종 지켜본 적이 있었던 거 같아서요.

○ **담당자** : **(가)** 제가 알기로는 2023.03.15부터 시행된 「개인정보보호법」이 다양한 변화가 이루어졌다고 들었습니다. 말씀하신 내용들을 기반으로 향후 사후심사 때부터는 이른 사전 대비와 법률 검토 등을 통해 준비해야겠다는 생각이 들었으며, 내부 논의도 이어 갈 예정입니다. 그전에 심사원님께서 나름의 방향을 설정해 주신다면 업무에 도움이 될 거 같습니다.

■ **심사원** : **(나)** 정보주체의 권익 보호를 위하여 「개인정보보호법」의 방향이 크게 설정되어졌습니다. 이 점이 가장 우선적으로 고려 되어져야 하는 방향 같습니다. 예를 들면, 급박한 생명·신체·재산의 이익 보호를 위해 필요한 경우에 우선하여 개인정보 수집·이용·제공이 가능하게 되었으며, 코로나19 등 공공의 안전을 위해 긴급히 필요한 경우에도 개인정보 수집·이용·제공이 가능하게 되었습니다. 다만 이때 개인정보처리자는 개인정보를 안전하게 관리 (안전조치·파기·권리보장 등 준수) 할 수 있도록 관련 의무를 준수해야 하며, 고유식별정보와 민감정보가 의도치 않게 공개되지 않도록 공개 가능성 및 비공개 선택 방법을 알리도록 해야 합니다.

○ **담당자** : **(다)** 국민의 생명 신체 등을 보호하기 위한 법체계 정비가 말씀하신 내용처럼 이루어졌으며, 동의 외 계약 이행을 위해 필요한 경우 등 개인정보 처리 요건을 다양화하여 동의 없이 수집·이용이 가능하도록 하고, 개인정보 처리 요건 개선에 따라 개인정보처리방침에 대한 적정성을 평가 및 이에 대한 개선 권고할 수 있도록 하였다고 알고 있습니다.

■ **심사원** : **(라)** 정보주체의 자유로운 의사에 따른 선택권 보장 등 동의 방법에 대한 원칙을 명시하였습니다. 이를 통해 기존에 필수적 동의를 받고, 필수 동의에 대한 비동의시 활용할 수 없었던 시스템 환경을 비동의 시에도 접근할 수 있도록 시스템 구축 및 변경이 필요해질 예정입니다. 사후 심사 전 필수/선택 동의를 무조건 없애야 함과 동시에 아키텍처 변경을 통해, 동의하지 않는 정보주체의 사이트 이용에 대해서도 방안을 마련하고 시스템을 변경하여야 합니다. 따라서, 사후심사 시 정보주체에게 어떠한 사항이든 서비스 거부는 안 되며, 활용되어지는 개인정보 항목 내에서 서비스를 제공할 수 있도록 모든 시스템을 개선해야 합니다.

○ **담당자 :** **(마)** 시스템 개발·운영하는 부서가 최근에 매우 바쁘고, 다양한 검토를 이어 가고 있는거 같던데, 말씀 해주신 내용 때문이라고 유추되어지네요. 특히 저희는 공공기관이라 개인정보 파일이 다수 관리되고 있는 게 현실입니다. 다행스럽게도 개인정보 파일 중, 대다수를 차지하는 내용이 저희기관 내부에 업무처리용으로 활용되는 파일이라서, 변경의 영향이 없지만, 많은 공공기관들은 변경 사항에 대응에 굉장히 다양한 어려움이 많다고 들었습니다. 공공기관에서 특히 변경된 사항은 어떤 것이 있을까요?

■ **심사원 :** **(바)** 공공기관은 최근 국가 정보망의 장애로 인해, 국민들에게 많은 불편을 준 기억이 있습니다. 이를 반면교사 삼아, 더욱더 세부적이고 안전한 관리 기준을 적용할 전망입니다. 특정 조건에 부합하는 공공시스템인 경우 안전조치 등을 강화하여 관리하여야 합니다. 또한 말씀하신 개인정보파일에서 기존 통계법 적용이었던 대상을 포함하여 개인정보파일로 공개하여 「개인정보보호법」의 적용이 되도록 하게 되었습니다.

○ **담당자 :** **(사)** 공공기관에서도 최근 다양한 분야에 클라우드를 활용하고 있고, 이를 통해 데이터의 국외 이전이 이루어지고 있다고 생각합니다. 국외로 데이터를 이전하기 위해서 제공되는 정보의 관리를 위해서 필수적으로 ISMS-P 인증심사를 받아야 하는 것으로 알고 있습니다. 현재 저희 시스템상의 클라우드 환경을 유지하기 위해서 내년부터는 ISMS-P 인증심사의 필수적 준비가 법률변경의 요지가 되겠군요. 저희 기관에서는 의무기관은 아니지만 ISMS-P 인증을 유지해 왔던게 큰 도움이 될 거 같습니다만, 다른 공공기관은 ISMS-P 인증을 준비하는데 매우 많은 어려움과 혼란이 예상되기에 참 안타깝습니다.

○ **담당자 :** 이야기를 하다보니, 시간이 많이 지나간 거 같습니다. 심사원님과의 대화를 통해 많은 궁금한 사항들이 도출되고, 향후 해야 할 일들이 정립이 조금이나마 된 것 같아서 감사하게 생각합니다. 다음에 시간이 허락한다면 조금 더 깊이 있는 대화를 나누길 희망합니다. 감사합니다.

■ **심사원 :** 도움이 되셨다니 저도 기분이 좋습니다. 시간이 허락한다면, 해당 내용에 대해 다시 한번 이야기 나누기를 저 또한 희망합니다. 감사합니다.

① 1개
② 2개
③ 3개
④ 4개
⑤ 5개

44 「개인정보보호법」은 2023.09.15에 많은 부분이 개정되었다. 그중, 개인정보의 안전성 확보조치기준과 개인정보의 기술적·관리적 보호조치 기준이 안전성확보조치기준으로 일원화되었다. 현재 시점은 2024.03.15이며, ISMS-P 최초심사가 마무리 되었다. 내년도 사후심사 시점 기준(2025.03.15.) 특례 규정을 적용받는 개인정보처리자가 법률 위반이 되지 않기 위하여 추가적으로 고려해야 하는 내용으로만 보기가 구성된 것을 고르시오 (단, 해당 기업은 20만 명의 정보주체에 관하여 개인정보를 처리하는 중견기업임).

> **가.** 출력 복사 시 보호조치 (제12조) 대응 조치
>
> **나.** 일정 횟수 인증 실패 시 조치 (제5조 제6항) 대응 조치
>
> **다.** 인터넷망 구간 전송 시 암호화 (제7조 제4항) 대응 조치
>
> **라.** 암호키 관리 절차 수립·시행 (제7조 제6항) 대응 조치
>
> **마.** 접속기록 점검 (제8조 제2항) 대응 조치
>
> **바.** 재해·재난 대비 안전 조치 (제11조) 대응 조치

① 가, 나, 다, 라
② 가, 다, 라, 마
③ 나, 다, 라, 바
④ 나, 라, 마, 바
⑤ 다, 라, 마, 바

45 개인정보의 이용·제공 내역 등 정보주체에게 통지하여야 할 사항을 파악하여 그 내용을 주기적으로 통지하여야 한다. 다음 개인정보 이용·제공 내역의 통지 관련 내용 중 적절하지 않은 것을 고르시오.

① 100만 명 이상의 정보주체에 관하여 개인정보를 처리하는 자는 통지 의무 대상에 해당한다.

② 개인정보처리자가 업무수행을 위해 그에 소속된 임직원의 개인정보를 처리한 경우 해당 정보주체에게 통지해야 한다.

③ 개인정보 이용·제공 내역 통지 항목에는 개인정보의 수집·이용 목적 및 수집한 개인정보의 항목과 개인정보를 제공받은 자와 그 제공 목적 및 제공한 개인정보의 항목을 포함하여 통지하여야 한다.

④ 서면·전자우편·전화·문자전송 등 정보주체가 통지 내용을 쉽게 확인할 수 있는 방법으로 통지하여야 한다.

⑤ 개인정보 이용·제공 내역을 개별 정보주체에게 직접적으로 통지하는 대신 홈페이지에서 단순 팝업창이나 별도 공지사항으로 안내만 한 경우 결함에 해당한다.

46 ISMS-P 인증 의무 대상자인 ㈜ABC메신저는 ISMS-P 인증심사를 받고 있다. 다음 인터뷰 상황을 보고 결함으로 판단되는 적절한 인증기준을 고르시오.

☰ 2023년 위험평가 결과 보고서 ● ● ● ●

2023년 위험평가 결과 보고서

■ **수행 일정** : 2023.03 ~ 2023.05

■ **수행 인력** : 정보보안팀 홍길동

■ **결과 내역** : 총 5건의 미흡 사항 확인

구분	내용	개선 계획
권한 신청 절차 마련	개인정보처리시스템 접속 권한 신청/부여 이력이 관리되지 않음	중기 (6개월 내 조치)
개인정보 전송구간 암호화 적용	신규 서비스 개인정보 수정 페이지가 HTTP로 작동되고 있음	
특수 계정 관리	개인정보처리시스템 최고 관리자 권한(admin)이 과도하게 부여되어 있음	
개인정보 파기	회원탈퇴 시에도 DB에서 개인정보가 파기되고 있지 않음	
개인정보처리시스템 접속로그점검 절차 마련	매월 개인정보처리시스템에 대한 접속로그를 점검하고 있지 않음	장기 (1년 내 조치)

(중략)

■ **심사원** : 안녕하세요. 제출하신 위험평가 자료에 대해 문의드립니다.

○ **조 대리** : 심사원님 안녕하세요.

■ **심사원** : 2023년 3월~5월에 실시하신 위험평가 결과 보고서를 보니 총 5건의 미흡 사항이 확인되었는데, 4건은 중기 조치 / 1건은 장기 조치로 보호대책을 선정하신 것으로 확인했습니다.

○ **조 대리** : 네. 맞습니다.

■ **심사원** : 중기 조치 건은 개선 조치가 완료되었나요? 확인 부탁드립니다.

○ **조 대리** : 확인해 보고 자료 제출하겠습니다.

– 1시간 후 –

○ **조 대리** : 심사원님. 현업에 확인해 보니 아직 개선 조치되지 않은 것으로 확인됩니다.

■ **심사원** : 혹시 CISO님께도 결과 보고가 되었을까요?

○ **조 대리** : 작년 위험평가가 끝나고 메일로 보고를 드렸는데요. 당시 CISO님이 바쁘셔서 결과 보고서에 대한 피드백을 주시지는 않으셨던 것 같습니다. 이후 두 차례 더 말씀드렸으나 말씀이 없으셔서, 자체적으로 개선 계획을 검토하여 진행하였습니다.

■ **심사원** : 보호대책 선정을 검토받지 않고 담당자님 스스로 결정하신 거군요.

○ **조 대리** : 네. 근데 저도 당시에 업무가 많아서 모든 미흡사항을 중/장기 조치 계획으로 분류하였고 이후 업무를 놓친 것 같습니다. 최대한 긴급 조치하도록 하겠습니다.

■ **심사원** : 그렇군요. 자세한 설명 감사합니다.

① 1.1.1 경영진의 참여
② 1.2.3 위험 평가
③ 1.2.4 보호대책 선정
④ 1.3.1 보호대책 구현
⑤ 2.9.5 로그 및 접속기록 점검

47 온라인 음식배달업체인 스피드딜리버리는 ISMS 의무대상이지만 개인정보보호 강화를 위해 ISMS-P 인증기준에 따라 최초심사를 받고 있다. 규정집을 바탕으로 진행한 인터뷰 내용 중에서 가장 올바르지 못한 내용을 고르시오.

정보보호 정책서

정보보호 정책서

제3조 정보시스템 보안

① 공개할 목적으로 웹서버 등 공개서버를 구축·운용하고자 할 경우, 내부망과 분리된 영역(DMZ)에 설치하여야 한다.

② 공개서버 관리자는 서버에 접근할 수 있는 개별사용자를 제한하고 불필요한 계정은 삭제하여야 한다.

③ 공개서버 관리자는 공개서버 서비스에 필요한 프로그램을 개발·시험하기 위하여 사용한 도구 (컴파일러 등) 및 서비스와 관계가 없는 산출물은 개발 완료 후 삭제하여야 한다.

④ 정보시스템의 효율적인 통제·관리 및 사고 발생 시 추적 등을 위하여 로그기록을 유지·관리하여야 하며 시간 동기화를 통해 정확한 기록을 유지하여야 한다.

⑤ 정보시스템 관리자는 로그기록을 1년 이상 보관하여야 하며 로그기록의 위·변조 및 외부유출 방지대책을 수립·시행하여야 한다.

제4조 원격근무 보안

① 직원이 재택근무, 출장지 현장 근무 또는 파견 근무 시 인터넷을 통해 본인 인증을 거쳐 정보시스템에 접속하여 온라인상으로 업무를 수행하게 할 수 있다.

② 원격근무를 시행하고자 할 경우 보안대책이 강구된 정보시스템을 구축·운영하여야 한다.

　　1. 문서 암호화제품(DRM) 사용 등 문서 보호대책 강구

　　2. 원격근무자를 식별·인증하기 위하여 공동인증서, 생체인증 기술 및 일회용 비밀번호 생성기(OTP) 등 보안성을 강화한 사용자 인증방식 적용

③ 원격근무자에게 보안서약서를 징구하고 직위·임무에 부합한 정보시스템 접근권한 부여 및 인사이동 등 변동 사항이 발생 시 접근권한 조정 등의 절차를 마련·시행하여야 한다.

제5조 출입통제

① 사내 중요정보 및 시설을 보호하기 위하여 보호지역을 설정하되, 통제구역의 설정은 필요한 최소한의 범위로 제한하여야 한다.

② 보호지역으로 설정된 곳은 출입자가 쉽게 볼 수 있도록 출입문 중앙 또는 잘 보이는 곳에 표시를 부착한다. 다만, 특별한 경우에는 책임자의 승인을 받아 출입문 안쪽에 부착할 수 있다.

③ 통제구역은 책임자의 승인을 받아 출입이 허용된 자 이외의 출입을 통제하되, 출입통제대장(별표 제1호)을 비치하여 출입상황을 기록·유지하고 책임자는 분기별로 검토·확인하여야 한다.

④ 장기간 동일 출입통제구역에 출입하는 경우에는 출입기간을 명시하고 1회만 기록할 수 있다.

⑤ 통제구역을 출입하고자 할 때에는 사전에 책임자의 승인을 받아야 하며 승인된 자는 직원과 동행하여야 한다.

⑥ 출입통제 담당부서에서는 개별적으로 제한구역이나 통제구역에 출입하지 못하도록 조치하여야 한다.

제6조 단말기 보안

① 개별사용자는 지급받은 PC·노트북·휴대폰·스마트패드 등 단말기사용과 관련한 일체의 보안관리 책임을 진다.

② 개별사용자는 단말기에 대하여 다음 각 호에 해당하는 보안대책을 준수하여야 한다.
   1. CMOS·로그온 비밀번호의 정기적 변경 사용
   2. 단말기 작업을 일정 시간 이상 중단 시 비밀번호 등을 적용한 화면보호 조치
   3. 최신 백신 소프트웨어 설치
   4. 운영체제 및 응용프로그램에 대한 최신 보안패치 유지
   5. 출처, 유통경로 및 제작자가 불분명한 응용프로그램의 사용 금지

제7조 사용자계정 보안

① 정보시스템 관리자는 개별사용자가 시스템 접속(로그온)에 5회 이상 실패할 경우 접속이 중단되도록 시스템을 설정하고 비인가자 침입 여부를 점검하여야 한다.

② 사용자는 각종 비밀번호를 다음 각 호에 해당하는 사항을 반영하고 숫자·문자·특수문자 등을 혼합하여 안전하게 설정하고 정기적으로 변경·사용하여야 한다.
   1. 사용자 계정(아이디)과 동일하지 않은 것
   2. 개인 신상 및 부서 명칭 등과 관계가 없는 것
   3. 일반 사전에 등록된 단어의 사용을 피할 것
   4. 동일한 단어 또는 숫자를 반복하여 사용하지 말 것
   5. 사용된 비밀번호는 재사용하지 말 것
   6. 동일한 비밀번호를 여러 사람이 공유하여 사용하지 말 것
   7. 응용프로그램 등을 이용한 자동 비밀번호 입력기능을 사용하지 말 것

- **심사원** : 안녕하세요. 심사원 전상진입니다. 지금부터 인터뷰를 시작하겠습니다.

○ **담당자** : 네. 잘 부탁드리겠습니다.

- **심사원** : 원격근무를 시행하고 있는데, 관련 절차에 대해 설명 부탁드리겠습니다.

○ **담당자** : 코로나 이후 본격적으로 원격근무를 시행하고 있으며, 별도의 원격근무용 계정을 신청하여 승인받은 필수 프로그램인 문서 암호화 프로그램을 설치한 뒤, **① 1차 ID/PW인증, 2차 OTP인증을 사용하여 접속하도록 되어있습니다. 또한 5회 이상 접속시도가 실패하면 계정이 잠기도록 설정되어 있습니다.**

- **심사원** : 알겠습니다. 다음은 공개서버에 대해 질문드리겠습니다. DMZ에 위치한 홈페이지서버에 접속 부탁드리겠습니다.

○ **담당자** : 여기 접속 했습니다.

- **심사원** : 여기 보이는 파일은 무슨 파일인가요? 날짜를 보니 실제로 사용하고 있는 파일은 아닌 것 같은데요.

○ **담당자** : 1년 전 홈페이지 개선 작업 때 테스트 했던 파일 같은데 작업 완료 후 미처 삭제하지 못한 것 같습니다.

- **심사원** : 규정에는 **② 서비스와 관계없는 파일들에 대해서는 삭제하도록 되어 있는데요. 이는 결함사항으로 판단됩니다.**

○ **담당자** : 바로 조치하도록 하겠습니다.

- **심사원** : 정보시스템에 대한 로그기록은 어떻게 보관하고 계신가요?

○ **담당자** : **③ 정보시스템의 경우 로그기록은 1년 이상 보관하고 있으며, 개인정보처리시스템의 경우에는 3년 이상 보관하고 있습니다.**

- **심사원** : 직원들의 PC 단말기 보안은 어떻게 이루어지고 있나요?

○ **담당자** : 주기적 비밀번호 변경, 최신 백신 소프트웨어 설치, 비인가 프로그램 설치 금지 등을 하고 있습니다.

- **심사원** : 보안이 제대로 이루어지고 있는지 어떻게 점검을 하고 계시나요?

○ **담당자** : **④ 월 1회 보안점검을 실시하여, 설치가 누락되거나 설정이 미흡한 단말기를 파악하여 조치하고 있습니다.**

- **심사원** : 마지막으로 출입통제에 대해 질문드리겠습니다. 전산실 출입절차에 대해 설명 부탁드리겠습니다.

○ **담당자** : 전산실은 통제구역으로 지정되어 있으며, 통제구역의 경우 승인을 받은 뒤 직원과의 동행 하에 출입이 가능하고, **⑤ 출입통제대장을 기록하며, 이는 6개월 단위로 검토하여 이상유무를 확인하고 있습니다.**

- **심사원** : 네. 알겠습니다. 고생하셨습니다.

48 다음은 개인정보처리자의 가명정보 처리에 대한 설명이다. 가장 적절한 것을 고르시오.

① OO 유통사의 A팀은 매장의 판매정보시스템 고도화를 위해 매장고객정보(고객번호, 연령, 주소)와 판매정보(제품번호, 제품명, 제품금액, 제품 제고 및 판매량)를 가명처리하여 내부적인 분석을 통해 판매정보시스템 고도화를 위해 활용하였으며, A팀은 보다 나은 서비스 개선을 위해 처리된 가명정보를 활용하여 신상품 개발을 위한 경진대회를 개최하였음

② □□ 공사의 A부서는 개인식별 가능성이 있는 차량번호, 차종 등을 가명처리하고, 톨게이트 입출시간, 이동량, 사고정보 등의 정보를 교통서비스 개선을 위한 연구 목적으로 고속도로 통행요금을 관리하는 같은 공사의 B부서에 제공함

③ OO 사의 A부서는 고객 AS 및 민원처리 내역(문자, 질문분류, 질문내용, 답변내용, 처리만족도 등 비정형 데이터)을 가명처리하여 시스템 개발을 담당하는 B부서에 문의 유형별 민원처리 방안 연구를 위한 목적으로 제공함(민원처리 내역 등의 비정형 데이터는 정규 표현식 및 개인정보 검출 시스템을 통해 가명처리를 수행하였으며, B부서는 제공받은 정보를 그대로 알고리즘 고도화 문의 유형별 민원처리 시스템 개발에 이용함)

④ OO 호텔은 최고급 객실을 이용한 VIP 정보를 회원번호와 이름을 가명처리하고, 나이, 성별, 등급, 예약방법, 객실정보, 체크인, 체크아웃, 서비스 이용금액을 △△ 분석회사에 시간에 따른 객실이용현황 및 서비스이용에 대한 조사 연구 목적으로 제공함

⑤ OO 기관은 복지 서비스 정책 개선에 필요한 모델 개발 연구를 위해 기초수급대상자 정보 및 정부예산 수급, 지원 내역을 가명처리한 후 연구 용역을 위탁한 △△대학에 가명정보 처리에 관한 안전성 확보조치 이행 여부를 확인하고 제공함

49 최근 ㈜AICOM는 생성형AI를 통한 채팅 서비스를 출시하였다. 다음 인터뷰를 보고 올바른 것을 고르시오.

- **심사원** : AI 기술을 활용한 서비스가 떠오르고 있지만 아직 가이드라인이 명확하지 않아 잠재적인 위험이 존재할 것으로 예상됩니다.

○ **담당자** : 맞습니다. 그렇지만 저희는 데이터를 수집하는 단계부터 저장/이용 및 활용하는 단계까지 모든 구간에서 안전한 보안 모델을 적용하였습니다.

- **심사원** : AI 기술 개발에 학습된 데이터셋은 어떤 데이터를 활용하셨나요?

○ **담당자** : 자사 다른 채팅 서비스에서 수집한 데이터를 통해 기술을 개발하였습니다.

- **심사원** : 해당 데이터는 익명처리한 후에 학습되었나요?

○ **담당자** : 개인정보로 판단되는 데이터는 익명 처리하였지만, 채팅 데이터 자체는 비정형 데이터라서 익명처리되지 않은 정보도 있을 수 있습니다.

- **심사원** : 그럼 이에 대한 이용자의 동의는 받으셨나요?

○ **담당자** : 다른 업체로 제공하는 것이 아닌 자사 서비스이기 때문에 동의받지 않아도 됩니다.

- **심사원** : 채팅 서비스를 이용할 때 개인정보 등 다양한 정보가 수집될 것 같은데요. 이에 대한 동의 절차가 적용되어 있나요?

○ **담당자** : 네. 서비스를 이용할 때 필수로 동의받고 있습니다. 또한 채팅 데이터를 수집할 때 과도한 개인정보나 민감한 정보, 금융 정보, 인증 정보가 입력되지 않도록 필터 기술을 적용하였습니다. 이러한 데이터가 입력되면 자동으로 익명 처리되고 있습니다.

○ **담당자** : 또한 AI 모델과 대화 중 보안 관련 질문이 발생했을 때는 답변이 나가지 않도록 관련 기술도 적용되어 있습니다.

- **심사원** : 보관된 데이터는 어떻게 관리하시나요?

○ **담당자** : 개인정보처리시스템으로 분류하여 데이터 보관 시 접근제어, 암호화 적용 등의 보안 메커니즘을 적용하였습니다.

- **심사원** : 데이터 파기는 어떻게 하시나요?

○ **담당자** : 이용약관 및 개인정보 처리방침에 명시한 기간 동안 보관한 후 만료 시 알아볼 수 없도록 익명처리하고 있습니다.

- **심사원** : 자세한 설명 감사합니다.

① 동의 여부와 상관없이 자사 다른 채팅 서비스에서 수집한 데이터를 신규AI 기술에 활용하는 것은 결함으로 판단된다.

② 자사 다른 서비스의 모든 데이터를 익명 처리한 후 AI 모델 학습에 활용하였다면 결함이 아니지만, 채팅 데이터 중 익명처리 되지 않은 개인정보가 포함될 수 있는 부분은 결함으로 판단된다.

③ 신규 서비스 개발에 활용된다는 이용자의 동의만 잘 받았다면 서비스 운영에 개인정보 이슈는 없을 것이다.

④ 채팅 데이터는 비정형 데이터로 개인정보로 볼 수 없으므로 개인정보처리시스템으로 분류되지 않는다.

⑤ 익명정보는 개인정보에 해당되므로 데이터를 파기하지 않고 익명 처리하는 것은 결함이다.

50 **개인정보 유출 등의 통지 및 신고와 관련하여 잘못된 내용을 고르시오.**

① 개인정보처리자는 1천 명 이상의 정보주체에 관한 개인정보가 유출 등이 된 경우 유출등을 알게 된 때로부터 72시간 이내에 신고해야 한다.

② 정보통신서비스제공자 등은 개인정보 유출 등을 알게 된 때로부터 24시간 이내에 신고해야 한다.

③ 민감정보 또는 고유식별정보가 유출 등이 된 경우에는 건수와 무관하게 신고하여야 한다.

④ 개인정보 유출 등이 발생한 때, 정보주체의 연락처를 알 수 없는 경우 인터넷 홈페이지에 30일 이상 게시하는 것으로 통지를 갈음할 수 있다.

⑤ 유출 등이 된 개인정보의 항목, 시점 및 경위를 확인하지 못하는 경우 그때까지 확인된 내용을 우선 통지 후, 추가 내용은 확인되는 즉시 통지하여야 한다.

2025년도 ISMS-P(정보보호 및 개인정보보호 관리체계) 인증심사원 자격검정 필기시험 문제지 실전 모의고사 (2회)

성명		수험번호	

응시자 필독 사항

1. 자신이 선택한 문제지의 유형을 확인하시오.

2. 문제지의 해당란에 성명과 수험번호를 정확히 쓰시오.

3. 답안지의 필적 확인란에 서약서 내용을 정자로 기재하고, 서명하시오.

4. 답안지의 해당란에 성명과 수험번호를 쓰고, 또 수험번호와 답을 정확히 표시하시오.

5. OMR 카드 교환은 시험 종료 10분 전까지만 가능하며, 그 이후에는 교환이 불가함.

6. 답안 수정을 위한 수정액 또는 수정 테이프는 사용할 수 없음.

7. 시험 시작 후 1시간 이전에는 퇴실할 수 없으며, 퇴실 후 입실은 불가함.

8. 부정행위 적발 시 그 시험을 무효로 하며, 향후 국가 자격 시험에 5년간 응시할 수 없음.

9. 본 문제지의 내용을 전부 또는 일부를 강의 또는 출판 등의 목적으로 인터넷 또는 SNS 등의 매체에 공개할 수 없으며, 무단 공개 시 저작권 위반 등에 대한 민·형사상의 책임을 질 수 있음.

※ 시험이 시작되기 전까지 표지를 넘기지 마시오.

ISMS-P 시험 출제 기관

※ 본 표지는 공개된 국가자격시험의 일반적인 양식을 바탕으로 임의로 작성한 것으로 실제 ISMS-P 시험과 상이할 수 있음

ISMS-P 인증기준

1. 관리체계 수립 및 운영

1.1.	관리체계 기반 마련	
1.1.1	경영진의 참여	최고경영자는 정보보호 및 개인정보보호 관리체계의 수립과 운영활동 전반에 경영진의 참여가 이루어질 수 있도록 보고 및 의사결정 체계를 수립하여 운영하여야 한다.
1.1.2	최고책임자의 지정	최고경영자는 정보보호 업무를 총괄하는 정보보호 최고책임자와 개인정보보호 업무를 총괄하는 개인정보보호 책임자를 예산·인력 등 자원을 할당할 수 있는 임원급으로 지정하여야 한다.
1.1.3	조직 구성	최고경영자는 정보보호와 개인정보보호의 효과적 구현을 위한 실무조직, 조직 전반의 정보보호와 개인정보보호 관련 주요 사항을 검토 및 의결할 수 있는 위원회, 전사적 보호활동을 위한 부서별 정보보호와 개인정보보호 담당자로 구성된 협의체를 구성하여 운영하여야 한다.
1.1.4	범위 설정	조직의 핵심 서비스와 개인정보 처리 현황 등을 고려하여 관리체계 범위를 설정하고, 관련된 서비스를 비롯하여 개인정보 처리 업무와 조직, 자산, 물리적 위치 등을 문서화하여야 한다.
1.1.5	정책 수립	정보보호와 개인정보보호 정책 및 시행문서를 수립·작성하며, 이때 조직의 정보보호와 개인정보보호 방침 및 방향을 명확하게 제시하여야 한다. 또한 정책과 시행문서는 경영진 승인을 받고, 임직원 및 관련자에게 이해하기 쉬운 형태로 전달하여야 한다.
1.1.6	자원 할당	최고경영자는 정보보호와 개인정보보호 분야별 전문성을 갖춘 인력을 확보하고, 관리체계의 효과적 구현과 지속적 운영을 위한 예산 및 자원을 할당하여야 한다.
1.2.	위험 관리	
1.2.1	정보자산 식별	조직의 업무특성에 따라 정보자산 분류기준을 수립하여 관리체계 범위 내 모든 정보자산을 식별·분류하고, 중요도를 산정한 후 그 목록을 최신으로 관리하여야 한다.
1.2.2	현황 및 흐름분석	관리체계 전 영역에 대한 정보서비스 및 개인정보 처리 현황을 분석하고 업무 절차와 흐름을 파악하여 문서화하며, 이를 주기적으로 검토하여 최신성을 유지하여야 한다.
1.2.3	위험 평가	조직의 대내외 환경분석을 통해 유형별 위협정보를 수집하고 조직에 적합한 위험 평가 방법을 선정하여 관리체계 전 영역에 대하여 연 1회 이상 위험을 평가하며, 수용할 수 있는 위험은 경영진의 승인을 받아 관리하여야 한다.
1.2.4	보호대책 선정	위험 평가 결과에 따라 식별된 위험을 처리하기 위하여 조직에 적합한 보호대책을 선정하고, 보호대책의 우선순위와 일정·담당자·예산 등을 포함한 이행계획을 수립하여 경영진의 승인을 받아야 한다.

1.3.	관리체계 운영	
1.3.1	보호대책 구현	선정한 보호대책은 이행계획에 따라 효과적으로 구현하고, 경영진은 이행결과의 정확성과 효과성 여부를 확인하여야 한다.
1.3.2	보호대책 공유	보호대책의 실제 운영 또는 시행할 부서 및 담당자를 파악하여 관련 내용을 공유하고 교육하여 지속적으로 운영되도록 하여야 한다.
1.3.3	운영현황 관리	조직이 수립한 관리체계에 따라 상시적 또는 주기적으로 수행하여야 하는 운영활동 및 수행 내역은 식별 및 추적이 가능하도록 기록하여 관리하고, 경영진은 주기적으로 운영활동의 효과성을 확인하여 관리하여야 한다.
1.4.	관리체계 점검 및 개선	
1.4.1	법적 요구사항 준수 검토	조직이 준수하여야 할 정보보호 및 개인정보보호 관련 법적 요구사항을 주기적으로 파악하여 규정에 반영하고, 준수 여부를 지속적으로 검토하여야 한다.
1.4.2	관리체계 점검	관리체계가 내부 정책 및 법적 요구사항에 따라 효과적으로 운영되고 있는지 독립성과 전문성이 확보된 인력을 구성하여 연 1회 이상 점검하고, 발견된 문제점을 경영진에게 보고하여야 한다.
1.4.3	관리체계 개선	법적 요구사항 준수검토 및 관리체계 점검을 통해 식별된 관리체계상의 문제점에 대한 원인을 분석하고 재발방지 대책을 수립·이행하여야 하며, 경영진은 개선 결과의 정확성과 효과성 여부를 확인하여야 한다.

2. 보호대책 요구사항

2.1.	정책, 조직, 자산 관리	
2.1.1	정책의 유지관리	정보보호 및 개인정보보호 관련 정책과 시행문서는 법령 및 규제, 상위 조직 및 관련 기관 정책과의 연계성, 조직의 대내외 환경변화 등에 따라 주기적으로 검토하여 필요한 경우 제·개정하고 그 내역을 이력관리하여야 한다.
2.1.2	조직의 유지관리	조직의 각 구성원에게 정보보호와 개인정보보호 관련 역할 및 책임을 할당하고, 그 활동을 평가할 수 있는 체계와 조직 및 조직의 구성원 간 상호 의사소통할 수 있는 체계를 수립하여 운영하여야 한다.
2.1.3	정보자산 관리	정보자산의 용도와 중요도에 따른 취급 절차 및 보호대책을 수립·이행하고, 자산별 책임소재를 명확히 정의하여 관리하여야 한다.

2.2.	인적 보안	
2.2.1	주요 직무자 지정 및 관리	개인정보 및 중요정보의 취급이나 주요 시스템 접근 등 주요 직무의 기준과 관리방안을 수립하고, 주요 직무자를 최소한으로 지정하여 그 목록을 최신으로 관리하여야 한다.
2.2.2	직무 분리	권한 오·남용 등으로 인한 잠재적인 피해 예방을 위하여 직무 분리 기준을 수립하고 적용하여야 한다. 다만, 불가피하게 직무 분리가 어려운 경우 별도의 보완대책을 마련하여 이행하여야 한다.
2.2.3	보안 서약	정보자산을 취급하거나 접근권한이 부여된 임직원·임시직원·외부자 등이 내부 정책 및 관련 법규, 비밀유지 의무 등 준수사항을 명확히 인지할 수 있도록 업무 특성에 따른 정보보호 서약을 받아야 한다.
2.2.4	인식제고 및 교육훈련	임직원 및 관련 외부자가 조직의 관리체계와 정책을 이해하고 직무별 전문성을 확보할 수 있도록 연간 인식제고 활동 및 교육훈련 계획을 수립·운영하고, 그 결과에 따른 효과성을 평가하여 다음 계획에 반영하여야 한다.
2.2.5	퇴직 및 직무변경 관리	퇴직 및 직무변경 시 인사·정보보호·개인정보보호·IT 등 관련 부서별 이행하여야 할 자산반납, 계정 및 접근권한 회수·조정, 결과확인 등의 절차를 수립·관리하여야 한다.
2.2.6	보안 위반 시 조치	임직원 및 관련 외부자가 법령, 규제 및 내부정책을 위반한 경우 이에 따른 조치 절차를 수립·이행하여야 한다.
2.3.	외부자 보안	
2.3.1	외부자 현황 관리	업무의 일부(개인정보취급, 정보보호, 정보시스템 운영 또는 개발 등)를 외부에 위탁하거나 외부의 시설 또는 서비스(집적정보통신시설, 클라우드 서비스, 애플리케이션 서비스 등)를 이용하는 경우 그 현황을 식별하고 법적 요구사항 및 외부 조직·서비스로부터 발생되는 위험을 파악하여 적절한 보호대책을 마련하여야 한다.
2.3.2	외부자 계약 시 보안	외부 서비스를 이용하거나 외부자에게 업무를 위탁하는 경우 이에 따른 정보보호 및 개인정보보호 요구사항을 식별하고, 관련 내용을 계약서 또는 협정서 등에 명시하여야 한다.
2.3.3	외부자 보안 이행 관리	계약서, 협정서, 내부정책에 명시된 정보보호 및 개인정보보호 요구사항에 따라 외부자의 보호대책 이행 여부를 주기적인 점검 또는 감사 등 관리·감독하여야 한다.
2.3.4	외부자 계약 변경 및 만료 시 보안	외부자 계약만료, 업무종료, 담당자 변경 시에는 제공한 정보자산 반납, 정보시스템 접근계정 삭제, 중요정보 파기, 업무 수행 중 취득정보의 비밀유지 확약서 징구 등의 보호대책을 이행하여야 한다.
2.4.	물리 보안	
2.4.1	보호구역 지정	물리적·환경적 위협으로부터 개인정보 및 중요정보, 문서, 저장매체, 주요 설비 및 시스템 등을 보호하기 위하여 통제구역·제한구역·접견구역 등 물리적 보호구역을 지정하고 각 구역별 보호대책을 수립·이행하여야 한다.

2.4.2	출입통제	보호구역은 인가된 사람만이 출입하도록 통제하고 책임추적성을 확보할 수 있도록 출입 및 접근 이력을 주기적으로 검토하여야 한다.
2.4.3	정보시스템 보호	정보시스템은 환경적 위협과 유해요소, 비인가 접근 가능성을 감소시킬 수 있도록 중요도와 특성을 고려하여 배치하고, 통신 및 전력 케이블이 손상을 입지 않도록 보호하여야 한다.
2.4.4	보호설비 운영	보호구역에 위치한 정보시스템의 중요도 및 특성에 따라 온도·습도 조절, 화재감지, 소화설비, 누수감지, UPS, 비상발전기, 이중전원선 등의 보호설비를 갖추고 운영절차를 수립·운영하여야 한다.
2.4.5	보호구역 내 작업	보호구역 내에서의 비인가행위 및 권한 오·남용 등을 방지하기 위한 작업 절차를 수립·이행하고, 작업 기록을 주기적으로 검토하여야 한다.
2.4.6	반출입 기기 통제	보호구역 내 정보시스템, 모바일 기기, 저장매체 등에 대한 반출입 통제절차를 수립·이행하고 주기적으로 검토하여야 한다.
2.4.7	업무환경 보안	공용으로 사용하는 사무용 기기(문서고, 공용 PC, 복합기, 파일서버 등) 및 개인 업무환경(업무용 PC, 책상 등)을 통해 개인정보 및 중요정보가 비인가자에게 노출 또는 유출되지 않도록 클린데스크, 정기점검 등 업무환경 보호대책을 수립·이행하여야 한다.
2.5.	**인증 및 권한관리**	
2.5.1	사용자 계정 관리	정보시스템과 개인정보 및 중요정보에 대한 비인가 접근을 통제하고 업무 목적에 따른 접근권한을 최소한으로 부여할 수 있도록 사용자 등록·해지 및 접근권한 부여·변경·말소 절차를 수립·이행하고, 사용자 등록 및 권한부여 시 사용자에게 보안책임이 있음을 규정화하고 인식시켜야 한다.
2.5.2	사용자 식별	사용자 계정은 사용자별로 유일하게 구분할 수 있도록 식별자를 할당하고 추측 가능한 식별자 사용을 제한하여야 하며, 동일한 식별자를 공유하여 사용하는 경우 그 사유와 타당성을 검토하여 책임자의 승인 및 책임추적성 확보 등 보완대책을 수립·이행하여야 한다.
2.5.3	사용자 인증	정보시스템과 개인정보 및 중요정보에 대한 사용자의 접근은 안전한 인증절차와 필요에 따라 강화된 인증방식을 적용하여야 한다. 또한 로그인 횟수 제한, 불법 로그인 시도 경고 등 비인가자 접근 통제방안을 수립·이행하여야 한다.
2.5.4	비밀번호 관리	법적 요구사항, 외부 위협요인 등을 고려하여 정보시스템 사용자 및 고객, 회원 등 정보주체(이용자)가 사용하는 비밀번호 관리절차를 수립·이행하여야 한다.
2.5.5	특수 계정 및 권한 관리	정보시스템 관리, 개인정보 및 중요정보 관리 등 특수 목적을 위하여 사용하는 계정 및 권한은 최소한으로 부여하고 별도로 식별하여 통제하여야 한다.
2.5.6	접근권한 검토	정보시스템과 개인정보 및 중요정보에 접근하는 사용자 계정의 등록·이용·삭제 및 접근권한의 부여·변경·삭제 이력을 남기고 주기적으로 검토하여 적정성 여부를 점검하여야 한다.

2.6.	접근통제	
2.6.1	네트워크 접근	네트워크에 대한 비인가 접근을 통제하기 위하여 IP관리, 단말인증 등 관리절차를 수립·이행하고, 업무목적 및 중요도에 따라 네트워크 분리(DMZ, 서버팜, DB존, 개발존 등)와 접근통제를 적용하여야 한다.
2.6.2	정보시스템 접근	서버, 네트워크시스템 등 정보시스템에 접근을 허용하는 사용자, 접근제한 방식, 안전한 접근수단 등을 정의하여 통제하여야 한다.
2.6.3	응용프로그램 접근	사용자별 업무 및 접근 정보의 중요도 등에 따라 응용프로그램 접근권한을 제한하고, 불필요한 정보 또는 중요정보 노출을 최소화할 수 있도록 기준을 수립하여 적용하여야 한다.
2.6.4	데이터베이스 접근	테이블 목록 등 데이터베이스 내에서 저장·관리되고 있는 정보를 식별하고, 정보의 중요도와 응용프로그램 및 사용자 유형 등에 따른 접근통제 정책을 수립·이행하여야 한다.
2.6.5	무선 네트워크 접근	무선 네트워크를 사용하는 경우 사용자 인증, 송수신 데이터 암호화, AP 통제 등 무선 네트워크 보호대책을 적용하여야 한다. 또한 AD Hoc 접속, 비인가 AP 사용 등 비인가 무선 네트워크 접속으로부터 보호대책을 수립·이행하여야 한다.
2.6.6	원격접근 통제	보호구역 이외 장소에서의 정보시스템 관리 및 개인정보 처리는 원칙적으로 금지하고, 재택근무·장애대응·원격협업 등 불가피한 사유로 원격접근을 허용하는 경우 책임자 승인, 접근 단말 지정, 접근 허용범위 및 기간 설정, 강화된 인증, 구간 암호화, 접속단말 보안(백신, 패치 등) 등 보호대책을 수립·이행하여야 한다.
2.6.7	인터넷 접속 통제	인터넷을 통한 정보 유출, 악성코드 감염, 내부망 침투 등을 예방하기 위하여 주요 정보시스템, 주요 직무 수행 및 개인정보 취급 단말기 등에 대한 인터넷 접속 또는 서비스(P2P, 웹하드, 메신저 등)를 제한하는 등 인터넷 접속 통제 정책을 수립·이행하여야 한다.
2.7.	암호화 적용	
2.7.1	암호정책 적용	개인정보 및 주요정보 보호를 위하여 법적 요구사항을 반영한 암호화 대상, 암호 강도, 암호 사용 정책을 수립하고 개인정보 및 주요정보의 저장·전송·전달 시 암호화를 적용하여야 한다.
2.7.2	암호키 관리	암호키의 안전한 생성·이용·보관·배포·파기를 위한 관리 절차를 수립·이행하고, 필요 시 복구방안을 마련하여야 한다.

2.8.	정보시스템 도입 및 개발 보안	
2.8.1	보안 요구사항 정의	정보시스템의 도입·개발·변경 시 정보보호 및 개인정보보호 관련 법적 요구사항, 최신 보안취약점, 안전한 코딩방법 등 보안 요구사항을 정의하고 적용하여야 한다.
2.8.2	보안 요구사항 검토 및 시험	사전 정의된 보안 요구사항에 따라 정보시스템이 도입 또는 구현되었는지를 검토하기 위하여 법적 요구사항 준수, 최신 보안취약점 점검, 안전한 코딩 구현, 개인정보 영향평가 등의 검토 기준과 절차를 수립·이행하고, 발견된 문제점에 대한 개선 조치를 수행하여야 한다.
2.8.3	시험과 운영 환경 분리	개발 및 시험 시스템은 운영시스템에 대한 비인가 접근 및 변경의 위험을 감소시키기 위하여 원칙적으로 분리하여야 한다.
2.8.4	시험 데이터 보안	시스템 시험 과정에서 운영데이터의 유출을 예방하기 위하여 시험 데이터의 생성과 이용 및 관리, 파기, 기술적 보호조치에 관한 절차를 수립·이행하여야 한다.
2.8.5	소스 프로그램 관리	소스 프로그램은 인가된 사용자만이 접근할 수 있도록 관리하고, 운영환경에 보관하지 않는 것을 원칙으로 하여야 한다.
2.8.6	운영환경 이관	신규 도입·개발 또는 변경된 시스템을 운영환경으로 이관할 때는 통제된 절차를 따라야 하고, 실행코드는 시험 및 사용자 인수 절차에 따라 실행되어야 한다.
2.9.	시스템 및 서비스 운영관리	
2.9.1	변경관리	정보시스템 관련 자산의 모든 변경내역을 관리할 수 있도록 절차를 수립·이행하고, 변경 전 시스템의 성능 및 보안에 미치는 영향을 분석하여야 한다.
2.9.2	성능 및 장애관리	정보시스템의 가용성 보장을 위하여 성능 및 용량 요구사항을 정의하고 현황을 지속적으로 모니터링하여야 하며, 장애 발생 시 효과적으로 대응하기 위한 탐지, 기록, 분석, 복구, 보고 등의 절차를 수립·관리하여야 한다.
2.9.3	백업 및 복구관리	정보시스템의 가용성과 데이터 무결성을 유지하기 위하여 백업 대상, 주기, 방법, 보관장소, 보관기간, 소산 등의 절차를 수립·이행하여야 한다. 아울러 사고 발생 시 적시에 복구할 수 있도록 관리하여야 한다.
2.9.4	로그 및 접속기록 관리	서버, 응용프로그램, 보안시스템, 네트워크시스템 등 정보시스템에 대한 사용자 접속기록, 시스템로그, 권한부여 내역 등의 로그유형, 보존기간, 보존방법 등을 정하고 위·변조, 도난, 분실 되지 않도록 안전하게 보존·관리하여야 한다.
2.9.5	로그 및 접속기록 점검	정보시스템의 정상적인 사용을 보장하고 사용자 오·남용(비인가접속, 과다조회 등)을 방지하기 위하여 접근 및 사용에 대한 로그 검토기준을 수립하여 주기적으로 점검하며, 문제 발생 시 사후조치를 적시에 수행하여야 한다.
2.9.6	시간 동기화	로그 및 접속기록의 정확성을 보장하고 신뢰성 있는 로그분석을 위하여 관련 정보시스템의 시각을 표준시각으로 동기화하고 주기적으로 관리하여야 한다.
2.9.7	정보자산의 재사용 및 폐기	정보자산의 재사용과 폐기 과정에서 개인정보 및 중요정보가 복구·재생되지 않도록 안전한 재사용 및 폐기 절차를 수립·이행하여야 한다.

2.10.	시스템 및 서비스 보안관리	
2.10.1	보안시스템 운영	보안시스템 유형별로 관리자 지정, 최신 정책 업데이트, 룰셋 변경, 이벤트 모니터링 등의 운영절차를 수립·이행하고 보안시스템별 정책적용 현황을 관리하여야 한다.
2.10.2	클라우드 보안	클라우드 서비스 이용 시 서비스 유형(SaaS, PaaS, IaaS 등)에 따른 비인가 접근, 설정 오류 등에 따라 중요정보와 개인정보가 유·노출되지 않도록 관리자 접근 및 보안 설정 등에 대한 보호대책을 수립·이행하여야 한다.
2.10.3	공개서버 보안	외부 네트워크에 공개되는 서버의 경우 내부 네트워크와 분리하고 취약점 점검, 접근통제, 인증, 정보 수집·저장·공개 절차 등 강화된 보호대책을 수립·이행하여야 한다.
2.10.4	전자거래 및 핀테크 보안	전자거래 및 핀테크 서비스 제공 시 정보유출이나 데이터 조작·사기 등의 침해사고 예방을 위해 인증·암호화 등의 보호대책을 수립하고, 결제시스템 등 외부 시스템과 연계할 경우 안전성을 점검하여야 한다.
2.10.5	정보전송 보안	타 조직에 개인정보 및 중요정보를 전송할 경우 안전한 전송 정책을 수립하고 조직 간 합의를 통해 관리 책임, 전송방법, 개인정보 및 중요정보 보호를 위한 기술적 보호조치 등을 협약하고 이행하여야 한다.
2.10.6	업무용 단말기기 보안	PC, 모바일 기기 등 단말기기를 업무 목적으로 네트워크에 연결할 경우 기기 인증 및 승인, 접근 범위, 기기 보안설정 등의 접근통제 대책을 수립하고 주기적으로 점검하여야 한다.
2.10.7	보조저장매체 관리	보조저장매체를 통하여 개인정보 또는 중요정보의 유출이 발생하거나 악성코드가 감염되지 않도록 관리 절차를 수립·이행하고, 개인정보 또는 중요정보가 포함된 보조저장매체는 안전한 장소에 보관하여야 한다.
2.10.8	패치관리	소프트웨어, 운영체제, 보안시스템 등의 취약점으로 인한 침해사고를 예방하기 위하여 최신 패치를 적용하여야 한다. 다만 서비스 영향을 검토하여 최신 패치 적용이 어려울 경우 별도의 보완대책을 마련하여 이행하여야 한다.
2.10.9	악성코드 통제	바이러스·웜·트로이목마·랜섬웨어 등의 악성코드로부터 개인정보 및 중요정보, 정보시스템 및 업무용 단말기 등을 보호하기 위하여 악성코드 예방·탐지·대응 등의 보호대책을 수립·이행하여야 한다.

2.11.	사고 예방 및 대응	
2.11.1	사고 예방 및 대응 체계 구축	침해사고 및 개인정보 유출 등을 예방하고 사고 발생 시 신속하고 효과적으로 대응할 수 있도록 내·외부 침해시도의 탐지·대응·분석 및 공유를 위한 체계와 절차를 수립하고, 관련 외부기관 및 전문가들과 협조체계를 구축하여야 한다.
2.11.2	취약점 점검 및 조치	정보시스템의 취약점이 노출되어 있는지를 확인하기 위하여 정기적으로 취약점 점검을 수행하고 발견된 취약점에 대해서는 신속하게 조치하여야 한다. 또한 최신 보안취약점의 발생 여부를 지속적으로 파악하고 정보시스템에 미치는 영향을 분석하여 조치하여야 한다.
2.11.3	이상행위 분석 및 모니터링	내·외부에 의한 침해시도, 개인정보유출 시도, 부정행위 등을 신속하게 탐지·대응할 수 있도록 네트워크 및 데이터 흐름 등을 수집하여 분석하며, 모니터링 및 점검 결과에 따른 사후조치는 적시에 이루어져야 한다.
2.11.4	사고 대응 훈련 및 개선	침해사고 및 개인정보 유출사고 대응 절차를 임직원과 이해관계자가 숙지하도록 시나리오에 따른 모의훈련을 연 1회 이상 실시하고 훈련결과를 반영하여 대응체계를 개선하여야 한다.
2.11.5	사고 대응 및 복구	침해사고 및 개인정보 유출 징후나 발생을 인지한 때에는 법적 통지 및 신고 의무를 준수하여야 하며, 절차에 따라 신속하게 대응 및 복구하고 사고분석 후 재발방지 대책을 수립하여 대응체계에 반영하여야 한다.
2.12.	재해복구	
2.12.1	재해, 재난 대비 안전조치	자연재해, 통신·전력 장애, 해킹 등 조직의 핵심 서비스 및 시스템의 운영 연속성을 위협할 수 있는 재해 유형을 식별하고 유형별 예상 피해규모 및 영향을 분석하여야 한다. 또한 복구 목표시간, 복구 목표시점을 정의하고 복구 전략 및 대책, 비상시 복구 조직, 비상연락체계, 복구 절차 등 재해 복구체계를 구축하여야 한다.
2.12.2	재해 복구 시험 및 개선	재해 복구 전략 및 대책의 적정성을 정기적으로 시험하여 시험결과, 정보시스템 환경변화, 법규 등에 따른 변화를 반영하여 복구전략 및 대책을 보완하여야 한다.

3. 개인정보 처리단계별 요구사항

3.1.	개인정보 수집 시 보호조치	
3.1.1	개인정보 수집·이용	개인정보는 적법하고 정당하게 수집·이용하여야 하며, 정보주체의 동의를 근거로 수집하는 경우에는 적법한 방법으로 정보주체의 동의를 받아야 한다. 또한, 만 14세 미만 아동의 개인정보를 수집하는 경우에는 그 법정대리인의 동의를 받아야 하며 법정대리인이 동의하였는지를 확인하여야 한다.

3.1.2	개인정보 수집 제한	개인정보를 수집하는 경우 처리 목적에 필요한 최소한의 개인정보만을 수집하여야 하며, 정보주체가 선택적으로 동의할 수 있는 사항 등에 동의하지 아니한다는 이유로 정보주체에게 재화 또는 서비스의 제공을 거부하지 않아야 한다.
3.1.3	주민등록번호 처리 제한	주민등록번호는 법적 근거가 있는 경우를 제외하고는 수집·이용 등 처리할 수 없으며, 주민등록번호의 처리가 허용된 경우라 하더라도 인터넷 홈페이지 등에서 대체수단을 제공하여야 한다.
3.1.4	민감정보 및 고유식별정보의 처리 제한	민감정보와 고유식별정보(주민등록번호 제외)를 처리하기 위해서는 법령에서 구체적으로 처리를 요구하거나 허용하는 경우를 제외하고는 정보주체의 별도 동의를 받아야 한다.
3.1.5	개인정보 간접수집	정보주체 이외로부터 개인정보를 수집하거나 제3자로부터 제공받는 경우에는 업무에 필요한 최소한의 개인정보를 수집하거나 제공받아야 하며, 법령에 근거하거나 정보주체의 요구가 있으면 개인정보의 수집 출처, 처리목적, 처리정지의 요구권리를 알려야 한다.
3.1.6	영상정보처리기기 설치·운영	고정형 영상정보처리기기를 공개된 장소에 설치·운영하거나 이동형 영상정보처리기기를 공개된 장소에서 업무를 목적으로 운영하는 경우 설치 목적 및 위치에 따라 법적 요구사항을 준수하고, 적절한 보호대책을 수립·이행하여야 한다.
3.1.7	마케팅 목적의 개인정보 수집·이용	재화나 서비스의 홍보, 판매 권유, 광고성 정보전송 등 마케팅 목적으로 개인정보를 수집·이용하는 경우 그 목적을 정보주체가 명확하게 인지할 수 있도록 고지하고 동의를 받아야 한다.
3.2.	**개인정보 보유 및 이용 시 보호조치**	
3.2.1	개인정보 현황관리	수집·보유하는 개인정보의 항목, 보유량, 처리 목적 및 방법, 보유기간 등 현황을 정기적으로 관리하여야 하며, 공공기관의 경우 이를 법률에서 정한 관계기관의 장에게 등록하여야 한다.
3.2.2	개인정보 품질보장	수집된 개인정보는 처리 목적에 필요한 범위에서 개인정보의 정확성·완전성·최신성이 보장되도록 정보주체에게 관리절차를 제공하여야 한다.
3.2.3	이용자 단말기 접근 보호	정보주체(이용자)의 이동통신단말장치 내에 저장되어 있는 정보 및 이동통신단말장치에 설치된 기능에 접근이 필요한 경우 이를 명확하게 인지할 수 있도록 알리고 정보주체(이용자)의 동의를 받아야 한다.
3.2.4	개인정보 목적 외 이용 및 제공	개인정보는 수집 시의 정보주체에게 고지·동의를 받은 목적 또는 법령에 근거한 범위 내에서만 이용 또는 제공하여야 하며, 이를 초과하여 이용·제공하려는 때에는 정보주체의 추가 동의를 받거나 관계 법령에 따른 적법한 경우인지 확인하고 적절한 보호대책을 수립·이행하여야 한다.
3.2.5	가명정보 처리	가명정보를 처리하는 경우 목적제한, 결합제한, 안전조치, 금지의무 등 법적 요건을 준수하고 적정 수준의 가명처리를 보장할 수 있도록 가명처리 절차를 수립·이행하여야 한다.

3.3.	개인정보 제공 시 보호조치	
3.3.1	개인정보 제3자 제공	개인정보를 제3자에게 제공하는 경우 법적 근거에 의하거나 정보주체의 동의를 받아야 하며, 제3자에게 개인정보의 접근을 허용하는 등 제공 과정에서 개인정보를 안전하게 보호하기 위한 보호대책을 수립·이행하여야 한다.
3.3.2	개인정보 처리업무 위탁	개인정보 처리업무를 제3자에게 위탁하는 경우 위탁하는 업무의 내용과 수탁자 등 관련사항을 공개하여야 한다. 또한 재화 또는 서비스를 홍보하거나 판매를 권유하는 업무를 위탁하는 경우 위탁하는 업무의 내용과 수탁자를 정보주체에게 알려야 한다.
3.3.3	영업의 양도 등에 따른 개인정보 이전	영업의 양도·합병 등으로 개인정보를 이전하거나 이전받는 경우 정보주체 통지 등 적절한 보호조치를 수립·이행하여야 한다.
3.3.4	개인정보 국외 이전	개인정보를 국외로 이전하는 경우 국외 이전에 대한 동의, 관련 사항에 대한 공개 등 적절한 보호조치를 수립·이행하여야 한다.
3.4.	개인정보 파기 시 보호조치	
3.4.1	개인정보파기	개인정보의 보유기간 및 파기 관련 내부 정책을 수립하고 개인정보의 보유기간 경과, 처리목적 달성 등 파기 시점이 도달한 때에는 파기의 안전성 및 완전성이 보장될 수 있는 방법으로 지체 없이 파기하여야 한다.
3.4.2	처리목적 달성 후 보유 시 조치	개인정보의 보유기간 경과 또는 처리목적 달성 후에도 관련 법령 등에 따라 파기하지 아니하고 보존하는 경우에는 해당 목적에 필요한 최소한의 항목으로 제한하고 다른 개인정보와 분리하여 저장·관리하여야 한다.
3.5.	정보주체 권리보호	
3.5.1	개인정보 처리방침 공개	개인정보의 처리 목적 등 필요한 사항을 모두 포함하여 정보주체가 알기 쉽도록 개인정보 처리방침을 수립하고, 이를 정보주체가 언제든지 쉽게 확인할 수 있도록 적절한 방법에 따라 공개하고 지속적으로 현행화하여야 한다.
3.5.2	정보주체 권리보장	정보주체가 개인정보의 열람, 정정·삭제, 처리정지, 이의제기, 동의철회 등 요구를 수집 방법·절차보다 쉽게 할 수 있도록 권리행사 방법 및 절차를 수립·이행하고, 정보주체의 요구를 받은 경우 지체 없이 처리하고 관련 기록을 남겨야 한다. 또한, 정보주체의 사생활 침해, 명예훼손 등 타인의 권리를 침해하는 정보가 유통되지 않도록 삭제 요청, 임시조치 등의 기준을 수립·이행하여야 한다.
3.5.3	정보주체에 대한 통지	개인정보의 이용·제공 내역 등 정보주체에게 통지하여야 할 사항을 파악하여 그 내용을 주기적으로 통지하여야 한다.

01 다음은 ISMS-P 인증제도에 대한 설명이다. 틀린 것은 모두 몇 개인지 고르시오.

> **가.** ISMS-P의 담당 기관 및 체계는 정책기관과 인증기관 그리고 심사기관으로 나누어지며 과기정통부와 개인정보보호위원회가 정책기관으로 인증위원회를 구성하여 법제도 개선 및 정책결정과 인증기관 및 심사기관을 지정하고 있다.
>
> **나.** ISMS-P의 인증기관은 현재 4개로 운영되고 있으며 한국정보통신진흥협회(KAIT), 한국정보통신기술협회(TTA), 개인정보보호협회(OPA), 차세대정보보안인증원(NISC)이 인증심사를 수행하고 있다.
>
> **다.** ISMS-P의 인증범위는 ISMS와 ISMS-P 그리고 ISMS 예비인증으로 3개의 인증범위와 인증서 구분을 하고 있다.
>
> **라.** ISMS-P의 심사 종류에는 최초심사, 사후심사, 갱신심사로 나뉘어져있으며, 갱신심사는 유효기간(3년) 만료일 이전에 유효기간 연장을 목적으로 하는 심사이다. 이때 사후심사에는 인증위원회가 열리지 않지만 갱신심사에서는 반드시 인증위원회가 열려야 한다.
>
> **마.** 금융회사는 가상자산사업자가 고객인 경우, ISMS인증 획득을 확인할 의무를 부과하고 있다.

① 1개
② 2개
③ 3개
④ 4개
⑤ 5개

02 다음은 ISMS 인증의무 대상자의 인증범위에 대한 설명이다. 적절하지 않은 것을 모두 고르시오.(2개)

① 전사적자원관리시스템(ERP), 분석용데이터베이스(DW), 그룹웨어 등의 기업 내부 시스템, 영업/마케팅 조직은 일반적으로 인증범위에서 제외한다.

② 비영리 목적으로 운영하는 인터넷사이트라도 정보통신망을 통해 정보를 제공하는 서비스는 모두 인증범위에 포함하여야 한다.

③ 종합병원은 EMR, OCS 등의 의료정보시스템, 원격의료시스템은 인증범위에 포함하여야 하며, 진료 예약/조회를 위한 홈페이지는 일반적으로 인증범위에서 제외한다.

④ 인터넷게임은 게임 포털서비스의 제공, 자체 게임에 대한 개발/운영을 모두 하는 경우 인증범위에 포함하여야 하며, 퍼블리싱서비스는 일반적으로 인증범위에서 제외한다.

⑤ 임직원만을 대상으로 하는 쇼핑몰이라도 인터넷을 통해 외부에서 접근 가능한 경우 인증범위에 포함하여야 한다.

03 다음은 ISMS-P 인증제도에 대한 설명이다. 다음 내용 중 설명이 잘못된 것의 개수를 고르시오.

> **가.** 제6조(지정공고) ① 과학기술정보통신부장관과 보호위원회는 인증기관을 지정할 필요가 있는 때에는 협의회에서 지정대상 기관의 수, 업무의 범위, 신청방법 등을 미리 협의하고, 관보 또는 인터넷 홈페이지에 20일 이상 공고하여야 한다.
>
> **나.** 제9조(인증기관 및 심사기관의 재지정) ① 인증기관 및 심사기관 지정의 유효기간은 3년이며 유효기간이 끝나기 전 3개월부터 끝나는 날까지 재지정을 신청을 할 수 있으며 제6조 제2항 각 호의 서류를 과학기술정보통신부장관과 보호위원회에 제출하여야 한다. 이 경우 재지정의 신청에 대한 처리결과를 통지받을 때까지는 그 지정이 계속 유효한 것으로 본다.
>
> **다.** 제12조(인증심사원의 자격 요건 등) 인증심사원은 심사원보, 심사원, 선임심사원, 책임심사원으로 구분하며 등급별 자격 요건은 별표 3과 같다.
>
> **라.** 제8조(인증기관 및 심사기관의 사후관리) ① 인증기관과 심사기관은 매년 12월 31일까지 다음 각 호의 서류를 작성하여 과학기술정보통신부장관과 보호위원회에 제출하여야 한다.
>
> **마.** 제15조(인증심사원 자격 유지 및 갱신)
> ① 인증심사원의 자격 유효기간은 자격을 부여 받은 날부터 3년으로 한다.
> ② 인증심사원은 자격유지를 위해 자격 유효기간 만료 전까지 인터넷진흥원이 인정하는 계속교육을 수료하여야 한다.
>
> **바.** ③ 의무대상자는 제18조 제1항 제2호의 정보보호 관리체계 인증을 받아야 한다. 이때 의무대상자가 같은 항 제1호의 인증을 받은 경우에도 인증의무를 이행한 것으로 본다.
> ④ 의무대상자에 해당하는 자는 다음 해 8월 31일까지 인증을 받아야 한다.
>
> **사.** ⑤ 「정보통신망법」 시행규칙 제3조 제3항에서 "과학기술정보통신부장관이 고시하는 결과"란 「교육부 정보보안 기본지침」 제94조 제1항에 따른 정보보안 수준에 대한 해당 연도의 평가결과가 만점의 100분의 70 이상인 것을 말한다.
>
> **아.** 제30조(인증위원회의 운영) ① 인증위원회의 회의는 인터넷진흥원 또는 인증기관의 요구로 개최하되, 회의마다 위원장과 인증위원의 전문분야를 고려하여 6인 이상의 인증위원으로 구성한다. 단, 위원장이 부득이한 사유로 직무를 수행할 수 없는 경우 부위원장이 위원장의 직무를 대행한다.

① 2개
② 3개
③ 4개
④ 5개
⑤ 6개

04 정보보호 및 개인정보보호 관리체계 인증 등에 관한 고시 제15조에 따라 인증심사원 자격을 유지하기 위해서는 자격 유효기간 만료 전까지 한국인터넷진흥원이 인정하는 보수교육을 수료하여야 한다. 심사원 보수교육 내용과 관련하여 가장 적절하지 않은 것을 고르시오.

① 심사원 자격 유지 및 갱신을 위해서는 보수교육 – 필수교육, 선택교육(심사대체과정) 모두 수료하여야 한다.

② 보수교육을 수료한 이후, 보수교육 평가시험을 통과하지 못하는 경우 심사 참여에 제한이 있을 수 있다.

③ 선택 교육의 경우 총 42시간 중 35시간 이상을 수료하여야 하며, 인증심사 참여 시 1일당 7시간 인정받을 수 있다.

④ 보수교육(필수교육, 선택교육)을 3년 이내 수료하지 못할 경우, 자격유효기간 이후 심사원 자격은 만료된다.

⑤ 심사원 유효기간 만료 이후 보수교육 평가시험에 합격한 경우, 심사원 유효기간은 기존에 이어 연장된다.

05 패스워드 탈취 공격(무작위 대입 공격, 사전 대입 공격, 추측 공격 등)의 인증 요청에 대해 설정된 패스워드와 일치할 때까지 지속적으로 응답하여 해당 계정의 패스워드가 유출 될 수 있다. 다음 각 O/S별 계정 잠금 임계값 설정을 적용한 방법 중 올바른 것의 개수를 고르시오(계정잠금 임계값은 5회임).

```
(가) AIX

$cat /etc/security/user
loginretries=5
```

```
(나) Solaris(5.9이상)

$cat /etc/default/login
RETRIES=5

$cat /etc/security/policy.conf
#LOCK_AFTER_RETRIES=YES
```

(다) Linux

```
$cat /etc/pam.d/system-auth
auth required /lib/security/pam_tally.so deny=5
unlock_time=120 no_magic_root
account required /lib/security/pam_tally.so
no_magic_root reset
```

(라) HP-UX(11.v3 이상)

```
$cat /tcb/files/auth/system/default
u_maxtries#5

$cat /etc/default/security
AUTH_MAXTRIES=5
```

(마) Windows Server

```
로컬보안정책 → 계정정책 → 계정 잠금 정책 → 계정 잠금 임계값 → 5번의 잘못된 로그인 시도
→ 적용
```

① 1개
② 2개
③ 3개
④ 4개
⑤ 5개

06 다음은 ISMS-P 인증심사를 실시하기 전 인증항목과 개정된 「개인정보보호법」과 관련된 내용을 정리한 표이다. 다음 내용 중 올바르게 짝지어진 내용이 아닌 것을 고르시오.(2024.03.16일 기준)

	인증항목	개정 사항
①	3.1.1 개인정보 수집·이용	– 정보주체의 동의 없이 처리할 수 있는 개인정보에 대해서는 그 항목과 처리의 법적 근거를 정보주체의 동의를 받아 처리하는 개인정보와 구분하여 개인정보 처리방침에 공개하거나 정보주체에게 알려야 한다.
②	3.1.6 영상정보처리 기기 설치·운영	– 안내판에 설치 목적 및 장소, 촬영 범위 및 시간, 관리책임자의 연락처, (위탁 시) 위탁받은 자의 명칭 및 연락처를 포함하여야 한다.
③	3.2.5 가명정보 처리	– 가명정보의 처리기간을 별도로 정할 수 있다.
④	3.5.1 개인정보처리 방침 공개	– 인터넷 홈페이지(개인정보처리방침) 등에 재위탁하는 업무의 내용과 수탁자를 현행화하여 공개하여야 한다.
⑤	3.5.2 정보주체 권리 보장	– 개인정보처리자가 자동화된 결정을 한 경우, 자동화된 결정의 기준과 절차, 개인정보가 처리되는 방식 등을 정보주체가 쉽게 확인할 수 있도록 공개하여야 한다.

07 심사원은 2023년 11월 ISMS인증 의무 사업자인 △△쇼핑몰의 ISMS-P 인증심사를 수행하고 있다. 정책 및 지침과 인터뷰 내용을 확인하고 심사원이 추가적으로 확인해야 할 사항 및 판단으로 가장 적절한 내용을 고르시오.

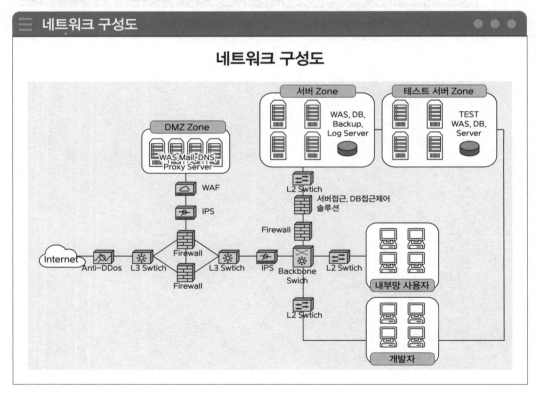

담당자와의 인터뷰 내용

■ **심사원** : 서버로의 접근은 어떻게 되고 있나요?

○ **담당자** : 넷**사의 HI****을 사용하고 있습니다. 모든 서버와 네트워크 장비들은 해당 SAC를 경유해서 접속하고 있습니다. 작업자 추가인증은 모바일OTP를 발급하여 관리하고 있습니다.

■ **심사원** : 데이터베이스 서버는 어떻게 관리되고 있나요?

○ **담당자** : 말씀드린 넷**사 제품을 사용하고 있습니다. 동일하게 모바일OTP를 발급하여 관리하고 있고 권한별로 관리하고 작업로그들이나 쿼리결과들도 수시로 통계를 내어서 감사보고서 형태로 매일 결재를 올리고 있습니다.

■ **심사원** : 네트워크 구성도를 보니까 테스트 서버대역들은 SAC를 경유하지 않는 걸로 되어 있는데요.

○ **담당자** : 네. 테스트 서버대역은 개별적으로 관리하고 있습니다. 스테이징 서버에 올리기 전에 데이터들이 제대로 연동되는지 확인하기 위해서 개발자들만 접근하고 있어서요. 그래서 개발자들만 접근가능하게 별도로 베스천형태로 구현해놨고 tcp wrapper를 이용해서 접근통제를 수행하고 있습니다.

■ **심사원** : 테스트 서버대역의 DB서버의 tcp wrapper의 설정된 내용들을 볼 수 있을까요?

○ **담당자** : 네. 잠시만요.

[DB서버의 hosts.allow내용]

```
/etc/hosts, allow
sshd : 192.168,30.
```

[DB서버의 hosts.deny내용]

```
/etc/hosts.deny
ALL : ALL
```

> - **심사원** : 192.168.30.* 대역이 개발자 대역인거죠?
> - **담당자** : 네 맞습니다. 개발자대역인 192.168.30.X대역들만 접근가능하게 구성해 놓았습니다.
> - **심사원** : 별도로 ufw이나 iptables로 접근제한을 해놓은 부분은 없는거죠?
> - **담당자** : 네. tcp wrapper로 hosts.deny에서 모든서비스에 대해서 차단해 두었기 때문에 문제가 없습니다.
> - **심사원** : 정책상에는 테스트 서버존은 개발자들만 접근가능한 걸로 나와있네요. 테스트 서버에서 우회할수 있는 경로도 좀 확인을 해봐야겠구요. 웹서비스라든가, DB서버에서 사용하는 포트들에 대한 접근제어도 필요해 보이는데요.
> - **담당자** : tcp wrapper로 모든 서비스는 차단이 되어서 접근이 불가능 합니다.

① 심사원은 네트워크 구성도에 상세 IP현황이 나와있지 않아 1.2.2 현황 및 흐름분석 결함으로 판단하였다.

② 심사원은 내부망 대역에서 테스트 서버로의 접근이 되는지 확인하였고, 2.10.1 보안시스템 운영결함으로 판단하였다.

③ 심사원은 tcp wrapper의 설정이 잘못되었다고 판단하였으며, 2.6.2 정보시스템 접근 결함으로 판단하였다.

④ 심사원은 테스트 서버존에서 다른서버로의 접근이 되는지 확인하여야 하며, tcp wrapper로는 특정 서비스만 접근제어가 가능하므로 2.6.2 정보시스템 접근 결함으로 판단하였다.

⑤ 심사원은 테스트 서버존과 서버존이 서로 연결되어 있어 2.8.6 운영환경 이관 결함으로 판단하였다.

08 2022년 말 ChatGPT의 혁신적인 서비스가 출시됨과 동시에 폭발적인 관심을 받으면서 생성형 AI에 대한 관심도 뜨겁다. ChatGPT는 생성형 AI기술을 이용한 서비스 중 하나로서, 생성형 AI는 텍스트, 이미지, 음성 및 다른 데이터 형식을 이해하고 새로운 내용을 생성하는 인공지능의 한 형태이다. 생성형 AI가 가져다준 혁신적인 가능성과 더불어 그에 따른 사이버 보안 위협도 우려되고 있는 상황이다. 다음 설명 중 잘못된 것을 고르시오.

① 대량의 피싱 메일 작성이 손쉽게 가능하고 섬세한 수정이 가능하여 피싱 메일이 보다 정교해지며, 해외 공격자는 언어적 한계를 해소하여 자연스러운 피싱 메일 작성이 가능하다.

② 해커의 해킹도구 제작에 도움을 줄 수 있으며, 개발지식이 없는 일반인도 보다 쉽게 사이버 공격에 바로 사용할 수 있는 완성된 수준의 악성코드 생성이 가능하다.

③ 이용자가 입력한 정보는 생성형 AI 서버에 저장되기 때문에 서비스 제공사에 발생하는 보안사고, 우회 질문을 통한 민감정보 유출, 인공지능 모델이나 서비스에 대한 해킹 공격 등으로 인해 이용자가 입력한 정보가 유출될 수 있다.

④ 언어를 해석하고 그에 맞는 답변을 생성해주는 과정에서 사실 여부에 대한 검증이 불가능하고, 잘못된 정보의 오용 및 확산이 가능하다.

⑤ 악의적인 학습데이터 주입을 통해 편향된 지식을 축적시켜 결과물의 퀄리티를 저하시키거나 왜곡이나 차별을 발생시키고 사회적 혼란을 야기할 수 있다.

09 국정원 국가사이버안보센터(NCSC)는 23년 11월 23일 영국 정부통신본부(GCHQ) 소속 국가사이버안보센터(NCSC)와 합동으로 발표한 '사이버보안 권고문'을 통해 북한 해킹조직의 공급망 공격이 지속적으로 증가하고 있고, 그 수법과 피해 규모는 확대·지능화되고 있으며, 국내외 다수기관이 사용 중인 소프트웨어 제품에 대한 공격이 확인되었고, 여기에 제로데이(0-day) 및 소프트웨어 공급망 공격기법이 사용되었으므로 피해 예방을 위한 보안 강화를 당부했다. 다음 중 공급망 공격에 대한 피해를 완화하기 위해서 시행할 수 있는 대책이 아닌 것을 고르시오.

① 중요 데이터에 대한 액세스포인트를 확인하고 액세스 권한을 가진 구성원을 식별하여 제공함으로써 액세스 권한을 최소화한다.

② 알려진 취약점으로 인한 위협을 완화하기 위해 공급망 소프트웨어, 운영 체제 및 백신 프로그램의 최신 버전을 유지관리한다.

③ 권한 없는 사용자의 무단 로그인을 방지하기 위해 관리 및 운영 로그인 정책에 대한 2단계 인증을 채택한다.

④ 네트워크 인프라를 정확하게 모니터링한다. 특히, 서드파티 요소들, 그중에서도 인터넷과 직접 연결되어 있는 것들에 대한 모니터링은 필수적이다.

⑤ 내부로 침입할 수 있는 위협 접점을 제거하는 공격표면 관리를 더욱 철저히 하고, 백업 서버는 반드시 별도의 분리된 환경에 따로 구축한다.

10 다음 ISMS-P 인증 심사 인터뷰 상황을 보고 결함으로 판단되는 인증기준을 고르시오.

≡ 물리보안 지침   ● ● ● ●

물리보안 지침

제4조 (통제구역)

① 통제구역에 인가된 상시 출입자 이외의 직원(외부인 포함)이 출입하는 경우 출입 신청서를 작성한 후 보안팀의 승인을 받아야 한다.

② 통제구역에 상시 출입권한이 없는 자가 출입하는 경우 반드시 상시 출입자와 동행하여야 한다.

③ 통제구역에 출입하는 경우에는 통제구역 내 비치된 통제구역 출입대장을 작성하여야 한다.

④ 통제구역 내에서 작업이 예정된 경우 사전에 통제구역 내 작업 신청서를 별도로 작성하여 보안팀의 승인을 받아야 한다.

[별첨1. 통제구역 출입 대장]

통제구역 출입대장

No.	날짜	출입 시간		방문자				확인 담당자
		입	출	소속	성함	사유	전화번호	

> - **심사원** : 안녕하세요. 서버실 심사를 시작하겠습니다.
> - **김과장** : 네. 안녕하세요. 성심성의껏 답변드리겠습니다.
> - **심사원** : 외부인이 작업을 위해 서버실에 출입하는 절차에 대해 설명 부탁드립니다.
> - **김과장** : 우선, 외부인이 서버실에 들어가기 위해서는 출입 신청서를 작성한 후 보안팀의 승인을 받아야 합니다. 그리고 사옥 내 보호구역에 들어오는 순간부터 작업 후 나갈 때까지 담당 직원의 동행이 필요합니다. 이후 서버실로 오게 되면, 서버실 앞에 비치된 통제구역 출입대장을 작성하고 모바일 기기나 노트 등을 보관함에 맡긴 후에 들어가고 있습니다.
> - **심사원** : 혹시 보호구역 작업 신청서는 별도로 작성 안 하시나요?
> - **김과장** : 출입 신청서에 언제 어떤 목적으로 출입하는지 자세히 작성하고 있어 문제없다고 생각합니다. 그 자리에서 담당 직원이 잘 작성되었는지 확인하고 있으며, 매달 정기적으로 출입대장을 점검하고 있습니다.
> - **심사원** : 알겠습니다. 설명 감사합니다.

① 1.1.5 정책 수립
② 2.1.1 정책의 유지관리
③ 2.4.1 보호구역 지정
④ 2.4.2 출입통제
⑤ 2.4.5 보호구역 내 작업

11 공공기관인 통계작성기관 AA 보험공단에 대한 ISMS-P 심사를 진행 중이다. 다음 중 심사원의 판단으로 가장 적절하지 않은 것을 고르시오.

> - **심사원** : 안녕하세요. 개인정보 처리 현황을 심사를 담당하고 있는 최치수입니다.
> - **담당자** : 네. 안녕하세요. 개인정보보호 담당자 장누리입니다.
> - **심사원** : 해당 기관의 개인정보 처리 현황에 대해서 설명 부탁드립니다.
> - **담당자** : 저희는 통계법에 따라 통계청장의 승인을 받고 나이대별로 질병에 따른 건강검진 주기와 건강검진 항목에 대한 통계를 작성하고 있습니다.

■ **심사원** : 아, 그렇군요. 통계작성을 위해서는 개인정보 수집이 필요할 텐데요. 어떠한 방법으로 수집하시나요?

○ **담당자** : 개인정보는 대상 병원에서 건강검진을 진행하는 검진자를 대상으로 해당 통계의 목적과 필요성, 통계법에 따른 비밀의 보호 등을 안내하고 협조를 구하고 통계법 제18조에 따라 승인받은 승인통계를 작성하기 위함이고 승인통계 작성 시에는 정보주체의 동의 없이 개인정보 수집이 가능함을 안내하고 있습니다.

■ **심사원** : 민감정보인 질병정보가 포함되어있는데 그것도 동일한 방법으로 수집하시는건가요?

○ **담당자** : 네. 저희가 통계작성하는데 민감정보를 처리하는 것이 불가피하기 때문에 함께 수집하고 있습니다.

■ **심사원** : 아, 네 알겠습니다. 수집한 개인정보는 말씀하신 통계작성 말고 다른 통계작성에도 사용하고 계실까요?

○ **담당자** : 네. 옆 부서에서 수집한 정보를 이용하여 질병과 관련한 통계 작성을 위해서도 사용하고 있습니다.

■ **심사원** : 그 통계도 통계청장의 승인을 받은 통계일까요?

○ **담당자** : 네. 맞습니다. 저희가 먼저 통계 승인을 받고 통계작성을 진행하던 중에 옆 부서에서도 승인을 받아서 저희가 수집한 정보를 이용할 수 있도록 하였습니다.

■ **심사원** : 작성된 통계자료는 어떻게 제공되나요?

○ **담당자** : 작성한 통계는 국민의 연령대에 따른 건강검진 항목을 결정하는 데 참고자료로서 건강관리부서에 전달됩니다. 전달 전에는 개인 식별 우려가 있는지 검토하고 필요 시 추가적으로 자료를 가공해서 전달하고 있습니다.

■ **심사원** : 수집된 개인정보는 어떻게 파기되나요?

○ **담당자** : 수집 시에는 설문지를 통해 작성되므로 시스템에 정보를 입력한 후에는 파쇄기로 즉시 파쇄하도록 하고 있습니다. 또한, 입력된 개인정보는 통계작성 결과가 나온 후 AA 보험공단에서 통계 작성 결과에 대해 검토가 완료되었음을 전달받으면 즉시 파기하도록 하고 있습니다.

■ **심사원** : 네. 알겠습니다. 인터뷰에 응해 주셔서 감사합니다.

① 심사원은 AA 보험공단은 공공기관인 통계작성기관으로 승인통계를 작성할 목적으로 현장조사를 실시한 경우로서 개인정보 수집 시 공공기관이 법령 등에서 정하는 소관 업무의 수행을 위해 불가피한 경우에 해당된다고 판단되어 수집 방법에는 문제가 없다고 판단하였다.

② 심사원은 민감정보인 질병정보의 수집은 통계법에서 승인통계 수행을 위해 민감정보의 처리가 불가피한 경우이기 때문에 민감정보의 처리에는 문제가 없다고 판단하였다.

③ 심사원은 수집한 개인정보를 동일한 기관에서 다른 승인된 통계 목적을 위해 사용하는 것은 문제가 없다고 판단하였다.

④ 심사원은 작성된 통계를 건강관리부서에 전달하는 과정은 문제가 없다고 판단하였다.

⑤ 심사원은 개인정보의 파기 과정에는 문제가 없다고 판단하였다.

12 심사원은 2023년 11월 ISMS-P 의무 대상인 온라인 의류 쇼핑몰 CC 몰의 인증심사를 진행 중이다. 다음 인터뷰 내용을 보고 심사원의 판단으로 가장 적절하지 않은 것을 고르시오.

> ■ **심사원** : 안녕하세요. 관리체계 운영 현황 심사를 담당하고 있는 최심사입니다.
>
> ○ **담당자** : 네. 안녕하세요. 정보보호 담당자 고담당입니다.
>
> ■ **심사원** : 인터뷰 전에 정책과 지침 내역을 확인했습니다. 올해 정책이랑 지침이 개정이 안 되어 있던데 관련하여 검토하신 부분이 있을까요?
>
> ○ **담당자** : 네. 저희도 인지하고 있습니다. 「개인정보보호법」이 개정되어서 관련 사항을 이미 검토한 상황입니다.
>
> ■ **심사원** : 법 준거성 검토 이력을 확인해 볼 수 있을까요?
>
> ○ **담당자** : 네. 가져다 드리겠습니다.
>
> **(잠시 후, 법 준거성 검토 이력을 가져왔고 심사원은 내역을 확인하였다.)**
>
> ■ **심사원** : 이번에 「개인정보보호법」의 특례 규정을 삭제하고 일반 규정으로 통합되면서 검토할 사항이 많으셨을텐데, 법이 시행되기 전에 잘 검토하셨네요. 근데 검토 내역을 보니 모두 "준수" 또는 "해당사항 없음"이네요.
>
> ○ **담당자** : 네. 맞습니다. 이번에 법이 통합되면서 정보통신서비스 제공자 입장에서는 대부분의 내용이 완화되면서 저희 쪽에서는 법을 위반하는 사항은 없더라고요.
>
> ■ **심사원** : 휴면이용자 정보 관리는 기존과 동일하신가요?
>
> ○ **담당자** : 아니요, 이번에 정보통신서비스 제공자의 개인정보 파기에 대한 특례가 삭제되어 휴면 이용자에 대해서는 이용자들에게 고지 후 활성 이용자 정보와 통합하였습니다.
>
> ■ **심사원** : 그럼, 정책과 지침에 있는 휴면이용자 정보의 관리 부분 내용이 개정이 필요할 거 같은데요?
>
> ○ **담당자** : 네. 맞습니다. 저희가 정책과 지침은 매년 11월에 재개정하고 있어서 개정도 곧 진행할 예정입니다.
>
> ■ **심사원** : 아, 그렇군요. 휴면이용자 정보를 활성이용자 정보랑 통합하셨다고 하셨는데, 기존 휴면이용자 정보를 관리하던 DB는 어떻게 처리하셨나요?
>
> ○ **담당자** : 네. 저희는 휴면이용자와 활성이용자의 테이블을 논리적으로 분리하여 운영하고 있었기 때문에 기존 휴면이용자 테이블은 DROP 명령어를 이용해 삭제하였습니다.
>
> ■ **심사원** : 아, 그런가요? 휴면이용자 테이블이 완전 삭제되었는지는 확인하셨을까요? DROP 명령어는 테이블이 삭제되지만 휴지통에 남는 것으로 알고 있습니다.
>
> ○ **담당자** : 네. 확인해 보도록 하겠습니다.

법 준거성 검토

작성일 : 2023.05.23, 작성자 : 왕 깐깐
승인일 : 2023.05.30, 승인자 : 김 시소

1. 검토 결과
- 「개인정보보호법」의 개정에 따른 자사에서의 법 위반 사항은 없음

2. 검토 방법
- 2023년 5월 23일 작성내용에 대해 정보보호위원회에서 법 개정에 따른 법 준거성 여부 검토를 안건으로 다음 사항을 검토

3. 「개인정보보호법」 준거성 검토

「개인정보보호법」 [시행 2020. 8. 5] [법률 제16930호, 2020. 2. 4, 일부개정]	「개인정보보호법」 [시행 2023. 9. 15] [법률 제19234호, 2023. 3. 14, 일부개정]	검토 결과
(중략)		
제15조(개인정보의 수집·이용) 4. 정보주체와의 계약의 체결 및 이행을 위하여 불가피하게 필요한 경우	제15조(개인정보의 수집·이용) 4. 정보주체와 체결한 계약을 이행하거나 **계약을 체결하는 과정에서 정보주체의 요청에 따른 조치를 이행하기 위하여** 필요한 경우	준수
	7. 공중위생 등 공공의 안전과 안녕을 위하여 긴급히 필요한 경우 (신설)	해당사항 없음
(중략)		
제21조(개인정보의 파기) ① 개인정보처리자는 보유기간의 경과, 개인정보의 처리 목적 달성 등 그 개인정보가 불필요하게 되었을 때에는 지체 없이 그 개인정보를 파기하여야 한다. 다만, 다른 법령에 따라 보존하여야 하는 경우에는 그러하지 아니하다.	제21조(개인정보의 파기) ① 개인정보처리자는 보유기간의 경과, 개인정보의 처리 목적 달성, **가명정보의 처리 기간 경과 등** 그 개인정보가 불필요하게 되었을 때에는 지체 없이 그 개인정보를 파기하여야 한다. 다만, 다른 법령에 따라 보존하여야 하는 경우에는 그러하지 아니하다.	준수

4. 개인정보의 안전성 확보조치 준거성 검토

개인정보의 기술적·관리적 보호조치기준 [시행 2021. 9. 15.] [개인정보보호위원회고시 제2021-3호]	개인정보의 안전성확보조치 기준 [시행 2023. 9. 22.] [개인정보보호위원회고시 제2023-6호]	검토 결과
(중략)		
제5조(접속기록의 위·변조방지) ① 정보통신서비스 제공자 등은 개인정보 취급자가 개인정보처리시스템에 접속한 기록을 월 1회 이상 정기적으로 확인·감독하여야 하며, 시스템 이상 유무의 확인 등을 위해 최소 1년 이상 접속기록을 보존·관리하여야 한다. ② 단, 제1항의 규정에도 불구하고 「전기통신사업법」 제5조의 규정에 따른 기간통신사업자의 경우에는 보존·관리해야 할 최소 기간을 2년으로 한다. ③ 정보통신서비스 제공자 등은 개인정보 취급자의 접속기록이 위·변조되지 않도록 별도의 물리적인 저장 장치에 보관하여야 하며 정기적인 백업을 수행하여야 한다.	제8조(접속기록의 보관 및 점검) ① 개인정보처리자는 개인정보취급자의 개인정보처리시스템에 대한 접속기록을 1년 이상 보관·관리하여야 한다. 다만, 다음 각 호의 어느 하나에 해당하는 경우에는 2년 이상 보관·관리하여야 한다. 1. **5만 명 이상의 정보주체에 관한 개인정보를 처리하는 개인정보처리시스템에 해당하는 경우** 2. 고유식별정보 또는 민감정보를 처리하는 **개인정보처리시스템에 해당하는 경우** 3. 개인정보처리자로서 「전기통신사업법」 제6조제1항에 따라 등록을 하거나 같은 항 단서에 따라 신고한 기간통신사업자에 해당하는 경우 ② 개인정보처리자는 개인정보의 오·남용, 분실·도난·유출·위조·변조 또는 훼손 등에 대응하기 위하여 개인정보처리시스템의 접속기록 등을 월 1회 이상 점검하여야 한다. **특히 개인정보의 다운로드가 확인된 경우에는 내부 관리계획 등으로 정하는 바에 따라 그 사유를 반드시 확인하여야 한다.** ③ 개인정보처리자는 접속기록이 위·변조 및 도난, 분실되지 않도록 해당 접속기록을 안전하게 보관하기 위한 조치를 하여야 한다.	준수
(중략)		

① 심사원은 신청기관에서 보유하고 있는 개인정보의 정보주체 수와 고유식별정보 또는 민감정보의 보유여부를 확인하였고 보유하고 있는 개인정보의 정보주체수는 3만 명이었으며, 고유식별정보와 민감정보는 보유하고 있지 않음을 확인하고 법 개정에 따른 접속기록 기간 준수 여부에는 문제가 없다고 판단하였다.

② 심사원은 법 준거성 검토여부 승인자를 확인하였고 승인자인 김시소는 CISO로서 CTO를 겸직하고 있었으나, 자산총액이 5천억 원이 되지 않기 때문에 문제가 없다고 판단하였다.

③ 심사원은 법 준거성 검토여부 확인 후, 정책과 지침을 개정하지 않은 것은 "2.1.1 정책의 유지관리" 결함으로 판단하였다.

④ 심사원은 지침 개정 없이 휴면이용자를 활성 이용자로 전환하여 이용한 것은 "3.1.1 개인정보의 수집·이용" 결함으로 판단하였다.

⑤ 심사원이 DROP 명령어로 삭제한 휴면이용자 테이블 정보가 남을 수 있으니 확인하라고 한 사항은 맞는 의견이다.

13 C 게임사는 ISMS-P 심사를 받고 있다. 다음 심사원과 담당자 인터뷰 내용에서 결함사항으로 도출할 수 있는 가장 적절한 인증기준을 고르시오.

> ■ **심사원** : 원격 근무를 도입해서 적용하고 계시네요. 코로나 이후 재택근무가 많아졌죠?
>
> ○ **담당자** : 맞습니다. 코로나 시국에는 어쩔 수 없이 재택근무를 도입하여 적용했는데요, 막상 시행해 보니 직원들의 만족도도 높고 업무 성과도 확연히 높아져서 펜데믹 이후에도 없애지 않고 지속 적용하고 있습니다.
>
> ■ **심사원** : 그럼 게임 이용자의 정보가 저장된 개인정보 처리시스템에 접속이 필요한 경우에는 어떻게 하나요? 개인정보 처리시스템도 원격으로 접근해서 업무를 수행하시나요?
>
> ○ **담당자** : 네. 저희는 개인정보 처리시스템 원격접속 간 접속정보 등 안전한 암호화를 위해 접속 시 ID와 패스워드 이외에 SSLVPN을 도입하여 2-Factor 인증을 수행하고 있습니다.
>
> ■ **심사원** : OTP나 인증서와 같은 인증수단은 따로 적용하고 있으신가요?
>
> ○ **담당자** : 아니요, SSLVPN 도입으로 MFA는 충족했다고 판단하여 따로 적용하고 있지는 않습니다.
>
> ■ **심사원** : 네. 알겠습니다. 접속 기록을 보니 useradmin01이 자주 보이네요. 이 계정은 어떤 용도의 계정인가요?
>
> ○ **담당자** : 해당 계정은 개인정보 처리시스템 단순 조회가 가능한 계정입니다. 홈페이지 민원처리 부서에서 고객 조회 용도로 사용하고 있는 걸로 알고 있습니다.
>
> ■ **심사원** : 그럼 해당 계정은 민원처리 부서에서 공용으로 사용하고 있는거네요?
>
> ○ **담당자** : 네. 맞습니다. 편의성을 위해 어쩔 수 없었습니다.
>
> ■ **심사원** : 공용으로 사용하면 누가 접속해서 조회했는지 확인이 어려울텐데요.
>
> ○ **담당자** : 접속자 구분을 위해 접속 시 서버 접근통제솔루션을 통해서만 접속이 가능하도록 조치하였습니다. 서버 접근통제솔루션 접속 시에는 개별 계정으로 접속하여 책임추적성 확보가 가능합니다. 공용 계정 사용을 위한 팀장님 승인 문서도 제출드렸습니다.
>
> ■ **심사원** : 네. 알겠습니다. 해당 문서는 잠시 후에 확인해보도록 하겠습니다.

① 2.5.1 사용자 계정 관리
② 2.5.2 사용자 식별
③ 2.5.3 사용자 인증
④ 2.6.3 응용프로그램 접근
⑤ 2.6.6 원격 접근 통제

14 다음은 교육 서비스업체 AA 사의 개인정보 처리방침 중 일부이다. 개인정보 처리방침 내용 중 오류가 있는 항목을 고르시오.

☰ 개인정보 처리방침   ● ● ● ●

개인정보 처리방침

개정 : 2024. 01. 05.

AA 사(이하 "회사")는 「정보통신망 이용촉진 및 정보보호 등에 관한 법률」, 「개인정보보호법」, 「전기통신사업법」 등 정보통신서비스 제공자가 준수하여야 할 관련 법령상의 개인정보보호 규정을 준수하며, 관련 법령에 의거한 개인정보처리방침을 정하고 있습니다.

1. 수집하는 개인정보 항목

목적	구분	항목
회원가입	필수	아이디, 비밀번호, 이름, 생년월일, 휴대전화번호, 이메일 주소
	선택	성별
만 14세 미만 회원의 법정대리인 동의·확인	필수	법정대리인 정보(이름, 휴대전화번호 또는 이메일 주소)
물품배송	필수	우편번호, 주소, 수령인 이름, 휴대전화번호
이벤트 및 마케팅	선택	이름, 휴대전화번호, 이메일 주소, 성별
고객 상담	필수	이름, 휴대전화번호, 이메일 주소

2. 개인정보 처리 위탁

수탁업체	위탁항목	기간
C사	이름, 주소, 생년월일, 연락처, 이메일, 아이디	회원탈퇴 시
D신용평가	생년월일, I-Pin번호, 휴대폰번호	저장하지 않음
F사	이름, 생년월일, 이메일	회원탈퇴 시

(중략)

---

5. 개인정보 파기절차 및 방법

회사는 원칙적으로 개인정보 수집 및 이용목적이 달성된 후에는 해당 정보를 지체 없이 파기합니다. 파기절차 및 방법은 다음과 같습니다.

파기절차 및 방법

• 회원 정보는 목적 달성 후 내부 방침 및 관련 법령에 의한 정보보호 사유에 따라 일정 기간 저장 후 파기됩니다. 개인정보는 법률에 의한 경우가 아니고서는 다른 목적으로 이용되지 않습니다. 전자적 파일 형태로 저장된 개인정보는 기록을 재생할 수 없는 기술적 방법을 사용하여 삭제합니다.

6. 이용자 및 법정대리인의 권리와 그 행사방법

1) 귀하의 개인정보를 최신의 상태로 정확하게 입력하여 불의의 사고를 예방해 주시기 바랍니다. 이용자가 입력한 부정확한 정보로 인해 발생하는 사고의 책임은 이용자 자신에게 있습니다.

2) 귀하는 개인정보를 보호받을 권리와 함께 스스로를 보호하고 타인의 정보를 침해하지 않을 의무도 가지고 있습니다. 비밀번호를 포함한 귀하의 개인정보가 유출되지 않도록 조심하시고 게시물을 포함한 타인의 개인정보를 훼손하지 않도록 유의해 주십시오.

7. 개인정보 제공

회사는 이용자들의 개인정보를 고지한 범위 내에서 사용하며, 이용자의 사전 동의 없이는 동 범위를 초과하여 이용하거나 원칙적으로 이용자의 개인정보를 외부에 공개하지 않습니다.

• 개인정보 국외 이전

이전받는자	이전되는 개인정보	이전 국가	이전일시 및 방법	이전목적	이용기간
BSS Corp. (contracts@ bsscort.com)	아이디, 비밀번호, 이름, 생년월일, 주소, 전화번호, 이메일	영국	서비스 이용시점부터 7일 이내 / 안전한 보안통신망을 이용해 개인정보 암호화 후 전송	시험 성적표 발급	계약 종료 시

8. 개인정보 보호책임자 및 담당자

이용자는 회사의 서비스를 이용하시며 발생하는 모든 개인정보보호 관련 민원을 개인정보 보호책임자에게 신고하실 수 있습니다.

구분	개인정보 보호담당자	개인정보 보호책임자
이름	김춘향	박몽룡
전화번호	(031)-1123-4112	(031)-1123-4111
이메일	desk@gogle.com	manager@gogle.com

(이하 생략)

① 수집하는 개인정보 항목
② 개인정보 처리 위탁
③ 개인정보 파기 절차
④ 개인정보 제공
⑤ 개인정보 보호책임자 및 담당자

[15~16] A 대학교병원은 연매출액 2,000억 원 이상인 상급 종합병원으로 2025년 1월 15일부터 4영업일 동안 ISMS-P 갱신 심사를 받고 있다. 아래는 A 병원의 정책서와 지침서 일부이다. 해당 심사에서 내부 지침 부분의 심사를 담당하는 B 심사원은 A 병원의 담당자들과 인터뷰를 진행하였다.

☰ 정보보호 정책   ● ● ●

정보보호 정책

제정 : 2016.03.02.
개정 : 2024.11.04.

제1장 목적
이 정책은 A 대학교병원(이하 "본 병원")의 정보보안을 위한 최상위 정책으로 정보보호, 개인정보 보호 등 관련 법규 및 기타 요구에 대응하고, 인가자 및 비인가자에 의한 정보의 오남용, 훼손, 변조, 유출 등의 위협으로부터 회사의 중요 정보를 보호하고, 정보시스템 및 의료 서비스의 가용성을 보장하기 위한 기본방침 정립을 목적으로 한다.

(중략)

제6장 정보보안 정책의 검토
1. 정보보안 관리자는 정기적으로(연 1회) 정보보안 정책, 지침, 절차, 가이드를 검토하여, 개정 필요 시 변경해야 한다.
2. 업무 환경의 급격한 변화 및 정보자산의 위험 평가 과정에 영향을 주는 변화가 발생하였을 경우 사내/외의 보안 전문가 또는 외부 정보보안 전문기관으로부터 정보보안 정책을 재검토하도록 한다.
3. 정보보안 정책 및 지침의 제정, 변경, 폐기가 필요할 경우 관련 개정안을 작성하고, 각각 적절한 승인권자의 승인을 득한 후 전사 공표 및 시행한다.

제7장 비밀번호 관리
1. 모든 패스워드에 대하여 비밀을 유지해야 하며, 노출시키는 행위를 금한다.
2. 패스워드는 영문 소문자, 영문 대문자, 숫자, 특수문자 중 최소 2가지 이상을 선택하여 혼용하며, 최소 8자리 이상으로 설정한다.
3. 패스워드 분실 시에는 상위 관리자 승인 후 각 담당자에게 보고하여 새로 발급한다.
4. 패스워드는 최소 3개월마다 변경하며, 바로 이전에 사용했던 패스워드를 재사용할 수 없다.

제8장 관련 지침서

이 정책의 적용을 위해 상세한 내용은 지침과 절차에 별도로 규정하며, 지침에 권고된 필수 요구수준은 회사의 일관된 정보보안 수준 유지를 위해 반드시 준수한다. 하위 정보보안 지침은 다음 각 호와 같다.

1. 정보보안조직 운영 지침
2. 네트워크 보안 지침
3. 서버 보안 지침
4. 데이터베이스 보안 지침
5. 보안시스템 및 응용프로그램 운영 지침

(이하 생략)

≡ 보안시스템 및 응용프로그램 운영 지침 ● ● ●

보안시스템 및 응용프로그램 운영 지침

제정 : 2017.4.16.
개정 : 2024.12.5.

제2장 접근 및 권한통제

1. 계정 관리
   1) 계정 등록, 변경, 삭제에 대한 공식적인 절차를 수립하고 처리결과를 기록하여 보관한다.
   2) 모든 사용자 계정은 최초 생성에서 삭제까지 이력이 관리되어야 하며 최신의 상태를 유지해야 한다.
   3) 퇴사나 전보 등 인사 변경이 발생한 경우 정해진 절차에 따라 삭제 또는 권한을 변경해야 한다.
   4) 계정에 사용자 신분과 관련된 정보가 포함되지 않도록 한다.

2. 패스워드
   1) 사용자는 패스워드에 대하여 비밀을 유지해야 하며, 타인에게 가르쳐주거나 노출시켜서는 안 된다.
   2) 영문 소문자, 영문 대문자, 숫자, 특수문자 중 최소 3가지 이상을 선택하여 혼용한다.
   3) 최소 9자리 이상으로 설정한다.
   4) 임시 패스워드는 최초 로그인 시 새로운 패스워드로 변경해야 한다.
   5) 계정 및 사용자 정보(생일, 전화번호 등)가 포함된 패스워드를 사용하지 않는다.

제3장 접속 관리

1. 인증수단 설계

   응용시스템에 대한 인증 수단은 응용시스템에서 다루어지는 정보의 중요도, 인증에 대한 위협 등을 고려하여 정보보안 관리자, 응용시스템 개발부서, 개발을 의뢰한 현업 부서 등 관련 부서와의 협의 하에 최적의 인증 수단을 선택하도록 한다.

2. 암호화

   1) 중요한 정보를 취급하는 응용시스템에서 사용자 패스워드, 개인정보 등 사용자와 관련된 주요 정보가 네트워크를 통해 전송될 때에는 암호화된 상태로 전송되도록 한다.

   2) 사용자가 각 시스템에 계정을 이용하여 로그인하는 경우, 안전한 정보 전송 방법을 적용하기 위해 TLS 1.1 프로토콜을 이용한 통신 방법을 사용한다.

   3) 정보의 유형과 기밀성에 따라 정보를 더욱 안전하게 관리할 필요성이 있을 경우 정보를 암호화하여 저장·보관하도록 한다.

제4장 로그 관리

1. 로그 기록

   보안시스템 담당자는 정보보안 사고 발생시 추적성을 확보하기 위해 다음 각 항과 같은 로그를 기록하도록 설정해야 한다.

   1) 기밀정보를 취급하는 서버의 경우 기밀정보의 추가·수정·삭제 및 보안 위반 사항들에 대해여 로그를 기록하여야 한다.

   2) 사용자 책임성을 확보하기 위해 사용자의 모든 보안관련 활동은 로그에 기록되어야 한다.

   3) 로그는 보안대책의 효과성 또는 준수성을 종합적으로 점검하기 위한 내용을 포함하여야 한다.

   4) 장애 및 시스템 운영자에 의해 발행되는 시스템 관련 명령어는 로그를 통해 추적할 수 있도록 해야 한다.

   5) 서버 담당자는 정보보안 관리자와 협의하여 서버의 성능 및 디스크 용량 등을 고려하여 로그기록 대상을 선정한다.

   6) 시스템 침해가 발생했다고 의심될 때 증거확보를 위해 관련정보를 사고처리 절차에 따라 확보해야 한다.

제5장 백업 및 복구

1. 백업 및 복구

정보의 손상을 대비하여 백업을 수행 시 다음 각항을 준수해야 한다.

1) 장애나 저장매체의 불량으로부터 중요정보와 소프트웨어를 보호하기 위해 백업을 시행하고 정보소유자와 협의 하에 적정한 기간 동안 보관되어야 한다.

2) 기밀정보의 백업내용은 필요에 따라 암호화하여 보관해야 한다.

3) 백업의 진행 상태 점검 및 복구를 원활하게 하기 위해 백업 시 백업 로그를 설정하도록 한다.

4) 백업할 데이터에 대해 백업의 방법 즉 전체 파일을 대상으로 할 것인지 아니면 변경된 파일만 대상으로 할 것인지에 대해 결정을 해야 하며 또한 백업 수행시간 및 백업 수행 담당자를 지정해 놓아야 한다.

5) 테이프 드라이브와 백업 테이프 비인가자가 접근할 수 없는 격리된 곳에 보관한다.

6) 서버 설정 및 서버 내 파일의 백업은 1개월마다 수행하며, 백업된 파일을 안전한 곳에 보관하여야 한다.

7) 저장매체 관리의 부주의로 인한 정보유출을 방지하기 위하여 기밀정보를 포함한 저장매체의 안전한 처리를 위한 절차가 수립되어야 한다.

(이하 생략)

■ **B 심사원** : 안녕하세요. 이번에 A 대학교병원 ISMS 심사를 수행하게 된 B 심사원이라고 합니다. 제출해 주신 문서를 보니 작년에 정책을 개정하셨네요?

○ **김개량 팀장** : 네. 맞습니다. 작년에 저희 병원이 스마트워크를 도입하면서 관련 시스템의 변경이 많았습니다. 또 요즘 2, 3차 병원들의 의료 정보를 대상으로 랜섬웨어 공격이 자주 발생한다고 전달받아 이와 관련된 내용의 고도화도 필요했구요. 이러한 이유로 관련 정책 및 지침들을 수정하게 되었습니다.

■ **B 심사원** : 랜섬웨어 공격이 지속적으로 화두가 되고 있기는 하죠. 그럼 혹시 보안시스템 운영 관련해서 여쭤봐도 괜찮을까요?

○ **김개량 팀장** : 그건 보안시스템 담당자가 따로 답변드릴 수 있을 것 같습니다.

– 보안팀으로 이동 후 –

■ **B 심사원** : 안녕하세요. ISMS 심사를 수행하게 된 B 심사원이라고 합니다. 혹시 보안시스템 운영 관련하여 전반적으로 설명 부탁드려도 될까요?

◇ **김보안 과장** : 안녕하세요. 보안시스템을 운영하고 있는 김보안 과장입니다. 저희는 외부 공격 및 내부 정보 유출 등에 대비하기 위해 방화벽, DDoS, IPS 등 다양한 보안 솔루션을 구축하여 보안지침에 따라 운영하고 있습니다.

■ **B 심사원** : 패스워드 관리는 어떻게 하고 계시나요?

◇ **김보안 과장** : 패스워드는 최소 9자리 이상으로 설정하도록 정책을 설정하였으며, 소문자, 대문자, 숫자, 특수문자 중 3가지를 혼용하여 사용하고 있습니다. 또한 3개월마다 주기적으로 변경하고 있습니다.

■ **B 심사원** : 네 알겠습니다. 운영하시는 보안시스템 종류가 많은데요, 백업은 어떻게 수행하고 계시나요?

◇ **김보안 과장** : 백업의 용이성을 확보하기 위해 SAN 백업 스토리지를 도입하여 운영하고 있습니다. 또한 각 보안시스템 설정 파일들을 2개월마다 백업하고 있으며, 백업 이후에는 랜섬웨어 공격 시 네트워크로의 전파 방지를 위해 방화벽 룰을 통해 통제를 수행하고 있습니다.

■ **B 심사원** : 네 알겠습니다. 인터뷰에 응해 주셔서 감사드립니다.

15 B 심사원과 김개량 팀장, 김보안 과장의 인터뷰 대화 내역에서 도출 가능한 결함 내역으로 가장 적절한 것을 고르시오.

① 1.1.5 정책 수립
② 1.4.1 법적 요구사항 준수 검토
③ 2.5.4 비밀번호 관리
④ 2.9.3 백업 및 복구 관리
⑤ 2.10.1 보안시스템 운영

16 A 대학교병원의 정보보호 정책 및 지침에서 도출할 수 있는 결함으로 가장 적절한 것을 고르시오.

① 1.4.1 법적 요구사항 준수 검토
② 2.7.1 암호정책 적용
③ 2.9.3 백업 및 복구 관리
④ 2.9.4 로그 및 접속기록 관리
⑤ 답없음

17 다음은 「개인정보보호법」과 「정보통신망법」 관련 내용이다. 내용 중에 괄호 안에 적절한 숫자를 반영하고 해당 숫자의 합으로 맞는 것을 고르시오.

> **가.** 개인정보의 처리 업무 위탁 시 위탁자가 과실 없이 서면 등의 방법으로 위탁하는 업무의 내용과 수탁자를 정보주체에게 알릴 수 없는 경우에는 해당 사항을 인터넷 홈페이지에 (   )일 이상 게재하여야 한다.
>
> **나.** 개인정보의 수집 출처 통지 관련하여 개인정보처리자는 개인정보를 제공받은 날부터 (   )개월 이내에 정보주체에게 알려야 한다.
>
> **다.** 고유식별정보의 안전성 확보 조치 관련하여 개인정보보호위원회는 개인정보처리자에 대하여 법 24조 4항에 따라 안전성 확보에 필요한 조치를 하였는지를 (   )년마다 1회 이상 조사해야 한다.
>
> **라.** 영리목적의 광고성 정보 전송 제한 관련하여 전자적 전송매체를 이용하여 영리목적의 광고성 정보를 전송하려면 그 수신자의 명시적인 사전 동의를 받아야 하며 수신자의 사전 동의를 받은 자는 그 수신동의를 받은 날부터 (   )년마다 해당 수신자의 수신동의 여부를 확인하여야 한다.
>
> **마.** 영리목적의 광고성 정보 전송 제한 관련하여 전자적 전송매체를 이용하여 영리목적의 광고성 정보를 전송하려는 자는 수신자가 수신동의, 수신거부 또는 수신동의 철회 의사를 표시한 날부터 (   ) 일 이내에 처리 결과를 해당 수신자에게 알려야 한다.

① 47
② 49
③ 52
④ 53
⑤ 55

18 다음은 신청기관의 개인정보보호 관련한 상황에 대한 예시이다. 상황과 인증심사 기준에 따른 결함이 적절한 것을 고르시오.

> **가.** A 인터넷은 개인정보처리와 관련하여 Z시스템에 위탁하여 운영하고 있었으나, Z시스템의 인력변동에 대한 현황 공유가 지연되는 경우가 발생하여, 최근의 보안점검 결과 3개월 전에 퇴사한 Z시스템의 일부 인력의 계정이 삭제되지 않고 활성화 상태로 존재함이 확인되었다.
>
> **나.** B 쇼핑몰은 마케팅 관련 업무에 대하여 X, Y, Z의 3개의 수탁사를 통해 분리하여 운영하고 있었으나, 3개월 전에 X위탁사와 계약이 만료되어 T위탁사로 변경되었으나 내부 문서목록에는 여전히 X, Y, Z 수탁사가 분리·운영하는 것으로 등재되어 있다.
>
> **다.** C 통신사는 내부 규정에 개인정보 처리업무를 위탁받은 수탁자가 관련 업무를 제3자에게 위탁하는 경우 반드시 위탁사의 개인정보 보호책임자의 동의를 받도록 절차를 수립하였으나 일부 위탁사가 담당자에게 통보만 하고 재위탁을 진행하였다.
>
> **라.** D 개발은 개인정보처리시스템 개발을 위탁하면서 관련 법적 요구사항 준수, 안전한 코딩 표준 준수 등 개발보안 절차 적용, 비밀유지의무 및 손해배상 책임 등 정보보호 및 개인정보보호 요구사항을 계약서에 명시하여 계약을 진행하였다.
>
> **마.** F 텔레콤의 고객상담 업무를 위탁받아 운영하고 있는 S서비스는 F텔레콤의 내부 규정상 1년에 한 번 하도록 되어 있는 보안교육을 자체적으로 수행하고 수행 여부에 대해 위탁사인 F텔레콤에 통보하고 있으나 F텔레콤은 휴가 등의 사유로 교육을 받지 않은 외주 인력에 대해 추가 조치를 요구하지 않았다.

① 가 – 2.3.1 외부자 현황 관리
② 나 – 2.3.4 외부자 계약 변경 및 만료 시 보안
③ 다 – 2.3.2 외부자 계약 시 보안
④ 라 – 2.3.2 외부자 계약 시 보안
⑤ 마 – 2.3.3 외부자 보안 이행 관리

19 snort는 오픈소스 기반으로 IP네트워크 기반의 실시간 트래픽 분석 및 패킷 로깅을 수행할 수 있는 침입탐지시스템(IDS) 및 침입방지시스템(IPS)이다. 아래 예시의 snort 및 snort 룰에 대한 설명으로 적절하지 않은 것을 고르시오.

① Alert tcp any any → any any (msg:"Http Get Flooding"; content:"GET/ HTTP1."; nocase; depth:15; threshold:type threshold, track by_dst, count 30, seconds 1; sid:100000501)

: 패킷의 페이로드에서 15번째 자리까지 "GET/HTTP1."패턴에 대해 대소문자 구분하지 않고 매칭하여 목적지 기준으로 1초에 30회 발생 시마다 로그에 기록하고 "Http Get Flooding"이벤트 경고를 발생한다.

② Drop tcp any any → any 443 (msg:"google detect", content:"|67 6F 6F 67 6C 65|"; sid:100000502)
* 아스키코드 |47| : 'G', |67| : 'g'

: 443포트로 들어오는 tcp패킷의 페이로드에서 아스키코드로 google을 탐지하는 룰로 미러링모드에서 정상 작동하며, 패킷을 차단하고 로그를 기록한다.

③ Alert tcp any any → 192.168.25.1/24 any (msg:"LandAttack detect", sameip, sid:100000503)

: 192.168.25번 대역IP로 유입이 되는 출발지와 목적지IP가 동일한 경우 탐지하는 snort룰이다.

④ Alert icmp any any → any any (msg:"ICMP detect", threshold:type limit track by_src, count 10, seconds 60; sid:100000504)

: icmp패킷을 출발지 기준으로 1분에 10번 발생할 때까지만 탐지하여 경고하고 11번째 이상은 로그를 남기지 않는다.

⑤ Alert tcp any any → any 23 (msg:"Telnet detect"; content:"anonymous"; offset:0; depth:14; content:"telnet"; distance:5; within:8, sid:100000505)

: telnet으로 접속하는 패킷에 대해 페이로드의 0번째에서 14번째 바이트까지 "anonymous"를 매칭하고, 이전 검색된 지점에서 5바이트 경과한 위치에서 시작하여 8바이트 이내에서 "telnet" 매칭이 된 경우 "Telnet detect" 이벤트 경고를 발생한다.

20 다음은 ISMS-P 인증심사원과 ABC사이트(B2B) 담당자 간의 대화이다. 대화 내역에서 도출 가능한 결함으로 가장 적절한 것을 고르시오.

■ **심사원** : 안녕하세요. 정보보호 및 개인정보보호 정책 및 지침은 모두 마련되었나요?

○ **담당자** : 네. 준비는 다 끝냈습니다.

■ **심사원** : 각각의 업무 지침서(예 : 정보보호 업무 지침서, 운영보안 업무 지침서, 개발보안 업무 지침서, 생활보안 업무 지침서)가 세부적으로 존재하네요. 이런 지침서들은 각 담당자가 관리하고 있나요?

○ **담당자** : 네. 정책서는 그룹웨어에서 전체적으로 확인할 수 있고, 각 지침서는 임직원이 최신 버전을 항상 참조하도록 공유하고 교육하고 있습니다.

■ **심사원** : 잘 되어 있군요. 그런데 이 지침서의 개정 이력 목록을 살펴보면 개정일자와 개정내용은 기록되어 있지만, 작성자와 승인자는 왜 표시되지 않나요?

○ **담당자** : 네. 지침서를 업로드할 때는 그룹웨어를 통해 승인 절차를 거치는데, 문제가 될 것 같지 않습니다만, 더 자세히 알아보겠습니다.

■ **심사원** : 그럼 개발보안 업무 지침서의 최근 개정에 대한 승인 정보는 어떻게 확인할 수 있을까요?

○ **담당자** : 네. 잠시만 기다려주세요. (확인 후) 해당 내용이 오래되어 확인이 어려워 보이네요. 그러나 최근 정보는 확인 가능합니다.

■ **심사원** : 알겠습니다. 그럼 일반적으로 지침서의 승인자는 누구인가요?

○ **담당자** : 보통 지침서의 승인은 해당 부서의 책임자인 부서장님이 맡고 계십니다.

■ **심사원** : 알겠습니다. 다음 질문을 진행하겠습니다.

---

① 1.1.1 경영진의 참여
② 1.1.4 범위설정
③ 1.1.5 정책수립
④ 1.3.3 운영현황 관리
⑤ 2.1.1 정책의 유지관리

21 다음은 침해사고 발생 시 점검항목 및 조치방안이다. 다음의 사고 유형 중에 잘못된 점검 내용 및 조치사항을 고르시오.

① 계정 사고유형

◎ 계정 사고 점검내용
- 사용하지 않는 계정 및 숨겨진 계정 확인
  ▶ Windows : [관리도구] → [컴퓨터 관리]→ [로컬사용자 및 그룹]→ [사용자] 정보 확인
  ▶ Linux : /etc/passwd 확인
- $ 문자가 포함된 계정확인
- 패스워드 미설정 계정 확인
- /bin/bash 점검
◎ 조치사항
- 사용하지 않는 계정과 숨겨진 계정 삭제

② 로그파일 사고유형

◎ 로그파일 사고 점검내용
- 이벤트 로그 및 시스템 로그 변조유무 확인
  ▶ Windows : [관리도구] → [컴퓨터 관리]→ [이벤트뷰어] 확인
  ▶ Linux : /var/log/secure, message 확인
- 웹로그 경로 및 변조 유무 확인
  ▶ [관리도구] 인터넷정보서비스(IIS)에서 관리
  ▶ Linux : /user/local/apache/logs 확인
- 웹로그 생성/수정 시간 확인
◎ 조치사항
- 올바른 설정 반영

③ 웹쉘 사고유형

◎ 웹쉘 사고 점검내용
- 확장자별 웹쉘(Web Shell) 시그니쳐(Signature) 점검
  ▶ asp. aspc, asa, cer, odx, php, jsp, html, htm, jpg, gif, bmp, png
- www.boho.or.kr 신청
- 휘슬(Whistle) 도구 사용
◎ 조치사항
- 웹쉘 발견 시 업로드 된 경로를 파악하여 해당 취약점 제거

④ HTTP 메소드 사고유형

◎ HTTP 메소드 사고 점검내용
• 숨겨진 프로세스 및 비정상 프로세스 확인
• 변조된 파일 및 시스템 명령어 확인
  ▶ Windwos : IceSword, GMER 등 사용
  ▶ Linux : Rookit Hunter, Check Rootkit 등 사용
◎ 조치사항
• 일부 시스템 명령어만 변조된 경우는 무결성이 보장된 명령어로 교체 가능하나 다수의 라이브러리들이 변조되었을 경우는 시스템 재설치 필요

⑤ 웹로그 분석 사고유형

◎ 웹로그 분석 사고 점검내용
• MOVE, PUT 메소드 공격여부 확인
  ▶ grep MOVE 웹 로그 : grep v404
• Linux : grep 기본제공
• Window : grep.exe 사용
◎ 조치사항
• 웹셀이 발견될 경우 웹접속로그를 통해 웹셀에 접근한 IP를 확인하고 방화벽을 통해 접근제한 정책 적용

22 다음은 개인정보처리시스템 저장 시 DB 암호화 방식에 대한 도식 설명이다. 알맞게 연결된 것을 고르시오.

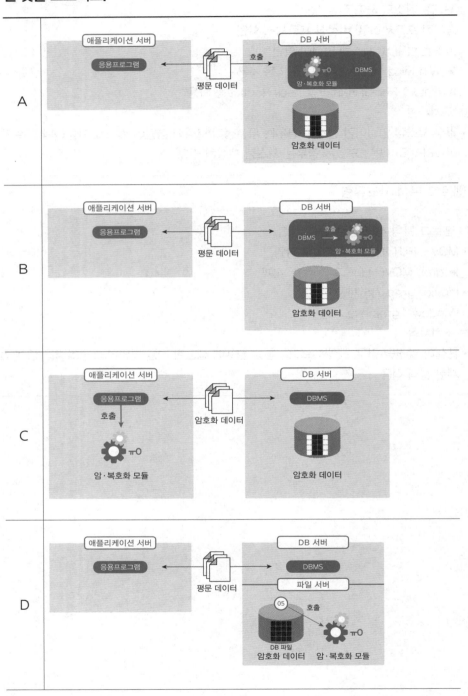

E	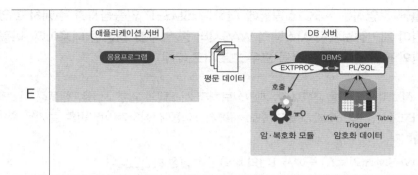

구분	DB 서버 암호화	DBMS 암호화 기능 호출	DBMS 자체 암호화	응용프로그램 자체 암호화	운영체제 암호화
①	A	B	C	D	E
②	B	C	D	E	A
③	C	D	E	A	B
④	D	E	A	B	C
⑤	E	A	B	C	D

23 온라인 쇼핑몰을 운영하는 ABC 쇼핑몰에 대하여 ISMS-P 인증심사를 수행하고 있다. 다음은 심사원이 개인정보처리 시스템의 WAS서버 중 일부를 점검한 내용이다. 이를 바탕으로 심사원의 판단 중 적절한 것을 모두 고르시오.(2개)

- **■ 심사원** : 정보자산 대장을 참고하여 개인정보처리 시스템의 일부 서버를 샘플링으로 직접 확인하고 싶습니다. WAS서버(리눅스) 중에서 1대를 선정하여 비밀번호 설정을 확인하고 싶습니다.

- **○ 담당자** : WAS서버(리눅스) 중에서 1대의 비밀번호 설정 화면입니다.

```
[root@KSwebWAS1] # cat /etc/passwd
root:x:0:0:root:/root:/bin/bash
bin:x:1:1:bin:/sbin/nologin
adm:x:3:4:adm:/var/adm:/sbin/nologin
[중략]
Oppa:x:500:500:Tomcat Admin:/home/tomcat:/bin/bash
.
[root@KSwebWAS1] # chage –l oppa
Last password change                              : Mar 17, 2021
Password expires                                  : never
Account expires                                   : never
Minimum number of days between password change  : 1
Maximum number of days between password change : 99999
Number of days warning before password expires   : 7
```

- **■ 심사원** : 비밀번호를 변경하고 있지 않네요?

- **○ 담당자** : WAS서버 계정은 비밀번호를 변경 시에 서비스가 중단될 우려가 있어 변경하지 않고 사용하고 있습니다.

- **■ 심사원** : 비밀번호 변경에 대한 지침에는 반영이 되어 있나요?

- **○ 담당자** : 서비스용 특수계정에 대하여 보완대책을 수립하고 책임자 승인 하에 비밀번호를 변경하지 않고 사용할 수 있는 내용이 기술적 정보보호지침에 반영되어 있습니다.

- **■ 심사원** : WAS서버 OS계정이 oppa 계정으로 보이는데, 서비스용 특수계정이 맞나요?

- **○ 담당자** : oppa 계정이 WAS 및 API 서비스 연동을 위해 사용하는 서비스용 특수계정이 맞습니다.

- **■ 심사원** : 일반 사용자가 접근하는 경우는 없나요? oppa 계정의 접속로그를 확인하고 싶습니다.

- **○ 담당자** : [접속로그 증거자료 제출]

- **■ 심사원** : 운영자 PC의 IP에서 로그인 한 기록이 확인되는데요?

> ○ **담당자** : 본인에게 확인해 보니 운영자에게는 서버 접속용 계정이 별도로 부여되고 있으나, 업무 편의를 위해 내부 지침과 다르게 oppa 계정을 이용하여 접속한 적이 있다고 합니다.
>
> ■ **심사원** : oppa 계정의 비밀번호 변경 예외 처리에 대한 책임자 승인된 증거자료를 확인할 수 있나요?
>
> ○ **담당자** : 지침에는 서비스용 특수계정에 대한 비밀번호 변경 예외 처리가 규정되어 있는데, 실제 승인된 문서는 찾을 수 없습니다.
>
> ■ **심사원** : 네. 알겠습니다.

① WAS서버의 비밀번호를 6개월마다 주기적으로 변경하지 않았으므로 2.5.4 비밀번호 관리 결함으로 판단하였다.

② WAS서버 OS계정인 oppa 계정에 대하여 비밀번호 변경 예외 처리 등 운영에 대한 책임자 승인을 확인할 수 없어 2.5.5 특수계정 및 권한관리 결함으로 판단하였다.

③ WAS서버 OS계정인 oppa 계정에 대하여 비밀번호 변경 예외 처리 등 운영에 대한 책임자 승인을 확인할 수 없어 2.5.6 접근권한 검토 결함으로 판단하였다.

④ WAS서버 접근 시 내부 지침을 위반하여 개인 계정이 아닌 서비스용 계정으로 접속한 것이 발견되어 2.6.2 정보시스템 접근 결함으로 판단하였다.

⑤ WAS서버 접근 시 내부 지침을 위반하여 개인 계정이 아닌 서비스용 계정으로 접속한 것이 발견되어 2.6.4 데이터베이스 접근 결함으로 판단하였다.

24 2023년 9월 15일 시행된 「개인정보보호법」은 개인정보 처리에 대한 정보주체의 권리를 보장하기 위한 여러 가지 방법 중 하나로 개인정보의 이용·제공 내역을 통지하도록 하고 있다. 이에 대한 설명으로 적절하지 않은 것을 고르시오.

① 개인정보의 이용·제공 내역을 통지해야 하는 의무 대상자가 종전 정보통신서비스제공자에서 특정 기준을 충족하는 모든 개인정보처리자로 확대되었다.

② 개인정보의 이용·제공 내역을 통지해야 하는 기준은 5만 명 이상의 민감정보 또는 고유식별정보를 처리하는 자, 100만 명 이상의 개인정보를 처리하는 자이다.

③ 개인정보의 이용·제공 내역을 통지하는 방법은 서면, 전자우편, 전화, 문자전송 등의 방법과 함께 알림창을 통해 통지하는 방법이 추가되었다.

④ 개인정보의 이용·제공 내역 통지와 정보주체 이외로부터 수집한 개인정보의 수집 출처 통지를 함께 할 수 있게 변경되었다.

⑤ 개인정보의 이용·제공 내역을 통지한 경우 해당 개인정보를 파기할 때까지 개인정보의 수집·이용 목적과 수집한 개인정보 항목, 제공받은 자와 그 제공 목적 및 제공한 개인정보 항목을 보관·관리하여야 한다.

25 클라우드컴퓨팅은 우리 일상 가까이, 거의 모든 기업에서 활용하고 있다고 해도 과언이 아닙니다. 사용자가 안전하게 접근하기 위해 클라우드 컴퓨팅 발전 및 이용자 보호에 관한 법률이 지정·운영되고 있으며, 관련 행정규칙에서 클라우드컴퓨팅서비스 품질·성능에 관한 기준을 운영하고 있다. 다음 중, 클라우드컴퓨팅서비스 품질·성능 기준에서 정의하고 있는 내용만으로 짝지어진 것을 고르시오.

> **가.** (가용성) 클라우드컴퓨팅서비스 제공자의 가용률 측정을 위한 기능 보유 및 가용률 유지 능력
>
> **나.** (기능성) 클라우드컴퓨팅서비스 제공자의 명시된, 묵시적 요구사항을 만족하는 기능을 제공하는 소프트웨어 제품 능력
>
> **다.** (응답성) 클라우드컴퓨팅서비스 제공자의 응답시간 측정을 위한 기능 보유 및 응답시간 유지 능력
>
> **라.** (확장성) 클라우드컴퓨팅서비스 제공자의 이용자 요구에 따라 자원의 양을 줄이거나 늘릴 수 있는 기능 및 시스템 보유
>
> **마.** (사용성) 클라우드컴퓨팅서비스 제공자에 의해 쉽게 이해·학습되며 선호할 수 있는 능력
>
> **바.** (효율성) 클라우드컴퓨팅서비스 제공자가 적은 자원으로 큰 효과를 낼 수 있는 능력
>
> **사.** (신뢰성) 클라우드컴퓨팅서비스 제공자의 서비스 회복시간, 백업 주기, 백업 준수율 및 백업 데이터 보관 기간 측정을 위한 기능 및 시스템 보유
>
> **아.** (유지보수성) 클라우드컴퓨팅서비스 제공자의 운영환경과 요구사항 및 기능적 사양에 따른 SW(HW)의 수정, 개선 등 변경될 수 있는 능력
>
> **자.** (서비스 지속성) 클라우드컴퓨팅서비스 제공자의 재무상태 및 기술보증, 서비스 추진전략, 조직 및 인력 등을 포함한 서비스 제공 능력
>
> **차.** (서비스 지원) 클라우드컴퓨팅서비스 제공자의 단말·운영체계 등 이용자 지원 기능과 보상대책 및 기술지원문서, 모니터링 웹사이트 등을 포함한 서비스 지원체계
>
> **카.** (이식성) 클라우드컴퓨팅서비스 제공자의 다른 환경으로 이전되는 SW능력의 정도
>
> **파.** (보안성) 클라우드컴퓨팅서비스 제공자의 제품(시스템)이 정보(데이터)를 보호하는 정도
>
> **타.** (호환성) 클라우드컴퓨팅서비스 제공자의 다른 제품과 함께 동일한 SW(HW) 환경을 공유하면서 필요한 기능을 수행할 수 있는 정도
>
> **하.** (고객대응) 클라우드컴퓨팅서비스 제공자의 고객요청에 대응하기 위한 고객대응체계와 고객불만 수집체계 및 처리 절차

① 가, 다, 라, 사, 자, 차, 하
② 가, 나, 마, 사, 아, 카, 타
③ 다, 라, 바, 사, 자, 파, 하
④ 마, 바, 자, 차, 카, 파, 타
⑤ 바, 사, 자, 차, 카, 타, 하

26 다음 보기의 상황에서 맞는 설명을 고르시오.

> AA 상담기관은 상담자의 나이, 가족관계와 학력, 연애 성향과 이성관, 종교에 대한 관점 등
> 이 포함된 상담메일을 단체메일로 송부하여 상담자 본인은 물론 다른 사람에게 유출되었다.
> 소규모 상담기관으로 이번에 신입 개발자 1명을 뽑아 상담 시 자료를 온라인으로 관리하고
> 상담자 본인에게 메일로 내용을 발송해 주는 시스템을 만들었으며, IT담당 인력이 혼자뿐이
> 라 충분한 테스트를 거치지 않고 운영하다 사고가 난 것이다.
> 내부망에서 관리되는 정보이며, 별도 암호화는 처리하지 않았고, 해당 시스템 접속 시 아이
> 디 패스워드 인증 외 별도 안전한 인증 수단은 적용되지 않았다.

① 유출 사고가 난 후 바로 인지를 하지 못하였다면 인지 후 72시간 내 통지 및 신고하여
  도 된다.
② 유출 등이 된 개인정보의 확산 및 추가 유출 등을 방지하기 위해 취약점 점검 보완 등
  의 긴급 조치가 필요한 경우라면 영업일 기준 72시간을 초과하여 정보주체에게 알리
  는 것이 가능하다.
③ 해당 개인정보는 1천 명 이상 유출된 것이 아니므로 신고할 필요는 없으나 정보주체
  에게 반드시 알려야 한다.
④ 내부망이라 하더라도 해당 개인정보는 반드시 암호화하여야 한다.
⑤ 개인정보취급자가 개인정보처리시스템 접속 시 반드시 안전한 인증수단을 적용하여
  야 한다.

27 온라인 의류 쇼핑몰을 운영하는 ㈜이쁜옷은 ISMS-P 인증심사를 받고 있다. 아래 담당자 인터뷰 내용과 실사한 내용을 바탕으로 심사원의 판단이 가장 적절한 것을 고르시오.

> ■ **심사원** : 운영 중인 쇼핑몰 네트워크 구성을 설명해 주세요.
>
> ○ **담당자** : DMZ 영역에 웹서버가 위치해 있고, 내부영역에 WAS와 DB가 별도 서버로 구성되어 있는 3 tier 구조로 운영 중입니다.
>
> ■ **심사원** : 영역 간 접근통제는 어떻게 될까요?
>
> ○ **담당자** : 영역 간 접근통제는 DMZ 영역에서 내부영역 간 방화벽을 두어 처리되고 있고요. DB서버로의 직접 접속은 WAS 서버만 가능하도록 되어 있습니다.
>
> ■ **심사원** : 네. 지금 공개서버 보안지침을 확인 중인데요. 웹서버는 어떤 걸 사용하시나요?
>
> ○ **담당자** : Apache 웹서버를 사용하여 운영하고 있습니다.
>
> ■ **심사원** : Apache 설정 중 httpd.conf 파일 확인이 가능할까요?
>
> ○ **담당자** : 네. 운영 담당자 자리로 가시죠.

≡ 공개서버 보안지침   ● ● ●

공개서버 보안지침

1. 서버 정보 숨기기
2. 디렉토리 인덱싱 차단
3. 심볼릭 링크 차단
4. 웹 서버 프로세스 권한 제한
5. HTTP Method 제한
   - GET, POST를 제외한 Method 설정을 제한하여 운영한다.
6. 에러페이지 설정
7. SSL 프로토콜 및 알고리즘 설정

〈 httpd.conf 중 Method설정〉
〈Directory /〉
 〈LimitExcept GET POST PUT〉
   Order deny,allow
   Deny from all
 〈/LimitExcept〉
〈/Directory〉

① 심사원은 네트워크 영역분리가 미흡하다는 이유로 '2.6.1 네트워크접근' 결함으로 판단하였다.

② 심사원은 원격접근통제가 미흡하다는 이유로 '2.6.6 원격접근통제' 결함으로 판단하였다.

③ 심사원은 공개서버보안지침과 다르게 디렉토리 인덱싱이 허용되어 있음을 이유로 '2.9.3 공개서버보안' 결함으로 판단하였다.

④ 심사원은 공개서버보안지침에서 제한한 기능인 HTTP Method 중 PUT Method 가 허용되어 있음을 이유로 '2.9.3 공개서버보안' 결함으로 판단하였다.

⑤ 심사원은 공개서버보안지침에서 제한한 기능인 HTTP Method 중 Delete Method 가 허용되어 있음을 이유로 '2.9.3 공개서버보안' 결함으로 판단하였다.

28 모바일 쿠폰 서비스를 제공하는 (주)더몹은 ISMS 의무대상 사업자가 되어 2024년 3월에 ISMS 인증심사를 받고 있다. 담당자 인터뷰 내용에서 심사원의 판단이 적절한 것을 모두 고르시오.(2개)

> ■ **심사원** : 안녕하세요 이번에 인증심사를 맡게된 김OO 입니다.
>
> ○ **담당자** : 네. 안녕하세요. 더몹에서 보안을 담당하고 있는 이OO 입니다.
>
> ■ **심사원** : 서버 EOS 관리 절차는 어떻게 하고 계신가요?
>
> ○ **담당자** : 당사는 연 1회 서버에 대한 EOS 점검을 하고 있으며, 그 시기는 매년 6월에 진행하고 있습니다.
>
> ■ **심사원** : 현재 확인 중인 서버의 OS 버전이 Windows Server 2012 R2 Standard 이며, 해당 버전은 2023.10.10 서비스가 종료된 버전인데요. 2023년 EOS 점검 시 누락된 걸까요?
>
> ○ **담당자** : 현재 확인 중인 서버도 점검 대상이어서 점검은 진행했는데요, 테스트 DB로 사용 중에 있어 그 중요도가 낮고 또 WINDOW 버전 업데이트 시 현재 사용 중인 테스트 데이터의 유실 우려가 있어서, 버전 업 하지 않았습니다.
>
> ■ **심사원** : 그럼 그에 따른 보완대책을 수립 후 적용하고 있나요?
>
> ○ **담당자** : 아니오, 테스트 서버이므로 별도 보완대책을 수립하지 않아도 된다고 판단했습니다.
>
> ■ **심사원** : OS의 EOS는 보안 업데이트 뿐 아니라 버그 및 기술지원 서비스가 종료되는 사항이고, 테스트DB라도 유용한 정보가 있을 수 있고, 테스터 직원 및 DBA 접근이 가능 하므로 상위 버전으로 업그레이드 하거나, 애플리케이션 및 데이터를 Azure로 마이그레이션 후 최대 3년간의 ESU를 받는 방법도 있으니 고려해 보셔야 할 것 같습니다.
>
> ○ **담당자** : 네. 내부 논의해 보겠습니다.
>
> ■ **심사원** : EOS 건에 대해서는 보통 위험평가에 포함 시켜서 위험식별을 하는데요, 귀사는 위험평가를 통한 EOS 건에 대한 위험식별을 진행하실까요?
>
> ○ **담당자** : 아니오. 위험평가 대상에는 포함하고 있지 않으며, 위험평가는 정기 위험평가를 연 1회 3월에 진행하는데, 그 대상으로 전년도에 식별된 위험이나 이슈가 된 사항 중 해결이 되지 않은 건을 그 대상으로 포함하고 있으며, DOA는 경영진의 의사결정을 통해 결정합니다.
>
> ■ **심사원** : 정기 위험평가 이외에 인증범위 내 중요한 사유 발생에 따라 별도로 진행되는 절차는 없는 건가요? 예를 들면 외부적 요인으로 발생 가능한 위험, 내부 정보 자산에 큰 변화가 있는 경우 혹은 법 요건 변화로 인한 위험 식별하는 절차는 별도로 없는 건가요?
>
> ○ **담당자** : 네. 위험평가는 연 1회만 하면 되는거 아닌가요?

① 심사원은 DOA에 대한 의사결정 절차가 잘못됨을 이유로 '1.2.3 위험평가 결함'으로 판단하였다.

② 심사원은 EOS, 법적요건, 정보자산의 변화에 따른 위험식별 및 평가하는 관리체계가 갖춰져 있지 않은 이유로 '1.2.3 위험평가 결함'으로 판단하였다.

③ 심사원은 위험평가를 통해 식별된 위험에 대해, 보호대책 선정이 안 되어 있음을 이유로 '1.2.4 보호대책 선정 결함'으로 판단하였다.

④ 심사원은 EOS된 OS에 대해, 보완대책이 없고, 수행되지 않은 사유로 '1.3.1 보호대책 구현 결함'으로 판단하였다.

⑤ 심사원은 테스트 서버 OS가 EOS 되었음에도 그에 대한 보완대책이 적용되지 않아 '2.10.8 패치관리 결함'으로 판단하였다.

29 다음은 개인정보 유출 시 통지 및 신고에 대한 사항을 정리한 표이다. 빈칸에 알맞은 내용만으로 기재된 것을 고르시오.

근거 법률		「개인정보보호법」	「신용정보법」
		제34조(개인정보 유출 등의 통지·신고)	제39조의4(개인신용정보 누설통지 등)
법률 간의 관계		일반법	특별법
적용 대상		개인정보처리자	신용정보회사 등에서의 상거래기업 및 법인
적용 범위		개인정보 유출 등	개인신용정보 누설
의무 사항		통지 및 신고	
벌칙 규정		3천만원 이하의 과태료	
유출통지	규모	**(가)** 명 이상	**(나)** 명 이상
	시점	**(다)** 이내	**(라)** 이내
	방법	홈페이지, 서면 등의 방법으로 개별 통지	
	항목	유출 등이 된 개인정보 항목, 유출 등이 된 시점과 그 경위, 유출 등으로 인하여 발생 할 수 있는 피해를 최소화하기 위하여 정보주체가 할 수 있는 방법 등에 관한 정보, 개인정보처리자 대응조치 및 피해구제절차, 피해 신고·상담 부서 및 연락처 등	
유출신고	규모	1. **(마)** 명 이상 2. 민감정보, 고유식별정보 유출 등 3. 외부로부터의 불법적인 접근에 의해 개인정보가 유출 등	**(바)** 명 이상

① (가) 1   (나) 1   (다) 72시간   (라) 5일   (마) 1천   (바) 1만

② (가) 1   (나) 1   (다) 5일   (라) 5일   (마) 1천   (바) 1천

③ (가) 1천   (나) 1천   (다) 5일   (라) 5일   (마) 1만   (바) 1만

④ (가) 1만   (나) 1만   (다) 72시간   (라) 5일   (마) 1천   (바) 1만

⑤ (가) 1   (나) 1천   (다) 72시간   (라) 5일   (마) 1천   (바) 1만

30 ISMS-P 인증을 신청한 마이데이터 사업자의 담당자와 심사원 간의 인터뷰 내용이다. 인터뷰 내용을 살펴봤을 때 결함이 아닌 인증기준을 고르시오.

■ **심사원** : 신용정보 관리보호인을 살펴보려고 했는데 홈페이지에 '신용정보활용체제'가 보이지 않네요? 혹시 신용정보팀 팀장님이 신용정보 관리보호인이라고 했던것 같은데 맞나요? 맞다면 임원으로 지정되어 있으신가요?

○ **담당자** : 아, 개인정보처리방침에 준법감시인 정보가 기재되어 있는데 그 분이 신용정보 관리보호인도 겸직하고 있습니다. 그리고 직급은 부장님이시고, 직원입니다. 현재 마이데이터 사업 관련해서 전반적인 업무를 총괄하십니다.

■ **심사원** : 네. 알겠습니다. 그리고 개인신용정보 관리 및 보호실태 점검 보고서를 살펴보니 신용정보 관리보호인 결재만 이루어져 있는데, 신용정보 관리보호인 결재만 가지고 이사회 보고를 진행하시나요?

○ **담당자** : 아니요, 보시는 자료는 우리 부서가 작성한 문서에 대해 신용정보 관리보호인께 결재받은 자료이고 이 보고서를 품의서의 첨부로 하여 대표이사님께 결재를 받습니다. 이사회에 보고하는 타 회사는 아마 고객수, 매출액 규모가 큰 곳인것 같은데 우리는 이제 막 온라인 매출이 100억이 넘는 작은 기업이라 대표이사님까지 결재받고, 이를 금융위원회에 제출합니다.

■ **심사원** : 네. 알겠습니다. 개인신용정보 파기 및 분리보관 관련해서 여쭤볼게요. 마이데이터 서비스를 탈퇴한 회원에 대한 처리 프로세스 설명을 부탁드립니다.

○ **담당자** : 서비스를 탈퇴하면 3개월 이내에 선택정보로 수집한 항목은 삭제하고 그 외에 개인신용정보 전송내역은 접근권한을 강화하여 해당 업무계정만 데이터에 접근 가능하도록 조치합니다. 그리고 5년이 도래하기 전 별도로 생성된 테이블에 개인신용정보 전송내역 데이터를 이관하여 분리보관 처리합니다.

■ **심사원** : 그러면 실제 분리보관은 5년 즈음에 이루어지는 건가요? 그 전엔 접근제한 조치만 되는거구요?

○ **담당자** : 네. 맞습니다.

■ **심사원** : 분리보관 처리된 데이터의 복원처리 내역을 살펴보려고 말씀해 주신 업무화면을 통해 최근 2년치까지 살펴봤는데 복원처리 일시와 복원처리 한 탈퇴회원 정보의 탈퇴일을 대조해보니 5년이 경과된 날짜라 분리보관 처리는 말씀하신 사항과 동일한 것 같습니다. 업무화면에서 가장 이전 처리내역을 볼 수 있는 기간은 2년으로 구현된거죠?

○ **담당자** : 네. 신용정보처리내역은 2년까지 기록하고 있어서 해당 업무화면에서 최근 2년치만 조회될 겁니다.

- **■ 심사원** : 네. 알겠습니다. 마지막 질문입니다. 작년에 1,500명의 개인정보 유출사고가 있었더라구요. 그런데 개인정보보호위원회나 한국인터넷진흥원에 신고한 내역이 없던데 혹시 신고는 누락 되었었나요?
- **○ 담당자** : 마이데이터 사업자는 개인신용정보를 처리하고 있어서 「신용정보법」을 우선 적용받습니다. 「신용정보법 시행령」에 따르면 1만 명 이상 유출일 때에 금융위원회 또는 금융감독원에 신고하면 됩니다.

① 1.1.1 경영진의 참여
② 2.11.5 사고 대응 및 복구
③ 3.2.1 개인정보 현황관리
④ 3.4.2 처리목적 달성 후 보유 시 조치
⑤ 3.5.1 개인정보 처리방침 공개

31 다음은 이동형 영상정보처리기기와 관련된 내용이다. 보기 중 틀린 것의 개수를 고르시오.

> **가.** 누구든지 이동형 영상정보처리기기를 운영하려는 자는 법에서 정하는 예외사항을 제외하고는 공개된 장소에서 이동형 영상정보처리기기로 사람 또는 그 사람과 관련된 사물의 영상을 촬영할 수 없다.
>
> **나.** 휴대형 장치를 이용한 촬영 시에는 불빛이나 소리 또는 보호위원회가 구축하는 인터넷 사이트에 공지하는 방법으로 촬영 사실을 알릴 수 있다.
>
> **다.** 이동형 영상정보처리기기운영자는 고정형 영상정보처리기기운영자와 마찬가지로 개인정보가 분실·도난·유출 등이 되지 않도록 안전성 확보에 필요한 조치를 하여야 한다.
>
> **라.** 이동형 영상정보처리기기운영자는 이동형 영상정보처리기기를 이용한 개인정보 촬영 범위가 광범위하므로 운영 사무 위탁이 불가하다.
>
> **마.** 누구든지 고정형 영상정보처리기기를 이용한 개인의 사생활을 현저히 침해할 수 있는 장소의 촬영 금지 조항은 이동형 영상정보처리기기도 예외 없이 동일하게 적용된다.
>
> **바.** 안경이나 시계 등에 부착되어 있는 소형 카메라는 불법 카메라에 해당하므로 이동형 영상정보처리기기 범주에서 제외한다.

① 1개
② 2개
③ 3개
④ 4개
⑤ 5개

32 다음은 금융기관의 일반업무 담당직원과 보안업무 담당직원 간의 대화 내용이다. 밑줄 친 내용 중에 적절하지 않은 것은 몇 개인지 고르시오.

■ **홍길동** : 안녕하세요. 「신용정보법」과 「개인정보보호법」 간의 관계에 대해서 간단히 설명 부탁드립니다.

◇ **김보안** : 개인정보보호 관련하여 「개인정보보호법」과 「신용정보법」은 일반법과 특별법의 관계에 있습니다. 「신용정보법」 제3조의 2에 이와 관련한 명확한 규정이 있습니다. 개인신용정보에 대해서는 「신용정보법」을 우선 적용하고 「신용정보법」에서 규정하지 않은 사항에 대해서는 「개인정보보호법」을 적용하면 됩니다.

■ **홍길동** : 신용정보회사 등은 ㉠ **개인신용정보 처리에 관한 기록을 3년간 보관**하도록 되어 있는데, 개인신용정보의 보유기간은 어떻게 되나요?

◇ **김보안** : ㉡ **금융거래 등 상거래 관계가 종료된 날로부터 최장 5년 이내에 개인신용정보를 삭제해야 합니다. 해당 기간 이전에 정보수집·제공 등의 목적이 달성된 경우에는 6개월 이내에 삭제**해야만 합니다.

■ **홍길동** : 가명처리와 관련한 기록의 보관기간은 어떻게 되나요?

◇ **김보안** : 「신용정보법」 및 「개인정보보호법」 모두 ㉢ **가명정보를 파기한 날로부터 3년 이상 가명정보의 처리와 관련된 기록을 보관**하도록 하고 있습니다.

■ **홍길동** : 정보주체의 개인신용정보 열람·정정 등 권리보장과 관련해서 「신용정보법」이 「개인정보보호법」과 다른 점이 있을까요?

◇ **김보안** : 「개인정보보호법」과 유사하게 ㉣ **개인신용정보를 절차에 따라 열람을 한 후 정정을 청구할 수 있으며 신용정보회사 등은 10일 이내에 그 처리결과를 정보주체에게 통지**하여야 합니다.

■ **홍길동** : ㉤ **개인정보 유출 시 정보주체에게 통지해야 하는 사항은 「신용정보법」과 「개인정보보호법」이 동일**한 것으로 알고 있는데 관련 기관에 신고하는 기준은 다르다고 알고 있습니다.

◇ **김보안** : 네. 「개인정보보호법」은 23년 법이 개정되어 1천 명 이상 정보주체의 개인정보 유출 및 민감정보 또는 고유식별정보가 유출된 경우, 외부의 불법적인 접근에 의해 유출된 경우 개인정보보호위원회 또는 한국인터넷진흥원으로 72시간 내 신고하도록 되어 있습니다. ㉥ **「신용정보법」은 1만 명 이상일 경우 금융위원회 또는 금융감독원으로 신고**하도록 하고 있습니다.

■ **홍길동** : 아, 그렇군요. 그럼 정보보호 최고책임자 지정 관련해서는 어떤가요?

◇ **김보안** : 정보보호 최고책임자 지정과 관련해서는 금융회사는 일반법인 「정보통신망법」이 아닌 특별법인 「전자금융거래법」이 우선 적용이 됩니다. ⓐ **직전 사업연도 말 기준 총 자산이 3조 원 이상이고 상시 종업원수가 300명 이상인 금융회사 또는 전자금융업자는 임원으로 지정**을 해야 하고, ◎ **직전 사업연도 말 기준 총 자산 10조 원 이상이고 상시 종 업원수가 1,000명 이상인 금융회사의 정보보호 최고책임자는 겸직을 할 수 없습니다.**

■ **홍길동** : 오늘 개인정보보호와 관련한 법률 조항에 대해 상세히 알려주셔서 감사합니다.

① 1개
② 2개
③ 3개
④ 4개
⑤ 5개

33 다음은 인터넷 쇼핑몰 업체인 대박 쇼핑몰의 개인정보 동의서 양식, 홈페이지 회원가입 화면, 개인정보처리방침 및 광고성 정보 수신동의 테이블이다. 이를 바탕으로 결함 항목으로 가장 적절하지 않은 것을 고르시오.

☰ 개인정보 동의서 양식   ● ● ●

개인정보 동의서 양식

[필수] 개인정보 수집 및 이용

항목	목적	보유 및 이용기간
아이디, 성명, 비밀번호, 생년월일, 휴대전화, 이메일주소	회원가입, 이용자식별, 연령확인, 회원관리	**회원 탈회 후 5일 이내**

※ 정보주체는 개인정보 수집 및 이용에 동의하지 않을 권리가 있으며 동의를 거부할 경우 회원가입 시 제한 받을 수 있습니다.
※ 보유 및 이용기간은 관계법령에 따라 보존해야 할 경우 법령에 따릅니다.
　동의 □ / 동의안함 □

[선택] 개인정보 수집 및 이용

항목	목적	보유 및 이용기간
자택주소, 직장주소	상품배송	**회원 탈회 후 5일 이내**
결제계좌, 카드번호	구매결제	**회원 탈회 후 5일 이내**

※ 정보주체는 개인정보 수집 및 이용에 동의하지 않을 권리가 있으며 동의를 거부할 경우 회원가입 시 제한 받을 수 있습니다.
※ 보유 및 이용기간은 관계법령에 따라 보존해야 할 경우 법령에 따릅니다.
　동의 □ / 동의 안 함 □

[필수] 개인정보 제3자 제공

제공받는 자	제공 항목	제공 목적	보유 및 이용기간
S캐시	회원번호	S캐시 서비스 제공	**회원 탈회 후 5일 이내**

※ 정보주체는 개인정보 수집 및 이용에 동의하지 않을 권리가 있으며 동의를 거부할 경우
포인트 적립서비스 이용에 제한 받을 수 있습니다.

※ 보유 및 이용기간은 관계법령에 따라 보존해야 할 경우 법령에 따릅니다.
동의 □ / 동의안함 □

[선택] 광고성 정보 수신동의　: 동의 □ / 동의안함 □
[선택] 이메일 수신동의　　　: 동의 □ / 동의안함 □
[선택] SMS 수신동의　　　　: 동의 □ / 동의안함 □
[선택] 앱푸시 수신동의　　　: 동의 □ / 동의안함 □

≡ 홈페이지 회원가입 화면　　　　　　　　　　　　　● ● ●

홈페이지 회원가입 화면

홈페이지 회원가입

아이디*	(영문/숫자 6~20자)
성명*	
비밀번호*	(영문/숫자/특수문자 2가지 이상 조합 8자 이상)
비밀번호확인*	
생년월일*	(만14세 미만은 가입 제한)
휴대전화*	
이메일주소*	
자택주소	
직장주소	
결제계좌	
카드번호	

(*:필수입력항목)

개인정보처리방침(일부발췌)

제1조 수집하는 개인정보 항목 및 목적
가. 대박 쇼핑몰은 서비스 이용을 위해 필요한 최소한의 개인정보를 수집합니다.

분류	항목	목적
필수	아이디, 성명, 비밀번호, 휴대전화, 이메일주소	회원가입, 이용자식별, 연령확인, 회원관리
선택	자택주소, 직장주소	상품배송
선택	결제계좌, 카드번호	구매결제

(중략)

제8조 개인정보 보유 및 이용기간
가. 개인정보의 처리목적 달성 시까지 보유하며 달성된 이후에는 지체없이 파기합니다. 관계법령에 의해 개인정보 보유 의무가 있는 경우에는 일정기간 동안 보유한 뒤 파기합니다.

나. 아래의 정보에 대해서는 해당 기간 동안 보존합니다.
1. 계약 또는 청약철회 등에 관한 기록 : 5년(전자상거래 등에서의 소비자 보호에 관한 법률)
2. 대금결제 및 재화 등의 공급에 관한 기록 : 5년(전자상거래 등에서의 소비자 보호에 관한 법률)
3. 소비자의 불만 또는 분쟁처리에 관한 기록 : 3년(전자상거래 등에서의 소비자 보호에 관한 법률)
4. 기타 고객의 동의를 받은 경우 : 동의를 받은 기간까지

(이하 생략)

광고성 정보 수신동의 테이블

광고성 정보 수신동의 테이블

회원번호	광고성 정보 수신동의 여부	이메일동의 여부	SMS동의 여부	앱푸시동의 여부
A0000023	N	N	N	N
B0002306	Y	Y	Y	N
A0000557	Y	N	Y	N

① 3.1.1 개인정보 수집·이용
② 3.1.2 개인정보 수집 제한
③ 3.1.7 마케팅 목적의 개인정보 수집·이용
④ 3.3.1 개인정보 제3자 제공
⑤ 3.5.1 개인정보 처리방침 공개

34 공공기관이 개인정보파일을 운용하는 경우에는 보호위원회에 등록하여야 하지만 보호위원회에 등록이 면제되는 개인정보파일이 있다. 다음 중 등록이 면제되는 개인정보파일이 아닌 것을 고르시오.

① 국가 안전, 외교상 비밀, 그 밖에 국가의 중대한 이익에 관한 사항을 기록한 개인정보파일
② 범죄의 수사, 공소의 제기 및 유지, 형 및 감호의 집행, 교정처분, 보호처분, 보안관찰처분과 출입국관리에 관한 사항을 기록한 개인정보파일
③ 「조세범처벌법」에 따른 범칙행위 조사 및 「관세법」에 따른 범칙행위 조사에 관한 사항을 기록한 개인정보파일
④ 통계법에 따라 수집된 개인정보파일
⑤ 다른 법령에 따라 비밀로 분류된 개인정보파일

[35~36] A 기업은 정보통신서비스업을 통한 게임서비스를 실시하고 있는 회사로, 연 매출 100억 원 이상을 기록하며, 게임업계에서 상위권을 차지하는 건실한 업체이며, ISMS-P 사후심사를 진행중이다.

내부 관리 지침

내부 관리 지침

제1조 개인정보처리 방침 관리
① 개인정보 처리방침은 정책개정 / 법개정 / 문제발생 시 / 기타 위원회 의결 시 개정하도록 한다.
② 이력관리를 위해 최소 반기별로 1-1의 변경 내용을 확인하고, 갱신 작업을 수행한다.
③ 방침의 이력 관리를 위해 경영진의 승인을 받고, 외부 홈페이지를 통해 공개하도록 한다.

제2조 개인정보 위·수탁 계약 관리
① 인력 계약 사항은 문서로 명확히 하며, 변경 등에 대해서도 동일한 프로세스를 통해 관리한다.
② 계약서는 경영진의 승인을 받아 별도 보관 장소에 1등급의 보안 중요성을 기준으로 관리한다.
③ 계약서 변경은 경영진의 승인을 통하고, 계약 변경 내용은 담당자가 즉시 알 수 있도록 한다.
④ 계약의 위수탁 내용에 대해서, 재위탁이 발생할 때에는 사전에 "갑"의 사전 승인이 필요하다.

제3조 개인정보 연관 프로젝트 및 인력 관리
① 프로젝트 및 외주 인력에 대한 선투입이 발생되지 않도록, 일정 고려 및 프로세스를 확립한다.
② 인력의 투입/변경/종료 프로세스를 명확히 관리하고 증빙 문서를 통해, 이력 관리한다.
③ 변경 및 종료 인력에 대해 자원 반납, 정보 파기 등의 정보 유출 방지 절차를 수행하도록 한다.

(생략)

- **심사원** : 안녕하세요. 개인정보 서비스에 대해서 심사를 맡게 된 나심사입니다.

○ **담당자** : 안녕하세요. 개인정보관리를 맡고 있는 김담당입니다. 저희는 100만 이상의 유료 가입자를 통해 연 10% 이상 기업 가치 상승을 이뤄내고 있으며, 다양한 사업 확장을 위해 개인정보 수집·제공 정책을 활용, 연계 프로모션 등을 지속적으로 실시하고 있습니다.

- **심사원** : 관리하는 개인정보 유형이 다양할 거 같은데, 수집·이용은 어떤 절차로 시행되고 있나요?

○ **담당자** : 개인정보의 필요성을 자체 평가하고, 법무팀의 지원을 통해 추가적인 법률적 검토 과정을 거치게 됩니다. 법률 합리성을 통과한 내용에 대해서, 개인정보 처리 방침에 항목을 관리하고 상세 설명을 기록해서 홈페이지를 통해 공지하고 있습니다. 서비스를 진행해 가면서 일부 방침에 이력 관리를 미흡하게 하거나 항목이 누락된 사항들이 간혹 존재하기는 하지만, 기본적으로 반기별로 방침의 오류를 지속적으로 체크 및 개선 작업을 하는 절차를 시행해 나가고 있습니다.

- **심사원** : 심사 전, 개인정보 처리 방침을 확인했습니다. 방침에서 기록되어져야 하는 항목들에 대해서는 관리를 잘하고 계신 것을 확인했습니다. 다만, 개인정보를 관리하는 수탁 업체에 대한 모든 내용이 기록되어져 있지 않은 것을 확인했습니다. 계약된 수탁 업체 목록과 개인정보 처리방침의 수탁 업체 내용이 같지 않은 상황입니다.

○ **담당자** : 해당 내용에 대해서는 담당자에게 문의 후에 말씀드리도록 하겠습니다.

- **심사원** : 방침에 수탁업체에 대한 내용을 확인해 보았는데요, 가, 나, 다 수탁 업체 중, "다" 수탁업체의 업무는 계약서의 내용과 다르게 "라" 업체로 적혀 있네요. 이에 대한 내용의 오류가 발생되어지고 있는 상황에 대해서 알고 있는 건가요?

○ **담당자** : 영업·계약 담당자와 잠시만 확인해 보도록 하겠습니다. 담당자에게 확인해 보니, 해당 내용은 수탁 업체와의 계약이 "라" 업체로 일부 변경된 내용이 있었다고 합니다. 방침에는 바뀐 내용이 관리되어져 있기 때문에 혼선이 발생된 거 같습니다. 변경된 계약서는 최종 CEO 승인을 받았다고 합니다만, 인증심사 준비 중에 바뀐 내용이라 해당 내용이 반영되어서, 심사를 진행하고 있지 않은 것 같습니다. 바뀐 계약서는 바로 전달드리도록 하겠습니다.

■ **심사원** : 계약서는 중요한 내용이므로, 현황을 지속적으로 파악하여야 하며, 즉시 조치해서 관리 및 담당자들에게 전파되어져야 합니다. 당사의 위탁 계약은 어떤 식으로 진행이 되고 있는지요?

○ **담당자** : 당사는 개인정보 관리 외에도 개발 및 판매 등 다양한 업무 영역에서 위·수탁 업무를 수행하고 있습니다. 명확한 계약 관계를 통해서 페널티와 어드밴티지를 지속적으로 반영하여 재계약 유무를 결정하도록 되어 있습니다. 이런 프로세스가 처음에는 업체 간 경쟁을 유도하여 불만을 야기시키기도 했습니다만, 현재는 위·수탁업무가 효율적으로 수행되어지고 있다고 생각합니다. 이를 통해서 가, 나, 다 수탁업체 등은 업무 능력을 인정받았으며, 매년 더 많은 업무를 수행하게 되면서, 재무구조 등이 굉장히 건실해진 것으로 알고 있습니다.

■ **심사원** : 가 수탁 업체와 이야기를 나눠 볼 수 있을까요?

○ **담당자** : 네. 준비하도록 하겠습니다.

○ **가 담당자** : 안녕하세요. 심사원님, 가 업체에 수탁 업무를 책임지고 있는 가 담당입니다.

■ **심사원** : 안녕하세요. 담당자님, 처음 뵙겠습니다. 바로 본론으로 들어가서 질문을 드려도 될까요? "가" 업체의 회사 소개와 인력 구조에 대해서 설명 주실 수 있으실까요?

○ **가 담당자** : 저희는 5년 전부터 A업체의 개인정보 업무를 담당하고 있으며, A업체의 성장과 연계해서 연 20% 정도의 성장세를 이어가며, 중견 기업으로 성장해 나가고 있습니다.

■ **심사원** : 많은 노력을 기울이셔서 성장하는 회사에 대한 보람을 느끼시겠습니다.

○ **가 담당자** : 네, 그렇습니다. 자랑같지만, 매년 저희 회사의 급여 상승률은 업계에서 Top 수준을 유지하고 있습니다. 이는 근무 만족도로 이어지고 있고, 최근에는 이직률 또한 굉장히 낮아지면서 업무 능력이 뛰어난 직원들이 많은 전문 기업이 되고 있는 느낌입니다.

■ **심사원** : 그렇다면, 그 사이 직원분들도 지속적으로 늘어나고 있을 것으로 생각됩니다. 얼마나 많은 직원분이 여기에 상주하고 계시고, 수치는 매년 어떻게 변경되고 있나요?

○ **가 담당자** : 네. 저희 직원들은 5년 전과 비교 시, 10% 정도 늘어났습니다. 이 역시 자랑같지만 급여 수준은 그 사이 50% 정도 상승했습니다. 만족도가 높은 회사로 특히 최근에는 신입사원들의 입사 지원 수치도 굉장히 늘어나고 있습니다.

■ **심사원** : A기업 담당자님과의 이야기로는 5년간 위수탁 계약의 금액과 내용이 2배 이상 폭증한 걸로 이야기를 들었습니다. 10% 인력 충원을 통해서 해당 업무를 모두 수용하다 보면 워라밸이 많이 무너지고 있을 거라고 생각이 들긴 합니다.

○ **가 담당자** : 네. 맞습니다. 처음에는 인원 충원보다 늘어나는 업무가 많아서 불만이 많았습니다. 한동안 퇴사 인원도 늘어났고, 3년 전부터 Z 수탁업체를 업무에 투입하여서 진행하고 있습니다. Z 수탁업체 또한, 많은 경험과 개인정보 관리 및 상담에 다양한 노하우를 가져서, 저희 기업과 시너지를 일으키며 좋은 분위기로 회사가 성장하고 있습니다.

■ **심사원** : 해당 수탁 업체와의 계약서를 확인할 수 있을까요? 위·수탁 계약 프로세스는 어떻게 진행된 건지도 확인하고 싶습니다.

○ **가 담당자** : 네. 계약서는 저희 내부 사이트에서 다운받을 수 있습니다. 계약서를 보시면 저희 CEO와 Z 수탁업체 CEO 간의 업무 체결이 이뤄진 것을 확인할 수 있습니다.

■ **심사원** : 혹시 가 담당자님이 아시는 내용을 A업체 담당자님도 알고 계신건가요? 계약서 내용에는 A 업체의 승인 내용이 존재하지 않아 보여서요.

○ **가 담당자** : 그동안 아무런 문제나 이상 징후가 전혀 없어서 확인을 해 보지 않았습니다. 확인 결과 저희 기업에서 A기업으로 공지된 내용이 없다고 합니다. 현재 개인정보 처리방침 등에도 재위탁된 수탁 업체가 기록되지 않은 문제가 있다고 합니다. 바로 조치하도록 하겠습니다.

■ **심사원** : 네. 알겠습니다. 심사 대응 감사합니다. 이상 심사를 마치겠습니다.

35 심사원과 담당자의 대화를 통해 도출할 수 있는 가장 적절한 결함을 고르시오.

① 1.3.2 보호대책 공유

② 2.3.1 외부자 현황 관리

③ 2.3.2 외부자 계약 시 보안

④ 2.3.3 외부자 보안 이행 관리

⑤ 3.3.2 개인정보 처리 업무 위탁

36 심사원과 가 담당자의 대화를 통해 도출할 수 있는 가장 적절한 결함을 고르시오.

① 1.3.2 보호대책 공유

② 2.3.1 외부자 현황 관리

③ 2.3.3 외부자 보안 이행 관리

④ 3.3.2 개인정보 처리 업무 위탁

⑤ 3.5.1 개인정보 처리방침 공개

37 개인정보처리자가 개인정보를 처리함에 있어서 개인정보가 분실·도난·유출·위조·변조 또는 훼손되지 아니하도록 안전성 확보에 필요한 기술적·관리적 및 물리적 안전조치에 관한 최소한의 기준을 정하는 것을 목적으로 하는 「개인정보의 안전성 확보조치 기준」에 대한 조치로 잘못된 것을 고르시오.

① 이용자 수가 90만 명인 중소기업 OO 홈쇼핑은 현재 재해·재난 대비 위기대응 매뉴얼 등 대응절차를 마련하지 않고 있다.

② 9만 건의 개인정보를 처리하고 있는 OO 공공기관의 개인정보처리시스템은 2024년 9월 15일 현재 VPN 등 안전한 접속수단 조치 없이 안전한 인증수단만 적용하고 있다.

③ 이용자 수가 98만명인 △△홈쇼핑은 2024년 10월 1일 현재 쇼핑몰 로그인 시 인증에 실패 시 횟수제한을 5회로 정하여 적용하고 있다.

④ 개인정보 9만 건을 처리하고 있는 OO 공공기관은 2024년 9월 14일 현재 내부망에 있는 DBMS에 신용카드 정보를 암호화하지 않고 저장하고 있다.

⑤ 6만 건의 고유식별정보를 처리하고 있는 OO 게임사의 개인정보처리시스템은 개인정보 접속기록을 반기 1회 점검하고 있다.

38 개인정보처리자는 개인정보가 분실·도난·유출되었음을 알게 되었을 때 지체없이 해당 정보주체에게 알려야 한다. 다음 개인정보 유출 등의 통지·신고와 관련한 내용 중 적절하지 않은 것을 모두 고르시오.(2개)

① 개인정보의 유출 사실을 알게 되었을 때에는 5일 이내에 정보주체에게 알려야 한다.

② 개인정보 유출 등의 경로가 확인되어 해당 개인정보를 회수·삭제하는 등의 조치를 통해 정보주체의 권익 침해 가능성이 현저히 낮아진 경우에는 신고하지 않을 수 있다.

③ 민감정보 또는 고유식별정보가 유출 등이 된 경우 유출 건수와 상관없이 신고하여야 한다.

④ 정보주체의 연락처를 알 수 없는 경우 등 정당한 사유가 있는 경우에는 인터넷 홈페이지에 7일 이상 게시하는 것으로 통지를 갈음할 수 있다.

⑤ 유출등이 된 개인정보의 확산 및 추가 유출 등을 방지하기 위하여 접속경로의 차단 등 긴급한 조치가 필요하여 해당 사유를 해소하고 지체 없이 정보주체에게 알렸으나, 개인정보 유출 사실을 알고 72시간이 지났을 때였다.

39 무선 네트워크를 사용하는 경우 사용자 인증, 송수신 데이터 암호화, AP 통제 등 무선 네트워크 보호대책을 적용하여야 한다. 다음 내용 중 가장 적절하지 않은 것을 고르시오.

① 보안을 위하여 SSID 숨김 기능을 설정하여야 한다.

② 무선 AP의 관리자 접근 통제(IP제한)를 적용하여야 한다.

③ 사용자 인증 및 정보 송수신 시 WEP 암호화 기능을 설정하여야 한다.

④ 무선 AP 접속 단말 인증 방안(MAC 인증 등)을 적용하여야 한다.

⑤ WIPS(무선침입방지시스템)를 설치·운영하여야 한다.

[40~41] 심사원은 OO 쇼핑몰의 ISMS-P 인증 갱신심사에 참여하였다. 해당 쇼핑몰은 최근 몇 년 동안 사업이 번창하여 2년 전부터 쇼핑몰을 추가 구축하기 시작하여 작년에 완성하여 jj쇼핑몰을 런칭하였고, 올해 갱신심사 때 인증범위에 추가하였다. 심사원은 추가 구축된 jj쇼핑몰에 대해 다음과 같은 자료를 검토하였다.

jj쇼핑몰 업무 목록

jj쇼핑몰 업무 목록

고객관리
- 신규 고객 가입
- 기존 고객 탈퇴
- 고객 정보 수정
- 고객 등급 관리

상품관리
- 반품관리
- 재고관리
- 출고관리
- 입고관리

커뮤니티 관리
- 상품평 게시판
- 문의게시판

사업제휴
- 계약관리
- 이벤트 관리

jj쇼핑몰 ERD – (일부)

회원		member	
key	회원번호	csnumber	char(20)
	이름	Uname	Varchar(20)
	주민등록번호	ssn	char(13)
	비밀번호	upw	Varchar(200)

회원		Order	
key	회원번호	csnumber	rchar(20)
	결재금액	payamunt	Int
	주소	Addr	Varchar(300)

회원		member	
key	상품번호	itemkey	Int
	상품명	iname	Varchar(200)
	판매가	Price	Int
	재고	cnt	Int

jj쇼핑몰 인터페이스 정의서

jj쇼핑몰	인터페이스 정의서		
문서번호 :	버전 : 1.0	작성일 : 2024.00.00	작성자 : 김 XX

■ **서브시스템명 :** 통합메시징 ※ 수탁사 (주)비즈톡톡 모듈
■ **설명 :** 문자(SMS/MMS), 알림톡 정보를 전문으로 발송

■ **송신 정보**

일련번호	송신 시스템명	영문 필드명	한글 필드명	필드 길이	비고
1	통합메시징	sender info	전송자 정보	16	
2	통합메시징	uuid	기기고유정보	32	
3	통합메시징	channel info	발송채널	3	1. 문자중계사 2. 카카오
4	통합메시징	phone	수신자 전화번호	50	
..	….	….	….	….	…

■ **수신 정보**

일련번호	송신 시스템명	영문 필드명	한글 필드명	필드 길이	비고
1	통합메시징	응답 전문	response tr	8	
2	통합메시징	uuid	기기고유정보	32	
3	통합메시징	응답코드	response code	2	
..	….	….	….	….	…

40 심사원이 살펴본 자료를 토대로 결함으로 판단해 볼 수 있는 가장 적절한 인증기준 항목을 고르시오.

① 2.6.1 네트워크 접근
② 2.6.4 데이터베이스 접근
③ 2.7.1 암호정책 적용
④ 2.8.1 보안요구사항 정의
⑤ 3.3.1 주민등록번호 처리 제한

41 심사원이 자료를 보고 판단한 사항을 토대로 결함이 있는지 추가적으로 살펴보려고 한다. 다음 중 올바르지 않은 것을 고르시오.

① 심사원은 장기 미이용자(예 : 1년 이상 서비스 미이용자)에 대해 별도로 분리하여 보관하는지 관련 테이블 명세서를 요구하였고, 만약 별도로 분리보관하지 않는다고 하면 결함으로 판단할 예정이다.

② 쇼핑몰 시스템에 SMS 등 메시징을 보낼 수 있는 시스템이 존재하여 개인정보 처리업무 위탁에 대한 적정성 수준을 확인해 볼 예정이다.

③ 통합메시징시스템을 살펴보면 문자중계사, 카카오에 메시지 발송 정보를 보내는 것으로 확인되었다. 이때 문자중계사, 카카오는 수탁사가 아닌 재수탁사라고 판단했다.

④ 인터페이스 정의서에 표시된 송·수신 정보 내역에 암호화/평문 데이터 여부를 표시하지 않았지만, 이는 '2.8.1 보안요구사항 정의' 결함사항은 아니라고 판단하였다.

⑤ 주민등록번호를 저장하는 것에 대해서는 법령에 의해 수집하여 저장하고 있는지 추가적으로 확인을 해야 결함여부를 도출할 수 있다고 판단하였다.

42 다음은 ISMS-P 인증심사원과 KA사이트(B2C) 담당자 간의 대화이다. 대화 내역에서 도출 가능한 결함으로 가장 적절한 것을 고르시오.

> ■ **심사원** : 로그를 확인하던 중, 로그에 사용자 이름이 마스킹되어 있는 것을 발견했습니다. 그런데 각 시스템마다 마스킹 기준이 상이하게 적용되어 있었습니다. 마스킹 정책은 있었지만 일부 시스템의 매뉴얼까지 반영되지 않은 것으로 확인되었습니다. 이에 대한 설명이 가능한가요?
>
> ○ **담당자** : 네. 그 부분에 대해서는 마스킹 정책이 수립되어 있었으나, 일부 시스템의 매뉴얼에 이 정책이 반영되지 않은 것을 확인하지 못하고 있었습니다.
>
> ■ **심사원** : 그렇다면 이 정책이 시스템 담당자들에게 어떻게 전달되고 있는지 설명해 주실 수 있을까요?
>
> ○ **담당자** : 마스킹 정책은 정보보호 팀에서 수립하여 전체 조직에 공지되었습니다. 그러나 매뉴얼까지 모두 반영되어 있는지에 대한 확인이 누락되었습니다. 시스템 담당자들에게 이 정책이 모든 시스템에 적용되어야 한다는 점을 명확히 전달하지 못했습니다.
>
> ■ **심사원** : 왜 각 시스템에서는 일관된 마스킹이 이루어지지 않았을까요?
>
> ○ **담당자** : 현재로서는 시스템 담당자에게 정책이 제대로 전달되지 않았던 문제가 확인되었습니다. 정책은 있었지만 이를 시스템에 적용할 수 있도록 매뉴얼에는 반영되지 않아 발생한 문제로 보입니다.

■ **심사원** : 그렇군요. 이 문제가 발생한 이후 어떤 조치를 취하고 계신가요?

○ **담당자** : 현재로서는 시스템 담당자들에게 정책을 재확인하고, 모든 시스템 매뉴얼에 정책이 반영되도록 안내하고 있습니다. 또한, 이런 상황이 재발하지 않도록 모든 팀 간의 의사소통을 강화하고 있습니다. 이와 함께, 정책이 적용되지 않은 시스템들을 식별하여 조속한 수정을 진행하고 있습니다.

■ **심사원** : 혹시 이 문제로 인해 발생한 보안적인 리스크에 대해서는 어떻게 평가하고 계시나요?

○ **담당자** : 현재로서는 실질적인 보안적인 문제는 발생하지 않았지만, 사용자 정보가 올바르게 마스킹 되지 않아 발생할 수 있는 잠재적인 위험에 대해 주의를 기울이고 있습니다. 이에 대한 추가적인 모니터링과 보완 조치를 진행할 예정입니다.

■ **심사원** : 앞으로 이와 같은 문제가 발생하지 않도록 예방하기 위해 어떤 계획을 세우고 있나요?

○ **담당자** : 먼저, 정책 및 변경사항에 대한 명확한 커뮤니케이션을 강화하고, 모든 시스템 담당자들에게 정책 및 절차를 재확인하도록 안내하고 있습니다. 또한, 변경된 사항에 대한 교육 프로그램을 개선하여 유연한 대응이 가능하도록 하고 있습니다. 최종적으로는 정기적인 감사 및 검토를 통해 이러한 이슈가 빠르게 감지되고 해결될 수 있도록 시스템을 강화하고 있습니다.

① 1.1.5 정책 수립
② 1.3.2 보호대책 공유
③ 1.4.2 관리체계 점검
④ 2.1.1 정책의 유지관리
⑤ 2.9.4 로그 및 접속기록 관리

43 개인정보의 중요성은, 해당 정보를 수집·동의·활용시, 어떤 단계에서도 강조되지 않을 수 없다. 이를 위해, 개인정보시스템을 구축하기 위해 PbD(Privacy by Design)를 근간으로 개발 전략을 수립·구현하며 위험을 사전에 축소 및 회피하도록 하고 있다. 다음은 EU ENISA(European Union Agency for Cybersecurity)의 "privacy by design" 적용을 위한 8가지 핵심 전략이다. 다음 중 설명이 바르지 않은 것끼리 묶인 것을 고르시오.

가. 최소화(Minimise)

프라이버시 침해 가능성을 최소화하기 위해 개인정보의 명확한 활용 목적에 따라 처리되는 개인정보의 양을 최소화하여야 함

나. 가명화(Pseudonym)

개인정보가 처리되는 과정에서 평문 전송 등으로 인해 외부에서 해당 내용을 볼 수 없도록 조치하여야 함

다. 분리(Separate)

개인에 대한 다양한 정보들을 가능한 한 분리해서 저장하여 하나의 DB에서 개인이 식별되지 못하도록 하여야 함

라. 총계화(Aggregate)

많은 양의 개인정보를 처리할 경우, 가능한 한 개인이 식별되지 않도록 식별자를 최소화하고, 처리 결과는 범주화 등을 통해 식별 불가능하도록 하여야 함

마. 투명화(Rarefaction)

어떤 정보가 어떤 목적으로 어떻게 사용되는지 등 개인정보 처리 과정 전반에 대해 정보주체가 투명하게 알 수 있도록 제공하여야 함

바. 권리(Right)

정보제공(inform) 전략 적용을 기반으로 정보주체가 개인정보 처리 과정 전반에 대해 명확하게 이해하여 자기 개인정보의 잘못된 활용이나 보안 수준에 대해 권리 행사가 가능하여야 함

사. 집행(Enforce)

내부 개인정보 보호 정책은 법 제도 의무 사항을 모두 반영하여야 하며, 강제적으로 시행되어야 함

아. 입증(Demonstrate)

데이터 컨트롤로는 개인정보 보호 정책이 효과적으로 운영되고 있고, 데이터 유출사고에 즉시 대응이 가능하다는 등 법적 의무사항을 준수하고 있다는 내용을 입증할 수 있어야 함

---

① 가, 나, 사
② 나, 마, 바
③ 나, 라, 바
④ 다, 라, 마
⑤ 다, 바, 사

44 AAA는 핀테크 금융기업이며 ISMS-P 심사가 필수는 아니지만, 핀테크 솔루션을 기획하고 개발하는 과정에서 인증심사가 큰 방향성을 제시할 것이라는 경영진의 강력한 의지로 최초심사를 받고 있다. 다음 인터뷰 내용 중, 설명한 내용이 적절하지 않은 것을 고르시오.

○ **담당자** : 안녕하세요. 심사원님 저는 정보보안팀에서 근무하는 나담당입니다. 저희가 처음 심사를 받다 보니, 부족한 점이 많습니다. 게다가, 최근 「개인정보보호법」과 관련 시행령 등 법령이 많이 변경되면서 이번 심사에 부족한 점을 정리하고 싶어서 면담을 신청 드렸습니다.

■ **심사원** : 안녕하세요. 저는 나심사라고 합니다. 허락한 시간이 많지 않지만, 의욕을 가지시고 여쭤보시는 담당자님을 그냥 지나칠 수 없네요. 아는 범위 내에서 대화를 나눠 보시죠.

○ **담당자** : 저희는, 일부 CORE 업무의 안정성을 위해 변경이 어려운 구조적 환경과 이와 더불어 다양한 신기술인 블록체인, AI, 클라우드 등 새로운 환경이 복합적으로 구성되어 있습니다. 금번 「개인정보보호법」에 이러한 신기술에 대한 내용이 고려되고 특히나, 블록체인 등으로 활용되어지는 정보의 파기 및 삭제 방법이 바뀌었다고 들었습니다.

■ **심사원** : **(가)** 네. 맞습니다. 블록체인을 활용해서 다양한 정보의 연계를 통해, 더 확장된 서비스와 자동화된 거래 체계 등을 사용하고 있을 텐데요. 블록체인의 정보가 연계되다 보니 정보의 삭제나 변경 등에 제약이 많았습니다. 「개인정보보호법」에 의하면, 블록체인의 이런 제약은 개인정보 파기 불이행에 해당하며, 이는 기업의 기술 발전을 저해한다는 현장의 요구가 있어 왔던 게 사실입니다. 이를 감안하여, 블록체인 등의 영구 삭제 불가 정보 등에 대해서는 익명 처리를 허용하는 내용의 법안이 적용되었습니다. 기술 발전과 개인정보의 활용성, 안전성을 고려하여 법률이 개정되고 사회에 시그널을 보내는 선순환 구조의 마중물 유형이라고 볼 수 있습니다.

○ **담당자** : 내부적으로도 서비스 구상 시, 법률 검토 단계에서 불가능 의견이 있었던 걸로 알고 있는데, 그런 업계의 니즈를 법률이 반영해 준 거 같습니다. 최근에는 클라우드 서비스를 통해 CRM 이벤트 행사와 특판 및 사은 행사 등 다양한 Special 이벤트를 적용할 수 있는 클라우드 서비스를 고려 중입니다. 혹시 추가적인 고려 사항은 없을까요?

■ **심사원** : **(나)** 클라우드 컴퓨팅 서비스를 통해서 서비스하는 개인정보처리시스템은 해당 서비스 외에 모든 인터넷 연결을 차단 조치해야 하는 제약이 추가되었습니다. 귀사처럼 이벤트, 금융정보 등 고객의 개인정보를 다수 처리·활용하는 기업은 기존의 서비스나 신규 서비스를 구축할 때 고려해야 하는 내용이라고 생각해 봅니다. 개인정보처리시스템을 통한 서버 구성은 오직 단일 서비스만으로 제한하여 관리되어져야 합니다.

○ **담당자** : 가이드 감사합니다. 서비스를 만들고 관리하는 중요한 고려 대상이 될 거 같습니다. 「개인정보보호법」에서도 클라우드 서비스를 위해서 굉장히 엄격한 법률을 구성하였네요.

■ **심사원** : 금융권에서 별도 운영되어 지는 클라우드컴퓨팅 서비스 관련해서 정리된 가이드 내용이 있나 보네요. 저도 지식을 조금 얻을 수 있을까요?

○ **담당자** : **(다)** 2023년도 개정된 금융분야 클라우드 컴퓨팅 서비스 이용 가이드를 통해 이용 대상, 평가 방법 및 항목 기준, 평가의 절차를 정의했습니다. 이용 대상 선정 시, 클라우드서비스 이용에 따른 효율성, 중요도, 정보 민감도 등 클라우드 이용을 고려하도록 했습니다. 신기술을 단기간 이용하거나 파일럿 프로젝트, 사용량 변동 등이 큰 서비스, 클라우드 서비스의 내부 역량을 갖췄는지 유무 등이 포함되어 있다고 알고 있습니다.
감독 규정에 따라 중요도 평가 기준이 규모, 복잡성 등 업무 특성, 서비스가 중단될 경우 미치는 영향 등을 고려하도록 되어 있습니다. 중요도 평가절차는 "처리 정보 분류▶업무 영향 평가▶최종 판단 과정"을 거쳐서 중요 업무 여부를 판단하도록 되어 있습니다.

■ **심사원** : 저 또한 심사 시에 활용하면 좋을 지식을 얻어 가게 되네요. 감사합니다.
(라) 추가적으로 일반 업무 환경 고려 사항을 말씀 드리자면, 정보통신서비스제공자와 개인정보처리자가 통합되면서, 패스워드 사용 규칙에 대한 시행령 규칙이 삭제되었습니다. 비밀번호 체계뿐만 아니라 최근의 인증 추세를 감안하여 FIDO, OTP 등 다양한 인증 체계를 안전하게 관리하도록 변경되었습니다. 비밀번호를 자릿수 1~2자리 사용으로도 편의성을 고려하여 적절히 이용하시면 될 것입니다. 특히, 공용 PC와 공용 계정 비밀번호는 기억하기 쉽도록 관리되어 업무 혼선을 최소화하도록 고려되었습니다.

○ **담당자** : 일반업무환경도 편리성이 고려되고, 효율성을 강조하게 되는군요.

■ **심사원** : **(마)** 최근 여러 보안 이슈와 다양한 이유로 업데이트가 최근에 다양하게 진행될 텐데요. 패치 적용 시, 위험 요인 등의 미설치 사유가 명확하고 해당 내용에 대한 결정권자의 승인이 있다면, 업데이트 지연에 대한 책임 면제가 가능합니다.

○ **담당자** : 내부적으로 오래된 CORE 서버는 위험성이 큰 관계로 패치 업데이트가 조심스러운 면이 많은 환경인데, 다양한 관점에서 검토가 가능해져서 업무에 도움이 많이 될 거 같습니다.

■ **심사원** : **(바)** 그 외에도 개인정보처리자 유형 및 개인정보 보유량에 따른 안전조치 기준 구분을 폐지하여, 보편적 개인정보보호를 하도록 하였습니다. 마지막으로 최근 활용이 보편화된 이동형 영상정보처리기기 사용에 관한 법률도 추가되어, 개인정보가 효율적으로 제어되도록 법률적 보완이 있었습니다. 기존 영상정보처리기기 등에 따른 표지판 등은 이동형 영상정보처리기기 관련 표지판과 구분 설치하는 불편은 감수해야 할 것 같습니다.

○ **담당자** : 덕분에 「개인정보보호법」에 대한 다양한 정보가 정리된 느낌입니다. 답변 감사드립니다.

① 가, 나   ② 라, 바

③ 나, 라, 바   ④ 가, 마, 바

⑤ 나, 마, 라

45 「개인정보보호법」 개정으로 개인정보 전송요구권이 국민의 보편적 권리로 도입되어 전 분야 마이데이터 제도의 법적근거가 마련되었다. 다음 마이데이터 관련 내용 중 틀린 것은 몇 개인지 고르시오.

> **가.** 전송대상 개인정보의 유출 등을 예방하기 위해 주기적으로 마이데이터 서비스 등을 모니터링하고 기능별 검토 등의 대책을 마련하여야 한다.
>
> **나.** 정보제공자와 정보수신자 등은 전송대상 개인정보 처리에 대한 기록을 보존하여야 한다.
>
> **다.** 전송대상 개인정보의 보관 및 처리시스템 설비를 운영하는 장소는 비인가자의 출입 등 개인정보 보호를 위한 물리적 접근통제 절차를 수립·운영하여야 한다.
>
> **라.** 전송대상 개인정보처리시스템에 접속하여 전송대상 정보를 처리한 경우, 접속일시 및 수행업무 등 접속내역을 기록하고 보관하여야 하며, 분기 1회 이상 정기적으로 점검하여야 한다.
>
> **마.** 전송대상 정보 중 고유식별정보, 인증정보, 개인 신용정보는 저장 또는 송수신 시 안전한 알고리즘으로 암호화하여야 한다.

① 1개
② 2개
③ 3개
④ 4개
⑤ 5개

46 심사원은 신청기관의 개인정보 접속로그 점검 현황을 심사하고 있다. 다음 상황을 보고 결함으로 판단되는 가장 적절한 인증기준을 고르시오.

≡ 내부관리계획 ● ● ●

내부관리계획

제7조 (개인정보 접속로그 보관 및 점검)

① 회사는 개인정보취급자의 개인정보처리시스템에 대한 접속기록을 1년 이상 보관·관리하여야 한다. 다만, 다음 각 호의 어느 하나에 해당하는 경우에는 2년 이상 보관·관리하여야 한다.

    1. 5만 명 이상의 정보주체에 관한 개인정보를 처리하는 개인정보처리시스템에 해당하는 경우

    2. 고유식별정보 또는 민감정보를 처리하는 개인정보처리시스템에 해당하는 경우

② 회사는 개인정보의 오·남용, 분실·도난·유출·위조·변조 또는 훼손 등에 대응하기 위하여 개인정보처리시스템의 접속기록 등을 월 1회 이상 점검하여야 한다. 특히 개인정보의 다운로드가 확인된 경우에는 직책자는 그 사유를 반드시 확인하여야 한다.

③ 회사는 접속기록이 위·변조 및 도난, 분실되지 않도록 해당 접속기록을 안전하게 보관하기 위한 조치를 하여야 한다.

≡ 운영 현황 ● ● ●

운영 현황

– 신청기관은 회사의 이상행위 기준(근무 외 시간 접속, 개인정보 다량 조회 등)을 수립한 후 매월 개인정보 접속로그를 점검하고 있음

– 그러나 최근 보안팀 담당자 이탈로 인해 점검을 직접 수행하지 않고, 각 시스템 운영 부서에서 자체 점검을 수행한 후 결과를 보안팀에 공유하고 있음

– 개인정보 다운로드의 경우, 다운로드가 발생한 시점에 사유를 입력하고 신청자 기준 직책자의 사후 결재를 받고 있음

– 심사원은 최근 3개월치 개인정보 접속로그 점검 결과를 확인해 보니, 다운로드 사유를 확인하지 않거나 사유를 공백으로 입력했음에도 점검 결과가 '이상 없음'으로 작성된 경우가 많았음

– 보안팀 담당자에게 이유를 물어보니, 시스템 운영 부서에서 공유한 결과 보고서를 검증할 시간이 없고 전적으로 신뢰한다는 의견을 내놓았음

① 1.1.3 조직 구성

② 1.1.6 자원 할당
③ 2.1.1 정책의 유지관리
④ 2.9.4 로그 및 접속기록 관리
⑤ 2.9.5 로그 및 접속기록 점검

47 온라인 부동산 강의 업체인 다배움은 이용자수 100만 명을 보유하고 있으며, 현재 ISMS-P 최초 인증심사를 받고 있다. 다음은 다배움의 개인정보처리업무에 대한 인터뷰이다. 심사원의 답변 중 올바르지 못한 것을 고르시오.

■ **심사원** : 안녕하세요. 지금부터 인터뷰를 진행하도록 하겠습니다. 이번 인터뷰에서는 개인정보처리 업무에 대해 문의드리겠습니다.

○ **담당자** : 네. 안녕하세요. 잘 부탁드리겠습니다. 「개인정보보호법」이 많이 개정되어서 업무를 하는데 어려움이 있었습니다.

■ **심사원** : 많은 기업들이 「개인정보보호법」 개정사항을 적용하는 데 어려움이 있다고 들었습니다. 수고가 많으시네요. 우선 회원가입 절차부터 질문드리겠습니다. 회원 가입 시 이름, 연락처 외에 연령대를 필수 정보로 수집하고 계시는데 이유가 있을까요?

○ **담당자** : 네. 해당 통계를 바탕으로 강의 진행 방향이나 내용을 구성하는데 필요하여 필수 정보로 수집하고 있습니다. 나이가 아니라 연령대로 받고 있는데 문제가 되나요?

■ **심사원** : 아닙니다. 수집 ① **필수 항목에 대한 부분은 개인정보처리자가 판단해야 하는 부분으로 사이트 운영에 필요한 부분이라면 필수 정보로 수집하는 데 문제점은 없습니다.** 혹시 수강 이벤트 같은 홍보나 마케팅에 회원들 정보를 이용하시나요?

○ **담당자** : 네. 가입 시, 마케팅 또는 홍보 목적의 별도 동의를 받은 회원들과 '찐웰스 부자되기'라는 부동산 관련 카페를 통해 받은 회원정보를 바탕으로, 수강권 관련 이벤트 또는 할인 프로모션 홍보용으로 활용하고 있습니다.
가끔 홍보전화나 이메일을 받고 어디서 개인정보를 수집했는지 문의하는 경우가 있는데 이때, 개인정보의 수집 출처, 처리 목적, 처리 정지를 요구할 수 있는 사실을 안내하고 있습니다.

■ **심사원** : 2023년 9월 「개인정보보호법」이 개정되면서 간접수집한 정보에 대해서는 ② **처리 정지 요구 외에 동의를 철회할 권리가 있다는 사실도 함께 알려주셔야 합니다.**

○ **담당자** : 그렇군요! 고객센터와 관련 부서에 해당 내용을 교육하도록 하겠습니다.

■ **심사원** : 개인정보업무 중 위탁하는 업무가 있으신가요?

○ **담당자** : 네. 교재 발송 및 배송 업무를 A사에 위탁하고 있습니다.

- **심사원** : 현황을 보니 A사는 B사에 재위탁을 해서 실제 업무는 B사가 진행하고 있는 것으로 보입니다. 개인정보처리방침에는 B사의 정보를 확인할 수가 없네요.

- **담당자** : 위탁사와 해당 업무는 모두 고지를 하였는데요. 재위탁에 대해서는 따로 작성하지 않았습니다.

- **심사원** : 이 부분도 법 개정에 따라 ③ **개인정보처리방침 내 재위탁사항까지 포함하여 작성하셔야 합니다.**

- **담당자** : 고쳐야 할 부분이 많네요. 재위탁에 관한 부분도 조사하여 개정 후 공개하도록 하겠습니다.

- **심사원** : 회원 정보에 대해서는 어떻게 관리하고 계시나요?

- **담당자** : 회원 정보 DB에 저장하여 보관·관리하고 있습니다.

- **심사원** : DB를 확인해 보니, 현재 사용중인 회원과 탈퇴회원 등 플래그로 구분만 되어있는데 해당 부분도 ④ **「개인정보보호법」에 따라 1년 이상 접속기록이 없는 회원정보는 파기하거나 분리보관을 하셔야 합니다.**

- **심사원** : 그런데, 탈퇴 회원들의 정보를 계속 보유하고 있는 사유가 따로 있을까요?

- **담당자** : 결제 내역이 있는 회원들의 경우, 관련 법률에 의해 5년 동안 보관하고 있습니다.

- **심사원** : 여기 5년이 넘은 회원정보도 저장되어 있네요. ⑤ **처리목적이 달성되었거나 보유기간이 경과된 경우에는 지체 없이 해당 개인정보는 파기하셔야 합니다.**

- **담당자** : 네. 알겠습니다. 조치하도록 하겠습니다. 이번 인터뷰를 통해 헷갈렸던 부분들에 대해서 조언을 구할 수 있어서 좋네요. 많은 도움을 주셔서 감사합니다!

48 다음은 「개인정보보호법」에서 규정하고 있는 고정형 영상정보처리기기의 설치 및 운영에 대한 설명이다. 적절하지 않은 설명을 고르시오.

① OO 경찰서로부터 범죄 수사 목적으로 CCTV 자료 제공에 대한 협조 요청이 접수되어 본인의 동의 없이 최소한의 범위 내에서 제출하였다.

② 영상정보처리기기 운영자는 개인영상정보의 안전한 처리를 위하여 내부관리계획을 수립하여야 하나, 5인 미만 소상공인이어서 수립하지 않았다.

③ 최근 악성 갑질 고객의 폭력과 폭언 등의 사고가 자주 발생하여 증거 수집 목적으로 매장 내 설치된 CCTV의 녹음 기능을 활성화하여 수집하였다.

④ 다음과 같은 CCTV 설치 안내판을 1층 주 출입구 1곳에 대표로 설치하였다.

> **CCTV 설치 안내**
> - 설치목적 : 범죄예방 및 시설안전
> - 설치장소 : 출입구 벽면/천장, 엘리베이터 천장
> - 촬영범위 : 출입구, 엘리베이터 및 복도
> - 촬영시간 : 24시간 연속 촬영
> - 관리책임자 : 시설방호과(02-111-2222)
> - 수탁관리자 : OO안전(주) 강감찬(02-222-3333)

⑤ 다음과 같은 내용의 영상정보처리기기 운영·관리 방침을 개인정보처리방침에 포함 작성하여 홈페이지에 게시하였다.

> **〈영상정보처리기기 운영·관리 방침〉**
> 1. 영상정보처리기기의 설치 근거 및 설치 목적
> 2. 영상정보처리기기의 설치대수, 설치위치 및 촬영범위
> 3. 관리책임자, 담당부서 및 영상정보에 접근 권한이 있는 사람
> 4. 영상정보의 촬영시간, 보관기간, 보관장소 및 처리방법
> 5. 영상정보 확인 방법 및 장소
> 6. 정보주체의 영상정보 열람 등 요구에 대한 조치
> 7. 영상정보 보호를 위한 기술적·관리적 및 물리적 조치
> 8. 그 밖에 영상정보처리기기의 설치·운영 및 관리에 필요한 사항

49 ABC문화재단은 정보보호 및 개인정보보호 관리 체계 인증 심사를 받고 있다. 다음 인터뷰 과정에서 결함으로 판단되지 않는 것을 모두 고르시오. (2개)

개인정보 수집 및 이용 동의서

개인정보 수집 및 이용 동의서

〈생체인식정보 수집·이용 동의〉
1. 수집 항목 : 얼굴정보
2. 수집 목적 : 문화재단 접근 권한 등록을 위한 이용자 식별 및 본인 인증
3. 보유·이용기간 : **마지막 활동 종료일로부터 2년간 보관**
※ 위의 개인정보 처리에 대한 동의를 거부할 권리가 있으나, 동의를 거부할 경우 얼굴정보 수집이 불가하여 문화재단을 이용할 수 없습니다.

□ 동의함 / □ 동의안함

- **심사원**: 안녕하세요. 외부 이용자가 문화재단에 방문하는 절차에 대해 설명 부탁드립니다.
- **담당자** : 먼저, 공식 문화재단 멤버로 확정이 되면 멤버를 초대하여 페이스 등록하여야 합니다.
- **담당자** : 저희 문화재단은 비인가자가 접근할 수 없으며 승인된 멤버만 페이스 인증을 통해 접근하고 있습니다.
- **심사원** : 생체인식정보를 활용하시는군요. 생체인식정보 수집 시 동의를 받으시나요?
- **담당자** : (ㄱ) 네. 페이스 정보 수집에 대한 동의 절차를 마련하고 있습니다. 멤버는 페이스 등록 전에 수기로 마련되어 있는 동의서를 작성해야 합니다.
- **심사원** : 근데 동의서를 보니, 생체인식 특징정보에 대한 동의 내용은 없네요.
- **담당자** : (ㄴ) 생체인식 특징정보도 수집하는 개인정보 내용에 포함되어 있어 문제없습니다.
- **심사원** : 우선 알겠습니다. 생체인식 원본정보와 특징정보는 처리목적 달성 시 파기되고 있나요?
- **담당자** : (ㄷ) 생체인식 원본정보와 특징정보는 멤버 활동이 종료되더라도 향후에 재이용하는 경우가 많아 편의성을 위해 마지막 활동 종료일로부터 2년간 보관하고 있습니다.
- **심사원** : 생체인식 특징정보 생성 후에 원본정보를 삭제하지 않는 이유가 있나요?
- **담당자** : 생성된 특징정보에 이슈가 생길 것을 대비하여 원본정보도 보관하고 있습니다.
- **심사원** : 보관 중인 생체인식 원본정보는 해당 멤버의 다른 개인정보와 분리하여 보관하고 있나요?

○ **담당자 :** **(ㄹ)** 아니요, 별도 분리보관하고 있지 않습니다.

■ **심사원 :** 암호화는 어떻게 적용되어 있나요?

○ **담당자 :** **(ㅁ)** 생체인식 원본정보와 특징정보 모두 안전한 암호화 알고리즘을 적용하고 있습니다.

■ **심사원 :** 자세한 설명 감사합니다.

① ㄱ

② ㄴ

③ ㄷ

④ ㄹ

⑤ ㅁ

50 **정보보호 공시 제도에 대한 설명 중 적절하지 않은 것을 고르시오.**

① 클라우드를 통해 IaaS 서비스를 제공하는 CSP는 정보보호 공시 의무 대상에 포함된다.

② 기업의 출입통제, 보안 경비 등 물리보안 관련 인력은 정보보호 인력에서 제외된다.

③ CISO가 정보기술부문 직무인 CTO를 겸직하고 있을 경우 CISO는 정보보호 인력에 포함된다.

④ 정보보호 공시 의무 대상자는 정보보호 공시 자료를 매년 6월 30일까지 과학기술정보통신부 전자공시시스템에 등록하여야 한다.

⑤ 정보보호 공시 의무자는 매년 6월 말까지 정보보호 공시를 이행하지 않을 경우, 최대 1천만 원 이하의 과태료가 부과된다.

2025년도 ISMS-P(정보보호 및 개인정보보호 관리체계) 인증심사원 자격검정 필기시험 문제지 실전 모의고사 (3회)

성명		수험번호	

응시자 필독 사항

1. 자신이 선택한 문제지의 유형을 확인하시오.

2. 문제지의 해당란에 성명과 수험번호를 정확히 쓰시오.

3. 답안지의 필적 확인란에 서약서 내용을 정자로 기재하고, 서명하시오.

4. 답안지의 해당란에 성명과 수험번호를 쓰고, 또 수험번호와 답을 정확히 표시하시오.

5. OMR 카드 교환은 시험 종료 10분 전까지만 가능하며, 그 이후에는 교환이 불가함.

6. 답안 수정을 위한 수정액 또는 수정 테이프는 사용할 수 없음.

7. 시험 시작 후 1시간 이전에는 퇴실할 수 없으며, 퇴실 후 입실은 불가함.

8. 부정행위 적발 시 그 시험을 무효로 하며, 향후 국가 자격 시험에 5년간 응시할 수 없음.

9. 본 문제지의 내용을 전부 또는 일부를 강의 또는 출판 등의 목적으로 인터넷 또는 SNS 등의 매체에 공개할 수 없으며, 무단 공개 시 저작권 위반 등에 대한 민·형사상의 책임을 질 수 있음.

※ 시험이 시작되기 전까지 표지를 넘기지 마시오.

ISMS-P 시험 출제 기관

※ 본 표지는 공개된 국가자격시험의 일반적인 양식을 바탕으로 임의로 작성한 것으로 실제 ISMS-P 시험과 상이할 수 있음

ISMS-P 인증기준

1. 관리체계 수립 및 운영

1.1. 관리체계 기반 마련

1.1.1	경영진의 참여	최고경영자는 정보보호 및 개인정보보호 관리체계의 수립과 운영활동 전반에 경영진의 참여가 이루어질 수 있도록 보고 및 의사결정 체계를 수립하여 운영하여야 한다.
1.1.2	최고책임자의 지정	최고경영자는 정보보호 업무를 총괄하는 정보보호 최고책임자와 개인정보보호 업무를 총괄하는 개인정보보호 책임자를 예산·인력 등 자원을 할당할 수 있는 임원급으로 지정하여야 한다.
1.1.3	조직 구성	최고경영자는 정보보호와 개인정보보호의 효과적 구현을 위한 실무조직, 조직 전반의 정보보호와 개인정보보호 관련 주요 사항을 검토 및 의결할 수 있는 위원회, 전사적 보호활동을 위한 부서별 정보보호와 개인정보보호 담당자로 구성된 협의체를 구성하여 운영하여야 한다.
1.1.4	범위 설정	조직의 핵심 서비스와 개인정보 처리 현황 등을 고려하여 관리체계 범위를 설정하고, 관련된 서비스를 비롯하여 개인정보 처리 업무와 조직, 자산, 물리적 위치 등을 문서화하여야 한다.
1.1.5	정책 수립	정보보호와 개인정보보호 정책 및 시행문서를 수립·작성하며, 이때 조직의 정보보호와 개인정보보호 방침 및 방향을 명확하게 제시하여야 한다. 또한 정책과 시행문서는 경영진 승인을 받고, 임직원 및 관련자에게 이해하기 쉬운 형태로 전달하여야 한다.
1.1.6	자원 할당	최고경영자는 정보보호와 개인정보보호 분야별 전문성을 갖춘 인력을 확보하고, 관리체계의 효과적 구현과 지속적 운영을 위한 예산 및 자원을 할당하여야 한다.

1.2. 위험 관리

1.2.1	정보자산 식별	조직의 업무특성에 따라 정보자산 분류기준을 수립하여 관리체계 범위 내 모든 정보자산을 식별·분류하고, 중요도를 산정한 후 그 목록을 최신으로 관리하여야 한다.
1.2.2	현황 및 흐름분석	관리체계 전 영역에 대한 정보서비스 및 개인정보 처리 현황을 분석하고 업무 절차와 흐름을 파악하여 문서화하며, 이를 주기적으로 검토하여 최신성을 유지하여야 한다.
1.2.3	위험 평가	조직의 대내외 환경분석을 통해 유형별 위협정보를 수집하고 조직에 적합한 위험 평가 방법을 선정하여 관리체계 전 영역에 대하여 연 1회 이상 위험을 평가하며, 수용할 수 있는 위험은 경영진의 승인을 받아 관리하여야 한다.
1.2.4	보호대책 선정	위험 평가 결과에 따라 식별된 위험을 처리하기 위하여 조직에 적합한 보호대책을 선정하고, 보호대책의 우선순위와 일정·담당자·예산 등을 포함한 이행계획을 수립하여 경영진의 승인을 받아야 한다.

1.3.	관리체계 운영	
1.3.1	보호대책 구현	선정한 보호대책은 이행계획에 따라 효과적으로 구현하고, 경영진은 이행결과의 정확성과 효과성 여부를 확인하여야 한다.
1.3.2	보호대책 공유	보호대책의 실제 운영 또는 시행할 부서 및 담당자를 파악하여 관련 내용을 공유하고 교육하여 지속적으로 운영되도록 하여야 한다.
1.3.3	운영현황 관리	조직이 수립한 관리체계에 따라 상시적 또는 주기적으로 수행하여야 하는 운영활동 및 수행 내역은 식별 및 추적이 가능하도록 기록하여 관리하고, 경영진은 주기적으로 운영활동의 효과성을 확인하여 관리하여야 한다.
1.4.	관리체계 점검 및 개선	
1.4.1	법적 요구사항 준수 검토	조직이 준수하여야 할 정보보호 및 개인정보보호 관련 법적 요구사항을 주기적으로 파악하여 규정에 반영하고, 준수 여부를 지속적으로 검토하여야 한다.
1.4.2	관리체계 점검	관리체계가 내부 정책 및 법적 요구사항에 따라 효과적으로 운영되고 있는지 독립성과 전문성이 확보된 인력을 구성하여 연 1회 이상 점검하고, 발견된 문제점을 경영진에게 보고하여야 한다.
1.4.3	관리체계 개선	법적 요구사항 준수검토 및 관리체계 점검을 통해 식별된 관리체계상의 문제점에 대한 원인을 분석하고 재발방지 대책을 수립·이행하여야 하며, 경영진은 개선 결과의 정확성과 효과성 여부를 확인하여야 한다.

2. 보호대책 요구사항

2.1.	정책, 조직, 자산 관리	
2.1.1	정책의 유지관리	정보보호 및 개인정보보호 관련 정책과 시행문서는 법령 및 규제, 상위 조직 및 관련 기관 정책과의 연계성, 조직의 대내외 환경변화 등에 따라 주기적으로 검토하여 필요한 경우 제·개정하고 그 내역을 이력관리하여야 한다.
2.1.2	조직의 유지관리	조직의 각 구성원에게 정보보호와 개인정보보호 관련 역할 및 책임을 할당하고, 그 활동을 평가할 수 있는 체계와 조직 및 조직의 구성원 간 상호 의사소통할 수 있는 체계를 수립하여 운영하여야 한다.
2.1.3	정보자산 관리	정보자산의 용도와 중요도에 따른 취급 절차 및 보호대책을 수립·이행하고, 자산별 책임소재를 명확히 정의하여 관리하여야 한다.

2.2.	인적 보안	
2.2.1	주요 직무자 지정 및 관리	개인정보 및 중요정보의 취급이나 주요 시스템 접근 등 주요 직무의 기준과 관리방안을 수립하고, 주요 직무자를 최소한으로 지정하여 그 목록을 최신으로 관리하여야 한다.
2.2.2	직무 분리	권한 오·남용 등으로 인한 잠재적인 피해 예방을 위하여 직무 분리 기준을 수립하고 적용하여야 한다. 다만, 불가피하게 직무 분리가 어려운 경우 별도의 보완대책을 마련하여 이행하여야 한다.
2.2.3	보안 서약	정보자산을 취급하거나 접근권한이 부여된 임직원·임시직원·외부자 등이 내부 정책 및 관련 법규, 비밀유지 의무 등 준수사항을 명확히 인지할 수 있도록 업무 특성에 따른 정보보호 서약을 받아야 한다.
2.2.4	인식제고 및 교육훈련	임직원 및 관련 외부자가 조직의 관리체계와 정책을 이해하고 직무별 전문성을 확보할 수 있도록 연간 인식제고 활동 및 교육훈련 계획을 수립·운영하고, 그 결과에 따른 효과성을 평가하여 다음 계획에 반영하여야 한다.
2.2.5	퇴직 및 직무변경 관리	퇴직 및 직무변경 시 인사·정보보호·개인정보보호·IT 등 관련 부서별 이행하여야 할 자산반납, 계정 및 접근권한 회수·조정, 결과확인 등의 절차를 수립·관리하여야 한다.
2.2.6	보안 위반 시 조치	임직원 및 관련 외부자가 법령, 규제 및 내부정책을 위반한 경우 이에 따른 조치 절차를 수립·이행하여야 한다.
2.3.	외부자 보안	
2.3.1	외부자 현황 관리	업무의 일부(개인정보취급, 정보보호, 정보시스템 운영 또는 개발 등)를 외부에 위탁하거나 외부의 시설 또는 서비스(집적정보통신시설, 클라우드 서비스, 애플리케이션 서비스 등)를 이용하는 경우 그 현황을 식별하고 법적 요구사항 및 외부 조직·서비스로부터 발생되는 위험을 파악하여 적절한 보호대책을 마련하여야 한다.
2.3.2	외부자 계약 시 보안	외부 서비스를 이용하거나 외부자에게 업무를 위탁하는 경우 이에 따른 정보보호 및 개인정보보호 요구사항을 식별하고, 관련 내용을 계약서 또는 협정서 등에 명시하여야 한다.
2.3.3	외부자 보안 이행 관리	계약서, 협정서, 내부정책에 명시된 정보보호 및 개인정보보호 요구사항에 따라 외부자의 보호대책 이행 여부를 주기적인 점검 또는 감사 등 관리·감독하여야 한다.
2.3.4	외부자 계약 변경 및 만료 시 보안	외부자 계약만료, 업무종료, 담당자 변경 시에는 제공한 정보자산 반납, 정보시스템 접근계정 삭제, 중요정보 파기, 업무 수행 중 취득정보의 비밀유지 확약서 징구 등의 보호대책을 이행하여야 한다.
2.4.	물리 보안	
2.4.1	보호구역 지정	물리적·환경적 위협으로부터 개인정보 및 중요정보, 문서, 저장매체, 주요 설비 및 시스템 등을 보호하기 위하여 통제구역·제한구역·접견구역 등 물리적 보호구역을 지정하고 각 구역별 보호대책을 수립·이행하여야 한다.

2.4.2	출입통제	보호구역은 인가된 사람만이 출입하도록 통제하고 책임추적성을 확보할 수 있도록 출입 및 접근 이력을 주기적으로 검토하여야 한다.
2.4.3	정보시스템 보호	정보시스템은 환경적 위협과 유해요소, 비인가 접근 가능성을 감소시킬 수 있도록 중요도와 특성을 고려하여 배치하고, 통신 및 전력 케이블이 손상을 입지 않도록 보호하여야 한다.
2.4.4	보호설비 운영	보호구역에 위치한 정보시스템의 중요도 및 특성에 따라 온도·습도 조절, 화재감지, 소화설비, 누수감지, UPS, 비상발전기, 이중전원선 등의 보호설비를 갖추고 운영절차를 수립·운영하여야 한다.
2.4.5	보호구역 내 작업	보호구역 내에서의 비인가행위 및 권한 오·남용 등을 방지하기 위한 작업 절차를 수립·이행하고, 작업 기록을 주기적으로 검토하여야 한다.
2.4.6	반출입 기기 통제	보호구역 내 정보시스템, 모바일 기기, 저장매체 등에 대한 반출입 통제절차를 수립·이행하고 주기적으로 검토하여야 한다.
2.4.7	업무환경 보안	공용으로 사용하는 사무용 기기(문서고, 공용 PC, 복합기, 파일서버 등) 및 개인 업무환경(업무용 PC, 책상 등)을 통해 개인정보 및 중요정보가 비인가자에게 노출 또는 유출되지 않도록 클린데스크, 정기점검 등 업무환경 보호대책을 수립·이행하여야 한다.
2.5.	**인증 및 권한관리**	
2.5.1	사용자 계정 관리	정보시스템과 개인정보 및 중요정보에 대한 비인가 접근을 통제하고 업무 목적에 따른 접근권한을 최소한으로 부여할 수 있도록 사용자 등록·해지 및 접근권한 부여·변경·말소 절차를 수립·이행하고, 사용자 등록 및 권한부여 시 사용자에게 보안책임이 있음을 규정화하고 인식시켜야 한다.
2.5.2	사용자 식별	사용자 계정은 사용자별로 유일하게 구분할 수 있도록 식별자를 할당하고 추측 가능한 식별자 사용을 제한하여야 하며, 동일한 식별자를 공유하여 사용하는 경우 그 사유와 타당성을 검토하여 책임자의 승인 및 책임추적성 확보 등 보완대책을 수립·이행하여야 한다.
2.5.3	사용자 인증	정보시스템과 개인정보 및 중요정보에 대한 사용자의 접근은 안전한 인증절차와 필요에 따라 강화된 인증방식을 적용하여야 한다. 또한 로그인 횟수 제한, 불법 로그인 시도 경고 등 비인가자 접근 통제방안을 수립·이행하여야 한다.
2.5.4	비밀번호 관리	법적 요구사항, 외부 위협요인 등을 고려하여 정보시스템 사용자 및 고객, 회원 등 정보주체(이용자)가 사용하는 비밀번호 관리절차를 수립·이행하여야 한다.
2.5.5	특수 계정 및 권한 관리	정보시스템 관리, 개인정보 및 중요정보 관리 등 특수 목적을 위하여 사용하는 계정 및 권한은 최소한으로 부여하고 별도로 식별하여 통제하여야 한다.
2.5.6	접근권한 검토	정보시스템과 개인정보 및 중요정보에 접근하는 사용자 계정의 등록·이용·삭제 및 접근권한의 부여·변경·삭제 이력을 남기고 주기적으로 검토하여 적정성 여부를 점검하여야 한다.

2.6.	접근통제	
2.6.1	네트워크 접근	네트워크에 대한 비인가 접근을 통제하기 위하여 IP관리, 단말인증 등 관리절차를 수립·이행하고, 업무목적 및 중요도에 따라 네트워크 분리(DMZ, 서버팜, DB존, 개발존 등)와 접근통제를 적용하여야 한다.
2.6.2	정보시스템 접근	서버, 네트워크시스템 등 정보시스템에 접근을 허용하는 사용자, 접근제한 방식, 안전한 접근수단 등을 정의하여 통제하여야 한다.
2.6.3	응용프로그램 접근	사용자별 업무 및 접근 정보의 중요도 등에 따라 응용프로그램 접근권한을 제한하고, 불필요한 정보 또는 중요정보 노출을 최소화할 수 있도록 기준을 수립하여 적용하여야 한다.
2.6.4	데이터베이스 접근	테이블 목록 등 데이터베이스 내에서 저장·관리되고 있는 정보를 식별하고, 정보의 중요도와 응용프로그램 및 사용자 유형 등에 따른 접근통제 정책을 수립·이행하여야 한다.
2.6.5	무선 네트워크 접근	무선 네트워크를 사용하는 경우 사용자 인증, 송수신 데이터 암호화, AP 통제 등 무선 네트워크 보호대책을 적용하여야 한다. 또한 AD Hoc 접속, 비인가 AP 사용 등 비인가 무선 네트워크 접속으로부터 보호대책을 수립·이행하여야 한다.
2.6.6	원격접근 통제	보호구역 이외 장소에서의 정보시스템 관리 및 개인정보 처리는 원칙적으로 금지하고, 재택근무·장애대응·원격협업 등 불가피한 사유로 원격접근을 허용하는 경우 책임자 승인, 접근 단말 지정, 접근 허용범위 및 기간 설정, 강화된 인증, 구간 암호화, 접속단말 보안(백신, 패치 등) 등 보호대책을 수립·이행하여야 한다.
2.6.7	인터넷 접속 통제	인터넷을 통한 정보 유출, 악성코드 감염, 내부망 침투 등을 예방하기 위하여 주요정보시스템, 주요 직무 수행 및 개인정보 취급 단말기 등에 대한 인터넷 접속 또는 서비스(P2P, 웹하드, 메신저 등)를 제한하는 등 인터넷 접속 통제 정책을 수립·이행하여야 한다.
2.7.	암호화 적용	
2.7.1	암호정책 적용	개인정보 및 주요정보 보호를 위하여 법적 요구사항을 반영한 암호화 대상, 암호 강도, 암호 사용 정책을 수립하고 개인정보 및 주요정보의 저장·전송·전달 시 암호화를 적용하여야 한다.
2.7.2	암호키 관리	암호키의 안전한 생성·이용·보관·배포·파기를 위한 관리 절차를 수립·이행하고, 필요 시 복구방안을 마련하여야 한다.

2.8.	정보시스템 도입 및 개발 보안	
2.8.1	보안 요구사항 정의	정보시스템의 도입·개발·변경 시 정보보호 및 개인정보보호 관련 법적 요구사항, 최신 보안취약점, 안전한 코딩방법 등 보안 요구사항을 정의하고 적용하여야 한다.
2.8.2	보안 요구사항 검토 및 시험	사전 정의된 보안 요구사항에 따라 정보시스템이 도입 또는 구현되었는지를 검토하기 위하여 법적 요구사항 준수, 최신 보안취약점 점검, 안전한 코딩 구현, 개인정보 영향평가 등의 검토 기준과 절차를 수립·이행하고, 발견된 문제점에 대한 개선조치를 수행하여야 한다.
2.8.3	시험과 운영 환경 분리	개발 및 시험 시스템은 운영시스템에 대한 비인가 접근 및 변경의 위험을 감소시키기 위하여 원칙적으로 분리하여야 한다.
2.8.4	시험 데이터 보안	시스템 시험 과정에서 운영데이터의 유출을 예방하기 위하여 시험 데이터의 생성과 이용 및 관리, 파기, 기술적 보호조치에 관한 절차를 수립·이행하여야 한다.
2.8.5	소스 프로그램 관리	소스 프로그램은 인가된 사용자만이 접근할 수 있도록 관리하고, 운영환경에 보관하지 않는 것을 원칙으로 하여야 한다.
2.8.6	운영환경 이관	신규 도입·개발 또는 변경된 시스템을 운영환경으로 이관할 때는 통제된 절차를 따라야 하고, 실행코드는 시험 및 사용자 인수 절차에 따라 실행되어야 한다.
2.9.	시스템 및 서비스 운영관리	
2.9.1	변경관리	정보시스템 관련 자산의 모든 변경내역을 관리할 수 있도록 절차를 수립·이행하고, 변경 전 시스템의 성능 및 보안에 미치는 영향을 분석하여야 한다.
2.9.2	성능 및 장애관리	정보시스템의 가용성 보장을 위하여 성능 및 용량 요구사항을 정의하고 현황을 지속적으로 모니터링하여야 하며, 장애 발생 시 효과적으로 대응하기 위한 탐지, 기록, 분석, 복구, 보고 등의 절차를 수립·관리하여야 한다.
2.9.3	백업 및 복구관리	정보시스템의 가용성과 데이터 무결성을 유지하기 위하여 백업 대상, 주기, 방법, 보관장소, 보관기간, 소산 등의 절차를 수립·이행하여야 한다. 아울러 사고 발생 시 적시에 복구할 수 있도록 관리하여야 한다.
2.9.4	로그 및 접속기록 관리	서버, 응용프로그램, 보안시스템, 네트워크시스템 등 정보시스템에 대한 사용자 접속기록, 시스템로그, 권한부여 내역 등의 로그유형, 보존기간, 보존방법 등을 정하고 위·변조, 도난, 분실 되지 않도록 안전하게 보존·관리하여야 한다.
2.9.5	로그 및 접속기록 점검	정보시스템의 정상적인 사용을 보장하고 사용자 오·남용(비인가접속, 과다조회 등)을 방지하기 위하여 접근 및 사용에 대한 로그 검토기준을 수립하여 주기적으로 점검하며, 문제 발생 시 사후조치를 적시에 수행하여야 한다.
2.9.6	시간 동기화	로그 및 접속기록의 정확성을 보장하고 신뢰성 있는 로그분석을 위하여 관련 정보시스템의 시각을 표준시각으로 동기화하고 주기적으로 관리하여야 한다.

2.9.7	정보자산의 재사용 및 폐기	정보자산의 재사용과 폐기 과정에서 개인정보 및 중요정보가 복구·재생되지 않도록 안전한 재사용 및 폐기 절차를 수립·이행하여야 한다.
2.10.	**시스템 및 서비스 보안관리**	
2.10.1	보안시스템 운영	보안시스템 유형별로 관리자 지정, 최신 정책 업데이트, 룰셋 변경, 이벤트 모니터링 등의 운영절차를 수립·이행하고 보안시스템별 정책적용 현황을 관리하여야 한다.
2.10.2	클라우드 보안	클라우드 서비스 이용 시 서비스 유형(SaaS, PaaS, IaaS 등)에 따른 비인가 접근, 설정 오류 등에 따라 중요정보와 개인정보가 유·노출되지 않도록 관리자 접근 및 보안 설정 등에 대한 보호대책을 수립·이행하여야 한다.
2.10.3	공개서버 보안	외부 네트워크에 공개되는 서버의 경우 내부 네트워크와 분리하고 취약점 점검, 접근통제, 인증, 정보 수집·저장·공개 절차 등 강화된 보호대책을 수립·이행하여야 한다.
2.10.4	전자거래 및 핀테크 보안	전자거래 및 핀테크 서비스 제공 시 정보유출이나 데이터 조작·사기 등의 침해사고 예방을 위해 인증·암호화 등의 보호대책을 수립하고, 결제시스템 등 외부 시스템과 연계할 경우 안전성을 점검하여야 한다.
2.10.5	정보전송 보안	타 조직에 개인정보 및 중요정보를 전송할 경우 안전한 전송 정책을 수립하고 조직 간 합의를 통해 관리 책임, 전송방법, 개인정보 및 중요정보 보호를 위한 기술적 보호조치 등을 협약하고 이행하여야 한다.
2.10.6	업무용 단말기기 보안	PC, 모바일 기기 등 단말기기를 업무 목적으로 네트워크에 연결할 경우 기기 인증 및 승인, 접근 범위, 기기 보안설정 등의 접근통제 대책을 수립하고 주기적으로 점검하여야 한다.
2.10.7	보조저장매체 관리	보조저장매체를 통하여 개인정보 또는 중요정보의 유출이 발생하거나 악성코드가 감염되지 않도록 관리 절차를 수립·이행하고, 개인정보 또는 중요정보가 포함된 보조저장매체는 안전한 장소에 보관하여야 한다.
2.10.8	패치관리	소프트웨어, 운영체제, 보안시스템 등의 취약점으로 인한 침해사고를 예방하기 위하여 최신 패치를 적용하여야 한다. 다만 서비스 영향을 검토하여 최신 패치 적용이 어려울 경우 별도의 보완대책을 마련하여 이행하여야 한다.
2.10.9	악성코드 통제	바이러스·웜·트로이목마·랜섬웨어 등의 악성코드로부터 개인정보 및 중요정보, 정보시스템 및 업무용 단말기 등을 보호하기 위하여 악성코드 예방·탐지·대응 등의 보호대책을 수립·이행하여야 한다.

2.11.	사고 예방 및 대응	
2.11.1	사고 예방 및 대응 체계 구축	침해사고 및 개인정보 유출 등을 예방하고 사고 발생 시 신속하고 효과적으로 대응할 수 있도록 내·외부 침해시도의 탐지·대응·분석 및 공유를 위한 체계와 절차를 수립하고, 관련 외부기관 및 전문가들과 협조체계를 구축하여야 한다.
2.11.2	취약점 점검 및 조치	정보시스템의 취약점이 노출되어 있는지를 확인하기 위하여 정기적으로 취약점 점검을 수행하고 발견된 취약점에 대해서는 신속하게 조치하여야 한다. 또한 최신 보안취약점의 발생 여부를 지속적으로 파악하고 정보시스템에 미치는 영향을 분석하여 조치하여야 한다.
2.11.3	이상행위 분석 및 모니터링	내·외부에 의한 침해시도, 개인정보유출 시도, 부정행위 등을 신속하게 탐지·대응할 수 있도록 네트워크 및 데이터 흐름 등을 수집하여 분석하며, 모니터링 및 점검 결과에 따른 사후조치는 적시에 이루어져야 한다.
2.11.4	사고 대응 훈련 및 개선	침해사고 및 개인정보 유출사고 대응 절차를 임직원과 이해관계자가 숙지하도록 시나리오에 따른 모의훈련을 연 1회 이상 실시하고 훈련결과를 반영하여 대응체계를 개선하여야 한다.
2.11.5	사고 대응 및 복구	침해사고 및 개인정보 유출 징후나 발생을 인지한 때에는 법적 통지 및 신고 의무를 준수하여야 하며, 절차에 따라 신속하게 대응 및 복구하고 사고분석 후 재발방지 대책을 수립하여 대응체계에 반영하여야 한다.
2.12.	재해복구	
2.12.1	재해, 재난 대비 안전조치	자연재해, 통신·전력 장애, 해킹 등 조직의 핵심 서비스 및 시스템의 운영 연속성을 위협할 수 있는 재해 유형을 식별하고 유형별 예상 피해규모 및 영향을 분석하여야 한다. 또한 복구 목표시간, 복구 목표시점을 정의하고 복구 전략 및 대책, 비상시 복구 조직, 비상연락체계, 복구 절차 등 재해 복구체계를 구축하여야 한다.
2.12.2	재해 복구 시험 및 개선	재해 복구 전략 및 대책의 적정성을 정기적으로 시험하여 시험결과, 정보시스템 환경변화, 법규 등에 따른 변화를 반영하여 복구전략 및 대책을 보완하여야 한다.

3. 개인정보 처리단계별 요구사항

3.1.	개인정보 수집 시 보호조치	
3.1.1	개인정보 수집·이용	개인정보는 적법하고 정당하게 수집·이용하여야 하며, 정보주체의 동의를 근거로 수집하는 경우에는 적법한 방법으로 정보주체의 동의를 받아야 한다. 또한, 만 14세 미만 아동의 개인정보를 수집하는 경우에는 그 법정대리인의 동의를 받아야 하며 법정대리인이 동의하였는지를 확인하여야 한다.

3.1.2	개인정보 수집 제한	개인정보를 수집하는 경우 처리 목적에 필요한 최소한의 개인정보만을 수집하여야 하며, 정보주체가 선택적으로 동의할 수 있는 사항 등에 동의하지 아니한다는 이유로 정보주체에게 재화 또는 서비스의 제공을 거부하지 않아야 한다.
3.1.3	주민등록번호 처리 제한	주민등록번호는 법적 근거가 있는 경우를 제외하고는 수집·이용 등 처리할 수 없으며, 주민등록번호의 처리가 허용된 경우라 하더라도 인터넷 홈페이지 등에서 대체수단을 제공하여야 한다.
3.1.4	민감정보 및 고유식별정보의 처리 제한	민감정보와 고유식별정보(주민등록번호 제외)를 처리하기 위해서는 법령에서 구체적으로 처리를 요구하거나 허용하는 경우를 제외하고는 정보주체의 별도 동의를 받아야 한다.
3.1.5	개인정보 간접수집	정보주체 이외로부터 개인정보를 수집하거나 제3자로부터 제공받는 경우에는 업무에 필요한 최소한의 개인정보를 수집하거나 제공받아야 하며, 법령에 근거하거나 정보주체의 요구가 있으면 개인정보의 수집 출처, 처리목적, 처리정지의 요구권리를 알려야 한다.
3.1.6	영상정보처리기기 설치·운영	고정형 영상정보처리기기를 공개된 장소에 설치·운영하거나 이동형 영상정보처리기기를 공개된 장소에서 업무를 목적으로 운영하는 경우 설치 목적 및 위치에 따라 법적 요구사항을 준수하고, 적절한 보호대책을 수립·이행하여야 한다.
3.1.7	마케팅 목적의 개인정보 수집·이용	재화나 서비스의 홍보, 판매 권유, 광고성 정보전송 등 마케팅 목적으로 개인정보를 수집·이용하는 경우 그 목적을 정보주체가 명확하게 인지할 수 있도록 고지하고 동의를 받아야 한다.
3.2.	**개인정보 보유 및 이용 시 보호조치**	
3.2.1	개인정보 현황관리	수집·보유하는 개인정보의 항목, 보유량, 처리 목적 및 방법, 보유기간 등 현황을 정기적으로 관리하여야 하며, 공공기관의 경우 이를 법률에서 정한 관계기관의 장에게 등록하여야 한다.
3.2.2	개인정보 품질보장	수집된 개인정보는 처리 목적에 필요한 범위에서 개인정보의 정확성·완전성·최신성이 보장되도록 정보주체에게 관리절차를 제공하여야 한다.
3.2.3	이용자 단말기 접근 보호	정보주체(이용자)의 이동통신단말장치 내에 저장되어 있는 정보 및 이동통신단말장치에 설치된 기능에 접근이 필요한 경우 이를 명확하게 인지할 수 있도록 알리고 정보주체(이용자)의 동의를 받아야 한다.
3.2.4	개인정보 목적 외 이용 및 제공	개인정보는 수집 시의 정보주체에게 고지·동의를 받은 목적 또는 법령에 근거한 범위 내에서만 이용 또는 제공하여야 하며, 이를 초과하여 이용·제공하려는 때에는 정보주체의 추가 동의를 받거나 관계 법령에 따른 적법한 경우인지 확인하고 적절한 보호대책을 수립·이행하여야 한다.
3.2.5	가명정보 처리	가명정보를 처리하는 경우 목적제한, 결합제한, 안전조치, 금지의무 등 법적 요건을 준수하고 적정 수준의 가명처리를 보장할 수 있도록 가명처리 절차를 수립·이행하여야 한다.

3.3.	개인정보 제공 시 보호조치	
3.3.1	개인정보 제3자 제공	개인정보를 제3자에게 제공하는 경우 법적 근거에 의하거나 정보주체의 동의를 받아야 하며, 제3자에게 개인정보의 접근을 허용하는 등 제공 과정에서 개인정보를 안전하게 보호하기 위한 보호대책을 수립·이행하여야 한다.
3.3.2	개인정보 처리업무 위탁	개인정보 처리업무를 제3자에게 위탁하는 경우 위탁하는 업무의 내용과 수탁자 등 관련사항을 공개하여야 한다. 또한 재화 또는 서비스를 홍보하거나 판매를 권유하는 업무를 위탁하는 경우 위탁하는 업무의 내용과 수탁자를 정보주체에게 알려야 한다.
3.3.3	영업의 양도 등에 따른 개인정보 이전	영업의 양도·합병 등으로 개인정보를 이전하거나 이전받는 경우 정보주체 통지 등 적절한 보호조치를 수립·이행하여야 한다.
3.3.4	개인정보 국외 이전	개인정보를 국외로 이전하는 경우 국외 이전에 대한 동의, 관련 사항에 대한 공개 등 적절한 보호조치를 수립·이행하여야 한다.
3.4.	개인정보 파기 시 보호조치	
3.4.1	개인정보파기	개인정보의 보유기간 및 파기 관련 내부 정책을 수립하고 개인정보의 보유기간 경과, 처리목적 달성 등 파기 시점이 도달한 때에는 파기의 안전성 및 완전성이 보장될 수 있는 방법으로 지체 없이 파기하여야 한다.
3.4.2	처리목적 달성 후 보유 시 조치	개인정보의 보유기간 경과 또는 처리목적 달성 후에도 관련 법령 등에 따라 파기하지 아니하고 보존하는 경우에는 해당 목적에 필요한 최소한의 항목으로 제한하고 다른 개인정보와 분리하여 저장·관리하여야 한다.
3.5.	정보주체 권리보호	
3.5.1	개인정보 처리방침 공개	개인정보의 처리 목적 등 필요한 사항을 모두 포함하여 정보주체가 알기 쉽도록 개인정보 처리방침을 수립하고, 이를 정보주체가 언제든지 쉽게 확인할 수 있도록 적절한 방법에 따라 공개하고 지속적으로 현행화하여야 한다.
3.5.2	정보주체 권리보장	정보주체가 개인정보의 열람, 정정·삭제, 처리정지, 이의제기, 동의철회 등 요구를 수집 방법·절차보다 쉽게 할 수 있도록 권리행사 방법 및 절차를 수립·이행하고, 정보주체의 요구를 받은 경우 지체 없이 처리하고 관련 기록을 남겨야 한다. 또한, 정보주체의 사생활 침해, 명예훼손 등 타인의 권리를 침해하는 정보가 유통되지 않도록 삭제 요청, 임시조치 등의 기준을 수립·이행하여야 한다.
3.5.3	정보주체에 대한 통지	개인정보의 이용·제공 내역 등 정보주체에게 통지하여야 할 사항을 파악하여 그 내용을 주기적으로 통지하여야 한다.

01 정보통신망법 및 시행령이 개정되어 정보보호 관리체계 인증의 특례 규정(간편인증)이 신설되었다. 다음 중 간편인증에 관한 내용 중 적절한 것은 모두 몇 개인지 고르시오.

> **가.** 정보통신 부문 전년도 매출액이 300억 원 이상이더라도 중소기업법에 따른 소기업이면 특례 규정(간편인증)대상이 된다.
>
> **나.** 정보통신 서비스 부문 매출액이 300억 원 이상이더라도 클라우드 서비스를 이용하고 별도 서버로 AWS의 EC2 등의 서버를 사용하고 있을 경우 특례 규정(간편인증)대상이 된다.
>
> **다.** 정보통신부문 전년도 매출액이 300억 원 미만이고 중기업의 경우 특례 규정(간편인증) 대상이 된다.
>
> **라.** ISP, IDC, 상급종합병원, 대학교, 금융회사, 가상자산사업자의 경우 특례 규정(간편인증)에 해당되지 않는다.
>
> **마.** 특례 대상에 해당되는 기업의 간편인증 세부점검 항목은 동일한 세부항목을 적용한다.

① 1개　　　　② 2개　　　　③ 3개　　　　④ 4개　　　　⑤ 5개

02 다음은 (주)가나다 회사의 ISMS-P인증 심사를 진행하면서 확인된 내용으로 심사원과 담당자와의 인터뷰, 증적자료를 바탕으로 심사원이 판단한 내용 중 적절한 것은 모두 몇 개인지 고르시오.

> **≡ 개인정보 관리 지침**　　　　　● ● ●
>
> ### 개인정보 관리 지침 (일부 발췌)
>
> 2020.10.1. 제정
> 2025.2.20. 개정
>
> **제18조(개인정보의 암호화)**
> ① 인정보보호책임자는 비밀번호, 생체인식정보 등 인증정보를 저장 또는 정보통신망을 통하여 송·수신하는 경우에 이를 안전한 암호 알고리즘으로 암호화하여야 한다. 다만, 비밀번호를 저장하는 경우에는 복호화되지 아니하도록 일방향 암호화하여 저장하여야 한다.〈개정 2025.2.20.〉
> ② 개인정보보호책임자는 다음 각 호의 해당하는 이용자의 개인정보에 대해서는 안전한 알고리즘으로 암호화하여 저장하여야 한다. 〈개정 2025.2.20.〉
> 　1) 주민등록번호　　　　　2) 여권번호
> 　3) 운전면허번호　　　　　4) 외국인등록번호
> 　5) 신용카드번호　　　　　6) 계좌번호
> 　7) 생체인식정보

인터뷰 시 발견된 결함내용

〈인터뷰 시 발견된 결함내용〉

㉠ 심사원은 주민등록번호를 암호화하였으나 주민등록번호의 뒷자리 6자리만 암호화하고 앞자리 7자리는 암호화하지 않은 것을 발견하여 "2.7.1 암호정책 적용" 결함을 주었다.

㉡ A 회사의 출입관리 시스템을 확인해 본 결과 임직원의 지문을 수집하고 있는 것을 확인하였다. 다만, 지문정보는 암호화하지 않아 문의해보니 해당 지문정보는 특정 개인임을 확인하기 위하여 이용자가 입력한 생체정보를 기기 등에 저장된 정보와 대조하여 본인 여부를 확인하는 것으로 암호화 대상이 아니라고 주장하였다. 이에 심사원은 "2.7.1 암호정책 적용"으로 결함을 주었다.

㉢ 콜센터 운영사항을 확인하고 콜센터 시스템 내의 스토리지에 상당수의 음성데이터가 있는 것을 발견하였다. 이는 단순 상담 시 녹음된 음성 데이터로 암호화가 필수가 아니라고 주장하였으며, 주민등록번호가 포함되어 있는지 확인한 결과 일부 음성에 주민등록번호가 포함되어 있었다. 심사원은 음성정보의 경우 암호화해야 한다고 판단하여 "2.7.1 암호정책 적용"으로 결함을 주었다.

㉣ 업무용 PC의 상용 프로그램인 한글, 엑셀 등에서 운전면허번호와 주민등록번호가 들어간 개인정보를 사용하고 있었다. 해당 임직원은 별도의 암호화 프로그램을 사용하지 않고 한글 및 엑셀에서 제공하는 비밀번호 설정 기능을 사용하여 암호화를 적용하고 있었고 심사원은 안전한 암호화를 했다고 판단하고 별도의 결함은 주지 않았다.

㉤ A 사가 개인정보처리시스템을 위탁하여 클라우드 서비스를 이용하는 경우 암호화 수행을 해야 하나 클라우드 내 서비스라 A 사에서 암호화를 할 수 없고 클라우드 서비스 상에서 해야 된다고 책임을 수탁사의 범위라고 주장하였다. 이에 심사원은 "2.7.1 암호정책 적용"으로 결함을 주었다.

① 0개   ② 1개   ③ 2개   ④ 3개   ⑤ 4개

03 정보보호 및 개인정보보호 관리체계 인증(ISMS-P) 제도에 대한 설명으로 바르게 짝지어진 것을 고르시오.

> **(가)** 심사원의 자격 취소 적합 여부를 심의·의결하기 위하여 인터넷진흥원의 장은 인증위원회 위원 3인 이상을 포함하여 구성한 자격심의위원회를 개최하여야 한다.
>
> **(나)** ISMS-P 인증심사 일부 생략 신청을 하는 경우 수수료 20% 감면이 가능하다.
>
> **(다)** 심사원은 보수교육을 받아야 하고, 자격 유효기간은 3년이다.
>
> **(라)** 신청인이 개인정보 처리 업무를 위탁받아 처리하는 수탁자가 인증받은 경우 인증 범위의 현장심사와 서면심사는 생략이 가능하다.
>
> **(마)** ISMS 인증 특례 대상에 ISP, IDC, 상급종합병원, 대학교, 금융회사, 가상자산사업자는 대상에 해당하지 않는다.
>
> **(바)** 인증기관과 심사기관은 정당한 사유 없이 인증 절차, 인증기준 등의 일부를 생략하는 행위가 발생되지 않도록 노력하여 인증심사의 공정성 및 독립성 확보를 하여야 한다.

① (가) (나) (바)

② (가) (다) (라) (마)

③ (가) (나) (다) (마) (바)

④ (나) (다) (라) (마) (바)

⑤ (나) (라) (마) (바)

04 정보주체는 완전히 자동화된 시스템으로 개인정보를 처리하여 이루어지는 결정이 자신의 권리 또는 의무에 중대한 영향을 미치는 경우에는 해당 개인정보처리자에 대하여 해당 결정을 거부할 수 있는 권리를 가진다. 다음 중 자동화된 결정에 대해 거부할 수 없는 경우로 적절한 것을 모두 고르시오. (2개)

① 정보주체의 동의를 받은 경우

② 법률에 특별한 규정이 있거나 법령상 의무를 준수하기 위하여 불가피한 경우

③ 공공기관이 법령 등에서 정하는 소관 업무의 수행을 위하여 불가피한 경우

④ 정보주체와 체결한 계약을 이행하거나 계약을 체결하는 과정에서 정보주체의 요청에 따른 조치를 이행하기 위하여 필요한 경우

⑤ 개인정보처리자의 정당한 이익을 달성하기 위하여 필요한 경우로서 명백하게 정보주체의 권리보다 우선하는 경우. 이 경우 개인정보처리자의 정당한 이익과 상당한 관련이 있고 합리적인 범위를 초과하지 아니하는 경우에 한한다.

05 다음 인증 신청에 관한 내용 중 적절한 것은 모두 몇 개인지 고르시오.

> **(가)** OO 대학교는 2024학년도 3월 기준 재학생 수가 1만 명이나 2024학년도 2학기에 자퇴한 학생이 다수 발생하여, 2024년 12월 31일 기준 9,500명이 되었다. OO 대학교는 2025년 ISMS 인증 의무 대상기관이다.
>
> **(나)** △△ 대학교는 2024학년도 12월 31일 기준 재학생 수가 1만 2천 명으로 2025년 ISMS-P 인증을 취득하였으므로, 추가로 ISMS 인증을 취득하여야 한다.
>
> **(다)** 한국OO사이버대학교는 2024학년도 12월 31일 기준 재학생 수가 5천 명으로 2025년 ISMS 인증 의무 대상 기관이다.
>
> **(라)** 2024년 일일 평균 이용자 수 100만 명 이상인 새마을금고는 ISMS 인증 의무 대상 기관이다.
>
> **(마)** 2024년 매출액이 2,500억 원인 OO 대학병원은 ISMS 인증 의무 대상 기관이다.
>
> **(바)** 2024년 매출액이 150억 원인 공O쇼핑몰은 공공기관에서 운영하므로 ISMS 인증 의무 대상 기관이 아니다.

① 0개 　　② 1개 　　③ 2개 　　④ 5개 　　⑤ 6개

06 ABC 쇼핑몰의 ISMS-P 인증심사를 진행하고 있다. 다음은 심사원이 2.6.1 네트워크 접근에 대해 판단한 내용 중 적절하지 않은 것은 모두 몇 개인지 고르시오.

(ㄱ)	외부 개발자, 유지보수 업체 직원 등 외부자가 이용하는 네트워크 망이 내부 업무망과 분리되어 있지 않으며, 적절한 접근 통제가 이루어지지 않아 결함으로 판단하였다.

(ㄴ)	서버존이 별도로 구성되어 있으며 네트워크 접근통제 현황을 확인한 결과 중요 서버의 네트워크 접근제어 설정이 이루어지지 않아 접근 권한이 필요 없는 임직원이 서버존으로의 접근이 과도하게 허용되어 있어 결함으로 판단하였다.

(ㄷ)	서버존 내 서버 간 접근제어가 이루어지지 않아 특정 임직원이 권한이 부여된 서버에 접근 후 경유하여 접근권한이 허용되지 않은 서버에 접근이 가능하여 결함으로 판단하였다.

(ㄹ)	내부 규정에는 개인정보취급자의 PC는 MAC 주소 인증, 보안 프로그램 설치 등의 보호대책을 적용하라고 명시되어 있지만, 일부 개인정보취급자의 PC가 별도 통제 없이 유선 네트워크 케이블을 연결하여 사용하고 있어 결함으로 판단하였다.

(ㅁ)	내부 규정에는 중요 서버에 대해 사설 IP로 설정하라고 명시되어 있지만, 내부망에 위치한 데이터베이스 서버 등 중요 서버 중 일부의 IP 주소가 공인 IP로 설정되어 있으며 접근이 차단되지 않아 결함으로 판단하였다.

① 1개   ② 2개   ③ 3개   ④ 4개   ⑤ 5개

07 다음 서울시청의 ISMS-P 심사 상황이다. 심사원과 담당자의 인터뷰를 바탕으로 심사원이 판단한 내용 중 가장 적절한 것을 고르시오.

- 인증대상 : 민원발급 서비스
- 정보주체의 개인정보 보유 : 5만 건
- 민감정보 보유 : 2만 건

○ **담당자** : 민원 발급 서비스를 위한 주요 시스템은 WEB/WAS 서버와 DB 서버 그리고 무인민원발급기가 있습니다.

■ **심사원** : 개발존은 별도로 구성되어 있나요?

○ **담당자** : 운영서버와 개발서버가 서버존에 함께 구성되어 있습니다. 작년에 취약점으로 확인되어서 올해 6월까지 분리하도록 계획했었습니다.

■ **심사원** : 예정 완료일보다 3개월 정도 지연되고 있는데 후속조치는 어떻게 하고 있나요?

○ **담당자** : CISO님께 지연 사유를 보고드렸고 올해 말까지 완료하는 것으로 일정을 연기하였습니다.

■ **심사원** : 일주일이면 가능한 작업 같은데 지연된 상황이 이해가 안 가네요.

○ **담당자** : 담당자분들이 비슷한 시기에 퇴사를 하셔서요. 시스템 파악이 미흡한 상태에서 신규 담당자들에게 작업을 맡기기는 장애위험이 있어서 우선순위를 조금 미루게 되었습니다.

■ **심사원** : 그렇군요. 여기 백신관리 서버가 보이는데요. 대시보드를 보면 대부분의 운영서버의 보안업데이트 날짜가 한 달 전이 마지막이네요. ISMS 인증기준에서 패치는 자동 업그레이드 혹은 일 1회 이상 업그레이드하도록 되어 있습니다. 악성코드로 인해 개인정보 유출 이슈가 많이 발생하고 있는데 관리가 미흡한 것 같습니다.

○ **담당자** : 실시간 자동 업그레이드 방식으로 운영해오다가 작년에 서비스 장애가 발생한 이후로 지금은 개발서버에서 2~3주간 side impact가 없는지 충분한 검증을 수행하고 적용하는 방식으로 운영하고 있고 가급적이면 한 달 이내에는 적용하도록 하고 있습니다.

■ **심사원** : 위원회를 통해서 충분한 협의를 거쳐서 결정된 사항인가요?

○ **담당자** : 그렇지는 않지만 CISO님께 보고드리고 승인받은 증적이 있습니다.

■ **심사원** : 자산목록을 보면 백신관리서버 책임자가 홍길동 과장님으로 되어있는데요. 서버에 붙어있는 자산 스티커에는 전우치 대리님으로 되어있네요. 자산 스티커 현행화는 어떻게 수행하고 있나요?

○ **담당자** : 반기 1회 현행화가 안 된 부분이 있는지 점검 및 조치하고 있어서 일부 현행화가 안 된 장비들이 좀 있습니다.

■ **심사원** : 그렇군요. 정보자산관리지침 증적 준비해주세요. 내부 정책 및 시행문서는 어떻게 관리하고 계신가요?

○ **담당자** : 최소 1년에 한 번은 개정하여 그룹웨어 게시판에 공유하고 있습니다. 여기 보시면 개정 이력을 확인하실 수 있습니다.

■ **심사원** : 정책서 개정시 위원회 의결을 거쳐서 CISO 및 CPO 승인을 받고 계시나요?

○ **담당자** : 대부분의 주요 정책서는 위원회 의결을 거쳐서 수행하지만 일부 정책서에 대해서는 위원회 의결 없이 CISO 및 CPO 승인을 근거로 개정하고 있습니다.

정보자산관리지침 v.3.0 (발췌)

제정일자 : 2020-11-06 / 개정일자 : 2024-11-02

제7조(정보자산 중요도 평가)

① 정보자산 중요도는 기밀성, 무결성, 가용성 측면에서 각 정보자산이 보안 위험에 노출되었을 경우에 미치는 잠재적 손실 규모를 반영하여 평가한다.

   1. 기밀성 (Confidentiality) : 정보자산이 허가받지 않은 자에게 노출되지 않도록 하는 것

   2. 무결성 (Integrity) : 허가받지 않은 자에 의해 정보자산이 변경되지 않도록 하는 것

   3. 가용성 (Availability) : 정당한 사용자가 정보자산을 이용하고자 할 때 해당 정보자산을 이용 가능하도록 하는 것

제9조(정보자산의 취급)

① 각 정보자산은 관리책임자, 관리자, 사용자가 명확히 분류되어야 한다.

② 하드웨어 자산은 자산관리 스티커를 부착하여 자산의 관리책임자 및 관리자를 명확히 한다.

③ 자산 변경사항이 발생하면 즉각 현행화하고 분기 1회 이상 점검하여 미비점을 보완하도록 한다.

---

① 심사원은 보안 업데이트가 실시간으로 적용되지 않아 2.10.9 악성코드 통제 결함으로 판단하였다.

② 심사원은 정보자산 관리에 미흡한 상항을 확인하고 2.1.3 정보자산 관리 결함이라고 판단하였다.

③ 관리체계의 지속적 운영을 위하여 필요한 인력 지원이 부족하다고 판단하여 1.1.6 자원할당 결함으로 판단하였다.

④ 심사원은 개발존과 운영환경이 분리되어 있지 않은 것을 확인하고 2.8.3 시험과 운영환경 분리 결함으로 판단하였다.

⑤ 심사원은 이행계획에 따라 보호대책이 구현되지 않은 것을 확인하고 1.3.1 보호대책 구현 결함으로 판단하였다.

08 다음 클라우드에 설정한 Security Group에 대한 인터뷰 내용이다. 심사원이 판단한 내용 중 가장 적절한 것을 고르시오.

■ **심사원** : Cloud IAM 서비스 계정(API용, im***3, ob***pi, s***ser)에 Admin 권한이 부여되어 있습니다. API용 계정에는 Admin 권한이 필요한가요?

○ **담당자** : 계정 생성 시 권한을 동일하게 부여하였습니다.

■ **심사원** : IAM 계정에 대해 권한을 세부적으로 부여할 수 있는 기능이 있습니다.

○ **담당자** : 오, 그런가요? 찾아보고 변경하겠습니다.

■ **심사원** : IAM 계정을 접속할 수 있는 IP를 확인해 보니, 용도가 확인되지 않는 IP 2개 (125.*.30, 211.*.227)가 존재합니다. 사용하시는 IP인가요?

○ **담당자** : MSP사가 회사 이전을 하면서 기존에 사용하던 IP를 그대로 두었네요. 삭제하겠습니다.

■ **심사원** : SECURITY GROUP 설정은 어떻게 관리하고 있나요? 정기적으로 검토하시나요?

○ **담당자** : 네, SECURITY GROUP 설정은 매월 정기적으로 검토하고 있습니다. 또한, 새로운 서비스나 시스템이 추가될 때마다 규칙을 업데이트하여 항상 최신 상태를 유지하고 있습니다.

■ **심사원** : SECURITY GROUP 설정에서 허용하는 포트와 프로토콜은 어떤 기준으로 설정하셨나요?

○ **담당자** : 허용하는 포트와 프로토콜은 서비스의 필요에 따라 설정했습니다. 예를 들어, 웹 서비스는 HTTP(80)와 HTTPS(443) 포트를 허용하고, SSH(22) 포트는 특정 IP에서만 접근할 수 있도록 제한했습니다.

■ **심사원** : SECURITY GROUP 설정 로그는 어떻게 관리하고 있나요? 로그 분석은 정기적으로 이루어지나요?

○ **담당자** : SECURITY GROUP 설정 로그는 관리콘솔에 자동 저장되며, 매주 로그 분석을 통해 비정상적인 접근 시도를 모니터링하고 있습니다. 또한 이상 징후가 발견되면 즉시 대응할 수 있도록 절차를 마련해 두었습니다.

■ **심사원** : SECURITY GROUP 설정 변경 시 어떤 절차를 따르나요?

○ **담당자** : SECURITY GROUP 설정 변경 요청은 시스템 관리 부서에서 전화로 요청합니다. 변경 후에는 테스트를 통해 정상 작동을 확인한 후 적용합니다.

■ **심사원** : SECURITY GROUP 설정 변경 시 승인 절차가 있나요?

○ **담당자** : 없습니다.

■ **심사원** : 감사합니다. SECURITY GROUP 설정에 대한 설명이 매우 유익했습니다. 추가 질문이 있을 경우 다시 연락드리겠습니다.

○ **담당자** : 감사합니다. 언제든지 질문해 주시면 성실히 답변하겠습니다.

번호	SG 이름	방향	IP 프로토콜	포트 범위	SIP	DIP	CIDR
7	G-DEV	수신	TCP	22 (SSH)	100.2.2.27/32 (CIDR)	100.2.2.27/32	32
12	SERVER1	송신	TCP	3306 (MY SQL)	192.168.78.0/24 (CIDR)	192.168.78.0/24	24
16	SERVER2-WEB	수신	TCP	443 (HTTPS)	0.0.0.0/0 (CIDR)	0.0.0.0/0	0
13	HOMEPAGE-DB	수신	TCP	22 (SSH)	0.0.0.0/0	0.0.0.0/0	32

① HOMEPAGE-DB의 22번 포트가 열려 있어 2.6.1 네트워크 접근 결함으로 판단하였다.

② SECURITY GROUP 설정 변경 시 승인 절차가 없어 2.10.1 보안시스템 운영 결함으로 판단하였다.

③ SERVER1은 송신하는 대역대가 열려 있어 2.10.5 정보전송 보안 결함으로 판단하였다.

④ SERVER2-WEB은 수신하는 대역대가 열려 있어 2.10.3 공개서버 보안 결함으로 판단하였다.

⑤ 클라우드 환경에서 IAM계정 관리, 네트워크 접근, 승인받지 않은 환경설정 및 보안 설정이 적절하지 않아 2.10.2 클라우드 보안 결함으로 판단하였다.

09 다음 인터뷰와 자료를 보고 결함으로 적절한 것을 고르시오.

정보보호기술지침 v.3.0
제33장 암호 통제

제14조(암호화 대상)
① 비밀정보는 국내 및 국제 표준 암호 알고리즘을 이용하여 암호화하며 암호 대상은 다음과 같다.
　1. 일방향 암호화 : 비밀번호 (이용자 및 정보시스템 등)
　2. 대칭키 암호 알고리즘
　　1) 주민등록번호
　　2) 여권번호
　　3) 운전면허번호
　　4) 외국인 등록번호
　　5) 신용카드번호
　　6) 계좌번호
　　7) 생체인식정보 생체정보 중 특정 개인을 인증 또는 식별할 목적으로 일정한 기술적 수단을 통해 처리되는 정보
　　8) 기타 관련 법령 및 정보보호관리자가 정하는 비밀정보

제15조(암호 정책 및 사용 기준)
① 암호 알고리즘의 적용 시, 암호 적용을 구현한 대상을 명시하고, 사용된 암호알고리즘에 대해 정의하도록 한다.
② 암호 알고리즘 선정 시 첨부4) 안전한 암호 알고리즘을 참고한다.

제34장 사용자 계정 및 비밀번호

제16조(비밀번호 관리)
① 정보시스템은 비밀번호 인증을 통해서만 시스템을 사용할 수 있게 하여야 한다.
　1. 영문/숫자/특수문자 조합 8자 이상 또는 영문/숫자 조합 10자 이상
　2. 계정과 동일하거나 추측이 가능한 비밀번호 금지(예: admin)
　3. 간단한 문자나 숫자의 3자 이상 연속사용 금지(예: 123, abc, qwe 등)
　4. 비밀번호 분실 시 본인확인 절차 적용
　5. 비밀번호 화면 마스킹 및 보관 시 일방향 암호화 보관
　6. 비밀번호는 반기별 1회 이상 변경되도록 시스템에 적용
　7. 비밀번호 입력 일정 횟수 이상 실패 시 일정 시간 동안 접속을 차단

보안강도	NIST(미국)	CRYPTREC(일본)	ECRYPT(유럽)	국내	안전성 유지기간(년도)
112비트 이상	SHA-224/ 256/384/ 5122	SHA- 256/384/512	SHA-224/ 256/384/ 512Whirlpool	SHA- 256/384/512	2011년부터 2030년까지 (최대 20년)
128비트 이상	SHA- 256/384/512	SHA- 256/384/512	SHA-256 /384/ 512Whirlpool	SHA- 256/384/512	2030년 이후 (최대 30년)
192비트 이상	SHA- 384/512	SHA-384/512	SHA-384/ 512Whirlpool	SHA- 384/512	
256비트 이상	SHA-512	SHA-512	SHA-512	SHA-512	

■ **심사원** : HH 쇼핑몰은 총 3개의 사이트를 운영하고 있는 것을 확인했습니다. 대고객 홈페이지 2개의 이용자 비밀번호를 AES256Util.java 소스의 encrypt() 함수에서 단방향 암호 시 MD5 알고리즘을 사용하고 있었습니다. 또한 셀러들이 사용하는 셀러사이트의 협력사 비밀번호와 API 인증키는 암호화가 되어있지 않았습니다.

○ **담당자** : 저희 회사가 온라인 쇼핑몰 사업을 시작한 지 올해로 16년이 되었습니다. 그러다 보니 오래전에 가입한 이용자의 경우 비밀번호를 MD5로 암호화하고 있었습니다. 5년 전부터 새로 가입하는 고객들의 비밀번호는 SHA-256으로 암호화 알고리즘을 변경하여 저장하고 있습니다. 그리고 기존 MD5로 암호화한 비밀번호는 SHA-256 알고리즘으로 한 번 더 감싸서 암호화하는 방법을 사용하고 있습니다.

■ **심사원** : 셀러사이트의 비밀번호에 대해서는요?

○ **담당자** : 셀러사이트 비밀번호도 암호화 대상인지 파악하지 못하고 있다가 올해 위험평가에서 식별되었습니다. 그래서 올해 보호대책으로 구현하기 위한 계획이 되어 있는 상태입니다. 자사 개발인력이 넉넉한 상황이 아니라 현재 진행 중인 프로젝트 마무리되면 그 후에 협력사 비밀번호 암호화 적용을 하기 위한 계획을 가지고 있습니다. 해당 내용은 위험평가도 완료하고, CISO 승인을 받아 올해 안에 처리하는 것으로 보고 되어있는 상태입니다.

■ **심사원** : 보호대책 구현에 관한 증적은 확인했습니다. CISO 얘기가 나와서 한 가지 더 확인하자면 클라우드에 접속하는 IAM 계정 중 AdminFullAccess 권한을 보유한 관리자가 2명으로 확인되었습니다. tmc**이 계정이 CISO 계정이라고 하던데요? CISO가 클라우드 전체 접근권한을 보유할 필요가 있나요?

○ **담당자** : 해당 계정은 백업용 계정입니다. 원래 담당자의 백업 권한을 백엔드개발 팀장님이 가지고 계셨는데 지난달 백엔드개발 팀장님이 퇴사하시면서 CISO를 맡고 계신 이사님께서 백엔드개발 팀장님 자리를 겸직하고 계십니다.

① 1.2.1 정보자산 식별
② 2.5.4 비밀번호 관리
③ 2.5.5 특수 계정 및 권한관리
④ 2.7.1 암호정책 적용
⑤ 2.10.2 클라우드 보안

10 MVNO사업자인 풋 모바일텔레콤에 대하여 ISMS 심사 중이다. 다음 보기에 대해 심사원이 판단한 내용 중 적절하지 않은 것은 모두 몇 개인지 고르시오.

(가)	심사원은 이용자 본인 확인을 위한 신분증 및 구비서류 등이 저장되고 있는 NAS서버가 자산목록에 포함되어 있지 않은 것을 확인하여 1.2.1 정보자산 식별 결함으로 판단하였다.
(나)	신청기관은 MVNO 사업자에 특화된 ISMS 인증항목을 적용하지 않고, 일반 정보통신 서비스 제공자들에게 적용되는 ISMS 인증기준을 적용하여 정보보호 및 개인정보보호 정책의 시행을 위하여 필요한 세부적인 방법, 절차, 주기 등을 규정한 지침, 절차, 매뉴얼 등을 수립하고 있어 2.1.1 정책의 유지관리 결함으로 판단하였다.
(다)	MVNO 서비스의 안전성 확보 및 이용자 보호를 위한 전략 및 계획의 수립을 위하여 위원회를 개최하여 주요 의결 사항을 의결하였으나, 실제 주요 참여자인 경영진, CISO, CPO 등이 참여하지 않고 실무조직의 협의체로만 운영하고 있어 1.1.1 경영진의 참여 결함으로 판단하였다.
(라)	심사원은 이용자의 신분증 사본, 가족관계증명서 등을 저장하기 위해 사용되는 신분증 스캐너, 평판 스캐너, 웹 팩스 등을 본사 개인정보보호팀에서 사용하고 있으나 식별되지 않고 있어 2.4.7 업무환경 보안 결함으로 판단하였다.
(마)	신청기관에서 수행하는 개통업무가 처리되는 프로세스가 문서화되어 있지 않고, 개통팀 자체에서 업무가 이루어지는 것을 확인하여 1.2.2 현황 및 흐름분석 결함으로 판단하였다.
(바)	일반 정보통신사업자의 ISMS 인증항목을 적용하여 연 1회 이상 위험평가를 수행하고 있으나 본인인증 과정 등에서 발생할 수 있는 위험평가를 별도로 수행하지 않고 있어 1.2.3 위험평가 결함으로 판단하였다.
(사)	MVNO 서비스에서 개인정보 및 중요정보를 취급하는 직무자 현황을 파악하여 주요 직무자를 지정하고 있으나 주요 직무자에 대한 전문화된 교육계획이 존재하지 않고, 주요 직무자로 지정 시 자산반납, 중요정보 처리 업무내용, 주요 직무자에 대한 감사로그를 관리하는 프로세스가 존재하지 않아 1.1.5 정책 수립 결함으로 판단하였다.

(아) 신청기관의 전산실에 상시 출입구가 두 군데로 이루어져 있으나, 두 곳 모두 상시 출입은 업무와 직접 관련이 있는 사전 등록자에 한해 허용되고 있었다. 그 밖의 출입자에 대해 책임자의 승인을 받아 출입하고 있으며 출입자 관리기록부를 기록·보관하고 있어 2.4.2 출입 통제 결함으로 판단하였다.

① 2개　　　　　② 4개　　　　　③ 5개　　　　　④ 6개　　　　　⑤ 7개

11 다음은 데이팅 앱을 서비스하는 A사의 정보보호팀이 앱에 대한 보안점검 진행 후 발견된 몇 가지 사항을 나타낸 것이다. 다음 설명 중 적절한 것을 모두 고르시오. (2개)

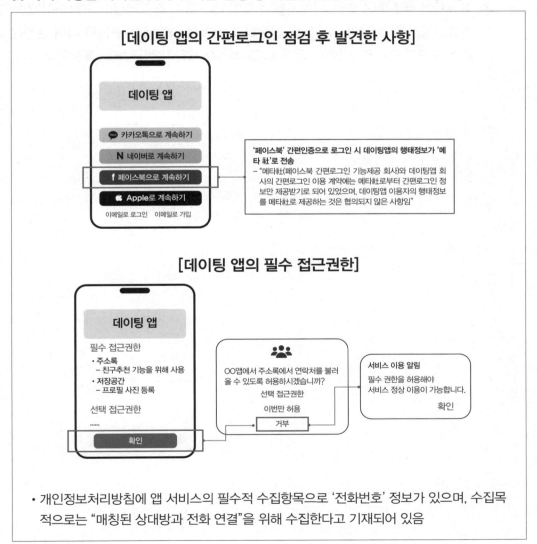

- 개인정보처리방침에 앱 서비스의 필수적 수집항목으로 '전화번호' 정보가 있으며, 수집목적으로는 "매칭된 상대방과 전화 연결"을 위해 수집한다고 기재되어 있음

① 간편로그인 실행 시 앱의 행태정보가 간편로그인 기능 제공사에 별도 계약이나 고지 없이 전달되는 것은 A사의 3.1.5 개인정보 간접수집 결함이다.

② 간편로그인 실행 시 앱의 행태정보가 간편로그인 기능 제공사에 별도 계약이나 고지 없이 전달되는 것은 A사의 3.3.1 개인정보 제3자제공 결함이다.

③ 간편로그인 실행 시 앱의 행태정보가 간편로그인 기능 제공사에 별도 계약이나 고지 없이 전달되는 것은 간편로그인 제공사의 3.1.5 개인정보 간접수집 결함이다.

④ 이용자의 주소록에 있는 연락처를 수집하도록 필수 접근권한이 구현되어 있는 것은 불필요한 연락처 정보 수집을 유발하므로 3.1.2 개인정보 수집제한 결함이다.

⑤ 이용자의 주소록에 있는 연락처를 수집하도록 필수 접근권한이 구현되어 있는 것은 반드시 필요한 정보가 아님에도 불구하고 반드시 접근토록 구현을 하여 권한을 과도하게 요구한 경우라고 볼 수 있어 3.2.3 이용자 단말기 접근 보호 결함이다.

12 다음은 A사의 데이팅 앱 화면에서 일어나고 있는 사항을 기재한 것이다. 보기 중 결함사항으로 적절하지 않은 것을 고르시오.

- 데이팅 앱 내 회원정보창에서 이용자 본인의 흡연, 음주여부, 성적취향을 등록할 수 있으며, 등록된 정보는 기본 설정이 공개로 설정되어 있고, 설정 전에 별도의 공개 가능성 및 비공개 설정을 선택하는 방법은 공지하지 않았다.
- 데이팅 앱에서 이용자는 상대 이성 프로필을 보고 '좋아요'를 누를 수 있으며, 이에 대한 정보는 제휴업체인 결혼정보회사에 제공된다. A사와 결혼정보회사는 정보를 제공하는 것에 대해서는 위수탁 계약 체결을 통해서 이루어지고 있다.
- A사는 이용자의 상대 이성 프로필의 '좋아요' 및 '아이템 구매' 등 행태정보를 수집 및 분석하고 있으나 행태정보의 수집·이용·제공 및 거부 등에 관한 사항을 홈페이지 등에 고지하지 않았다.
- 데이팅 앱에서는 상대 이성과 매칭될 경우 채팅을 할 수 있으며, 채팅 대화 기록도 수집하여 저장하고 있다. 저장된 채팅 내용에는 상당히 많은 양의 정치 이슈, 선호하는 정당에 대한 내용이 많이 있었는데, A사는 이와 관련하여 '정치적 견해' 정보에 대해서는 별도로 수집 동의를 받진 않았다.

① 프로필의 '좋아요' 및 '아이템 구매' 등 행태정보를 수집 및 분석하는 것에 대해 홈페이지에 고지하지 않은 것은 '3.5.1 개인정보 처리방침 공개' 인증기준 결함 사항이다.
② A사가 결혼정보 회사에 정보를 제공하는 것은 업무 제휴적인 성격으로써 위수탁이 아닌 제3자 제공 계약으로 이루어진 후 제공되어야 한다.
③ 데이팅 앱은 민감정보 공개 가능성 및 비공개 선택방법을 공지하지 않았으므로 '3.1.4 민감정보 및 고유식별정보의 처리 제한' 인증기준 결함으로 판단된다.
④ 데이팅 앱은 민감정보 공개 가능성 및 비공개 선택방법을 공지하지 않았으므로 '3.5.1 개인정보 처리방침 공개' 인증기준 결함으로 판단된다.
⑤ 채팅 대화 기록에서 수집된 정치적 견해에 대해서는 민감정보 수집에 대한 별도 동의를 받지 않았다고 해서 '3.1.4 민감정보 및 고유식별정보의 처리 제한' 인증기준 결함을 줄 수는 없다.

13 ISMS-P 심사를 받고 있는 ㈜BB SOFT 담당자의 2.6.5 무선 네트워크 접근 운영 설명 중 적절하지 않은 것은 모두 몇 개인지 고르시오.

☰ 정보보호 지침 ● ● ●

정보보호 지침

제정일자 : 2020-11-01 / 개정일자 : 2024-10-01

(일부 생략)

제40조(무선랜 관리)

① 회사의 사전 승인없이 운영되는 무선랜의 운영을 원칙적으로 금지한다.

② 회사가 승인한 무선랜 이외의 사용이 필요한 자는 신청내역서를 작성하여 정보보안부서의 승인을 받아야 한다.

③ 무선랜의 비인가 접근을 방지하기 위해 관리적·물리적 보안대책을 운영한다.

    1. 비인가 단말기의 무선랜 접속 차단 및 무선랜 이용 단말기를 식별하기 위한 IP주소 할당을 기록

    2. 무선랜 장비 계정 및 패스워드 기본설정값을 변경하고 사용자 현황 유지

    3. 무선랜 AP 등의 용도 및 사용 범위를 지정하고 이에 맞게 출력 조절

    4. 무선랜 정보 송·수신 시 암호화(WPA2 256비트 이상 보안 수준으로 암호화)

    5. 무선랜 SSID 숨김(브로드캐스팅 중지) 기능 설정

    6. 비인가장비 탐지를 위한 무선침입방지시스템 설치 등 침입차단대책

④ 회사를 방문하는 외부인에게 제공하는 무선랜은 내부 네트워크와 별도로 운영하여야 한다.

⑤ 정보보안담당자는 제2항·제3항 및 제4항에 따른 보안대책의 적절성을 수시로 점검·보완하여야 한다.

○ **담당자** : 당사의 무선 네트워크 운영 현황을 설명드리겠습니다. (가) 먼저 SSID Broadcasting을 활성화하여 무선 네트워크 영역과 유선 네트워크 영역을 분리하여 운영하고 있습니다. (나) 회의실 같은 경우는 외부자의 출입이 발생하는 영역이라 SSID를 분리하여 사용하기 위하여 별도의 GUEST망을 구축하고 (다) 내부 직원들이 쉽게 기억할 수 있는 SSID를 사용하고 있습니다. (라) RADIUS 서버를 이용하는 WPA2-EAP 인증보다 안전한 WPA2-PSK 인증을 채택하여 사용하고 있습니다.그 외에도 무선 네트워크를 통한 침입을 방지하기 위하여 WIPS를 함께 운영하고 있습니다. (마) 일반 AP를 WIPS 센서로 활용하는 단독형 구조이며, (바) Rogue AP, Honeypot AP, Ad-Hoc 접속 등을 차단하는 기능을 수행하고 있습니다.

① 1개   ② 2개   ③ 3개   ④ 4개   ⑤ 5개

14 과일나라 쇼핑몰시스템에 대해 ISMS-P 심사를 수행하고 있다. 심사원과 담당자와의 인터뷰를 바탕으로 심사원이 판단한 내용 중 가장 적절한 것을 고르시오.

■ **심사원** : 변경 관리는 어떻게 관리하고 있는지 설명 부탁드립니다.

○ 담당자 : 변경 작업이 필요한 경우 변경관리시스템에서 티켓을 발행합니다. 그리고 작업 인원을 구성하고 변경 작업 계획서와 절차서를 작성하여 영향도 분석 및 타당성 검토 회의를 진행합니다.

■ 심사원 : 변경관리 시스템에서 최근 수행된 작업 목록을 볼 수 있을까요?

○ 담당자 : 네. 여기 목록을 보시면 작업 일정, 작업 내용, 담당자를 볼 수 있고 첨부파일 클릭하시면 작업 계획서와 절차서 확인이 가능합니다.

■ 심사원 : 최근에 QoS 시스템 교체 작업을 수행하셨네요.

○ 담당자 : 네. EoS된 장비를 2년 넘게 사용하다가 교체 작업을 수행하였습니다. 처음에는 장애가 발생해서 롤백을 수행하여 원복하였고, 원인을 파악하고 두 번째 작업에서 정상적으로 교체 완료하였습니다.

■ 심사원 : 첫 번째 작업에 등록된 작업 계획서를 보면 계획서에 롤백에 대한 내용이 전혀 없네요?

○ 담당자 : 네. 협력사에서 단순한 장비 교체 작업이라고 해서 별도로 절차서 검토는 하지 않았습니다.

■ 심사원 : 작업을 직접 수행하지 않더라도 절차서에 문제는 없는지 검토하셔야죠. 그리고 복구 방안을 사전에 고려하는 건 변경관리에서 기본이라 생각합니다.

○ 담당자 : 협력사 담당자 분들이 저보다 경험도 더 많고 전문가라서 의견을 존중해드리고 있습니다. 제가 3년 동안 근무 중인데 그동안 장비 교체하면서 문제가 발생한 적이 한 번도 없었거든요.

■ 심사원 : 절차서에서 보면 QoS 장비의 IP가 변경된 것 같은데 방화벽 rule을 좀 볼 수 있을까요?

○ 담당자 : 네. 여기 rule을 보시면 신규 QoS IP(new)에 대한 정책이 추가되어 있습니다.

■ 심사원 : 교체된 QoS IP(old)로 검색해 보시겠어요?

○ 담당자 : 아, 예전 rule이 그대로 나오네요. 삭제되어야 할 rule인데 삭제를 안 한 것 같습니다. 일부 작업이 누락된 것 같은데 보안에 문제 되는 상황은 아닙니다. 3개월마다 rule 타당성 검토를 하고 있어서 삭제나 수정이 필요한 rule은 주기적으로 현행화하고 있습니다.

■ 심사원 : 장비가 교체되고 IP가 변경되는데 방화벽 등 보안시스템 정책 변경의 필요성, 정책 변경 시 문제점 및 영향도 등에 대한 사전 분석이 안 되고 있는 것 같습니다. 그러면 주요 시스템에 대한 백업 및 복구 절차는 마련되어 있나요?

○ 담당자 : 백업 계획서에서 분류한 등급에 따라 백업을 수행하고 있고 정기적으로 1등급 장비에 대해서 복구 test를 수행하고 있습니다.

■ 심사원 : QoS는 1등급으로 되어있네요. 복구 테스트 결과 보고서를 보니 OS config file 을 삭제하여 장애 상황을 만드시는군요. 앞단에 탭스위치를 구성하여 언제든 bypass되 도록 되어 있어서 이런 test도 할 수 있고 좋네요.

○ 담당자 : 네. 장애가 발생하면 담당자가 bypass로 선 조치 작업을 하고 복구 작업을 수행 합니다.

■ 심사원 : 시스템 로그 검토는 하고 있나요?

○ 담당자 : 네. 여기 보시면 장비 자체에 저장하고 분기 1회 검토하고 있습니다.

■ 심사원 : 시간이 현재 시간과 안 맞는 거 같은데요?

○ 담당자 : 네. 사용 중인 장비가 외산 장비인데 제조사에서 변경하지 말라고 해서요. 타임 존 변경 시 문제가 생길 수 있다고 해서 변경하지 않고 운영 가이드에 관련 내용을 기록 해두고 담당자들에게 주기적으로 숙지시키고 있습니다.

① 심사원은 복구 테스트 절차가 미흡하다 판단하여 2.9.3 백업 및 복구관리 결함으로 판 단하였다.

② 심사원은 자산 변경작업 절차가 미흡하다 판단하여 2.9.1 변경관리 결함으로 판단하 였다.

③ 심사원은 장비 도입시 보안요구사항 검토가 부족하다 판단하여 2.8.2 보안요구사항 검토 및 시험 결함으로 판단하였다.

④ 심사원은 장애 대응 절차에 대한 준비가 미흡하다 판단하여 2.9.2 성능 및 장애관리 결함으로 판단하였다.

⑤ 심사원은 장비의 시간이 한국시간과 일치하지 않아 2.9.6 시간동기화 결함으로 판단 하였다.

15 다음은 [온라인 쇼핑몰 서비스]를 인증 범위로 ISMS-P 인증 심사를 받고 있는 ABC 쇼핑몰의 내부 지침과 자산 목록 대장이다. 심사원과 담당자의 인터뷰, 그리고 제시된 자료를 바탕으로 도출할 수 있는 결함 사유와 인증 기준으로 가장 적절한 것을 모두 고르시오. (2개)

≡ 위험 평가 관리 지침 (일부 발췌)   ● ● ●

위험 평가 관리 지침 (일부 발췌)

2014.02.06. 제정
2024.03.20. 개정

다. 자산 분류

– 서버, 네트워크 데이터베이스, 정보보호시스템 등 9개의 자산으로 분류함

자산 분류	설명
서버	대외, 대내 서비스를 위해 사용하는 서버 장비
네트워크	라우터, 스위치 등 장비 간 네트워크 연결을 위해 사용하는 장비
데이터베이스	대외, 대내 서비스를 위해 사용한 데이터베이스 장비
정보보호 시스템	정보시스템을 외부로부터 보호하는 방화벽, IPS, VPN 등의 보안 시스템
응용 시스템	대외, 대내 서비스/업무를 목적으로 개발 또는 구축한 시스템
소프트웨어	서비스 운영 또는 개인 업무를 위한 소프트웨어/프로그램/유틸리티 등
PC	업무를 위한 PC, 노트북, 이동형 단말기 등
문서	표준 양식으로 지속 업데이트 관리하는 문서(정책/지침/절차 등)
개인 정보	서비스를 이용하는 이용자 정보와 임직원 정보

라. 자산 평가

– 서비스, 업무에 미치는 영향도를 기준으로 기밀성, 무결성, 가용성에 대해 자산을 평가함
  기밀성(C), 무결성(I), 가용성(A) : 상(3점), 중(2점), 하(1점)
– 자산의 가치는 기밀성, 무결성, 가용성의 합으로 한다.
– 위험 평가 활용을 위해 자산의 가치를 H, M, L 등급으로 나눈다.

자산 중요도 지수	자산 가치 등급	자산 중요도 등급
7~9	H	3
4~6	M	2
1~3	L	1

정보 자산 관리 지침 (일부 발췌)

2014.02.06. 제정
2024.03.20. 개정

제8조(자산 등록)

① 각 부서의 자산은 부서의 자산 담당자가 식별하고 분류, 관리한다.

② 자산 담당자는 신규 자산 식별 시, 중요도 평가를 진행하여 등급 부여 후, 정보보호 담당자에게 통보한다.

제9조(자산 중요도 평가)

① 정보보호 담당자는 자산이 보안 위험에 노출되었을 경우, 회사에 미치는 잠재적 손실 규모를 고려하여 자산의 기밀성, 무결성, 가용성 측면에서 자산 중요도 평가 기준을 수립한다.

② 자산 담당자는 정보보호 담당자가 제공하는 "[첨부 3] 자산 중요도 평가 기준"을 활용하여 중요도를 평가한다.

[첨부 3] 자산 중요도 평가 기준

자산 중요도의 합은 기밀성, 무결성, 가용성의 보안 요구사항 척도 수준의 합이며, 자산 중요도 등급은 아래와 같이 자산 중요도의 합의 분포에 따라 결정한다.

중요도 등급	자산 중요도 지수 범위
1등급	8~9
2등급	6~7
3등급	3~5

자산 관리 대장 (2024.07.06.)

자산 분류	자산 코드	자산명	목적	OS	기밀성	무결성	가용성	합계	자산 등급	비고
서버	SV–01	web01	쇼핑몰 WEB	Rocky 9	2	3	3	8	1	
서버	SV–02	web02	쇼핑몰 WEB	Rocky 9	2	3	3	8	1	
서버	SV–03	was01	쇼핑몰 WAS	Rocky 9	3	3	2	8	1	
서버	SV–04	was02	쇼핑몰 WAS	Rocky 9	3	3	2	8	1	
서버	SV–05	testweb01	테스트 WEB	CentOS 5	2	2	2	6	2	
서버	SV–06	testwas01	테스트 WAS	CentOS 5	2	2	2	6	2	
서버	...	...	...	...	...	...	...	...	...	
네트워크	NT–01	dmz_L2	DMZ L2	Cisco 16.09	2	3	2	7	2	
네트워크	NT–02	trust_L3	Trust L3	Cisco 16.09	3	3	2	8	1	
네트워크	NT–03	db_L2	DB L2	Cisco 16.09	3	3	3	9	1	
네트워크	...	...	...	...	...	...	...	...	...	
데이터베이스	DB–01	db01	쇼핑몰 DB	Oracle 19.7	3	3	3	9	1	
데이터베이스	DB–02	db02	쇼핑몰 DB	Oracle 19.7	3	3	3	9	1	
데이터베이스	DB–03	testdb01	테스트 DB	Oracle 19.7	3	3	3	9	1	미사용
데이터베이스	...	...	...	...	...	...	...	...	...	
클라우드	CL–01	aws01	이미지 서버	Rocky 9	2	2	2	6	2	
클라우드	CL–02	aws02	이미지 서버	Rocky 9	2	2	2	6	2	
정보보호시스템	SS–01	drm	문서보안	Windows Svr 2022	2	2	2	6	2	
정보보호시스템	SS–02	mdm	자료전송	Rocky 9	2	2	2	6	2	

> ■ **심사원** : 안녕하세요. 금년도 위험 평가는 언제 수행하셨나요?
>
> ○ **담당자** : 올해 상반기에 정보보호 전문서비스 기업과 계약을 하고 컨설팅을 받았습니다. 이 기간 동안에 전체 자산을 대상으로 위험 평가를 수행하였습니다. 정보보호 관리체계 진단과 함께 IT 인프라 취약점 진단, 모의해킹, 내부 보안 감사도 같이 수행하였습니다.
>
> ■ **심사원** : 위험 평가 결과에 대해서는 어떻게 관리하고 계신가요?
>
> ○ **담당자** : 위험 평가 수행 후 취약 항목에 대해 담당자들과 인터뷰 및 단기, 중기, 장기 일정으로 보호 대책 구현, 조치 계획을 수립하고, CISO, CEO까지 보고를 올립니다. 승인을 득한 후에 조치 계획에 따라 조치를 수행하고 있습니다. 현재 단기 조치로 계획했던 취약점들을 조치 중입니다.
>
> ■ **심사원** : 자산 목록 대장을 보니 인증 범위 내 자산들을 잘 관리하고 계신 것 같네요. 자산 등급은 어떻게 부여되나요?
>
> ○ **담당자** : 정보 자산 관리 지침 기준에 따라 기밀성, 무결성, 가용성 합계로 1, 2, 3 등급으로 부여하여 관리하고 있습니다. 위험 평가도 해당 자산 등급을 기준으로 수행하고 있습니다.
>
> ■ **심사원** : 네, 감사합니다.

① 자산 관리 대장에서 CentOS 5 등 EOS된 자산들이 있는 것을 확인하고 2.10.8 패치 관리 결함으로 판단하였다.

② 자산 관리 대장에 테스트 DB 자산이 미사용으로 표기된 것을 확인하고 2.9.7 정보자산의 재사용 및 폐기 결함으로 판단하였다.

③ 위험 평가 관리 지침과 정보 자산 관리 지침 내 자산 평가 기준이 상이한 것을 확인하고 2.1.1 정책의 유지 관리 결함으로 판단하였다.

④ 위험 평가 수행 후, 심사 전까지 조치를 완료하지 않은 것을 확인하고 1.2.3 위험 평가 결함으로 판단하였다.

⑤ 자산 관리 대장에서 클라우드 자산이 있는 것을 확인하였으나, 위험 평가 관리 지침 내 자산 분류에 클라우드 자산이 없는 것을 확인하고 1.2.1 정보자산 식별 결함으로 판단하였다.

16 다음은 A 기관의 개인정보처리시스템 시스템 운영 보안지침 일부이다. 인터뷰 결과 요약 내용을 보고 적절한 것을 모두 고르시오. (2개)

🔒 시스템 운영 보안지침

시스템 운영 보안지침

제5조(계정의 생성 및 변경) 정보시스템관리자는 계정을 생성·변경하는 경우 다음 각 호를 준수해야 한다.

1. 계정을 생성·변경하는 경우 『계정등록(변경·삭제) 신청서』를 작성하여, 소속부서장의 승인을 득한 후 정보시스템관리자에게 요청하여야 한다.
2. 계정을 생성하는 즉시 『계정관리대장』에 기록하고 변경사항 등이 발생하는 경우 지속적으로 갱신하고 관리하여 최신 상태를 유지하여야 한다.

제6조(계정의 삭제) 정보시스템관리자는 계정을 소유한 자가 퇴직이나 인사이동으로 업무에 변화가 발생한 경우 즉시 계정을 삭제 조치해야 한다.

1. 계정을 삭제하는 경우 『계정등록(변경·삭제) 신청서』를 작성하여, 소속부서장의 승인을 득한 후 정보시스템관리자에게 통보하여야 한다.
2. 업무 인수인계 등으로 인해 즉시 삭제가 곤란한 경우, 정보시스템관리자의 승인을 받아 해당 계정의 비밀번호를 강제로 변경하여 관리하여야 한다.

제7조(비밀번호 관리) 정보시스템관리자는 계정의 보호를 위하여 비밀번호는 다음 각 호를 준수하여야 한다.

1. 비밀번호는 문자, 숫자, 특수문자 중 3종 이상으로 구성된 9자리 이상의 문자열로 한다.
2. 비밀번호에 사용되는 문자열은 계정명과 동일하거나 쉽게 연상 가능하지 않는 것을 사용하여야 한다.
3. 비밀번호는 정보시스템별로 각각 설정되어야 하고, 타인과 공유하여서는 안 된다.
4. 비밀번호는 최대 3개월 이내에 한 번 이상 변경하여야 한다.
5. 계정을 최초 수령하는 경우 즉시 비밀번호를 변경하여야 한다.

제8조(특수 권한 관리) 정보시스템관리자는 특수 권한의 안전한 관리를 위하여 다음 각 호를 준수하여야 한다.

1. 특수 권한을 생성하는 경우 관리 대장을 작성하고, 봉인하여 안전한 장소에 보관하여야 하며, 지속적으로 최신 상태를 유지하도록 관리하여야 한다.
2. 특수 권한을 수행하는 단말기는 계정별로 별도 지정하여 운영하여야 하며, 이를 위해 수행할 단말기의 IP 주소와 MAC을 별도 등록하여 관리하여야 한다.

제9조(계정의 사용기한) 정보시스템관리자는 모든 계정의 생성 시에는 사용 기한을 정하여야 하며, 기간을 영구적으로 하여서는 안 된다. 특히 외부자에게 계정을 발급하는 경우에는 재사용을 허용하지 않고, 목적이 달성되면 즉시 삭제하여야 한다.

제10조(계정제한) 정보시스템관리자는 계정 관리에 다음 각 호의 경우 소유자의 동의 없이 계정 잠금 처리, 계정 삭제 등을 할 수 있다. 계정이 잠금 처리된 경우 제5조에 정한 변경 절차에 따라서 계정 변경 신청하여 재사용을 허가받아야 한다.

1. 1개월 이상 접속 기록이 없는 경우
2. 접속기록 검토 결과 비정상적인 행위가 발견된 경우
3. 정상적인 퇴직 절차를 밟지 않고 퇴직한 경우
4. 1개월 이상 장기 출장이나 파견을 명령받은 경우

제11조(보안시스템 운영 관리)

1. 보안시스템 변경 및 업그레이드는 공식 절차에 따라 변경에 따른 영향을 최소화할 수 있도록 영향을 분석하고 정보 보안 책임자의 승인을 받아야 한다.
2. 보안시스템 가용성 보장을 위하여 성능 및 용량을 지속적으로 모니터링하여야 한다.
3. 각 보안시스템에서 발생하는 로그는 3개월 이상 보관하여야 한다.
4. 정보보안 담당자는 보안시스템 로그를 월별, 분기별로 분석하여 특이사항 여부를 확인하여야 한다.
5. 정보보안 담당자는 보안시스템 주 1회 이상 백업을 관리하여야 한다.

인터뷰 결과 요약

– 관리자는 super관리자/부서별 관리자/운영자가 있음
– DBMS super관리자 권한을 DBA 담당자 포함 20명에게 부여함
– 영업부서 인원들은 고객의 개인정보로 업무를 수행하기 때문에 입사 시 고객DB 접근권한을 자동으로 부여함
– 직원 A는 영업부서 인원 명부에는 있으나 DB 접근 가능 계정 목록에는 없음
– 직원 D는 DB 접근 가능 계정 목록에는 있으나 영업부서 인원 명부에는 없음
– 유지 보수용 계정을 별도의 승인 절차 없이 공유하여 사용하고 있음
– 3개월 이상 비밀번호가 변경되지 않은 계정이 있음
– 1개월 이상 접속하지 않은 사용자가 있음
– 퇴사 시 권한과 계정을 같이 삭제하고 있음

---

① 1개월 이상 장기 미접속자가 존재하여 2.5.6 접근 권한 검토 결함이다.

② 유지 보수용 계정을 공유하여 사용하고 있어 2.5.2 사용자 식별 결함이다.

③ 직원 A에게 DB 접근 권한을 부여하지 않고, 직원 D에게는 DB 접근 권한을 부여하여 2.5.1 사용자 계정 관리 결함이다.

④ DBMS super관리자 권한을 DBA 담당자 포함 20명에게 부여한 것은 2.5.5 특수 계정 및 권한 관리 결함이다.

⑤ 비밀번호를 3개월 이상 변경하지 않은 계정이 있어 2.5.4 비밀번호 관리 결함이다.

17 심사원은 2025년 1월 6일부터 5일간 ABC 기업에 대해 ISMS-P 인증심사를 수행하고 있다. 다음 계정 현황 증적 확인 후 판단할 수 있는 결함으로 가장 적절한 것을 고르시오.

〈외부자 인력 현황〉

업체명	성명	직무	계정 부여일	계정 활성화 여부
A 네트워크시스템	ㄱ 대리	네트워크 유지보수	2024.10.11	O
B 시스템	ㄴ 과장	서버 유지보수	2023.4.28	X
B 시스템	ㄷ 차장	서버 유지보수	2024.6.10	O
D 데이터시스템	ㄹ 사원	DBMS 유지보수	2024.11.19	O

〈내부 임직원 현황〉

업체명	성명	부서	직무
ABC 기업	A 부장	인프라팀	WEB/WAS 서버 관리
ABC 기업	B 차장	인프라팀	네트워크 서버 관리
ABC 기업	C 과장	데이터팀	DBMS 서버 관리

〈정보시스템 계정 현황〉

정보시스템	계정명	접근 IP	사용자	마지막 접근이력	계정 활성화 여부
WEB/WAS 서버	admin	192.168.1.10	A 부장	2024.12.28	O
WEB/WAS 서버	admin	192.168.1.10	ㄴ 과장	2023.4.28	O
WEB/WAS 서버	admin	192.168.1.10	ㄷ 차장	2024.12.23	O
네트워크 서버	root	192.168.1.11	B 차장	2024.11.27	O
네트워크 서버	root	192.168.1.11	ㄱ 대리	2024.11.27	O
DB 서버	admin1	192.168.1.12	C 과장	2024.12.10	O
DB 서버	admin1	192.168.1.12	ㄹ 사원	2024.12.20	O

① 심사원은 계정을 공용으로 사용하고 있으나 이에 대해 타당성 검토 및 책임자의 승인 절차 없이 사용 중인 것을 확인하고 2.5.1 사용자 계정 관리 결함으로 판단하였다.

② 심사원은 서버의 계정을 변경할 수 있는 것을 확인하였으나, admin, root와 같이 변경 하지 않고 사용하고 있어서 2.5.1 사용자 계정 관리 결함으로 판단하였다.

③ 심사원은 계정을 공용으로 사용하는 것에 대해 책임추적성 확보가 되지 않는 것을 확 인하고 2.5.2 사용자 식별 결함으로 판단하였다.

④ 정보시스템의 서버에 접근이 허용되는 사용자 및 접근 가능 위치를 네트워크 대역으 로 구분하고 있어 2.6.6 원격접근 통제 결함으로 판단하였다.

⑤ 정보시스템 계정 및 권한에 대해 주기적으로 검토하고 있으나 장기 미사용 계정이 활 성화되어 있는 것을 확인하고 2.9.5 로그 및 접속기록 점검 결함으로 판단하였다.

18 다음은 ABC 기업의 신규 시스템에 대한 시큐어 코딩 점검 결과와 소스코드 현황이다. 소스코드를 보고 시큐어 코딩이 적절히 이루어지지 않은 항목으로 짝지어진 것을 고르시오.

〈시큐어코딩 점검 결과〉

구분	설명	결과
적절한 인증 없는 중요기능 허용	클라이언트의 보안검사를 우회하여 서버에 접근하지 못하도록 설계하고 중요한 정보가 있는 페이지는 재인증을 적용하도록 설계하였는가?	양호
부적절한 인가	응용프로그램이 제공하는 정보와 기능을 역할에 따라 배분하여 공격자에 대한 노출면을 최소화하고 사용자의 권한에 따른 ACL을 관리할 수 있도록 설계하였는가?	양호
중요한 자원에 대한 잘못된 권한 설정	설정파일, 실행파일, 라이브러리 등은 SW 관리자에 의해서만 읽고 쓰기가 가능하도록 설정하고, 허가 받지 않은 사용자가 중요한 자원에 접근 가능한지 검사할 수 있도록 설계하였는가?	양호
취약한 암호화 알고리즘 사용	안전한 암호화 알고리즘이 적용되도록 설계되었는가?	양호
암호화되지 않은 중요정보	중요정보에 대해서는 암호화 저장하고 필요시 SSL 등 암호 채널을 사용하도록 설계하였는가?	양호
하드코드된 중요정보	패스워드는 별도 파일에 저장하여 사용하도록 하고, 소스코드 내부에 상수 형태의 암호화 키를 저장하여 사용하지 않도록 설계하였는가?	양호
충분하지 않은 키 길이 사용	RSA 알고리즘은 2,048 비트 이상, 대칭암호화 알고리즘은 128비트 이상을 사용하도록 설계되었는가?	양호
적절하지 않은 난수값 사용	매번 동일한 난수값이 발생하지 않아야 하며 예측 불가능하게 암호학적으로 보호된 클래스를 사용할 수 있도록 설계되었는가?	양호
취약한 비밀번호 허용	비밀번호 생성 시 숫자, 영문자, 특수문자 등을 혼합하여 정해진 자릿수를 사용하여 생성되도록 설계되었는가?	양호
부적절한 전자서명 확인	전자서명 파일의 출처 등을 확인하여 신뢰할 수 없는 곳에서 생성된 파일을 사용하지 않도록 설계하였는가?	양호

(생략)

〈소스 코드1〉

```
file file = new File("/home/setup/system.ini");
file.setExecutable(true, false);
file.setReadable(true, false);
file.setWritable(true, false)
```

〈소스 코드2〉

```
public class MemberDAO {
    private static final String DRIVER = "oracle.jdbc.driver.OracleDriver";
    private static final String URL = "jdbc:oracle:thin:@192.168.0.3:1521:OR
CL";
    private static final String USER = "SCOTT"; // DB ID;
    private static final String PASS = "SCOTT"; // DB PW;
......
    public Connection getConn() {
        Connection con = null;
        try {
            Class.forName(DRIVER);
            con = DriverManager.getConnection(URL, USER, PASS)
......
```

① 소스 코드1 = 적절한 인증 없는 중요 기능 허용

　소스 코드2 = 적절하지 않은 난수값 사용

② 소스 코드1 = 부적절한 인가

　소스 코드2 = 취약한 비밀번호 허용

③ 소스 코드1 = 하드코드된 중요정보

　소스 코드2 = 취약한 암호화 알고리즘 사용

④ 소스 코드1 = 충분하지 않은 키길이 사용

　소스 코드2 = 부적절한 전자서명 확인

⑤ 소스 코드1 = 중요한 자원에 대한 잘못된 권한 설정

　소스 코드2 = 하드코드된 중요정보

19 최근 개인정보 보호를 위해 다양한 기술이 등장하고 있다. 그중에서도 프라이버시 강화 기술(PET)은 개인 데이터의 보안과 프라이버시를 보호하기 위해 개발된 기술과 방법론을 총칭하며, 이 기술은 보안과 개인정보 보호를 유지하면서도 데이터 공유와 처리를 가능하게 해주고 있어 개인정보 및 중요 정보의 불필요한 노출(조회, 화면 표시, 인쇄, 다운로드 등)을 최소화할 수 있도록 응용프로그램을 구현하여 운영하는 것에 도움을 주고 있다. 다음 보기 중 개인정보 보호 강화 기술(PET)의 주요 유형과 특징으로 적절하지 않은 것을 고르시오.

① 재현 데이터(Synthetic Data) : 실제 데이터로부터의 엄격한 샘플링, 의미적 접근, 시뮬레이션 시나리오 등 다양한 방법론을 통해 인공적으로 생성된 데이터를 의미하는 것으로 합성데이터라고도 한다.

② 동형 암호(Homomorphic encryption) : 기존 암호화 방식과 달리 암호화 상태에서 데이터를 결합하고 연산·분석 등이 가능한 차세대 수학 기법으로, 다양한 계산이 가능하고 양자 내성 암호 안정성 확보하는 것으로 개인정보보호를 위해 암호화된 상태에서 연산 가능한 동형 암호를 이용할 수 있다.

③ 차분 프라이버시(Differential privacy) : 데이터셋의 개인 정보에 대한 특정 정보를 유보 및 왜곡하여 제공하는 시스템으로 노이즈 및 매개변수를 추가하는 정확한 수학적 알고리즘을 사용하며 대규모 데이터에서 개별 주체들의 개인정보 노출을 최소화하는 동시에 개인정보를 활용할 수 있는 방법으로 차등 개인정보보호를 이용할 수 있다.

④ 연합 학습(Federated Learning) : 데이터 샘플을 교환하지 않고 로컬 노드에 있는 다중 데이터셋으로 기계학습 알고리즘을 훈련할 수 있게 하는 기술로 데이더 전송 병목 현상을 해결할 수 있다.

⑤ 영지식증명(Zero-knowledge proof) : 하드웨어 기반 TEE(Trusted-Execution Environment)를 실행하기 위한 보안 매커니즘으로 호스트 시스템으로부터 코드와 데이터를 격리 및 보호하여 코드 무결성 및 증명을 제공되며 한 당사자(Prover: 증명자)가 다른 당사자(Verifier: 검증자)에게 비밀 자체에 대한 정보를 공개하지 않고 비밀을 소유하고 있음을 증명할 때 사용한다.

20 심사원은 2024년 11월 공공기관인 △△정보원의 ISMS-P 인증심사를 수행하고 있다. 인터뷰 내용을 확인하고 심사원이 판단한 내용 중 적절하지 않은 것을 고르시오.

> - **심사원** : 안녕하세요 △△정보원에서 수집하는 개인정보는 어떤 것들이 있을까요?
> - **담당자** : 네. 저희는 사회취약계층을 지원하기 위해 공공기관 업무를 수행하고 있는데요, 기초생활보장급여나 의료급여, 긴급복지지원 등 보건복지부에서 할당해 주는 업무들을 저희 개인정보처리시스템에서 처리하고 있습니다. 주로 수집되는 개인정보는 이름, 주민등록번호, 전산관리번호, 계좌번호, 주소, 전화번호, 장애인 등록정보, 기초수급정보 등이 있습니다.
> - **심사원** : 어떤 근거로 주민등록번호나 민감정보 등을 수집하고 있나요?
> - **담당자** : 의료법이라던가 여러 가지 법령에 주민등록번호, 민감정보 수집에 대한 근거가 있습니다. 자세한 내용은 심사 시 제공해 드린 저희 증적을 통해 확인할 수 있습니다.
> - **심사원** : 네. 공공기관이라 관련 법령 등의 근거가 잘 관리되고 있는 것으로 보이네요. 그런데 전산관리번호는 어떤 것인가요?
> - **담당자** : 최근에 저희 사회보장급여법이 개정되면서 주민등록번호가 없는 무연고자나 출생미신고, 개인정보 보호가 필요하거나 위기 임산부 등 주민등록번호 대신에 전산관리번호를 생성하여 여러 가지 복지혜택을 수급할 수 있게 되었습니다. 그래서 해당 개인정보처리시스템에 개인정보 수집 시에 전산관리번호가 생성됩니다. 주민등록번호를 수집을 못하면 예전에는 복지혜택을 전혀 제공할 수 없게 되었었는데 법이 개정되면서 혜택을 제공할 수 있게 되었습니다.
> - **심사원** : 그러면 주민등록번호는 더 이상 필요하지 않은 것 아닌가요?
> - **담당자** : 그렇지는 않습니다. 주민등록번호를 기본적으로 수집해야 조회를 통해 수급자인지 아닌지 판단이 가능하고 주민등록번호가 없는 경우 무연고나 출생미신고 등 특별한 경우에만 전산관리번호를 통해서 수급권 혜택을 받을 수 있게 개선이 된 겁니다.
> - **심사원** : 아 그렇군요. 알겠습니다. 그러면 개인정보처리시스템의 구성과 암호화는 어떻게 하고 계신가요?
> - **담당자** : 기본적으로 DMZ영역의 웹서버 영역을 제외하곤 내부망은 인터넷 망이 차단되어 있습니다. 내부망의 DB서버에 개인정보들이 저장됩니다. 암호화는 비밀번호를 제외하고 모두 HIGHT알고리즘을 사용하고 있고 비밀번호의 경우 HAS-160으로 일방향 암호화하고 있습니다.
> - **심사원** : HIGHT하고 HAS-160이요? 이것들을 전부 옛날 암호화 방식들인데 계속 사용하시는 이유가 있을까요?

○ **담당자** : 시스템이 워낙 오래되고 관리하는 정보주체수도 너무 많아서 차세대 시스템으로 전환하기에는 아직 어렵다는 판단입니다. 그래도 아직까지는 안전한 암호 알고리즘으로 알고 있고 2030년까지는 사용 가능한 것으로 알고 있습니다. 암호 알고리즘 및 키 길이 이용 안내서에서도 사용 가능한 것으로 나와 있던데요?

■ **심사원** : 알겠습니다. 정보주체가 해당 시스템에 로그인할 때는 어떻게 암호화가 되고 있나요?

○ **담당자** : 요즘엔 컴퓨터보다 모바일앱을 많이 쓰고 있어서 프론트엔드 쪽에서는 기본적으로 SSL/TLS에 안전한 암호 알고리즘을 적용해서 사용하고 있습니다. 백엔드와의 통신은 자체 암호키를 이용해서 암호화 전송으로 호출해서 사용하고 있습니다.

■ **심사원** : 네, 실제 확인해 보니 그렇게 적용되어 있네요. 감사합니다.

① 심사원은 정보주체의 주민등록번호를 포함한 개인정보 암호화가 HIGHT 알고리즘으로 되어 있어 2.7.1 암호정책 적용 결함으로 판단하였다.

② 심사원은 외부통신 구간인 정보주체와 프론트엔드와의 통신구간에 SSL/TLS가 적용된 것은 결함이 아니라고 판단하였다.

③ 심사원은 내부통신 구간인 프론트엔드와 백엔드 구간에 자체 암호키를 이용해 암호화 전송을 하고 있는 것은 결함이 아니라고 판단하였다.

④ 심사원은 해당 시스템에 대해 정보주체의 개인정보를 적절하게 수집하고 있다고 판단하여 3.1.2 개인정보 수집 제한 결함이 아니라고 판단하였다.

⑤ 심사원은 비밀번호가 HAS-160으로 해쉬 암호화되고 있어 2.7.1 암호정책 적용 결함으로 판단하였다.

21 다음은 초개인화 고객분석모델과 생체인식 결제 관련 자료이다. ISMS-P 인증기준을 점검하는 사항으로 적절하지 않은 것을 모두 고르시오. (2개)

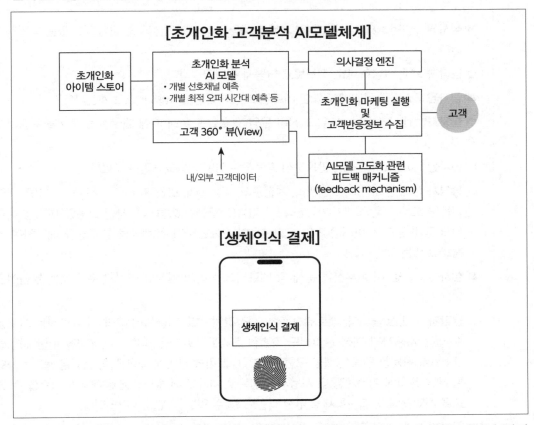

① 초개인화 고객분석 모델 점검 시 외부로부터의 고객데이터 수집에 대한 적정성 점검을 위해 '3.1.5 개인정보 간접수집' 인증기준을 점검한다.

② 초개인화 고객분석 모델에서 학습 데이터의 전처리 시 위변조 방지여부 기능이 적절하게 구현되어 있는지 확인 하기 위해 '2.11.3 이상행위 분석 및 모니터링' 인증기준을 점검한다.

③ 생체인식 결제 시스템에서 안전한 결제가 이루어지도록 적절한 정보보호 대책이 수립되었는지 확인하기 위해 '2.10.4 전자거래 및 핀테크 보안' 인증기준을 점검한다

④ 생체인식정보가 적절하게 암호화되어있는지 확인하기 위해 '2.7.1 암호정책 적용' 인증기준을 점검한다.

⑤ FIDO로 방식으로 구현된 생체인증기능에서 생체인식정보를 모바일 디바이스에 저장 시 자체적으로 안전성을 검증한 서비스 앱 내 SW영역에 저장여부를 점검하였는지 확인하기 위해 '2.8.2 보안 요구사항 검토 및 시험' 인증기준을 점검한다.

22 심사원은 다팔아 쇼핑몰의 ISMS-P 인증심사를 수행하고 있다. 다음 인터뷰 내용을 보고 심사원의 판단 중 가장 적절한 것을 고르시오.

- **심사원** : 안녕하세요. 시스템 및 서비스 운영관리 영역의 심사를 담당하고 있는 나열심입니다.
- **담당자** : 네, 안녕하세요. 정보보호 담당자 강보안입니다.
- **심사원** : 쇼핑몰 운영에 필요한 네트워크 장비 운영은 어떻게 하고 계신가요?
- **담당자** : 네. 저희는 네트워크 장비 운영 효율화를 위해 자체 개발한 솔루션을 활용하고 있습니다.
- **심사원** : 아. 그러시군요. 말씀하신 솔루션은 어떤 기능을 하는 건가요?
- **담당자** : 네. 장애관리, 구성관리, 계정관리, 성능관리, 보안관리 등 NMS가 가진 기본적인 기능을 모두 포함하고 추가적인 관리 기능도 구현하였습니다. 사실 그동안 이기종 네트워크 장비 관리에 어려움이 많았었는데 이를 보완하기 위해 자체 솔루션을 개발하여 활용하고 있는 것입니다.
- **심사원** : 그럼 이 솔루션을 통해 각 네트워크 장비의 설정도 변경할 수 있다는 말씀이군요.
- **담당자** : 네. 맞습니다. 네트워크 장비 설정값 변경도 가능함에 따라 이 솔루션을 사용할 수 있는 사용자의 계정 관리에도 각별한 신경을 쓰고 있습니다. 즉, ID/PW뿐만 아니라 OKTA를 활용한 인증 강화를 구현하였고, 네트워크 장비에 대한 직접 접속은 불가능하도록 해당 장비에 기본계정 및 사용자 계정은 삭제하고 이 솔루션을 통해서만 접속할 수 있도록 하였습니다. 접근통제 솔루션 역할도 할 수 있도록 개발한 것입니다.
- **심사원** : 네. 그럼, 해당 솔루션에 로그인 한 번 해주시기 바랍니다. (로그인 후) 그럼 이번엔 다른 PC에서 해당 솔루션에 동일한 계정으로 로그인해주시기 바랍니다. (다른 PC에서 로그인 후) 어? 같은 계정으로 로그인했는데 두 PC에서 동시에 사용 가능하네요? 어떻게 된 건가요?
- **담당자** : 네. 솔루션 구현 과정에서 기술적으로 동시접속 차단 기능 구현에 문제가 있었습니다.
- **심사원** : 그럼 이에 대한 위험평가는 수행하신 적이 있나요?
- **담당자** : 공식적인 위험평가는 수행하지 않았습니다. 다만, 두 번째 기기에서 접속했을 때 두 번째 기기의 MAC/IP 정보를 기록하고 처음 접속한 기기에 알림이 가도록 보완조치를 하였으며, 동시접속이 가능하다는 것에 대해 정보보호 최고책임자께 보고를 드리고 내년 사업계획에 이에 대한 보완 조치를 할 수 있도록 예산을 배정 받은 상태입니다.

① 동시접속 가능한 상황에 대해 공식적인 위험평가를 수행하지 않아 1.2.3 위험 평가 결함이라고 판단하였다.

② 동시접속이 가능함에 따라 여러 사용자가 하나의 계정을 공유하여 사용할 수 있어서 2.5.2 사용자 식별 결함이라고 판단하였다.

③ OKTA를 사용하여 안전한 인증을 구현하였으나 동시접속이 가능함에 따라 2.5.3 사용자 인증 결함에 해당한다고 판단하였다.

④ 동시접속 가능한 상황은 네트워크 관리자들의 특수계정 관리가 미흡함에 따라 2.5.5 특수 계정 및 권한관리 결함이라고 판단하였다.

⑤ 동시접속에 대한 보완대책 적용 및 경영층 보고 등이 없었다면, 2.6.3 응용프로그램 접근 결함이 될 수 있다고 판단하였다.

23 다음은 ISMS 심사 기간 중 심사원과 담당자가 원격 접속 솔루션에 대해 인터뷰한 내용이다. 심사원과 담당자의 인터뷰 내용을 바탕으로 심사원이 도출할 수 있는 결함으로 가장 적절한 것을 고르시오.

■ **심사원** : 안녕하세요. 원격 접속 솔루션 운영 관리에 대해 설명 부탁드립니다.

○ **담당자** : 네, 코로나 이후 원격 접속 근무를 위한 원격 접속 솔루션을 도입하여 운영하고 있습니다. 주로 장애 대응을 위한 비상 시 원격 접속용으로 사용하고 있습니다.

■ **심사원** : 원격 접속하는 방식을 설명 부탁드립니다.

○ **담당자** : 사용자가 처음 SSL VPN으로 인증 후 VPN 연결이 되면 다른 인터넷은 차단되고 원격 접속 솔루션만 접근이 가능합니다. 원격 접속 솔루션을 접속할 때에는 ID와 비밀번호로 2차 인증을 합니다. 이때 추가로 OTP 인증으로 3차 인증까지 받은 후에 사용자별 업무 PC로 원격 접속을 할 수 있습니다.

■ **심사원** : 알겠습니다. 사용자 계정 현황을 볼 수 있을까요?

○ **담당자** : 여기 화면에서 사용자 계정 현황을 볼 수 있습니다. 개인별로 1인 1계정을 사용하고 있습니다.

■ **심사원** : 관리자 계정은 admin을 사용하고 계시네요.

○ **담당자** : 관리자는 저 혼자라서 제가 admin 계정을 사용하고 있습니다. 문제가 있을까요?

■ **심사원** : admin 계정은 기본 관리자 계정이라 추측 가능하기 때문에 관리자나 특수 계정들은 변경하거나 새로 생성해서 사용하시는 것이 좋습니다. 변경이 가능하지 않나요?

○ **담당자** : 제조사 측에 한 번 확인해 보겠습니다.

■ **심사원** : 네, 관리자 계정을 제외하고 총 55명의 계정이 활성화 상태라고 보면 될까요?

○ **담당자** : 네, 맞습니다.

- **심사원** : 오전에 SSL VPN 담당자분과의 인터뷰 시에 SSL VPN 계정은 관리자 제외하고 57개였는데 계정에 차이가 있네요.
- **담당자** : 아 그런가요? SSL VPN은 원격 접속 솔루션 접속 목적으로만 이용하고 있어서 사용자 기준으로 계정 수가 동일해야 맞습니다.
- **심사원** : 잠시 SSL VPN 담당자와 추가 확인해 보겠습니다. shlee, yjkim 계정이 SSL VPN에는 존재하는데 원격 접속 솔루션에는 없는 것 같네요.
- **담당자** : 두 계정의 사용자가 지난주에 퇴사를 했기 때문에 계정 삭제 신청서를 근거로 삭제했습니다.
- **심사원** : SSL VPN 담당자분은 해당 계정 사용자분들이 퇴사했는지 모르고 계시던데요.
- **담당자** : 그런가요, 저한테는 계정 삭제 신청서가 공유되었기 때문에 삭제 처리했습니다.
- **심사원** : 그렇군요. 로그인 이력을 보니 마지막 로그인이 1년 전 날짜인 계정도 있는 것 같네요.
- **담당자** : 네, 원격 접속 솔루션 도입 시에 비상 대응을 위해서 사용자 계정을 모두 생성해 놓았습니다. 그 후에 바로 정부지침도 있고 코로나도 끝나는 분위기여서 회사에서도 재택근무가 공식적으로 없어졌습니다. 그래서 접속 안 하시는 분들이 있습니다.
- **심사원** : 네, 그분들 계정은 계속 활성화 상태인가요?
- **담당자** : 아닙니다. 3개월 미사용 시 잠금 정책을 적용해 놓았기 때문에 3개월 이상 미사용인 사용자가 로그인 시도해도 비활성화되어 접속 불가합니다.

① 2.2.5 퇴직 및 직무 변경 관리
② 2.5.1 사용자 계정 관리
③ 2.5.2 사용자 식별
④ 2.5.3 사용자 인증
⑤ 2.6.1 네트워크 접근

24 ISMS-P 심사를 받고 있는 AA 온라인 쇼핑몰에 대해 심사원이 확인한 내용이다. 다음 중 심사원이 판단한 내용 중 적절한 것을 모두 고르시오. (2개)

- **■ 심사원** : 물류창고 출고 프로세스에 대해 설명 부탁드립니다.
- **○ 담당자** : 우선 온라인 쇼핑몰 통해 주문이 들어오면 매일 12시까지 들어온 주문에 대해 당일 출고가 이루어집니다. WMS에 들어온 출고 정보가 DAS까지 연동되어 있어서 피킹리스트가 출력되고요. 상품을 피킹하여 포장한 후 송장출력시스템을 통해 출력된 송장을 붙여서 발송하게 됩니다. 매일 오후 4시에 택배사에서 당일 출고분을 수거해 가고 있습니다.
- **■ 심사원** : 쇼핑몰의 개인정보 처리방침에 택배사가 C*택배로 기재되어 있는 것을 확인했습니다. 송장출력시스템의 운송장은 D*택배사로 되어있네요?
- **○ 담당자** : 자사 택배사를 두달 전에 D* 택배로 변경하였습니다. 택배사 변경하면서 연동된 시스템에 테스트로 넣어둔 운송장 번호가 변경되지 않는 바람에 이틀 동안 출고도 못 나가고, 운송장을 다시 출력해서 붙이느라 정말 애먹었습니다. 연말이라 출고 물량도 엄청 많았거든요.이제는 안정화가 되어 개인정보 처리방침 변경 작업도 지난주에야 겨우 Jira에 등록했습니다. 착수는 되었는데 퍼블리셔가 며칠 병가를 쓰느라 작업이 좀 지연되고 있습니다. 아마 다음 주에는 변경된 택배사 기준으로 게시될 것 같습니다.
- **■ 심사원** : 출고정보가 내려오는 화면을 볼 수 있을까요?
- **○ 담당자** : 네, 잠시만요. 이 화면이 WMS 출고지시 리스트입니다.

order mem no	order date	recipient	phone	address	zipcode
hb2020000111	2025-01-31 13:01	장원영	010-1234-1111	서울 강남구 삼성로 146길 4-5	06070
hb2023000100	2025-01-31 14:30	카리나	010-2345-2222	서울 성동구 왕십리로 83-21	04769
hb2024000111	2025-01-31 18:01	설윤아	010-3456-3333	서울 강동구 강동대로 205	05407
hb2024000112	2025-01-31 18:11	김원터	010-4567-4444	서울 성동구 왕십리로 83-21	04769
hb2021000999	2025-02-01 9:12	김민지	010-5678-5555	서울 용산구 한강대로 42	04389

delivery message	order number	product number	product name
경비실에 맡겨주세요.	2025001310501	24856P	19TH ANNIVERSARY LUCKY CARD SET
	2025001310502	05826S	BADGE [MIC ver.]
	2025001310503	24564P	FANLIGHT DOLL KEY RING
문 앞에 부탁드립니다.	2025001310504	00456N	OFFICIAL FANLIGHT VER.2,0
	2025001310505	00998N	2025 SEASON'S GREETINGS

- **심사원** : 출고정보가 개인정보인데 마스킹이 하나도 되어있지 않네요?
- **담당자** : 출고지시 화면을 기준으로 택배사에 배송정보가 연동되고 있어서 마스킹을 적용할 수 없다고 알고 있습니다. 대신 송장출력시스템에서 운송장 정보의 수취인 이름과 연락처를 마스킹하고 있습니다.
- **심사원** : 출고지시 메뉴에 접근할 수 있는 권한을 가진 사람은 누구인가요?
- **담당자** : 접근권한이요? 글쎄요? 물류센터에서 출고를 담당하는 파트는 모두 가능하지 않을까요?
- **심사원** : 택배사 변경하시면서 위탁계약서는 작성하셨나요?
- **담당자** : 택배사가 모든 업체들과 계약서를 작성하는 것은 무리라고 하여 협약서 형태로 간단하게 작성했습니다. 사무실에 복귀해서 협약서를 제출하겠습니다.

① 출고지시 화면의 개인정보가 비식별조치 되지 않은 것에 대해 '2.6.3 응용프로그램 접근' 결함이 아니라고 판단하였다.

② 운송장에 주소가 비식별조치 되지 않은 것에 대해 '2.6.3 응용프로그램 접근' 결함이라고 판단하였다.

③ 물류창고 출고파트의 모든 인원에게 출고지시 메뉴 접근권한이 부여된 것에 대해 '2.5.1 사용자 계정 관리' 결함이라고 판단하였다.

④ 개인정보처리방침 내 변경된 택배사가 반영이 다소 늦어진 것은 결함이 아니라고 판단하였다.

⑤ 택배사와 위탁계약을 협약서 형태로 작성한 것에 대해 '2.3.2 외부자 계약 시 보안' 결함이 아니라고 판단하였다.

[25~26] 신청기관인 같이놀자는 ISMS 임의 신청자로서 ISMS-P 사후 심사를 진행 중에 있다.

■ **심사원** : 안녕하세요. 서버접근제어 시스템 운영 현황 심사를 맡은 왕동국입니다.

○ **담당자** : 안녕하세요. 서버접근제어 시스템 운영을 담당하고 있는 나건국입니다.

■ **심사원** : 서버접근제어 시스템 관리자 로그인을 부탁드리겠습니다.

○ **담당자** : 네, 제 업무용 PC에서 서버접근제어 관리자 페이지에 접근이 가능하며, 로그인하기 위해서는 ID/PW와 함께 핸드폰으로 전송되는 코드를 입력해야 합니다. 무엇부터 보여드릴까요?

■ **심사원** : 서버접근제어 솔루션에서 통제하고 있는 시스템 목록 조회를 부탁드립니다.

○ **담당자** : 네, 현재 통제하고 있는 시스템 목록입니다.

■ **심사원** : 네트워크 구성도에서 개인정보 처리시스템, 데이터베이스 시스템, PC 통합보안 솔루션 등을 확인했는데, 모든 시스템이 서버접근제어 시스템을 통하여 접근 가능한가요?

○ **담당자** : 네, 맞습니다. 모든 시스템에 접근을 하기 위해서는 서버접근제어 시스템을 통하여 접근하도록 하고 있습니다. 또한, 시스템에 접근이 가능한 모든 사용자는 ID/PW뿐만 아니라 핸드폰으로 전송되는 일회용 코드를 입력하도록 되어있습니다.

■ **심사원** : 시스템별 사용자 관리 절차는 어떻게 될까요?

○ **담당자** : 모든 시스템에 대한 사용자 관리 절차는 동일하게 진행됩니다. 각 시스템 담당 부서에서 사용자 등록 또는 해제를 위해 신청서를 작성하고 담당 부서장이 승인하면 저에게 메일로 신청서를 보냅니다. 신청서를 근거로 사용자 등록 또는 해제를 진행하게 됩니다.

■ **심사원** : 사용자에 대한 접근권한에 대한 내용도 신청서 제출 시 함께 전달되나요?

○ **담당자** : 아니요. 신청서에는 담당자 업무와 사용자 계정 등록/해제 여부에 관한 정보만 있으며, 제가 사용자 계정 등록 시 신청자 담당 업무에 따라 권한을 부여하고 있습니다.

■ **심사원** : 그럼, 사용자 권한 부여는 담당자님께서 판단하여 권한을 부여하시는 걸까요?

○ **담당자** : 네, 맞습니다. 모든 시스템에 대한 사용자 계정과 접근권한 관리를 제가 하고 있기 때문에 제가 각 시스템에 맞는 권한을 판단하여 적절하게 부여하고 있습니다.

■ **심사원** : 그럼, 권한의 등록·변경·삭제 등에 대한 기록은 어떻게 하시나요?

○ **담당자** : 계정 신청서 접수에 따라 계정 및 권한을 등록 후, 계정 신청 결과와 부여된 권한에 대해서 메일로 회신하고, 계정과 권한에 대한 관리 내용은 별도로 엑셀파일로 정리해 두고 있습니다.

■ **심사원** : 네, 업무시간 외 시스템 장애 발생 시 대응은 어떻게 하나요?

○ **담당자** : 외부에 있는 장애 발생 대응 인력에게 연락을 하면 해당 담당자가 원격으로 내부의 지정된 장비에 접근하도록 되어있습니다. 그 지정된 장비에서 서버접근제어 시스템을 통하여 장애 시스템에 접속합니다.

■ **심사원** : 아, 그럼 외부에 있는 단말을 통해 내부망에 접근하게 되겠네요. 그럼 장애 대응 시, 사용하는 외부에 있는 단말기에 대한 보안 통제는 되어있는 건가요?

○ **담당자** : 외부에서 담당자가 언제든지 대응할 수 있도록 개인 소유의 장비를 이용할 수 있으며, 보안 통제가 되어있는 지정된 장비로 접근한 이후에 서버접근제어 시스템을 통해 장애 시스템으로 접근하기 때문에 문제없습니다.

■ **심사원** : 그렇다 하더라도, 외부에서 지정된 장비로 접근하는 과정에서 보안 통제가 되어 있지 않은 것은 내부망에 보안 위협을 줄 수 있을 것으로 판단됩니다.

○ **담당자** : 음. 그런가요? 보안통제가 된 지정된 장비에서만 내부망에 접근할 수 있기 때문에 저희는 문제가 없을 것으로 판단하고 있습니다.

■ **심사원** : 네, 해당 부분은 검토가 필요해 보입니다. 서버접근제어 솔루션 인터뷰는 여기까지 하겠습니다. PC 통합보안 솔루션에 대해 추가 인터뷰 진행하겠습니다.

○ **담당자** : 네, 이쪽으로 오십시오. 안내해 드리겠습니다.

(PC 통합보안 솔루션 담당자가 있는 자리로 이동)

■ **심사원** : 안녕하세요. PC 통합보안 솔루션 운영 현황과 관련하여 잠시 인터뷰 요청드리겠습니다.

◇ **담당자** : 네, 안녕하세요. PC 통합보안 솔루션 운영을 담당하고 있는 홍경희입니다. PC 통합보안 솔루션에 접속 가능한 PC는 제 자리에 없어서요. 이쪽으로 오시죠.

■ **심사원** : PC 통합보안 솔루션에 로그인 부탁드립니다.

(심사원은 담당자의 옆자리에 별도로 놓여있는 PC 통합보안 솔루션 관리용 PC의 모니터를 켤 때 PC 시간을 확인했고, 시간이 현재 시간보다 3분 정도 빠른 것을 확인했다.)

◇ **담당자** : 네, PC 통합보안 솔루션의 관리자 페이지에 로그인하였습니다.

■ **심사원** : 관리용 PC에 대한 잠금처리는 안 되어있는 것 같네요. 또한 PC 통합보안 솔루션 관리자 페이지에 로그인하실 때는 ID/PW 이외의 추가 인증은 사용하지 않고 계신가요?

◇ **담당자** : 네, 해당 PC 사용을 저만 하고 있어서 추가적인 인증은 하고 있지 않습니다. 그리고, 최근에 새로운 기능을 도입하면서 PC 사용이 좀 잦아서요. 잠시 PC 잠금 기능을 꺼놓았습니다.

■ **심사원** : 그리고 사용하시는 관리자용 PC의 시각이 표준시각과 동기화가 되어있지 않던데요. PC 통합보안 솔루션 시스템에서 관리되는 로그와 접속기록의 시간 정보는 정확하게 기록되고 있을까요?

◇ **담당자** : 네, 해당 PC는 PC 통합보안 솔루션이 설치된 시스템에 접근하기 위한 관리용 PC이기 때문에 해당 PC의 시간동기화는 PC 통합보안 솔루션의 시간과는 별개입니다. 현재 저장되고 있는 로그를 보여드리겠습니다. 보시는 것처럼 PC 통합보안 솔루션의 시각은 표준시각과 동기화가 되어있고, 접근기록과 사용기록 모두 표준시각으로 저장되고 있습니다.

■ **심사원** : 네, 알겠습니다. PC 통합보안 솔루션에서는 PC의 어떤 기능들을 통제하고 있나요?

◇ **담당자** : 네, 저희가 사용하는 제품은 바이러스 백신, 중요 파일 보호, 랜섬웨어 방어, 소프트웨어 및 OS 취약점 관리, 외부 디바이스인 USB, 외장하드, 블루투스 등을 제어합니다.

■ **심사원** : 개인정보 유출 방지를 위한 기능도 있을까요?

◇ **담당자** : 네, 그 기능은 최근에 저희가 도입해서요. 개인정보보호 관련 기능은 담당자가 따로 있습니다. 담당자를 데리고 오겠습니다.

▷ **담당자** : 안녕하세요. PC 통합보안 솔루션의 개인정보보호 기능을 맡고 있는 김중앙입니다.

■ **심사원** : PC 통합보안 솔루션의 개인정보보호 기능에 대해서 설명 부탁드리겠습니다.

▷ **담당자** : 네, 최근에 저희 회사에서 개인정보 보호 강화를 위해서 PC 보안에 개인정보보호 기능을 도입하고자 기능을 검토했는데, 마침 기존 PC 통합보안 솔루션에서 개인정보보호 기능을 추가할 수 있어서 해당 기능을 적용하였습니다.

■ **심사원** : 조금 전 PC 통합보안 솔루션 관리자분이 1명이라고 들었는데, 김중앙님도 PC 통합보안 솔루션에 접근 가능하신가요?

▷ **담당자** : 네, 맞습니다. 최근에 업무가 부여되면서 저도 PC 통합보안 솔루션에 접근이 가능한데, 아직은 기능을 테스트 중이라 필요할 때 기존 담당자에게 잠시 로그인을 부탁드려 사용하고 있습니다.

■ **심사원** : 그럼, PC 통합보안 솔루션에 접근하는 계정을 따로 부여받지는 않으신 건가요?

▷ **담당자** : 네, 아직 따로 부여받지는 않았지만, PC 통합보안 솔루션에서 개인정보보호 기능 시험이 완료되는 대로 공식적으로 계정을 신청하여 부여받을 예정입니다.

■ **심사원** : 네, 알겠습니다. 시간 내어 인터뷰에 응해주셔서 감사합니다.

25 서버접근제어 시스템 인터뷰를 통해 판단한 내용 중 적절한 것을 모두 고르시오. (2개)

① 서버접근제어 시스템 관리자 페이지 로그인 시 ID/PW 이외에 2-Factor 인증으로 핸드폰 문자 코드를 사용하는 것은 안전한 인증 방식이다.

② 서버접근 사용자 계정 신청·해제 절차를 전자결제시스템이 아닌 메일로 수신하고 그 결과를 메일로 회신 후 사용자 계정 및 접근권한 기록을 엑셀 파일로 관리하는 방법은 결함이 아니다.

③ 서버접근제어 시스템에 사용자 계정 등록·해제 시, 각 시스템 담당 부서장의 승인을 확인 후 사용자의 접근 권한을 담당자가 판단하여 부여, 변경, 말소하는 것은 접근권한에 대한 부여절차와 적정성 검토가 미흡하므로 '2.5.6 접근권한 검토' 결함이다.

④ 장애 발생 시 외부에서 장애 대응 인력이 자신의 PC를 이용하여 보안 통제가 되어있는 지정된 장비를 통하여서만 내부망으로 접근이 가능하므로 이는 문제가 없다.

⑤ 장애 발생 시 외부에서 장애 대응인력이 보안 통제가 미흡한 PC를 이용하여 지정된 장비에 접근하는 과정은 업무용 단말기에 대한 통제가 미흡한 것이므로 '2.10.6 업무용 단말기기 보안' 결함이다.

26 PC 통합보안 솔루션 인터뷰를 통해 판단한 내용 중 적절한 것을 모두 고르시오. (2개)

① PC 통합보안 솔루션이 운영되는 시스템은 표준시각과 동기화되어 있어 기록되는 로그에는 시간 정보가 정확하게 기록되고 있으므로, 관리용 PC의 시간이 표준시각과 동기화되고 있지 않은 것은 문제가 없다.

② PC 통합보안 솔루션의 관리자 페이지를 로그인할 때 안전한 인증수단을 적용하지 않아 '2.5.3 사용자 인증' 결함이다.

③ PC 통합보안 솔루션의 관리용 PC에 대해 잠금이 해제되어 있어 접근통제가 미흡하여 '2.10.6 업무용 단말기 보안' 결함이다.

④ PC 통합보안 솔루션의 개인정보보호 담당자가 별도로 지정되었으나 임시로 관리자 계정을 공동으로 사용하고 있는 것은 '2.5.2 사용자 식별' 결함이다.

⑤ PC 통합보안 솔루션에 개인정보보호 기능의 추가 도입에 따른 담당자를 추가 할당하였으나 계정을 임시로 공유하여 사용하였으므로 자산 변경에 따른 영향이 고려되지 않아 '2.9.1 변경관리' 결함이다.

27 ABC 쇼핑몰은 쇼핑몰 서비스를 인증 범위로 ISMS-P 인증 심사를 받고 있다. 심사원은 심사 3일차에 인적 보안과 외부자 보안에 대해 제시된 증적을 확인하고 담당자와 인터뷰를 진행하였다. 다음 심사원과 담당자의 인터뷰 내용, 증적을 바탕으로 심사원이 도출할 수 있는 결함으로 가장 적절한 것을 고르시오.

정보보호 교육 결과 보고서

보고서		결재선	정보보안팀 김보안 사원	정보보안팀 박관리 팀장	CISO 장임원 실장
			2024.05.08	2024.05.08	2024.05.09

기안	정보보안팀	기안일	2024.05.08	문서번호	2024-정보보안팀-0075
기안자	김보안	보존년한	5년	비밀등급	2

1. 관련 근거
  – 2024년 정보보호 교육 계획 보고의 건

2. 교육 결과

구분	교육 대상	일자	교육 내용	참석자
1	내부 임직원	24.5.4 ~ 7	주요 보안 사고 사례, 개인정보 개념	65
2	외주 업체 (상주)	24.5.4 ~ 7	개인정보보호법 개정 주요 내용	25

3. 설문 결과

구분	설문 항목	매우 그렇다	그렇다	보통	아니다	전혀 아니다
1	내용 만족도	59	24	7	0	0
2	업무 응용도	50	25	15	0	0

4. 특이 사항
  – 정보보호 서약서 2024년 갱신 서약서 징구 완료

5. 향후 계획
  – 교육 내용 개선
   • 자세한 보안 이슈 사례, 이해하기 쉬운 그림 추가 등

첨부 1. 2024년 정보보호 교육 참석자 확인서

인적 보안 관리 지침 (일부 발췌)

2014.03.14. 제정
2024.02.20. 개정

제25조(정보보호 교육 계획 수립)
① 정보보호 교육 주관 부서는 매년 정보보호 교육 계획을 수립하여야 한다.

제26조(정보보호 교육 대상)
① 정보보호 교육 대상은 다음 각 호에 해당하는 자로 한다.
   1. 회사 업무를 수행하는 정규, 계약 등 전체 임직원
   2. 회사 업무와 관련한 외부 협력업체 직원

제27조(정보보호 교육 실시)
① 정보보호 교육은 정보보호 교육 계획에 따라 연 1회 이상 실시하여야 한다.
② 정보보호 교육은 자체, 외부 위탁, 온라인, 내부 자료 전파 등 다양한 방법을 사용할 수 있다.

제28조(정보보호 교육 평가)
① 정보보호 교육 주관 부서는 정보보호 교육 실시 후, 정보보호 교육 설문서를 통하여 정보보호 교육 만족도에 대한 평가를 받고 차후 정보보호 교육 계획 수립 시 개선사항을 반영하여야 한다.
② 정보보호 교육 주관 부서는 정보보호 교육 실시 후, 교육 참석자를 대상으로 교육 내용에 대한 이해도를 측정할 수 있는 평가를 실시하여야 한다.

■ **심사원** : 정보보호 교육은 어떻게 하고 계신가요?

○ **담당자** : 저희는 매년 초에 정보보호 계획에 정보보호 교육 항목을 포함하여 수립하고 있습니다. 해당 정보보호 계획은 CISO 포함, CEO까지 보고 올리고 있습니다. 또 교육 실시 전에 교육 계획 보고를 별도로 올리고 있습니다.

■ **심사원** : 네, 24년 교육 계획은 증적으로 확인했습니다. 교육 결과도 따로 보고하신 것이 있을까요?

○ **담당자** : 여기 24년 정보보호 교육 결과 보고서입니다.

■ **심사원** : 교육 기간 내에 내부 임직원과 외주 업체 인원들이 모두 참석했나요? 별도 참석하지 못한 인원들이 발생하는 경우 어떻게 하시나요?

○ **담당자** : 교육 계획에 따라 교육 일정을 잡으면 사전에 각 부서와 외부 업체 인원들에게 교육 일정을 안내하고, 교육 기간 동안에는 거의 매시간 단위로 시간표를 짜서 교육을 진행하기 때문에 대부분 참석합니다. 일부 본인의 교육 일정에 듣지 못하는 경우에는 다른 교육 시간에 참석할 수 있게 하여 미참석자 없이 모든 인원이 교육을 받을 수 있게 합니다.

■ **심사원** : 교육하실 때 정보보호 서약서도 같이 받으신 것 같네요?

○ **담당자** : 네, 저희는 입사 시에 정보보호 서약서를 최초로 받고, 매년 정보보호 교육 시에 인식 제고 개념으로 정보보호 서약서를 새로 받고 있습니다.

■ **심사원** : 서약서 관리는 어떻게 하시나요?

○ **담당자** : 정보보호 교육 시, 서약서를 저희가 일괄 징구해서 취합하고, 스캔한 후에 원본은 인사팀으로 전달합니다. 인사팀에서는 문서고에 연도별로 보관하고 있는 것으로 알고 있습니다.

■ **심사원** : 어제 심사 중에 최근 계정 삭제 신청서들을 확인하니 외부 인력 중에 정보보호 교육 기간에 업무 종료로 철수한 인력이 있었던 것 같습니다. 해당 외부 인력도 정보보호 교육을 받았나요?

○ **담당자** : 해당 인력은 외부 인력 정보보호 교육일에 연차였기 때문에 교육을 하진 않았습니다. 다만 외부인력 업무 종료 절차에 따라 철수에 따른 보안 서약서를 징구하고, 누설 금지, 위반 행위 등에 대한 안내를 진행 후 철수하였습니다.

■ **심사원** : 인적 보안 관리 지침에 보니 정보보호 교육 이해도 측정 평가도 수행하시는 것 같은데 평가는 어떻게 하고 계신가요?

○ **담당자** : 지침에 그런 내용이 있나요? 교육 수행 후에 설문을 통해 교육 만족도만 확인하고 있습니다. 따로 평가를 수행하지는 않았습니다.

■ **심사원** : 네 알겠습니다.

① 2.2.2 직무 분리
② 2.2.3 보안 서약
③ 2.2.4 인식제고 및 교육훈련
④ 2.3.1 외부자 현황 관리
⑤ 2.3.3 외부자 보안 이행 관리

28 다음 ○○여행사에 대한 ISMS-P 심사 상황이다. 심사원과 담당자의 인터뷰와 증적자료를 바탕으로 심사원이 판단한 내용 중 적절하지 않은 것을 모두 고르시오. (2개)

■ **심사원** : 클라우드 서비스를 사용 중이시네요?

○ **담당자** : 네 ESF(Email Service Facter) 솔루션을 클라우드 서비스로 이용하고 있습니다. 통계처리 및 report 기능 등 여러 기능이 추가된 메일 서비스입니다.

■ **심사원** : ESF 서비스를 이용하시면서 개인정보를 위탁보관하는 형태로 보이네요.

○ **담당자** : 네 맞습니다. 개인정보가 싱가폴에 구축되어 있는 IDC의 storage 시스템에 저장됩니다.

■ **심사원** : 주로 어떤 정보들을 주고받나요?

○ **담당자** : 항공 및 호텔 예약 관련된 정보들을 메일로 주고받습니다.

■ **심사원** : 한번 볼 수 있을까요?

○ **담당자** : 네. 발신 메일 하나 열어보겠습니다.

■ **심사원** : 마스킹 정책이 잘되어 있네요. 내부 정책에 마스킹 정책이 수립되어 있나요?

○ **담당자** : 네. 정책에 따라 마스킹을 적용하고 있습니다.

■ **심사원** : 물리적 보호에 필요한 요구사항을 계약서에 반영하고 주기적으로 검토하고 있나요?

○ **담당자** : 아니요. 서비스 라이선스를 구매하여 이용하는 형태라서요. 그런 내용은 포함되어 있지 않은데요.

■ **심사원** : 그러면 업체에서 정보보호 관련 법규를 잘 준수하고 있는지, 화재·전력 이상 등 재해·재난 대비가 되어있는지, 출입통제가 되고 있는지 검토하시나요?

○ **담당자** : 글로벌 기업인데 잘 되고 있지 않을까요? 따로 확인하고 있지는 않습니다.

■ **심사원** : 알겠습니다. 미성년자 회원도 있나요?

○ **담당자** : 네. 전체 회원의 10% 정도 되는 것 같습니다.

■ **심사원** : 미성년자로부터 받은 개인정보 수집·이용 동의서와 메일로 주고받은 예약 정보 볼 수 있을까요? 그리고 개인정보처리방침도 보여주세요.

○ **담당자** : 네 여기 '김민수'님에 대한 예약 메일 내용과 동의서입니다.

■ **심사원** : 개인정보처리방침에 국외 이전 내용이 없네요?

○ **담당자** : 개인정보처리방침에는 아직 반영하지 않았고 정보주체에게 메일로 고지하고 있습니다.

■ **심사원** : 국외 이전에 대한 동의서는 받고 있나요?

○ **담당자** : 아니요. 고지만 하고 있습니다.

■ **심사원** : 네. 알겠습니다. 파기는 어떻게 수행하고 있나요?

○ **담당자** : 대부분 호텔 및 항공 예약 정보로서 5년간 보존하도록 되어 있습니다. 저희는 매년 연말에 5년이 지난 개인정보에 대해서 일괄 파기하고 있습니다.

■ **심사원** : 네 알겠습니다.

―――― 메일 내용 일부 발췌 ――――

2. 승객정보

* 탑승객정보는 여권앞면 COPY(스캔·사진)로 대체 가능합니다.

* 항공사 마일리지 적립은 탑승자 본인 앞으로 각각 적립하셔야 합니다. (미성년자 동일)

> 여권 사본 앞면 혹은 영문 성함 / 여권번호 / 생년월일 / 만료일

> 탑승객 휴대전화 및 이메일 주소

성명	영문명	성별	여권번호	생년월일	여권만료일	휴대전화	이메일
김영희	KIM * HEE	여	M269Q9349	1978.**.**	2033.05.30	010-****-7496	
김민수	KIM * SU	남	M626Z6531	2014.**.**	2033.07.01	010-****-5632	

☰ 개인정보 수집·이용 동의서 ● ● ●

미성년자용 개인정보 수집·이용 동의서입니다.

자사는 귀하의 개인정보 보호를 매우 중요시하며, 「정보통신망 이용촉진 및 정보보호 등에 관한 법률」 및 「개인정보보호법」을 준수하고 있습니다. 적법한 절차와 법적 기준에 의거하여 고객의 개인정보를 수집하고 있으며, 고객의 서비스 이용에 필요한 최소한의 정보만을 수집하고 있습니다.

구 분	보유 및 이용기간	동의 여부
1. 수집이용 목적 : 예약 및 출국 가능 여부 파악 2. 수집항목 : 여권번호	– 일반 개인정보 : 　여행출발일로부터 5년 후 파기 또는 관계법령에 따른 보존기간까지	■예 □아니오
1. 수집이용 목적 : 대금결제 / 정산 2. 수집항목 : 성명, 신용카드 번호, 유효기간	– 고유식별정보 : 　여행종료일로부터 1개월 후 파기 또는 관계 법령에 따른 보존기간까지	■예 □아니오
1. 수집이용 목적 : 여행상품 예약 및 상담, 항공 지연 안내 2. 수집항목 : 예약자 성명, 생년월일, 연락처, 이메일, 주소	– 미결제 취소 정보 : 　예약 취소일로부터 3개월	■예 □아니오

평가귀하는 개인정보 제공 동의를 거부할 권리가 있으며, 동의 거부 시 프로그램 참여에 제한이 있을 수 있습니다.

「개인정보 보호법」 등 관련 법규에 의거 상기 본인은 위와 같이 개인정보 수집 및 활용에 동의합니다.

2024년 12월 14일

신청자 김 민 수 (인/ 서명)

① 심사원은 개인정보처리방침에 국외이전 고지를 하지 않은 사항을 확인하고 3.3.4 국외이전 결함으로 판단하였다.

② 심사원은 여권번호에 마스킹 적용에 문제가 있다고 판단하여 2.6.3 응용프로그램 접근 결함으로 판단하였다.

③ 심사원은 14세 미만 아동의 개인정보 수집 시 법정대리인의 동의를 받고 있지 않아 3.1.1 개인정보 수집·이용 결함으로 판단하였다.

④ 심사원은 물리적 보호에 미흡한 사항을 확인하고 2.3.2 외부자 계약 시 보안 결함으로 판단하였다.

⑤ 심사원은 파기 절차가 잘못된 것으로 판단하여 3.4.1 개인정보의 파기 결함으로 판단하였다.

29 ○○카쉐어링 서비스에 대한 ISMS-P 심사를 수행하고 있다. 심사원과 담당자의 인터뷰로 확인할 수 있는 결함으로 적절하지 않은 것을 모두 고르시오. (2개)

• 서비스 : 카쉐어링 서비스
• 전년도 정보통신서비스 부문 매출액 : 100억
• 이용자 개인정보 보유 : 50만건
• 민감정보 보유 : 1만건

[인터뷰 1]

■ **심사원** : 민감정보 수집은 어떻게 하시나요?

○ **담당자** : 민감정보 수집·이용 동의서를 통해 동의받고 수집·이용하고 있습니다.

■ **심사원** : 개인정보처리시스템에 접속하는 개인정보 취급자들은 주요 직무 관리자로 지정하여 관리하고 있나요?

○ **담당자** : 네. 그렇게 하고 있습니다.

■ **심사원** : 개인정보처리시스템 접속 로그는 어떻게 관리하고 있나요?

○ **담당자** : DB서버에 3달간 보관하고 있고 매월 백업서버로 복사하여 2년간 보관하고 있습니다.

[인터뷰 2]

○ **담당자** : 네, 회원관리 시스템에 일반 사용자 계정으로 접속하였습니다.

■ **심사원** : 다운로드 버튼이 보이네요? 누르면 동작하나요?

○ **담당자** : 네, 클릭하면 엑셀파일 형태로 사용자 PC에 저장됩니다.

■ **심사원** : 다운로드가 발생하면 다운로드 사유를 검토하도록 내부관리계획에서 정하고 있나요?

○ **담당자** : 로그 및 접속기록 관리지침에서 세부사항을 정하고 있고 내부관리계획에는 관련 내용이 없습니다.

[인터뷰 3]

■ **심사원** : 탈퇴회원 정보에 대한 파기는 어떻게 수행하고 있나요?

○ **담당자** : 배치프로세스를 통해 매주 금요일 18시에 자동으로 삭제하도록 되어있습니다.

■ **심사원** : 흐름도를 보면 콜센터에서 수집되는 민원처리 관련 정보도 파기하도록 되어 있네요?

○ **담당자** : 네, 전자상거래법을 근거로 3년간 보존하게 되어 있어서 매년 연말에 3년이 지난 data를 확인하여 일괄 삭제하고 있습니다.

[인터뷰 4]

■ **심사원** : 개인정보처리 시스템에 일정 횟수 이상 인증이 실패했을 경우 접근을 제한하도록 하는 설정이 안 되어 있네요?

○ **담당자** : 정보통신서비스 제공자로서 기술적·관리적 보호조치에 따라 내부정책을 마련하여 운영하고 있는데 인증실패 시 접근제한은 필수 사항이 아닙니다.

■ **심사원** : 기술적·관리적 보호조치가 개인정보 안전성 확보조치에 통합되었습니다. 정보통신서비스 제공자도 통합된 개인정보 안전성 확보조치 기준을 준수해야 하는데 정책에 반영하지 않으신 것 같습니다.

○ **담당자** : 그런가요? 한번 확인해 보겠습니다.

[인터뷰 5]

■ **심사원** : 개인정보처리시스템에서 개인정보를 다운로드 또는 파기할 수 있거나 개인정보처리시스템에 대한 접근 권한을 설정할 수 있는 개인정보 취급자의 수가 얼마나 되나요?

○ **담당자** : 대략 3~40명 정도 됩니다.

■ **심사원** : 해당 PC 몇 대 확인해 봤는데 네이버, 구글 등등 접속이 가능하네요?

○ **담당자** : 네. 하지만 P2P, 웹하드, 특정 메신저 등은 제한하고 있습니다.

① 2.1.1 정책의 유지관리
② 2.5.3 사용자 인증
③ 2.6.7 인터넷 접속 통제
④ 2.9.4 로그 및 접속기록 관리
⑤ 3.4.1 개인정보의 파기

30 다음은 ISMS 인증 의무 대상기관인 요리박사의 ISMS-P 최초심사 내용이다. 다음 심사 내용을 통해 가장 적절하게 판단한 것을 고르시오.

> **가.** 신청기관은 정보통신서비스 부문 전년도 자산총액이 3,000억 원, 매출액이 100억 원, 일일평균 정보통신서비스 이용자 수가 100만 명 이상이 되면서 ISMS 의무 대상자가 되었다.
>
> **나.** 정보보호부서장이 정보보호 최고책임자를 맡고 있었으며 개인정보보호책임자를 겸직하고 있다.
>
> **다.** 정보보호 최고책임자는 정보기술 분야 국내 석사학위를 취득하였으나 정보기술, 정보보호, 개인정보보호 분야의 경력은 없었다.
>
> **라.** 신청기관은 회원가입 시 개인정보 수집·이용을 위해서 ID, 비밀번호, 이름, 전화번호를 필수정보로서 이용자 동의 없이 수집하고 있었다.
>
> **마.** 신청기관은 주문하는 음식에 대한 알러지 발생 여부를 방지하고자 회원 가입 시 음식 알러지 여부 및 알러지 음식 종류를 이용자 동의 없이 필수정보로서 수집하고 있었다.
>
> **바.** 신청기관은 음식 배송 주문 시 배송지 정보 또한 이용자 동의 없이 필수정보로 수집하고 있었다.

① 신청기관은 겸직 금지 대상 기업이지만 정보보호 최고 책임자와 개인정보보호책임자를 겸직하고 있는 것은 결함이 아니라고 판단하였다.

② 정보보호 최고책임자의 정보기술, 정보보호 또는 개인정보보호 분야 경력이 없는 것은 정보보호 최고책임자의 자격요건에 부합하지 않기 때문에 1.1.2 최고책임자의 지정 결함으로 판단하였다.

③ 회원 가입 시 계약 이행 등을 위해 필요한 ID, 비밀번호, 이름, 전화번호를 동의 없이 수집하는 것은 3.1.1 개인정보 수집·이용 결함으로 판단하였다.

④ 회원 가입 시 계약 이행 등을 위해 필요한 음식 알러지 여부 및 알러지 음식 종류를 동의 없이 수집하는 것은 3.1.4 민감정보 및 고유식별정보의 처리 제한 결함으로 판단하였다.

⑤ 음식 배송 주문 시 배송지 정보를 이용자 동의 없이 수집하고 있는 것은 3.1.1 개인정보 수집·이용 결함으로 판단하였다.

31 심사원은 퍼블릭 클라우드 서비스의 인프라를 이용하는 기관의 ISMS-P 인증심사를 수행하고 있으며, 보안 담당자를 만나 실사를 진행하였다. 다음의 실사 결과에서 취약하다고 판단하기 적절한 것은 모두 몇 개인지 고르시오.

가. EC2 인스턴스에 접근하기 위해 Key Pair(PEM)를 사용하고 있음

나. Key Pair(PEM) File의 보관을 EC2 "Admin Console(/)" 디렉토리에 보관하고 있음

다. Admin Console 계정을 서비스 용도로 사용하고 있지 않음

라. Admin Console 계정에 Access Key가 존재하지 않음

마. IAM 사용자 계정 로그인 시 MFA가 활성화 되어 있고, SSO 인증을 통해서 로그인을 하고 있음

바. VPC는 Public, Private, DB Subnet으로 3계층 네트워크로 구성하여 운영하고 있음

사. 보안 그룹(Security Group)에서 아웃바운드 포트(Outbound Port)의 정책이 Any로 허용되어 있음

아. MySQL RDS DB가 DB Subnet에 포함되어 있고, RDS의 Public Accessibility가 Yes로 설정되어 있음

자. RDS가 위치한 서브넷 그룹 내 불필요한 가용 영역이 존재함

차. RDS 암호화가 활성화 되어 있고, 담당자는 암호화 알고리즘을 알지 못함

카. 쿠버네티스 시크릿(Kubernetes Secret)을 외부 암호 저장소인 Vault로 자동 교체 되게 하고 있음

---

① 2개   ② 4개   ③ 6개   ④ 8개   ⑤ 10개

32 중고거래 플랫폼인 DD 사에서 ISMS-P 심사 중인 심사원이 확인하고 회의 시간에 공유한 내용이다. 다음 중 결함으로 적절한 것을 고르시오.

■ **심사원** : 회원가입 절차와 개인정보처리방침을 점검한 결과 아래와 같은 사항을 확인하였습니다. 먼저 회원가입 단계에서는 필수정보로 아이디와 이름 휴대폰 번호를 입력하고, 본인인증을 필수로 수행하고 있었습니다. 회원가입 단계에서 본인인증이 필수인지 담당자 인터뷰 때 문의했는데 타사들도 가입 단계에 다 수집하고 있는데 문제가 되느냐고 답하였습니다.

또한 회원가입 시 쇼핑적립금 2,000원을 준다고 되어있었는데, 선택정보인 성별과 생년월일을 입력해야만 쇼핑적립금을 수령할 수 있도록 되어있었습니다.

다음으로 회원가입 절차에서 입력받는 정보에 대해 개인정보수집·이용에 관한 사항을 알리면서 '동의합니다'가 아닌 '확인하였습니다'로 받고 있었는데요. 해당 메시지에 체크를 하지 않으면 다음 페이지로 진행이 되지 않도록 구현되어 있는 것을 확인했습니다.

개인정보처리방침의 국외위탁은 2개 업체가 기재되어 있었습니다. 고객 행태정보 수집 및 분석하는 CRM 솔루션 b*****과 추천서비스 제공을 위한 솔루션 G*****사가 데이터를 보관을 위해 해외 클라우드를 이용한다고 합니다.

신청기관인 DD 사 역시 AWS를 사용하는 것으로 알고 있는데 국외위탁이 아닌 위탁으로만 기재하고 있었습니다.

제3자 제공의 경우 이용자 동의에 기반한 제공과 수집 목적과 합리적 관련성에 기반한 제공으로 리스트를 나누어 게시하고 있었습니다. 해당 플랫폼에 입점되어 있는 판매업체들을 수집 목적과 합리적 관련성에 기반한 제공 쪽에 포함하고 있었는데요. 해당 업체의 수가 많다는 이유로 모두 나열하지 않고 별도의 리스트 형태로 제공하고 있었습니다.

개인정보처리방침 일부발췌

개인정보처리방침 일부발췌

다. 개인정보 제3자제공

(1) 이용자 동의에 기반한 제공(근거 : 개인정보보호법 제17조(개인정보의 제공) 제1항제1호)

제공받는 자	제공 항목	제공받는 자의 이용 목적	제공받는 자의 보유 및 이용 기간
서*보증보험 ㈜	구매자 성명, 구매자 생년월일, 구매자 성별, 구매자 연락처, 구매자 이메일 주소, 주문번호, 배송 주소, 주문금액	쇼핑몰보증보험 가입 및 보험가입 제반 사항	서비스 제공기간

(2) 수집 목적과 합리적 관련성에 기반한 제공(근거 : 개인정보보호법 제17조(개인정보의 제공) 제4항)

제공받는 자	제공 항목	제공받는 자의 이용 목적	제공받는 자의 보유 및 이용 기간
㈜DD중고거래 입점판매업체 업체 확인	성명, 전화번호, 휴대폰 번호, 상품 구매정보, 배송 주소	주문확인, 배송, 상담, 교환 및 반품 처리	회원 탈퇴 시, 이용 목적 달성 후 지체 없이 파기 또는 법정 의무 보유 기간
㈜카**페이	결제고유번호, 회원번호, 상품명, 상품수량, 결제 및 환불 금액	주문 상품 결제, 환불	이용 목적 달성 후 지체 없이 파기 또는 법정 의무 보유 기간
네**파이낸셜 ㈜	결제고유번호, 회원번호, 상품명, 상품수량, 결제 및 환불 금액	주문 상품 결제, 환불	이용 목적 달성 후 지체 없이 파기 또는 법정 의무 보유 기간

라. 개인정보 위탁

수탁업체	위탁 업무내용
㈜메**CS	고객 상담 및 각종 민원 처리 업무, 녹취시스템 운영
N***평가정보㈜	계좌 인증 서비스
한***인증㈜	휴대폰 본인확인 서비스
C**택배(주)	배송 물품 위치 확인 및 반품 수거 서비스
Amazon Web Services, Inc.	데이터 보관 및 인프라 관리

마. 국외위탁

회사는 개인정보 보호법 제28조의8(개인정보의 국외 이전) 제1항 제3호 정보주체와의 계약의 체결 및 이행을 위하여 개인정보의 처리위탁·보관이 필요한 경우에 근거해 국외에 일부 개인정보처리 업무를 위탁하고 있습니다.

수탁업체	이전 국가	이전 항목	이전 받는 목적 및 기간	이전 거부 방법
G***** Inc (g*****support @g*****.com)	미국 (서비스 이용 시점에 네트워크로 전송)	성별, 나이, 서비스 방문이력, 클릭이력, 관심이력, 검색이력, 성별, 나이	상품 추천 서비스 지원을 위해 개인정보를 보관하며 수탁업체는 자신을 위한 목적으로 개인정보를 이용하지 않음 보유 및 이용 기간 : 회원 탈퇴 시 또는 위탁 종료 시까지	회원 탈퇴를 통해 개인정보 이전을 거부
b***** Inc. (privacy @b*****. com)	미국 (서비스 이용 시점에 네트워크로 전송)	성별, 나이, 서비스 방문이력, 클릭이력, 관심이력, 검색이력, 성별, 나이	고객 CRM 서비스 지원을 위해 개인정보를 보관하며 수탁업체는 자신을 위한 목적으로 개인정보를 이용하지 않음 보유 및 이용 기간 : 회원 탈퇴 시 또는 위탁 종료 시까지	회원 탈퇴를 통해 개인정보 이전을 거부

① 3.1.1 개인정보 수집·이용
② 3.1.2 개인정보 수집 제한
③ 3.3.1 개인정보 제3자 제공
④ 3.3.2 개인정보 처리 업무 위탁
⑤ 3.3.4 개인정보 국외이전

33 심사원은 ABC 기업의 ISMS-P 인증심사를 진행하고 있다. 다음은 담당자 인터뷰 및 ABC 기업에서 운영하고 있는 개인정보처리시스템 현황에 대해 확인 후 심사원이 판단한 내용 중 적절하지 않은 것을 모두 고르시오. (2개)

☰ 응용프로그램 보안지침 ● ● ● ●

제4장 응용프로그램 보안관리

제11조(접근통제)
① 업무용 응용프로그램은 각 사용자의 업무상 필요성에 따라 화면 단위로 최소한의 접근 권한을 부여하여야 한다.
② 내부에서 사용하는 응용프로그램을 명확하게 식별하여야 한다.
③ 응용프로그램은 일정 시간 입력이 없는 경우 세션을 자동 차단하고, 동일 사용자의 동시 세션 수를 제한해야 한다.
④ 개인정보취급자가 정보통신망을 통해 외부에서 개인정보처리시스템에 접속이 필요한 경우에는 인증서(PKI, Public Key Infrastructure), 보안토큰, 일회용 비밀번호(OTP 등) 등 안전한 인증 수단을 적용하여야 한다. 또한, 보안성 강화를 위하여 가상사설망(VPN), 전용선 등 안전한 접속수단의 적용을 고려하여야 한다.

제12조(입출력 관리)
① 개인정보취급자가 데이터를 입력할 경우 입력한 데이터의 처리 결과를 화면상으로 제공할 수 있도록 하여야 한다.
② 화면 또는 출력 데이터 중 사용자의 개인정보(휴대폰 번호, 계좌번호 등)는 일부 또는 전부가 마스킹하여 출력되도록 한다. 단, 사용자 확인, 거래정보 확인 등 업무 필요성이 인정되는 경우 예외로 한다.
③ 개인정보 조회 시 LIKE 검색 등 과도한 검색이 되지 않도록 적용해야 한다.

(이하 생략)

- **심사원** : ABC기업은 A, B, C 3개의 서비스에 대한 관리자 페이지를 운영하고 있는 것으로 확인하였고, 각 관리자페이지에서는 모두 회원의 개인정보를 처리하는 것으로 확인하였습니다. 그 중 A 서비스 관리자페이지의 URL 정보를 바탕으로 접속을 시도해 보니 외부망에서 접근이 가능했습니다. A 서비스 관리자페이지가 외부에 오픈된 사유가 있을까요?
- **담당자** : 네, A 관리자페이지의 경우 계열사 직원의 접근이 필요하여 외부로 오픈하여 관리하고 있습니다. 전용선의 경우 비용이 너무 많이 들어 SSL VPN 접속수단을 통해 권한이 있는 인력만 접근할 수 있도록 관리하고 있습니다.
- **심사원** : SSL VPN에 로그인할 때 OTP와 같은 추가 인증수단은 적용되어 있나요?
- **담당자** : SSL VPN과 같이 안전한 접속수단을 적용했기 때문에 2 Factor 인증은 적용하지 않았습니다.

- **심사원** : 알겠습니다. 각 관리자페이지에 세션타임아웃 시간은 설정되어 있나요?
- **담당자** : A, B 관리자페이지는 각각 15분, 30분으로 설정되어 있습니다. C 관리자페이지 같은 경우 내부 임직원 절반 이상이 접근하는 시스템인데, 세션타임아웃 설정으로 세션이 종료될 경우 막대한 영향이 있기 때문에 CISO 승인을 통해 예외처리하여 관리하고 있습니다.
- **심사원** : 네, 알겠습니다. A 관리자페이지 화면을 보며 계속 진행하겠습니다. 회원관리 메뉴에서 '이' 글자를 검색해보시겠습니까?
- **담당자** : 네, 입력하였습니다.
- **심사원** : 네, 확인 좀 하겠습니다. 잠시만요.

〈A 관리자페이지 회원 관리 화면〉

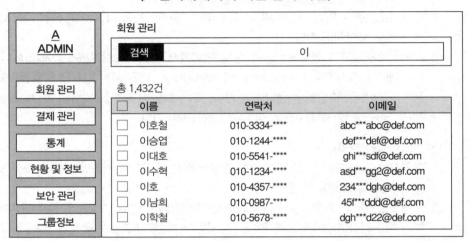

- **심사원** : 성명은 따로 마스킹이 적용되어 있지 않네요? 또 LIKE 검색 제한이 적용되어 있지 않은 것 같은데요.
- **담당자** : 네, 맞습니다. 성명의 경우 리스트 상에서 마스킹할 경우 업무가 되지 않아 마스킹을 해제하였습니다. LIKE 검색 또한 리스트 형식으로 화면에서 조회가 되어야 회원 확인 및 통계관리를 할 수 있어서 제한해 두지 않았습니다. 해당 부분은 CISO 승인을 통해 처리하고 있습니다.
- **심사원** : 알겠습니다. 그럼 현재 페이지에서 소스보기 페이지를 확인 부탁드립니다.
- **담당자** : 네, 소스보기 페이지입니다.
- **심사원** : 음.. 화면상 마스킹 처리된 개인정보가 소스보기 페이지에서 전부 노출되어 조회되네요.
- **담당자** : 이 부분은 확인이 필요할 것 같습니다. 다만, A 관리자페이지의 경우 권한이 부여된 직원만 접근할 수 있으며, 직원 대부분이 소스보기 화면을 잘 모르기 때문에 큰 문제는 되지 않을 것 같습니다.
- **심사원** : 네, 알겠습니다. 마지막으로 B 관리자페이지, C 관리자페이지의 회원 관리 화면에서 동일하게 조회 화면을 확인하고 마무리하면 될 것 같습니다.

〈B 관리자페이지 회원 관리 화면〉

B ADMIN	회원 관리

검색 이

회원 관리

결제 관리

통계

현황 및 정보

보안 관리

그룹정보

총 19,233건

☐	이름	연락처	이메일
☐	이길동	010-0000-****	123***abc@def.com
☐	이감찬	010-1234-****	456***def@def.com
☐	이순신	010-5671-****	789***sdf@def.com
☐	이기대	010-2345-****	111***gg2@def.com
☐	이루리	010-4567-****	222***dgh@def.com
☐	이창민	010-5678-****	333***ddd@def.com
☐	이준철	010-7890-****	444***d22@def.com

〈C 관리자페이지 회원 관리 화면〉

C ADMIN	회원 관리

검색 이

회원 관리

결제 관리

통계

현황 및 정보

보안 관리

그룹정보

총 1,432건

☐	이름	연락처	이메일
☐	이미자	010-****-1234	123abc***@def.com
☐	이가나	010-****-2345	234def***@def.com
☐	이철희	010-****-3456	345ghi***@def.com
☐	이혁수	010-****-4567	456asd***@def.com
☐	이환철	010-****-5678	567234***@def.com
☐	이동민	010-****-6789	67845f***@def.com
☐	이우현	010-****-7890	789dgh***@def.com

① 외부에서 접근이 가능한 A 관리자페이지는 접속수단이 적용되어 있지만 안전한 인증 수단이 적용되지 않아 2.5.3 사용자 인증 결함으로 판단하였다.

② A, B, C 관리자페이지의 세션타임아웃 시간이 시스템마다 상이하여 2.6.3 응용프로그램 접근 결함으로 판단하였다.

③ A, B, C 관리자페이지의 LIKE 검색이 가능하여 2.6.3 응용프로그램 접근 결함으로 판단하였다.

④ A 관리자페이지는 화면상에서 개인정보가 마스킹 처리되어 있으나 소스보기를 통해 마스킹되지 않은 채로 조회가 가능하여 2.6.3 응용프로그램 접근 결함으로 판단하였다.

⑤ A, B, C 관리자페이지의 마스킹 적용 기준이 시스템마다 상이하여 2.6.3 응용프로그램 접근 결함으로 판단하였다.

[34~35] OO 대학교 학사서비스를 대상을 ISMS-P심사를 수행하고 있다. 제공된 증적과 인터뷰를 바탕으로 물음에 답하시오.

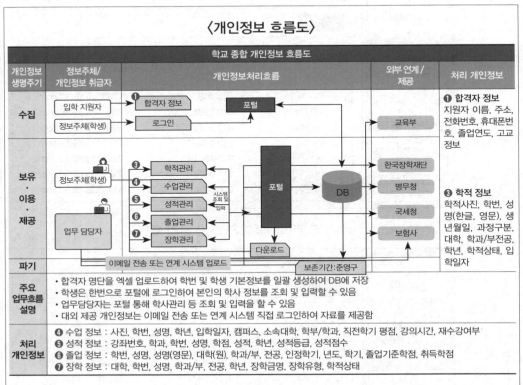

〈개인정보 흐름도〉

■ **심사원** : 학사시스템의 개인정보 흐름도를 간략히 설명해 주시겠습니까?

○ **담당자** : 전체적인 개인정보 흐름에 대해 설명드리겠습니다. 부분별 자세한 사항은 필요시 각 담당자가 보충 설명해 드리도록 하겠습니다.
지원시스템에서 합격자 정보를 파일로 다운로드 한 후 포털에 업로드 합니다.

■ **심사원** : 지원시스템에서 파일로 다운로드 하는 것은 기록에 남기고 있나요?

○ **담당자** : 지원시스템은 다운로드 사유를 입력하도록 되어있고, 기록에 남기고 있습니다.

■ **심사원** : 종합 개인정보 흐름도에서 어떤 방법을 통해 합격자 정보가 업로드되는지와 기본정보가 DB에 저장되는 흐름을 누락하고 있습니다.

○ **담당자** : 가장 기본적인 수집 부분을 일부 누락하였습니다. 수정하도록 하겠습니다.

〈인터넷증명 발급 흐름도〉

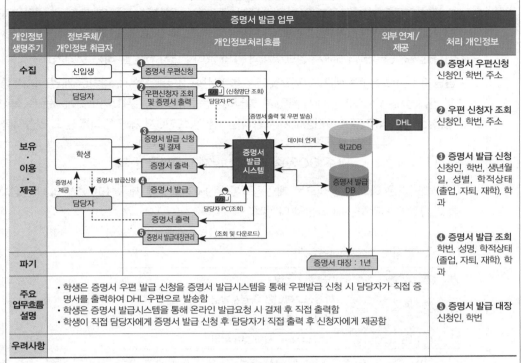

개인정보 생명주기	정보주체/ 개인정보 취급자	개인정보처리흐름	외부 연계 / 제공	처리 개인정보
		증명서 발급 업무		
수집	신입생	❶ 증명서 우편신청		**❶ 증명서 우편신청** 신청인, 학번, 주소
보유 · 이용 · 제공	담당자	❷ 우편신청자 조회 및 증명서 출력 ⌨ (신청명단 조회) 담당자 PC (증명서 출력 및 우편 발송)	DHL	**❷ 우편 신청자 조회** 신청인, 학번, 주소
	학생	❸ 증명서 발급 신청 및 결제 증명서 출력 증명서 발급 시스템 데이터 연계 학교DB		**❸ 증명서 발급 신청** 신청인, 학번, 생년월일, 성별, 학적상태(졸업, 자퇴, 재학), 학과
	담당자 증명서 제공 ← 증명서 발급신청	❹ 증명서 발급 ⌨ 담당자 PC(조회) 증명서 발급 DB		**❹ 증명서 발급 조회** 학번, 성명, 학적상태(졸업, 자퇴, 재학), 학과
		증명서 출력 ❺ 증명서 발급대장관리 (조회 및 다운로드)		
파기		증명서 대장 : 1년		**❺ 증명서 발급 대장** 신청인, 학번
주요 업무흐름 설명	• 학생은 증명서 우편 발급 신청을 증명서 발급시스템을 통해 우편발급 신청 시 담당자가 직접 증명서를 출력하여 DHL 우편으로 발송함 • 학생은 증명서 발급시스템을 통해 온라인 발급요청 시 결제 후 직접 출력함 • 학생이 직접 담당자에게 증명서 발급 신청 후 담당자가 직접 출력 후 신청자에게 제공함			
우려사항				

■ **심사원** : 인터넷증명 발급 흐름도 설명 부탁드리겠습니다.

○ **담당자** : 증명서 우편 신청 시 담당자가 직접 증명서를 출력하여 DHL 우편으로 발송합니다. 학생은 증명서 발급 시스템에서 직접 신청 발급할 수 있습니다. 또한 학교 담당자를 찾아가 발급 신청할 경우 담당자가 증명서를 발급하여 출력한 후 신청자에게 전달합니다. 증명서 발급대장은 1년간 보관 후 파기하고 있습니다.

■ **심사원** : 인터넷 증명발급신청 시 본인확인 절차가 있습니까?

○ **담당자** : 네. 본인확인 절차를 거친 후 증명발급 신청을 할 수 있습니다.

■ **심사원** : 흐름도에는 본인확인 절차가 없네요.

○ **담당자** : 아...그렇네요. 흐름도에 본인확인 절차를 추가하겠습니다.

■ **심사원** : 최근에는 학생들이 꼬끼오챗을 통하여 학생인증 이벤트도 하고, 증명서 발급도 하고 있어 편리한 것 같습니다. 제가 학교 다닐 때는 학교에 위치한 발급 기기에서만 발급이 가능했는데, 지금은 모바일 기기로도 발급이 가능하여 좋습니다.

○ **담당자** : 증명서 발급은 정부 전자 문서 지갑을 이용하여 꼬끼오챗에서 서비스하는 것으로 알고 있습니다.

■ **심사원** : 학생증 발급도 꼬끼오챗에서 편리하게 해주고 있어서 저희 아이도 유용하게 사용하고 있습니다.

○ **담당자** : 꼬끼오챗에서 개인정보 수집 및 이용 동의를 받고 있습니다만, 학교에서는 꼬끼 오챗과 연동하여 제공하고 있지 않습니다. 증명발급 업체인 (주)OO인증에서 위탁업체인 학교에 알리지 않고 (주)꼬끼오챗에 제공하는 서비스로 알고 있습니다.

■ **심사원** : 증명발급업체에서 정보주체의 동의 없이 제3자 제공을 하는 것인가요?

○ **담당자** : 정보주체(학생)가 꼬끼오챗에서 톡 학생증 발급 신청 시, 입력한 개인정보를 증명 서 발급업체((주)OO인증)에서 확인 후 발급해주는 것입니다. (주)꼬끼오챗에서는 톡 학생증 발급 신청 시점에 (주)OO인증에서 제공하는 개인정보 제3자 제공 동의를 받고 있습니다.

(주)OO인증 개인정보 제3자 제공 동의

(주)OO인증은 아래의 목적으로 개인정보를 (주)꼬끼오챗에 제공하며, 회원의 개인정보 를 안전하게 처리하는데 최선을 다합니다.

[필수]개인정보 제3자 제공동의

제공받는자	(주) 꼬끼오챗
목적	**학생정보확인용 증명서발급**
항목	학생정보 확인용 증명서
보유기간	**카드 발급 시 지체없이 파기**

위 동의는 (주)OO인증을 통해 톡학생증 발급 자격 증빙에 필요한 졸업 및 재학, 재적 증 명서를 발급하는 내용을 포함하고 있습니다.
위 동의를 거부할 권리가 있으며, 동의를 거부하실 경우 서비스 이용이 제한됩니다.

반갑습니다.
톡학생증 발급을 진행할게요!

학교   V
학위   V
학번

☐ [필수] (주)꼬끼오챗 개인정보 수집 및 이용 동의   보기
☐ [필수] (주)꼬끼오챗 개인정보 제3자 제공 동의   보기
☐ [필수] (주)OO인증 개인정보 제3자 제공 동의   보기
☐ [선택] 디지털카드 맞춤형 서비스를 위한 개인정보 이용 동의   보기
☐ [선택] 톡디지털카드 채널의 광고와 마케팅 메시지를 꼬끼오톡으로 받습니다.   보기

인증 후 발급하기

- **심사원** : 증명서 발급업체와는 위수탁 계약을 맺고 있나요?
- **담당자** : 네. 계약 시 표준개인정보처리 위수탁 계약서를 사용하여 계약서를 작성·보관하고 있습니다.
- **심사원** : 위수탁 계약서에 위탁 업무 목적을 확인해 보셨나요?
- **담당자** : "증명서 발급을 위한 유지 보수 업무"가 목적임을 확인하였습니다.
- **심사원** : 학교는 증명서 발급업체인 (주)OO인증에 개인정보를 위탁하고 있고, (주)OO인증은 (주)꼬끼오챗에 개인정보 제3자 제공을 하고 있군요. 개인정보처리방침에는 증명서 발급 위탁 내용을 표기하고 있습니까?
- **담당자** : 개인정보처리방침에 표기해야 합니까? 20년동안 기재한 적이 없는 내용입니다. 왜 개인정보처리방침에 기재해야 하나요?
- **심사원** : …

34 담당자와 인터뷰 및 확인한 증거자료를 통해 심사원이 판단한 내용 중 적절한 것을 고르시오.

① 심사원은 종합 개인정보 흐름도에서 파일 업로드 부분을 누락한 이유로 1.2.2 현황 및 흐름 분석 결함으로 판단하였다.

② 심사원은 지원시스템에서 다운로드 사유가 기록된 것을 확인한 후 2.9.4 로그 및 접속 기록 관리 결함으로 판단하였다.

③ 심사원은 흐름도에서 지원시스템을 표기하지 않은 이유를 들어 1.2.3 위험평가 결함으로 판단하였다.

④ 심사원은 본인확인 절차를 인터넷발급 증명 흐름도에서 누락한 부분을 확인하여, 3.2.2 개인정보 품질보장 결함으로 판단하였다.

⑤ 심사원은 (주)OO인증이 (주)꼬끼오챗에 개인정보 제3자 제공을 동의 없이하여 3.3.1 개인정보 제3자 제공 결함으로 판단하였다.

35 증명서 발급업체인 (주)OO인증은 (주)꼬끼오챗에 개인정보를 제공하고 있다. 다음 사항 중 적절한 것을 모두 고르시오. (2개)

① (주)꼬끼오챗은 학교에서 정보확인을 하지 않고 증명서 발급업체인 (주)OO인증을 통하여 학생 정보를 확인하여 3.2.2 개인정보 품질보장 결함으로 판단하였다.

② 증명서 발급업체 (주)OO인증은 개인정보 제3자 제공 동의를 받고 있으나 제공 항목을 명확하게 표시하지 않아, 3.1.1 개인정보 수집·이용 결함으로 판단하였다.

③ 개인정보처리 수탁사가 위탁자로부터 제증명서 발급을 위한 유지보수 업무를 목적으로 위탁받은 개인정보를 정보주체의 동의없이 제3자 제공하여, 3.3.1 개인정보 제3자 제공 결함으로 판단하였다.

④ 개인정보처리방침에 증명서 발급업무의 위수탁 내용을 기재하지 않아 3.3.2 개인정보 처리 업무 위탁 결함으로 판단하였다.

⑤ 증명서 발급업체 (주)OO인증은 학교로부터 증명서 발급을 위한 유지 보수 업무를 위탁받았으므로, 증명서 발급업체는 수탁사가 된다.

36 공공기관인 OO 연구소는 홈페이지를 포함한 OO 서비스를 대상으로 ISMS-P 인증 심사를 받고 있다. 다음은 인증 범위에 포함된 홈페이지의 채용 공고 및 개인정보 수집·활용 동의 화면이다. 해당 문서를 검토한 결과 결함으로 판단되는 항목을 모두 고르시오. (2개)

≡ 채용공고 ● ● ●

채용공고

2024년도 신규 연구원 임용요청서 양식을 다음과 같이 안내드립니다.
– 제출 기한 : ~2024년 12월 31일
– 제출서류

신규임용	재임용	비고
연구원 임용요청서 1부 연구원 임용 관련 이행 확약서 1부 개인정보 수집 및 활용동의서 1부 이력서 1부 최종학위증명서 1부 주민등록등본 1부 계좌사본 1부	연구원 임용요청서 1부 연구원 임용 관련 이행 확약서 1부 개인정보 수집 및 활용동의서 1부	참여과제가 2개 이상일 경우, 각각 임용요청

개인정보 수집 및 활용동의서

OO 연구소는 외부연구에 참여하는 계약직 연구원의 임용 및 관리를 위해 다음의 개인정보를 수집 및 활용하고 있으며, 이 외의 다른 목적으로 사용하지 않습니다.

1. 수집항목 및 수집/활용 목적

구분	수집항목	수집/이용 목적
필수사항	성명(한글/영문), 주민등록번호(생년월일)	본인 확인 및 식별 등
	학력, 성적, 경력사항	임용 적합성 판단 (연구과제 참여 적합성 여부 판단을 위한 학력 조회 등)
	전화번호(자택/휴대폰), 이메일, 현주소	임용 관련 고지사항 전달 및 결과 안내 등 의사소통 경로 확보
	통장사본	급여 지급에 활용

2. 보유 및 이용기간

구분	기간	보유근거
임용자 및 임용 예정자	영구보관	채용심사 과정을 증명하는 자료 (성명, 생년월일, 연락처, 학력/경력사항, 성적 등)에 한하여 준영구 보관
임용 포기자	폐기	
최종 전형 합격자 외	폐기	

3. 개인정보 수집 및 이용 동의 거부의 권리

지원자는 개인정보 제공 및 활용에 동의하지 않을 권리가 있습니다.

다만, 상기 개인정보를 제공하지 않으실 경우 공정한 채용을 진행할 수 없기 때문에, 지원에 제한이 있을 수 있음을 알려드립니다.

위와 같이 개인정보를 처리하는데 동의하십니까?   □ 동의 □ 미동의

지원자   (인)

OO 연구소 귀하

임용 요청서

1. 인적사항

대상자 성명		임용 구분	신규 임용
휴대폰 번호		연구자번호	
최종학위		최종학위 취득년월	
이메일주소		주민등록번호	

2. 참여연구과제 정보

연구과제번호		연구책임자	
지원기관		과제담당자	
과제명			
당해년도 연구기간			

① 3.1.1 개인정보 수집·이용

② 3.1.2 개인정보 수집 제한

③ 3.1.3 주민등록번호 처리 제한

④ 3.1.4 민감정보 및 고유식별정보의 처리 제한

⑤ 3.3.1 개인정보 제3자 제공

[37~38] 스타트업인 SS 여행사는 '온라인 여행 상품 중계 서비스'를 대상으로 ISMS-P 간편 인증 심사를 수행하고 있다. 심사는 2025년 3월 3일부터 수행되고 있으며, 다음은 제공된 정책 및 증적, 담당자와의 인터뷰 내용이다.

서버 보안 관리 지침 (일부 발췌)

제6조(서버 도입 관리) ① 서버를 도입하고자 하는 부서의 관리자는 운용 전 취약점 점검을 수행하여야 하며, 취약점 점검 결과에 따른 모든 취약점이 제거된 후로 서버를 운용할 수 있다.

② 외부에 공개되는 서버는 DMZ망에서만 위치하고 운용되어야 한다.

③ 모든 서버는 서버 접근제어 솔루션을 통해 접근을 할 수 있으며, 접근통제에 관한 절차는 별도의 서버접근통제 매뉴얼 지침에 의해 운영된다.

④ 모든 서버는 자산 도입 시점에 자산관리대장에 등록·관리되어야 한다.

네트워크 운영 지침 (일부 발췌)

제3조(IP 정책 관리) ① 외부에서 접근하기 위한 용도의 IP를 제외하고 모든 IP는 사설IP대역을 사용하여야 하며, 대역구분은 별표4를 따른다.

② 2개 이상 동일한 용도의 서버를 구축하는 경우 대표IP(VIP)를 지정하여야 한다.

③ 서버 간 통신 이외의 정책은 시행일을 제외하고 최대 1년을 초과할 수 없다.

④ 용역사 직원 등 제3자가 이용하는 정책은 시행일을 제외하고 최대 3개월을 초과할 수 없다.

⑤ IP대역 중 내부 직원 및 서버 등 내부 자산은 C클래스를 100 이하로 할당하여, 자회사 및 용역사 등이 이용하는 자산과 구분하여야 한다.

⑥ 관리를 위한 서비스 포트는 알려진 포트를 이용할 수 없다.

〈별표4〉 사설IP대역 구분

구분	시작	종료	비고
사용자 대역	10.0.0.0	10.255.255.255	10/8 prefix
DMZ 대역	172.16.0.0	172.31.255.255	172.16/12 prefix
서버망 대역	192.168.0.0	192.168.255.255	192.168/16 prefix

보안장비 운영 지침 (일부 발췌)

제4조 (방화벽 정책 관리) ① 기본 관리자 계정이거나 관리자임을 유추할 수 있는 단어가 포함된 계정명은 사용을 금한다.

② 사용자·DMZ·서버 망별로 방화벽을 구성하여 네트워크 대역 간 통신을 통제하여야 한다.

③ 서버 간 통신 이외의 정책은 시행일을 제외하고 최대 1년을 초과할 수 없다.

④ 용역사 직원 등 제3자가 이용하는 정책은 시행일을 제외하고 최대 3개월을 초과할 수 없다.

⑤ 관리를 위한 서비스 포트는 알려진 포트를 이용할 수 없다.

⑥ 최소 분기별 1회 이상 정기적으로 보안 장비의 적합성 여부를 점검하여 위반한 사항은 즉시 비활성화 시키고, 활성화 사유가 발생 되지 않는 경우 다음 점검 시 비활성화 정책을 삭제하여야 한다.

〈서버망 방화벽 정책 현황 일부〉

번호	Source	Destination	Protocol	Service	Reg.Date	Action	Limit.Date
1	10.1.10.11	192.168.15.16	TCP	38081, 22	20250211	Allow	20250228
2	10.1.10.12	192.168.15.15	TCP	3022, 8081	20250201	Allow	20250328
3	10.1.100.15	192.168.15.15	TCP	3021, 8089	20250210	Allow	20251231
4	10.1.200.16	192.168.12.13	TCP	43221	20250201	Allow	20250730
5	172.17.12.13	192.168.15.11	TCP	8089	20250102	Allow	ANY
6	172.17.12.14	192.168.15.11	TCP	8089	20250102	Allow	ANY
7	10.1.17.16	172.17.12.15	TCP	40123	20241115	Allow	20251131
8	...	...	...	...	...	...	...
1610	ALL	ALL	ALL	ALL	20211103	Deny	ANY

37 심사원은 여러 담당자를 만나 실사와 인터뷰를 진행하였다. 심사원이 판단한 내용 중 가장 적절한 것을 고르시오.

① 네트워크 운영 지침의 내용 확인 결과 사설IP 대역에 공인IP 대역이 일부 포함되어 있어서 정책의 수정이 필요하다고 판단하였고, 실제 사설IP 대역이 잘못 사용되고 있는지 일부 IP 할당 현황을 확인하였다.

② 방화벽 정책 확인 결과 이중화 되어 있는 WAS서버의 대표 IP가 부여되어 있음에도 불구하고 대표 IP가 아닌 개별 IP별로 정책이 각각 생성·부여되어 있는 것이 문제라고 판단하였다.

③ 방화벽 관리자 사이트 로그인 시 입력한 "admin01"이라는 아이디는 적절하지 않은 아이디로 판단하고 전체 방화벽의 관리자 계정 리스트 확인을 요청하였다.

④ 방화벽 정책 확인 결과 최대 62일 동안 HitCount가 0인 정책들이 발견되어 보안장비 정책의 정기적인 점검 여부를 확인하였고, 정기적으로 타당성 점검이 수행되었으나 그 효과성이 미흡하다고 판단하였다.

⑤ 자산관리대장 확인 결과, 도입 진행 중인 보안 어플라이언스 장비에 대해 아직 자산 등록이 되어 있지 않은 부분을 확인하고, 네트워크에 연결되어 있는 장비가 취약점 점검이 아직도 실시되지 않은 부분은 문제라고 판단하였다.

38 심사원이 확인한 서버망 방화벽 정책에서 심사기관의 정보보안 관리체계 측면으로 추가 인터뷰 및 실사 등을 통해 정책의 적절성을 확인할 필요가 있는 정책들을 식별하였다. 심사 기관의 정보보호 관리체계를 고려하여 적절성에 문제가 가장 적은 서버망 방화벽 정책 번호를 모두 고르시오. (2개)

① 1번 정책
② 3번 정책
③ 4번 정책
④ 6번 정책
⑤ 7번 정책

39 다음 중 결함으로 판단한 내용 중 적절하지 않은 것은 모두 몇 개인지 고르시오.

(가) 위험관리 계획에 따라 정보보호 및 개인정보보호 관리체계 범위 전 영역에 대한 위험평가를 베이스라인 접근법만을 적용하여 위험평가를 실시하여 1.2.3 위험 평가 결함으로 판단하였다.

(나) 외부 집적정보 통신시설(IDC)에 위탁 운영하는 경우 물리적 보호에 필요한 요구사항(정보보호 관련 법규 준수, 화재, 전력 이상 등 재해·재난 대비, 출입통제, 자산 반출입 통제, 영상감시 등 물리적 보안 통제 적용 및 사고 발생 시 손해 배상에 관한 사항 등)을 계약서에 반영하지 않아 2.4.4 보호설비 운영 결함으로 판단하였다.

(다) ISMS 인증 의무·대상자이면서 전년도 말 기준 자산총액이 5천억 원을 초과한 정보통신 서비스 제공자이고 지주회사로서 자회사의 경영관리 업무와 그에 부수하는 업무 외에 영리를 목적으로 하는 다른 업무를 영위하지 않는 자로서 정보보호 최고책임자가 CIO를 겸직하고 있어 1.1.2 최고책임자의 지정 결함으로 판단하였다.

(라) 침해 사고 발생 또는 비밀번호의 노출 징후가 의심되었으나 지체 없이 비밀번호 변경하지 않아 2.5.4 비밀번호 관리 결함으로 판단하였다.

(마) 클라우드컴퓨팅 서비스 중 SaaS를 제공하는 사업자로서 정보보호 공시를 이행하지 않아 1.4.1 법적 요구사항 준수 검토 결함으로 판단하였다.

(바) 업무망의 경우 업무의 특성, 중요도에 따라 네트워크 대역 분리 기준을 수립하여 운영하지 않아 2.6.1 네트워크 접근 결함으로 판단하였다.

(사) 운영환경에는 승인되지 않은 개발도구(편집기 등), 소스 프로그램 및 백업본, 업무 문서 등 서비스 실행에 불필요한 파일이 존재하지 않도록 관리하여야 하나 승인되지 않은 엑셀이 설치되어 있어 2.8.6 운영환경 이관 결함으로 판단하였다.

(아) 전자거래 및 핀테크 보호대책 수립 시 전자금융거래법, 전자상거래 등에서의 소비자 보호에 관한 법률 등을 고려하지 않고 수립하여 2.10.4 전자거래 및 핀테크 보안 결함으로 판단하였다.

(자) 개인정보 및 중요 정보 표시 제한 마스킹 적용이 화면별로 상이하나 이를 결합하여도 특정인이 식별이 되지 않도록 수준을 정하여 운영되고 있어 2.6.3 응용프로그램 접근 결함으로 판단하였다.

(차) 업무용 모바일 기기 분실·도난 대책으로 비밀번호만을 사용하여 화면 잠금 설정하여 2.10.6 업무용 단말기기 보안 결함으로 판단하였다.

① 2개   ② 3개   ③ 4개   ④ 5개   ⑤ 6개

40 다음은 (주)가나다 병원이 ISMS-P인증 심사를 진행하면서 확인된 내용이다. 심사원과 담당자의 질의응답 및 증적자료를 바탕으로 심사원이 판단한 내용 중 적절하지 않은 것은 모두 몇 개인지 고르시오.

전자의무기록의 관리 · 보존에 필요한 시설과 장비에 관한 기준
[시행 2023. 12. 14.]

제2장 전자의무기록 관리 · 보존 시설과 장비기준

제3조(전자의무기록의 생성 · 저장 장비 등) 전자의무기록 관리자는 전자의무기록의 안전성과 신뢰성 확보를 위하여 전자의무기록의 생성·저장과 전자서명을 검증할 수 있는 장비를 갖추어야 한다.

제4조(전자의무기록의 이력관리를 위하여 필요한 장비) 전자의무기록 관리자는 전자서명이 있은 후 전자의무기록의 추가 기재·수정 사항과 변경 여부를 확인할 수 있게 하는 등 전자의무기록의 이력관리를 위하여 필요한 장비를 갖추어야 한다.

제5조(전자의무기록의 백업 저장장비) 전자의무기록 관리자는 전자의무기록의 분실·도난·유출·위조·변조 또는 훼손 등의 사고를 대비할 수 있도록 다음 각 호의 구분에 따른 장비와 장소를 확보하여야 한다.
1. 전자의무기록을 주기적으로 안전하게 백업할 수 있는 기능을 갖춘 백업 저장장비
2. 백업 저장장비에 대한 잠금장치가 구비된 보관장소

㉠ **CCTV관련 질의A**

○ **담당자A** : 진료실에서 폭행사고를 대비하여 CCTV 설치가 필요한데 개인 동의를 받고 할 수 없는 상황일 때는 어떻게 해야 하나요? 예를 들어 폭행사고는 예측이 되기도 하지만 (상습적인 환자) 예측 불가능하게 발생하는 경우가 많습니다. 꼭 동의를 받아야 하나요?

■ **심사원A** : 진료실은 의료인과 환자만이 출입할 수 있으므로 불특정 다수가 출입할 수 있는 공개된 장소가 아닙니다. 그러므로 CCTV 등 영상정보처리기기를 설치하여 촬영하기 위해서는 진료실에 출입하는 모든 사람의 동의를 받아야만 녹화할 수 있습니다. 동의를 받은 경우에도 개인의 사생활 침해가 최소화 되도록 녹화만 할 수 있을 뿐 녹음은 할 수 없습니다.

○ **CCTV관련 질의B**

○ **담당자B** : 응급실 내 음주 환자, 조직폭력배 등이 진료 중 의료인에게 폭언이나 폭행, 응급실의 각종 장비의 파손 사례가 있어서 CCTV를 설치하려고 합니다. CCTV를 설치하여 운영할 수 있나요?

■ **심사원B** : 병원, 응급실 내의 접수창구, 대기실, 복도 등은 환자 및 보호자가 비교적 제약 없이 출입할 수 있는 장소이므로 「개인정보 보호법」에 따른 '공개된 장소'에 해당합니다. 따라서 범죄예방 및 수사, 시설 안전 및 화재 예방 등의 목적으로 CCTV를 설치할 수 있습니다. 그렇지만 응급실 내의 진료실, 치료실 등은 비공개 장소에 해당하므로 이러한 장소에는 촬영 대상 정보주체(환자 및 보호자)의 동의를 받아 CCTV를 운영할 수 있습니다.

© **보존기간 관련 질의C**

○ **담당자C** : 저희가 진료정보를 보존하고 있는데요. 언제까지 보존해야 할까요?

■ **심사원C** : 환자의 진료정보는 법정 보존기간이 경과하여 처리 목적을 달성한 경우에는 지체 없이 파기하는 것이 원칙이며 다만, 의료기관은 진료목적상 필요한 경우, 법정 보존 기간이 경과한 진료정보에 대하여 1회에 한정하여 그 기간을 연장하여 보존할 수 있습니다.

② **보존기간 관련 질의D**

○ **담당자D** : 민간의료기관의 경우에도 공공의료기관에 준하는 절차로 예를 들어, 의무기록심의회와 같은 내부 심의를 거친다면, 진료정보의 보존기간을 연장할 수 있을까요?

■ **심사원D** : 원칙상으로 개인정보를 파기할 때에는 개인정보가 복구 또는 재생되지 않도록 조치하여야 하므로 보존기간은 임의의 원칙으로 연장할 수 없습니다.

◎ **개인정보의 제3자 제공 현황의 열람청구 관련 질의E**

○ **담당자E** : 다른 의료기관 또는 검사기관에 검사를 의뢰하여 검사를 하는 경우 정보주체의 동의를 받아야 하나요?

■ **심사원E** : 환자의 개인정보는 환자 본인이 수집 및 이용 목적·항목, 제공받는 자 등을 직접 결정할 수 있는 '개인정보 자기결정권'이 있습니다. 그러므로 원칙적으로 환자 이외의 사람에게 환자의 건강 상태 등 환자 진료 정보를 제공하여서는 안 됩니다. 그렇지만, 「의료법」 제21조의 열람 또는 사본의 교부 등 허용 사유 가운데 어느 하나에 해당하는 경우에는 환자에 관한 기록을 열람하거나 그 사본을 교부받는 등 내용을 확인할 수 있습니다.

① 0개　　　　② 1개　　　　③ 2개　　　　④ 3개　　　　⑤ 4개

41 ABC 교육 업체는 온라인 교육 컨텐츠 제공 서비스에 대한 ISMS-P 인증심사를 수행하고 있다. 다음 심사원과 담당자의 인터뷰 및 증적 자료를 보고 심사원이 판단한 내용 중 가장 적절한 것을 고르시오.

- **심사원** : 안녕하세요. 담당자님 소개와 ABC 교육 업체에서 제공하는 서비스에 대해 간단하게 설명 부탁드리겠습니다.

- **담당자** : 네, 저는 ABC 교육 업체의 정보보안팀 홍길동이라고 합니다. 저는 팀 내에서 개인정보 보호 업무를 수행하고 있습니다. 저희 업체는 고객의 회원가입을 통해 교육 컨텐츠를 제공하고 있으며, 교육 대상은 초등학생, 중학생, 고등학생과 성인을 위한 컨텐츠 등 다양한 교육을 제공하고 있습니다.

- **심사원** : 교육 서비스는 온라인으로만 제공되나요?

- **담당자** : 네, 맞습니다. 회원가입부터 서비스 제공까지 전부 온라인으로 제공되고 있습니다.

- **심사원** : 네, 알겠습니다. 교육 대상 중에 초등학생이 있으면 만 14세 미만의 아동의 회원도 있을 것 같은데요. 14세 미만 아동에 대한 개인정보는 어떻게 관리되고 있을까요?

- **담당자** : 여기 보시는 것과 같이 홈페이지에서 회원가입 페이지를 보시면 만 14세 미만 아동에 대해서는 보호자의 동의를 별도로 받아 관리하고 있습니다.

- **심사원** : 음.. 보호자의 동의 방법이 휴대폰 인증과 아이핀 인증 방법 두 가지로만 구현되어 있네요?

- **담당자** : 네, 저희는 두 가지 방법으로 보호자의 동의를 받고 있습니다.

- **심사원** : 일반적으로 고객의 편의를 위해서는 다양한 방법을 제공해야 하는데요. 제가 알기로는 카드 정보를 입력하는 방법, 전자우편을 입력하는 방법, 팩스를 통해 서명 날인하는 방법 등 여러 가지가 있는 것으로 알고 있는데 이 같은 방법으로도 제공해야 하지 않을까요?

- **담당자** : 휴대폰 인증과 아이핀 인증으로도 충분하다고 생각했는데, 다른 방법은 고려해 보도록 하겠습니다.

- **심사원** : 네, 알겠습니다. 그럼 실제로 14세 미만 아동의 보호자에게 받은 동의 내역 관리 현황을 볼까요?

- **담당자** : 네, 일단 관리 현황을 설명드리자면 아동의 개인정보와 함께 보호자의 동의 내역을 DB에 별도로 보관하고 있습니다. 여기 화면을 보시는 것과 같이 아동의 동의 내역, 보호자의 동의 내역입니다.

- **심사원** : 주 회원이 초등학생이다 보니 만 14세 미만 아동의 개인정보 동의 내역이 정말 많네요. 가장 오래된 동의 내역 현황을 좀 볼 수 있을까요?

- **담당자** : 네, 잠시만요. 여기 보시는 것이 가장 오래된 동의 내역입니다.

〈14세 미만 아동 보호자 동의 내역〉

동의 일시	회원 성명	동의 항목	보호자 성명	동의 방법	보호자 연락처	동의 여부
2013.01.13	박**	성명, 생년월일	김**	휴대폰	010-1111-6666	O
2013.01.14	김**	성명, 생년월일	최**	휴대폰	010-2222-5555	O
2013.01.14	최**	성명, 생년월일	박**	-	010-3333-4444	X
2013.02.15	이**	성명, 생년월일	김**	IPIN	010-4444-3333	O
2013.02.24	조**	성명, 생년월일	이**	휴대폰	010-5555-2222	O
2013.03.02	김**	성명, 생년월일	김**	-	010-6666-1111	X
2013.03.04	나**	성명, 생년월일	오**	휴대폰	010-7777-0000	O
중략						

① 심사원은 동의 방법이 다양하지 않고 휴대폰 및 아이핀 인증으로 제한적이라 결함으로 판단하였다.

② 심사원은 법정대리인이 동의를 거부한 개인정보를 파기하지 않고 장기간 보관하고 있어서 결함으로 판단하였다.

③ 심사원은 법정대리인의 연락처가 저장되어 있는 것을 확인한 후 과도한 개인정보 수집으로 결함이라 판단하였다.

④ 심사원은 14세 미만 아동의 개인정보와 법정대리인 동의 기록이 5년 이상 장기간 보관하고 있어서 결함으로 판단하였다.

⑤ 심사원은 데이터베이스 내 법정대리인의 생년월일이 존재하지 않아 나이 차이 등 진위 여부 확인을 할 수 없어서 결함으로 판단하였다.

42 빅데이터와 인공지능 등 다양한 융·복합 산업에서의 데이터 이용 수요가 급증하는 가운데 가명정보 등 안전한 데이터 활용을 위한 차세대 개인정보보호 강화 기술이 주목받고 있다. 이 중 아래의 기술은 대규모 데이터세트에서 개별 주체들의 개인정보 노출 위험을 간소화하면서 데이터를 활용할 수 있도록 하는 개인정보 보호 기술이다. 아래의 설명 중 적절한 기법을 고르시오.

> • 개인 데이터를 다른 사람의 수많은 데이터와 조합함으로써 개인정보를 침해하지 않으면서도 통계적으로 유의미한 자료를 얻을 수 있고, 해당 개인정보를 재식별할 수 없도록 한 것이 특징이다.
> • 특정 개인에 대한 사전지식이 있는 상태에서 데이터베이스 질의에 대한 응답 값으로 개인을 알 수 없도록 응답값에 임의의 숫자 노이즈를 추가하여 특정 개인의 존재 여부를 할 수 없도록 하는 기법이다.
> • 일반적으로 노이즈를 추가하는 방식에 따라 로컬 개인정보보호와 글로벌 개인정보보호 두 가지로 구분된다.
> • Google, Microsoft, Facebook에서 통계적·이론적 접근방식을 개발자들이 애플리케이션 개발에 활용할 수 있도록 관련 플랫폼에서 오픈소스를 제공한다.
> • 해당 기법으로 제어된 데이터는 노이즈로 인해 상대적으로 정확성이나 유용성이 떨어지는 경향이 있다는 단점에 유의하여야 한다.

〈노이즈 주입 주체와 주입 시점에 따른 두 가지 방식〉

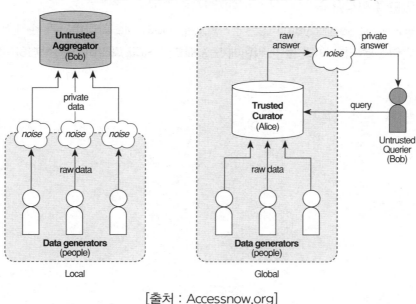

[출처 : Accessnow.org]

① 표본추출(Sampling)　　② 해부화(Anatomization)
③ 재현데이터(Synthetic data)　　④ 동형비밀분산(Homomorphic secret sharing)
⑤ 차분 프라이버시(Differential privacy)

43 쿠버네티스는 컨테이너화된 애플리케이션을 관리하고 운영하기 위한 오픈소스 플랫폼이다. 쿠버네티스 보안설정에 대한 설명 중 적절하지 않은 것을 고르시오.

① API Server 비인증 접근 차단이 허용될 경우 익명 요청이 활성화되며 비인가자가 서버에 접근하여 Kubernetes 시스템 환경에 영향을 줄 수 있으므로 Master Node에서 /etc/kubernetes/manifests/kube-apiserver.yaml 파일 내 아래의 파라미터에서 ―anonymous-auth=false로 설정하고 ―service-account-lookup=false로 설정하여 실제 인증 토큰이 etcd에 존재하는지 확인한다.

② kube-apiserver.yaml파일 내 --authorization-mode=AlwaysAllow로 설정되어 있을 경우 인증되지 않은 사용자가 API 서버에 접근할 수 있으므로 --authorization-mode=RBAC으로 설정하면 세분화된 권한 관리가 가능하다.

③ 클러스터의 공격을 최소화하기 위해 /etc/kubernetes/manifests/kube-controller-manager.yaml 내의 --bind-address 파라미터를 로컬호스트 인터페이스 (127.0.0.1)에만 바인딩 설정을 해야 한다.

④ /etc/kubernetes/manifests/kube-apiserver.yaml 파일 내 --tls-cipher-suites=TLS_ECDSA_WITH_AED_128_GCM_SHA256,TLS_ECDHE_RSA_WITH_AES_128_GCM_SHA256 파라미터를 추가하여 안전한 SSL/TLS버전을 사용할 수 있도록 설정한다.

⑤ kube-apiserver.yaml파일 내 --token-auth-file 파라미터가 존재할 경우 자격 증명이 노출되고 여러 보안 위협에 노출되므로 해당 파라미터를 삭제하여야 한다.

44 「개인정보보호법」 및 시행령 2차 개정사항(2024.03.15시행) 중 공공기관 개인정보 보호수준 평가 대상은 중앙행정기관 및 그 소속기관, 지방자치단체, 그 밖에 대통령령으로 정하는 기관이다. 다음 중 대통령령에 정하는 내용 중 "그 밖에 보호위 고시기준에 해당하는 것"은 모두 몇 개인지 고르시오.

(가) | 연간 매출액 등이 1,500억 원 이상인 자로서 100만 명 이상의 정보주체에 관하여 개인정보를 처리하는 자

(나) | 5만 명 이상의 정보주체에 관한 법 제23조에 따른 민감정보 또는 법 제24조제1항에 따른 고유식별 정보를 처리하는 경우

(다) | 100만 명 이상의 정보주체에 관한 개인정보를 처리하는 경우

(라) | 최근 3년간 개인정보 유출 등 개인정보 침해사고가 2회 이상 발생하였거나, 보호위원 회로부터 과징금 또는 과태료 처분 등을 1회 이상 받은 경우

(마) | 그 밖에 개인정보 처리 및 관리에 있어서 개인정보 침해 우려가 크다고 판단되는 경우

① 0개
② 1개
③ 2개
④ 3개
⑤ 4개

45 다음 개인정보 수집·이용 동의서 예시에 대해 보기 중 적절한 것을 고르시오.

[개인정보 수집·이용 동의서 예시]

구분	동의서 내용
예시1	1. **수집·이용 목적** : 유치원 학습 상담 관리 2. **수집 항목** : [필수] 성명, 전화번호, 보호자 성명 및 전화번호 　　　　　　　　[선택] 관심분야 등 3. **보유 및 이용 기간** : 1년 4. 개인정보 수집·이용에 대한 동의를 거부할 수 있습니다. 동의를 거부할 경우 　원생 신상파악이 미흡하여 학습지도에 어려움이 있을 수 있습니다. [필수] 개인정보 수집·이용에 ☐ 동의합니다. ☐ 동의하지 않습니다. [선택] 개인정보 수집·이용에 ☐ 동의합니다. ☐ 동의하지 않습니다. 1. **수집·이용 목적** : 원생 생활 관리 2. **수집 항목** : **건강정보** 3. **보유 및 이용 기간** : **1년** 4. 개인정보 수집·이용에 대한 동의를 거부할 수 있습니다. 동의를 거부할 경우 　원생생활 관리에 제한을 받을 수 있습니다. 개인정보 수집·이용에 ☐ 동의합니다. ☐ 동의하지 않습니다.
예시2	1. **수집·이용 목적** : 결함상품 리콜의무 이행 2. **수집 항목** : 성명, ID, 비밀번호, 이메일 주소 3. **보유 및 이용 기간** : 3년 4. 법령상 의무 준수를 위해 상기 개인정보를 수집합니다. 개인정보 수집·이용에 ☐ 동의합니다. ☐ 동의하지 않습니다.

① 예시 1에서 두 개의 동의서로 구성되어 동의 체크 항목이 세 개로 되어있는데, 한 개의 동의서로 합쳐서 두 개의 체크 항목으로 구성해도 무방하다.

② 예시 1의 동의서는 적절하게 구성되어 있다.

③ 예시 2의 동의서는 수집 항목이 필수 항목으로만 구성되어 있는데 서비스 이용 등 계약과 관련하여 필요한 개인정보라는 것을 개인정보처리자가 입증할 수 있는 것이라면 동의 체크 항목은 제외해도 무방하다.

④ 예시 2의 동의서는 적절하게 구성되어 있다.

⑤ 예시 2의 동의서가 적절하게 구성된 게 아니라면 "동의를 거부할 권리가 있다는 사실 및 동의 거부에 따른 불이익이 있는 경우 그 불이익의 내용"의 대한 내용이 고지 되지 않았기 때문이다.

46 개인정보보호위원회에서는 2024년 12월 31일 "개인정보 처리 통합 안내서(안)"을 공개하였다. 개인정보 처리 체계가 전면 개편되어 개인정보 처리와 관련한 개편내용에 대하여 현장에서 이해하기 쉽도록 "개인정보 보호 법령 및 지침 · 고시 해설(2020.12.)"과 "개인정보 보호법 및 시행령 개정사항 안내"(2023.12.)를 중심으로 개인정보 처리의 전반적인 내용을 담은 것이다. 다음 그림은 이 통합 안내서에 게재된 개인정보 처리 체계도의 일부분이다. 이를 보고 판단한 것 중 적절하지 못한 것을 모두 고르시오. (2개)

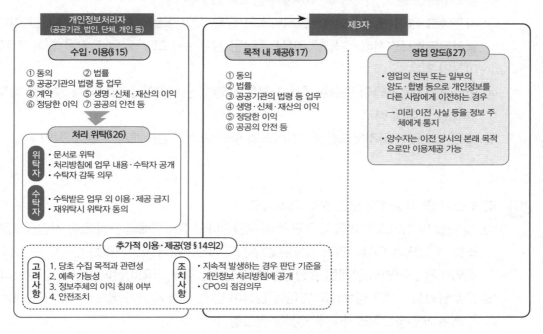

① 「개인정보보호법」 제15조에 해당하는 경우 개인정보를 수집 · 이용할 수 있다.

② 정보통신서비스 제공자의 경우 종전 법 제39조의3에 따라 의무적으로 수집 · 이용 동의를 받아 왔으나 해당 규정이 삭제되었으므로 개인정보보호법 제15조를 적용하여야 한다.

③ 「개인정보보호법」 제15조에 따른 수집 · 이용 중인 경우, 시행령 제14조의2에 의한 고려사항에 부합하고 조치 사항을 충족하는 경우 민감정보도 당초 수집 목적 내에서 추가적 이용 · 제공이 가능하다.

④ 목적 외 이용 · 제공에 대한 사항은 이 체계도에 나타나 있지 않고, 다른 조항에 의하지만 개인정보처리자와 공공기관에 적용 가능한 조건은 동일하다.

⑤ 정보주체와 체결한 계약을 이행하거나 계약을 체결하는 과정에서 정보주체의 요청에 따른 조치를 이행하기 위하여 필요한 경우, 종전과 달리 "불가피한 경우"에 한정하지 않고 계약과 관련하여 서로 예상할 수 있는 합리적인 범위 내에서는 상호 신뢰에 기반하여 별도의 동의 없이도 개인정보를 수집하여 이용할 수 있다.

47 다음 중 「클라우드컴퓨팅 발전 및 이용자 보호에 관한 법률」 제25조(침해사고 등의 통지 등)에 따라 지체없이 이용자에게 알려야 할 상황으로 적절하지 않은 것을 고르시오.

① 해킹, 컴퓨터바이러스 논리폭탄, 메일폭탄, 서비스 거부 또는 고출력 전자기파 등의 방법으로 정보통신망 또는 이와 관련된 정보시스템을 공격하는 행위를 하며 발생한 사태가 발생한 때

② 클라우드를 통해 서비스되는 이용자 정보가 유출된 때

③ 사전예고 없이 클라우드컴퓨팅서비스의 중단 사고가 발생한 때부터 24시간 이내에 클라우드컴퓨팅서비스가 2회 이상 중단된 경우로서 그 중단된 기간을 합하여 15분 이상인 경우

④ 민·관 합동조사단이 발생한 침해사고의 원인을 분석하여 침해사고가 결정된 때부터 24시간 이내의 경우

⑤ 사전예고 없이 클라우드컴퓨팅서비스의 중단 기간이 연속해서 10분 이상인 경우

48 다음 보기 중 적절하지 않은 것을 고르시오.

① AI 개발 및 서비스가 과학적 연구 등에 해당한다면 정보주체의 동의 없이 개인정보를 처리할 수 있으며, 익명처리가 가능한 경우에도 익명처리와 가명처리를 선택할 수 있다.

② 해외에서 한국인의 공개된 개인정보를 수집하는 경우 국외이전에 해당하지 않는다.

③ 보호위원회는 개인정보 처리방침에 관하여 평가 결과 개선이 필요하다고 인정하는 경우에는 개인정보처리자에게 개선을 권고할 수 있다.

④ 경찰이나 검찰에서 수사목적으로 CCTV 자료를 요청하는 경우에도 최소한의 범위로 열람 또는 제공시켜주는 것이 바람직하다.

⑤ 개인정보를 동의를 받아 국외로 제3자 제공을 하는 경우, 국외 이전 동의와 제3자 동의를 별도로 구분하여 둘 다 받아야 한다.

49 개인정보보호위원회는 2024년 2월 기존 「가명정보 처리 가이드라인」을 대폭 개정하여 새로운 기준을 제시하였다. 이미지, 영상, 음성, 텍스트 등 인공지능 시대 기술개발의 핵심 재료인 비정형데이터에 대한 가명처리 기준을 새롭게 마련한 것이다. 심사원은 3.2.5 가명정보 처리 결함 존재여부를 확인하는 과정에서 아래와 같은 판단을 하였다. 다음 중 적절하지 않은 것을 고르시오.

① 대학병원이 보유한 유방암 환자 CT사진(영상·이미지)을 가명처리하여 유방암 및 골밀도 감소 여부 진단 AI 개발을 위한 내부 연구에 활용할 경우, DICOM 헤더정보는 블랙마스킹 처리하여야 한다.

② 눈·코·입을 알아볼 수 없는 거리·각도에서 찍힌 CCTV 영상·사진은 개인을 식별할 수 없는 비정형 데이터에 해당하므로 가명처리 없이 활용하여도 된다.

③ 연구목적 달성에 필수적인 정보항목을 남기는 경우에는 그 외 정보에 대한 가명처리 수준을 높이거나 접근권한 통제, 식별에 악용될 수 있는 소프트웨어(SW) 반입제한, 보안서약서 징구 등 조치를 시행하는 것이 바람직하다.

④ 식별위험을 사전에 진단하고, 위험을 낮추기 위한 관리적·환경적 통제방안을 마련하기 위하여 가이드라인에 제시한 개인식별 위험성 검토 체크리스트는 데이터의 식별성, 특이정보, 재식별 시 영향도, 처리환경의 안전성 등을 점검하기 위한 항목이 포함되어 있다.

⑤ 새로운 기술이나 서비스를 개발하는 과정에서 데이터의 개인식별 위험성을 낮추기 위한 가명처리 절차 및 방법, 관리적·환경적 통제방안 등이 「개인정보 보호법」을 준수하는 것인지에 대한 「사전적정성 검토」는 가명처리 관련 사고가 발생하더라도 행정처분을 하지 않는 제도다.

50 다음 개인정보의 안전성 확보 조치사항에 대한 준수 여부를 점검한 결과 중 결함으로 적절한 것은 모두 몇 개인지 고르시오.

> **(가)** 정보통신망을 통한 불법적인 접근 및 침해 사고 방지를 위해 개인정보처리시스템에 대한 접속 권한을 IP 주소 등으로 제한하였으나 접속한 IP 주소 등을 분석하여 개인정보 유출 시도 탐지 및 대응 조치를 하지 않아 2.11.3 이상행위 분석 및 모니터링 결함으로 판단하였다.
>
> **(나)** 민감정보 및 고유식별정보는 보유하지 않고, 5만 명 미만의 정보주체에 관한 개인정보를 처리하는 개인정보처리자가 개인정보처리시스템에 개인정보취급자 접속 시 식별자, 접속 일시, 접속지 정보, 처리한 정보주체 정보, 수행업무를 전자적으로 기록하고 1년 이상 보관하고 있어 2.9.4 로그 및 접속기록 관리 결함으로 판단하였다.
>
> **(다)** 이용자가 아닌 정보주체의 개인정보를 처리하는 개인정보처리시스템에 개인정보취급자가 외부에서 가상사설망(VPN)을 통해 ID와 PW로 접속하면서 안전한 인증수단을 적용하지 않아 2.5.3 사용자 인증 결함으로 판단하였다.
>
> **(라)** 일 평균 이용자 수 100만 명 이상인 개인정보처리자가 개인정보처리시스템에서 고객정보를 조회하여 업무를 수행하고 있는 고객센터 직원의 업무용 컴퓨터에 대해 인터넷망 차단 조치를 하지 않아 2.6.7 인터넷 접속 통제 결함으로 판단하였다.
>
> **(마)** 중요 시스템의 OS에 대한 보안패치를 정당한 사유가 없이 15일 이상 업데이트 하지 않아 2.10.8 패치관리 결함으로 판단하였다.
>
> **(바)** 10만 명 이상의 정보주체에 관한 개인정보 처리하는 중소기업이 화재, 홍수, 단전 등의 재해·재난 발생 시 개인정보처리시스템 보호를 위한 백업 및 복구를 위한 계획을 마련하지 않아 2.9.3 백업 및 복구 관리 결함으로 판단하였다.
>
> **(사)** 개인정보처리시스템을 구축·운영하지 않고 업무용 컴퓨터와 모바일 기기를 이용하여 개인정보를 처리하는 개인정보처리자가 보조저장매체의 반출입 통제 보안대책을 마련하지 않아 2.10.7 보조저장매체 관리 결함으로 판단하였다.
>
> **(아)** 1만 명 미만의 정보주체에 관하여 개인정보를 처리하는 단체가 내부 관리계획을 수립하지 않아 1.1.5 정책 수립 결함으로 판단하였다.
>
> **(자)** 개인정보취급자 로그인 인증 실패 횟수 제한 조치를 하고 있으나, 정보주체 로그인 인증 실패 시 별도의 제한 조치가 없어 2.5.3 사용자 인증 결함으로 판단하였다.

① 0개
② 1개
③ 2개
④ 3개
⑤ 5개

2025년도 ISMS-P(정보보호 및 개인정보보호 관리체계) 인증심사원 자격검정 필기시험 문제지 실전 모의고사 (4회)

성명		수험번호	

응시자 필독 사항

1. 자신이 선택한 문제지의 유형을 확인하시오.

2. 문제지의 해당란에 성명과 수험번호를 정확히 쓰시오.

3. 답안지의 필적 확인란에 서약서 내용을 정자로 기재하고, 서명하시오.

4. 답안지의 해당란에 성명과 수험번호를 쓰고, 또 수험번호와 답을 정확히 표시하시오.

5. OMR 카드 교환은 시험 종료 10분 전까지만 가능하며, 그 이후에는 교환이 불가함.

6. 답안 수정을 위한 수정액 또는 수정 테이프는 사용할 수 없음.

7. 시험 시작 후 1시간 이전에는 퇴실할 수 없으며, 퇴실 후 입실은 불가함.

8. 부정행위 적발 시 그 시험을 무효로 하며, 향후 국가 자격 시험에 5년간 응시할 수 없음.

9. 본 문제지의 내용을 전부 또는 일부를 강의 또는 출판 등의 목적으로 인터넷 또는 SNS 등의 매체에 공개할 수 없으며, 무단 공개 시 저작권 위반 등에 대한 민·형사상의 책임을 질 수 있음.

※ 시험이 시작되기 전까지 표지를 넘기지 마시오.

ISMS-P 시험 출제 기관

※ 본 표지는 공개된 국가자격시험의 일반적인 양식을 바탕으로 임의로 작성한 것으로 실제 ISMS-P 시험과 상이할 수 있음

ISMS-P 인증기준

1. 관리체계 수립 및 운영

1.1. 관리체계 기반 마련

1.1.1	경영진의 참여	최고경영자는 정보보호 및 개인정보보호 관리체계의 수립과 운영활동 전반에 경영진의 참여가 이루어질 수 있도록 보고 및 의사결정 체계를 수립하여 운영하여야 한다.
1.1.2	최고책임자의 지정	최고경영자는 정보보호 업무를 총괄하는 정보보호 최고책임자와 개인정보보호 업무를 총괄하는 개인정보보호 책임자를 예산·인력 등 자원을 할당할 수 있는 임원급으로 지정하여야 한다.
1.1.3	조직 구성	최고경영자는 정보보호와 개인정보보호의 효과적 구현을 위한 실무조직, 조직 전반의 정보보호와 개인정보보호 관련 주요 사항을 검토 및 의결할 수 있는 위원회, 전사적 보호활동을 위한 부서별 정보보호와 개인정보보호 담당자로 구성된 협의체를 구성하여 운영하여야 한다.
1.1.4	범위 설정	조직의 핵심 서비스와 개인정보 처리 현황 등을 고려하여 관리체계 범위를 설정하고, 관련된 서비스를 비롯하여 개인정보 처리 업무와 조직, 자산, 물리적 위치 등을 문서화하여야 한다.
1.1.5	정책 수립	정보보호와 개인정보보호 정책 및 시행문서를 수립·작성하며, 이때 조직의 정보보호와 개인정보보호 방침 및 방향을 명확하게 제시하여야 한다. 또한 정책과 시행문서는 경영진 승인을 받고, 임직원 및 관련자에게 이해하기 쉬운 형태로 전달하여야 한다.
1.1.6	자원 할당	최고경영자는 정보보호와 개인정보보호 분야별 전문성을 갖춘 인력을 확보하고, 관리체계의 효과적 구현과 지속적 운영을 위한 예산 및 자원을 할당하여야 한다.

1.2. 위험 관리

1.2.1	정보자산 식별	조직의 업무특성에 따라 정보자산 분류기준을 수립하여 관리체계 범위 내 모든 정보자산을 식별·분류하고, 중요도를 산정한 후 그 목록을 최신으로 관리하여야 한다.
1.2.2	현황 및 흐름분석	관리체계 전 영역에 대한 정보서비스 및 개인정보 처리 현황을 분석하고 업무 절차와 흐름을 파악하여 문서화하며, 이를 주기적으로 검토하여 최신성을 유지하여야 한다.
1.2.3	위험 평가	조직의 대내외 환경분석을 통해 유형별 위협정보를 수집하고 조직에 적합한 위험평가 방법을 선정하여 관리체계 전 영역에 대하여 연 1회 이상 위험을 평가하며, 수용할 수 있는 위험은 경영진의 승인을 받아 관리하여야 한다.
1.2.4	보호대책 선정	위험 평가 결과에 따라 식별된 위험을 처리하기 위하여 조직에 적합한 보호대책을 선정하고, 보호대책의 우선순위와 일정·담당자·예산 등을 포함한 이행계획을 수립하여 경영진의 승인을 받아야 한다.

1.3.	관리체계 운영	
1.3.1	보호대책 구현	선정한 보호대책은 이행계획에 따라 효과적으로 구현하고, 경영진은 이행결과의 정확성과 효과성 여부를 확인하여야 한다.
1.3.2	보호대책 공유	보호대책의 실제 운영 또는 시행할 부서 및 담당자를 파악하여 관련 내용을 공유하고 교육하여 지속적으로 운영되도록 하여야 한다.
1.3.3	운영현황 관리	조직이 수립한 관리체계에 따라 상시적 또는 주기적으로 수행하여야 하는 운영활동 및 수행 내역은 식별 및 추적이 가능하도록 기록하여 관리하고, 경영진은 주기적으로 운영활동의 효과성을 확인하여 관리하여야 한다.
1.4.	관리체계 점검 및 개선	
1.4.1	법적 요구사항 준수 검토	조직이 준수하여야 할 정보보호 및 개인정보보호 관련 법적 요구사항을 주기적으로 파악하여 규정에 반영하고, 준수 여부를 지속적으로 검토하여야 한다.
1.4.2	관리체계 점검	관리체계가 내부 정책 및 법적 요구사항에 따라 효과적으로 운영되고 있는지 독립성과 전문성이 확보된 인력을 구성하여 연 1회 이상 점검하고, 발견된 문제점을 경영진에게 보고하여야 한다.
1.4.3	관리체계 개선	법적 요구사항 준수검토 및 관리체계 점검을 통해 식별된 관리체계상의 문제점에 대한 원인을 분석하고 재발방지 대책을 수립·이행하여야 하며, 경영진은 개선 결과의 정확성과 효과성 여부를 확인하여야 한다.

2. 보호대책 요구사항

2.1.	정책, 조직, 자산 관리	
2.1.1	정책의 유지관리	정보보호 및 개인정보보호 관련 정책과 시행문서는 법령 및 규제, 상위 조직 및 관련 기관 정책과의 연계성, 조직의 대내외 환경변화 등에 따라 주기적으로 검토하여 필요한 경우 제·개정하고 그 내역을 이력관리하여야 한다.
2.1.2	조직의 유지관리	조직의 각 구성원에게 정보보호와 개인정보보호 관련 역할 및 책임을 할당하고, 그 활동을 평가할 수 있는 체계와 조직 및 조직의 구성원 간 상호 의사소통할 수 있는 체계를 수립하여 운영하여야 한다.
2.1.3	정보자산 관리	정보자산의 용도와 중요도에 따른 취급 절차 및 보호대책을 수립·이행하고, 자산별 책임소재를 명확히 정의하여 관리하여야 한다.

2.2.	**인적 보안**	
2.2.1	**주요 직무자 지정 및 관리**	개인정보 및 중요정보의 취급이나 주요 시스템 접근 등 주요 직무의 기준과 관리방안을 수립하고, 주요 직무자를 최소한으로 지정하여 그 목록을 최신으로 관리하여야 한다.
2.2.2	**직무 분리**	권한 오·남용 등으로 인한 잠재적인 피해 예방을 위하여 직무 분리 기준을 수립하고 적용하여야 한다. 다만, 불가피하게 직무 분리가 어려운 경우 별도의 보완대책을 마련하여 이행하여야 한다.
2.2.3	**보안 서약**	정보자산을 취급하거나 접근권한이 부여된 임직원·임시직원·외부자 등이 내부 정책 및 관련 법규, 비밀유지 의무 등 준수사항을 명확히 인지할 수 있도록 업무 특성에 따른 정보보호 서약을 받아야 한다.
2.2.4	**인식제고 및 교육훈련**	임직원 및 관련 외부자가 조직의 관리체계와 정책을 이해하고 직무별 전문성을 확보할 수 있도록 연간 인식제고 활동 및 교육훈련 계획을 수립·운영하고, 그 결과에 따른 효과성을 평가하여 다음 계획에 반영하여야 한다.
2.2.5	**퇴직 및 직무변경 관리**	퇴직 및 직무변경 시 인사·정보보호·개인정보보호·IT 등 관련 부서별 이행하여야 할 자산반납, 계정 및 접근권한 회수·조정, 결과확인 등의 절차를 수립·관리하여야 한다.
2.2.6	**보안 위반 시 조치**	임직원 및 관련 외부자가 법령, 규제 및 내부정책을 위반한 경우 이에 따른 조치 절차를 수립·이행하여야 한다.
2.3.	**외부자 보안**	
2.3.1	**외부자 현황 관리**	업무의 일부(개인정보취급, 정보보호, 정보시스템 운영 또는 개발 등)를 외부에 위탁하거나 외부의 시설 또는 서비스(집적정보통신시설, 클라우드 서비스, 애플리케이션 서비스 등)를 이용하는 경우 그 현황을 식별하고 법적 요구사항 및 외부 조직·서비스로부터 발생되는 위험을 파악하여 적절한 보호대책을 마련하여야 한다.
2.3.2	**외부자 계약 시 보안**	외부 서비스를 이용하거나 외부자에게 업무를 위탁하는 경우 이에 따른 정보보호 및 개인정보보호 요구사항을 식별하고, 관련 내용을 계약서 또는 협정서 등에 명시하여야 한다.
2.3.3	**외부자 보안 이행 관리**	계약서, 협정서, 내부정책에 명시된 정보보호 및 개인정보보호 요구사항에 따라 외부자의 보호대책 이행 여부를 주기적인 점검 또는 감사 등 관리·감독하여야 한다.
2.3.4	**외부자 계약 변경 및 만료 시 보안**	외부자 계약만료, 업무종료, 담당자 변경 시에는 제공한 정보자산 반납, 정보시스템 접근계정 삭제, 중요정보 파기, 업무 수행 중 취득정보의 비밀유지 확약서 징구 등의 보호대책을 이행하여야 한다.
2.4.	**물리 보안**	
2.4.1	**보호구역 지정**	물리적·환경적 위협으로부터 개인정보 및 중요정보, 문서, 저장매체, 주요 설비 및 시스템 등을 보호하기 위하여 통제구역·제한구역·접견구역 등 물리적 보호구역을 지정하고 각 구역별 보호대책을 수립·이행하여야 한다.

2.4.2	출입통제	보호구역은 인가된 사람만이 출입하도록 통제하고 책임추적성을 확보할 수 있도록 출입 및 접근 이력을 주기적으로 검토하여야 한다.
2.4.3	정보시스템 보호	정보시스템은 환경적 위협과 유해요소, 비인가 접근 가능성을 감소시킬 수 있도록 중요도와 특성을 고려하여 배치하고, 통신 및 전력 케이블이 손상을 입지 않도록 보호하여야 한다.
2.4.4	보호설비 운영	보호구역에 위치한 정보시스템의 중요도 및 특성에 따라 온도·습도 조절, 화재감지, 소화설비, 누수감지, UPS, 비상발전기, 이중전원선 등의 보호설비를 갖추고 운영절차를 수립·운영하여야 한다.
2.4.5	보호구역 내 작업	보호구역 내에서의 비인가행위 및 권한 오·남용 등을 방지하기 위한 작업 절차를 수립·이행하고, 작업 기록을 주기적으로 검토하여야 한다.
2.4.6	반출입 기기 통제	보호구역 내 정보시스템, 모바일 기기, 저장매체 등에 대한 반출입 통제절차를 수립·이행하고 주기적으로 검토하여야 한다.
2.4.7	업무환경 보안	공용으로 사용하는 사무용 기기(문서고, 공용 PC, 복합기, 파일서버 등) 및 개인 업무환경(업무용 PC, 책상 등)을 통해 개인정보 및 중요정보가 비인가자에게 노출 또는 유출되지 않도록 클린데스크, 정기점검 등 업무환경 보호대책을 수립·이행하여야 한다.
2.5.	**인증 및 권한관리**	
2.5.1	사용자 계정 관리	정보시스템과 개인정보 및 중요정보에 대한 비인가 접근을 통제하고 업무 목적에 따른 접근권한을 최소한으로 부여할 수 있도록 사용자 등록·해지 및 접근권한 부여·변경·말소 절차를 수립·이행하고, 사용자 등록 및 권한부여 시 사용자에게 보안책임이 있음을 규정화하고 인식시켜야 한다.
2.5.2	사용자 식별	사용자 계정은 사용자별로 유일하게 구분할 수 있도록 식별자를 할당하고 추측 가능한 식별자 사용을 제한하여야 하며, 동일한 식별자를 공유하여 사용하는 경우 그 사유와 타당성을 검토하여 책임자의 승인 및 책임추적성 확보 등 보완대책을 수립·이행하여야 한다.
2.5.3	사용자 인증	정보시스템과 개인정보 및 중요정보에 대한 사용자의 접근은 안전한 인증절차와 필요에 따라 강화된 인증방식을 적용하여야 한다. 또한 로그인 횟수 제한, 불법 로그인 시도 경고 등 비인가자 접근 통제방안을 수립·이행하여야 한다.
2.5.4	비밀번호 관리	법적 요구사항, 외부 위협요인 등을 고려하여 정보시스템 사용자 및 고객, 회원 등 정보주체(이용자)가 사용하는 비밀번호 관리절차를 수립·이행하여야 한다.
2.5.5	특수 계정 및 권한 관리	정보시스템 관리, 개인정보 및 중요정보 관리 등 특수 목적을 위하여 사용하는 계정 및 권한은 최소한으로 부여하고 별도로 식별하여 통제하여야 한다.
2.5.6	접근권한 검토	정보시스템과 개인정보 및 중요정보에 접근하는 사용자 계정의 등록·이용·삭제 및 접근권한의 부여·변경·삭제 이력을 남기고 주기적으로 검토하여 적정성 여부를 점검하여야 한다.

2.6.	접근통제	
2.6.1	네트워크 접근	네트워크에 대한 비인가 접근을 통제하기 위하여 IP관리, 단말인증 등 관리절차를 수립·이행하고, 업무목적 및 중요도에 따라 네트워크 분리(DMZ, 서버팜, DB존, 개발존 등)와 접근통제를 적용하여야 한다.
2.6.2	정보시스템 접근	서버, 네트워크시스템 등 정보시스템에 접근을 허용하는 사용자, 접근제한 방식, 안전한 접근수단 등을 정의하여 통제하여야 한다.
2.6.3	응용프로그램 접근	사용자별 업무 및 접근 정보의 중요도 등에 따라 응용프로그램 접근권한을 제한하고, 불필요한 정보 또는 중요정보 노출을 최소화할 수 있도록 기준을 수립하여 적용하여야 한다.
2.6.4	데이터베이스 접근	테이블 목록 등 데이터베이스 내에서 저장·관리되고 있는 정보를 식별하고, 정보의 중요도와 응용프로그램 및 사용자 유형 등에 따른 접근통제 정책을 수립·이행하여야 한다.
2.6.5	무선 네트워크 접근	무선 네트워크를 사용하는 경우 사용자 인증, 송수신 데이터 암호화, AP 통제 등 무선 네트워크 보호대책을 적용하여야 한다. 또한 AD Hoc 접속, 비인가 AP 사용 등 비인가 무선 네트워크 접속으로부터 보호대책을 수립·이행하여야 한다.
2.6.6	원격접근 통제	보호구역 이외 장소에서의 정보시스템 관리 및 개인정보 처리는 원칙적으로 금지하고, 재택근무·장애대응·원격협업 등 불가피한 사유로 원격접근을 허용하는 경우 책임자 승인, 접근 단말 지정, 접근 허용범위 및 기간 설정, 강화된 인증, 구간 암호화, 접속단말 보안(백신, 패치 등) 등 보호대책을 수립·이행하여야 한다.
2.6.7	인터넷 접속 통제	인터넷을 통한 정보 유출, 악성코드 감염, 내부망 침투 등을 예방하기 위하여 주요 정보시스템, 주요 직무 수행 및 개인정보 취급 단말기 등에 대한 인터넷 접속 또는 서비스(P2P, 웹하드, 메신저 등)를 제한하는 등 인터넷 접속 통제 정책을 수립·이행하여야 한다.
2.7.	암호화 적용	
2.7.1	암호정책 적용	개인정보 및 주요정보 보호를 위하여 법적 요구사항을 반영한 암호화 대상, 암호 강도, 암호 사용 정책을 수립하고 개인정보 및 주요정보의 저장·전송·전달 시 암호화를 적용하여야 한다.
2.7.2	암호키 관리	암호키의 안전한 생성·이용·보관·배포·파기를 위한 관리 절차를 수립·이행하고, 필요 시 복구방안을 마련하여야 한다.

2.8.	정보시스템 도입 및 개발 보안	
2.8.1	보안 요구사항 정의	정보시스템의 도입·개발·변경 시 정보보호 및 개인정보보호 관련 법적 요구사항, 최신 보안취약점, 안전한 코딩방법 등 보안 요구사항을 정의하고 적용하여야 한다.
2.8.2	보안 요구사항 검토 및 시험	사전 정의된 보안 요구사항에 따라 정보시스템이 도입 또는 구현되었는지를 검토하기 위하여 법적 요구사항 준수, 최신 보안취약점 점검, 안전한 코딩 구현, 개인정보 영향평가 등의 검토 기준과 절차를 수립·이행하고, 발견된 문제점에 대한 개선조치를 수행하여야 한다.
2.8.3	시험과 운영 환경 분리	개발 및 시험 시스템은 운영시스템에 대한 비인가 접근 및 변경의 위험을 감소시키기 위하여 원칙적으로 분리하여야 한다.
2.8.4	시험 데이터 보안	시스템 시험 과정에서 운영데이터의 유출을 예방하기 위하여 시험 데이터의 생성과 이용 및 관리, 파기, 기술적 보호조치에 관한 절차를 수립·이행하여야 한다.
2.8.5	소스 프로그램 관리	소스 프로그램은 인가된 사용자만이 접근할 수 있도록 관리하고, 운영환경에 보관하지 않는 것을 원칙으로 하여야 한다.
2.8.6	운영환경 이관	신규 도입·개발 또는 변경된 시스템을 운영환경으로 이관할 때는 통제된 절차를 따라야 하고, 실행코드는 시험 및 사용자 인수 절차에 따라 실행되어야 한다.
2.9.	시스템 및 서비스 운영관리	
2.9.1	변경관리	정보시스템 관련 자산의 모든 변경내역을 관리할 수 있도록 절차를 수립·이행하고, 변경 전 시스템의 성능 및 보안에 미치는 영향을 분석하여야 한다.
2.9.2	성능 및 장애관리	정보시스템의 가용성 보장을 위하여 성능 및 용량 요구사항을 정의하고 현황을 지속적으로 모니터링하여야 하며, 장애 발생 시 효과적으로 대응하기 위한 탐지, 기록, 분석, 복구, 보고 등의 절차를 수립·관리하여야 한다.
2.9.3	백업 및 복구관리	정보시스템의 가용성과 데이터 무결성을 유지하기 위하여 백업 대상, 주기, 방법, 보관장소, 보관기간, 소산 등의 절차를 수립·이행하여야 한다. 아울러 사고 발생 시 적시에 복구할 수 있도록 관리하여야 한다.
2.9.4	로그 및 접속기록 관리	서버, 응용프로그램, 보안시스템, 네트워크시스템 등 정보시스템에 대한 사용자 접속기록, 시스템로그, 권한부여 내역 등의 로그유형, 보존기간, 보존방법 등을 정하고 위·변조, 도난, 분실 되지 않도록 안전하게 보존·관리하여야 한다.
2.9.5	로그 및 접속기록 점검	정보시스템의 정상적인 사용을 보장하고 사용자 오·남용(비인가접속, 과다조회 등)을 방지하기 위하여 접근 및 사용에 대한 로그 검토기준을 수립하여 주기적으로 점검하며, 문제 발생 시 사후조치를 적시에 수행하여야 한다.
2.9.6	시간 동기화	로그 및 접속기록의 정확성을 보장하고 신뢰성 있는 로그분석을 위하여 관련 정보시스템의 시각을 표준시각으로 동기화하고 주기적으로 관리하여야 한다.

2.9.7	정보자산의 재사용 및 폐기	정보자산의 재사용과 폐기 과정에서 개인정보 및 중요정보가 복구·재생되지 않도록 안전한 재사용 및 폐기 절차를 수립·이행하여야 한다.
2.10.	시스템 및 서비스 보안관리	
2.10.1	보안시스템 운영	보안시스템 유형별로 관리자 지정, 최신 정책 업데이트, 룰셋 변경, 이벤트 모니터링 등의 운영절차를 수립·이행하고 보안시스템별 정책적용 현황을 관리하여야 한다.
2.10.2	클라우드 보안	클라우드 서비스 이용 시 서비스 유형(SaaS, PaaS, IaaS 등)에 따른 비인가 접근, 설정 오류 등에 따라 중요정보와 개인정보가 유·노출되지 않도록 관리자 접근 및 보안 설정 등에 대한 보호대책을 수립·이행하여야 한다.
2.10.3	공개서버 보안	외부 네트워크에 공개되는 서버의 경우 내부 네트워크와 분리하고 취약점 점검, 접근통제, 인증, 정보 수집·저장·공개 절차 등 강화된 보호대책을 수립·이행하여야 한다.
2.10.4	전자거래 및 핀테크 보안	전자거래 및 핀테크 서비스 제공 시 정보유출이나 데이터 조작·사기 등의 침해사고 예방을 위해 인증·암호화 등의 보호대책을 수립하고, 결제시스템 등 외부 시스템과 연계할 경우 안전성을 점검하여야 한다.
2.10.5	정보전송 보안	타 조직에 개인정보 및 중요정보를 전송할 경우 안전한 전송 정책을 수립하고 조직 간 합의를 통해 관리 책임, 전송방법, 개인정보 및 중요정보 보호를 위한 기술적 보호조치 등을 협약하고 이행하여야 한다.
2.10.6	업무용 단말기기 보안	PC, 모바일 기기 등 단말기기를 업무 목적으로 네트워크에 연결할 경우 기기 인증 및 승인, 접근 범위, 기기 보안설정 등의 접근통제 대책을 수립하고 주기적으로 점검하여야 한다.
2.10.7	보조저장매체 관리	보조저장매체를 통하여 개인정보 또는 중요정보의 유출이 발생하거나 악성코드가 감염되지 않도록 관리 절차를 수립·이행하고, 개인정보 또는 중요정보가 포함된 보조저장매체는 안전한 장소에 보관하여야 한다.
2.10.8	패치관리	소프트웨어, 운영체제, 보안시스템 등의 취약점으로 인한 침해사고를 예방하기 위하여 최신 패치를 적용하여야 한다. 다만 서비스 영향을 검토하여 최신 패치 적용이 어려울 경우 별도의 보완대책을 마련하여 이행하여야 한다.
2.10.9	악성코드 통제	바이러스·웜·트로이목마·랜섬웨어 등의 악성코드로부터 개인정보 및 중요정보, 정보시스템 및 업무용 단말기 등을 보호하기 위하여 악성코드 예방·탐지·대응 등의 보호대책을 수립·이행하여야 한다.

2.11.	사고 예방 및 대응	
2.11.1	사고 예방 및 대응 체계 구축	침해사고 및 개인정보 유출 등을 예방하고 사고 발생 시 신속하고 효과적으로 대응할 수 있도록 내·외부 침해시도의 탐지·대응·분석 및 공유를 위한 체계와 절차를 수립하고, 관련 외부기관 및 전문가들과 협조체계를 구축하여야 한다.
2.11.2	취약점 점검 및 조치	정보시스템의 취약점이 노출되어 있는지를 확인하기 위하여 정기적으로 취약점 점검을 수행하고 발견된 취약점에 대해서는 신속하게 조치하여야 한다. 또한 최신 보안취약점의 발생 여부를 지속적으로 파악하고 정보시스템에 미치는 영향을 분석하여 조치하여야 한다.
2.11.3	이상행위 분석 및 모니터링	내·외부에 의한 침해시도, 개인정보유출 시도, 부정행위 등을 신속하게 탐지·대응할 수 있도록 네트워크 및 데이터 흐름 등을 수집하여 분석하며, 모니터링 및 점검 결과에 따른 사후조치는 적시에 이루어져야 한다.
2.11.4	사고 대응 훈련 및 개선	침해사고 및 개인정보 유출사고 대응 절차를 임직원과 이해관계자가 숙지하도록 시나리오에 따른 모의훈련을 연 1회 이상 실시하고 훈련결과를 반영하여 대응체계를 개선하여야 한다.
2.11.5	사고 대응 및 복구	침해사고 및 개인정보 유출 징후나 발생을 인지한 때에는 법적 통지 및 신고 의무를 준수하여야 하며, 절차에 따라 신속하게 대응 및 복구하고 사고분석 후 재발방지 대책을 수립하여 대응체계에 반영하여야 한다.
2.12.	재해복구	
2.12.1	재해, 재난 대비 안전조치	자연재해, 통신·전력 장애, 해킹 등 조직의 핵심 서비스 및 시스템의 운영 연속성을 위협할 수 있는 재해 유형을 식별하고 유형별 예상 피해규모 및 영향을 분석하여야 한다. 또한 복구 목표시간, 복구 목표시점을 정의하고 복구 전략 및 대책, 비상시 복구 조직, 비상연락체계, 복구 절차 등 재해 복구체계를 구축하여야 한다.
2.12.2	재해 복구 시험 및 개선	재해 복구 전략 및 대책의 적정성을 정기적으로 시험하여 시험결과, 정보시스템 환경변화, 법규 등에 따른 변화를 반영하여 복구전략 및 대책을 보완하여야 한다.

3. 개인정보 처리단계별 요구사항

3.1.	개인정보 수집 시 보호조치	
3.1.1	개인정보 수집·이용	개인정보는 적법하고 정당하게 수집·이용하여야 하며, 정보주체의 동의를 근거로 수집하는 경우에는 적법한 방법으로 정보주체의 동의를 받아야 한다. 또한, 만 14세 미만 아동의 개인정보를 수집하는 경우에는 그 법정대리인의 동의를 받아야 하며 법정대리인이 동의하였는지를 확인하여야 한다.

3.1.2	개인정보 수집 제한	개인정보를 수집하는 경우 처리 목적에 필요한 최소한의 개인정보만을 수집하여야 하며, 정보주체가 선택적으로 동의할 수 있는 사항 등에 동의하지 아니한다는 이유로 정보주체에게 재화 또는 서비스의 제공을 거부하지 않아야 한다.
3.1.3	주민등록번호 처리 제한	주민등록번호는 법적 근거가 있는 경우를 제외하고는 수집·이용 등 처리할 수 없으며, 주민등록번호의 처리가 허용된 경우라 하더라도 인터넷 홈페이지 등에서 대체수단을 제공하여야 한다.
3.1.4	민감정보 및 고유식별정보의 처리 제한	민감정보와 고유식별정보(주민등록번호 제외)를 처리하기 위해서는 법령에서 구체적으로 처리를 요구하거나 허용하는 경우를 제외하고는 정보주체의 별도 동의를 받아야 한다.
3.1.5	개인정보 간접수집	정보주체 이외로부터 개인정보를 수집하거나 제3자로부터 제공받는 경우에는 업무에 필요한 최소한의 개인정보를 수집하거나 제공받아야 하며, 법령에 근거하거나 정보주체의 요구가 있으면 개인정보의 수집 출처, 처리목적, 처리정지의 요구권리를 알려야 한다.
3.1.6	영상정보처리기기 설치·운영	고정형 영상정보처리기기를 공개된 장소에 설치·운영하거나 이동형 영상정보처리기기를 공개된 장소에서 업무를 목적으로 운영하는 경우 설치 목적 및 위치에 따라 법적 요구사항을 준수하고, 적절한 보호대책을 수립·이행하여야 한다.
3.1.7	마케팅 목적의 개인정보 수집·이용	재화나 서비스의 홍보, 판매 권유, 광고성 정보전송 등 마케팅 목적으로 개인정보를 수집·이용하는 경우 그 목적을 정보주체가 명확하게 인지할 수 있도록 고지하고 동의를 받아야 한다.
3.2.	**개인정보 보유 및 이용 시 보호조치**	
3.2.1	개인정보 현황관리	수집·보유하는 개인정보의 항목, 보유량, 처리 목적 및 방법, 보유기간 등 현황을 정기적으로 관리하여야 하며, 공공기관의 경우 이를 법률에서 정한 관계기관의 장에게 등록하여야 한다.
3.2.2	개인정보 품질보장	수집된 개인정보는 처리 목적에 필요한 범위에서 개인정보의 정확성·완전성·최신성이 보장되도록 정보주체에게 관리절차를 제공하여야 한다.
3.2.3	이용자 단말기 접근 보호	정보주체(이용자)의 이동통신단말장치 내에 저장되어 있는 정보 및 이동통신단말장치에 설치된 기능에 접근이 필요한 경우 이를 명확하게 인지할 수 있도록 알리고 정보주체(이용자)의 동의를 받아야 한다.
3.2.4	개인정보 목적 외 이용 및 제공	개인정보는 수집 시의 정보주체에게 고지·동의를 받은 목적 또는 법령에 근거한 범위 내에서만 이용 또는 제공하여야 하며, 이를 초과하여 이용·제공하려는 때에는 정보주체의 추가 동의를 받거나 관계 법령에 따른 적법한 경우인지 확인하고 적절한 보호대책을 수립·이행하여야 한다.
3.2.5	가명정보 처리	가명정보를 처리하는 경우 목적제한, 결합제한, 안전조치, 금지의무 등 법적 요건을 준수하고 적정 수준의 가명처리를 보장할 수 있도록 가명처리 절차를 수립·이행하여야 한다.

3.3.	개인정보 제공 시 보호조치	
3.3.1	개인정보 제3자 제공	개인정보를 제3자에게 제공하는 경우 법적 근거에 의하거나 정보주체의 동의를 받아야 하며, 제3자에게 개인정보의 접근을 허용하는 등 제공 과정에서 개인정보를 안전하게 보호하기 위한 보호대책을 수립·이행하여야 한다.
3.3.2	개인정보 처리업무 위탁	개인정보 처리업무를 제3자에게 위탁하는 경우 위탁하는 업무의 내용과 수탁자 등 관련사항을 공개하여야 한다. 또한 재화 또는 서비스를 홍보하거나 판매를 권유하는 업무를 위탁하는 경우 위탁하는 업무의 내용과 수탁자를 정보주체에게 알려야 한다.
3.3.3	영업의 양도 등에 따른 개인정보 이전	영업의 양도·합병 등으로 개인정보를 이전하거나 이전받는 경우 정보주체 통지 등 적절한 보호조치를 수립·이행하여야 한다.
3.3.4	개인정보 국외 이전	개인정보를 국외로 이전하는 경우 국외 이전에 대한 동의, 관련 사항에 대한 공개 등 적절한 보호조치를 수립·이행하여야 한다.
3.4.	개인정보 파기 시 보호조치	
3.4.1	개인정보파기	개인정보의 보유기간 및 파기 관련 내부 정책을 수립하고 개인정보의 보유기간 경과, 처리목적 달성 등 파기 시점이 도달한 때에는 파기의 안전성 및 완전성이 보장될 수 있는 방법으로 지체 없이 파기하여야 한다.
3.4.2	처리목적 달성 후 보유 시 조치	개인정보의 보유기간 경과 또는 처리목적 달성 후에도 관련 법령 등에 따라 파기하지 아니하고 보존하는 경우에는 해당 목적에 필요한 최소한의 항목으로 제한하고 다른 개인정보와 분리하여 저장·관리하여야 한다.
3.5.	정보주체 권리보호	
3.5.1	개인정보 처리방침 공개	개인정보의 처리 목적 등 필요한 사항을 모두 포함하여 정보주체가 알기 쉽도록 개인정보 처리방침을 수립하고, 이를 정보주체가 언제든지 쉽게 확인할 수 있도록 적절한 방법에 따라 공개하고 지속적으로 현행화하여야 한다.
3.5.2	정보주체 권리보장	정보주체가 개인정보의 열람, 정정·삭제, 처리정지, 이의제기, 동의철회 등 요구를 수집 방법·절차보다 쉽게 할 수 있도록 권리행사 방법 및 절차를 수립·이행하고, 정보주체의 요구를 받은 경우 지체 없이 처리하고 관련 기록을 남겨야 한다. 또한, 정보주체의 사생활 침해, 명예훼손 등 타인의 권리를 침해하는 정보가 유통되지 않도록 삭제 요청, 임시조치 등의 기준을 수립·이행하여야 한다.
3.5.3	정보주체에 대한 통지	개인정보의 이용·제공 내역 등 정보주체에게 통지하여야 할 사항을 파악하여 그 내용을 주기적으로 통지하여야 한다.

01 다음은 어느 인증심사 신청기관의 정보보호 구성현황이다. 심사원이 구성현황을 보고 판단한 것 중 적절하지 않은 것을 고르시오.

[정보보호 구성현황]

		기술적 대책				
		업무자료 보호	접근통제	악성코드 대응	해킹방지	보안관리
영역	시스템		계정관리, 추가인증, 기기인증	이메일 보안		
	PC 단말기	DLP	DLP	EDR, 백신		디바이스 관리
	모바일			백신		MDM
	DB	TDE	DB접근통제			
	데이터	DRM, 문서중앙화, 비식별화				
	APP				웹방화벽	시큐어코딩
	네트워크	DLP	방화벽, SSL, VPN	APT	IDS, IPS	

① 심사원은 네트워크 영역의 보호대책으로 구성되어야 할 웹방화벽이 APP 영역으로 구성된 것을 보고 잘못 운영하고 있을 것으로 판단하였다.

② 네트워크 영역의 해킹방지대책을 위해 IDS, IPS가 있는데 네트워크 구성 및 기관의 서비스 상황에 따라 IDS, IPS가 각각 설치되어 있을 수 있다고 판단하였다.

③ 정보보호 구성현황을 봤을 때 해당 기관은 업무자료 유출에 대한 보호대책을 갖추고 있는 것으로 판단할 수 있다.

④ 분산 서비스거부 공격과 패치관리 대응에 대한 부분을 확인할 수 없어 좀 더 조사가 필요하다고 판단할 수 있다.

⑤ 모바일 오피스 업무환경이 구성되어 있을 경우 모바일 단말기에 대한 보안대책이 적용되어 있을 것으로 판단할 수 있다.

02 심사원은 정보통신서비스 부문 매출액 300억 원 미만의 중기업인 ABC 쇼핑몰을 대상으로 ISMS-P 간편 인증 심사를 수행하고 있다. 다음 중 심사원이 인증 및 권한관리에 대해 도출한 결함 중 적절하지 않은 것은 몇 개인지 고르시오.

(ㄱ)	심사원은 ABC 쇼핑몰의 회원관리를 위한 개인정보처리시스템의 계정 및 권한을 승인 절차 없이 구두로 처리하여 증적 확인이 되지 않아 2.5.1 사용자 계정 관리 결함으로 판단하였다.
(ㄴ)	심사원은 일부 직원들이 계정을 공용으로 사용하고 있으나, 이에 대한 타당성 검토 및 책임자 승인 등이 확인되지 않아 2.5.2 사용자 식별 결함으로 판단하였다.
(ㄷ)	심사원은 회원관리 개인정보처리시스템 로그인 실패 시 ID 또는 비밀번호가 틀렸다는 것을 표시해 주는 것을 확인하여 2.5.3 사용자 인증 결함으로 판단하였다.
(ㄹ)	심사원은 내부 지침에 명시된 비밀번호 작성규칙과 실제 개인정보처리시스템에 적용된 작성규칙이 상이하여 2.5.4 비밀번호 관리 결함으로 판단하였다.
(ㅁ)	심사원은 일부 직원의 관리자 권한 업무가 변경되었음에도 불구하고 관리자 권한을 계속 보유하고 있어 2.5.5 특수 계정 및 권한 관리 결함으로 판단하였다.
(ㅂ)	심사원은 개인정보처리시스템의 접근권한 검토 시 권한 오·남용의 의심 사례가 다수 발생하였으나, 이에 대한 내부 보고 등 후속조치가 이루어지지 않아 2.5.6 접근권한 검토 결함으로 판단하였다.

① 0개   ② 1개   ③ 2개   ④ 4개   ⑤ 6개

03 정보보호 및 개인정보보호 관리체계 인증(ISMS-P)은 정보보호 및 개인정보보호를 위한 일련의 조치와 활동이 인증기준에 적합함을 인증하는 제도이다. 다음 중 ISMS-P 인증 제도에 대한 설명으로 적절하지 않은 것을 모두 고르시오. (2개)

① 인증기관은 인증위원회 운영, 인증심사원 양성 및 자격관리, 인증 제도 및 기준 개선 등 ISMS-P 인증 제도 전반에 걸친 업무를 수행한다.

② 심사 수행기관은 인증위원회 심의 결과에 따라 인증위원회 종료 다음 날부터 30일 이내에 신청인에게 추가 보완조치를 요구할 수 있다.

③ 신청기관은 인증심사 계약이 완료되면 계약에 따라 확정된 심사 수수료를 인증심사 완료 후 1개월 이내로 납부하여야 한다.

④ 인증 협의회는 인증 제도 연구 및 개선, 정책 결정, 인증기관 및 심사기관 지정 등의 업무를 수행한다.

⑤ 인증위원회는 인증심사 결과가 인증기준에 적합한지 등을 심의·의결하기 위하여 설치·운영하는 기구이다.

04 최고경영자는 정보보호 업무를 총괄하는 정보보호 최고책임자와 개인정보보호 업무를 총괄하는 개인정보보호 책임자를 예산·인력 등 자원을 할당할 수 있는 임원급으로 지정해야 한다. [1.1.2 최고책임자의 지정] 다음의 항목 중에서 정보보호 최고책임자 선정함에 있어 위반사례에 해당하는 것을 모두 고르시오. (2개)

> ㉠ A사는 정보보호 관리체계(ISMS) 인증의무 대상자이며 직전 사업연도 말 기준 자산총액이 5천억 원이다. 센터장의 호칭을 부여하고 있으나 임원이 아닌 일반 직원에게 부여되는 호칭을 사용하고 있다. (단, 실질적 집행권한이 있다고 판단하기는 어려움)
>
> ㉡ B사는 직전 사업연도 말 기준 자산총액이 5조 원 이상이 되고 있으며, 본부장을 대내외적으로 인정될 만한 이사급으로 하여 정보보호 최고책임자로 임명하고 있다.
>
> ㉢ C사는 정보보호 관리체계(ISMS) 인증의무 대상자이며, 직전 사업연도 말 기준 자산총액이 6천억 원인 정보통신서비스 제공자이다. 최고위 임원인 상무이사가 아니라 그 이하의 임원인 전무이사를 최고책임자로 지정하고 있다.
>
> ㉣ D사는 직전 사업연도 말 기준 자산총액이 5조 원 이상이며 자회사의 지배·관리 업무만 수행하는 순수 지주회사이다. 다만, 디지털(데이터) 전략기획 등의 겸직을 동시에 하고 있다.
>
> ㉤ E사는 정보보호 관리체계(ISMS) 인증의무 대상자이고 직전 사업연도 말 기준 자산총액이 5천억 원 이상인 정보통신서비스 제공자이다. 정보보호 공시에 관한 업무와 경영기획·운영 업무도 함께 하고 있다.

① ㉠   ② ㉡   ③ ㉢   ④ ㉣   ⑤ ㉤

05 심사원은 심사기관의 리눅스 서버에 대한 로그 기록 방식을 확인하고 있다. 로그 파일의 확인 방법과 그 목적이 가장 적절하지 않은 것을 고르시오.

① su 시도에 관한 로그 확인을 위해 /var/log/secure 파일을 확인하였다.

② 반복적인 로그인 실패 이력 확인을 위해 /var/log/btmp 파일을 lastb 명령어로 확인하였다.

③ 로그인 거부 메시지에 관한 로그 확인을 위해 /var/log/messages 파일을 확인하였다.

④ 성공한 로그인 기록을 확인하기 위해 /var/log/wtmp에 기록된 로그를 lastw 명령어를 사용하여 확인하였다.

⑤ 현재 로그인 사용자 상태를 확인하기 위해 /var/run/utmp 파일을 finger 명령어를 사용하여 확인하였다.

06 다음은 보험사와 GA(General Agency, 법인보험 대리점)간 업무에 대해 설명한 것이다. 보기 중 적절하지 않은 것을 모두 고르시오. (2개)

[보험사와 GA 설명]

1. 보험사 주요 업무

가. 상품 개발
 – 고객의 니즈에 맞는 보험 상품을 개발하여 GA에 공급

나. 교육 및 지원
 – GA 소속 설계사들에게 상품 교육, 영업 자료 및 기술 지원을 제공

다. 위험 관리
 – 보험사는 GA를 통해 들어온 계약을 평가하고 관리하며, 보험 위험을 분석

라. 상품 판매
 – 자사 보험상품을 소비자에게 소개하고 판매

2. GA의 주요 업무

가. 상품 판매
 – 생명보험, 손해보험 등 다양한 보험 상품을 소비자에게 소개하고 판매

나. 고객 상담
 – 보험설계사(FP, Financial Planner)를 통해 고객의 재정 상태와 요구를 분석하고 적합한 상품을 추천

다. 사후 관리
 – 고객과 계약을 체결한 이후에도 지속적인 계약 유지관리와 관련 서비스를 제공

3. 보험설계사
 – GA 소속 보험설계사는 실제로 고객과 만나 상품을 판매하고 계약을 체결하는 실행자

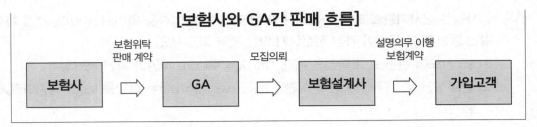

[보험사와 GA간 판매 흐름]

보험사 ⇨ (보험위탁 판매 계약) GA ⇨ (모집의뢰) 보험설계사 ⇨ (설명의무 이행 보험계약) 가입고객

① 보험사와 GA는 개인정보처리 업무 위수탁 관계이다.

② 보험사에 GA 자회사가 있을 경우 해당 GA 자회사에게는 이용자의 별도 동의 없이 고객 DB 조회권한을 부여할 수 있다.

③ 보험사에 CPO가 있더라도 GA도 CPO를 지정해야 한다.

④ 보험사는 GA에게 보험사 고객정보처리에 대한 정보보호 적정성을 점검하기 위해 GA사의 개인정보 처리 단말기, 시스템에 대해 점검할 수 있다.

⑤ GA는 태블릿을 통해 보험계약 체결을 할 경우 해당 태블릿은 반드시 인터넷망 차단 조치가 적용되어야 한다.

07 OO쇼핑몰에서 ISMS-P 심사를 수행하고 있다. 심사원과 담당자의 인터뷰를 바탕으로 심사원이 판단한 내용 중 적절하지 않은 것을 고르시오.

- **심사원** : 전반기에 개인정보 유출 사고가 있었네요? 간단한 설명 부탁드립니다.
- **담당자** : 테스트 목적으로 생성한 Buildkite 프로그램의 소스코드 내에 개인정보처리시스템에 접근할 수 있는 AWS 루트 Access Key를 저장해두었는데 크리덴셜 스터핑 공격으로 AWS 루트 Access Key가 탈취되었습니다. 루트 Access Key를 통해 데이터베이스에 무단 접속이 가능하였고 이용자들의 개인정보 15만 건이 유출되었습니다.
- **심사원** : 취약점 점검 절차가 어떻게 되나요?
- **담당자** : 협력사를 통해서 기본적으로 연 1회 수행하고 있고 특별한 이벤트가 있는 경우에는 추가로 수행합니다. 취약점 점검에서는 관련 내용이 발견되지는 않았습니다.
- **심사원** : 유출 일시는 어떻게 되나요?
- **담당자** : 9월 4일 오전 09시에 유출되었습니다.
- **심사원** : 신고는 언제 하셨나요?
- **담당자** : 9월 4일 오후 1시경에 유출사고를 인지하였고 9월 5일 오후 5시경 퇴근 전에 한국인터넷진흥원에 신고하였으며 9월 6일 오전에 이용자에게 유출 통지하였습니다.
- **심사원** : 유출 통지는 어떤 방식으로 수행하였나요?
- **담당자** : 저장된 이메일 정보를 이용하여 개별 통지하였고 이메일 정보가 없는 경우에는 통지가 불가하여 홈페이지에서 확인할 수 있도록 30일 이상 게시하였습니다.
- **심사원** : 클라우드 서비스 접속 시 2차 인증을 수행하고 있나요?
- **담당자** : 모든 계정에 대해서 ID/PW 외 추가적으로 S/W OTP 인증을 하도록 되어 있습니다. 그런데 Buildkite API로 접속하는 경우 2차 인증을 우회할 수 있는 우회경로가 있었습니다.
- **심사원** : 해당 시스템에 로그인 횟수 제한 설정이 되어있지 않았나요?
- **담당자** : 네 모든 계정에 대해 2차 인증을 하도록 설정된 상태라서 로그인 횟수 제한 설정은 하지 않았습니다.

---

① 심사원은 로그인 횟수 제한 설정이 되지 않은 것을 확인하고 2.5.3 사용자 인증 결함으로 판단하였다.

② 심사원은 루트 Access Key를 소스코드에 저장한 것에 대해 2.10.2 클라우드 결함으로 판단하였다.

③ 심사원은 개인정보 유출 대응에 문제가 있다고 판단하여 2.11.5 사고 대응 및 복구 결함으로 판단하였다.

④ 심사원은 취약점 점검이 제대로 수행되지 않았다고 판단하여 2.11.2 취약점 점검 및 조치 결함으로 판단하였다.

⑤ 심사원은 2차 인증 우회경로가 있는 것은 2.6.2 정보시스템 접근 결함에 해당한다고 판단하였다.

08 다음 중 심사원이 판단한 내용 중 적절한 것을 모두 고르시오. (2개)

① 정보보호 및 개인정보보호 위원회는 주요사항을 검토 및 의결할 수 있도록 위원회 구성이 되어 있음을 확인하였으나, 실무협의체를 운영하고 있지 않음을 확인하고 2.1.2 조직의 유지관리 결함으로 판단하였다.

② 정보보호 및 개인정보보호 위원회를 구성하였으나, 위원회 개최 이력을 확인할 수 없어 1.1.3 조직 구성 결함으로 판단하였다.

③ 클라우드 운영자산 목록에 클라우드 NAS와 Object storage가 누락되어 있고, 운영 DB 목록에 홈페이지 DB가 누락되어 있어 2.10.2 클라우드 보안 결함으로 판단하였다.

④ 지난 ISMS 인증 심사 시 발견하여 조치한 결함이 내부 점검을 통해 동일하게 반복되어 발생하여 1.4.3 관리체계 개선 결함으로 판단하였다.

⑤ DNS서비스 관리자 페이지가 외부에 오픈되어 있고 인증 수단이 적용되어 있지 않아 2.6.2 정보시스템 접근 결함으로 판단하였다.

09 클라우드 환경의 K쇼핑몰에 대해 ISMS-P 심사를 수행하고 있다. 심사원과 담당자의 인터뷰와 증적자료를 바탕으로 결함이 적절하지 않은 것을 모두 고르시오. (2개)

- 주요 시스템 : WAS, 웹서버, DB서버, S3
- 클라우드 서비스 유형 : PaaS
- 시스템 위치 : 서울 리전
- 전년도 정보통신서비스 부문 매출액 56억
- 전년도 기준으로 직전 3개월간 일평균 이용자 수 : 100만 명
- 이용자 개인정보 보유 : 200만 건
- 민감정보 보유 : 없음

■ **심사원** : 배송관리 시스템은 클라우드로 운영하고 계신데요. 접속 권한은 어떻게 허용되어 있나요?

○ **담당자** : IT관리자 김승태 책임님과 유지보수업체 담당자 2명, 그리고 배송업체 담당자 3명에 대해서 허용되어 있습니다.

■ **심사원** : 접속은 어떤 방식으로 하고 있나요?

○ **담당자** : 기본적으로 SSL VPN을 통해서만 클라우드 시스템에 login할 수 있도록 접근 제한하고 있고 S/W OTP를 이용하여 2차 인증을 수행하고 있습니다. IT관리자는 특별히 콘솔 직접 접속이 가능하도록 관리자 IP를 등록하였습니다.

■ **심사원** : 메뉴 접속 권한은 사용자별로 차등 부여되어 있나요?

○ **담당자** : 네. 차등 부여되어 있고 마스킹 정책에 따라 마스킹도 권한별로 다르게 되어있습니다.
　업무적으로 사용자를 조회하여 배송 정보를 확인해야 하는 배송업체를 제외하고는 마스킹 정책에 따라 모두 마스킹 되어있습니다.

■ **심사원** : IT관리자 계정으로 회원정보 조회 화면 보여주시겠어요?

○ **담당자** : 네, 여기 있습니다.

■ **심사원** : IT관리자는 마스킹 정책이 일부 예외 처리되어 있나요?

○ **담당자** : 아니요. 배송업체를 제외하고는 모두 동일한 그룹 정책입니다.

■ **심사원** : 음 배송지 주소를 저장하고 있네요? 배송지 주소는 배송이 필요할 때만 수집·이용하고 배송이 완료되면 삭제되어야 할 것 같은데요.

○ **담당자** : 기본적으로 그렇게 처리하고 있습니다. 다만, 회원가입 시 선택정보로 배송지 정보를 수집하고 있고 이에 동의하신 분들의 정보는 저장하여 이용하고 있습니다.

■ **심사원** : 개인정보처리자에 대한 접속기록은 어떻게 저장하고 계신가요?

○ **담당자** : DB서버에 1년간 저장하고 있고 매월 S3 스토리지로 backup하여 2년간 저장하고 있습니다.

■ **심사원** : 네. 방금 IT관리자 계정으로 접속해서 회원정보 조회했던 접속 기록 한번 보여주시겠어요?

○ **담당자** : 여기 있습니다. 개인정보보호법에서 요구하는 항목 모두 저장하고 있습니다.

■ **심사원** : S3 스토리지에 저장되는 로그와 동일한 정보인가요?

○ **담당자** : 네 이 정보가 동일하게 S3 storage에 백업됩니다.

[회원정보 조회화면]

성명	생년월일	연락처	배송지 주소	직장	연소득
홍길동	1965.**.**	010-5678-****	경기도 하남시 *** …	카카*	2,000~3,000만 원
임꺽정	1945.**.**	010-6789-****	전라남도 순천시 *** …	네이*	3,000~5,000만 원
조자룡	1934.**.**	010-7890-****	경상북도 경주시 *** …	한양투*	5,000만 원~1억

[접속기록 조회화면]

화면	ID	IP	접속일시	수행업무	대상 정보주체
회원정보	admin**	192.168.1.**	2025.01.03 11:20	회원정보 조회	홍*동, 임*정, 조*룡
회원정보	admin**	192.168.1.**	2025.01.02 13:32	회원정보 조회	강*호, 서*웅, 송*섭
배송정보	partner**	192.168.2.**	2024.12.27 11:20	배송 조회	손*공

응용프로그램 보안지침

제정일자 : 2020-11-01 / 개정일자 : 2024-10-05

(일부 생략)

제15조(중요 정보노출 방지)

① 개인정보를 비롯한 중요 정보가 사용자에게 노출되지 않도록 응용프로그램 설계 시 다음 각 호의 사항을 준수하여야 한다.

    1. 권한이 없는 사용자가 개인 및 임직원 정보 등 중요 정보에 접근할 수 없도록 설계하여야 하며, 권한이 있는 경우에도 업무성격에 맞는 정보만 표시될 수 있도록 설계할 것

    2. 응용프로그램에서 사용자의 정보가 노출되지 않도록 암호화하여 처리하고 응용프로그램 화면에서는 소스 보기 기능 차단 등을 통해 사용자의 인증 정보가 노출되지 않도록 설계하여야 할 것

② 개인정보처리자는 업무처리를 목적으로 개인정보의 조회, 출력 등의 업무를 수행하는 과정에서 개인정보 보호를 위하여 화면에 표시되는 개인정보를 마스킹하여 표시 제한 조치를 취하는 경우 다음 각 호의 사항을 적용하여야 한다.

    1. 성명 중 두 번째 글자 (예시 : 김*주)

    2. 생년월일은 월, 일 모두 (예시 : 1981.**.**)

    3. 전화번호 또는 휴대폰 전화번호의 뒤에서부터 4자리

    4. 주소의 읍, 면, 동 또는 번지수

    5. 인터넷 주소(IP)의 4번째 구간

① 2.6.3 응용프로그램 접근

② 2.9.4 로그 및 접속기록 관리

③ 2.10.2 클라우드 보안

④ 3.1.1 개인정보 수집·이용

⑤ 3.1.2 개인정보 수집 제한

10 제로 트러스트(Zero Trust)는 기존의 경계 기반 보안 모델의 한계를 극복하고, 클라우드 환경과 원격 근무 등 현대적인 IT 환경에 더 적합한 보안 방식을 제공하고 있다. 다음 중 제로 트러스트에 대한 설명 중 적절하지 않은 것을 고르시오.

① 접근 주체(사용자 혹은 기기)의 식별 정보, 네트워크 접속 혹은 리소스 접근 시간, 네트워크 접속 위치, 네트워크/프로토콜 종류, 접근 대상 리소스 등에 대해 기본적으로는 접근을 거부하며, 일정 수준의 인증 과정을 거친 접근 주체에게만 제한된 수준의 리소스 접근을 허용하는 것을 원칙으로 하여야 한다.

② 제로 트러스트 모델에서는 모든 접근을 기본적으로 거부하고, 사용자/기기 신원, 시간, 위치 등을 엄격히 검증한 후 필요 최소한의 접근만을 허용하여 보안을 강화한다.

③ 리소스에 대한 접근에 대해 분산된 정책관리로 빠르게 변화하는 환경에 신속하게 대응하고 중앙 시스템에 집중되는 부하를 효율적으로 분산시켜 시스템의 성능을 향상시키고, 새로운 보안 접근 방식을 적용하여 혁신을 촉진할 수 있다.

④ 접근 주체가 특정 리소스에 접근할 때, 기존의 접근 제어 정책을 초과하여 다른 리소스에 접근하는 것을 막아야 한다. 이를 위해 소프트웨어 정의 경계를 설정하고 강력한 인증을 통해 접근을 허용하더라도, 긴 시간 동안의 접속은 허용하지 않는 것이 바람직하다.

⑤ 제로 트러스트 모델에서는 모든 상태를 모니터링하고 로그를 기록해야 한다. 이는 접근 주체, 리소스, 정책 서버의 다양한 상태를 포함한다. 시간, 위치, 보안 상태, 접속자 수, 데이터 접근 횟수, 네트워크 트래픽 등 보안성과 신뢰성을 추정할 수 있는 모든 정보가 대상이다.

11 다음의 심사원과 담당자의 대화를 보고 심사원이 판단한 것 중 적절하지 않은 것을 모두 고르시오. (2개)

≡ 정보보호 지침 ● ● ●

정보보호 지침

개정 : 2025.2.7.

제21조(접근통제)
① 서버에 대한 접근 가능한 사용자는 필요 최소한으로 지정하여야 한다.
② 서버로의 접근이 필요한 경우 서버 접근통제 솔루션을 통해서만 가능하도록 하여야 하며 직접접속이 불가능하도록 방화벽 차단정책을 적용하여야 한다.
③ 신규서버 도입 시 최초 설치 등 불가피하게 서버 직접접속이 필요한 경우 사전에 정보보호팀 승인을 받아서 해당 작업기간 내에만 허용하고, 작업이 완료된 즉시 서버 접근통제 솔루션을 적용하여야 한다.

제22조(인터넷 통제)
① 외부에서 내부로의 연결은 명백히 필요하다고 판단되는 서비스/포트에 한하여 접속 허용해야 한다.
② 내부에서 외부로의 연결은 업무에 필요한 경우에 한하여 제한적으로 오픈하고, 불법도박, 음란 등 유해사이트에 대한 접속은 차단하여야 한다.
③ 개인정보취급자, 서버관리자 등은 인터넷이 차단된 VDI 환경에서 업무를 수행해야 한다.
④ VDI 내부 자료를 Local PC로 다운로드가 필요한 경우 망연계 솔루션을 활용하여야 하며, 망연계 솔루션 사용 신청은 각 사업팀장이 검토하여 승인한다.
⑤ 망연계 솔루션을 통해 VDI에서 내보내기한 파일은 해당 파일을 전송한 사용자만 Local PC로 내려 받을 수 있도록 통제하여야 한다.
⑥ 개발/운영을 위해 외부 API 제공 사이트 접속이 필요한 경우 정보보호팀 승인을 받아야 한다.

■ **심사원** : 안녕하세요. 심사원 나열심입니다. 간략히 회사 소개 부탁 드립니다.

○ **담당자** : 네, 안녕하세요. 정보보호 담당자 강보안입니다. 저희 회사는 정수기, 공기청정기, 비데 등 가전 제품을 임대/관리하는 서비스를 제공하는 사업을 수행하고 있으며, 현재 고객수는 200만 명이 넘은 상태입니다.

■ **심사원** : 고객 서비스를 위해 Cloud에 시스템을 구축하여 운영하고 계시는군요. 개인정보취급자에 대해서 인터넷 차단조치를 하고 계시겠죠?

○ **담당자** : 네. 개인정보취급자 중 개인정보처리시스템으로부터 개인정보를 다운로드, 파기, 접근권한 설정이 가능한 개인정보취급자의 PC에 대해서는 VDI 내에서 업무를 수행하고 있으며, 인터넷 차단 조치를 적용하고 있습니다.

■ **심사원** : 그런데 방화벽 정책을 살펴본 결과, 해당 개인정보취급자 PC에서 인터넷 접속이 허용된 것을 확인할 수 있었습니다. 어떻게 된 건가요?

○ **담당자** : 네. 개발/운영 업무를 위한 외부 API 제공 사이트가 오픈되어 있고, Cloud Console 접속이 가능하도록 해당 url이 오픈되어 있는 상황입니다.

■ **심사원** : 개인정보취급자가 개발/운영 업무도 병행하고 있는 건가요?

○ **담당자** : 네. 일부 개인정보취급자의 경우 개발/운영 업무도 병행하고 있습니다. 따라서 해당 인력의 경우 인터넷 차단조치를 적용하고 있으나 API 제공 사이트와 Cloud Console 접속은 가능하도록 방화벽 정책에 반영한 상태입니다.

■ **심사원** : 인증범위 내 시스템 목록을 보니 AI를 활용하고 계신 것 같은데, 설명 부탁드립니다.

○ **담당자** : 내부업무 생산성 제고를 위해 작년부터 AI를 활용하기 시작하였습니다. 현재는 보고서 생성을 위해 Open AI를 활용하고 있습니다. 고객정보와 가전제품 임대 정보가 워낙 방대하고 신규고객 창출을 위한 마케팅 전략수립이 쉽지 않습니다. 이를 해결하기 위해 고객 및 영업정보를 AI에 제공하고 마케팅 전략 리포트를 만들기 위하여 보고서 생성 AI를 활용하고 있는 겁니다.

■ **심사원** : AI 활용 관련하여 위험평가를 수행하셨거나 관련 가이드라인을 참고하신 적이 있으신가요? 예를 들어, 국정원에서 2023년 6월에 발간한 "ChatGPT 등 생성형 AI 활용 보안 가이드라인"이나, 개인정보 보호위원회에서 발간한 "안전한 인공지능(AI) 데이터 활용을 위한 AI 프라이버시 리스크 관리 모델" 등과 같은 안내서가 있는데요.

○ **담당자** : 아. 그런 자료가 있군요. 특별히 위험평가를 수행하지는 않았습니다. 생성형 AI 서비스 구축업체에서 잘 처리할 것으로 믿고 맡겼습니다.

■ **심사원** : 혹시 생성형 AI 활용 시 내부자료 유출 방지를 위해 별도의 Tenant로 격리된 기업용 AI를 사용하고 계신가요? 그리고 AI 활용 시 사용자가 직접 AI에 접속하지 않고 API 방식을 활용하고 계신가요?

○ **담당자** : 말씀하신 내용은 정확히 잘 모르겠습니다. 말씀드린대로 AI 서비스 구축업체에 믿고 맡겼습니다.

① 인터넷망 차단조치를 적용 중인 일부 개인정보취급자의 경우 API 제공 사이트에 접속 가능하도록 되어 있어서 2.6.7 인터넷 접속 통제 결함이라고 판단하였다.

② 인터넷 차단조치를 적용해야 하는 개인정보취급자 PC에서 Cloud Console에 접속 가능하도록 되어 있어서 2.6.7 인터넷 접속 통제 결함이라고 판단하였다.

③ 생성형 AI 활용에 따른 개인정보의 유출 위험성이 있을 수 있다고 판단하였다.

④ 클라우드컴퓨팅서비스를 개인정보처리시스템으로 이용하는 경우 해당 시스템에 대한 접근 권한을 관리 콘솔에서 부여 또는 변경할 수 있거나 관리 콘솔에서 다운로드할 수 있다면, 관리 콘솔 및 관리 콘솔에 접근하는 컴퓨터 등도 인터넷망 차단 조치의 대상이 될 수 있다.

⑤ 연 1회 이상 정기적인 위험평가를 수행하였으나, 생성형 AI 도입 등 중요한 사유가 발생하였음에도 불구하고 해당 부분에 대한 별도의 위험평가를 수행하지 않은 경우 1.2.3 위험 평가 결함으로 판단할 수 있다.

12 ABC 업체는 신규 모바일 앱 서비스를 제공하고자 개발을 위한 시큐어코딩 표준을 수립하고 있다. 안전한 개발을 위해 모바일 보안 취약점에 대한 위험을 정의한 2024년 OWASP Moblie Top 10을 참고하였다. 다음 중 OWASP Top 10 중 위협 요인에 대한 설명이 적절하지 않은 것을 고르시오.

OWASP Mobile Top 10 2024		
M1	Improper Credential Usage	부적절한 자격 증명 사용
M2	Inadequate Supply Chain Security	불충분한 공급망 보안
M3	Insecure Authentication/Authorization	안전하지 않은 인증 및 권한 부여
M4	Insufficient Input/Output Validation	불충분한 입력/출력 검증
M5	Insecure Communication	안전하지 않은 통신
M6	Inadequate Privacy Controls	불충분한 개인정보보호 제어
M7	Insufficient Binary Protections	부족한 바이너리 보호
M8	Security Misconfiguration	잘못된 보안 구성
M9	Insecure Data Storage	안전하지 않은 데이터 저장
M10	Insufficient Cryptography	불충분한 암호화

① Improper Credential Usage(부적절한 자격 증명 사용)은 모바일 애플리케이션 개발 시 민감한 정보를 코드 내 하드코딩함으로써 모든 사용자에게 노출될 수 있는 위협이다.

② Insecure Authentication/Authorization(안전하지 않은 인증 및 권한 부여)은 인증 또는 권한 체계가 잘못되거나 누락되어 공격자가 백엔드 서버에서 익명으로 모바일 기능을 실행할 수 있다. 이 경우 사용자의 신원을 확인할 수 없어서 위험이 직접적으로 노출되는 위협이다.

③ Insufficient Input/Output Validation(불충분한 입력/출력 검증)은 모바일 앱에서 사용자의 입력이나 네트워크 데이터와 같은 외부 소스의 데이터에 대한 유효성 검사를 제대로 하지 않아 SQL 인젝션, 커맨드 인젝션 및 XSS 공격 등의 공격에 취약할 수 있는 위협이다.

④ Security Misconfiguration(잘못된 보안 구성)은 네트워크나 인터넷 등을 이용해 데이터 전송 시 로컬 네트워크가 공유되거나 악성 코드가 삽입되어 계정 탈취, 사용자 사칭 및 데이터가 유출될 수 있는 위협이다.

⑤ Insecure Data Storage(안전하지 않은 데이터 저장)는 데이터가 적절하게 저장되지 않아 직접적인 추출 및 민감한 정보의 가로채기 등 해커에 의한 다양한 공격에 노출되는 위협이다.

[13~14] ○△□ 게임사는 "온라인 문어 게임 서비스"를 인증 범위로 ISMS-P 인증 심사를 수행 중이다. 심사원은 인증 심사 3일차에 개발 보안과 관련하여 심사를 진행하고 있다. 심사원은 먼저 심사 준비 자료로 제시된 증적들 중 [개발 흐름도]와 [개발 보안 지침]을 확인하고 담당자와 인터뷰를 진행하였다.

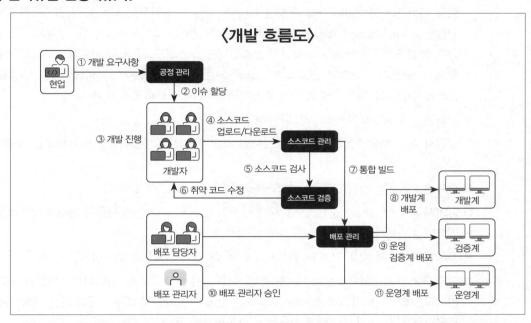

〈개발 흐름도〉

개발 보안 지침 (일부 발췌)

개발 보안 지침 (일부 발췌)

2016.03.03. 제정
2024.02.21. 개정

제20조(개발 운영 환경 분리)
① 서비스 또는 업무 관련 프로그램 개발 시, 개발 또는 테스트를 위해 사용되는 시스템은 운영 시스템과 분리된 시스템을 사용하여야 한다.
② 운영 시스템 환경에는 컴파일러 등 개발에 필요한 도구는 설치하지 않도록 한다.

제21조(소스코드 관리)
① 스코드는 인가된 개발자만 접근할 수 있어야 한다.
② 프로그램 소스코드에 IP, 비밀번호, 접속 정보 등을 포함하지 않도록 한다.

제22조(테스트 데이터 관리)
① 개발 및 테스트 시에는 운영 데이터를 사용하지 않도록 한다. 단, 운영 데이터를 테스트 데이터로 사용이 필요한 경우, [첨부 3. 테스트 데이터 이관 신청서]를 작성 후, 정보보호 최고책임자의 승인을 득해야 사용할 수 있다.

- **심사원** : 개발 프로세스에 대해 간단히 설명 부탁드립니다.

- **담당자 A** : 사업 담당 현업 부서에서 어떤 기능에 대해 개발이 필요하면 개발 요구사항이 포함된 개발 요청 문서를 작성합니다. 해당 문서를 내부 공정 관리 시스템에 신규 개발 건으로 생성하여 개발팀에 개발 요청을 합니다. 그럼 개발 팀장인 저희 팀장님이 개발 진행 상황들을 확인하고 각 개발자에게 개발 건을 할당하면 그때부터 개발을 시작합니다. 개발은 전산 PC에서 진행하고 각각의 소스코드는 소스코드 관리 시스템에 업로드하여 관리하고 있습니다. 개발이 완료되면 소스코드 검증 시스템을 이용해서 소스코드에 대한 검증을 수행하고 내부 기준에 맞게 조치하면 그 후에 배포를 진행합니다.

- **심사원** : 테스트 없이 바로 배포를 수행하시나요?

- **담당자 A** : 개발 흐름도에 보시는 것처럼 개발계, 검증계, 운영계 순서로 배포를 수행합니다.

- **심사원** : 배포는 개발자가 아닌 별도 배포 담당자가 있는 것 같네요.

- **담당자 A** : 네, 개발자들은 운영 서버 권한이 없어서 서버 담당자들이 배포를 진행하고 있습니다.

- **심사원** : 개발계 배포 시나 테스트 시에 운영 데이터 사용은 안 하시나요?

- **담당자 A** : 기본적으로는 운영 데이터를 사용하지 않고 테스트 데이터를 생성해서 사용합니다. 제가 기억하기로 작년에 고도화 작업을 수행하면서 외부 기관과 연동 테스트에 필요하여 한번 운영 데이터를 사용했던 것으로 기억합니다.

- **심사원** : 그때 운영 데이터를 어떤 식으로 사용하셨나요?

- **담당자 A** : 내부 기안 양식에 테스트 데이터 이관 요청서를 작성했습니다. 저희가 요청하면 시스템팀의 DBA와 정보보안팀의 승인을 받고 IT실장님까지 승인을 받은 후에 이관받았던 것으로 압니다.

- **심사원** : IT실장님이요? IT실장님이 CISO인가요?

- **담당자 A** : CISO요? 그건 잘 모르겠습니다.

- **심사원** : 알겠습니다. 그때 승인받은 이력을 보여주실 수 있을까요?

- **담당자 A** : 네, 여기 있습니다.

테스트 데이터 이관 요청서

테스트 데이터 이관 요청서	결재선	시스템팀 김관리 팀장	정보보안팀 김보안 팀장	CISO 현시소 실장
		2023.10.01	2023.10.01	2023.10.01
		개발팀 김개발 대리	개발팀 박소스 팀장	시스템팀 장디비 과장
		2023.10.01	2023.10.01	2023.10.01

기안	개발팀	기안일	2023.10.01	문서번호	2023-개발팀-00105
기안자	김개발	보존년한	5년	비밀등급	2
제목			테스트 데이터 이관 요청서		

목적		테스트를 위한 실데이터 개발계 이관 요청 – 고도화 관련 외부 기관 연동 테스트를 위해 필요함
운영계 정보		AB_DB01, 02 (10.10.40.11, 10.10.40.12)
개발계 정보		AB_TEST_DB (192.168.10.11)
요청 내용		운영 DB 내 테이블 및 데이터 개발계 이관 (테이블명 동일 생성)
테이블 정보	테이블명	TAS.CARD_DT_SVR
	조건	INS_DT BETWEEN '20230801' AND '20230930'
사용 기간		2023년 10월 1일 ~ 2023년 10월 31일

※ 테스트 완료 및 사용 기간 만료 후, [테스트 데이터 삭제 요청서] 기안 필수

- **심사원** : CISO까지 승인을 받으셨네요. 사용 기간을 보니 한 달만 테스트하신 것 같네요. 사용 기간 종료 후 테스트 데이터 삭제 요청서 작성하고 운영 데이터 파기를 하셨을까요?

- ○ **담당자 A** : 파기를 직접 하지는 않아서... 너무 오래전이라 기억이 나지 않네요. 아마 작성하지 않았을까요?

- **심사원** : 한번 확인해 보면 좋을 것 같습니다. AB_TEST_DB가 테스트 DB지요? TAS.CARD_DT_SVR 테이블 조회 부탁드립니다.

- ○ **담당자 A** : 네, 여기 조회했습니다.

- **심사원** : 음... 카드 번호랑 유효기간, 핸드폰 번호 정보 등이 그대로 있는 것 같네요. 카드 번호는 암호화도 안 되어있는 것 같네요. 테스트 데이터 삭제 요청서도 따로 작성하지 않으신 거죠?

○ **담당자 A** : 그런 것 같습니다.

■ **심사원** : 네, 알겠습니다. 인터뷰 고생 많으셨습니다. 운영 배포 담당자분과 인터뷰를 위해 안내 부탁드립니다.

(운영 배포 담당자 자리로 이동)

■ **심사원** : 운영 배포와 서버를 담당하신다고 안내받았습니다.

○ **담당자 B** : 네, 저희 팀 서버 담당자 3명이 서버와 운영 배포를 담당하고 있습니다.

■ **심사원** : 배포 시에 배포 계정은 어떻게 관리하고 계신가요?

○ **담당자 B** : 저희 서버 담당자 3명 각자 배포 권한 계정을 생성해서 개인별로 사용하고 있습니다.

■ **심사원** : 잘 나누어서 운영하고 계시네요. 소스코드 관리 시스템에 최종 소스코드가 업로드되면 통합 빌드 컴파일 후에 배포 관리 시스템에서 배포하시는 거죠?

○ **담당자 B** : 네, 맞습니다.

■ **심사원** : 서버들이 대부분 Rocky 리눅스인 것 같은데 일부 유닉스 장비가 있네요? octo_was01 장비는 무슨 장비인가요?

○ **담당자 B** : 고도화 이전부터 사용하고 있던 운영 장비인데 외부 기관 연동 이슈로 아직 사용하고 있는 장비입니다.

■ **심사원** : 서버에 한 번 접속해서 몇 가지만 확인 가능할까요?

○ **담당자 B** : 네, 접속했습니다.

■ **심사원** : 아래 명령어 입력 부탁드립니다.

○ **담당자 B** : 네, 실행했습니다.

```
root@octo_was01:/> find /usr –name javac –ls
21524    83    -r-xr-xr-x 1 bin   bin    69401     Dec 14    2018    /usr/java14/bin/javac
25416    91    -r-xr-xr-x 1 bin   bin    74019     Dec 14    2018    /usr/java14_64/bin/javac
34242    108   -r-xr-xr-x 1 bin   bin    130491    Dec 10    2018    /usr/java5/bin/javac
39102    154   -r-xr-xr-x 1 bin   bin    159424    Dec 20    2018    /usr/java5_64/bin/javac
51032    290   -r-xr-xr-x 1 bin   bin    298470    Jul 7     2019    /usr/java6/bin/javac
63111    389   -r-xr-xr-x 1 bin   bin    358142    Jul 7     2019    /usr/java6_64/bin/javac
root@octo_was01:/>
```

13 심사원과 담당자 A의 인터뷰 내용을 바탕으로 심사원이 도출할 수 있는 결함으로 가장 적절한 인증기준을 고르시오.

① 2.6.2 정보시스템 접근
② 2.7.1 암호정책 적용
③ 2.8.3 시험과 운영 환경 분리
④ 2.8.4 시험 데이터 보안
⑤ 2.8.6 운영환경 이관

14 심사원과 담당자 B의 인터뷰 내용을 바탕으로 심사원이 도출할 수 있는 결함으로 가장 적절한 인증기준을 고르시오.

① 2.8.1 보안 요구사항 정의
② 2.8.2 보안 요구사항 검토 및 시험
③ 2.8.6 운영환경 이관
④ 2.9.1 변경관리
⑤ 2.10.1 보안시스템 운영

15 전자금융업자인 CSB 사는 올해 ISMS-P 인증 사후 1차 심사를 받기 위해 컨설팅을 받아 IT인프라 취약점 진단을 수행하였다. 서버 담당자는 주요 서비스를 운영하고 있는 Linux 서버에 대한 취약점 조치를 수행하고 있다. 다음 보기 중 IT 운영 보안 지침 기준에 따라 조치 방법이 적절하지 않은 것을 고르시오.

☰ IT 시스템 운영 보안 지침 (일부 발췌)   ● ● ●

IT 시스템 운영 보안 지침 (일부 발췌)

2015.02.03. 제정
2024.03.20. 개정

제13조(패스워드 생성 및 관리)
① 패스워드의 길이는 영문 대문자, 영문 소문자, 숫자, 특수문자를 이용하여 3가지 조합, 8 자리 이상으로 설정하여야 한다.
② 사용자가 패스워드를 사용할 수 있는 최대 기간은 90일로 한다.
③ 패스워드는 화면상에 읽을 수 있는 형태로 표시되지 않아야 한다.

제14조(서버 접근통제)
① 사용자는 운영체제의 접근 통제 기능 또는 접근 통제 도구를 우회할 수 있는 방법을 시 도해서는 안 되며 이러한 방법 사용은 엄격하게 통제되어야 한다.
② 서비스 제공 서버에 대한 특수 계정(root)으로의 직접 로그온은 서버 콘솔에서만 허용한다.
③ 시스템별로 필요한 서비스 포트를 사전에 정의하고 불필요한 서비스 포트는 모두 제거 한다.

제15조(로그온 후의 접근 통제)
① 서버에 접속한 후 사용자나 다른 시스템으로부터 10분간 어떤 입력도 일어나지 않으면 자동적으로 로그 오프시키거나 세션을 중단시킨다. 단, 개발 업무나 서버 운영상 필요성 이 인정되는 경우 예외로 할 수 있다.
② 연속적으로 5회 이상 패스워드를 잘못 입력할 경우 30분간 접속을 차단한다.

① #vi /etc/ssh/sshd_config
　　PermitRootLogin No

② #vi /etc/hosts.deny
　　ALL：ALL
　#vi /etc/host.allow
　　sshd : 192.168.0.100, 192.168.0.101, 192.168.0.102
　　ftpd : 192.168.0.102

③ #vi /etc/profile
　　umask 600
　　export

④ #vi /etc/security/pwquality.conf
　　lcredit = −1 ucredit=−1 dcredit=−1 ocredit = −1 minlen=8

⑤ #chage −m 1 user1
　#chage −M 90 user1

16 NUGUYA 쇼핑몰은 온라인 쇼핑몰인 [NUGU 몰 서비스]를 인증범위로 하여 ISMS-P 인증심사를 받고 있다. 다음은 심사원이 정보보호 담당자와 정보보호 시스템에 대해 인터뷰한 결과이다. 이를 바탕으로 심사원이 결함으로 도출할 수 있는 가장 적절한 인증기준을 고르시오.

- **심사원** : 안녕하세요. 정보보호 시스템에 대해 인터뷰하겠습니다. 담당하고 계신 솔루션들에 대해 설명 부탁드립니다.

- **담당자** : 네, 안녕하세요. 정보보안팀에서 NAC, DRM, DLP 등 보안 솔루션을 운영 관리하고 있습니다.

- **심사원** : 그렇군요. DLP 시스템을 어떻게 운영하고 계신지 설명 부탁드립니다.

- **담당자** : 저희는 기본적으로 전 직원 업무 PC에 DLP 클라이언트를 설치하여 USB 저장매체, CD/DVD 드라이브, 외장하드 등의 읽기/쓰기를 차단하고 있습니다.

- **심사원** : 그럼 읽기/쓰기 정책은 아예 사용하지 않는다고 이해하면 될까요?

- **담당자** : 그건 아닙니다. 종종 외부 업체로 자료를 제출해야 한다거나 대용량의 데이터 이관이 필요한 경우 등에는 USB 또는 외장하드 사용 정책을 허용하여 사용하고 있습니다.

- **심사원** : 정책을 사용하는 상황을 좀 더 자세히 말씀해 주실 수 있을까요?

- **담당자** : 네, USB 저장매체 사용이 필요한 경우에는 USB 사용 신청서를 내부 기안으로 작성하고 정보보호 관리자의 승인을 받은 후에 DLP 시스템에서 허용 정책을 적용합니다. 사용 후에는 바로 정책을 회수하고 별도의 USB 관리 대장에 기록을 하고 있습니다. 실제 DLP 시스템에 남아있는 사용 로그와 수기로 작성하는 USB 관리 대장을 비교하여 사용 이력을 점검하고, 매월 CISO까지 보고하고 있습니다. 여기 USB 관리 대장이 있습니다.

- **심사원** : 잘 알겠습니다. 지난주 목요일 오전 11시에 사용 이력이 있네요. DLP 시스템에도 로그가 남아있는지 볼 수 있을까요?

- **담당자** : 네, 잠시만요... 여기 USB 정책 허용 로그를 보시면 목요일 오전 11시 인증 USB02번으로 사용한 로그가 있습니다. 지금은 정책을 회수했기 때문에 미사용 상태로 되어 있습니다.

- **심사원** : 인증 USB가 아닌 다른 외장하드나 이동식 저장매체도 사용 가능한가요?

- **담당자** : 사용 가능합니다.

- **심사원** : 네, 확인 감사합니다. 그런데 자산 관리 대장에 DLP 시스템을 보니 OS 버전이 CentOS 6.3로 되어 있네요. IP 정보도 다른 것 같네요. EOS에 대한 조치는 어떻게 하고 계신가요?

> ○ **담당자** : 저희가 EOS에 대한 현황을 매년 관리하고 있어 CentOS 6.3에 대해서도 미리 현황 파악을 했기 때문에 작년에 조치 계획을 세우고 예산을 확보했었습니다. 그리고 올해 상반기에 이 DLP 시스템을 소프트웨어 업그레이드 하면서 OS도 Rocky 9 버전으로 변경했습니다. 여기 서버 접속해서 보시면 Rocky 9 버전인 것을 보실 수 있습니다.
>
> ■ **심사원** : 네 알겠습니다. 감사합니다.
>
> ○ **담당자** : 감사합니다.

① 1.2.1 정보자산 식별

② 2.1.3 정보자산 관리

③ 2.9.4 로그 및 접속기록 관리

④ 2.10.7 보조저장매체 관리

⑤ 2.10.8 패치관리

17 심사원은 ABC 기업에 대해 ISMS-P 인증심사를 수행하고 있다. 다음은 클라우드 보안 담당자와의 인터뷰 및 구성도를 통해 도출한 결함으로 적절하지 않은 것을 모두 고르시오. (2개)

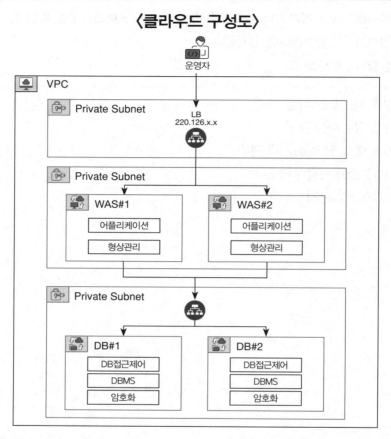

〈클라우드 구성도〉

- **심사원** : 클라우드 구성도를 보았는데요. 구성도에서는 운영자가 WAS에 접근할 때 별도 접근통제가 확인되지 않아서요.

- **담당자** : 클라우드 구성도에서는 확인되지 않지만 CSP에서 제공하는 F/W, NACL을 적용하고 여러 보안 솔루션을 통해 지정된 IP 및 운영자가 아니면 접근할 수 없도록 구성하였습니다. 여기 화면에 보시는 게 관련 자료들입니다.

- **심사원** : 네, 확인해보니 잘 적용되어 있네요. 구성도에도 접근통제에 대해 표기되어야 할 것 같네요.

- **담당자** : 네, 알겠습니다.

- **심사원** : WAS에 형상관리가 있는데 배포 절차가 어떻게 수행될까요?

- **담당자** : 개발자가 소스코드를 수정하고 운영 담당자가 확인한 다음에 형상관리 솔루션을 통해 배포를 진행하는 것으로 알고 있습니다.

- **심사원** : 개발을 위한 별도 망이 구성되어 있을까요?

○ **담당자** : 현재 클라우드 망 구성을 늘리는 과정으로 아직은 별도 개발 망은 존재하지 않고 개발자 및 운영 담당자 PC에서 소스코드 수정 및 테스트 후 배포 작업을 수행하고 있습니다. 해당 부분은 저희 팀장님께 보고되어 인지하고 있습니다.

■ **심사원** : 그럼 개발자와 운영 담당자 PC에서 소스코드 수정 및 테스트 과정에 대해서 주기적인 모니터링이나 감사 행위와 같은 보완대책이 마련되어 있을까요?

○ **담당자** : 아니오. 따로 진행하지 않습니다.

■ **심사원** : 소스코드 이력 관리도 되고 있지 않을까요?

○ **담당자** : 네, 현재는 소스코드 이력에 대해서는 로컬 PC에서 자체적으로 관리하고 있습니다.

■ **심사원** : 네, 알겠습니다. 운영 담당자와 추가적으로 인터뷰를 진행하고자 합니다.

(잠시 뒤)

■ **심사원** : 안녕하세요. 개발 및 테스트 관련하여 인터뷰를 요청 드렸습니다.

◇ **담당자** : 네, 말씀하시면 답변 드리겠습니다.

■ **심사원** : 로컬 PC에서 테스트 시 사용되는 데이터는 어떻게 관리되고 있을까요?

◇ **담당자** : DB#2 서버에서 일부 데이터를 개발자와 제 PC에 이관시켜 테스트를 진행하고 있습니다.

■ **심사원** : 운영 담당자님 혼자서 소스코드 수정, 테스트 및 배포까지 업무를 하고 계신가요?

◇ **담당자** : 네, 현재 인력들의 퇴사로 제가 모든 과정을 진행하고 있습니다. 해당 부분은 내부 결재를 통해 진행되고 있는 부분이며, 현재 인력 충원 중입니다.

■ **심사원** : 그럼 배포하는 과정에서 검토 및 승인하는 절차는 있을까요?

◇ **담당자** : 아니요. 이 업무는 저만 할 수 있어서 따로 사전에 보고 드리지는 않습니다. 다만, 배포 후 진행 결과에 대해서만 보고를 드리고 있습니다.

■ **심사원** : 알겠습니다. 인터뷰 참여 감사드립니다.

① 네트워크 구성도에 정보보호시스템, 접근통제 등이 내용이 표기되지 않아 1.2.2 현황 및 흐름분석 결함으로 판단하였다.

② 개발 및 운영 환경을 분리하지 않고 운영하고 있으나 이에 대한 상호 검토 및 모니터링 등의 절차가 존재하지 않아 2.8.3 시험과 운영 환경 분리 결함으로 판단하였다.

③ 로컬 PC에서 개발 및 관리되는 소스코드에 대한 이력 관리가 이루어지지 않아 2.8.5 소스 프로그램 관리 결함으로 판단하였다.

④ 인력이 부족함으로써 정보보호 관점에서 취약점이 존재하여 2.1.2 조직의 유지관리 결함으로 판단하였다.

⑤ 소스코드 수정, 테스트 및 배포하는 과정에서 검토 및 승인하는 절차가 존재하지 않아 2.8.6 운영환경 이관 결함으로 판단하였다.

18 다음은 ABC 온라인 쇼핑몰의 내부 지침과 정보자산관리 대장 일부이다. 심사원과 담당자의 인터뷰를 바탕으로 심사원이 판단한 내용 중 가장 적절한 것을 고르시오.

정보자산 관리 지침

정보자산 관리 지침

제5조(정보자산 식별 및 관리)

① 각 정보자산에 대한 담당자를 지정함으로써 정보자산 보호에 대한 책임성을 확보하고 정보자산에 대한 보안을 지속적으로 유지할 수 있도록 한다.

② 각 부서별 정보보안관리자는 해당 부서에서 관리하는 정보자산을 파악하고, 보호되어야 할 정보자산을 식별하여야 한다. 기존의 정보자산뿐 아니라 새로 도입되는 정보자산도 식별 및 관리하여야 한다.

③ 정보보호담당자는 각 부서에서 관리하는 정보자산을 매월 취합하여 전체 목록을 관리하여야 한다.

물리 보안 지침

물리 보안 지침

제1조(보호구역의 지정)

① 물리적 보안 담당자는 업무 구역을 다음과 같이 구분하며 물리적 보안 담당자는 통제구역 및 제한구역을 각 호와 같이 설정하고 보호대책을 강구하여야 한다.

    1. 제한 구역 : 사무실, 회의실, 문서고는 일부 중요 자산이 보관되어 있는 장소로 외부인의 출입이 제한적으로 허용되는 제한구역으로 지정한다.

    2. 통제 구역 : 주 전산실, 통신실은 중요 자산이 보관되어 있는 장소로서 비인가자의 출입을 엄격히 통제하여야 하는 통제구역으로 지정한다.

② 통제구역으로 설정된 곳은 각각 출입문에 '통제구역' 임을 나타내는 표지를 부착하여야 한다.

③ 통제구역 및 제한구역 출입구에는 '출입통제 시스템'을 설치하여 등록된 인원만 출입이 가능하도록 하여야 한다.

제2조(통제구역의 보호)

① 통제구역의 출입은 원칙적으로 인가된 자만 출입이 가능하도록 하고, [서식 1] '주 전산실 출입 관리 대장(장비 반·출입 확인)'을 비치하여 출입 인원을 기록 및 관리하도록 한다.

② 통제구역은 불특정 다수인이 출입할 수 있는 장소로부터 격리시킨다.

③ 통제구역의 적절한 위치에 비상구가 설치되어야 한다.

④ 건물 로비 및 일반 안내도에는 통제구역의 위치를 표시하지 않는다.

⑤ 통제 구역의 출입문은 항상 잠금 상태를 유지하도록 한다.

⑥ 화재를 대비하여 소화기를 비치하여야 하며, 전산 설비가 있는 곳에는 소화 설비 등 보호 대책을 마련하여 적용하여야 한다.

제3조(통제구역의 기기 반출입)

① 통제구역 내에 정보시스템을 반출·입할 경우에는 해당 담당자의 입회하에 실시하여야 하며, [서식 2] '반출·입 신청서'를 작성하여 승인을 득해야 한다.

② 통제구역에 모바일 기기를 반출·입은 기본적으로 허가되지 않지만, 부득이한 경우에는 반출·입 신청서를 작성하고 모바일 기기 보안점검(백신 설치, 바이러스 검사, 최신 업데이트 수행 등)을 수행해야 한다.

③ 통제구역 내에서 모바일 기기를 이용한 촬영은 불가하며 부득이한 경우에는 정보보호 관리자의 승인을 득한 뒤에만 수행할 수 있다.

≡ 정보자산관리대장 중 일부내용 ● ● ●

정보자산관리대장 중 일부내용

No	구분	코드	자산명	IP	호스트명	OS	물리적위치	담당자
1	서버	SVR_LX-01	WEB서버	*.*.*.*	SB_WAS	CentOS 6.6	주전산실	나여운
2		SVR_LX-02	WAS서버	*.*.*.*	SB_WEB	Ubuntu 17.01	주전산실	최유진
3		SVR_LX-03	개발서버	*.*.*.*	Dev_admin	Solaris	IT개발팀	아이유
4		SVR_LX-05	백업서버	*.*.*.*	B_admin	Solaris	DR센터	장기하
5	DB	SVR_LX-06	회원 DB	*.*.*.*	CUS_DB	Ubuntu 17.01	주전산실	고애신
6		SVR_LX-07	콜센터 DB	*.*.*.*	CALL_DB	Ubuntu 17.01	주전산실	고애신
7		SVR_LX-08	등록/구매 DB	*.*.*.*	BUY_DB	Ubuntu 17.01	주전산실	고애신
8		SVR_LX-09	배송 DB	*.*.*.*	PRF_DB	Ubuntu 17.01	주전산실	고애신
9		SVR_LX-11	사용자 DB	*.*.*.*	EMP_DB	Ubuntu 17.01	주전산실	고애신

■ **심사원** : 안녕하세요. ABC 온라인 쇼핑몰의 업무에 대해 간략히 설명해 주시겠습니까?

○ **담당자** : 네, 저희 온라인 쇼핑몰은 크게 등록/구매, 배송, 고객상담으로 업무가 구성되어 있습니다.

■ **심사원** : 해당 업무에 대한 정보자산은 어떻게 관리하고 계시나요?

○ **담당자** : 각 부서별로 매월 정보자산을 점검하고 작성된 정보자산목록을 정보보호 담당자가 월 1회 취합하여 관리하고 있습니다. 앞서 제출한 정보자산관리 대장이 전체 목록입니다.

■ **심사원** : 이번에 신청하신 인증 범위 내 정보자산이 모두 포함되어 있겠네요.

○ **담당자** : 네, 업무와 관련한 자산이 누락없이 작성되어 있는 것으로 매월 확인하고 있습니다.

■ **심사원** : 외부인이 통제구역에 출입하는 경우가 있나요?

○ **담당자** : 서버 등 유지보수나 장애 대응 시에 업체 담당자가 출입을 할 수 있는데 담당자 입회하에만 출입이 가능하도록 통제하고 있습니다.

■ **심사원** : 백업서버는 운영서버와 동일한 내용을 보유하고 있는데 DR센터는 보호구역으로 지정하지 않은 이유가 있을까요?

○ **담당자** : 백업서버는 운영 중인 서버가 아니어서 지정하지 않았습니다.

① 쇼핑몰 업무에 대한 ISMS 인증 범위가 적정하게 선정되지 않아 1.1.4 범위 설정 결함으로 판단하였다.

② 정보자산을 월 1회 점검하고 있어 1.2.1 정보자산 식별 결함으로 판단하였다.

③ 정보자산목록을 각 부서에서 점검하고 있어 2.1.3 정보자산 관리 결함으로 판단하였다.

④ 백업서버가 있는 DR센터는 통제구역으로 지정되어야 하므로 2.4.1 보호구역 지정 결함으로 판단하였다.

⑤ 인가된 임직원이 아닌 외부인이 출입하고 있어 2.4.2 출입통제 결함으로 판단하였다.

19 신청기관 A 사의 ISMS 인증심사 중에서 발생된 상황이다. 심사원이 결함이라고 판단한 내용 중 적절하지 않은 것을 고르시오.

⊙ **2.6.2 정보시스템 접근 결함**

신청기관 A 사는 서버보안솔루션으로 K 사를 사용하고 있었다. 심사원이 해당 솔루션의 관리자 권한 계정을 확인한 결과 별도의 AD계정이나 관리계정을 사용하고 있지 않고 해당 솔루션의 K사가 상시 보유하는 관리자ID를 통해 접근하고 있는 것을 확인하였다. 담당자는 해당 계정은 유지보수 및 관리를 위해 절대적으로 필요하며 월 1회 정기유지보수 계약을 하였기 때문에 해당 유지보수업체 직원만 사용한다고 했다.

다만, 원격제어로 들어올 수는 없고 담당자가 방화벽을 열어줘야만 들어올 수 있음을 확인하였으나 유지보수의 경우에는 방문 시기와 관계없이 상시 enable상태로 접근하고 있음을 확인하였다.

ⓛ **2.6.1 네트워크 접근 결함**

신청기관 A 사는 심사원이 네트워크 구성도와 인터뷰를 통하여 확인한 결과, 위험평가를 통하여 핵심 업무영역의 네트워크 분리 및 영역 간 접근통제 수준을 결정하고 있으나, 외부 지점에서 사용하는 일부 정보시스템 및 개인정보처리시스템과 IDC에 위치한 서버 간 연결 시 일반 인터넷 회선을 통하여 데이터 송수신을 처리하고 있어 내부 규정에 명시된 VPN이나 전용망 등을 이용한 통신이 이루어지고 있지 않은 것을 확인하였다.

ⓒ **2.6.2 정보시스템 접근 결함**

신청기관 A 사는 심사원이 확인한 결과 정보시스템의 사용 목적과 관련이 없거나 침해사고를 유발할 수 있는 서비스 또는 포트를 확인하여 제거 또는 차단하여야 한다고 가이드하고 있으나, 타당한 사유 또는 보완 대책 없이 안전하지 않은 접속 프로토콜(telnet, ftp 등)을 사용하여 접근하고 있으며, 불필요한 서비스 및 포트를 오픈하고 있는 경우를 확인하였다.

ⓔ **2.6.3 응용프로그램 접근 결함**

신청기관 A 사의 내부 고객관리서비스를 확인해 본 결과 개인정보 조회화면에서 like 검색을 과도하게 허용하고 있어, 모든 사용자가 본인의 업무 범위를 초과하여 성씨만으로도 전체 고객의 정보를 조회할 수 있는 경우를 확인하였다.

ⓜ **2.11.1 사고 예방 및 대응체계 구축 결함**

침해사고에 대비해 직원들을 대상으로 악성코드가 포함된 메일발송 훈련을 실시하였고 해당 솔루션은 외부 컨설팅업체와 진행하였다. 심사원은 단순한 악성코드 메일훈련 외에 (DDOS훈련 등) 다른 필요한 훈련을 하지 않은 것으로 확인하였다.

---

① ㉠   ② ㉡   ③ ㉢   ④ ㉣   ⑤ ㉤

20 심사원은 2024년 11월 대형 서점 온라인몰인 △△문고의 ISMS 인증심사를 수행하고 있다. 네트워크 구성도와 인터뷰 내용을 확인하고 심사원이 판단한 내용으로 적절한 것을 고르시오.

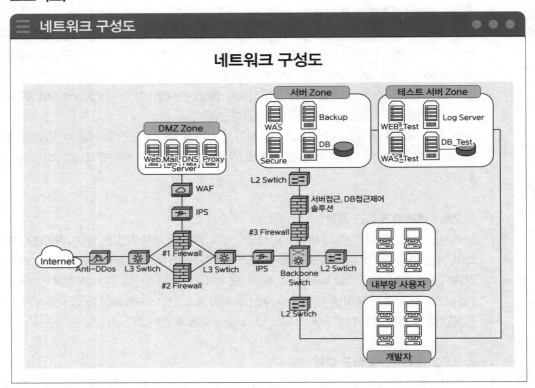

- **■ 심사원** : 안녕하세요. 네트워크 구성도를 보니 서버 Zone에 Secure서버의 용도와 테스트 서버 Zone의 WEB_Test서버가 있는데요. 외부 인터넷이 가능한 환경인가요? 설명 좀 부탁드립니다.

- **○ 담당자** : 네 DMZ에서 방화벽을 통과한 내부대역의 서버Zone, 테스트 서버Zone의 경우에는 외부 인터넷이 차단되도록 설정되어 있습니다. #1, #2 Firewall이 그 역할을 수행하고 있습니다. 서버 Zone의 Secure서버에는 백신업데이트서버와 보안O/S가 설치되어 있습니다. 다른 서버들에 대해서 보안O/S 에이전트들을 설치해서 통제하는 역할을 수행하고 있습니다. 보안O/S에서 각 서버 예를 들어 WAS서버의 방화벽 기능을 부여할 수 있어서 DMZ에 있는 서버들을 포함해서 모든 서버들은 보안O/S의 통제를 받아 자체 방화벽이 서버에 구성되어 운영되고 있습니다.

- **■ 심사원** : Secure서버에 백신 업데이트 서버의 경우에는 그럼 외부 인터넷망을 통해서 업데이트 되나요?

○ **담당자** : 네, 백신 업데이트 서버의 경우 백신회사에서 업데이트를 제공하고 있기 때문에 해당 포트만 개방되어 있고 인터넷에 연결 가능합니다. 아마 8804/TCP포트일 텐데요. 백신서버만 해당 포트로 외부 인터넷이 가능하게 정책이 설정되어 있습니다. 그리고 #1, #2 Firewall의 경우는 HA구성이라 방화벽 정책이 동일하고요. 해당 백신서버와 8804 포트만 개방해서 운영할 수 있게 구성했습니다.

■ **심사원** : #3 Firewall의 경우에는 어떤 역할을 하고 있나요?

○ **담당자** : #3 Firewall의 경우에는 기본적으로는 내부망 사용자와 개발자의 접근통제를 하는 역할을 하도록 되어있습니다만 사실 서버Zone, 테스트 서버Zone에 접속하기 위해선 서버접근, DB접근제어 솔루션을 거치게 되어있습니다. 각 서버들은 모두 보안O/S에 의해서 자체 방화벽으로 접근통제가 되어 있어서 #3 Firewall의 경우에는 딱히 필요하지가 않아서 개방상태로 운영 중입니다.

■ **심사원** : 잠시만요. '보안시스템 운영지침'을 확인해 보겠습니다.

제4장 보안시스템 운영지침

제3조(방화벽 운영지침)

① 사내 설치된 모든 방화벽은 최소권한 정책을 준수하여야 하며 기본 정책은 화이트 리스트 정책을 사용하고 필요한 트래픽만 명시적으로 허용하여야 한다.

② 방화벽 정책에 필요한 포트에 대해서 정보보호담당부서와 업무협의를 통해서 필요한 사항을 제공받는다. 업무 협의 시 "프로토콜 목록(별표 3)"을 참고하여 보안이 취약한 포트에 대한 접속을 허용하지 않도록 한다.

−−이하 생략−−

■ **심사원** : 지침을 확인해 보면 기본적으로 화이트 리스트 방식으로 필요한 트래픽만 허용하게 되어있는데 결국 #3 Firewall은 해당사항을 지키지 않은 것 아닌가요?

○ **담당자** : 네. 그렇기는 한데 #3 Firewall은 이번에 새로 도입되었고 방금 전 말씀드린 것처럼 서버들이 보안O/S에서 방화벽 역할을 하고 있어서 문제가 없습니다. 그리고 서버 방화벽들이 문제가 생긴다고 하더라도 결국 관문 방화벽인 #1, #2 방화벽에서 접근통제가 되어 있기 때문에 문제가 되지 않습니다.

■ **심사원** : 새로 도입되었는데 도입 시 보안성 검증이라던가 별도 절차는 있지 않나요?

○ **담당자** : 네, 있습니다. 도입 시 정보보호부서의 보안성 검증절차는 시행했고 해당 증적은 제공해 드리겠습니다. #3 Firewall의 경우엔 정상적인 절차를 밟아 도입하여 운영하고 있습니다. 다만 서버에 방화벽 정책이 잘 설정되어 있어 굳이 #3 Firewall에는 아직 정책을 설정할 필요가 없어서 제어하지 않은 상황입니다.

■ **심사원** : 알겠습니다. 서버들에 설정되어 있는 방화벽 정책들은 그래도 잘 관리가 되고 있어 일단 내부망이 외부 인터넷과 연결이 되어 통신이 되거나 하지 않는군요. 감사합니다.

① 심사원은 보안시스템 운영지침의 정책이 잘못되었다고 판단하여 2.1.1 정책의 유지 관리 결함으로 판단하였다.

② 심사원은 Secure서버의 백신 업데이트 포트인 8804/TCP포트가 외부 인터넷과 통신하고 있어 2.6.7 인터넷 접속 통제 결함으로 판단하였다.

③ 심사원은 서버 Zone과 테스트서버 Zone의 정보시스템 간 접근이 가능하다고 판단하여 2.6.2 정보시스템 접근 결함으로 판단하였다.

④ 심사원은 #1, #2 Firewall과 보안O/S, 보안솔루션을 통해 접근통제는 되고 있으나 #3 Firewall에서 모든 정책이 허용 상태로 되어있어 2.10.1 보안시스템 운영 결함으로 판단하였다.

⑤ 심사원은 네트워크 구성도에서 개발자, 내부망 사용자 영역에서 우회 경로가 존재하여 2.6.1 네트워크 접근 결함으로 판단하였다.

21 다음은 BB은행 정보보호팀의 A사원과 B팀장의 주간 모니터링 결과와 관련한 대화 및 증적을 나타낸 것이다. 이를 토대로 보기 중 가장 적절하지 않은 것을 고르시오.

> ■ **A사원** : 팀장님, 5월 2주차에 진행한 당행과의 모든 계약이 종료된 고객의 비중요 개인 신용정보 파기 및 접근통제 주간 모니터링 결과 보고서 결재 올리겠습니다.
>
> ○ **B팀장** : A사원님, 500명 정보의 접근통제 적용이 누락되어서 차주 진행된다는 내용이 있는데 자세히 설명 부탁드립니다.
>
> ■ **A사원** : 지난 3월에 계약이 종료된 고객정보에 대해 5월 1주차에 접근통제를 적용하던 중 C저축은행 오픈뱅킹 이체 내역이 있는 500명의 이체 내역정보의 접근통제가 적용되지 않았습니다. 참고로 지난 1월 말에 C저축은행의 오픈뱅킹 오픈에 따른 대외기관 연결이 있었고, 이때부터 C저축은행으로부터 오픈뱅킹 이체 내역을 송수신 받고 있었습니다.
>
> ○ **B팀장** : C저축은행의 오픈뱅킹 연결이 있는 줄 몰랐네요. 통제가 적용되지 않은 원인은 무엇이었나요?
>
> ■ **A사원** : 접근통제 프로그램이 C저축은행 오픈뱅킹 이용고객 정보를 참조하던 중 에러가 발생하여 C저축은행 오픈뱅킹 이용내역 통제가 적용되지 않고 계속 정보가 조회되는 현상이 발생되었습니다.
>
> ○ **B팀장** : 대외채널 연계목록, API 호출내역과 저축은행 코드표 좀 보여주세요.
>
> ■ **A사원** : 여기 있습니다. 대외채널은 '어플리케이션 아키텍처 목록표'를 보시면 됩니다.
>
> ○ **B팀장** : C저축은행 코드가 2개인데 2월 API 호출 이력이 특이하네요.. 2월에는 비활성화된 코드값으로 호출이 성공했고, 현재 활성화된 코드값으로는 에러가 있었네요. 부가적으로 대외채널 연계목록표에는 오픈뱅킹 관련 사항이 없어 현황도 관리가 잘 안 되고 있는 느낌이네요…

- **A사원** : 제가 알아본 바로는 알 수 없는 오류원인으로 기존 코드값(TP_BANK_007)으로는 트랜잭션 처리가 되지 않아 우여곡절 끝에 다음날 임시코드값인 TP_BANK_008을 생성하여 오픈뱅킹 트랜잭션이 처리되도록 하였고, 그 이튿날 다시 TP_BANK_007으로 트랜잭션이 처리가 되도록 조치한 후 TP_BANK_008을 비활성화 처리했다고 합니다.

BB 은행 어플리케이션 아키텍처

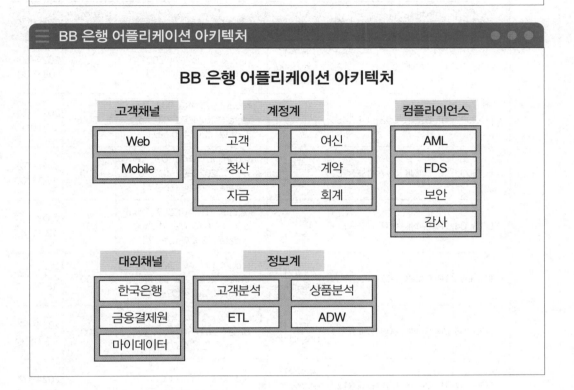

BB 은행의 오픈뱅킹의 저축은행 거래내역 관련 테이블 정보

BB 은행의 오픈뱅킹의 저축은행 거래내역 관련 테이블 정보

log_id	third_bank_code	user_id	api_endpoint	request_data	response_code	called_at
LOG001	TP_BANK_001	USER123	/api/v1/accounts/balance	{"account_id": "ACC001", "bank_code": "004"}	200	2024-02-03 9:30
LOG002	TP_BANK_002	USER456	/api/v1/transactions	{"account_id": "ACC002", "from_date": "2024-02-01", "to_date": "2024-02-03"}	200	2024-02-03 10:15
LOG003	TP_BANK_007	USER789	/api/v1/transactions	{"account_id": "ACC007", "from_date": "2024-02-01", "to_date": "2024-02-17"}	400	2024-02-17 11:00
LOG004	TP_BANK_007	USER111	/api/v1/transactions	{"account_id": "ACC007", "from_date": "2024-02-01", "to_date": "2024-02-17"}	404	2024-02-17 11:45
LOG005	TP_BANK_008	USER789	/api/v1/transactions	{"account_id": "ACC007", "from_date": "2024-02-01", "to_date": "2024-02-17"}	200	2024-02-18 11:21
LOG006	TP_BANK_008	USER111	/api/v1/transactions	{"account_id": "ACC007", "from_date": "2024-02-01", "to_date": "2024-02-17"}	200	2024-02-18 15:45
LOG007	TP_BANK_001	USER123	/api/v1/accounts/balance	{"account_id": "ACC001", "bank_code": "004"}	200	2024-02-19 14:00
LOG008	TP_BANK_002	USER456	/api/v1/transactions	{"account_id": "ACC002", "from_date": "2024-02-10", "to_date": "2024-02-19"}	200	2024-02-19 14:45

BB 은행의 오픈뱅킹 저축은행 코드 관련 테이블 정보

bank_code	third_bank_code	status
TP_BANK_001	S 저축은행	활성
TP_BANK_002	O 저축은행	활성
TP_BANK_003	N 저축은행	활성
TP_BANK_004	K 저축은행	활성
TP_BANK_007	C 저축은행	활성
TP_BANK_008	C 저축은행	비활성
TP_BANK_009	Z 저축은행	활성
TP_BANK_010	V 저축은행	활성

① 3월에 거래가 종료된 고객인데 5월에 비중요 정보 파기 및 접근통제를 진행하였기 때문에 '3.4.1 개인정보 파기' 결함으로 판단된다.

② 어플리케이션 아키텍처에서 대외채널의 '오픈뱅킹'이 누락되어 있으므로 '1.2.1 정보자산 식별' 결함이 될 위험이 없는지 추가 조사해 봐야 한다.

③ 정보보호팀장이 신규 오픈뱅킹 추가기관의 연결이 있는 줄 몰랐고, 또 해당 프로그램 오류가 발생하였기에 '2.10.4 전자거래 및 핀테크 보안' 결함으로 판단될 수 있다.

④ C 저축은행의 TP_BANK_008은 임시코드이지만 '비활성화' 되어 있고, 현행화가 되어 있지 않다고 보기는 어려워 '2.6.4 데이터베이스 접근' 결함으로 판단할 순 없다.

⑤ 비중요 고객정보 파기가 된 거래종료 고객의 중요정보의 접근통제가 적용되지 않은 것은 '3.4.1 개인정보 파기' 결함으로 판단이 된다.

22 홈페이지(웹 어플리케이션) 해킹 시 공격자는 보안이 취약한 게시판을 많이 이용한다. 홈페이지 게시판과 관련된 보안 취약점은 대표적으로 파일 업로드 취약점, XSS(Cross Site Scripting), SQL 인젝션이 있으며 공격자들은 이러한 취약점을 이용해 홈페이지를 해킹한다. 다음 보기 중에서 웹 보안 강화 및 예방을 설명하는 내용으로 적절하지 않은 것을 고르시오.

㉠ 파일 업로드 취약점

[진단] 게시판에 php, jsp, asp, cgi, js, py 등과 같은 확장자가 첨부파일로 등록이 된다면 파일 업로드 취약점이 있다고 볼 수 있다.

[예방] 파일 업로드 취약점은 업로드 파일에 대한 필터링과 파일 업로드 디렉토리에 대한 "실행" 권한 제한으로 조치가 가능하다. 파일 업로드 디렉토리에서 실행 권한을 제거하는 방법은 소스코드 수정 없이 임시적으로 조치할 수 있다.

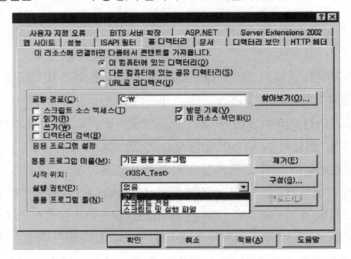

㉡ 파일 업로드 취약점

[예방] 사용자로부터 입력 받은 값이 SQL 함수 인자로 직접 전달되지 않도록 파라미터화된 쿼리를 사용하여 처리한다.

[JAVA – 업로드 제한 예시]

```
public void ButtonClick(object sender, EventArgs e)
{
 string connect = "MyConnString";
 string userid = Request["userid"];
 string query = "SELECT * FROM user WHERE id = @userid";
 using (var conn = new SqlConnection(connect))
 {
  using (var cmd = new SqlCommand(query, conn))
  {
   cmd.Parameters.Add("@userid", SqlDbType.VarChar, 10);
   cmd.Parameters["@userid"].Value = userid;
   conn.Open();
   cmd.ExecuteReader();
  }
 }
}
```

ⓒ 파일 업로드 취약점
[예방] 1. Apache 설정 파일(/etc/httpd/conf/httpd.conf) 수정
       – AllowOverride 지시자에 "FileInfo" 추가

```
〈Directory "/usr/local/apache"〉
 AllowOverride FileInfo
〈/Directory〉
```

2. 파일 업로드 디렉토리에 .htaccess 파일 생성 및 아래 내용 작성

```
〈.htaccess〉
〈FilesMatch "\.(ph|inc|lib)"〉
Order allow, deny
Deny from all
〈/FilesMatch〉
AddType text/html .html .htm .php .php3 .php4 .phtml .phps .in .cgi .pl .shtml .jsp
```

ⓓ XSS(Cross Site Scripting)
[진단] 게시판에 〈script〉〈/script〉 태그 입력을 통해 반응이 있으면 XSS 취약점이 있다고 볼 수 있다.
[예방] OWASP 등 공신력 있는 단체에서 제작한 XSS 필터 라이브러리를 사용해 XSS를 예방할 수 있다.
       – OWASP : Enterprise Security API(ESAPI)
       – 네이버 : Lucyxss filter
       – Microsoft : Anti-Cross Site Scripting Library(Anti-XSS Library)

분 류	설 명
ESAPI	• XSS 등 웹어플리케이션 시큐어 코딩을 위한 오픈소스 라이브러리 • 문자열 기반 유효성 검사 등의 기능을 기본적으로 제공
Lucyxss filter	• 자바 서블릿 기반 필터 • XML 설정만으로 손쉽게 사용할 수 있다는 장점
Anti-XSS Library	• .NET framework 기반 라이브러리

ⓔ SQL 인젝션 공격
[진단] 로그인 창에 Query 특성을 이용하여 무조건 참이 되도록 값을 입력한 후 로그인이 우회되면 SQL 인젝션 취약점이 있다고 볼 수 있다.
[예방] 특수문자 입력 시 에러로 처리할 수 있는 검증 로직 추가

문 자	설 명
'	문자 데이터 구분 기호
;	쿼리 구분 기호
--, #	해당라인 주석 구분 기호
/* */	/* 와 */ 사이 구문 주석

① ㉠   ② ㉡   ③ ㉢   ④ ㉣   ⑤ ㉤

23 최근 많은 기업들이 비용 절감, 유연성 등의 이유로 클라우드서비스를 이용하고 있다. 전자금융업자인 A사도 주요 서비스인 전자금융 서비스를 IDC 내 온프레미스로 구축하여 운영 중이었지만 사업부서의 요구와 비용 등 여러 사항을 고려하여 AWS로 서비스 이관을 검토하고 있다. A사가 AWS로 이관 및 이용 시에 필요한 절차로 적절한 것을 모두 고르시오.

> ㄱ. 취급하는 정보의 중요도, 클라우드서비스 이용이 전자금융거래의 안전성 및 신뢰성에 미치는 영향 등을 바탕으로 업무 중요도 평가를 수행하여야 한다.
>
> ㄴ. 업무 중요도 평가에 따라 60점 이상은 중요업무, 60점 미만은 비중요업무로 구분한다.
>
> ㄷ. 클라우드서비스 제공자 선정을 위한 업체 평가 시, 건전성 평가와 안전성 평가 모두 자체 평가로 수행할 수 있다.
>
> ㄹ. 클라우드서비스 제공자 업체에 대한 안전성 평가의 경우, 침해사고대응기관인 한국인터넷진흥원의 대표 평가 결과를 활용할 수 있다.
>
> ㅁ. 클라우드서비스 제공자가 국내·외 클라우드 보안인증을 취득·유지하고 있는 경우, 업체 평가를 생략할 수 있다.
>
> ㅂ. 안전성 확보 조치 방안과 업무 연속성 계획을 수립하여야 한다.
>
> ㅅ. 중요도 평가 결과, 클라우드서비스 제공자 평가 결과, 업무 연속성 계획 및 안전성 확보 조치 방안에 대해 정보보호위원회를 개최하여 심의·의결하여야 한다.
>
> ㅇ. 클라우드서비스 이용 계약을 신규로 체결하는 경우, 6개월 이내에 금융감독원장에게 보고하여야 한다.

① ㄱ, ㄷ, ㅂ, ㅅ

② ㄱ, ㄷ, ㅁ, ㅂ, ㅅ

③ ㄱ, ㄴ, ㄷ, ㄹ, ㅂ, ㅅ

④ ㄱ, ㄴ, ㄷ, ㄹ, ㅁ, ㅂ, ㅅ

⑤ ㄱ, ㄴ, ㄷ, ㄹ, ㅁ, ㅂ, ㅅ, ㅇ

24 다음은 OO시청에 대한 ISMS-P 심사 내용이다. 심사원과 담당자의 인터뷰를 바탕으로 결함에 가장 적절한 것을 고르시오.

- 시스템 : 도서관리 시스템
- 정보주체 개인정보 보유 : 200만 건
- 민감정보 보유 : 2만 건
- 구축비용 : 120억
- 개인정보 영향평가 종료일 : 2024년 8월 30일

- **■ 심사원** : 시스템에 대해서 간단한 설명 부탁드립니다.
- **○ 담당자** : 여러 시립도서관에서 공용으로 이용하는 도서관리시스템을 구축하여 운용 중입니다.
- **■ 심사원** : 정보시스템 신규 도입 시 보안 요구사항을 정의하고 적용하고 있나요?
- **○ 담당자** : 내부 절차에 따라 법적 요구사항을 반영하고 최신 보안취약점 조치 및 설계 단계에서부터 시큐어코딩을 수행하도록 하고 있습니다.
- **■ 심사원** : 다른 시립 도서관에서도 이 서비스를 이용하고 있는 거죠?
- **○ 담당자** : 네, 맞습니다.
- **■ 심사원** : 접근 권한의 부여 및 변경에 대한 로그는 점검하고 계신가요?
- **○ 담당자** : 권한 부여 및 변경에 대한 모든 기록을 로그로 저장하고 있고 내부 정책서에 따라 반기 1회 점검하고 있습니다.
- **■ 심사원** : 공공시스템에 접속하는 개인정보처리자의 접속기록은요?
- **○ 담당자** : 개인정보처리자 접속기록은 제가 월 1회 점검하고 팀장님께 전자결재로 승인받고 있습니다. 그리고 공공시스템을 이용하는 모든 기관이 개별적으로 소관 개인정보취급자의 접속기록을 직접 점검할 수 있는 기능을 제공하고 있습니다.
- **■ 심사원** : 공공시스템에 대해서는 자동화된 방식으로 접속기록을 탐지하여 불법적인 개인정보 유출 및 오용, 남용 시도를 탐지하고 그 사유를 소명하도록 되어있는데요.
- **○ 담당자** : 네. 영향평가 결과에서 나온 항목입니다. 추가 개발이 필요하여 내년 6월까지 조치하도록 이행계획을 '장기'로 수립하여 현재 개발 진행 중에 있습니다.
- **■ 심사원** : 개인정보취급자 접속기록 로그는 몇 년 보관하고 있나요?
- **○ 담당자** : 별도 로그 서버에 2년 보유하고 있고 클라우드 소산 백업으로 1년 보유하고 있습니다.
- **■ 심사원** : 소산백업은 1년만 저장하고 있는 이유가 있나요?
- **○ 담당자** : 예전부터 그렇게 운영해오고 있습니다.

- ■ **심사원** : 관리자 화면에서 보면 회원정보 다운로드 기능이 있는데 인터넷을 사용하고 있네요. 망 차단조치는 되어있나요?
- ○ **담당자** : 아니요. 망차단 조치는 하고 있지 않습니다.
- ■ **심사원** : 그러면 망연계 시스템도 없겠네요.
- ○ **담당자** : 망연계 시스템이 뭔지 모르겠습니다.
- ■ **심사원** : 민감정보를 보유하고 계신데요. 민감정보 수집·이용 동의는 받고 있나요?
- ○ **담당자** : 작년까지는 동의를 받았는데요. 올해부터는 동의 받지 않고 고지 안내를 하고 있습니다. 개인정보보호법 개정 내용 중 서비스 이용을 위한 필수 정보는 고지하도록 되어있는 내용을 반영하였습니다.

① 1.3.1 보호대책 구현
② 1.4.1 법적 요구사항 준수 검토
③ 2.6.7 인터넷 접속 통제
④ 2.9.5 로그 및 접속 기록 점검
⑤ 3.1.4 민감정보 및 고유식별정보의 처리 제한

[25~26] 신청기관인 마음도서관은 ISMS 임의 신청자로서 ISMS-P 최초심사를 진행 중에 있다. 심사 첫날이며 인증심사 시작회의에서 신청기관은 ISMS-P 구축 및 운영 현황 등에 대해 설명 중이다.

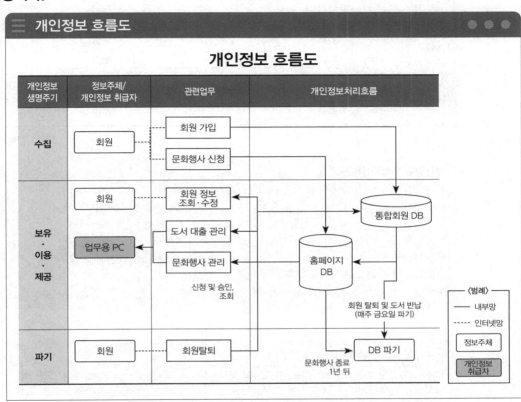

〈문화행사 온라인 신청 양식〉

문화행사 정보

도서관	마음도서관
강좌명	청소년 문화교실 개발 "또래끼리 만나"
행사일정/시간	2024.12.29.(일) / 14:00~16:00
대상	청소년 / 초등4학년~중등3학년
장소	문화교실

신청자 정보

신청자(학부모)*	성명 김영희 관계 모
연락처*	010 - 75XX - 12XX
이메일*	yh76 @ abcd.com
비고	

참석자 정보

자녀1*	성명 ☐	생년월일 ☐	성별 ☐	
	학교 ☐		학년 ☐	
자녀2	성명 ☐	생년월일 ☐	성별 ☐	
	학교 ☐		학년 ☐	
자녀3	성명 ☐	생년월일 ☐	성별 ☐	
	학교 ☐		학년 ☐	

*필수 정보

개인정보 수집·이용 동의서

1. 개인정보의 수집·이용 목적 : 문화행사 프로그램 운영
2. 수집하는 개인정보의 항목   [필수정보] 신청자 성명, 관계, 연락처, 이메일
                           [선택정보] 자녀 성명, 생년월일, 성별, 학교, 학년
3. 개인정보의 보유이용 기간 : 문화행사 신청일로부터 1년간
4. 동의거부 권리 및 거부할 경우 불이익 : 귀하는 위 사항에 대하여 동의를 거부할 권리가 있으며, 필수정보 동의 거부시에는 수강신청이 제한됩니다.
5. 위와 같이 개인정보를 수집·이용하는데 동의하십니까?   ○ 동의   ○ 동의하지 않음

문화행사 사진 영상 활용 동의서

1. 본 프로그램의 영상·교육 자료, 프로그램 참여자의 송출 영상을 캡쳐·녹화·녹음하여 제3자에게 유포하거나 인터넷에 게시하는 행위 등 저작권 및 초상권을 침해하는 행위는 일절 금지합니다.
2. 기관 내부 보고용으로 담당 직원이 수업 장면을 촬영할 수 있습니다.
3. 동의거부 권리 및 거부할 경우의 불이익
   – 귀하는 위 사항에 대하여 동의를 거부할 권리가 있으며, 동의를 거부할 경우 본 행사에 참여하실 수 없습니다.
   – 동의할 경우, 위와 같이 활용되는 자료에 귀하의 초상이 포함되어 있다는 이유로 그 활용에 이의를 제기하거나 보상을 요구할 수 없으며, 위 동의는 철회할 수 없습니다.

위 내용에 동의하십니까?   ○ 동의   ○ 동의하지 않음

○ **담당자** : 다음으로 개인정보 흐름도에 대해서 설명드리겠습니다. 저희 도서관에서는 온라인에서 HTTPS를 이용하여 안전하게 개인정보를 수집하고 있으며, 수집된 개인정보는 통합회원 DB에 저장됩니다. DB에 저장된 개인정보는 회원이 탈퇴 및 대출 도서를 반납하는 즉시 파기하고 있습니다. 도서관에서 진행하는 문화행사가 있는 경우에는 홈페이지에서 행사 내용을 홍보하고, 회원들을 대상으로 문화행사를 신청할 수 있도록 하고 있습니다. 문화행사 신청 정보는 별도의 홈페이지 DB에서 관리하게 되며, 행사 종료일로부터 1년 동안 보유 후 파기합니다.

■ **심사원** : 문화행사 신청은 온라인으로만 가능한가요? 도서관 내에서도 관련 행사를 홍보 및 신청을 받을 거 같은데요.

○ **담당자** : 네, 맞습니다. 도서관에 방문한 이용자들에게도 행사에 참여할 수 있도록 홍보 하고 있으며, 현장에서도 문화행사 신청이 가능합니다.

■ **심사원** : 개인정보 흐름도 상에 현장에서의 문화행사 신청 흐름은 보이지 않는데요. 현장 에서 문화행사 신청은 어떤 방법으로 진행이 되나요?

○ **담당자** : 네, 문화행사에 참여하고 싶은 희망자는 현장에 있는 도서관 문화행사 담당자에 게 신청할 수 있습니다. 신청자가 신청서에 내용을 기입하여 제출하면, 담당자가 현장에 서 신청 내용을 즉시 업무 PC로 신청 내용을 기입하고 신청서 내용은 바로 파쇄하여 파 기합니다. 신청자가 작성하는 기입 내용이 온라인 신청 시 기입하는 내용과 동일하기 때 문에 흐름도 상에 별도로 작성하지 않았습니다.

■ **심사원** : 네, 알겠습니다. 현장에서 사용하는 문화행사 신청 양식을 확인해 볼 수 있을까요?

○ **담당자** : 네, 신청 양식은 내일 현장 심사 시 담당자를 통해서 확인하실 수 있도록 하겠습니다.

■ **심사원** : 문화행사 온라인 신청 양식을 확인해 봤는데요. 사진·영상 활용 동의서를 받고 계시더라구요. 사진이나 영상은 어떻게 처리하고 계신가요?

○ **담당자** : 네, 문화행사 진행 내용에 대해서 기관 내부 보고용으로 문화행사 진행 시 현장 내용을 사진이나 영상으로 촬영해야 하기 때문에 해당 사항에 대해서 이용자들에게 사전 동의를 받고 있습니다.

■ **심사원** : 그럼 행사 이용자의 사진이나 영상정보가 개인정보가 될 수 있는데, 해당 사항 도 개인정보 흐름도에 내용이 없는데, 그 부분은 왜 그런가요?

○ **담당자** : 내부 업무 보고를 위해서 촬영하는 사진이며, 행사 진행에 대한 근거로 행사 현 장을 촬영하는거라 개인을 식별하기는 어렵기 때문에 개인정보 흐름도에는 별도로 작성 하지 않았습니다.

■ **심사원** : 네, 마지막으로 한 가지만 더 질문 드리겠습니다. 통합회원 DB와 회원관리 DB 에 저장·관리되는 개인정보 중 암호화 대상은 어떻게 되나요?

○ **담당자** : 회원정보인 비밀번호만 Whirlpool을 이용하여 암호화하여 저장하고 있으며, 그 외에는 암호화하고 있지 않습니다.

■ **심사원** : 네, 감사합니다.

〈다음 날(심사 2일차), 심사원은 현장 심사를 위해 도서관에 방문하여 신청기관의 문화행사 담당자를 만났다.〉

◇ **담당자** : 안녕하세요. 현장에서 사용하는 문화행사 신청서 양식을 확인해 보고 싶다고 하 셔서 가지고 왔습니다.

■ **심사원** : 네, 안녕하세요. 음, 신청서 양식을 보니 회원 / 비회원 구분란이 있네요? 어제 관련하여 설명 들을 때는 문화행사 신청은 회원만 가능하다고 들었는데요.

◇ **담당자** : 네, 맞습니다. 회원만 신청이 가능하기 때문에 비회원인 경우에는 회원가입 먼저 진행한 후에 문화행사 신청을 등록해 주게 됩니다.

■ **심사원** : 음, 그러면 현장에서 회원 등록 절차가 진행되나요?

◇ **담당자** : 네, 맞습니다. 신청서에 비회원으로 체크되어 있는 경우 신청자에게 회원가입이 필요함을 안내하고 소지한 핸드폰이나 도서관에 비치된 방문자용 PC를 이용하여 회원가입을 먼저 진행하고 오도록 하고 있습니다.

■ **심사원** : 그럼 업무 PC로는 문화행사 신청 내용만 접수하겠군요. 업무 PC 화면을 볼 수 있을까요?

◇ **담당자** : 이쪽으로 오시죠. 제 자리에서 해당 업무를 진행하고 있습니다.

(심사원은 담당자 책상 옆 쓰레기통에 찢어져서 버려진 신청서를 보았다.)

■ **심사원** : 입력이 완료된 신청서를 찢어서 쓰레기통에 버리시는 건가요?

◇ **담당자** : 네, 신청서 내용에 대해 PC로 기입이 완료되면 즉시 찢어서 쓰레기통에 버려 파기하고 있습니다.

■ **심사원** : 개인정보가 기입된 신청서는 파쇄기를 이용하여 안전하게 파기하셔야 합니다.

◇ **담당자** : 아, 개인정보를 알아볼 수 없도록 최대한 여러 번 찢었기 때문에 괜찮을 거라고 생각했는데, 다음에는 파쇄기를 이용하도록 하겠습니다.

■ **심사원** : 네, 문화행사 신청 내용 기입하시는 화면 부탁드리겠습니다.

(담당자는 PC가 잠금이 되어있어 ID/PW를 입력하였고, 문화행사 신청 페이지를 보여주기 위해 도서관 관리자 페이지에 접속 후 ID/PW 입력과 함께 모바일 OTP를 이용하여 로그인하였다. 그 후, 문화행사 신청 페이지를 띄워주었고, 신청 페이지에는 신청서에 작성되어 있는 내용을 기입하도록 되어있었다.)

■ **심사원** : 네, 확인하였습니다. 마지막으로, 신청서 양식에 영상 활용 동의서가 있는데요. 영상은 어떻게 관리하시나요?

◇ **담당자** : 말씀하신 사진과 영상은 문화행사 현장에서 제가 촬영하고 있습니다. 촬영 사진이나 영상은 업무용 PC에 문화행사 관리 폴더에 저장해 놓고 있습니다.

■ **심사원** : 저장되어 있는 파일 중 일부를 볼 수 있을까요?

◇ **담당자** : 네, 여기 저장되어 있는 사진과 영상 파일입니다. 행사 현장 모습을 내부 보고 시에 함께 제출해야 해서 현장 분위기를 촬영하게 됩니다.

■ **심사원** : 사진은 암호화 등 추가적인 보안조치는 하지 않으시는 거 같네요. 해당 파일들은 언제까지 보관하고 계시는 건가요?

◇ **담당자** : 네, 추가적인 보안조치는 없으며, 파일은 제가 담당하는 동안은 계속 PC에 보관하고 있습니다.

■ **심사원** : 네, 알겠습니다. 시간 내어 인터뷰에 응해주셔서 감사합니다.

25 심사원이 시작회의에서 신청기관 담당자와의 대화내용과 증적을 통해 판단한 내용 중 적절한 것을 모두 고르시오. (2개)

① 심사원은 행사 신청 시 참석자 정보를 최소 1명은 입력해야 함에도 불구하고 선택정보로 안내하고 있어 3.1.1 개인정보 수집·이용 결함으로 판단하였다.

② 심사원은 DB에 저장되어 있는 비밀번호 암호화 알고리즘으로 Whirlpool을 사용하는 것은 적절하나, 주민등록번호의 일부가 될 수 있는 생년월일과 성별이 암호화 대상이 아닌 것은 2.7.1 암호정책 적용 결함이라고 판단하였다.

③ 심사원은 신청 양식에 만 14세 미만의 아동에 대한 개인정보를 수집하면서 별도로 법정대리인 동의를 받고 있지 않아 3.1.1 개인정보 수집·이용 결함으로 판단하였다.

④ 심사원은 문화행사 현장 사진과 영상을 촬영하면서 특정 개인을 촬영하는 목적이 아닌 내부 보고를 위한 행사 현장 촬영하는 목적의 촬영이기 때문에 사진·영상 촬영은 개인정보 흐름도에 작성되지 않아도 된다고 판단하였다.

⑤ 심사원은 개인정보 수집·이용 동의서의 개인정보 보유·이용 기간이 문화행사 신청일로부터 1년이나 흐름도에는 문화행사 종료일로부터 1년으로 되어있어 1.2.2 현황 및 흐름분석 결함이라고 판단하였다.

26 심사 이틀 째 현장심사에서 심사원의 행동이나 판단 중 적절한 것을 모두 고르시오. (2개)

① 심사원은 문화행사 신청자가 비회원인 경우 회원 가입을 유도하는 것은 문제가 없는 것으로 판단하였다.

② 심사원은 온라인에서의 문화행사 신청 내용과 동일하게 도서관 현장에서 신청 내용을 받고 있으므로 개인정보 흐름도에서 도서관 현장에서의 개인정보 수집 내용을 생략하는 것은 문제가 없다고 판단하였다.

③ 심사원은 현장 문화행사 참여 사진이나 동영상이 별도의 암호화 조치나 파기절차 없이 관리되고 있는 것은 문제가 없다고 판단하였다.

④ 심사원은 현장에서의 문화행사 입력이 완료된 신청서 양식에 대해 담당자가 여러 번 찢어서 쓰레기통에 버린 것은 '2.4.7 업무환경 보안' 결함으로 판단하였다.

⑤ 심사원은 인터뷰를 마치고 화장실에 가던 중, 접근 통제구역을 발견하고 현장 심사를 위해 임시로 받은 출입증을 태그 해 보았다. 통제구역 출입문이 열리는 것을 확인한 후 '2.4.2 출입통제' 결함으로 판단하였다.

27 다음은 (주)다있조 기업의 ISMS-P 인증심사 중 심사원이 제공받은 정보서비스 흐름도 그리고 심사원과 담당자의 인터뷰 내용이다. 제시된 정보서비스 흐름도와 인터뷰 내용을 바탕으로 심사원이 도출할 수 있는 결함으로 가장 적절한 것을 고르시오.

정보서비스 흐름도   (2024.05.23)

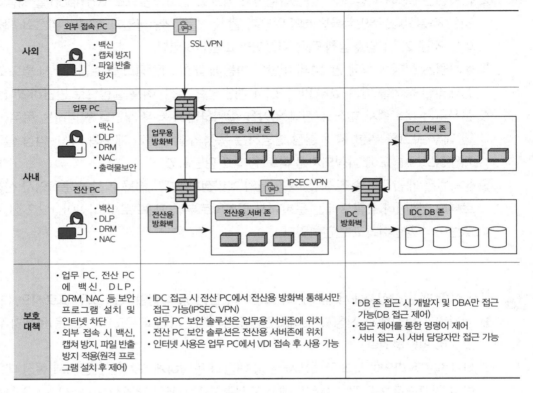

사외	외부 접속 PC · 백신 · 캡쳐 방지 · 파일 반출 방지	SSL VPN		
사내	업무 PC · 백신 · DLP · DRM · NAC · 출력물보안 / 전산 PC · 백신 · DLP · DRM · NAC	업무용 방화벽 업무용 서버 존 / 전산용 방화벽 전산용 서버 존	IPSEC VPN	IDC 방화벽	IDC 서버 존 / IDC DB 존
보호 대책	· 업무 PC, 전산 PC에 백신, DLP, DRM, NAC 등 보안 프로그램 설치 및 인터넷 차단 · 외부 접속 시 백신, 캡쳐 방지, 파일 반출 방지 적용(원격 프로그램 설치 후 제어)	· IDC 접근 시 전산 PC에서 전산용 방화벽 통해서만 접근 가능(IPSEC VPN) · 업무 PC 보안 솔루션은 업무용 서버존에 위치 · 전산 PC 보안 솔루션은 전산용 서버존에 위치 · 인터넷 사용은 업무 PC에서 VDI 접속 후 사용 가능			· DB 존 접근 시 개발자 및 DBA만 접근 가능(DB 접근 제어) · 접근 제어를 통한 명령어 제어 · 서버 접근 시 서버 담당자만 접근 가능

■ **심사원** : 정보서비스 흐름도에 대해 설명 부탁드립니다.

○ **담당자** : 저희는 크게 업무 PC와 전산 PC로 구분하여 업무하고 있습니다. 업무 PC는 일반 사업부서, 경영부서에서 사용하고 있고, 전산 PC는 IT 인력만 사용하고 있습니다. IDC 접근 시에는 전산 PC를 통해서만 접근 가능하고, 전산용 방화벽과 IDC 방화벽이 IPSEC VPN으로 터널링 연결되어 있습니다. 코로나 때 원격 접속 솔루션을 도입하여 운영 중이기 때문에 외부에서 접속 필요시, SSL VPN 연결 후 원격 접속하여 사내 업무 PC, 전산 PC로 접근 가능합니다.

■ **심사원** : 업무 PC와 전산 PC에도 각각 보안 솔루션이 많이 설치되어 운영 중인 것 같네요. 인터넷은 따로 사용을 안 하시나요?

○ **담당자** : 저희 인터넷망은 VDI를 사용하고 있고, 업무 PC에서만 사용 가능합니다. 업무 PC에서 VDI 접속을 하면 VDI 창이 켜지고 그 안에서만 인터넷이 가능합니다. 주로 외부 메일 발송이나 자료 검색을 목적으로 사용하고 있습니다. 정보서비스 흐름도에는 IDC와 본사 내부 시스템 등의 접근만을 표시해 놓았기 때문에 VDI는 별도로 표시하지 않았습니다.

■ **심사원** : 업무용 방화벽과 전산용 방화벽이 연결되어있는 것으로 보이는데 이유가 있을까요?

○ **담당자** : 네, 업무 PC와 전산 PC 간의 문서나 파일 이동이 필요한 경우가 있어 자료 전송 솔루션을 운영하고 있습니다. 그 연결 구간을 표시해 두었습니다.

■ **심사원** : 실제로 연결은 업무용 자료 전송 서버와 전산용 자료 전송 서버가 직접 연결되어 있는 것 같은데 이렇게 보면 방화벽 간의 연결이 되어있어 정책이 허용되어있는 것 같네요.

○ **담당자** : 아, 그렇게도 볼 수 있겠네요. 업무, 전산 각각 솔루션을 운영하고 있기 때문에 따로 연결되거나 열려 있는 정책은 없습니다.

■ **심사원** : 네, 알겠습니다. IDC에 있는 서버나 DB는 어떻게 접근하시나요?

○ **담당자** : 앞서 말씀드린 것처럼 전산 PC에서만 IDC로 접근이 가능하고요. DB 접근 시에는 DB 접근 제어 솔루션을 이용하여 개발자와 DBA만 접근하도록 통제하고 있습니다. SQL 명령어 제한도 DB 접근 제어에서 적용하고 있습니다.

■ **심사원** : 서버 접근도 말씀해주시겠어요?

○ **담당자** : 서버도 서버접근제어를 운영 중이고, 개발자 경우에 테스트서버 접근과 서비스 모니터링용 일부 운영 서버접근이 가능하고, 서버 담당자들은 접근 제어를 통해서 모든 서버에 접근 가능합니다.

■ **심사원** : 흐름도 상에는 접근 제어 표기가 안 되어 있는 것 같네요.

○ **담당자** : 아 그런가요. 작년에 서버 접근 제어 솔루션을 신규로 교체하면서 흐름도 수정을 했던 것 같은데 추가 수정을 하면서 누락이 된 것 같습니다.

■ **심사원** : 서버간 접근 통제는 어떻게 적용하고 계신가요?

○ **담당자** : 서버존별 대역은 방화벽에서 차단정책을 걸고, 필요한 정책만 허용하고 있습니다. 각 서버마다 TCPwrapper 적용하여 접근통제 적용해 놓았습니다. 전체 서버 적용하느라 서버 담당자분들이 고생 많이 하셨었습니다.

■ **심사원** : 고생 많으셨네요. 확인 감사합니다.

① 1.2.2 현황 및 흐름분석
② 1.3.1 보호대책 구현
③ 2.6.1 네트워크 접근
④ 2.6.2 정보시스템 접근
⑤ 2.6.7 인터넷 접속 통제

28 다음은 자몽나라 화장품 쇼핑몰 서비스에 대한 ISMS-P 심사 수행 상황이다. 심사원과 담당자의 인터뷰를 확인하고 결함으로 가장 적절한 것을 고르시오.

- 서비스 : 인터넷 화장품 쇼핑몰 서비스
- 이용자의 개인정보의 수 : 90만 건
- 민감정보의 수 : 6만 건

■ **심사원** : 간접수집 정보를 많이 보유하고 계시네요?

○ **담당자** : 네, 저희는 반기마다 제3자 제공으로 정보주체의 개인정보를 수집하고 있어서 간접수집 출처 통지 의무를 수행하고 있습니다.

■ **심사원** : 통지는 어떤 절차로 수행하고 계시나요?

○ **담당자** : 모든 간접수집 대상에 대하여 매년 연말에 메일로 일괄 전송하고 있습니다.

■ **심사원** : 작년에 정보주체에게 수집 출처 안내 메일을 발송한 전송 건수가 1,000건 정도 보이는데 간접수집한 회원정보는 1,500건이네요?

○ **담당자** : 통지를 거부한 분들이 500명 정도 되는데 그분들에게는 통지를 하지 않고 있습니다.

■ **심사원** : 수집 출처에 대해 알린 기록은 언제까지 보관하시나요?

○ **담당자** : 수집일로부터 3년간 보관하고 있습니다.

■ **심사원** : 여기 SSL VPN 장비가 보이네요?

○ **담당자** : 장애상황 및 재택근무 용도로 SSL VPN 장비를 사용하고 있고 OTP 2차인증을 통해 접속하도록 하고 있습니다.

■ **심사원** : 쇼핑몰 관리자 페이지에 접속해보시겠어요?

○ **담당자** : 네. 이렇게 VPN에 2차인증을 통해 접속한 후에 관리자 페이지에 ID/패스워드를 통해 접속합니다.

■ **심사원** : 개인정보처리시스템에 접속하면서 2차인증이나 강화된 보안 인증 수단을 사용하지 않으시네요?

○ **담당자** : 네, 처음에는 그렇게 운영하였는데 번거롭다는 의견이 많아서요. VPN에 접속 시 2차인증을 수행하기 때문에 개인정보처리시스템 접속은 ID/패스워드로만 접속하도록 완화하였습니다.

■ **심사원** : 원격 접근에 대한 접속 로그는 얼마나 저장하고 있나요?

○ **담당자** : 내규에 따라 6개월간 저장하고 있습니다.

■ **심사원** : 원격 접근에 대한 접속 로그는 매월 점검하고 계시나요?

○ **담당자** : 내규에 따라 분기 1회 점검하고 있습니다.

> - **심사원** : 개발존이 있다고 들었는데요. 개발 서버 접속 부탁드립니다.
> - **담당자** : 네, 여기 접속했습니다. 저희는 시험 데이터를 실제 데이터로 사용하지 않고 임의로 생성하여 임의 데이터만 사용하고 있습니다.
> - **심사원** : 시험데이터에 대한 관리 절차도 있나요?
> - **담당자** : 네 담당자가 매월 test가 종료된 시험데이터를 확인하여 삭제하고 있습니다.
> - **심사원** : 어! 여기 이 데이터는 운영데이터로 보이는데요.
> - **담당자** : 가끔 부득이한 경우에는 공식적인 절차에 따라 팀장님 승인 후 운영데이터를 이용하고 보안솔루션을 통해 유출 모니터링을 하고 있습니다. 또한 test가 종료되면 절차에 따라 즉시 폐기하도록 하고 있습니다.

① 2.6.6 원격접근 통제
② 2.8.4 시험 데이터 보안
③ 2.9.4 로그 및 접속기록 관리
④ 2.9.5 로그 및 접속기록 점검
⑤ 3.1.5 개인정보 간접수집

29 과일나라 쇼핑몰시스템에 대한 ISMS 심사 상황이다. 심사원과 담당자와의 인터뷰를 확인하고 결함으로 가장 적절한 것을 고르시오.

■ **심사원** : 이번에 개발서버를 구축하셨네요? 서버팜존과 별도로 구성하셨나요?

○ **담당자** : 네, 별도로 개발존을 구성하였고 방화벽을 통해 서버팜존과 연동되어 있습니다.

■ **심사원** : 개발서버에서는 주로 어떤 작업을 수행하나요?

○ **담당자** : 임의 데이터를 생성하여 source code 검증 test를 수행합니다.

■ **심사원** : 개발서버 구축할 때 보안 요구사항을 정의하고 적용하였나요?

○ **담당자** : 네. 법적요구사항 준수, 최신 보안취약점 점검, 시큐어코딩 구현 등 상용과 동일한 절차로 수행했습니다.

■ **심사원** : 사전에 정의한 대로 구축되었는지 검토 절차도 이행하시나요?

○ **담당자** : 네, 도출된 취약점에 대한 이행까지 모두 완료하였습니다.

■ **심사원** : 개발서버는 신규 장비인가요?

○ **담당자** : 유휴 장비를 활용하여 용도 변경하였습니다.

■ **심사원** : 기존에 사용하던 data는 모두 삭제하셨나요?

○ **담당자** : 인프라팀에서 수행한 것으로 기억하고 있습니다.

■ **심사원** : 서버에 개인정보가 포함되어 있나요?

○ **담당자** : 없습니다. 실제 개인정보가 아닌 임의의 DATA를 만들어서 사용하고 있거든요.

■ **심사원** : 바탕화면에 회원관리 프로그램이라는 아이콘이 보이는데요. test용 데모 프로그램인가요?

○ **담당자** : 유휴서버가 예전에 회원관리 프로그램으로 사용하던 서버인데요. 용도 변경하면서 프로그램 삭제가 안 된 것 같습니다.

■ **심사원** : 실행 한번 해보시겠어요?

○ **담당자** : 정상적으로 실행이 되네요. 용도 변경하면서 시스템의 IP를 변경했기 때문에 로그인이나 DB서버 연동은 안 될 것 같습니다.

■ **심사원** : 로그인 한번 해보시겠어요?

○ **담당자** : 엇. 로그인이 되네요. 최근에 test 목적으로 개발서버와 DB서버가 연동하도록 설정해서 그런지 회원관리 프로그램과 연결이 되고 있네요.

■ **심사원** : 이용자 조회 한번 눌러보세요.

○ **담당자** : 이용자 조회가 됩니다.

---

① 2.8.1 보안요구사항 정의   ② 2.6.3 응용프로그램 접근

③ 2.6.4 데이터베이스 접근   ④ 2.9.1 변경관리

⑤ 2.9.7 정보자산의 재사용 및 폐기

30 심사원은 ABC 기업의 ISMS-P 인증심사를 진행하고 있다. 다음 담당자와의 인터뷰를 통해 심사원이 판단한 내용으로 적절한 것을 고르시오.

≡ 정보자산목록

정보자산목록

code	호스트명	OS	용도	IP	담당자	관리자	보안등급
AMI-01	Oper-01	Ubuntu	운영	10.10.10.1	홍길동	홍길동	1
Serv-01	Oper-02	Ubuntu	운영	10.10.10.2	홍길동	홍길동	1
Serv-02	Oper-03	Ubuntu	운영	10.10.10.3	홍길동	홍길동	1
			(중략)				
AMI-02	Dev-01	Ubuntu	개발	10.10.20.1	김철수	김철수	2
Serv-03	Dev-02	Ubuntu	개발	10.10.20.2	김철수	김철수	2
Serv-04	Dev-03	Ubuntu	개발	10.10.20.3	김철수	김철수	2
Serv-05	Dev-04	Ubuntu	개발	10.10.20.4	김철수	김철수	2
			(중략)				
AMI-03	Test-01	Ubuntu	테스트	10.10.30.1	이순신	이순신	3
Serv-06	Test-02	Ubuntu	테스트	10.10.30.2	이순신	이순신	3
			(중략)				
AMI-04	Service-01	Ubuntu	서비스	10.10.40.1	강감찬	강감찬	1
			(중략)				

≡ 정보시스템 취약점 진단 결과보고서

정보시스템 취약점 진단 결과보고서

1. 개요

1.1. 목적

ABC 기업에서 운영하는 서비스에 대한 취약점 진단 실시 후 발생될 수 있는 문제점을 파악하여 개선방안을 수립함으로써, 시스템의 기밀성, 무결성 및 가용성을 확보하는 것으로 함

1.2. 진단 일정

2024.11.4.~12.6

1.3. 진단 대상

No	대상	수량	대상	비고
1	서버	4	Ubuntu	
2	DBMS	10	Mysql, PostgreSQL	
3	Network	21	Juniper, CISCO	
4	정보보호시스템	12	서버/DB접근제어, IPS, WAF 등	
5	모바일폰	7	Android, IOS	
6	클라우드 콘솔	2	AWS 콘솔	
7	WEB/WAS	4	Nginx, tomcat	

- ■ **심사원** : 정보자산목록과 정보시스템 취약점 진단 결과보고서를 확인했는데, 추가적으로 궁금한 부분이 있어서 인터뷰를 요청하였습니다.

- ○ **담당자** : 네, 말씀하세요.

- ■ **심사원** : ABC 기업에서 현재 운영하고 있는 서버는 수십대로 확인을 했는데요. 취약점 진단 결과보고서를 확인해 보니 서버 점검은 4대 밖에 하지 않았습니다. 이 부분 설명 좀 부탁드립니다.

- ○ **담당자** : 네, 저희는 AWS EC2에 서버를 두어 서비스를 운영하고 있습니다. 정보자산목록에 보시는 것과 같이 운영 성격에 따라 AMI를 생성하여 관리하고 있습니다. AMI 생성 시 서버 보안 취약점 점검 수행 후 보안 요건을 모두 충족시킨 상태에서 활용을 하고 있습니다.

- ■ **심사원** : 활용을 한다는 게 무슨 의미일까요?

- ○ **담당자** : 보안요건이 충족된 AMI를 통해 새로 서버가 필요할 경우 해당 AMI를 복사하여 서버를 구축하고 있습니다. 즉, AMI로부터 생성된 모든 서버는 동일한 보안요건을 충족하고 있다고 보시면 될 것 같습니다.

- ■ **심사원** : 네, 이해했습니다. 다만, 최초에는 AMI에 적용된 보안설정이라 하더라도 추후 운영 중에 보안 설정 값이 바뀔 가능성도 있을 것 같은데요.

- ○ **담당자** : 네, 맞습니다. 그렇기 때문에 저희는 월별로 운영 중인 서버를 대상으로 샘플링하여 보안 설정 값이 변경되었는지 점검하는 절차를 수행하고 있습니다. 여기 1년간의 점검 결과를 보시면 보안 설정 값이 변경된 이력은 단 한 차례도 존재하지 않았습니다.

- ■ **심사원** : 네, 알겠습니다. 근데 정보자산목록에서 담당자와 관리자가 구분되어 있지 않은 것 같습니다. 자산관리지침을 확인해보니 담당자와 관리자를 별도로 지정해야 한다고 명시되어 있던 것 같은데요.

- ○ **담당자** : 일부 담당자와 관리자가 구분된 자산이 있지만 저희는 팀원이 실무와 관리를 겸하고 있기 때문에 지침에는 그렇게 명시되어 있지만 별도로 구분하지 않았습니다.

- ■ **심사원** : 알겠습니다. 정보자산목록에 보안등급은 보이는데 자산에 대한 평가 값이 확인이 되지 않습니다.

- ○ **담당자** : 아 네, 정보자산 평가에 대해서는 별도 문서로 관리하고 있으며 보시는 것과 같이 정보자산목록에는 자산평가 결과에 대한 보안 등급만 표기하였습니다.

- ■ **심사원** : 그리고 퇴직자 명단을 확인했었는데 테스트 서버를 관리하고 있는 이순신 직원분은 퇴사를 하신 것 같은데 정보자산목록에는 현행화가 되지 않은 것 같습니다.

- ○ **담당자** : 네, 이 부분은 현행화 진행하도록 하겠습니다.

- ■ **심사원** : 마지막으로 정보자산마다 보안등급이 산정되어 있는데, 보안등급 별로 취급절차나 보안통제를 따로 진행하고 있을까요?

- ○ **담당자** : 아니요. 보안 등급별 취급절차에 대한 기준은 존재하지 않습니다.

- ■ **심사원** : 알겠습니다. 인터뷰는 여기서 마치도록 하겠습니다.

① 심사원은 전체 서버 자산에 대해 취약점 진단이 이루어지지 않아 2.11.2 취약점 점검 및 조치 결함으로 판단하였다.

② 심사원은 정보자산별 담당자 및 책임자를 구분하여 식별하지 않아 2.1.3 정보자산 관리 결함으로 판단하였다.

③ 심사원은 자산관리대장 내 자산에 대한 평가 결과를 표기하지 않아 1.2.1 정보자산 식별 결함으로 판단하였다.

④ 심사원은 자산관리대장 내 명시된 직원 중 퇴직자가 존재하나 현행화 하지 않아 1.2.1 정보자산 식별 결함으로 판단하였다.

⑤ 심사원은 보안등급에 따른 취급절차가 존재하지 않아 1.2.1 정보자산 식별 결함으로 판단하였다.

31 다음 백제대학교에서 사용하는 동의서 양식을 확인하고 결함으로 적절한 것을 모두 고르시오. (2개)

≡ 개인정보 수집·이용 및 제3자 제공 동의서 ● ● ● ●

개인정보 수집·이용 및 제3자 제공 동의서

아래 내용과 같이 개인정보를 수집·이용 및 제공하는 행위에 대하여 「개인정보보호법」 제15조에 따라 개인정보 제공자의 동의를 얻고자 합니다.

[개인정보 수집·이용에 대한 동의]

개인정보 수집항목	성명, 성적, 학사정보, 연락처, Email 주소, 주소, 통장사본 등
수집 및 이용 목적	제공하신 정보는 백제대학교 대학혁신 지원사업 프로그램을 위해서 사용합니다. ① 본인 확인 및 선발 절차에 이용 ② 대학혁신 지원사업 프로그램 운영 및 참여 학생의 학점인정을 목적
보유 및 이용기간	**프로그램 지원 당시부터 종료 후 5년**

※ 귀하는 이에 대한 동의를 거부할 수 있습니다. 다만, 동의가 없을 경우 대학혁신 지원사업 프로그램에 참가가 불가능할 수도 있음을 알려드립니다.

개인정보 수집 및 이용에 동의함 □ / 개인정보 수집 및 이용에 동의하지 않음 □

[개인정보의 제3자 제공에 대한 동의]

제공 목적	**백제대학교 대학혁신 지원사업 프로그램 관련 연락 및 정보 전달용**
제공 항목	성명, 생년월일, 학사정보, 연락처
제공 받는 자	대학혁신 지원사업 프로그램 진행을 위한 해외자매대학교, 프로그램 진행을 위해 해당 정보를 전달받아야 하는 모든 주체
제공받는자의 정보보유기간	**목적 달성 시 즉시 파기**

개인정보 수집 및 이용에 동의함 □ / 개인정보 수집 및 이용에 동의하지 않음 □

※ 개인정보 제공자가 동의한 내용 외의 다른 목적으로 활용하지 않으며, 제공된 개인정보의 이용을 거부하고자 할 때에는 개인정보 관리책임자를 통해 열람, 정정, 삭제를 요구할 수 있음.
「개인정보보호법」등 관련 법규에 의거하여 상기 본인은 위와 같이 개인정보 수집 및 활용에 동의함.

이름   (서명)   년   월   일

마케팅 및 홍보 활용 동의서

본 마케팅 활용 및 광고성 정보수신 동의 항목은 선택사항이므로 동의를 거부하는 경우에도 MBA 프로그램 참여에 지장은 없습니다.

수집·이용 목적	**MBA 프로그램 관련 상품 정보 제공, 맞춤형 광고 전송, 설문 조사**
제공 항목	이름, 전화번호
보유 및 이용기간	**1년 이내**

수신 방법을 선택하세요.　　　　　□ 문자　　　　　□ 이메일

위의 개인정보 수집·이용에 대한 동의를 거부할 권리가 있습니다.

다만 거부시 동의를 통해 제공 가능한 각종 혜택, 이벤트 안내를 받아보실 수 없습니다.

본 수신 동의를 철회하고자 할 경우에는 담당자를 통해 언제든 수신동의 철회를 요청하실 수 있습니다.

개인정보를 마케팅에 활용하는 것에 동의함 □ / 동의하지 않음 □

이름　　　(서명)　　　년　　　월　　　일

① 3.1.1 개인정보 수집·이용
② 3.1.2 개인정보 수집 제한
③ 3.1.7 마케팅 목적의 개인정보 수집·이용
④ 3.1.4 민감정보 및 고유식별정보의 처리 제한
⑤ 3.3.1 개인정보 제3자 제공

32 다음 ○○여행사가 이벤트를 진행하면서 개인정보 수집·이용에 대한 동의를 받고 있는 내용 중 적절하지 않은 것을 고르시오.

≡ 이벤트 화면

이벤트 화면

○○여행사는 창립 5주년 기념으로
관심여행지를 등록한 회원님께
추첨을 통해 경품 지급 및 여행지 맞춤 추천 서비스를
진행하오니 회원분들의 많은 참여 바랍니다.

▶ 이벤트 대상 : ○○여행사 홈페이지 가입회원
▶ 이벤트 기간 : 2025.1.2.~2025.1.24
▶ 경품내역
  1등 : ○○　　항공권
  2등 : ○○　　호텔 숙박권
  3등 : ○○　　롯데타워 뷔페 이용권
▶ 응모방법 : *Click* Here!

≡ ○○여행사 이벤트 개인정보 수집·이용 동의서

○○여행사 이벤트 개인정보 수집·이용 동의서

○○여행사는 창립 5주년 이벤트를 위하여 다음과 같이
개인정보를 수집·이용하려고 합니다.

☐ 개인정보 수집·이용

항목	목적	기간
ID, 성명, 휴대폰번호, 이메일주소, 관심여행지(나라명)	이벤트 경품 응모를 위한 경품 추첨 및 발송 등	**이벤트 종료 후 3개월**

개인정보 수집에 대한 동의를 거부할 수 있으며, 거부할 경우 이벤트에 응모하실 수 없습니다.

개인정보 수집·이용에 동의하시겠습니까?　　　　☐ 동의함　　　☐ 동의하지 않음

이벤트 응모

이벤트 응모

회원ID	
성 명	
이메일 주소	
연락처(휴대폰번호)	
관심여행지(나라명)	

휴대폰 인증	아이핀 인증	네이버 인증	카카오 인증
고객님의 명의의 휴대폰을 통한 간단하고 빠른 본인확인 서비스입니다.	인터넷에서 주민등록번호를 대체할 수 있는 개인식별번호를 통한 본인 확인 서비스입니다.	고객님의 네이버 인증서를 통한 본인확인 서비스입니다.	고객님의 카카오 인증서를 통한 본인확인 서비스입니다.
본인확인요청	본인확인요청	본인확인요청	본인확인요청

* 본인확인 완료 시 이벤트 응모 완료

① OO여행사는 만 14세 미만 아동에 대한 개인정보를 수집·이용하기 위해서는 법정대리인의 동의를 받아야 한다.

② 이벤트 관련한 개인정보 수집·이용 동의서의 목적을 '이벤트 경품 응모를 위한 경품 추첨 및 발송 등'으로 명확하지 않게 기재하여서는 안 된다.

③ OO여행사는 상품의 판매 권유 또는 홍보를 목적으로 개인정보 처리에 대한 동의를 받을 때는 정보주체에게 판매 권유 또는 홍보에 이용된다는 사실을 다른 동의와 구분하여 정보주체가 이를 명확히 인지할 수 있게 알린 후 별도 동의를 받아야 한다.

④ OO여행사는 동의 받을 때 개인정보의 수집 항목 및 기간과 같이 중요한 내용은 알아보기 쉽고 명확하게 표시하여야 한다.

⑤ OO여행사는 동의 내용을 게재한 인터넷 사이트에 법정대리인이 동의 여부를 표시하도록 하고 법정대리인의 신용카드·직불카드 등의 카드정보를 제공받아 법정대리인이 동의했는지 확인할 수 있다.

33 심사원은 □□온라인 교육기관에 대해 ISMS-P 인증심사를 수행하고 있다. 다음의 증적과 인터뷰 내용을 바탕으로 심사원이 판단한 내용 중 적절하지 않은 것을 고르시오.

〈자산평가기준 및 등급〉

자산중요도평가기준

기밀성 : 정보자산의 접근은 인가된 사람만이 접근 가능함을 보장해야 하는 특성(정도)를 말한다.

	등급	가치	설 명
기밀성	높음	3	조직 내부에서도 특별히 허가를 받은 사람들만이 볼 수 있어야 하며 조직 외부에 공개되는 경우 개인 프라이버시나 조직의 사업 진행에 치명적인 피해를 줄 수 있는 수준
	중간	2	조직 내부에서는 공개될 수 있으나 조직 외부에 공개되는 경우 개인 프라이버시나 조직의 사업 진행에 상당한 문제를 발생시킬 수 있는 수준
	낮음	1	조직 외부에 공개되는 경우 개인 프라이버시나 조직의 사업 진행에 미치는 영향이 미미한 수준

무결성 : 정보자산 내의 정보 및 처리 방법의 정확성, 완전성을 보호해야 하는 특성(정도)를 말한다.

	등급	가치	설 명
무결성	높음	3	고의적으로나 우연히 변경되는 경우 개인 프라이버시나 조직의 사업 진행에 치명적인 피해를 줄 수 있는 수준
	중간	2	고의적으로나 우연히 변경되는 경우 개인 프라이버시나 조직의 사업 진행에 상당한 문제를 발생시킬 수 있는 수준
	낮음	1	고의적으로나 우연히 변경되는 경우 개인 프라이버시나 조직의 사업 진행에 미치는 영향이 미미한 수준

가용성 : 인가된 사용자가 필요시 정보자산 및 관련 정보에 접근하는 것을 보장해야 하는 특성(정도)을 말한다.

	등급	가치	설 명
가용성	높음	3	서비스가 중단되는 경우 조직의 운영과 사업 진행에 치명적인 피해를 줄 수 있는 수준
	중간	2	서비스가 중단되는 경우 조직의 운영과 사업 진행에 상당한 문제를 발생시킬 수 있는 수준
	낮음	1	서비스가 중단되는 경우 조직의 운영과 사업 진행에 미치는 영향이 미미한 수준

자산 중요도 등급 분류 체계

가 등급	유출 또는 손상되는 경우에 업무수행에 중대한 장애를 주거나 개인신상에 심각한 영향을 줄 수 있는 전산자료 및 시스템으로 특별히 주의하여 관리해야 할 정보자산
	기밀성, 무결성, 가용성 평가결과 3가지 중 1개 이상이 높음(3)으로 평가되는 경우 **가등급**으로 분류함
나 등급	유출 또는 손상되는 경우에 업무수행에 장애를 주거나 개인신상에 영향을 줄 수 있는 전산자료 및 시스템으로 보안관리가 반드시 필요한 정보자산여 관리해야 할 정보자산
	기밀성, 무결성, 가용성 평가결과 3가지 중 2개 이상이 중간(2)으로 평가되는 경우 **나등급**으로 분류함
다 등급	유출 또는 손상되는 경우에 업무수행 및 신뢰도에 경미한 영향을 줄 수 있는 전산자료 및 시스템으로 최소한의 보안관리가 요구되는 정보자산
	기밀성, 무결성, 가용성 평가결과 3가지 중 중간(2) 1개 이하인 경우 **다등급**으로 분류함

〈정보자산 목록 일부〉

NO	관리번호	구분	서버명	ISMS-P 인증범위	취약점 진단	설명	IP	설치 위치	담당자	책임자	기밀성	무결성	가용성	보안 등급
1	WEB-001	웹서버	채용 웹 서버	O	O		124.137.15.10	강남 사옥	홍길동	김유신	2	2	2	나 등급
2	APP-008	응용프로 그램 서버	개발 서버	O	O	콘텐츠 개발 서버	112.175.57.10	강남 사옥	홍길동	김유신	2	2	2	나 등급
						자산내역 일부임(세부내역 생략)								
7	STOR-NAS-001	NAS서버	소스 NAS	O	O	콘텐츠, 소스 저장 스토리지	112.175.57.202	강남 사옥	이순신	김정은	2	2	1	나 등급
8	STOR-NAS-002	NAS서버	콘텐츠 NAS	O	O	콘텐츠 NAS	124.137.15.110	강남 사옥	이순신	김정은	2	2	1	나 등급
9	STOR-NAS-003	NAS서버	오프라인 학원NAS		O	오프라인 학원 업무 NAS	124.137.15.222	강남 사옥	이순신	김정은	2	2	1	나 등급

■ **심사원** : 자산목록에 NAS가 많이 보이는데요. 실사를 통해서 확인해 보겠습니다. 자산으로 NAS가 3대가 있는데요. 설명 좀 부탁드리겠습니다.

○ **담당자** : 네, 콘텐츠, 소스 저장 스토리지(NAS-001)와 콘텐츠NAS(NAS-002)는 인증범위에 포함되어있는 자산입니다. NAS-001은 개발 시 소스코드와 업무자료들을 백업해 두고 있는 저장소이고, NAS-002는 자사 교육 홈페이지에서 고객들이 수강료 환급 이벤트나 합격인증 시 적립금을 주는 이벤트를 자주 하여서 고객들이 첨부하는 인증서류 등을 모아놓고 있는 NAS입니다. 오프라인 학원 업무 NAS(NAS-003)의 경우 실제 저희 회사에서 부천이나 부산 등에서 오프라인 학원들을 운영하고 있는데, 원장님들이 VPN으로 사내 업무시스템을 이용하는 경우가 있습니다. 그때 오프라인 학원들이 학생들의 개인정보나 수강료 납부내역, 리스트 등을 업로드 할 때 쓰는 저장소입니다.

■ **심사원** : 오프라인 학원 업무 NAS의 경우에는 인증범위에서 빠져있는데요? 오프라인 학원들의 학생들 정보도 포함이 되어야 하는 것 아닌가요?

○ **담당자** : 글쎄요. 학원들이 개별적으로 수강생을 관리하고 있고 저희 회사와 홈페이지에서는 따로 오프라인 학생들에 대해서 관리는 하고 있지는 않아서요. 각 학원 원장님들이 학생들을 관리하고 있고요.

■ **심사원** : 법인자체는 동일 법인으로 운영되지 않나요?

○ **담당자** : 네, 일종의 직영점 개념으로 생각하시면 좋을 것 같습니다.

■ **심사원** : 알겠습니다. 그럼 실사 확인을 하겠습니다. 콘텐츠, 소스 저장 스토리지는 개발 서버 쪽에서 소스 디렉터리가 CIFS로 마운트 되어 있네요. 말씀하신 고객들 이벤트 인증서류 같은 것들은 웹서버랑 연동되어 있고요. 웹서버 쪽에 동일하게 CIFS로 마운트되어 있네요. 그런데 각 디렉터리들이 마운트될 때 별도로 접근제한이 되어있지는 않네요? policy의 role 설정을 보면 cifs 설정이 0.0.0.0/0으로 설정되어서 내부망에서 아무 곳에서나 마운트시켜서 접근 가능할 것 같은데요.

○ **담당자** : 네. 현재는 각 서버 담당자들만 접근을 하고 있어서 운영되는 서버에서 NAS의 볼륨에 대한 CIFS 마운트에 대해선 별도로 접근제어를 하고 있지 않습니다. 하지만 보안 강화를 위해 IP 기반 접근제어를 적용하는 것을 검토하겠습니다.

■ **심사원** : 수강료 환급 등의 업무를 위해서는 신분증하고 통장사본을 수집하고 계시던데요. 예를 들어서 신분증 같은 경우에는 스캔하여서 학생들이 업로드하는 거죠? 통장사본도 마찬가지고요.

○ **담당자** : 네, 맞습니다. 제세공과금 등 처리와 본인확인을 위해서 수집하고 있습니다.

■ **심사원** : 그러면 그 NAS에는 그림파일 형태로 저장되어 있지 않나요? 암호화는 하고 계신가요?

○ **담당자** : 별도로 NAS에 대해서는 암호화를 수행하고 있지는 않은데요. 다만 저희 DLP 솔루션에서 개인정보를 자동으로 검출해서 암호화가 자동으로 수행되고 있습니다. 현재는 문서 파일(xls, hwp, doc, ppt)만 검사하고 있어서, 이미지 파일도 포함하도록 설정을 변경하겠습니다.

〈심사원은 실제 DLP솔루션에서 문서(xls, hwp, doc, ppt)확장자에 대해서는
자동으로 검사하여 암호화 작업을 수행하고 있는 것을 확인하였음〉

- **심사원** : 알겠습니다. 콘텐츠NAS(NAS-002)의 경우도 동일하게 설정되어 있나요? 제조 사가 다르다 보니까 확인을 해봐야 할 듯하네요. 여기도 비슷하게 설정되어 있네요. 이쪽 NAS는 SMB로 마운트시키고 Everyone 읽기 권한이 부여되어 있네요.

- **담당자** : 네. 다만 일반사용자들은 읽기 권한만 부여되어 있고 저장은 할 수 없습니다. 서 버에서 마운트되어 구동될 때 읽기, 쓰기 권한을 같이 줘서 사용할 수 있도록 해놨습니다. 하지만 보안 강화를 위해 필요한 사용자에게만 최소한의 권한을 부여하도록 설정을 변경 하겠습니다.

- **심사원**: 네, 알겠습니다. 마지막으로 오프라인 학원 업무용 NAS의 경우에 인증범위에 포 함되어야 할 것 같아 보이는데요. 어떤 자료가 저장되어 있는지 한번 보겠습니다. 여기 / data/사업팀/부평센터란 디렉터리가 있네요? 한번 들어가 봐 주시겠어요?

- **담당자** : 네.

- **심사원** : 디렉터리에 보니까 학생이벤트, 장학금(분기별 제출) 디렉터리에 우수 수강생 (장학생) 선발결과.xls란 파일이 있네요. 열어 보시겠어요? 문서 내용이 학생들 개인정보 와 주민등록번호도 있네요. 따로 암호화도 안 되어 있고요.

- **담당자** : 네. 다만 해당 파일을 다운로드 받을 경우에는 자동으로 DLP 솔루션에서 해당 문서의 컨텐츠를 검색해서 개인정보가 검출될 경우 파일 자체를 암호화시키고 있습니다.

- **심사원** : 그럼 다운로드 받아볼까요? 그래도 암호화가 안 되는 것 같은데요?

- **담당자** : 아, 이건 아마 VDI 환경에서 네트워크 드라이브 경로로 다운받아서 이런 현상이 있는 것 같은데요. VDI 환경에서도 DLP 솔루션이 정상적으로 작동하도록 설정을 조정하겠습니다.

- **심사원** : 이 NAS는 인증범위는 아니라고는 말씀하시는데 개인정보처리시스템에서 모든 취급자가 읽기 권한이 부여되어 있을 것 같은데요.

- **담당자** : 네. 여기도 동일한 설정으로 운영되고 있습니다. 인증범위는 아니지만, 개인정보 가 포함되어 있으므로 인증범위에 포함시키고 적절한 보안 조치를 적용하도록 하겠습니 다. 자산목록에도 명확히 식별할 수 있도록 추가하겠습니다.

① 심사원은 NAS에 저장된 개인정보(신분증, 통장사본 등)가 이미지 파일 형태로 저장되 고 있으나 암호화되고 있지 않아 2.7.1 암호정책 적용 결함으로 판단하였다.

② 심사원은 오프라인 학원 업무용 NAS는 현재 인증범위에 포함되어야 하므로 1.1.4 범 위설정 결함으로 판단하였다.

③ 심사원은 NAS에 대한 접근통제가 미흡하여 내부망의 모든 사용자가 접근 가능한 상 태이므로 2.6.1 네트워크 접근 결함으로 판단하였다.

④ 심사원은 DLP 솔루션은 문서 파일(xls, hwp, doc, ppt)에 대해서만 자동 검사 및 암호 화를 수행하고 있어, 이미지 파일에 대한 보안 대책이 필요하기 때문에 2.10.1 보안시 스템 운영 결함으로 판단하였다.

⑤ 심사원은 오프라인 학원 업무 NAS의 정보자산 분류가 잘못되었기 때문에 1.2.1 정보 자산 식별 결함으로 판단하였다.

34 다음은 공공기관인 ○○기관의 고정형 영상정보처리기기 운영·관리 방침 전체이다. 심사원이 판단한 내용 중 적절한 것을 모두 고르시오. (2개)

☰ 고정형 영상정보처리기기 운영·관리 방침 ● ● ●

고정형 영상정보처리기기 운영·관리 방침

본 ○○기관(이하 본 기관이라 함)은 고정형 영상정보처리기기 운영·관리 방침을 통해 본 기관에서 처리하는 개인영상정보가 어떠한 용도와 방식으로 이용·관리되고 있는지 알려드립니다.

1. 고정형 영상정보처리기기의 설치 근거 및 설치 목적

본 기관은 「개인정보 보호법」 제25조제1항에 따라 다음과 같은 목적으로 고정형 영상정보처리기기를 설치·운영합니다.
– 시설 안전 및 관리, 화재 예방
– 고객의 안전을 위한 범죄 예방
– 차량 도난 및 파손 방지
※ 주차 대수 30대를 초과하는 규모로서 「주차장법 시행규칙」 제6조제1항을 근거로 주차장에 설치·운영합니다.

2. 설치 대수, 설치 위치 및 촬영범위

설치 대수	설치 위치 및 촬영 범위
50대	건물 출입구, 건물 로비, 주차장 출입구, 주차장 구역별

3. 관리 책임자 및 접근 권한자

귀하의 개인영상정보를 보호하고 개인영상정보와 관련한 불만을 처리하기 위하여 아래와 같이 개인영상정보 관리 책임자 및 접근 권한자를 두고 있습니다.

구분	이름	직위	소속	연락처
관리책임자	구준표	부장	관제팀	02-58791-1234
접근권한자	유일우	대리	관제팀	02-58791-1242

4. 개인영상정보의 촬영시간, 보관기간, 보관장소 및 처리방법

촬영시간	보관기간	보관장소	처리방법
24시간	촬영일로부터 90일	관제실	개인영상정보의 목적 외 이용, 제3자 제공, 파기, 열람 등 요구에 관한 사항을 기록·관리하고, 보관기간 만료 시 복원이 불가능한 방법으로 영구 삭제합니다.

5. 개인영상정보의 확인 방법 및 장소에 관한 사항

    – 확인 방법 : 개인영상정보 관리책임자에게 미리 연락하고 본 기관을 방문하시면 확인 가능합니다.

    – 확인 장소 : 관제팀

6. 정보주체의 개인영상정보 열람 등 요구에 대한 조치

    귀하는 개인영상정보에 관하여 열람 또는 존재 확인·삭제를 원하는 경우 언제든지 고정형 영상정보처리기기 운영자에게 요구하실 수 있습니다. 단, 귀하가 촬영된 개인영상정보에 한정됩니다.

    본 기관은 개인영상정보에 관하여 열람 또는 존재 확인·삭제를 요구한 경우 지체없이 필요한 조치를 하겠습니다.

7. 개인영상정보의 안전성 확보 조치

    본 기관에서 처리하는 개인영상정보는 암호화 조치 등을 통하여 안전하게 관리되고 있습니다. 또한 본 기관은 개인영상정보 보호를 위한 관리적 대책으로서 개인정보에 대한 접근 권한을 차등 부여하고 있고, 개인영상정보의 위·변조 방지를 위하여 개인영상정보의 생성 일시, 열람 시 열람 목적·열람자·열람 일시 등을 기록하여 관리하고 있습니다. 이 외에도 개인영상정보의 안전한 물리적 보관을 위하여 잠금장치를 설치하고 있습니다.

8. 고정형 영상정보처리기기 운영·관리방침 변경에 관한 사항

    이 고정형 영상정보처리기기 운영·관리방침은 2024년 11월 20일에 제정되었으며 법령·정책 또는 보안 기술의 변경에 따라 내용의 추가·삭제 및 수정이 있을 시에는 시행하기 최소 7일 전에 본 기관 홈페이지를 통해 변경 사유 및 내용 등을 공지하도록 하겠습니다.

    – 공고 일자 : 2024년 11월 20일 / 시행일자 : 2024년 11월 25일

① 개인정보 보호책임자가 고정형 영상정보처리기기 관리책임자의 업무를 수행하고 있어 결함이다.

② 고정형 영상정보처리기기 운영·관리 방침에 고정형 영상정보처리기기 설치 및 관리 등의 위탁에 관한 사항이 명시되어 있지 않아 결함이다

③ 표준 개인정보 보호지침에 영상정보 30일 보관하도록 되어있는데 90일 보관하는 것은 결함이다.

④ 영상정보처리기기에 한시적으로 녹음 기능을 부여하여 운영하는 것은 결함이다.

⑤ 고정형 영상정보처리기기 운영·관리에 관한 사항을 개인정보처리방침에 포함하지 않고 별도로 운영·관리 방침을 마련한 것은 결함이 아니다.

35 아래는 ISMS 인증 심사 중 심사원과 담당자 간의 대화이다. 이 대화에서 결함으로 판단할 수 있는 가장 적절한 것을 고르시오.

〈인터뷰 1 내용〉

- **심사원** : 안녕하세요. 오늘 ISMS 인증 심사를 진행하게 된 심사원입니다. 먼저 귀사의 정보보호 관리체계에 대해 몇 가지 질문을 드리겠습니다.

- **담당자** : 안녕하세요. 저희 회사의 ISMS 인증을 위해 최선을 다하겠습니다. 질문해 주시면 답변드리겠습니다.

- **심사원** : 감사합니다. 먼저 서버접근제어 시스템의 계정 목록과 최근 3개월 인사발령 목록을 제출해 주십시오.

- **담당자** : 여기 있습니다. 최근 3개월 동안 개발팀 ㅇㅇ 직원이 신규 입사하였고, 보안팀 직원 1명이 육아휴직을 갔습니다.

- **심사원** : 현재 모든 사용자 계정이 활성화되어 있는지 확인해 주실 수 있나요?

- **담당자** : 네, 현재 모든 계정이 활성화되어 있다고 생각했는데, 잠시만 확인해 보겠습니다. (잠시 후) 아, 확인해 보니 한 명의 직원이 휴직 중이라 그 계정이 비활성화되어 있습니다.

- **심사원** : 그렇군요. 휴직자 계정이 비활성화된 것은 좋은 관리 방침입니다. 그러면 이 계정에 대한 관리 절차는 어떻게 되고 있나요?

- **담당자** : 저희는 휴직자의 계정은 자동으로 비활성화되도록 설정해 두었습니다. 휴직자 계정을 비활성화하는 이유는 보안 강화를 위해서입니다. 휴직 중인 직원의 계정이 악용될 수 있는 위험을 줄이기 위해, 해당 계정을 자동으로 비활성화하고 있습니다. 복직 시에는 다시 활성화할 수 있도록 절차를 마련해 두고 있습니다.

- **심사원** : 잘 관리되고 있네요. 휴직자 계정에 대한 기록은 어떻게 보관하고 계시나요?

- **담당자** : 휴직자 계정에 대한 정보는 별도의 문서로 관리하고 있으며, 복직 시 필요한 절차와 함께 기록을 유지하고 있습니다.

- **심사원** : 좋습니다. 이러한 관리 절차가 ISMS 인증기준에 부합하는지 확인하는 데 도움이 됩니다. 추가로 다른 사용자 계정 관리 방침에 대해서도 설명해 주실 수 있나요?

- **담당자** : 네, 저희는 정기적으로 사용자 계정의 활성화 상태를 점검하고 있으며, 퇴사자 계정은 즉시 비활성화하고 있습니다. 또한, 모든 계정은 최소 권한 원칙에 따라 관리되고 있습니다.

- **심사원** : 훌륭합니다. 이러한 절차들이 잘 이행되고 있다면 인증 심사에 긍정적인 영향을 미칠 것입니다.
  그런데, uniko 계정은 마지막 접속일이 2개월 전입니다. 이후 접속을 하지 않았네요. 관련 지침을 보니 월 1회 계정 점검을 하도록 되어 있고, 30일 이상 미접속 시 비활성화되도록 한다고 되어 있습니다. uniko 계정은 2개월 전에 접속한 이후 접속 이력이 없는데 비활성화되어 있지 않네요.

- **담당자** : 보안팀 직원 계정인데, 육아휴직 중입니다.

〈인터뷰 2 내용〉

- **심사원** : 6개의 서브관리자 계정의 최종 접속이 1년 이상 경과한 것으로 나타났습니다. 이 부분에 대해 설명해 주실 수 있나요?
- **담당자** : 말씀하신 대로 6개의 서브관리자 계정의 최종 접속이 1년 이상 되었습니다. 이 계정들은 특정 프로젝트에 참여했던 직원들이었는데, 해당 프로젝트가 종료된 이후로는 사용되지 않고 있습니다.
- **심사원** : 그렇다면, 이러한 계정에 대한 적절성 검토는 어떻게 진행되고 있나요? 왜 아직까지 비활성화되지 않았나요?
- **담당자** : 저희는 정기적으로 계정 사용 현황을 검토하고 있지만, 최근 몇 달간 인력 부족으로 인해 이 부분이 소홀해졌습니다. 계정 관리 프로세스를 강화할 필요가 있음을 인지하고 있습니다.
- **심사원** : 계정 관리 프로세스가 소홀해진 점은 보안에 큰 위험 요소가 될 수 있습니다. 비활성 계정이 악용될 경우, 심각한 보안 사고로 이어질 수 있습니다. 향후 어떤 조치를 취할 계획이신가요?
- **담당자** : 우선, 해당 계정들을 즉시 검토하여 필요없는 계정은 비활성화할 예정입니다. 그리고 앞으로는 정기적인 계정 사용 현황 점검을 강화하고, 계정 관리 정책을 재정비하여 모든 계정이 적절하게 관리될 수 있도록 하겠습니다.
- **심사원** : 좋은 계획입니다. 계정 관리 정책을 문서화하고, 모든 직원에게 교육을 실시하는 것도 중요합니다. 이를 통해 유사한 문제가 재발하지 않도록 할 수 있습니다.
- **담당자** : 네, 맞습니다. 교육 프로그램을 마련하여 모든 직원이 계정 관리의 중요성을 인식하도록 하겠습니다. 또한, 정기적인 점검 일정을 수립하여 지속적으로 관리하겠습니다.
- **심사원** : 감사합니다. 귀사의 계정 관리 방안이 잘 실행되기를 바랍니다. 추가적인 질문이 있을 경우 다시 말씀드리겠습니다.
- **담당자** : 감사합니다. 언제든지 질문해 주세요.

〈인터뷰 3 내용〉

- **심사원** : 홈페이지 관리자 페이지를 검토하던 중 24개의 계정이 동일한 권한을 부여받고 있다는 점을 발견했습니다. 이 부분에 대해 설명해 주실 수 있나요?
- **담당자** : 네, 말씀하신 대로 24개의 계정이 동일한 권한을 가지고 있습니다. 이 계정들은 모두 프로젝트 팀의 일원으로 동일한 작업을 수행하기 위해 설정되었습니다.
- **심사원** : 그렇다면 모든 계정에 동일한 권한을 부여하는 것이 보안 측면에서 적절한가요?
- **담당자** : 프로젝트의 특성상 모든 팀원이 동일한 접근 권한이 필요하다고 판단했습니다. 다만, 향후에는 권한을 세분화하여 필요한 최소한의 권한만 부여하는 방향으로 개선할 계획입니다.
- **심사원** : 권한을 세분화하는 것은 좋은 접근입니다. 하지만 현재 상태에서는 보안 위험이 크기 때문에 즉각적인 조치가 필요할 것 같습니다.

① 2.5.1 사용자 계정 관리 ② 2.5.2 사용자 식별
③ 2.5.3 사용자 인증 ④ 2.5.5 특수 계정 및 권한 관리
⑤ 2.5.6. 접근권한 검토

36 다음은 온라인 학습사이트에서 학생(미성년자) 아이디로 로그인하여 보호자가 학습 결제를 하는 화면이다. 이에 대한 검토 내용으로 가장 적절한 것을 모두 고르시오. (2개)

결제 순서 : 결제자 선택 ⇨ 보호자 본인 인증 및 결제동의 ⇨ 정보 입력 ⇨ 결제 완료

1. 미성년자 아이디로 로그인 한 후 결제자를 선택할 수 있다.

2. 보호자는 보호자 본인인증을 완료한 후 개인정보 수집 및 이용약관 동의 절차를 거친다.

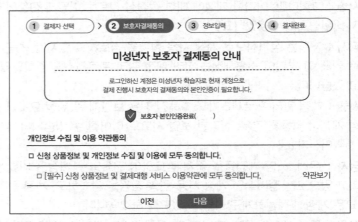

3. 배송지 정보(수령인, 휴대폰 번호, 주소)를 입력하고 개인정보 수집이용 동의 절차를 거친다.

배송지 정보

| 배송지선택* | 기본배송지 | 집 | 변경 |

배송지명* [집]

수령인* [   ]

휴대폰 번호* [   ]

주소 [   ] [우편번호 찾기]

[   ] [   ]

□ 기본배송지로 설정   □ 배송지목록에 추가

결제 정보 ✔ 보호자 본인인증완료(   )

직원여부*   ● N   ○ Y

결제수단*   ● 카드일반결제   ○ 무통장입금   ○ 실시간계좌이체

개인정보 수집·이용동의

신청 상품정보 및 개인정보 수집·이용에 모두 동의합니다.

[필수] 개인정보 수집·이용동의   약관보기

[선택] 마케팅 활용에 대한 동의   약관보기

[선택] 재 학습 혜택을 위한 보존 및 마케팅 동의   약관보기

[이전]   [결제]

[필수] 개인정보 수집·이용 동의 화면

[필수] 개인정보 수집·이용 동의 화면

각종 서비스 이용을 위해 회원가입 후 결제 진행 시, 아래와 같이 개인정보 수집·이용 동의를 하고자 합니다. 내용을 자세히 읽으신 후 동의 여부를 결정하여 주시기 바랍니다.

(필수) 개인정보 수집·이용 동의

수집·이용 항목	수집·이용 목적	보유·이용 기간
회원의 성명, 주소, 생년월일, 연락처, 아이디, 디지털기기에 인식되는 필기 정보, 안면 화상정보, 음성정보, 콘텐츠 정보(학습 및 평가이력), 커뮤니티 게시글 회원이 만 18세 미만일 경우 법정 대리인의 성명, 연락처	• 고객 상담 및(온오프라인) 학습 서비스 제공 • 교재 및 상품 배송	회원동의 동의 철회 시단, 법령의 규정에 의거하거나, 법령상 의무를 준수하기 위하여 보관할 수 있습니다.
결제 대행사로부터 전송 받은 결제 정보	상품 결제 확인 및 처리	법정 의무 보유기간까지

※ 위의 개인정보 수집·이용에 대한 동의를 거부할 권리가 있습니다. 동의를 거부할 경우, 서비스 제공을 위해서 필요한 최소한의 개인정보이므로 동의를 해 주셔야 서비스를 이용하실 수 있습니다.

확인

[선택] 마케팅 활용에 대한 동의 화면

[선택] 마케팅 활용에 대한 동의 화면

(선택) 마케팅 활용에 대한 동의

수집·이용 항목	수집·이용 목적	보유·이용 기간
회원의 성명, 생년월일, 연락처, 이메일 주소 회원이 만 18세 미만일 경우 법정대리인의 성명, 연락처	• 마케팅(재화 및 서비스 안내, 이벤트 참여, 판매권유 포함)	회원동의 동의 철회 시

※ 위의 개인정보 수집·이용에 대한 동의를 거부할 권리가 있습니다. 동의를 거부할 경우 고객상담 및 서비스 제공에 제한을 받을 수 있습니다.

확인

[선택] 재 학습 혜택을 위한 보존 및 마케팅 동의 화면

[선택] 재 학습 혜택을 위한 보존 및 마케팅 동의 화면

(선택) 재 학습 혜택을 위한 보존 및 마케팅 동의

수집·이용 항목	수집·이용 목적	보유·이용 기간
회원의 성명, 생년월일, 연락처, 주소, 연락처 및 서비스 이용 이력, 서비스 중단 사유 회원이 만 18세 미만일 경우 법정대리인의 성명, 연락처	• 재 학습 신청 시, 원활한 서비스 제공 및 재 학습 권유, 고객만족 설문조사	서비스 이용 중단일로부터 5년

※ 위의 개인정보 수집·이용에 대한 동의를 거부할 권리가 있습니다. 동의를 거부할 경우 고객상담 및 서비스 제공에 제한을 받을 수 있습니다.

확인

① 심사원은 동의서에 명확히 표시하여 알아보기 쉽게 고지하여야 할 사항이 명확하게 표시되지 않아 3.1.1 개인정보 수집·이용 결함이라고 판단하였다.

② 심사원은 개인정보 수집·이용 동의 시 필수 동의와 선택 동의를 구분하지 않고 동의받도록 되어 있어 3.1.1 개인정보수집·이용 결함이라고 판단하였다.

③ 심사원은 개인정보 수집·이용 동의 시 거부할 권리가 있다는 사실 및 동의 거부에 따른 불이익의 내용을 알리고 있으나, 동의 여부를 선택할 수 없어 3.1.1 개인정보 수집·이용 결함이라고 판단하였다.

④ 심사원은 개인정보 수집·이용 동의 시 필수 동의와 선택 동의를 구분하였으나 배송지 정보(수령인, 휴대폰 번호, 주소)에 대한 동의 여부를 체크할 수 없어 3.1.1 개인정보 수집·이용 결함이라고 판단하였다.

⑤ 심사원은 개인정보 수집·이용 동의 시 마케팅 활용에 대해 다른 목적으로 수집하는 정보와 구분하지 않고 포괄 동의를 받고 있어서 3.1.2 개인정보 수집 제한 결함이라고 판단하였다.

37 ISMS 인증 신청기관 누리집의 회원가입 화면이다. 다음 중 결함으로 적절하지 않은 것을 모두 고르시오. (2개)

〈회원가입화면〉

회원구분	◉ 학생		아이디	아이디
비밀번호	비밀번호　　　Security 매우 취약		새 비밀번호 확인	비밀번호
영문명(성)	FAMILY NAME　※ 여권상의 영문이름과 동일하게 기재.		영문명(이름)	GIVEN NAME　※ 여권상의 영문이름과 동일하게 기재.
한국이름	한국이름		성별	○남　　○여
생년월일	연도-월-일　※ 여권상의 생년월일과 동일하게 기재.		이메일	이메일
국적	Afghanistan　▼		여권번호	여권번호

〈개발자 모드 소스보기〉

Name	X　Headers　Payload　Preview　Response　Initiator　Timing　Cookies
▤ ?url=/mypage/apply_list.php	▼ General
☑ default.css	Request URL:　　　　　　　https://　　　　kr/?url=/mypage/apply_list.php
☑ scroll.css	Request Method:　　　　　GET
☑ animate.css	Status Code:　　　　　　　● 200 OK
☑ main.css	Remote Address:　　　　　133.111.3.1
☑ bttn.css	Referrer Policy:　　　　　strict-origin-when-cross-origin
☑ slick.css	▼ Response Headers　　☐ Raw
☑ dropdown.css	
☑ sub.css	Cache-Control:　　　　　　no-cashe
☑ mCustomScrollbar.css	Content-Type:　　　　　　text/html; charset=UTF-8
☑ popup_modal.css	Date:　　　　　　　　　　Wed, 08 Jan 2025 17:39:12 GMT
☑ jquery-3.3.1.min.js	Expires:　　　　　　　　　Mon, 26 Jul 1997 05:00:00 GMT
☑ main_slider.js	Pragma:　　　　　　　　　no-cashe
☑ slick.min.js	Server:　　　　　　　　　Apache/2.4.6 (CentOS) OpenSSL/1.0.2k-fips PHP/5.4.16
☑ slick.js	Transfer-Encoding:　　　　chunked
☑ faq.js	X-Powered-By:　　　　　　PHP/5.4.16
☑ sticky.js	
☑ scroll.js	▼ Request Headers　　☐ Raw
☑ ModalPopup.js	
☑ popupcookiefunc.js	Accept:　　　　　　　　　text/html,application/xhtml+xml,application/xml;q=0.9,image/avif,image/webp,image/apng,*/*;q=0.8,appl
☑ mobile_aside.css	Accept-Encoding:　　　　gzip, deflate, br, zstd
ic_link_wh.png	Accept-Language:　　　　ko-KR,ko;q=0.9,en-US;q=0.8,en;q=0.7
main_course01.png	Connection:　　　　　　　keep-alive
main_course02.png	Cookie:　　　　　　　　　_ga_G04M4YYDD2=GS1.1.1720405288.1.1.1720405338.0.0.0; ch-veil-id=6abe261a-15cb-4465-8c9f-9ccccé
96 requests　54.4 kB transferred	_ga_L8FQ2KH2KC=GS1.3.1731239397.1.1.1731239455.0.0.0; _ga_WMC4LQFJR8=GS1.1.1731239457.1.1.173

■ **심사원** : 개인정보처리시스템의 회원가입 화면을 점검하였습니다. 교육 대상이 기본적으로 외국인이라서 고유식별정보인 여권번호를 수집하고 있다고 들었습니다. [개인정보 수집·이용 목적]은 "홍보자료, 기록자료 활용"으로 되어 있었고, [수집하는 개인정보의 항목] - 필수항목 : 이름, 소속, 나이, 성별, 학번, 학년, 연락처, 여권번호 - 선택 항목 : 결혼여부로 기재되어 있었습니다. [개인정보 보유 및 이용기간]도 적절하게 기재되어 있고, 동의거부권도 바르게 기재한 것을 확인하였습니다. 고유식별정보 수집에 관한 동의와 민감정보 수집에 관한 사항, 제3자 제공에 관한 사항이 각각 동의를 받도록 바르게 기재되어 있음을 확인하였습니다.

① 수집하는 개인정보 항목과 동의서의 개인정보 항목이 상이하여 3.1.1 개인정보 수집·이용 결함으로 판단하였다.

② 수집하는 개인정보 항목과 동의서의 개인정보 항목이 상이하여 3.1.2 개인정보 수집 제한 결함으로 판단하였다.

③ 수집하는 개인정보 항목의 필수, 선택이 구분되어 있지 않아 3.1.2 개인정보 수집 제한 결함으로 판단하였다.

④ 소스보기 화면에서 REMOTE ADDRESS가 노출되어 있어 2.6.6 원격접근통제 결함으로 판단하였다.

⑤ 소스보기 화면에서 서버정보가 노출되어 있어 2.10.3 공개서버보안 결함으로 판단하였다.

38 다음 중 보안 용어에 대한 설명이 적절하지 않은 것을 고르시오.

① 대형멀티모달모델(LMM-Large Multimodal Model)은 사용자의 행동 패턴을 분석해, 보안 사고를 유발할 수 있는 위험 요소를 사전에 식별하고, 이를 방지할 수 있는 교육이나 안내를 제공할 수 있는 AI모델이다.

② PIXHELL 공격은 액정 모니터에서 발생하는 픽셀 잡음을 이용해 정보를 송신하는 방식이다.

③ 스테가노그래피는 디지털 환경에서 저작물을 불법 복제하거나 문서 등을 위조하는 것을 방지하기 위해 정당한 권리를 가진 자에게만 접근을 허용하도록 하는 기술이다.

④ 핑거프린팅이란 텍스트, 오디오 및 멀티미디어 컨텐츠에 저작권 정보와 사용자 정보를 삽입해 컨텐츠 불법 배포자 추적을 위한 기술을 말한다.

⑤ 큐싱(Qshing)은 QR코드를 이용한 Phishing 공격을 말한다.

39 개인정보 파기와 관련하여 심사원들이 결함사항으로 판단한 내용이다. 이 중 결함내용이 적절하지 않은 심사원을 모두 고르시오. (2개)

① A심사원 : 실 운영 데이터를 테스트 용도로 사용한 후 테스트가 완료되었음에도 실 운영 데이터를 테스트 데이터베이스에서 삭제하지 않아 3.4.1 개인정보 파기 결함으로 판단하였다.

② B심사원 : 블록체인 등 기술적 특성으로 인하여 목적이 달성된 개인정보의 완전 파기가 어려워 완전 파기 대신 익명 처리를 하였으나, 익명 처리가 적절하게 수행되지 않아 일부 개인정보의 재식별 등 복원이 가능하여 3.4.1 개인정보 파기 결함으로 판단하였다.

③ C심사원 : 콜센터에서 수집되는 민원처리 관련 개인정보(상담 이력, 녹취 등)에 대하여 전자상거래법을 근거로 3년간 보존하고 있으나, 3년이 경과한 후에도 파기하지 않고 보관하고 있어 3.4.1 개인정보 파기 결함으로 판단하였다.

④ D심사원 : 회원 탈퇴 등 목적이 달성되거나 보유기간이 경과된 경우 회원 데이터베이스에서는 해당 개인정보를 파기하였으나, CRM·DW 등 연계된 개인정보처리시스템에 복제되어 저장되어 있는 개인정보를 파기하지 않아 3.4.1 개인정보 파기 결함으로 판단하였다.

⑤ E심사원 : 중견기업 A사는 전자상거래법에 따른 소비자 불만 및 분쟁처리에 관한 기록을 5년간 보존하고 있어 3.4.1 개인정보 파기 결함으로 판단하였다.

40 아래 개인정보 처리방침을 보고 결함으로 가장 적절한 것을 고르시오.

개인정보처리방침

제5조(개인정보의 제3자 제공)

원칙적으로 정보주체의 개인정보를 제1조에서 명시한 목적 범위 내에서 처리하며, 정보주체의 사전 동의 없이는 본래의 범위를 초과하여 처리하거나 제3자에게 제공하지 않습니다. 단, 다음의 각 호의 경우에는 정보주체 또는 제3자의 이익을 부당하게 침해할 우려가 있을 때를 제외하고는 개인정보를 목적 외의 용도로 이용하거나 이를 제3자에게 제공할 수 있습니다.

1. 정보주체로부터 별도의 동의를 받은 경우
2. 다른 법률에 특별한 규정이 있는 경우
3. 명백히 정보주체 또는 제3자의 급박한 생명, 신체, 재산의 이익을 위하여 필요하다고 인정되는 경우
4. 공중위생 등 공공의 안전과 안녕을 위하여 긴급히 필요한 경우

(제공받는 자, 제공목적, 제공항목, 보유 및 이용기간 기술되어 있음)

제6조(개인정보 국외 수집)

당사는 OO서비스 제공을 위해 개인정보를 국외에서 수집하여 처리하고 있습니다.
– 개인정보가 수집·처리되는 국가 : 미국, 영국, 독일

제7조(추가적인 이용·제공)

① 정보주체의 동의 없이 추가적인 이용·제공을 하기 위해서는 다음과 같은 사항을 고려합니다.
1. 당초 수집 목적과 관련성이 있는지 여부
2. 추가적인 이용·제공에 대한 예측 가능성이 있는지 여부
3. 개인정보의 추가적인 이용·제공이 정보주체의 이익을 부당하게 침해하는지 여부
4. 가명처리 또는 암호화 등 안전성 확보에 필요한 조치를 하였는지 여부

제8조(개인정보처리 위탁)

처리목적 달성을 위하여 개인정보의 처리를 위탁하고 있으며, 자세한 내용은 "홈페이지〉고객센터〉개인정보처리방침〉개인(신용)정보처리 위탁 및 제공 현황"에서 확인할 수 있습니다.
[상세내역보기]

제9조(권익침해 구제방법)

고객은 개인정보침해로 인한 신고나 상담이 필요하신 경우 아래 기관에 문의하시기 바랍니다.

1. 개인정보분쟁조정위원회 (www.kopico.go.kr / 1833-6972)
2. 한국인터넷진흥원 개인정보침해신고센터 (privacy.kisa.or.kr / (국번없이) 118)
3. 개인정보보호협회 개인정보보호인증 (www.eprivacy.or.kr / 02-550-9531~2)
4. 대검찰청 첨단범죄수사과 (www.spo.go.kr / (국번없이) 1301)
5. 경찰청 사이버안전지킴이 (www.police.go.kr/www/security/cyber.jsp / (국번없이) 182)

① 제5조(개인정보의 제3자 제공)
② 제6조(개인정보 국외 수집)
③ 제7조(추가적인 이용·제공)
④ 제8조(개인정보처리 위탁)
⑤ 제9조(권익침해 구제방법)

41 정보보호 최고책임자(CISO)는 기업의 정보통신시스템 등에 대한 보안 및 정보의 안전한 관리 등 정보보호 업무를 총괄하는 최고책임자(CISO, Chief Information Security Officer)를 말한다. 다음은 정보보호 최고책임자와 관련하여 신청기관의 정보보호 담당자가 문의한 내용에 대한 심사원이 답변한 내용이다. 심사원의 답변 중 가장 적절하지 않은 것을 고르시오.

① ○ **담당자** : 정보보호 최고책임자가 겸직 가능한 업무에는 어떠한 것들이 있는지요?
■ **심사원** : 아래와 같은 업무는 겸직 가능한 업무에 해당합니다.
　– 정보보호산업의 진흥에 관한 법률 제13조에 따른 정보보호 공시에 관한 업무
　– 정보통신기반 보호법 제5조제5항에 따른 정보보호책임자의 업무
　– 전자금융거래법 제21조의2제4항에 따른 정보보호최고책임자의 업무
　– 개인정보 보호법 제31조제2항에 따른 개인정보 보호책임자의 업무
　– 그 밖에 이 법 또는 관계법령에 따라 정보보호를 위하여 필요한 조치의 이행

② ○ **담당자** : 보안서비스 사업이 정보보호 업무에 포함되는지요?
■ **심사원** : 기업 내부의 정보보호 서비스는 정보보호 업무에 해당하나, 다른 기업에 대한 보안서비스 사업은 정보보호 업무에 해당하지 않습니다.

③ ○ **담당자** : 계열사에 대한 정보보호 지원 업무가 정보보호 업무에 포함되는지요?
■ **심사원** : 정보통신망법 제45조의3제4항 각 호의 업무를 수행하는 경우이고, 영업·판매 등 사업성이 없다고 하더라도, 계열사에 대한 정보보호 지원 업무는 다른 법인에 대한 보안서비스로 간주하여 정보보호 최고책임자의 정보보호 업무에 포함할 수 없습니다.

④ ○ **담당자** : 재난, 안전관리 및 위기대응 업무가 정보보호 업무에 포함되는지요?
■ **심사원** : 재난 및 안전관리 기본법에 따른 위기대응 업무 전체가 정보보호 최고책임자가 겸직할 수 있는 업무에 해당 될 수 있다고 보기는 어려우며, 정보보호와 관련된 위기대응 업무에 대해서만 제한적으로 인정될 수 있을 것으로 생각됩니다. 다만, 해당 위기 대응 업무가 정보보호와 관련된 업무인지 여부는 해당 법인에서 추가 소명이 필요할 것으로 보입니다.

⑤ ○ **담당자** : 인프라 운영·관리(IT 정보시스템) 업무가 정보보호 업무에 포함되는지요?
■ **심사원** : 일반적인 인프라 운영·관리 업무는 정보보호 업무에 미포함됩니다. 다만, 백신, 보안관리 서버 등 정보보호 차원에서 인프라를 운영·관리하는 업무는 정보보호 업무에 해당합니다.

42 심사원은 인증심사 과정 중 재해·재난 발생 시 서비스 및 시스템의 연속성 보장을 위한 IT재해 복구 절차서 검토 및 담당자 인터뷰를 진행하고 있다. 다음 중 결함사항으로 가장 적절한 것을 고르시오.

≡ IT재해 복구 절차서 (일부 발췌) ● ● ● ●

T 시스템 운영 보안 지침 (일부 발췌)

2020. 10. 1. 제정
2025. 1. 20. 개정

2.5 IT 재해 복구 조직 및 역할

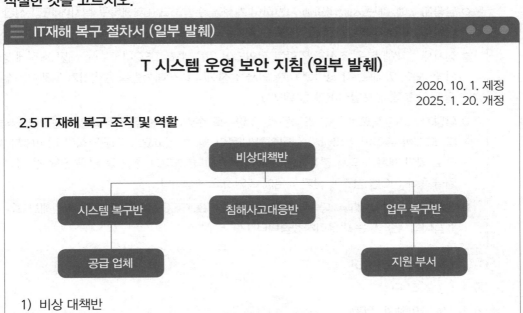

1) 비상 대책반
   ○ 재해 발생 시 장애 및 재해 현황 파악, 재해복구시스템 전환 결정, 주센터 복구 및 복귀 등 최고 의사결정 수행
     – 반장 : IT지원팀장
     – 반원 : IT지원팀
2) 시스템 복구반
   ○ 서버 및 네트워크 피해 상황 파악 및 복구 방안 마련, 주센터/재해복구시스템 전환 및 복구 수행
     – 구성 : IT지원팀, 시스템운영팀, 네트워크운영팀, 공급업체
3) 침해사고대응반
   ○ 침해사고 현황 파악 및 대응 방안 마련, 침해사고 예방 및 취약점 보완 수행, 보안시스템 운영 및 복구
     – 구성 : 정보보호팀
4) 업무 복구반
   ○ 재해의 피해 현황 파악 및 보고, 서비스 연속성 보장을 위한 방안 마련 및 지원, 부서 간 의사소통 및 대고객 서비스 지원
     – 구성 : 서비스지원팀, 총무팀, 법무팀, 홍보팀, 구매팀

> ■ **심사원** : IT재해복구 절차서를 잘 작성해서 유지하고 계시네요. 해당 절차에 따라서 재해 복구전환 훈련 등도 진행하고 있을까요?
>
> ○ **담당자** : 예, 매년 시나리오에 기반하여 계획을 수립하고 IT재해복구 절차에 따라 전환 훈련을 하고 있습니다. 관련 증적자료는 추가로 제출드리겠습니다.
>
> ■ **심사원** : 재해 복구 조직과 역할이 정의되어 있는데요. CISO나 CIO는 해당 조직에 명시가 안 되어 있네요. 각 사안에 대한 의사 결정이나 비상대책반을 총괄하기 위해서는 임원진 등이 조직에 포함되어야 할 텐데요.
>
> ○ **담당자** : 기본적으로 복구 조직은 실제 업무를 수행하는 실무 조직으로 구성되어 있습니다. 그래야 훈련이나 비상시 실질적인 대응이 될 수 있고요. IT지원팀장이 비상대책반장으로 있기 때문에 의사 결정에는 문제가 없습니다. 그리고 훈련 등 업무 진행 간 공유 메일을 통해 CIO를 참조에 넣기 때문에 확인하고 계십니다.
>
> ■ **심사원** : 우선 알겠습니다. 추가적인 사항은 CIO, CISO 인터뷰를 통해 확인해보도록 하겠습니다. 인터뷰는 마무리하겠습니다.

① 1.1.1 경영진의 참여
② 1.1.3 조직 구성
③ 1.4.2 관리체계 점검
④ 2.11.5 사고 대응 및 복구
⑤ 2.12.2 재해 복구 시험 및 개선

43 최근 온라인 활동 증가와 함께 이용자의 비합리적 선택을 유도하는 눈속임 설계(다크패턴)에 대한 문제가 국제적으로 제기되고 있다. 눈속임 설계는 회원가입, 이용 및 탈퇴 등 개인정보를 처리하는 모든 단계에서 일어나고 있으며, 개인정보보호위원회에서도 정보주체의 권리보호를 위하여 눈속임 설계를 통해 정보주체의 권리를 침해하는 행위에 대한 실태점검 및 제재 조치를 하고 있다. 다음 중 프라이버시 눈속임 설계에 대한 설명으로 적절한 것은 모두 몇 개인지 고르시오.

(가) 이용약관·처리방침 등을 통해 수집·이용 관련 동의를 받는 것은 부적절한 포괄 동의 또는 회원 가입 시 별도 절차 없이 동의로 간주하는 것은 부적절하다.

(나) 개인정보 공유, 맞춤형 광고 허용 등을 기본 값으로 미리 설정하는 것은 부적절한 기본 설정에 해당한다.

(다) 가입 등의 문구 대신 즐기러 가기, 계속하기, 다음 등 불명확하거나 일회성 이용처럼 보이는 문구를 사용해 개인정보 수집·이용 동의를 확보하는 것은 오해 유도문구 사용으로 부적절하다.

(라) 개인정보 수집·이용 동의서 내 정보활용 동의등급을 표시하지 않는 것은 동의 사항에 대한 정보를 제대로 알기 어렵게 하여 자유로운 동의 저해로 부적절하다.

(마) 처리 관련 정보를 제공하지 않거나, 화면상 보여지는 동의 외 숨겨진 동의가 있는 경우 정보 감추기에 해당한다.

(바) 선택 동의 사항임에도 과도하게 강조하거나 가독성을 낮게 해 부지불식간에 동의를 유도하는 것은 균형감을 잃은 표현 및 가독성 저해로 부적절하다.

---

① 2개
② 3개
③ 4개
④ 5개
⑤ 6개

44 다음 중 개인정보 국외 수집·이전 관련하여 심사원이 판단한 내용 중 적절하지 않은 것을 모두 고르시오. (2개)

① 개인정보 국외 수집·이전에 대해 개인정보 처리방침에 관련 정보를 기재해야 하나, 국외 이전에 대한 근거와 고지사항만 기재하고 있어서 3.3.4 개인정보 국외이전 결함으로 판단하였다.

② 아래 세 가지 사항을 근거로 개인정보 국외 이전을 하는 경우를 제외한 개인정보 국외 이전의 경우, 3.3.4 개인정보 국외 이전 결함으로 판단하였다.
  – 정보주체의 별도 동의를 받은 경우
  – 법률, 조약 등에 특별한 규정이 있는 경우
  – 정보주체와의 계약의 체결·이행을 목적으로 하는 경우

③ 국외에서 국내 정보주체의 개인정보를 직접 수집하여 처리하는 경우, 개인정보를 처리하는 국가명만 고지하면 된다.

④ 개인정보를 국외 이전하는 경우 아래 사항을 모두 고지하여야 한다.
  – 이전되는 개인정보 항목
  – 개인정보가 이전되는 국가, 시기, 방법
  – 개인정보를 이전받는 자의 성명
  – 개인정보를 이전받는 자의 개인정보 이용 목적 및 보유·이용기간
  – 개인정보의 이전을 거부하는 방법, 절차 및 거부의 효과

⑤ 영업양도 등을 통하여 개인정보가 국외 이전되는 경우, 개인정보보호법 제27조(영업양도 등에 따른 개인정보의 이전 제한)과 제28조의8(개인정보의 국외 이전) 모두 적용 받는다.

45 다음은 신용정보법을 적용받는 기관 간의 개인(신용)정보 제3자 제공에 관한 약정서이다. 보기에 표시된 인증기준 중 결함으로 가장 적절한 인증기준을 고르시오.

[개인(신용)정보 제3자 제공에 관한 약정서 (예시)]

갑 주식회사(이하 '갑'이라 한다)가 을 주식회사 OOO(이하 '을'이라 한다)에 업무상 제공·활용하는 개인(신용)정보에 대한 보안관리 약정을 다음과 같이 체결한다.

제1조(목적)
본 약정은 '갑'이 '을'에게 업무상 제공·활용하는 개인(신용)정보에 대한 보안관리 대책과 책임사항을 명확히 규정함으로써 개인(신용)정보 주체를 보호하고 상호신뢰 확보를 목적으로 한다.

제2조(업무목적 외 개인(신용)정보 처리 금지 등)
① '갑'이 '을'에게 제공하는 개인(신용)정보는 그 제공목적에 직접 해당하는 OOOO 업무 외에 다른 용도로 사용할 수 없으며, 제3자에게 임의 제공 또는 누설하여서는 안 된다.
② 전 항의 의무를 위반하여 '갑' 또는 '갑'의 고객에게 발생하는 모든 손해는 '을'이 책임지고 배상하여야 한다.
③ '을'이 '갑'으로부터 제공받은 개인(신용)정보는 사전에 '갑'의 승인 없이 업무 목적 외로 별도(또는 다른 매체) 저장, 출력하거나 복사 가공해서는 아니 된다.

제3조(개인(신용)정보취급자의 지정 및 업무처리 감독)
① '을'은 본건 개인(신용)정보를 처리하는 업무를 담당하는 자로서 직접 본건 개인(신용)정보에 관한 업무를 담당하는 자와 그 밖에 업무상 필요에 의해 본건 개인(신용)정보에 접근하여 처리하는 자(이하 "개인(신용)정보취급자") 및 개인(신용)정보취급자에게 허용되는 본건 개인(신용)정보의 열람 및 처리의 범위를 업무상 필요한 한도 내에서 최소한으로 제한하여야 한다.
② '을'은 개인(신용)정보 처리시스템에 대한 접근권한을 업무의 성격에 따라 당해 업무수행에 필요한 최소한의 범위로 각 개인(신용)정보취급자에게 차등 부여하고, 접근권한을 관리하기 위한 조치를 취해야 한다.
③ '을'은 개인(신용)정보취급자로 하여금 보안서약서를 제출하도록 하는 등 적절한 관리·감독을 해야 하며, 인사이동 등에 따라 개인(신용)정보취급자의 업무가 변경되는 경우에는 개인(신용)정보에 대한 접근권한을 변경 또는 말소해야 한다.
④ '을'은 개인(신용)정보 처리시스템에 접속할 수 있는 사용자 계정을 발급하는 경우, 개인(신용)정보취급자 별로 한 개의 사용자계정을 발급하여야 하며, 다른 개인(신용)정보취급자와 공유되지 않도록 하여야 한다.
⑤ '을'은 제1항의 기준에 따라 개인(신용)정보취급자 및 개인(신용)정보취급자에게 허용되는 본건 개인(신용)정보의 열람 및 처리의 범위를 정하여 그 명단과 내역을 갑에게 제공하여야 한다. 개인(신용)정보취급자 및 열람·처리의 범위가 변경된 때에는 지체 없이 수정된 명단과 내역을 제공하여야 한다.

⑥ '을'은 제2항 및 제3항에 의한 권한 부여, 변경 또는 말소에 대한 내역을 기록하고, 그 기록을 최소 3년간 보관하여야 한다.

⑦ '을'은 개인(신용)정보취급자가 개인(신용)정보 처리시스템에 접속한 기록을 최소 1년 이상 보관·관리하여야 한다.

제4조(개인(신용)정보의 암호화)

① 갑과 을은 본건 개인(신용)정보를 정보통신망을 통하여 송·수신하거나 보조 저장매체 등을 통하여 전달하는 경우에는 이를 암호화하여야 한다.

② 을은 인터넷 구간 및 인터넷 구간과 내부망의 중간 지점에 개인(신용)정보를 저장하는 경우 이를 암호화하여야 한다.

제5조(개인(신용)정보 폐기 및 반납)

① '을'은 '갑'으로부터 제공받은 개인(신용)정보에 대해 사용 또는 보관기간이 정해진 경우에는 그 기간 내에, 정해지지 않은 경우에는 제공 목적이 충족된 이후 즉시 해당 개인(신용)정보를 폐기하거나 '갑'에게 반환하여야 한다.

② 제1항의 보관기간에도 불구하고 동의 철회권을 행사하는 고객을 대신해 '갑'이 개인(신용)정보 주체의 정보를 폐기할 것을 요청하는 경우 '을'은 즉시 이를 폐기하여야 한다. (단, 전화수신거부요청을 하는 경우에는 전화마케팅을 중단하여야 한다.)

③ 제1항과 제2항에 의거 '을'이 고객 개인(신용)정보를 폐기한 경우 '갑'에게 그 결과를 통보일로부터 1개월 이내에 서면으로 통보하여야 한다.

④ '갑'은 '을'의 보안관리 상태 및 개인(신용)정보 폐기 또는 반납의 이행여부 등을 확인하기 위해 '을'의 사무실 등 실태 점검을 할 수 있으며, '을'은 이에 적극 협조한다.

제6조(책임)

'을'은 고의 또는 과실에 의해 고객의 개인(신용)정보가 유출되거나 이 약정상의 의무이행을 소홀히 함으로써 '갑'에 대해 손해가 발생하거나 법적책임이 부과될 경우 '을'은 이에 대한 모든 책임을 지며, '갑'은 제휴계약을 파기할 수 있다.

제7조(효력발생 및 유효기간)

① 이 약정은 체결일로부터 그 효력이 발생하며, '갑'과 '을' 상호 간 개인(신용)정보 제공 또는 활용과 관련한 계약이 유효한 한 이 약정도 유효한 것으로 한다.

② 이 약정의 유효기간 내에 발생한 위반행위에 따른 책임은 유효기간의 만료로 소멸되지 아니한다.

제8조(교육)

'을'은 '이용자'에 대하여 개인(신용)정보 보호에 대한 교육을 정기적으로 실시함으로써 개인(신용)정보 오·남용 발생을 예방하여야 한다.

본 약정의 내용을 증명하기 위하여 계약서 2부를 작성하고, '갑'과 '을'이 서명 또는 날인한 후 각각 1부씩 보관한다.

2025년 월 일

① 1.1.2 최고책임자의 지정
② 2.3.1 외부자 현황 관리
③ 2.3.2 외부자 계약 시 보안
④ 3.3.1 개인정보 제3자 제공
⑤ 3.3.2 개인정보 처리 업무 위탁

46 공공기관인 OO공사는 공사의 고유 업무 수행을 위해 운영하는 개인정보처리 시스템이 100만 명 이상의 정보주체에 관한 개인정보를 처리하고 있어 공공시스템에 해당된다. OO공사는 ISMS-P 최초 심사를 진행 중에 있다. 심사 과정에서 심사원이 판단한 내용 중 적절한 것을 모두 고르시오. (2개)

① 심사원은 공공시스템의 운영 및 안전성 확보에 필요한 내부관리계획을 기관 내부 관리계획 내 별지에 유형별 안전조치 방안의 형식으로 수립하고 있는 것은 공공시스템 별로 내부관리계획을 수립하고 있는 것으로 판단하였다.

② 심사원은 공공시스템별로 공공시스템을 총괄하여 관리하는 부서를 두고 해당 부서의 장을 관리책임자로 지정해야 하나, 공공시스템 중 총괄하는 부서가 없이 업무 관련성이 있는 부서에서 해당 공공시스템에 대해 관리책임자를 지정하고 있는 것은 1.4.1 법적 요구사항 준수 검토 결함이라고 판단하였다.

③ 심사원은 공공시스템 운영 수탁사, 개인정보보호책임자, 이용부서 등이 참여하는 공 공시스템운영협의회를 설치 운영하여야 하나 OO공사의 정보보호와 개인정보보호 담당자로 구성된 협의체에서 공공시스템의 안전성 확보 조치 이행 사항을 점검하고 있어 1.1.3 조직구성 결함이라고 판단하였다.

④ 심사원은 공공시스템의 개인정보취급자의 권한 부여, 변경 또는 말소 내역 등애 대해 반기별 1회 점검하고 있어 2.5.6 접근권한 검토 결함이라고 판단하였다.

⑤ 심사원은 OO공사의 개인정보보호 경력 2년, 정보기술경력 2년을 보유한 사람을 개인정보보호 책임자로 지정한 것은 개인정보 보호책임자로서 요건이 부족하여 1.2.1 최고책임자 지정 결함이라고 판단하였다.

47 정보통신서비스 제공자는 「정보통신망 이용촉진 및 정보보호 등에 관한 법률」 시행령의 기준에 따라 정보보호 최고책임자를 지정하고 과학기술정보통신부장관에게 신고하도록 하고 있다. 개인정보처리자는 「개인정보보호법」과 시행령 기준에 따라 개인정보 보호책임자를 지정하여야 한다. 다음 정보보호최고책임자, 개인정보 보호책임자와 관련된 내용 중 적절하지 않은 것은 모두 몇 개인지 고르시오.

> **가.** 직전 사업연도 말 기준 자산총액이 5백억 원 이상인 A 게임사 경영기획실의 홍길동은 경영기획 운영 업무를 수행하면서 정보보호 최고책임자 업무를 같이 수행하고 있다.
>
> **나.** 자본금이 1억 원인 정보통신서비스 제공자 B 업체 대표는 본인을 CISO로 지정하고 과학기술정보통신부장관에게 신고하였다.
>
> **다.** 경기도 교육청에 근무하고 있는 4급 공무원 C는 개인정보 보호책임자로 근무를 수행하고 있다.
>
> **라.** 금융회사 D의 정보보호 최고책임자는 개인정보 보호책임자를 겸직으로 담당하고 있으며 매년 개인정보 보호 계획의 수립, 개인정보 처리 실태 점검, 개인 정보보호 교육 계획 수립 및 시행 업무를 수행하고 있다.

① 0개
② 1개
③ 2개
④ 3개
⑤ 4개

48 심사원은 ISMS 의무대상인 SS정보기술협회의 ISMS 인증심사를 수행하고 있으며, 개인정보 유출 등 사고 대응 매뉴얼 내용을 검토하던 중 수정이 필요한 사항들을 다수 발견하였다. 다음 중 가장 적절하지 않은 내용을 고르시오.

① 해킹 침해사고로 추정되는 이상 징후를 알게 된 경우에는 과학기술정보통신부 또는 한국인터넷진흥원 등(이하 관계기관)에 즉시 침해신고를 해야 하고, 개인정보가 유출된 사실을 알게 된 경우에는 지체 없이 5일 이내에 해당 정보주체에게 개인정보 유출 통지를 이행하여야 한다.

② 유출된 개인정보의 수가 1,000건 이하일 경우, 별도의 유출 통지 절차를 생략할 수 있다. 단, 해킹 등 불법적인 방법으로 개인정보가 유출되었거나, 민감정보 및 고유식별정보가 1건이라도 유출에 포함된 경우에는 해당되지 않는다.

③ 외부로부터의 불법적인 접근에 의해 개인정보가 유출된 사실을 확인 시, 경찰청에 해당 사항을 신고할 수 있으며, 수사관으로부터 수사를 위하여 유출 통지를 유보해 달라는 요청을 받을 경우 이를 이행하여야 한다.

④ 개인정보 유출 사실을 알게 된 후 유출된 정보주체를 대상으로 유출 통지를 실시해야 하며, 연락처가 없는 경우에는 홈페이지를 통해 10일 이상 게시하여야 한다. 유출 여부를 확인하는 페이지를 운영하는 경우 이름과 식별할 수 있는 추가 정보를 입력하도록 하고 전송구간 암호화 조치를 취해야 한다.

⑤ 개인정보 유출 신고 내용은 1) 유출된 개인정보의 항목, 2) 유출된 시점과 그 경위, 3) 유출로 인하여 발생할 수 있는 피해를 최소화하기 위하여 정보주체가 할 수 있는 방법 등에 관한 정보, 4) 개인정보처리자의 대응조치 및 피해 구제절차, 5) 정보주체에게 피해가 발생한 경우 신고 등을 접수할 수 있는 담당부서 및 연락처로서 서면 등의 방법으로 이를 관계기관에 제출한다. 단, 구체적인 내용이 확인되지 않는 경우 확인된 내용만을 우선 신고하고, 이후 추가 신고를 하여야 한다.

49 다음 개인정보를 처리하는 「공공기관의 운영에 관한 법률」 제4조에 따른 공공기관에서 각 기관별 의무적으로 이행하여야 하는 사항으로 바르게 짝지어진 것을 고르시오.

구분	A기관	B기관
금융기관 유무	무	무
정보통신서비스 제공자 유무	유	유
일평균 이용자 수(전년도 말 직전 3개월간)	1,000,000명	60,000명
연간 매출액(직전 사업연도)	1,520억	130억
보유 시스템 수	1개	1개
보유 정보주체 수(전년도 말 직전 3개월간)	1,123,000명	100,000명
고유식별정보 처리 유무	무	유
고유식별정보 처리 수	0건	45,000건

(가) 정보보호 공시 의무 대상

(나) 개인신용정보의 관리 및 보호 실태에 대한 상시평가 대상

(다) 개인정보의 보호수준 평가 의무 대상

(라) ISMS 인증 의무 대상

(마) 개인정보영향평가 의무 대상

(바) 개인정보처리방침 평가 대상

① A기관 – (가), (나), (다), (라)   B기관 – (가)
② A기관 – (다), (라), (마), (바)   B기관 – (다)
③ A기관 – (나), (다), (라), (바)   B기관 – (라)
④ A기관 – (가), (나), (라), (마)   B기관 – (마)
⑤ A기관 – (다), (라), (마), (바)   B기관 – (바)

50 다음 중 개인정보 유출 등 사고 발생 대응으로 적절하지 않은 것을 모두 고르시오. (2개)

① AA 쇼핑몰은 개인정보 유출을 알게 된 후 자사 홈페이지를 통해 정보주체가 자신의 개인정보가 유출되었는지를 확인하는 페이지를 운영하였다. 이때 본인확인을 위한 정보를 입력하도록 하고 전송구간 암호화 조치를 취했다.

② BB 여행사는 정보주체 3명의 이름, 여권번호, 여행 일시, 여행지가 담긴 엑셀 파일을 이메일에 첨부하여 다른 사람에게 잘못 보낸 것을 인지하고 2일 만에 개별로 유출통지를 하였으나 신고는 하지 않았다.

③ CC 게임사는 정보주체의 '아이디', '아이디+일방향 암호화된 비밀번호'가 유출된 사실을 인지하고, 별도로 분리 보관되어 있는 연락처 정보 등을 활용하여 유출 통지를 진행하였다.

④ DD 중고거래 플랫폼은 해커에 의해 개인정보가 유출된 사실을 확인한 후 경찰청에 신고하고, 수사관으로부터 해커가 검거될 때까지는 유출 통지를 유보해 달라는 구두 요청을 받았음에도 개인정보보호위원회에 유출 신고하였다.

⑤ EE 신용정보회사는 해킹으로 추정되는 이상 징후를 인지한 후, 5천 건의 개인정보 유출 사실을 확인했으나 개별로 유출통지만 하고 신고는 하지 않았다.

부록

실전모의고사
정답 및 해설

1회 모의고사 정답표

1	②,⑤	2	③	3	②,③	4	②,③	5	④	6	①,②	7	④	8	②	9	③	10	⑤
11	④	12	②,⑤	13	①	14	③	15	③	16	②,③	17	②,④	18	①	19	①,②	20	④
21	④	22	①	23	①,④	24	③	25	④	26	②,③	27	②,⑤	28	①,③	29	②	30	②
31	④	32	①	33	⑤	34	③,⑤	35	②	36	④	37	③,⑤	38	④	39	①	40	④
41	④	42	⑤	43	⑤	44	④	45	②	46	①	47	⑤	48	⑤	49	②	50	②

1번 정답 ⬇ ②, ⑤

해설

② "심사기관"은 별도의 위원회를 운영하지 않는다. 위원회는 "인증기관"에서만 운영된다.

⑤ "자격심의위원회"는 심사기관의 자격 취소 여부를 결정하는 것이 아닌 인증심사원의 자격 취소 적합여부를 심의, 의결하는 기구이다.

2번 정답 ⬇ ③

해설

(가) 인증을 취득한 자가 인증의무기간을 유예하기 위해 고의로 인증을 취소하고 다시 신청을 하는 것은 제19조 제4항에 해당하지 않으며 과태료 대상이 됩니다. (X)

　※ ④ 의무대상자에 해당하는 자는 **다음 해 8월 31일까지 인증**을 받아야 한다.

(나) ISMS 인증 의무대상자는 정보통신망법 제47조 제2항에 따라 기업 스스로 의무대상 여부를 판단하여 ISMS를 구축하고 인증을 취득하는 것이 원칙이다. (O)

　※ 기업 스스로 판단하여야 하며 ISMS-P를 선택적으로 취득할 수 있다.

(다) ISMS 예비인증 특례 도입하여 신규 가상자산사업자에 대해 예비인증 획득시 신고 수리 인정하게 되며 금융보안원에 신고해야 한다. (X) (금융보안원이 아닌 **금융정보분석원장**)

(라) ISMS 또는 ISMS-P는 기업환경에 맞게 선택이 가능하며 의무대상자는 ISMS 또는 ISMS-P인증을 받으면 의무를 다한 것으로 인정된다.(O)

(마) ISMS제도의 인증구분은 단일인증과 다수인증으로 구분되며 단일일증은 하나의 인증만 신청하는 경우에 해당하며 다수인증은 같은 관리체계 내에서 일부 서비스만 개인정보흐름을 포함하여 인증을 받고자 하는 심사의 경우 심사과정을 통합하여 다른 2장의 인증서 발급이 가능하며 다른 기간에 개별로 받은 인증도 해당된다. (X)

　※ 유효기간 및 심사주기가 동일하고 범위만 다른 2장의 인증서 발급되며 다른 기간에 개별로 받는 인증은 해당되지 않음

3번 정답 ②, ③

> **해설**

ABC 쇼핑몰은 정보통신서비스부문 매출액 100억 원 이상 또는 일일 평균 이용자 수 100만 명 이상이므로 ISMS 인증 의무 대상자이다. 또한 자산 총액 5,000억 원 이상이므로 CISO의 겸직이 제한되는 회사이다. 따라서 ABC 쇼핑몰의 CISO는 일반 자격요건과 겸직 제한사항에 대한 특별 자격요건을 모두 충족하여야만 한다. ISMS-P인증심사원 자격 이외에 다른 보유 자격증들은 CISO의 자격요건과는 무관하다.

① 겸직 제한사항에 대한 특별 자격요건에 "상근"이 필수
② 충족
③ 충족
④ 겸직 제한사항에 대한 특별 자격요건에 경력 부족
⑤ 겸직 제한사항에 대한 특별 자격요건에 경력 부족

※ 「정보통신망 이용촉진 및 정보보호 등에 관한 법률」 (약칭 정보통신망법) 시행령 (2022. 12. 11. 시행)
※ 정보보호 최고책임자(CISO) 지정·신고제도 안내서 (2021. 12.)

4번 정답 ②, ③

> **해설**

② 심사수행기관은 인증위원회 심의결과에 따라 인증위원회 종료 다음날부터 **30일** 이내에 신청인에게 추가 보완 조치를 요구할 수 있다.
③ 인증을 취득한 자는 인증서 유효기간 만료 3개월 전에 **갱신심사**를 신청하여야 한다.

5번 정답 ④

> **해설**

VPC Peering : VPC는 다른 VPC간의 통신이 불가능하지만 VPC Peering을 통해 최소한의 필요한 연결을 할 수 있다. 가장 간단하게 VPC간 연결이 가능하며, 인터넷상의 통신이 아닌 AWS Global Backbone 네트워크를 통하여 AWS 네트워크상에서만 통신이 이루어지기 때문에 안전하며 속도가 빠르다.

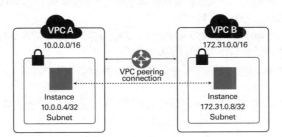

Transit Gateway : 여러 VPC 간 통신을 중계해주는 게이트웨이이다. VPC 서브넷의 라우팅테이블이 아닌 별도의 라우팅 테이블을 이용하여 통신하며, Transit Gateway의 라우팅 테이블을 통해 통신하기 때문에 VPC Peering처럼 새롭게 설정할 필요가 없어 확장성이 높으나 속도가 느린 편이다.

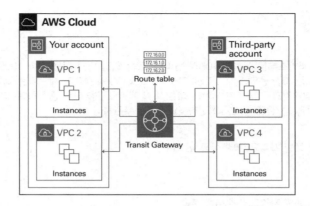

(다) VPC peering은 간단한 일대일 연결에 적합한 옵션이며, Transit Gateway는 복잡하고 확장 가능한 전이적 네트워크 아키텍처에 더 적합하다.

(가) 라우팅 테이블을 보면 해당 클라우드의 전체VPC가 연결되어 있어 매우 취약한 환경에 놓여있다.

(나) 배포시에만 해당 peering을 활성화시키면 되므로 해당 운영지침을 마련하여야 한다.

(라) /24 CIDR이 아닌 배포서버의 IP주소를 특정하여 설정하여야 한다.

(마) 공격표면을 최소화하기 위해 SSH 22번 포트를 변경하는 것을 권장한다.

(바) 악의적인 VPC Peering을 통해 다른계정의 보안을 우회하고 데이터가 유출 될 수 있는 위험이 있으므로 최소 권한으로 제한하고 변동사항에 대해 수시로 모니터링을 하여야 한다.

6번 정답 📥 ①, ②

해설

① 「정보통신망법」 제50조(영리목적의 광고성 정보 전송제한) 재화 등의 거래관계를 통하여 수신자로부터 직접 연락처를 수집한 자가 대통령령으로 정한 기간(6개월) 이내에 자신이 처리하고 수신자와 거래한 것과 같은 종류의 재화등에 대한 영리목적의 광고성 정보를 전송하려는 경우 사전 동의를 받지 않고 전송 할 수 있다.

② 영수증 상의 카드번호, 계산 일시 및 장소, 구입 물품 등은 개인을 알아볼 수 있거나 다른 정보와 쉽게 결합하여 개인을 알아볼 수 있는 정보이므로 「개인정보보호법」 제2조 제1호의 개인정보에 해당한다. / 「개인정보보호법」 제15조 제1항 제4호는 개인정보처리자가 정보주체와의 계약의 체결 및 이행을 위하여 불가피하게 필요한 경우에는 정보주체의 동의 없이 개인정보를 수집할 수 있고 그 수집 목적의 범위에서 이용할 수 있다고 규정하고 있음 / 개인정보 분쟁조정 사례집 참조

③ 의료법 및 「개인정보보호법」에 의거 정보주체 동의없이 치료사진을 게시할 경우 처벌을 받을 수 있다. 의료광고 심의기준 및 정보주체에 대한 동의를 받아야 한다.

④ 온라인 쇼핑몰은 정보주체D씨의 개인정보를 수집 목적 범위를 초과하여 이용하였다. / 개인정보 분쟁조정 사례집 146p

⑤ 정보주체E씨 본인의 기지국정보가 포함된 본인의 통화내역은 열람청구가 가능하다. / 개인정보 분쟁조정 사례집 170p

7번 정답 ④

해설

ⓒ 제21조 개인정보의 파기, ㉧ 제38조 권리행사의 방법 및 절차는 가명정보 적용 제외 규정에 포함되지 않음

참고

가명정보의 처리 및 결합 제한에 따라 처리된 가명정보에 대해 제외되는 규정

내 용
㉠ 제20조 정보주체 이외로부터 수집한 개인정보의 수집 출저 등 고지
㉡ 제20조의2 개인정보 이용·제공 내역의 통지
㉣ 제27조 영업양도 등에 따른 개인정보의 이전 제한
㉤ 제34조 제1항 개인정보 유출 시 정보주체 통지
㉥ 제35조 개인정보의 열람
㉦ 제35조의2 개인정보의 전송 요구
㉨ 제36조 개인정보의 정정·삭제
㉧ 제37조 개인정보의 처리정지 등

8번 정답 ②

해설

(ㄱ) 「정보보호산업법」 시행령 제8조(정보보호 공시)에 따른 "정보보호공시의무자"이다.

(ㄴ) 전년도 말 기준 직전 3개월간 「정보통신망 이용촉진 및 정보보호 등에 관한 법률」에 따른 정보통신서비스(이하 "정보통신서비스"라 한다)의 일일평균 이용자 수가 100만 명 이상인 자는 "정보보호공시의무자"이다.

(ㄷ) 정보보호산업법 시행령 제8조(정보보호 공시) "정보보호공시의무자"

　가. 「전기통신사업법」 제6조 제1항에 따라 등록한 **기간통신사업자 중** 같은 법 시행령 제11조에 따른 **회선설비 보유사업을 경영하는 자**

　나. 「정보통신망 이용촉진 및 정보보호 등에 관한 법률」 제46조 제1항에 따른 **집적정보통신시설 사업자**

　다. 「의료법」 제3조의4 제1항(보건복지부 장관이 지정한 상급종합병원)에 따른 **상급종합병원**

　라. 「클라우드컴퓨팅 발전 및 이용자 보호에 관한 법률 시행령」 **제3조 제1호**의 클라우드컴퓨팅서비스를 제공하는 자

「클라우드컴퓨팅 발전 및 이용자 보호에 관한 법률」 시행령 제3조(클라우드컴퓨팅서비스) 법 제2조 제3호에서 "대통령령으로 정하는 것"이란 다음 각 호의 어느 하나에 해당하는 서비스를 말한다.

1. 서버, 저장장치, 네트워크 등을 제공하는 서비스(정보보호 공시 의무 대상)

2. 응용프로그램 등 소프트웨어를 제공하는 서비스(정보보호 공시 의무 대상 아님)

3. 응용프로그램 등 소프트웨어의 개발·배포·운영·관리 등을 위한 환경을 제공하는 서비스(정보보호 공시 의무 대상 아님)

4. 그 밖에 제1호부터 제3호까지의 서비스를 둘 이상 복합하는 서비스(정보보호 공시 의무 대상 아님)

(ㄹ) (ㅁ) 「정보보호산업법」 시행령 제8조(정보보호 공시) "정보보호공시의무자" 中 ② 제1항에도 불구하고 다음 각 호의 어느 하나에 해당하는 자는 정보보호공시의무자에서 제외한다.

1. 공공기관

2. 제1항 제1호 또는 제3호에 해당하는 자 중 「중소기업기본법 시행령」 제8조 제1항에 따른 소기업

3. 「전자금융거래법」에 따른 **금융회사**

4. 「전자금융거래법」에 따른 전자금융업자로서 「통계법」 제22조 제1항에 따라 통계청장이 고시하는 한국표준산업분류에 따른 정보통신업이나 도매 및 소매업을 주된 업종으로 하지 않는 자

(ㅂ) 「의료법」 제3조의4 제1항(보건복지부 장관이 지정한 상급종합병원)에 따른 **상급종합병원은 정보보호 공시 의무 대상임**

| 9번 정답 | ⬇ | ③ |

해설

③ CRYSTALS–KYBER는 공개키 암호화 알고리즘이고, CRYSTALS–DILITHIUM, FALCON, SPHINCS+는 전자서명 알고리즘이다.

알고리즘명	기반문제	기능
CRYSTALS–KYBER	격자기반	키교환
CRYSTALS–DILITHIUM	격자기반	전자서명
FALCON	격자기반	전자서명
SPHINCS+	해시	전자서명

| 10번 정답 | ⬇ | ⑤ |

해설

① 인터뷰 내용은 외부자의 정보자산 식별 여부에 대한 내용이므로 범위 설정과 관련이 없다.

② 인터뷰 상으로는 정보자산 누락을 확인할 수 없다.

③ 수탁업체 ㈜가나다 컴즈의 노트북은 상담 업무와 전혀 관련이 없으므로 정보자산 목록에 포함시킬 필요 없다.

④ 합의서를 출력하여 전달한다는 담당자의 멘트를 보아 제출 자료에 누락된 것만으로 결함으로 판단하기 어렵다.

④

해설

① 쇼핑몰 개발 담당자는 쇼핑몰을 개발하기 때문에 감사 과정에서 쇼핑몰 운영과정에서 발생하는 개발상의 문제점에 대한 객관성과 독립성을 유지하기 어려울 수 있으므로, 쇼핑몰이 아닌 다른 분야의 개발자를 내부 감사자로 두는 것이 좋다.

② OTP와 지문인증 모두 안전한 인증수단으로서 관리자 로그인 페이지와 감사자 로그인 페이지를 중요도나 담당자 유형에 따라 서로 다른 인증수단을 적용하도록 지침을 수립하고 이행하는 것은 문제가 없다.

③ 응용 프로그램에서 개인정보 및 중요정보의 표시제한 보호조치는 일관성을 확보할 수 있도록 관련 기준을 수립하고 적용하여야 한다. (2.6.3 응용프로그램 접근 주요 확인사항)

④ 담당자는 회원정보가 암호화 되어 DB상에 저장되어 있다고 하였으며, 이에 따라 로그상에는 관리자 화면에서의 활동이력이 기록되고 있고, 그 이력 내용 중에 "이용자 조회 내역 등" 개인정보가 포함된 로그에 대해서는 암호화를 해야 한다.

⑤ 심사원은 인증범위에 포함되는 서비스에 대한 정확한 심사를 위해서 심사 전에 사이트를 방문하여 개인정보처리방침 확인, 회원가입 등을 통해 서비스의 특징, 현황 등을 파악하는 것이 좋다.

　②, ⑤

해설

② 행 또는 열 숨기기 처리하고 시트 보호 기능을 설정하여도 데이터는 암호화 되지 않으며, 검색이 가능하기 때문에 적절한 방안이 아니다.

⑤ 홈페이지상에 삭제하였어도 개인정보가 홈페이지 상에 올라가 있는 기간 동안 검색엔진에서 크롤링을 통해 정보가 수집되어 보관되어있을 수 있기 때문에 검색엔진에 정보가 남아있는지 확인하고 삭제해야 한다.

참고

[시트 보호] (P.45)

일부 사용자는 엑셀 내 개인정보가 포함된 경우 문서 전체를 암호화하는 대신, 해당 행 또는 열을 숨기기 처리하고 숨기기 취소가 안 되도록 시트 보호기능을 설정한다. 하지만 시트 보호기능을 설정하더라도 데이터가 암호화되지 않으며, 찾기 또는 바꾸기 기능을 통해 데이터 검색이 가능하여 개인정보가 노출되게 된다.

[검색엔진을 통한 개인정보 2차 노출] (P.91)

홈페이지에 개인정보가 잠시라도 업로드된 경우에는 반드시 노출 내용이 검색엔진에 의해 수집되었는지를 확인하고 검색엔진에 남아있는 노출 정보를 삭제해야 한다.

홈페이지 개인정보 노출방지 안내서(8차)

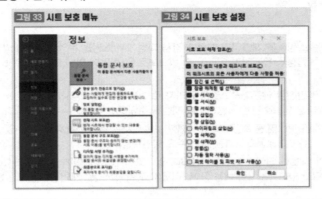

그림 33 시트 보호 메뉴 | 그림 34 시트 보호 설정

13번 정답 ① ⬇

[해설]

① 법적 요구사항에 따라 개인정보 처리시스템은 식별자, 접속일시, 접속지 정보, 처리한 정보주체 정보, 수행업무를 보관하여야 한다. 이에 따라 처리한 정보주체 정보의 기록 누락을 2.9.4 로그 및 접속기록 관리의 결함으로 볼 수도 있으나 위원회에서 법적으로 포함되어야 할 사항에 대해 별도의 조치 없이 위험 수용으로 결정한 것이 근본적인 결함 원인으로 볼 수 있다.

※ 개인정보보호법 개정에 따라 개인정보의 기술적·관리적·보호적 보호조치 기준의 보관기간 5년 내용은 삭제되었으며, 개인정보처리시스템의 접근권한 부여, 삭제 등 보관은 3년으로 통일되었다.

14번 정답 ③ ⬇

[해설]

인터뷰 상에서 서버 TCPWrapper를 적용하여 접근통제솔루션을 통한 접속 이외에는 서버 간 접속이 불가하도록 설정하였다는 것을 알 수 있다. "ssh root@172.18.0.1 −p 2022" 명령어는 웹서비스DB로 SSH 프로토콜을 이용하여 원격 접속하는 명령어이다. 접근통제솔루션을 거치지 않고 서버에서 해당 명령 실행 시 정상적인 로그인 창이 나타난다면 이는 서버 간 접근통제가 적절히 수행되어 있지 않다고 볼 수 있다.

15번 정답 ③ ⬇

[해설]

4개월 전 수행한 운영망 및 DB망 분리 인프라 구성 시에는 변경 수행 전 성능 및 보안에 미치는 영향을 분석하여야 한다. 하지만, 해당 회의 시 인프라 변경 대상이 되는 운영팀 담당자가 참석하지 않았으며, 관련 내용도 공유되지 않은 것을 알 수 있다. 이는 변경 시 성능 및 보안에 미치는 영향을 적절히 검토하였다고 볼 수 없다.

〈확인사항〉

2.9.1 변경 관리
- 정보시스템 관련 자산(하드웨어, 운영체제, 상용 소프트웨어 패키지 등) 변경에 관한 절차를 수립·이행하고 있는가?
- 정보시스템 관련 자산 변경을 수행하기 전 성능 및 보안에 미치는 영향을 분석하고 있는가?

〈결함사례〉
- 최근 DMZ 구간 이중화에 따른 변경 작업을 수행하였으나, 변경 후 발생할 수 있는 보안위험성 및 성능 평가에 대한 수행·승인 증거자료가 확인되지 않은 경우
- 최근 네트워크 변경 작업을 수행하였으나 관련 검토 및 공지가 충분히 이루어지지 않아 네트워크 구성도 및 일부 접근통제시스템(침입차단시스템, 데이터베이스 접근제어시스템 등)의 접근통제 리스트(ACL)에 적절히 반영되어 있지 않은 경우
- 변경관리시스템을 구축하여 정보시스템 입고 또는 변경 시 성능 및 보안에 미치는 영향을 분석·협의하고 관련 이력을 관리하도록 하고 있으나, 해당 시스템을 통하지 않고도 시스템 변경이 가능하며, 관련 변경사항이 적절히 검토되지 않는 경우

16번 정답 ②, ③

해설

② B사는 클라우드 서비스를 이용중이며, 국내 및 해외 리전을 이용하고 있는 중이다. 이는 해외로 이용자의 정보가 이전되고 있다고 볼 수 있으므로 개인정보처리방침을 통해 국외이전 관련 내용을 고지하여야 한다.
③ 개인정보처리방침에 개인정보의 안전성 확보조치에 관련된 내용 고지는 필수 사항이다.

참고

개인정보 처리방침에 필수로 포함되어야 할 사항은 다음과 같다.
1. 개인정보의 처리 목적
2. 개인정보의 처리 및 보유 기간
3. 개인정보의 제3자 제공에 관한 사항(해당되는 경우에만 정한다)
3의2. 개인정보의 파기절차 및 파기방법(제21조 제1항 단서에 따라 개인정보를 보존하여야 하는 경우에는 그 보존 근거와 보존하는 개인정보 항목을 포함한다)
3의3. 제23조 제3항에 따른 민감정보의 공개 가능성 및 비공개를 선택하는 방법(해당되는 경우에만 정한다)
4. 개인정보처리의 위탁에 관한 사항(해당되는 경우에만 정한다)
4의2. 제28조의2 및 제28조의3에 따른 가명정보의 처리 등에 관한 사항(해당되는 경우에만 정한다)
5. 정보주체와 법정대리인의 권리·의무 및 그 행사방법에 관한 사항
6. 제31조에 따른 개인정보 보호책임자의 성명 또는 개인정보 보호업무 및 관련 고충사항을 처리하는 부서의 명칭과 전화번호 등 연락처
7. 인터넷 접속정보파일 등 개인정보를 자동으로 수집하는 장치의 설치·운영 및 그 거부에 관한 사항(해당하는 경우에만 정한다)
8. 처리하는 개인정보의 항목
9. 제30조에 따른 개인정보의 안전성 확보 조치에 관한 사항

실전모의고사 정답 및 해설 1회 473

해설

① 마이데이터 산업은 개인신용정보를 대량으로 집적하는 산업의 특성상 엄격한 보안체계를 갖추도록 하고, 고객을 이해상충으로부터 보호하는 절차 등이 필요한 허가산업으로 운영. 최소 자본금 5억 원으로 하되 금융회사 출자요건(50%)은 적용하지 않으며, 전문인력을 두지 않는 등 진입장벽 최소화. 단 기술적·물리적 보안시설 구비, 배상책임 가입, 신용정보 관리·보호인 선임 등 정보보호 및 보안의무는 부여. 다음 서비스를 제공하고 있거나 제공하려는 자는 마이데이터산업 허가를 받을 필요는 없음.

> [예시] 마이데이터산업에 해당하지 않는 영업의 예시(허가 불필요)
>
> ① 개인신용정보를 처리하지 않는 경우 : 개인신용정보가 아닌 개인정보만을 처리하는 경우, 기업신용 정보만을 처리하는 경우
>
> ② 신용정보제공·이용자(금융회사 등) 또는 공공기관으로부터 개인신용정보를 제공받지 않는 경우
>
> ③ 개인신용정보를 수집하나, 수집된 정보를 신용정보주체에게 조회·열람 등의 방식으로 제공하지 않는 경우
>
> ④ 개인신용정보를 저장·접근하지 못하는 단순 가계부 어플 개발
>
> ⑤ 신용정보주체 보호 및 건전한 신용질서를 저해할 우려가 없는 경우로서 다른 법령에 따라 허용된 경우
>
> (금융분야 마이데이터 서비스 가이드라인 2022.11, 9page 참고)

본인신용정보관리업(마이데이터)은 개인인 신용정보주체의 신용관리를 지원하기 위하여 개인신용정보를 법률에 의해 정해진 방식으로 통합하여 신용정보주체에게 제공하는 행위를 영업하는 것으로, 개인식별정보 등을 신용정보주체 동의 없이 유·무선 마케팅 등에 활용하거나 제3의 기관에 제공하는 행위 및 신용정보주체의 개인신용정보를 신용정보주체 조회·분석 목적 이외의 목적으로 이용하거나 제3자에게 제공하는 행위는 금지된다. (신용정보업 감독규정 제23조의3)

다만, **고객으로부터 별도의 동의를 명시적으로 받은 경우에는 마케팅 목적을 위한 개인신용정보 활용이 가능하다.**

② 「신용정보법」에 따라 개인신용정보를 전송한 신용정보제공·이용자 등과 개인신용정보를 전송받은 중계기관 및 본인신용정보관리회사는 전송내역에 대한 기록을 작성하고 보관해야 하며, **본인신용정보관리회사는 전송받은 신용정보내역에 관한 기록을 신용정보주체에게 연 1회 이상 통지해야 한다.**(「신용정보법 시행령」 제18조의6 10항) 법률에 따라 마이데이터사업자(본인신용정보관리회사)는 연 1회 이상 고객에게 통지의무가 있으나, 마이데이터사업자가 아닌 정보수신자 및 정보제공자, 중계기관은 고객에게 별도의 통지의무는 없다.

③ 마이데이터 산업을 구성하는 정보제공자, 정보수신자, 마이데이터사업자, 중계기관, 거점중계기관에 대한 금융분야 마이데이터 서비스 가이드라인상의 정의는 아래와 같다.

※ 정보제공자 : 「신용정보법」 제33조의2에 따라 신용정보를 전송할 의무가 있으며 이에 따라 고객의 개인신용정보를 전송하는 자 = 「신용정보법」 제33조의2 제1항에 따른 신용정보제공 이용자등

※ 정보수신자 : 정보제공자가 전송하는 개인신용정보를 수신하는 자

※ 마이데이터사업자 : 본인신용정보관리업에 대하여 금융위원회로부터 허가를 받은 자 = 본인신용정보관리회사

※ 중계기관 : 마이데이터사업자의 API 요청에 대해 하나 이상의 정보제공자를 대신하여 고객의 개인신용정보를 중계하는 「신용정보법」 상 기관

※ 거점중계기관 : 정보제공자를 대신하여 고객의 전송 요구에 따라 개인신용정보를 마이데이터사업자를 제외한 정보수신자에게 전송하는 기관

개인인 신용정보주체는 신용정보제공·이용자 등에 대하여 그가 보유하고 있는 본인에 관한 개인신용정보를 다음 각 호의 어느 하나에 해당하는 자에게 전송하여 줄 것을 요구할 수 있다.

1. 해당 신용정보주체 본인
2. 본인신용정보관리회사
3. 대통령령으로 정하는 신용정보제공·이용자
4. 개인신용평가회사
5. 그 밖에 제1호부터 제4호까지의 규정에서 정한 자와 유사한 자로서 대통령령으로 정하는 자

(「신용정보법」 제33조의2 제1항)

정보제공자는 고객이 본인에 관한 개인신용정보를 마이데이터사업자에게 전송할 것을 요구한 경우 **API방식으로 해당 고객의 개인신용정보를 해당 본인신용정보관리회사에게 직접 전송**하여야 한다. (「신용정보법」 제22조의9 제4항)

정보수신자별 개인신용정보 전송유형은 아래와 같다.

구분	① 고객에 전송	② 마이데이터사업자 외 기관에 제출	③ 마이데이터사업자에 전송
용도	개인신용정보 전송	개인신용정보 전송	마이데이터 서비스
전송요구 주체	고객	고객	고객
전송요구 요청 대상	정보제공자	정보수신자	정보수신자
정보수신자	고객	마이데이터사업자 외 정보수신자	마이데이터 사업자
전송방식	API 외 방식 + API 방식	API 외 방식 + API 방식	API방식
본인인증	통합인증과 유사 또는 이에 준하는 방식	통합인증과 유사 또는 이에 준하는 방식	개별인증 통합인증
중계기관, 거점중계기관	거점중계기관	거점중계기관	중계기관

※ 스크린 스크레이핑이 금지되는 2022.1.1. 이후 마이데이터사업자가 정보제공자로부터 개인신용정보를 수집할 경우, 정보제공자–마이데이터사업자는 반드시 API를 이용하여 개인신용정보를 전송하여야 한다.

(금융분야 마이데이터 기술 가이드라인 2022.10, 23page 참고)

④ 고객이 전송을 요구할 수 있는 개인신용정보는 고객으로부터 직접 수집한 정보, 고객이 제공한 정보, 권리·의무 관계에서 발생한 정보이며, **정보제공자가 별도 생성하거나 가공한 신용정보는 제외된다.**

(「신용정보법」 제33조의2 제2항)

⑤ 고객은 다음 사항을 특정하여 정보제공자에게 전송을 요구할 수 있음

전송 요구 사항	마이데이터 앞	기관 앞	본인 앞
정보제공자 (전송 요구를 받는 자)	• 정보제공자의 상호 또는 명칭	• 정보제공자의 상호 또는 명칭	• 정보제공자의 상호 또는 명칭
전송을 요구하는 개인 신용정보	• 정보의 항목	• 정보의 항목	• 정보의 항목
전송요구에 따라 개인 신용정보를 제공받는 자	• 정보수신자의 상호 또는 명칭	• 정보수신자의 상호 또는 명칭	• 정보주체 본인
정기적인 전송을 요구하는지 여부 및 요구하는 경우 그 주기	• 요구/미요구 • 주기(주1회)	• 요구/미요구 • 주기(주1회)	• 미요구
전송요구의 종료시점	• 최대 1년	• 최대 1년	• 최대 1년
전송을 요구하는 목적	• 전송요구를 통한 본인신용정보 통합 조회 및 데이터 분석 서비스의 이용	• 정보주체가 정보 수신자와 미리 합의한 목적	• 정보주체 본인의 신용 정보 관리
전송을 요구하는 개인 신용정보의 보유기간	• 서비스 종료시 또는 삭제요구시까지	• 정보주체가 정보 수신자가 수집·이용하는 것에 동의한 보유기간	• 2주

(금융분 마이데이 서비스 가이드라인 2022.11, 127page 참고)

18번 정답 ①

해설

가. 시·군 및 자치구: 4급 이상 공무원 또는 그에 상당하는 공무원(「개인정보보호법」 제31조)

나. **직전 사업연도 말 기준 자산총액이 5조 원 이상인 자 또는 정보보호 관리체계 인증을 받아야 하는 자 중 직전 사업연도 말 기준 자산총액이 5천억 원 이상인 자**(「정보통신망법」 제45조의3)

다. 개인정보 보호책임자는 접근 권한 관리, 접속기록 보관 및 점검, 암호화조치 등 내부 관리계획의 이행 실태를 연 1회 이상 점검·관리하여야 한다. (개인정보의 안전성 확보조치 기준 제4조 제4항)

라. 「정보통신망법」에 정보보호 최고책임자는 「개인정보보호법」상의 개인정보 보호책임자의 업무를 겸할 수 있으므로 개인정보의 파기를 책임지고 수행할 수 있다.

개인정보 보호책임자는 개인정보 파기 시행 후 파기 결과를 확인하여야 한다.(표준 개인정보보호 지침 제10조)

정보보호 최고책임자의 업무는 다음 각 호와 같다. (「정보통신망법」 제45조의3 제4항)

1. 정보보호 최고책임자는 다음 각 목의 업무를 총괄한다.

　가. 정보보호 계획의 수립·시행 및 개선

　나. 정보보호 실태와 관행의 정기적인 감사 및 개선

　다. 정보보호 위험의 식별 평가 및 정보보호 대책 마련

　라. 정보보호 교육과 모의 훈련 계획의 수립 및 시행

2. 정보보호 최고책임자는 다음 각 목의 업무를 겸할 수 있다.

　가. 「정보보호산업의 진흥에 관한 법률」 제13조에 따른 정보보호 공시에 관한 업무

　나. 「정보통신기반 보호법」 제5조 제5항에 따른 정보보호책임자의 업무

　다. 「전자금융거래법」 제21조의2 제4항에 따른 정보보호최고책임자의 업무

　라. 「개인정보보호법」 제31조 제2항에 따른 개인정보 보호책임자의 업무

　마. 그 밖에 이 법 또는 관계 법령에 따라 정보보호를 위하여 필요한 조치의 이행

마. **각급 학교 : 해당 학교의 행정사무를 총괄하는 사람**(「개인정보보호법」 제31조)

바. **직전 사업연도 말 기준 자산총액이 5조 원 이상 또는 정보보호 관리체계 인증을 받아야 하는 자 중 직전 사업연도 말 기준 자산총액이 5천억 원 이상인 정보통신서비스 제공자는 정보보호 최고책임자의 기본 자격 외에 아래의 자격을 추가로 갖춰야 하며 상근해야 한다.**

　1. **정보보호 분야의 업무를 4년 이상 수행한 경력(제4항 제1호부터 제3호까지에서 정한 학위 또는 같은 항 제5호의 자격 취득 전의 경력을 포함한다)이 있는 사람**

　2. **정보보호 또는 정보기술 분야의 업무를 5년 이상 수행(그중 2년 이상은 정보보호 분야의 업무를 수행해야 한다)한 경력이 있는 사람**

19번 정답 ⬇ ①, ②

[해설]

① 로그레벨은 httpd.conf 파일 내 LogLevel로 설정을 하며 'LogLevel error'로 설정 시 **error 이상의 심각도의 로그(error, crit, alert, emerg)도 기록**한다.

에러로그 심각도(낮음→높음) : debug, info, notice, warn, error, crit, alert, emerg

② **Order Allow,Deny : Deny 설정 우선 확인 후 Allow 설정 확인함으로 모든 ip 접근을 차단**

③ ServerRoot : 웹서버가 설치된 최상위 디렉토리

DocumentRoot : 웹서버에서 제일 먼저 제공할 문서(html 등)들이 있는 최상위 디렉토리

Timeout : 타임아웃 설정시간(초)

④ ServerTokens : 클라이언트 웹브라우저에게 알려줄 시스템 정보 설정, 최소한의 정보만을 제공하기 위해서는 Prod로 설정

Prod : 웹서버 이름

Major : 웹서버 이름, Major 버전번호

Minor : 웹서버 이름, Minor 버전번호

Min : 웹서버 이름, Minimun 버전번호

OS : 웹서버 이름, 버전, 운영체제

Full : 웹서버 이름, 버전, 운영체제 포함 최대한의 정보

ServerSignature : 웹서버의 버전 정보를 웹브라우저에 노출 여부 정의, 노출하지 않기 위해서는 off로 설정

⑤ 디렉토리 리스팅 : 디렉토리에 인덱스파일(index.html 등)이 없을 경우 해당 디렉토리의 모든 파일목록을 보여주는 것으로 보안상 위험

Options FollowSymLinks 또는 Options −Indexes FollowSymLinks로 변경

HTTP Request Method : 보안상 GET, POST만 허용하도록 제한 필요

GET : 클라이언트가 서버로부터 리소스(웹 페이지, 이미지 등)를 요청하는 데 사용

POST : 클라이언트가 서버로 데이터를 제출할 때 사용. 주로 로그인 정보, 양식 데이터 등을 전송하는 데 사용

PUT : 클라이언트가 서버에 새로운 리소스를 생성하거나 업데이트할 때 사용

DELETE : 클라이언트가 서버의 리소스를 삭제하도록 요청할 때 사용

HEAD : GET 메서드와 유사하지만, 서버는 응답 본문을 제외한 헤더만을 반환. 주로 리소스의 메타데이터를 확인할 때 사용

OPTIONS : 서버가 지원하는 메서드나 리소스에 대한 정보를 요청할 때 사용

PATCH : 리소스의 부분적인 업데이트를 요청할 때 사용

TRACE : 클라이언트가 요청을 서버로 보내면, 서버는 그 요청을 그대로 반환

CONNECT : 대상 자원으로 식별되는 서버에 대한 연결을 요청

특정 Method(GET, POST)만 허용 : 〈LimitExcept GET POST〉

특정 Method(DELETE, PUT)만 제한 : 〈Limit GET POST〉

20번 정답 ④

해설

1.2.3 위험평가

※ 위험조치 과정이 지연 및 조치 불가 건에 대하여 공식적인 절차를 통해 공유하고 잠재위험에 대해 사후관리가 이루어지도록 하여야 한다.

  – 수용 가능한 목표 위험수준(DoA)를 CISO, CPO 등 경영진의 의사결정에 의하여 결정

  – 사전에 수립된 위험관리 방법 및 계획에 따라 체계적으로 수행

※ 2.1.1 정책의 유지관리가 답이 되지 않는 이유는 이미 회사가 변경사항을 인지하고 있으며 컨설팅을 통해 변경 예정으로 계획을 가지고 있기 때문에 결함을 주기 어려우며 오히려 명확하게 위험조치 과정이 지연 및 조치 불가 건에 대하여 공식적인 절차를 통해 공유하고 잠재위험에 대해 사후관리가 이루어지도록 1.2.3으로 결함을 주는 것이 합당하다.

21번 정답 ④

해설

CAPTCHA는 파일 업로드 취약점에 대응과는 관계없다.

이는 주로 스팸 방지와 관련이 있으며, 보안적으로 파일 업로드 취약점을 완벽하게 막을 수 있는 방법은 아니다.

22번 정답 ①

해설

① **일반계정 root 권한 관리(문제 존재함)**

본 예시에서 보면 'specialuser'라는 사용자가 있고, 이 사용자에게 UID 0이 부여되어 특정 프로세스를 실행할 수 있도록 권한이 부여되었다. 위의 예시에서 'specialuser' 사용자는 UID가 0이지만, 보통의 관리자(root)와는 다르게 다른 계정 정보를 갖고 있을 수 있다. 이러한 설정은 특수한 경우에만 사용되어야 하며 보안상 문제가 있다고 볼 수 있다.

따라서, 필드 3번째 값 확인(UID:0인지 확인)할 필요가 있습니다.

■ /etc/passwd파일의 필드 3번째 값 확인(UID:0인지 확인)

cat /etc/passwd

(정상 예시) test:x:101:101:test:/home/test:/bin/bash

② **passwd 파일 권한 설정**

이 경우 /etc/passwd 파일의 소유자는 root이고, 파일 권한은 644 또는 –rw-r--r-- 다. 여기서 각 권한의 의미는 다음과 같다:

소유자(root) : 읽기, 쓰기 권한 (rw–)

그룹 : 읽기 권한 (r––)

다른 사용자들 : 읽기 권한 (r––)

이것은 /etc/passwd 파일이 읽고 쓰기는 root 사용자에게만 허용되며, 그룹 및 다른 사용자들은 읽기만 허용되는 일반적인 권한 설정이다. 이 권한 설정은 시스템 보안을 유지하기 위해 중요한 파일들 중 하나이다.

③ group 파일 권한 설정

이 경우 /etc/group 파일의 소유자는 root이고, 파일 권한은 644 또는 –rw–r––r––이다. 각 권한의 의미는 다음과 같다:

소유자(root) : 읽기, 쓰기 권한 (rw–)

그룹 : 읽기 권한 (r––)

다른 사용자들 : 읽기 권한 (r––)

이러한 권한 설정은 시스템 보안을 강화하기 위한 것이며, 일반적으로 양호한 경우이다. Root 사용자나 그룹 관리자만이 그룹 정보를 수정할 수 있다.

23번 정답 ⬇ ①, ④

해설

① '명령어' 부분에 들어갈 윈도우 명령어는 net user가 아니고 **net share**

② C$, IPC$, ADMIN$는 기본적으로 공유 설정되어 있으므로 특별한 이유가 없다면 삭제해야 함

③ C$는 C 드라이브 접근에 사용되는 공유폴더

④ C$를 삭제하는 방법은 '명령어' C$ / remove가 아니고 **delete**

⑤ 중요한 여러 대의 업무용 PC에서 삭제되지 않았으면 추가 확인을 통해 2.10.6 업무용단말기기 보안 또는 2.11.2 취약점 점검 및 조치 결함이 될 수 있음

24번 정답 ⬇ ③

해설

① ○○해외기업이 ISMS-P 인증을 취득한 경우, 국내기업에서 ○○해외기업으로 개인정보를 제공(조회 포함)·처리위탁·보관할 때 정보주체에게 국외이전 별도 동의를 받지 않아도 됨

② 개인정보보호위원회가 A국가의 개인정보 보호 수준을 검토하여 A국가의 개인정보 보호 수준이 국내법과 동등하다고 인정하는 경우, A국가의 개인정보처리자에게는 정보주체의 국외이전 별도 동의를 받지 않고 개인정보의 이전이 가능함

③ B社는 해외에 소재하고 있으며 B社가 소재한 국가는 개인정보보호위원회로부터 개인정보 보호 수준을 인정받은 국가라고 할 때, 국내기업 C社가 해외에 소재한 B社에게 마케팅 활용 등을 목적으로 개인정보를 제공하고자 하는 경우에는 정보주체에게 **국외 이전 동의를 받지 않아도 됨. 그러나, 제3자에게 제공하기 위한 동의는 받아야 함**

④ 개인정보 국외이전 요건을 확대하는 반면에 개인정보 국외이전 관련한 중대한 규정을 위반하거나 필수적인 안전조치를 누락한 사실이 확인되는 경우 개인정보보호위원회는 국외이전 중지를 명할 수 있음

⑤ 개인정보 국외이전 중지를 명령받은 개인정보처리자는 명령을 받은 날로부터 7일 이내에 이의를 제기할 수 있으며, 개인정보보호위원회는 이의 제기 내용을 검토하여 30일 이내에 처리 결과를 해당 개인정보처리자에게 통보해야 함

※ 「개인정보보호법 & 시행령」(2023. 9. 15 시행)

※ 「개인정보보호법 및 시행령」개정사항 안내 (2023. 12.)

해설

제로트러스트

[배경]
기업망 내부에 접속한 이후 내부 자원에 대한 자유로운 접속 및 데이터 유출이 가능한 기존의 경계기반 보안 체계의 모호함을 해소하기 위하여, 기업망 내부 모든 자원이 개별적으로 보호되고 선인증 후 접속 등 지속적인 접속 관리가 되는 개념으로 지속 보안 체계를 유지하기 위함

[개념]
① 정보 시스템 및 서비스에 대한 접속요구가 있을 때 네트워크가 이미 침해된 것으로 간주하고, 주어진 권한을 정확하고 최소한으로 부여하는 데 있어서 불확실성을 최소화하도록 설계된 개념 및 아이디어 모음(NIST SP 800-207, '20년)
② 악의적인 상대에 의해 지속적으로 노출되고 잠재적으로 침해될 수 있는 시스템의 구성 요소, 서비스 및 사용자를 다루는 일련의 원칙(MIT 링컨연구소 22년)

[핵심원칙]
소프트웨어 정의 경계(기본 철학 1,2,5 와 Mapping)
 – 소프트웨어 정의 경계 기법을 활용하여 정책 엔진 결정에 따르는 네트워크 동적 구성
 – 사용자 단말 신뢰 확보 후 자원 접근을 위한 데이터 채널 형성
※ 기업 네트워크 내부에서 단말이 임의 데이터를 전송할 수 있다면, 네트워크 및 호스트 취약성에 따르는 피해 가능성이 커짐
마이크로 세그멘테이션(기본철학 중 2,4,5 와 Mapping)
 – 보안 게이트웨이를 통해 보호되는 단독 네트워크 구역(segment)에 개별 자원(자원그룹)을 배치하고, 각종 접근 요청에 대한 지속적인 신뢰 검증 수행
※ 개별 자원별 구역 설정이 없으면, 기업망 내부에 침투한 공격자가 중요 리소스로 이동하기 쉬워 횡적 이동 공격 성공 가능성이 높아짐
인증 체계 강화(기본철학 중 1,2,3,6 와 Mapping)
 – 각종 리소스 접근 주체에 대한 신뢰도(사용하는 단말, 자산 상태, 환경 요소, 접근 위치 등을 판단)를 핵심요소로 설정하여 인증 정책 수립
※ 기업내 사용자에 대한 여러 아이디를 허용하여 일관된 정책을 적용하지 않거나, 신뢰도 판단없이 단일 인증 방식만으로 접속을 허용할 경우 보안 취약점 노출(예 : 크리덴셜 스터핑)

[기본철학]
1. 모든 종류의 접근에 대해 신뢰하지 않을 것(명시적인 신뢰 확인 후 리소스 접근 허용)
2. 일관되고 중앙집중적인 정책 관리 및 접근제어 결정·실행 필요
3. 사용자, 기기에 대한 관리 및 강력한 인증
4. 자원 분류 및 관리를 통한 세밀한 접근제어(최소권한부여)
5. 논리 경계 생성 및 세션 단위 접근 허용, 통신 보호 기술 적용
6. 모든 상태에 대한 모니터링, 로그 기록 등을 통한 신뢰성 지속 검증·제어

경계보안과 비교(KISA)

구분	경계기반 보안	제로 트러스트 보안
개념	경계(perimeter)를 기준으로 한 번 인증된 기기나 사용자의 트래픽은 모두 허가하는 보안 모델	무신뢰의 원칙으로 네트워크, 물리적 위치, 기기에 상관없이 지속적인 인증을 통해 접근 권한을 부여하는 보안 모델
개념도		

26번 정답 ②, ③

해설

② '이동형 영상정보처리기기 운영관리 방침'에 포함하여야 할 사항을 '개인정보 처리방침' 또는 '고정형 영상기기 운영관리 방침'에 포함하여 공개한 경우에는 별도로 방침을 마련하여 공개할 필요는 없음

③ 원칙적으로 보호법 제25조의2에서는 이동형 영상기기를 통한 영상 촬영에 관하여 규정하고 있으므로, 음성 녹음에 대해서는 제15조의 일반원칙이 적용됨. 따라서, 녹음된 내용이 특정 개인을 알아볼 수 있는 개인정보에 해당하는 경우에는 정보주체 동의 등의 법적 근거를 갖추어야 함. 아울러 공개되지 아니한 타인 간의 대화 녹음시에는 「통신비밀보호법」 위반에도 해당될 수 있음을 유의할 필요가 있음

27번 정답 ②, ⑤

해설

② API가 JWT 토큰 유효시간이 개발보안가이드에 정의된 시간을 초과하여도 정상동작하였다. 이는 개발보안가이드에 따른 개발이 이뤄지지 않았고, 운영 반영 전 그에 대한 시험이 미흡해 보임을 알 수 있다.

⑤ 정보전송협의서에 정의된 개인정보보다 더 많은 주소 정보가 전송됨을 알 수 있다.

①, ③, ④의 내용은 해당 지문에서 확인 할 수 없는 내용이다.

28번 정답 ☑ ①, ③

2023 개인정보 법령해석 사례 30선
① 위탁자는 수탁자에게 정보주체 동의 없이 가명정보를 처리하도록 제공할 수 있음
③ 통계작성의 경우 정보주체 동의 없이 가명처리 할 수 있음

② 수탁자가 가명정보를 임의로 처리 할 수 없음
④ 가명정보는 그 처리기한을 정하여야 함
⑤ 가명정보가 처리 목적이 달성되었다면 파기해야 함

- 개인정보 처리자는 통계작성, 과학적 연구, 공익적 기록보존 등을 위하여 정보주체의 동의 없이 가명처리가 가능하다.
- 위탁자가 수탁자에게 개인정보를 전달하는 것은 개인정보의 제3자 제공이 아니라 개인정보처리자 내부의 개인정보 전달에 해당하며, 수탁자는 위·수탁 계약 범위 내에서 개인정보를 가명처리할 수 있다.
- 판례에 따르면 개인정보의 처리를 수탁받은 자는 제3자에 해당하지 않으므로 수탁받아 처리한 위탁자 명의의 개인정보를 스스로 제3자 제공을 받을 수 없다(대법원 2017. 4. 7. 선고 2016도13263 판결). 이와 관련하여 개인정보 보호위원회는 수탁자는 제3자의 지위를 겸할 수 없으며, 수탁자는 위탁자로부터 수탁자가 아닌 제3자의 지위에서 개인정보를 제3자 제공을 받을 수 없다고 의결한 바 있다(보호위원회 결정 제2018-21-231호, 제2022-007-041호). 그 결정례의 요지는 수탁자로서 수탁받은 개인정보를 처리하면서 위탁자의 이익이 아닌 수탁자 본인의 이익을 위해 처리하면, 제3자가 개인정보처리자로부터 제공받은 범위 이상으로 개인 정보를 처리하게 되어 결과적으로 정보주체의 권리가 침해되므로 이를 허용할 수 없다는 것이다. 따라서, 개인정보 처리업무를 수탁받은 자는 제3자의 지위를 겸할 수 없으며, 수탁자 본인의 이익을 위하여 위탁자의 개인정보를 처리할 수 없다.

29번 정답 ☑ ②

② 개인정보 수집·이용 동의를 받을 때에는 아래의 사항을 모두 포함하여야 한다.
  1. 개인정보의 수집·이용 목적
  2. 수집하려는 개인정보의 항목
  3. 개인정보의 보유 및 이용 기간
  4. 동의를 거부할 권리가 있다는 사실 및 동의 거부에 따른 불이익이 있는 경우에는 그 불이익의 내용
     또한, 주소를 필수 정보로 수집하는 것은 동의를 받는 시점이 적절하지 않으므로 3.1.1 개인정보 수집·이용 결함으로 볼 수 있다.
③ 개인정보 파기는 CPO의 역할이지만, CISO가 CPO를 겸직하고 있을 수도 있어 추가 확인이 필요하다.

해설

② CISO를 지정하였지만 예산, 인력 등 자원을 할당할 수 있는 임원급 지정이 안 된 상황이다. 그리고 각 부서가 개별적으로 정보보호 사항을 검토하고 대표이사께 결재를 올리는 상황이다. CISO가 조직의 정보보호 업무를 총괄할 수 있도록 하고, 이를 수행하기 위한 정보보호 관련 지식이 있는 인력배치 및 업무수행에 있어 필요한 예산 등의 자원을 할당할 수 있도록 해야 한다.

① 인터뷰에서 대표이사가 개별부서의 정보보호 관련 품의 사항을 결재하는 것이 있고, 최근 CISO 지정도 있는 등을 살펴보면 경영진의 참여가 없다고 할 수 없으며, 위임전결기준과 인터뷰만으로는 결함을 확정짓는 것이 아닌 구체적인 보고체계 및 관련 문서를 살펴보고 판단하여야 한다.

③ 정보보호 및 개인정보보호 위원회 수립 여부 및 관련 규정 회의록 등을 살펴봐야 한다. 문제에서는 위임전결규정과 관련 인터뷰만 진행하였기 때문에 결함으로 판정할 수 없다.

④ 내부 정책에 관련된 사항 및 대표이사 등 경영진의 검토 및 승인에 대한 사항을 검토하지 않았으므로 해당 기준에 대해서는 결함을 부여할 수 없다.

⑤ 인터뷰를 보면 대표이사가 정보보호에 대한 장비 구매 등 예산에 대해 승인을 하는 것으로 판단되고, 최근에 CISO 지정을 한 것을 보면, 최고경영자의 예산할당 부분에 있어서는 결함을 주긴 어렵다.

해설

ㄱ. 만 14세 미만 아동의 회원가입 시 법정대리인으로부터 동의를 받은 기록 보관 시 동의일시, 동의항목, 동의자, 동의방법을 포함하여 보관하여야 한다.

ㄴ. 법정대리인이 동의를 거부하거나, 동의 의사가 확인되지 않은 경우 5일 이내에 수집한 개인정보를 파기하여야 한다.

ㄷ. 고유식별정보 중 운전면허번호, 여권번호, 외국인등록번호만 별도 동의에 의해 수집·이용이 가능하며 주민등록번호는 동의에 의해 처리가 불가능하다.

ㄹ. 오후 9시부터 다음날 오전 8시까지 전자적 전송매체를 이용한 광고성 정보 전송 금지 항목에는 이메일은 제외된다.

ㅅ. 영업의 양도 등에 따라 개인정보를 이전할 때 정보주체의 연락처를 알 수 없어 직접 알릴 수 없는 경우에는 홈페이지에 30일 이상 게시하여 알려야 한다.

해설

① 대내외 환경변화에 따른 지침서의 개정이 필요한 경우 개인정보 보호책임자의 승인을 받도록 내부규정으로 절차를 정의하고 있으나 그 절차를 준수하지 않고 지침서의 개정이 이루어졌으므로 1.1.5 정책 수립 결함으로 판단할 수 있다.

② 고객불편을 해소하기 위한 정책 변경을 진행하면서 담당부서와 충분한 협의를 통해 정책을 수립하였으며, 정책서와 지침서에 변경된 내용을 반영하여 개정하였으므로 2.1.1 정책의 유지관리 결함으로 판단할 수 없다.

③ 개인정보 취급자에 대한 비밀번호 관련 내용은 23년 「개인정보보호법」이 개정 시행이 되면서 작성 규칙 및 변경 주기와 관련된 내용이 삭제되었으며, 내부 규정으로 비밀번호에 대한 작성 규칙 및 관리 절차를 수립하여 운영하고 있으므로 2.5.4 비밀번호 관리 결함으로 판단할 수 없다.

33번 정답 ⑤

> **해설**

① 신청기관은 업무 위탁시 법령에서 요구하는 사항(「개인정보보호법」 제26조 제1항)을 모두 포함한 문서를 통하여 계약을 진행하고 있으므로 2.3.2 외부자 계약 시 보안 결함으로 판단할 부분은 없다.

② 개인정보의 제3자 제공 동의시 법령에 따라 고지해야 할 사항(「개인정보보호법」 제17조 제2항)을 고지하고 있으므로 3.3.1 개인정보 제3자 제공 동의 결함으로 판단할 부분은 없다.

③ 재화 또는 서비스를 홍보하거나 판매를 권유하는 업무를 위탁하는 경우에는 서면 등의 방법으로 위탁하는 업무의 내용과 수탁자를 정보주체에게 알려야 하며 이를 적절하게 수행하고 있으므로 3.3.2 개인정보 처리 업무 위탁 결함으로 판단할 부분은 없다.

④ 정보주체와의 계약의 체결 및 이행을 위한 개인정보의 국외 처리위탁·보관에 대해 정보주체에게 필요한 사항을 모두 포함하여 개인정보처리방침을 통해 공개하거나 서면 등의 방법으로 알려야 하며, 이를 적절하게 수행하고 있으므로 3.3.4 개인정보 국외이전 결함으로 판단할 부분은 없다. (「개인정보보호법」 제28조의8 1항 및 2항)

⑤ 신청기관은 정보주체와의 계약의 체결 및 이행을 위하여 개인정보의 처리위탁·보관이 필요한 경우 개인정보처리방침에 법령에서 요구하는 사항을 공지하는 방식으로 4개사에 대해 개인정보의 국외이전을 수행하고 있으며, 개인정보가 이전되는 국가 또는 국제기구의 개인정보 보호체계, 정보주체 권리보장 범위, 피해구제 절차 등이 이 법에 따른 개인정보 보호 수준과 실질적으로 동등한 수준을 갖추었다고 보호위원회가 인정하는 경우로 1개사에 대해 개인정보의 국외이전을 수행하고 있다. 다만, 「개인정보보호법」 제28조의8 제1항 각 호의 개인정보 국외이전 요건을 충족하는 것과 **별개로 수집한 개인정보의 제3자 제공에 대한 동의를 받는 등의 절차는 수행하여야 하므로 3.3.4 개인정보 국외이전 결함으로 판단**할 수 있다.

〈관련 사례〉

C사는 해외에 소재하고 있으며, C사가 소재한 국가는 보호위원회로부터 개인정보 보호 수준을 인정 받은 국가임. 또한 국내기업 D사는 마케팅 활용 등을 목적으로 정보주체로부터 동의를 받아 보유하고 있는 개인정보를 해외 소재 C사에게 제공하고자 함. 이 경우 개인정보를 국외로 이전하기 위한 동의는 불필요하나, 제3자에게 제공하기 위한 동의(제17조 또는 제18조)는 받아야 함

「개인정보보호법 및 시행령」 개정사항 안내 2023.12.29, 46page 참고)

34번 정답 ③, ⑤

> **해설**

① 이행계획 시행에 대한 결과를 정보보호 최고책임자 및 개인정보 보호책임자에게 보고하였으나, 일부 미이행된 건에 대한 사유 보고 및 후속 조치가 이루어지지 않은 경우 1.3.1 보호대책 구현 결함

② 내부 지침에 따라 전산장비 반출입이 있는 경우 작업계획서에 반출입 내용을 기재하고 관리책임자의 서명을 받도록 되어 있으나, 작업계획서의 반출입 기록에 관리책임자의 서명이 다수 누락되어 있는 경우 2.4.6 반출입 기기 통제 결함

③ 데이터베이스에 대한 접근 및 작업이력을 효과적으로 기록 및 관리하기 위하여 데이터베이스 접근통제 솔루션을 신규로 도입하여 운영하고 있으나, 보안시스템 보안 관리지침 및 데이터베이스 보안 관리지침 등 내부 보안 지침에 접근통제, 작업이력, 로깅, 검토 등에 관한 사항이 반영되어 있지 않은 경우 **2.1.1 정책의 유지관리** 결함

④ 외부 근무자를 위하여 개인 스마트 기기에 업무용 모바일 앱을 설치하여 운영하고 있으나, 악성코드, 분실·도난 등에 의한 개인정보 유출을 방지하기 위한 적절한 보호대책(백신, 초기화, 암호화 등)을 적용하고 있지 않은 경우 2.6.6 원격접근 통제 결함

⑤ 중요정보를 처리하고 있는 정보시스템에 대한 이상접속(우회경로 접속 등) 또는 이상행위(대량 데이터 조회 등)에 대한 모니터링 및 경고 알람 정책이 수립되어 있지 않은 경우 **2.9.5 로그 및 접속기록 점검** 결함

※ 정보보호 및 개인정보보호 관리체계 (ISMS-P) 인증기준 안내서 (2023. 11.)

해설

2.2.4 인식제고 및 교육훈련

임직원 및 관련 외부자가 조직의 관리체계와 정책을 이해하고 직무별 전문성을 확보할 수 있도록 연간 인식제고 활동 및 교육훈련 계획을 수립·운영하고, 그 결과에 따른 효과성을 평가하여 다음 계획에 반영하여야 한다.

- 지문내용 : 지문의 내용은 교육 컨텐츠 업체의 인터뷰 내용이며, 인증기준인 인식제고 및 교육훈련 내용과 관련 있다고 볼 수 없다.

2.5.5 특수 계정 및 권한 관리

정보시스템 관리, 개인정보 및 중요정보 관리 등 특수 목적을 위하여 사용하는 계정 및 권한은 최소한으로 부여하고 별도로 식별하여 통제하여야 한다.

- 지문내용 : "개인정보취급자"와 같이 특수적인 정보를 다루는 담당자의 수는 최소한으로 관리 되어져야 하지만, 현재의 컨텐츠 대상의 확장과 사업의 다각화를 위하여 보다 많은 권한을 개인정보 취급자에게 부여· 관리하고 있음
  또한, 특수권한 담당자의 부재 시 해당 권한에 대한 인수·인계 및 임시 인계 등의 프로세스가 구현되어 있지 않은 것으로 보이므로, 확인이 필요한 사항이다. 이런 것들을 근거로 하여, 인증 결함으로 볼 수 있다.

(※ 의도적으로 객관식 보기에서 제외한, "2.2.1 주요 직무자 지정 및 관리" 결함으로 판단 가능)

2.5.6 접근권한 검토

정보시스템과 개인정보 및 중요정보에 접근하는 사용자 계정의 등록·이용·삭제 및 접근권한의 부여·변경·삭제 이력을 남기고 주기적으로 검토하여 적정성 여부를 점검하여야 한다.

- 지문내용 : 2023년 09월 변경된 「개인정보보호법」과 시행령에 따르면, 정보통신서비스제공자 또한 개인정보보호처리자의 수범자 개념으로 통일되었다. 기존 5년 접근권한에 대한 정보를 보관하고 관리하여야 했지만, 모든 개인정보처리자가 3년이라는 동일 기준으로 관리되게 되었다. 하지만, 기존 5년 체계를 유지한다고 해서 문제 될 내용은 아니다.

2.10.3 공개서버 보안

외부 네트워크에 공개되는 서버의 경우 내부 네트워크와 분리하고 취약점 점검, 접근통제, 인증, 정보 수집·저장· 공개 절차 등 강화된 보호대책을 수립·이행하여야 한다.

- 지문내용 : 공개서버에 공개하는 개인정보에 대해서, 마스킹과 내부 승인 절차, 담당자 확인 등의 프로세스를 운영하고 있으므로, 결함이라고 보기 어렵다.

3.1.1 개인정보 수집·이용

개인정보는 적법하고 정당하게 수집·이용하여야 하며, 정보주체의 동의를 근거로 수집하는 경우에는 적법한 방법으로 정보주체의 동의를 받아야 한다. 또한 만 14세 미만 아동의 개인정보를 수집하는 경우에는 그 법정대리인의 동의를 받아야 하며 법정대리인이 동의하였는지를 확인하여야 한다.

- 지문내용 : 인터뷰 내용에서 A시험에 대한 사이트 공지를 실시하였다. 사전에 해당 내용에 대한 동의를 받지 않았으므로, 문제가 될 소지가 있어 보인다. 하지만, 해당 개인 정보에 대한 가명 정보 처리 등을 통해, 개인정보를 보완 처리하였으며, 내용상으로 모두 확인이 가능하지는 않지만 당사자와의 문제를 해결했는지 재확인이 필요해 보이므로 결함으로 단정 짓기는 어렵다.

36번 정답 ④

> **해설**

1.2.4 보호대책 선정

위험 평가 결과에 따라 식별된 위험을 처리하기 위하여 조직에 적합한 보호대책을 선정하고, 보호대책의 우선순위와 일정·담당자·예산 등을 포함한 이행계획을 수립하여 경영진 승인을 받아야 한다.

- 지문내용 : "운영시스템 관리 규정"의 내용과 인터뷰 내용으로 보면, 정보보호위원회의 안건으로 DRS문제 등이 안건으로 올라가서, 평가 받은 적이 있지만 보호대책 선정을 통해 문제를 해결한 결과가 존재하지 않는다. 이를 근거로 하여, "1.2.4 보호대책 선정" 인증결함과 관련이 된다고 판단된다.

2.9.2 성능 및 장애관리

정보시스템의 가용성 보장을 위하여 성능 및 용량 요구사항을 정의하고 현황을 지속적으로 모니터링하여야 하며, 장애 발생 시 효과적으로 대응하기 위한 탐지·기록·분석·복구·보고 등의 절차를 수립·관리하여야 한다.

- 지문내용 : "운영시스템 관리 규정"의 내용과 인터뷰 내용으로 보면, 90% 이상의 용량이 온-프레미스 환경에 사용되어지고 있으며, 이에 대한 성능 용량 테스트가 주기적으로 이뤄지지 않은 점을 고려하면 "2.9.2 성능 및 장애관리" 인증결함과 관련이 된다고 판단된다.

2.9.3 백업 및 복구관리

정보시스템의 가용성과 데이터 무결성을 유지하기 위하여 백업 대상, 주기, 방법, 보관장소, 보관기간, 소산 등의 절차를 수립·이행하여야 한다. 아울러 사고 발생 시 적시에 복구할 수 있도록 관리하여야 한다.

- 지문내용 : 백업정책에서 요구하는 백업데이터의 수준을 관리하고 있지만, 다양한 컨텐츠의 증대에 따른 유기적인 대응이 어려운 실정인 것으로 판단된다. 이를 극복하기 위해 위해서, 다양한 자구책(RPA) 등을 고려하거나 적용 중이지만, 이는 근본적인 문제 해결이 되지 못하며, 이를 근거로 하여 "2.9.3 백업 및 복구관리" 인증결함과 관련 있다고 판단된다.

2.10.2 클라우드 보안

클라우드 서비스 이용 시 서비스 유형(SaaS, PaaS, IaaS 등)에 따른 비인가 접근, 설정 오류 등에 따라 중요정보와 개인정보가 유·노출되지 않도록 관리자 접근 및 보안 설정 등에 대한 보호대책을 수립·이행하여야 한다.

- 지문내용 : 인터뷰 내용을 기반으로 봤을 때, 클라우드 환경을 통하여 교육 사이트를 운영하고 있는 상황이 근본적인 문제라고 보기는 어려우며, 해당 인증기준의 문제라고 할 내용이 없다.

2.12.2 재해 복구 시험 및 개선

재해 복구 전략 및 대책의 적정성을 정기적으로 시험하여 시험결과, 정보시스템 환경변화, 법규 등에 따른 변화를 반영하여 복구전략 및 대책을 보완하여야 한다.

- 지문내용 : "운영시스템 관리 규정"의 내용을 기반으로 1회/년 DRS 테스트 등을 실시해야 하지만, 해당 성능과 용량 측면에서 적절한 테스트를 실시할 수 없을 것으로 판단된다. 또한, 백업 문제에 의거, DRS를 위한 RTO RPO 등의 적절한 조건을 만족하지 못하는 상황이 연계될것이다. 이를 근거로 보면 "2.12.2 재해 복구 시험 및 개선" 인증 결함과 관련이 된다고 판단된다.

37번 정답 ⬇ ③, ⑤

해설

③ 개인정보 처리방침 평가 대상은 개인정보처리자 중 연간 매출액이 1,500억 원 이상이면서, 전년도말 기준 직전 3개월간 그 정보가 저장·관리되고 있는 정보주체의 수가 일일평균 100만 명 이상인 자가 해당된다. (정보보통신서비스 매출액이 아닌 매출액이 기준이 된다.)

⑤ 개인정보 처리방침 평가 결과 우수한 등급을 받은 개인정보처리자에 대해서는 최대 30% 범위 내에서 과징금 추가적 감경 및 10% 범위 내에서 과태료 감경이 가능하다. (우수 등급을 받은 개인정보처리자는 과징금을 최대 25%가 아닌 30%까지 감경 가능하다.)

38번 정답 ⬇ ④

해설

④ 정무직공무원을 장(長)으로 하는 국가기관은 **3급 이상** 공무원 또는 그에 상당하는 공무원을 개인정보 보호책임자로 지정한다.

참고

「개인정보보호법」 제32조(개인정보 보호책임자의 업무 및 지정요건 등)

② 개인정보처리자는 법 제31조 제1항에 따라 개인정보 보호책임자를 지정하려는 경우에는 다음 각 호의 구분에 따라 지정한다.

1. 공공기관 : 다음 각 목의 구분에 따른 기준에 해당하는 공무원 등

   가. 국회, 법원, 헌법재판소, 중앙선거관리위원회의 행정사무를 처리하는 기관 및 중앙행정기관 : 고위공무원 단에 속하는 공무원(이하 "고위공무원"이라 한다) 또는 그에 상당하는 공무원

   나. 가목 외에 정무직공무원을 장(長)으로 하는 국가기관 : 3급 이상 공무원(고위공무원을 포함한다) 또는 그에 상당하는 공무원

   다. 가목 및 나목 외에 고위공무원, 3급 공무원 또는 그에 상당하는 공무원 이상의 공무원을 장으로 하는 국가기관 : 4급 이상 공무원 또는 그에 상당하는 공무원

   라. 가목부터 다목까지의 규정에 따른 국가기관 외의 국가기관(소속 기관을 포함한다) : 해당 기관의 개인정보 처리 관련 업무를 담당하는 부서의 장

   마. 시·도 및 시·도 교육청 : 3급 이상 공무원 또는 그에 상당하는 공무원

   바. 시·군 및 자치구 : 4급 이상 공무원 또는 그에 상당하는 공무원

   사. 제2조 제5호에 따른 각급 학교 : 해당 학교의 행정사무를 총괄하는 사람. 다만, 제4항 제2에 해당하는 경우에는 교직원을 말한다.

   아. 가목부터 사목까지의 규정에 따른 기관 외의 공공기관 : 개인정보 처리 관련 업무를 담당하는 부서의 장. 다만, 개인정보 처리 관련 업무를 담당하는 부서의 장이 2명 이상인 경우에는 해당 공공기관의 장이 지명하는 부서의 장이 된다.

2. 공공기관 외의 개인정보처리자 : 다음 각 목의 어느 하나에 해당하는 사람

   가. 사업주 또는 대표자

   나. 임원(임원이 없는 경우에는 개인정보 처리 관련 업무를 담당하는 부서의 장)

[해설]

① 개인정보는 인터넷망을 통한 송·수신 시 암호화하여야 하며, 정보통신망을 통한 송·수신 시 인증정보(비밀번호, 생체인식정보 등)를 암호화하여야 한다.

[참고] 암호화 대상 : 법적 요구사항, 처리 정보 민감도 및 중요도에 따라 정의

구분		「개인정보보호법」에 따른 암호화 대상 개인정보	
		이용자가 아닌 정보주체의 개인정보	이용자의 개인정보
정보통신망을 통한 송·수신 시	정보통신망	인증정보(비밀번호, 생체인식정보 등)	
	인터넷망	개인정보 ※ 단, 종전의 개인정보의 안전성 확보조치 기준 적용대상의 경우 2024.9.15 시행	
저장 시	저장 위치 무관	인증정보(비밀번호, 생체인식정보 등) ※ 단, 비밀번호는 일방향암호화	
		주민등록번호 ※ 법 제24조의2 제2항에 따라 암호화	
	인터넷구간, DMZ	고유식별정보 ※ 단, 주민등록번호 외의 고유식별정보를 내부망에 저장하는 경우에는 개인정보 영향평가의 결과 또는 위험도 분석에 따른 결과에 따라 암호화의 적용 여부 및 적용범위를 정하여 시행 가능	주민등록번호, 여권번호, 운전면허번호, 외국인등록번호, 신용카드번호, 계좌번호, 생체인식정보 ※ 저장 위치 무관
	내부망		
개인정보취급자 컴퓨터, 모바일기기, 보조저장매체 등에 저장 시		고유식별정보, 생체인식정보	개인정보

해설

④ 가명정보 활용 관련 개인정보 처리방침에 포함될 사항에서 '처리기간'은 개인정보처리자가 가명처리기간을 별도로 정하였을 때 기재하면 된다.

참고

가명정보 처리 가이드 라인(24.2)

가명정보 활용 관련 개인정보 처리방침에 포함될 사항(예시)

1. 가명정보 처리 목적

2. 가명정보 처리 기간(선택)

3. 가명정보 제3자 제공에 관한 사항(해당되는 경우)

4. 가명정보 처리의 위탁에 관한 사항(해당되는 경우)

5. 처리하는 개인정보의 항목

6. 보호법 제28조의4(가명정보에 대한 안전조치의무 등)에 따른 가명정보의 안전성 확보 조치에 관한 사항

해설

④ 개인정보 처리업무를 제3자에게 위탁하는 것에 대해 인터넷 홈페이지 등에 게시할 때에는 수탁자뿐만 아니라 재수탁자도 포함하여 게시하여야 한다. 정보보호위원회 심의·의결 목록을 살펴보면 2023.05.11.에 멤버십 플라스틱 카드제작 및 발송 위탁에 대한 재위탁 승인의 건이 의결되어서 재수탁사가 있는 상황임에도 재수탁사에 대한 정보가 개인정보 처리방침에는 표시가 안 되어있다.

참고

「개인정보보호법」제26조 및「시행령」제28조(「개인정보보호법」[시행 2023. 9. 15.])

제26조(업무위탁에 따른 개인정보의 처리 제한) ① 개인정보처리자가 제3자에게 개인정보의 처리 업무를 위탁하는 경우에는 다음 각 호의 내용이 포함된 문서로 하여야 한다. 〈개정 2023. 3. 14.〉

1. 위탁업무 수행 목적 외 개인정보의 처리 금지에 관한 사항

2. 개인정보의 기술적·관리적 보호조치에 관한 사항

3. 그 밖에 개인정보의 안전한 관리를 위하여 대통령령으로 정한 사항

② 제1항에 따라 개인정보의 처리 업무를 위탁하는 개인정보처리자(이하 "위탁자"라 한다)는 위탁하는 업무의 내용과 개인정보 처리 업무를 위탁받아 처리하는 자(개인정보 처리 업무를 위탁받아 처리하는 자로부터 위탁받은 업무를 다시 위탁받은 제3자를 포함하며, 이하 "수탁자"라 한다)를 정보주체가 언제든지 쉽게 확인할 수 있도록 대통령령으로 정하는 방법에 따라 공개하여야 한다. 〈개정 2023. 3. 14.〉

「개인정보보호법 시행령」(시행 2023. 9. 15.)

제28조(개인정보의 처리 업무 위탁 시 조치)

② 법 제26조 제2항에서 "대통령령으로 정하는 방법"이란 개인정보 처리 업무를 위탁하는 개인정보처리자(이하 "위탁자"라 한다)가 위탁자의 인터넷 홈페이지에 위탁하는 업무의 내용과 수탁자를 지속적으로 게재하는 방법을 말한다.

42번 정답 ⑤

해설

2.3.3 외부자 보안 이행 관리

※ 외부자가 계약서, 협정서, 내부정책에 명시된 정보보호 및 개인정보보호 요구사항을 준수하고 있는지 주기적으로 점검 또는 감사를 수행하여야 한다.

- 외부자에 대한 점검 또는 감사는 업무 시작 전, 업무 진행되는 과정, 종료 시점에 진행하되 필요한 경우 수시로 진행

- 외부자 및 수탁자 교육 내역(교육 결과, 참석자 명단, 교육교재 등)에 대한 보안교육을 실시하는 공문을 발송하고 교육수행여부를 확인하여야 한다.

※ 2.2.4 인식제고 및 교육훈련으로 생각할 수 있겠으나(30%) 피드백이 이루어지고 있어 오히려 외부자에 대한 교육관련의 수행여부 및 점검결과의 신뢰성이 매우 떨어지는 경우(70%)로 보다 가까운 결함은 2.3.3 외부자 보안 이행 관리로 선택하는 것이 좋다.

43번 정답 ⑤

해설

(가, 나, 라, 마, 사 틀림)

2023.09.15. 시행된 「개인정보보호법」의 내용을 요약하면 다음과 같다.

1. 정보주체의 권익 보호
   - 국민의 생명·신체 등 보호를 위한 법 체계 정비
     - 급박한 생명·신체·재산의 이익 보호를 위해 필요한 경우에 우선하여 개인정보 수집·이용·제공이 가능하게 되며, 코로나19 등 공공의 안전을 위해 긴급히 필요한 경우에도 개인정보 수집·이용·제공이 가능함. 다만, 이때 개인정보처리자는 개인정보를 안전하게 관리(안전조치·파기·권리보장 등 준수)할 수 있도록 관련 의무를 준수해야 하며, **민감정보가 의도치 않게 공개되지 않도록 공개 가능성 및 비공개 선택 방법을 알리도록 해야 함**
   - 개인정보 처리 요건 개선 및 처리방침 평가 운영
     - 동의 외 계약 이행을 위해 필요한 경우 등 개인정보 처리 요건을 다양화하여 동의 없이 수집·이용이 가능하도록 하고, 개인정보 처리 요건 개선에 따라 개인정보 처리방침에 대한 적정성을 평가 및 이에 대한 개선 권고할 수 있도록 함. 또한, **정보주체의 자유로운 의사에 따른 선택권 보장 등 동의 방법에 대한 원칙을 명시함**(2024.9.15 시행)

     (※ **무조건적인 필수/선택을 없애야 하는 것이 아닌**, "개인정보처리자의 불필요한 동의 요구 및 정보 주체의 형식화된 동의 관행을 개선하여 개인정보 보호 원칙을 실질적으로 구현"하기 위함)

2. 온·오프라인 이중 규제 등 개선
   - 영상정보처리기기 운영기준 개선
     - 영상정보를 저장하지 않고 통계 목적으로 일시적으로 처리하는 경우 고정형 영상정보처리기기 설치·운영 가능하도록 하고, 이동형 영상정보처리기기(드론, 자율주행차 등에 부착하는 촬영 장치 등)의 촬영 사실 표시(정보주체가 알기 어려운 경우 개인정보위 구축 사이트에 공지) 등 운영 기준을 마련함
   - 개인정보 수집 출처 통지 및 이용·제공 내역 통지 제도 합리화
     - 통지 의무 대상자의 범위를 일원화하고 통지도 함께 진행할 수 있도록 하고, 팝업 및 알람 등 알림창(단, 개인정보 이용·제공 내역 통지의 경우에는 해당 내역을 확인할 수 있는 정보시스템에 접속하는 방법을 통지하는 경우에 한함)을 통해 개별적으로 알릴 수 있도록 함

- 14세 미만 아동의 개인정보 수집
  - 모든 개인정보처리자에게 법정대리인의 동의 확인 및 아동에게 개인정보 처리에 관한 사항 고지 시 이해하기 쉬운 양식과 알기 쉬운 언어 사용을 의무화함
- 개인정보 유출 등의 신고·통지
  - 온라인과 오프라인·공공기관으로 이원화되어 있는 유출 신고·통지 일원화 및 개인정보 유출 사실을 알게 된 때부터 72시간 이내에 통지 이행하도록 함
- 개인정보 안전조치 기준 일원화
  - 온라인과 오프라인으로 구분되어 있는 안전조치 기준을 온라인을 중심으로 통합 및 안전조치를 위한 다양한 기술이 도입될 수 있도록 특정 기술을 채택해야 하는 것으로 오인될 수 있는 용어를 삭제하는 등 관련 규정을 기술 중립적으로 정비함
- 개인정보 파기 특례 정비
  - 정보주체의 의사와 무관하게 1년 동안 서비스 이용이 없는 경우 파기 등 조치를 강제했던 규정(개인정보 유효기간제)을 삭제하여 개별 기업·기관 등의 서비스 특성 및 정보주체의 이용주기 등의 개별적 상황을 고려하여 자율적으로 휴면정책 채택 여부를 정할 수 있도록 함

3. 공공기관 개인정보 처리 안전성 강화
- 주요 공공시스템 안전성 확보 조치
  - 공공부문 개인정보 유출 방지 대책에 따라 공공시스템 운영기관에 대한 안전조치 기준*을 강화함 (2024.9.15 시행)
  - (※ 공공시스템 운영기관에 대한 안전조치 기준 : 내부 관리계획, 접근권한 부여, 접속기록, 정보주체 통지, 전담부서·인력 배치, 관리책임자 지정, 공공시스템 운영협의회)
- 공공기관 개인정보파일 공개 범위 확대
  - **내부적 업무처리 목적이더라도 일시적으로 처리되는 경우 등을 제외하고는 모두 등록하여 관리** 및 (통계법 적용 제외 규정 개정에 따라) 「통계법」을 근거로 수집되는 개인정보파일의 경우 60일 내에 개인정보위에 등록하도록 함
- 공공기관 개인정보 영향평가 개선
  - 영향평가서 요약본을 공개할 수 있도록 하여 공공기관의 개인정보 처리 투명성 강화 및 통계법에 따라 공공기관이 개인정보파일을 운용하고 있는 경우 2년 이내 영향평가 실시 후 개인정보위에 결과를 제출하도록 함
- 「통계법」 적용 제외 규정 개선
  - 종전에는 「통계법」에 따라 수집되는 개인정보는 법 제3장부터 제7장까지 적용을 배제하였으나, 통계법에 특별한 규정이 있는 경우를 제외하고는 「개인정보보호법」을 적용하도록 개정함
- 개인정보 처리위탁·재위탁 보호조치
  - 수탁자의 범위에 다시 위탁받은 제3자를 포함하고, 수탁자가 제3자에게 다시 위탁하려는 경우 위탁자 동의를 받도록 함. 또한, 수탁자의 경우에도 법 위반에 대한 책임이 있는 범위 내에서 과징금·과태료·형벌을 적용할 수 있도록 함

4. 글로벌 스탠다드 반영
- 국외 이전 및 이전 중지명령 도입
  - 글로벌스탠다드에 맞추어 **개인정보 보호 수준이 보장된다고 인정되는 국가 및 개인정보보호인증 등을 받은 기업으로 국외 이전 가능하도록 다양화**하고, 법을 위반하거나 보호 수준이 취약하여 정보주체에게 피해 발생 우려가 현저한 경우 **국외 이전을 중지**할 수 있도록 근거를 마련함

44번 정답 ④

해설

기존 기술적·관리적 보호조치 기준에 있던 대상들 외에 내용이 25.03.15 사후 심사시에 반영 되어져야 할 시기이다.

가. 출력복사시 보호조치(제12조) 대응조치

　▶ 통합 전, 기술적·관리적 보호조치 내용

나. 일정 횟수 인증 실패시 조치(제5조 제6항) 대응조치

　▶통합 전, 안전성확보조치 내용

다. 인터넷망 구간 전송시 암호화(제7조 제4항) 대응조치

　▶통합 전, 기술적·관리적 보호조치 내용

라. 암호키 관리 절차 수립·시행(제7조 제6항) 대응조치

　▶통합 전, 안전성확보조치 내용

마. 접속기록 점검(제8조 제2항) 대응 조치

　▶통합 전, 안전성확보조치 내용

바. 재해·재난 대비 안전 조치(제11조) 대응조치

　▶통합 전, 안전성확보조치 내용

위의 내용과 같이 각각의 기준에 적용받지 않던 내용은 1년간의 유예를 통해 2024.9.15.을 기준일로 적용해야 할 대상이 된다.

제11조(재해·재난 대비 안전조치) 10만 명 이상의 정보주체에 관하여 개인정보를 처리하는 대기업·중견기업·공공기관 또는 100만 명 이상의 정보주체에 관하여 개인정보를 처리하는 중소기업·단체에 해당하는 개인정보처리자는 화재, 홍수, 단전 등의 재해·재난 발생 시 개인정보처리시스템 보호를 위한 다음 각 호의 조치를 하여야 한다.

1. 위기대응 메뉴얼 등 대응절차를 마련하고 정기적으로 점검
2. 개인정보처리시스템 백업 및 복구를 위한 계획을 마련

45번 정답 ②

해설

② 개인정보처리자가 업무수행을 위해 그에 소속된 임직원의 개인정보를 처리한 경우 해당 정보주체는 통지 예외 대상에 해당한다.

참고

개인정보 이용·제공 내역 통지 예외 대상

구분	내용
통지 예외	1. 통지에 대한 거부의사를 표시한 정보주체 2. 개인정보처리자가 업무수행을 위해 그에 소속된 임직원의 개인정보를 처리한 경우 해당 정보주체 3. 개인정보처리자가 업무수행을 위해 다른 공공기관, 법인, 단체의 임직원 또는 개인의 연락처 등의 개인정보를 처리한 경우 해당 정보주체 4. 법률에 특별한 규정이 있거나 법령 상 의무를 준수하기 위하여 이용·제공한 개인정보의 정보주체 5. 공공기관이 법령 등에서 정하는 소관 업무의 수행을 위하여 이용·제공한 개인정보의 정보주체 ※ 연락처 등 정보주체에게 통지할 수 있는 개인정보를 수집·보유하지 아니한 경우

해설

① 가장 근본적인 결함사항이다. CISO가 위험평가 결과 보고서에 대한 피드백을 주지 않아 담당자가 스스로 보호대책을 선정 및 관리하게 된 것은 경영진의 참여가 미흡하여 발생한 문제다.

② 위험 평가 결함으로도 볼 수 있지만 1.1.1 경영진의 참여가 더 근본적인 결함 사항이다.

③ 담당자 스스로 보호대책을 과하게 선정한 것은 미흡한 부분이지만, 책임자가 이를 검토하지 않은 부분으로 인해 발생한 것이므로 1.1.1 경영진의 참여가 더 근본적인 결함 사항이다.

④ 미흡 사항에 대한 보호대책이 구현되지 않은 것도 문제지만, 근본적인 결함 사항은 1.1.1 경영진의 참여가 가깝다.

⑤ 전체적인 문제를 근본적으로 해결할 수 있는 방법은 아니다.

해설

⑤ 출입통제대상을 기록하며, 이는 **3개월** 단위로 검토하여 이상유무를 확인하고 있습니다.

참고

[규정집] 제5조 출입통제

③ 통제구역은 책임자의 승인을 받아 출입이 허용된 자 이외의 출입을 통제하되, 출입통제대장(별표 제1호)을 비치하여 출입상황을 기록·유지하고 책임자는 **분기별로 검토·확인하여야 한다.**

해설

① 과학적 연구 목적 내에서 판매정보시스템을 고도화하였지만 신상품 개발을 위한 경진대회 개최는 「개인정보보호법」 제28조의2 제1항의 목적에 해당하지 않음. A팀은 새로운 처리 환경에 맞추어 추가 가명처리를 수행하여야 함

② B부서는 A부서에서 제공받은 정보의 이동시간 정보와 B부서가 보유하고 있는 톨게이트 입출시간을 활용하여 특정시간에 통과한 차량의 번호를 알 수 있으며, 해당 차량번호를 통해 특정 개인을 식별할 가능성이 있음. A부서에서는 B부서가 보유하고 있는 정보를 고려하여 특정 시간에 대한 식별가능성이 없도록 이동시간 삭제 또는 가명처리 등을 수행하여야 함

③ B부서는 제공받은 비정형 데이터를 알고리즘 고도화 문의 유형별 민원처리 시스템 개발에 활용하려는 시점에 A부서로부터 제공받은 정보(민원처리 내역)의 가명처리가 미흡하였을 경우 개인을 식별할 수 있는 정보가 노출되어 특정 개인을 식별할 가능성이 있음. 비정형 데이터에 대한 가명처리는 현재 기술상 미흡한 부분이 많으므로 적정성 검토 시 신중하여야 하며, 또한 식별 위험이 높으므로 처리 시 폐쇄망 환경에서 이용하는 것을 권장하고, 식별이 된 경우 해당 정보의 처리를 즉시 중지하고 회수·파기하여야 하며 추가 가명처리가 필요함

④ △△분석회사의 분석담당자는 특정일에 최고급 객실을 이용한 내용을 분석과정에서 인지할 수 있으며, 온라인 SNS정보 등 공개된 정보(예 : 개인이 SNS에 올리는 정보, 여행후기 등)를 통해 특정 개인을 식별할 가능성이 있음. ○○호텔은 제공하는 가명정보에 포함된 특이정보(최고급 객실)를 삭제 또는 가명처리하여야 함

⑤ 적절함

※ 가명정보 처리 가이드라인(2024. 2.)

해설

① 이용자의 사전 동의를 받았다면 별도 문제는 없다.

　만약 동의를 받지 않았더라도 신규AI 기술에 활용되는 데이터셋에 개인정보가 포함되어 있지 않다면 결함으로 판단할 수 없다.

② **AI 기술에 활용되는 데이터셋에 개인정보가 포함되면 아니 된다. 만약 개인정보가 포함된다면 이용자의 동의 등 법적 요건을 준수하여야 한다.**

③ 학습 데이터셋에 개인정보가 포함되어 있다면 AI가 내놓는 결과 데이터(답변, 이미지 등)에 개인정보가 포함되어 개인정보가 유출되는 등의 이슈가 발생할 수 있다. 따라서, 이용자 동의 절차와 별개로 데이터셋 학습에 대한 개인정보 이슈도 사전에 체크하여야 한다.

④ 채팅 데이터가 비정형 데이터라도 개인정보가 포함될 가능성이 높으므로 개인정보처리시스템으로 분류해 관리하여야 한다.

　※ 비정형 데이터 : 정의된 구조가 없이 정형화되지 않은 데이터(동영상, 오디오, 사진, 문서, 채팅, 메일 본문 등)

⑤ 익명정보는 개인정보에 해당되지 않으므로, 개인정보 파기 시 익명 처리 기법을 사용할 수 있다.

　※ 익명정보 : 시간·비용·기술 등을 합리적으로 고려할 때 다른 정보를 사용하여도 더 이상 개인을 알아볼 수 없는 정보

해설

② 「개인정보보호법」 개정으로 인하여, 정보통신서비스제공자와 개인정보처리자 모두 개인정보 유출 등을 알게 된 때로부터 72시간 이내 신고하여야 한다.

참고

「개인정보보호법 시행령」 제40조

① 개인정보처리자는 다음 각 호의 어느 하나에 해당하는 경우로서 개인정보가 유출 등이 되었음을 알게 되었을 때에는 **72시간 이내**에 법 제34조 제1항 각 호의 사항을 서면 등의 방법으로 보호위원회 또는 같은 조 제3항 전단에 따른 전문기관에 신고해야 한다.

　※ 제48조의4(개인정보 유출 등의 통지·신고에 관한 특례) 〈2023. 9. 12.〉 삭제

1	②	2	③,④	3	⑤	4	③	5	④	6	④	7	④	8	②	9	⑤	10	⑤
11	③	12	④	13	③	14	②	15	④	16	②	17	③	18	⑤	19	②	20	⑤
21	④	22	⑤	23	②,④	24	⑤	25	①	26	①	27	④	28	②,⑤	29	①	30	④
31	⑤	32	③	33	①	34	④	35	②	36	③	37	⑤	38	①,④	39	③	40	③
41	①	42	④	43	②	44	②	45	①	46	⑤	47	④	48	③	49	①,⑤	50	③

1번 정답 ②

해설

(가) ISMS-P의 담당 기관 및 체계는 정책기관과 인증기관 그리고 심사기관으로 나누어지며 과기정통부와 개인정보보호위원회가 정책기관으로 인증위원회(인증협의회)를 구성하여 법제도 개선 및 정책결정과 인증기관 및 심사기관을 지정하고 있다. (X 인증위원회가 아닌 인증협의회)

(나) ISMS-P의 인증기관(심사기관)은 현재 4개로 운영되고 있으며 한국정보통신진흥협회(KAIT), 한국정보통신기술협회(TTA), 개인정보보호협회(OPA), 차세대정보보안인증원(NISC)이 인증심사를 수행하고 있다.(X 인증기관이 아닌 심사기관)

(다) ISMS-P의 인증범위는 ISMS와 ISMS-P 그리고 ISMS 예비인증으로 3개의 인증범위와 인증서 구분을 하고 있다. (O) ※ ISMS 예비인증은 가상자산서비스의 시험운영을 위해 운영하고 있으며 별도의 인증마크가 존재함

(라) ISMS-P의 심사 종류에는 최초심사, 사후심사, 갱신심사로 나뉘어져 있으며, 갱신심사는 유효기간(3년)만료일 이전에 유효기간 연장을 목적으로 하는 심사이다. 이때 사후관리에는 인증위원회가 열리지 않지만 갱신심사에서는 반드시 인증위원회가 열려야 한다.(O)

(마) 특정금융정보법 제5조의2, 제7조에 따라 금융회사는 가상자산사업자가 고객인 경우, ISMS인증 획득을 확인할 의무를 부과하고 있다. (O)

2번 정답 ③, ④

해설

③ 진료 예약/조회, 증명서 발급 등 정보통신망을 통해 이용자에게 직접 노출되거나 접점이 되는 병원의 홈페이지는 인증범위에 포함하여야 함

④ 퍼블리싱서비스(자체 포털을 이용하여 타사에서 개발한 게임을 운영 대행하는 서비스)는 ISMS 인증범위에 포함하여야 한다. 순수하게 게임 개발만을 하는 개발사나 단순 채널링되는 서비스는 인증범위에서 제외가 가능하지만, 운영을 포함하는 경우에는 인증범위에 포함시켜야 함

※ 정보보호 및 개인정보보호 관리체계(ISMS-P) 인증제도 안내서 (2021. 7.)

3번 정답 ⑤

해설

(나 다 라 마 사 아)

제6조(지정공고)

① 과학기술정보통신부장관과 보호위원회는 인증기관을 지정할 필요가 있는 때에는 협의회에서 지정대상 기관의 수, 업무의 범위, 신청방법 등을 미리 협의하고, 관보 또는 인터넷 홈페이지에 20일 이상 공고하여야 한다.

② 제1항에 따라 인증기관으로 지정받으려는 자는 다음 각 호의 서류를 과학기술정보통신부장관과 보호위원회에 제출하여야 한다.

제8조(인증기관 및 심사기관의 사후관리) ① 인증기관과 심사기관은 **매년 1월 31일까지** 다음 각 호의 서류를 작성하여 과학기술정보통신부장관과 보호위원회에 제출하여야 한다.

제9조(인증기관 및 심사기관의 재지정)

① 인증기관 및 심사기관 지정의 유효기간은 **3년이며 유효기간이 끝나기 전 6개월부터 끝나는 날까지 재지정을 신청**을 할 수 있으며 제6조 제2항 각 호의 서류를 과학기술정보통신부장관과 보호위원회에 제출하여야 한다. 이 경우 재지정의 신청에 대한 처리결과를 통지받을 때까지는 그 지정이 계속 유효한 것으로 본다.

제12조(인증심사원의 자격 요건 등) 인증심사원은 **심사원보, 심사원, 선임심사원으로 구분**하며 등급별 자격 요건은 별표 3과 같다. (※ 책임심사원은 별도로 지정 관리 할 수 있다.)

제15조(인증심사원 자격 유지 및 갱신)

① 인증심사원의 자격 유효기간은 자격을 부여 받은 날부터 **3년**으로 한다.

② 인증심사원은 자격유지를 위해 자격 유효기간 만료 전까지 인터넷진흥원이 인정하는 **보수교육**을 수료하여야 한다. (※ 계속 교육은 PIA에서 실시하고 있다.)

제19조(정보보호 관리체계 인증 의무대상자)

① 정보보호 관리체계 인증 의무대상자(이하 "의무대상자"라 한다)란 「정보통신망법」 제47조 제2항, 같은 법 시행령 제49조에 해당하는 자를 말한다.

② 제1항에 해당하는 자 중 집적정보통신시설 사업자가 마련한 시설의 일부를 임대하여 집적정보 통신시설 사업을 하는 자에 대하여는 「정보통신망법 시행령」 제49조 제2항의 기준을 준용한다.

③ 의무대상자는 제18조 제1항 제2호의 정보보호 관리체계 인증을 받아야 한다. 이때 의무대상자가 같은 항 제1호의 인증을 받은 경우에도 인증의무를 이행한 것으로 본다.

④ 의무대상자에 해당하는 자는 다음 해 8월 31일까지 인증을 받아야 한다.

⑤ 「재난 및 안전관리 기본법」제3조에 따른 재난의 발생 등 협의회가 인정하는 불가피한 사유로 제4항의 기한까지 인증을 받지 못한 경우 의무대상자의 인증 의무 이행 기한을 협의회가 정하는 바에 따라 연장할 수 있다.

제20조(인증심사의 일부 생략 신청 등)

① 신청인이 제18조 제1항 제2호의 정보보호 관리체계 인증을 신청한 자가 다음 각 호의 어느 하나에 해당하는 인증을 받거나 정보보호 조치를 취한 경우 별표 5의 인증심사 일부 생략의 범위 내에서 인증심사의 일부를 생략할 수 있다.

   1. 국제인정협력기구에 가입된 인정기관이 인정한 인증기관으로부터 받은 ISO/IEC 27001 인증

   2. 「정보통신기반 보호법」제9조에 따른 주요정보통신기반시설의 취약점 분석·평가

② 제1항에 따라 정보보호 관리체계 인증심사의 일부를 생략하려는 경우에는 다음 각 호의 요건을 모두 충족하여야 한다.

   1. 해당 국제표준 정보보호 인증 또는 정보보호 조치의 범위가 정보보호 관리체계 인증의 범위와 일치할 것

   2. 정보보호 관리체계 인증 신청 및 심사 시에 해당 국제표준 정보보호 인증이나 정보보호 조치가 유효하게 유지되고 있을 것

③ 제1항에 따른 인증심사 일부 생략을 신청하고자 하는 자는 별지 제10호 서식의 인증심사 일부 생략 신청서를 심사수행기관에 제출하여야 한다.

④ 심사수행기관은 별표 5의 인증심사 일부 생략의 범위를 생략하여 심사하고 인터넷진흥원 또는 인증기관이 인증을 부여할 때에는 그 사실을 인증서에 표기하여야 한다.

⑤ 정보통신망법 시행규칙 제3조 제3항에서 "과학기술정보통신부장관이 고시하는 결과"란 「교육부 정보보안 기본지침」 제94조 제1항에 따른 정보보안 수준에 대한 **해당 연도의 평가결과가 만점의 100분의 80 이상**인 것을 말한다.

⑥ 심사수행기관은 신청인의 인증범위 내에서 업무를 위탁받아 처리하는 자가 제18조 제1항 각 호의 인증을 받은 범위의 현장심사를 생략할 수 있다.

제30조(인증위원회의 운영) ① 인증위원회의 회의는 인터넷진흥원 또는 인증기관의 요구로 개최하되, 회의마다 위원장과 인증위원의 전문분야를 고려하여 6인 이상의 인증위원으로 구성한다. 단, 위원장이 부득이한 사유로 **직무를 수행할 수 없는 경우 위원장이 사전에 지명한 위원이 위원장의 직무를 대행**한다.

4번 정답 ⬇ ③

해설

③ 선택 교육의 경우 총 42시간 중 35시간 이상을 수료하여야 하며, 인증심사 참여 시 **1일당 5시간** 인정받을 수 있다.

참고

정보보호 및 개인정보보호 관리체계(ISMS-P) 인증 심사원 보수교육 세부 안내문

5번 정답 ④

해설

(나) Solaris를 제외한 (가), (다), (라), (마)는 올바르게 임계값을 설정한 내용이며 (나)는 #LOCK_AFTER_RETRIES=YES의 주석인 #을 제거해야 올바르게 적용된다.

OS별 점검 파일 위치 및 점검 방법	

SOLARIS	#cat /etc/default/login
	RETRIES=5
	SOLARIS 5.9 이상 버전일 경우 주기적으로 "policy.conf" 파일 확인
	#cat /etc/security/policy.conf
	LOCK_AFTER_RETRIES=YES

LINUX	#cat /etc/pam.d/system−auth auth required /lib/security/pam_tally.so deny=5 unlock_time=120 no_magic_root account required /lib/security/pam_tally.so no_magic_root reset

AIX	#cat /etc/security/user
	loginretries=10

HP−UX	#cat /tcb/files/auth/system/default u_maxtries#5 HP−UX 11.v3 이상일 경우 "security" 파일 확인 #cat /etc/default/security AUTH MAXTRIES=10
위에 제시한 설정이 해당 파일에 적용되지 않은 경우 아래의 보안설정방법에 따라 설정을 변경함	

[주요정보통신기반시설 기술적 취약점 분석·평가 방법 상세가이드 1. 계정관리 〉 1.3 계정 잠금 임계값 설정]

6번 정답 ④

해설

④ 3.5.1 개인정보처리방침 공개 → 3.3.2 개인정보처리업무의 위탁

참고

〈2023.9.15. 시행〉
① 3.1.1 개인정보 수집·이용, ② 3.1.6 영상정보처리기기 설치·운영, ③ 3.2.5 가명정보 처리,
④ 3.3.2 개인정보처리업무의 위탁
〈2024.3.15. 시행〉
⑤ 3.5.2 정보주체 권리보장

해설

④ TCP Wrapper의 접근제어 가능 서비스는 FTP, Telnet, SSH, TFTP, finger, systat, rlogin, rsh, talk exec 등이 있다. 방화벽과는 다르게 해당 xinetd기반 서비스에 대한 접근제어가 가능한지 데이터베이스 포트 등(3306)에 대한 별도의 접근제한을 할 수 없다.

① 네트워크 구성도에 상세한 IP현황이 나와있지 않더라도 정보자산 대장을 확인할 수 있으며, 다른 상세 구성도가 존재할 수 있으므로 1.2.2 현황 및 흐름분석 결함으로 판단할 수 없다.

② 확인을 하여야 할 사항으로는 적절하나 결함내용은 2.6.2 정보시스템 접근 결함이 타당하다.

③ TCP Wrapper의 설정은 정상적으로 설정되어 있다고 볼 수 있다.

⑤ 제공된 구성도와 증적으로는 2.8.6 운영환경 이관 결함으로 판단할 수 없다.

해설

ChatGPT의 코드 생성 기능을 통해 해킹도구 제작에 도움을 줄 수 있으나, 사이버 공격에 바로 사용할 수 있는 완성된 수준의 악성코드 생성은 불가능하며, 생성된 소스코드를 수정·보완하여 실제 활용하기 위한 추가적인 전문지식이 필요하다.

참고

ChatGPT의 주요 보안위협

1) 피싱 메일 및 악성코드 생성

ChatGPT가 생성하는 결과물을 사이버 공격에 활용

• (피싱메일 작성) 대량의 피싱 메일 작성이 손쉽게 가능하고 섬세한 수정이 가능하여 피싱 메일이 보다 정교해지며, 해외 공격자는 언어적 한계를 해소하여 자연스러운 피싱 메일 작성이 가능

※ 피싱메일 뿐만 아니라 스팸, 스미싱 등 다양한 사이버 공격에 활용될 수 있는 가짜 자료의 고도화 및 대량 생산이 가능해져, 공격자들의 공격 비용이 감소하고 이로 인한 피해 규모 증가

• (악성코드 생성) ChatGPT의 코드 생성 기능을 통해 해커의 해킹도구 제작에 도움을 줄 수 있으며, 개발지식이 없는 일반인도 ChatGPT의 도움을 받아 보다 쉽게 해킹도구 제작이 가능

※ 해킹도구 개발의 시간적 비용이 감소할 수 있고, 무분별한 사이버 범죄 발생 및 일반 범죄의 사이버 범죄화(化) 가능성 존재

※ 단, 사이버 공격에 바로 사용할 수 있는 완성된 수준의 악성코드 생성은 불가능하며, 생성된 소스코드를 수정·보완하여 실제 활용하기 위한 추가적인 전문지식 필요

ChatGPT를 통해 텍스트·소스코드를 빠르게 분석하거나, 지식을 습득

• (취약점 분석) 공격자가 소스코드나 API에 존재하는 보안 취약점이나 특정 포인트를 검색하기 위해, 직접 분석하는 것 보다 ChatGPT를 활용하여 보다 빠르게 수행 가능

　– 양면적으로 개발자나 보안 담당자 등이 취약점을 빠르게 식별하고 보완하는 데에 활용될 수 있음

• (해킹정보 습득) 보안 취약점, 공격 사례·기법 등 해킹에 활용될 수 있는 정보 습득이 가능

2) 민감정보 유출과 결과물 오남용

무분별한 데이터 입력으로 인한 민감정보의 유출 가능성 존재

• 사용자가 ChatGPT에 입력한 정보는 사용자 컨텐츠로 OpenAI 서버에 저장되기 때문에, 개인정보나 회사 기밀 정보 등 민감정보를 ChatGPT에 입력하지 않도록 주의 필요

※ OpenAI 社에 발생하는 보안 사고, 우회 질문을 통한 민감정보 유출, 인공지능 모델이나 서비스에 대한 해킹 공격 등으로 인해 사용자가 입력한 정보가 유출될 수 있음

잘못된 결과물의 생산 및 활용

• (잘못된 정보 생산) ChatGPT는 언어를 해석하고 그에 맞는 답변을 생성해주는 인공지능이며, 결과물에 대한 사실 여부에 대한 검증이 불가능하여, 잘못된 정보의 오용 및 확산 가능성 존재

  – 잘못된 정보나 무의미한 내용이여도 논리적으로 보이는 답변을 생성하는 문제 존재(할루시네이션 이슈)

※ ChatGPT뿐만 아니라 다른 대화형 초거대 인공지능의 문제점으로, 답변의 진실성·정확성 등에 대한 판단은 사용자의 역량에 달려 있기 때문에 결과물에 대한 무분별한 신뢰 주의 필요

• (소스코드 생성) ChatGPT가 생성한 소스코드는 보안 조치가 적용되지 않으며, 최신 정보가 반영되지 않는 ChatGPT의 특성상 최신 보안 취약점이 존재할 수 있음

※ ChatGPT를 통해 생성한 소스코드를 그대로 활용할 경우 다양한 보안 문제가 발생할 수 있기 때문에, 소스코드의 추가적인 수정·보완을 반드시 거친 후 활용해야 함

3) 인공지능에 대한 공격

ChatGPT를 비롯한 인공지능에 대한 고유의 보안 위협 존재

• 악의적인 학습데이터 주입을 통해 편향된 지식을 축적시켜 결과물의 퀄리티를 저하시키거나 왜곡이나 차별을 발생시키고 사회적 혼란을 야기할 수 있음

  – MS에서 개발한 인공지능 채팅봇 '테이' 출시 직후, 익명 인터넷 게시판에서 욕설과 인종·성차별, 자극적인 정치 발언을 유도하여 16시간만에 운영 중단('16.3.)

• 또한, 입력 데이터를 변조하여 모델이 오분류하게 하거나(기만공격), 학습에 활용된 데이터 복원, 모델 복제 공격 등 인공지능 모델의 학습 및 활용 단계에서 다양한 공격이 가능

※ 인공지능 모델 및 서비스의 개발 단계부터 안전한 활용단계까지, 인공지능 자체의 고유한 보안 위협에 대한 인공지능 보안 대응 방안 마련 필요

ChatGPT 보안 위협과 시사점 (KISA Insight 2023 Vol.03)

해설

랜섬웨어에 대비하기 위해 각 기업들은 외부에 노출되어 있는 서버에 대해서는 비정상적인 접근 차단과 보안 취약
점 제거 등을 통해 내부로 침입할 수 있는 위험 접점을 제거하는 공격표면 관리를 더욱 철저히 하고, 백업 서버는 반
드시 별도의 분리된 환경(망분리 등)에 따로 구축하여야 한다(2023년 사이버 보안 위협 분석 및 2024년 전망 발표).

참고

북한 해킹조직의 소프트웨어 공급망 공격 위협

공급망 공격은 규모와 시점에 상관없이 발생할 수 있으므로 다양한 대책을 수립해야 한다. 국가정보원과 NCSC는
공급망위협을 억제하기 위해 공급망 라이프사이클에 따른 사이버 보안원칙, 관리 및 기술적 보안 조치를 시행할 것
을 권고하고 있다.

관리적 보안대책

- 공급망 사이버보안에 대한 조직의 인식을 높이고 이 문제에 대한 이해를 촉진한다. 조직 구성원이 악의적인 전술
  과 공격을 탐지하고 이를 보고하도록 정기적으로 사이버보안에 대한 교육을 제공한다.
- 조직의 공급망에 대한 위협을 파악하고, 위협 우선순위를 결정하며, 악의적인 사이버 활동이 발생했을 때의 영향
  을 평가하여 사각지대를 제거한다.
- 중요 데이터에 대한 액세스포인트를 확인하고 액세스권한을 가진 구성원을 식별하여 제공함으로써 액세스 권한
  을 최소화한다.

기술적 보안대책

- 알려진 취약점으로 인한 위협을 완화하기 위해 공급망 소프트웨어, 운영체제 및 백신 프로그램의 최신 버전을 유
  지관리한다.
- 권한 없는 사용자의 무단 로그인을 방지하기 위해 관리 및 운영 로그인 정책에 대해 2단계 인증을 채택한다.
  NCSC는 온라인 서비스에 대한 다중 요소 인증 및 단말 보안 가이드라인을 제공하고 있다.
- 공급망 소프트웨어 애플리케이션에서 비정상적인 트래픽이 감지되는 경우도 있으므로 네트워크 인프라를 정확
  하게 모니터링한다.
- 공급망보안 위협을 완화하기 위해 다양한 기관에서 발행된 문서들을 참고하기 바란다.

해설

① 물리보안 지침 내 출입통제 절차를 준수하는 것으로 보아 정책 수립 결함은 아니다.
② 정책의 유지관리에 대한 문제점을 확인할 수 없다.
③ 보호구역 지정과는 관련이 없다.
④ 물리보안 지침에 기재된 출입통제 절차를 따르고 있으므로 출입통제에는 문제가 없다.
⑤ **물리 보안 지침에서는 통제구역에서 작업이 예정된 경우 통제구역 내 작업 신청서를 작성하도록 절차가 마련되
   어 있으나, 작업 신청서를 작성하고 있지 않다.**

11번 정답 ③

해설

「통계법」 제18조에 통계작성에 관한 사항 및 서식 등은 '미리' 승인받도록 규정하고 있어, 그 승인의 범위를 넘어서는 개인정보 수집·이용은 제한된다.

참고

개인정보보호 가이드라인(통계작성 편)

1. 통계작성 기획 – 가. 개인정보 수집 대상, 항목 및 작성 방법의 결정

민감정보 또는 고유식별정보의 수집 필요성 확인(보호법 제23조 및 제24조)

- 민감정보 또는 고유식별정보의 수집이 원칙적으로 금지되어 있고 예외적으로 허용하고 있다는 점을 고려해, 승인통계 작성 기획 시 민감정보 또는 고유식별정보를 수집하는 것이 반드시 필요한 사항인지를 추가적으로 검토
- 총조사·승인통계 작성 또는 행정자료 활용을 위해 불가피한 경우 민감정보 또는 고유식별정보를 처리하는 것은 「통계법 시행령」 제52조의3(민감정보 및 고유식별정보의 처리)에 따라 가능함

2. 자료수집 – 가. 현장조사

현장조사에의 개인정보 수집·이용

- 보호법상 공공기관인 통계작성기관이 「통계법」 제18조에 따라 승인받은 승인통계를 작성할 목적으로 현장조사를 실시하는 경우, 정보주체를 대상으로 별도 동의 없이 개인정보 수집·이용 가능
- 현장조사원 등은 기획 단계에서 수집하기로 정한 개인정보 범위 내에서만 개인정보를 수집·이용 가능

※ **「통계법」 제18조에서 통계작성에 관한 사항 및 서식 등은 '미리' 승인받도록 규정하고 있어, 그 승인의 범위를 넘어서는 개인정보 수집·이용은 제한됨**

■ 응답자(정보주체)에게 알려야 할 내용

- 응답자에게 해당 통계의 목적과 필요성, 통계법에 따른 비밀의 보호 등을 안내하여 자발적인 협조를 유도
- 응답자로부터 개인정보 수집·이용 근거가 무엇인지 질의를 받은 경우, 보호법상 공공기관인 통계작성기관이 「통계법」 제18조에 따라 승인받은 승인통계를 작성하기 위함이고 승인통계 작성 시에는 정보주체의 동의 없이 개인정보 수집이 가능함을 안내

해설

① 정보통신서비스제공자의 경우 기간통신사업자가 아닌 경우에 개인정보처리시스템의 접속기록을 1년 이상 보관하면되었으나 법이 개정되면서 보유하고 있는 개인정보의 유형이나 보유량도 고려하여 접속기록 보관 기간을 산정하여야 한다. (해당 신청기관은 기간통신사업자가 아니기 때문에 접속기록을 1년 이상 보유해야 하는 대상자였으며, 개인정보 또한 보유하고 개인정보의 정보주체의 수가 3만, 고유식별정보와 민감정보를 처리하지 않으므로 접속기록 1년 이상을 유지하여도 문제 없다)

② 신청기관은 ISMS-P 의무대상자이나 자산총액 5천억 원이 넘지 않으므로 정보보호최고책임자(CISO) 겸직 금지 대상자가 아니기 때문에 CISO와 CTO를 겸직하는것은 문제가 없다.

③ 개보법의 중대한 변화에 따라 법 준거성은 검토하였으나 관련 정책 및 지침에 미치는 영향은 검토하지 않은 것은 2.1.1. 정책의 유지관리 결함이다.

④ 법 준거성을 검토하고 그에 따라 휴면이용자 관리 방법에 대한 정책과 지침을 개정하지 않은 것은 수립된 정책과 지침의 현행화가 미흡하여 2.1.1 정책의 유지관리 결함이다.

⑤ DB 테이블 삭제 시 DROP 된 테이블 정보는 휴지통에 남아있어 복구가 가능할 수 있다.

해설

⑤ C 게임사는 정보통신서비스 제공자로 원격으로 개인정보처리시스템에 접근을 할 때에는 안전한 인증수단을 필수로 적용하여야 한다.

② useradmin01 계정을 공용으로 사용하고 있으나, 접근통제솔루션을 통한 책임추적성 확보가 가능하고 관리자 승인 후 사용 중이기 때문에 결함사항으로 볼 수 없다.

참고

안전한 접속수단

1. 가상사설망(VPN)

2. 전용망 등

안전한 인증수단

1. 인증서(PKI)

2. 보안토큰

3. 일회용 비밀번호(OTP) 등

14번 정답 ②

해설

개인정보 처리방침 내 위탁 관련 사항 공개 시, 위탁하는 업무의 내용을 포함하여 공개하여야 한다.

참고 「개인정보보호법 시행령」

제28조(개인정보의 처리 업무 위탁 시 조치) ① 법 제26조 제1항 제3호에서 "대통령령으로 정한 사항"이란 다음 각 호의 사항을 말한다.

1. 위탁업무의 목적 및 범위
2. 재위탁 제한에 관한 사항
3. 개인정보에 대한 접근 제한 등 안전성 확보 조치에 관한 사항
4. 위탁업무와 관련하여 보유하고 있는 개인정보의 관리 현황 점검 등 감독에 관한 사항
5. 법 제26조 제2항에 따른 수탁자(이하 "수탁자"라 한다)가 준수하여야 할 의무를 위반한 경우의 손해배상 등 책임에 관한 사항

② 법 제26조 제2항에서 "대통령령으로 정하는 방법"이란 개인정보 처리 업무를 위탁하는 개인정보처리자(이하 "위탁자"라 한다)가 위탁자의 인터넷 홈페이지에 위탁하는 업무의 내용과 수탁자를 지속적으로 게재하는 방법을 말한다.

15번 정답 ④

해설

④ 보안시스템 및 응용프로그램 운영 지침에서는 보안시스템 설정 및 파일 백업을 1개월마다 수행하도록 안내하고 있다. 담당자의 인터뷰 상에서는 보안시스템 설정 파일들을 2개월마다 자동 백업을 수행하고 있다고 확인하였으므로 2.9.3 백업 및 복구 관리 결함으로 볼 수 있다.

①, ⑤ 상위 정책인 정보보호 정책의 비밀번호 정책과 하위 지침인 보안시스템 및 응용프로그램 운영 지침 간 패스워드 정책은 상이할 수 있다. 단, 하위 지침에 포함되어 있지 않은 비밀번호 변경 주기는 상위 지침을 따를 수 있다.

16번 정답 ②

해설

보안시스템 및 응용프로그램 운영 지침 내 접속관리 장에서 안전한 정보 전송 방법을 TLS 프로토콜 1.1 이상을 적용하도록 안내하고 있다. TLS 1.1은 POODLE이나 BEAST와 같은 다양한 공격에 취약한 프로토콜로 현재 TLS 1.2 이상 사용을 권고하고 있다.

해설

가. 「개인정보보호법 시행령」 제28조(개인정보의 처리 업무 위탁시 조치) 제5항

⑤ 위탁자가 과실 없이 제4항에 따른 방법으로 위탁하는 업무의 내용과 수탁자를 정보주체에게 알릴 수 없는 경우에는 해당 사항을 **인터넷 홈페이지에 30일 이상 게재**하여야 한다. 다만, 인터넷 홈페이지를 운영하지 아니하는 위탁자의 경우에는 사업장 등의 보기 쉬운 장소에 30일 이상 게시하여야 한다.

나. 「개인정보보호법 시행령」 제15조의2(개인정보 수집 출처 등 통지 대상·방법·절차) 제2항

② 제1항 각 호의 어느 하나에 해당하는 개인정보처리자는 법 제20조 제1항 각 호의 사항을 다음 각 호의 어느 하나에 해당하는 방법으로 개인정보를 **제공받은 날로부터 3개월 이내**에 정보주체에게 알려야 한다. 다만, 법 제17조 제2항 제1호부터 제4호까지의 사항에 대하여 같은 조 제1항 제1호에 따라 정보주체의 동의를 받은 범위에서 연 2회 이상 주기적으로 개인정보를 제공받아 처리하는 경우에는 개인정보를 제공받은 날부터 3개월 이내에 정보주체에게 알리거나 그 동의를 받은 날부터 기산하여 연 1회 이상 정보주체에게 알려야 한다.

다. 「개인정보보호법 시행령」 제21조(고유식별정보의 안전성 확보 조치) 제3항

③ 보호위원회는 제2항 각 호의 어느 하나에 해당하는 개인정보처리자에 대하여 법 제24조 제4항에 따라 **안전성 확보에 필요한 조치를 하였는지를 3년마다 1회 이상 조사**해야 한다.

라. 「정보통신망법 시행령」 제62조의3(수신동의 여부의 확인) 제1항

① 법 제50조 제1항 또는 제3항에 따라 수신자의 사전 동의를 받은 자는 같은 조 제8항에 따라 그 **수신동의를 받은 날부터 2년마다**(매 2년이 되는 해의 수신동의를 받은 날과 같은 날 전까지를 말한다) 해당 수신자의 수신동의 여부를 확인하여야 한다.

마. 「정보통신망법 시행령」 제62조의2(수신동의 여부의 확인)

「수신동의 등 처리 결과의 통지법」 제50조 제7항에 따라 전자적 전송매체를 이용하여 영리목적의 광고성 정보를 전송하려는 자는 수신자가 수신동의, 수신거부 또는 수신동의 철회 **의사를 표시한 날부터 14일 이내**에 다음 각 호의 사항을 해당 수신자에게 알려야 한다.

1. 전송자의 명칭
2. 수신자의 수신동의, 수신거부 또는 수신동의 철회 사실과 해당 의사를 표시한 날짜
3. 처리 결과

18번 정답 ⑤

> **해설**

① 개인정보처리를 위탁하여 운영 중인 수탁사의 인력변동 현황 공유가 지연되고 이로 인하여 퇴사한 수탁사 인력의 계정이 삭제되지 않고 활성화된 상태로 상당기간 존재하고 있음. 외부자 계약변경 및 업무종료, 담당자 변경 등에 대한 절차가 미흡한 상황으로 **2.3.4 외부자 계약 변경 및 만료시 결함**이 적절하다.

② 관리체계 범위 내 업무위탁 현황을 목록으로 관리하고 있으나 계약만료 등으로 수탁업체가 변경되었음에도 반영이 누락되는 등 현행화가 미흡한 것이 확인되어 **2.3.1 외부자 현황 관리 결함**이 적절하다.

③ 개인정보 처리업무를 위탁받은 수탁자는 관련 업무를 제3자에게 재위탁하는 경우 위탁자의 동의를 받도록 되어있다.(「개인정보보호법」 제26조 제6항) 본 상황은 위탁자의 동의를 받지 않고 제3자에게 재위탁을 한 경우로 **2.3.3 외부자 보안 이행 관리 결함**이 적절하다.

④ 개인정보처리시스템 개발을 위탁하면서 개발 시 준수하여야 할 정보보호 및 개인정보보호 요구사항을 계약서에 명시하여 진행했음으로 **결함이 아니다.**

※ 개인정보 처리업무 위탁 시 문서에 포함되어야 할 사항(「개인정보보호법」 제26조 제1항 및 시행령 제28조 제1항)

1. 위탁업무 수행 목적 외 개인정보의 처리 금지에 관한 사항

2. 개인정보의 기술적·관리적 보호조치에 관한 사항

3. 그 밖에 개인정보의 안전한 관리를 위하여 대통령령으로 정한 사항

    1. 위탁업무의 목적 및 범위

    2. 재위탁 제한에 관한 사항

    3. 개인정보에 대한 접근 제한 등 안전성 확보 조치에 관한 사항

    4. 위탁업무와 관련하여 보유하고 있는 개인정보의 관리 현황 점검 등 감독에 관한 사항

    5. 법 제26조 제2항에 따른 수탁자(이하 "수탁자"라 한다)가 준수하여야 할 의무를 위반한 경우의 손해배상 등 책임에 관한 사항

⑤ 위탁사의 내부규정에 따라 수탁사가 자체적으로 보안교육을 수행한 후 결과를 통보하고 있으나 통보받은 교육 결과에 대한 위탁사의 보완 절차가 미흡하여 교육 미수행자에 대해 추가 조치를 요구하지 않은 것은 **2.3.3 외부자 보안 이행 관리 결함**이 적절하다.

해설

snort : 룰 헤더 부분과 룰 옵션으로 구성

action	protocol	source ip	source port	direction	destination ip	destination port	룰 옵션

1. action
   alert : 경고 발생시키고 로그기록, log : 로그 기록, pass : 패킷 무시
   drop : 패킷을 차단하고 기록
   reject : drop과 동일하나 Reset(TCP) or ICMP port unreachable(UDP) 메시지를 전송
   sdrop : 패킷을 차단하지만 로그에 기록하지 않음
   active : 경고 발생시키고 dynamic 룰을 동작시킴
   dynamic : active에 의해 유효화된 경우 한쪽의 패킷을 기록
2. protocol : TCP, UDP, IP, ICMP
3. source ip/port, destination ip/port : 송수신자 ip 및 port
4. direction : -〉 송신자에서 수신자로 전송되는 패킷(단방향), 〈〉 송수신자 모든 패킷(양방향)
5. 룰 옵션(rule option) : 세미콜론(;)으로 조건 구분
   msg : 경고가 발생하면 msg가 설정된 문장을 로그에 기록
   sid : 시그니처 아이디 지정, 1,000,000 이상의 값을 사용자가 지정해서 사용
   nocase : 패턴 매칭시 대소문자 구분하지 않음
   dsize : 패킷사이즈 설정
   content : 전송하는 payload 검색해서 지정한 문자열 확인, 바이너리 문자열은 16진수 사용
   flags : TCP 프로토콜에서 제어플래그 지정, SYN/FIN/URG/ACK 등 지정
   sameip : 송신자와 수신자의 ip 주소가 동일한지 여부 탐지
   threshold : 동일한 특정 패킷이 설정한 시간 내에 일정한 수가 발생하면 탐지
      threshold: type〈limit|threshold|both〉, track 〈by_src|by_dst〉, count 〈c〉, seconds 〈s〉;
         both : s초동안 c횟수가 되었을때 한번만 로그 발생
         threshold : s초동안 c횟수가 될때 마다 로그 발생
         limit : s초동안 c횟수까지만 로그 발생
         by_src : 출발지 패킷 탐지, by_dst : 목적지 패킷 탐지
   offset : payload에서 패턴매칭 시작위치
   depth : payload에서 패턴매칭 끝위치
   distance : 이전 content 매칭된 경우, 다음 패턴 매칭 시작위치
   within : 이전 content 매칭된 경우, 다음 패턴 매칭 끝위치
② 미러링 모드 : 복사된 네트워크 트래픽에 대한 모니터링/분석을 하는 방식으로 트래픽에 대한 차단은 불가함.
   따라서, **drop, reject, sdrop은 미러링 모드에서는 수행이 불가함**
   인라인 모드 : 네트워크 상의 모든 트래픽이 보안장비를 거치도록 하는 것으로 모든 패킷에 대해 실시간 분석하여 통과 여부를 결정함

해설

2.1.1 정책의 유지관리

※ 정보보호 및 개인정보보호 관련 정책 및 시행문서의 변경사항(제정, 개정, 배포, 폐기 등)에 관한 이력을 기록·관리하기 위하여 문서관리 절차를 마련하고 이행하여야 한다.

- 문서 내에 문서버전, 일자, 개정 사유, 작성자, 승인자 등 개정이력을 기록하여 관리
- 관련 임직원들이 항상 최신본을 참조할 수 있도록 배포 및 관리

※ 1.1.5 정책수립으로 판단될 가능성도 있으나 과거 정책수립 시에는 승인자가 있었고 다만 시간이 지나고 이에 대한 유지관리 측면에서 승인자가 개정이력에 기록하지 않아 실제적으로 누가 승인했었는지 알지 못하는 상황이 되었으므로 2.1.1 정책의 유지관리 결함을 주는 것이 합당하다.

해설

① 사용자 계정에 대한 침해사고 발생시 WINDOWS에서는 사용자 정보 또는 net user명령어를 이용해 확인가능하고 Linux에서는 /etc/passwd에서 계정목록들을 확인할 수 있다.

② 침해사고 발생시 WINDOWS의 이벤트 뷰어, Linux에서 secure로그(SSH접속로그 등), message(시스템 전반 syslog) 등을 이용하여 확인할 수 있고, 침해사고를 당하여 로그가 변조되었을 경우 해당 로그의 생성/수정 시간 등을 확인하여야 한다.

③ 웹쉘 탐지를 위해서는 서버 사이드 실행 파일에 대해서 탐색하여야 하고 업로드된 파일이 서버측에서 구동되지 않게 조치하여야 한다. KISA에서 제공하는 휘슬 프로그램을 사용하여 웹쉘을 탐색할 수 있다.

④ HTTP 메소드 사고유형이 아닌 **루트킷에 대한 사고유형 및 점검내용**이다. IceSword, GMER는 시스템에 숨겨진 Rootkits(루트킷)을 찾아내거나 루트킷의 설치를 실시간 감시하는 프로그램이다. Linux용의 Rootkit Hunter, Check Rootkit 또한 파일의 MD5 해시값 등을 대조하거나 하여서 루트킷이 설치되어 있는지 확인하는 프로그램이다.

⑤ 공격자는 MOVE, PUT 등의 취약한 http메소드를 사용하여 여러 웹페이지에 접근을 시도할 수 있다. 이때 잘못된 웹페이지 요청시 404 not found를 응답코드를 보내는 로그가 남게되므로 해당 http request와 http response의 로그를 확인하여 침해행위가 발생하였는지 확인할 수 있다.

HTTP메소드 사고유형

〈점검내용〉

• Window : WebDAV 활성화 확인
  - [관리도구] → [인터넷정보서비스(IIS)관리] → [웹서비스 확장] 허용 여부 확인
  - Linux : Apache 웹서버의 httpd.conf 확인

• 웹로그 경로 및 변조 유무 확인
  - 〈Directory/〉에서 MOVE 또는 PUT 메소드 allow 설정 여부 확인
  - Window : [사용금지]로 설정
  - Linux : deny로 설정

〈조치사항〉

리눅스 아파치 웹서버의 설정파일에서 사용하지 않는 HTTP메소드에 대해 허용 금지

해설

A : DBMS 암호화 기능 호출 : 응용프로그램에서 DB서버의 DBMS 커널이 제공하는 암/복호화 API를 호출하는 방식 (기존 커널 방식 DBMS 함수 호출과 유사)

B : DBMS 자체 암호화 : DB서버의 DBMS 커널이 자체적으로 암/복호화 기능을 수행 (기존 커널 방식 TDE와 유사)

C : 응용프로그램 자체 암호화 : 암/복호화 모듈이 API 라이브러리 형태로 각 애플리케이션 서버에 설치, 응용프로그램에서 해당 암/복호화 모듈을 호출하는 방식(기존 API 방식과 유사)

D : 운영체제 암호화 : OS에서 발생하는 물리적 입출력을 이용한 암/복호화 방식으로 DBMS의 데이터 파일을 암호화 (기존 DB파일 암호화 방식과 유사)

E : DB 서버 암호화 : 암/복호화 모듈이 DB서버에 설치, DB서버에서 암/복호화 모듈을 호출하는 방식 (기존 Plug-In 방식과 유사)

※ 개인정보의 암호화 조치 안내서 (2020. 12.)

해설

① WAS서버의 비밀번호를 6개월마다 주기적으로 변경하지 않았으나 비밀번호 변경에 대한 예외 처리 규정이 있으므로 무조건 결함으로 판단할 수 없음

② WAS서버 OS계정인 oppa 계정에 대하여 비밀번호 변경 예외 처리 등 운영에 대한 책임자 승인을 확인할 수 없어 2.5.5 특수계정 및 권한관리 결함으로 판단됨

③ 접근권한 검토가 미흡한 것이 원인이라는 근거가 부족하여 2.5.6 결함으로 판단할 수 없음

④ WAS서버 접근 시 내부 지침을 위반하여 개인 계정이 아닌 서비스용 계정으로 접속한 것이 발견되었으므로 2.6.2 정보시스템 접근 결함으로 판단됨

⑤ 2.6.4 데이터베이스 접근 결함과는 무관함

해설

① 개인정보의 이용·제공 내역을 통지해야 하는 의무 대상자가 종전 정보통신서비스제공자에서 특정 기준을 충족하는 모든 개인정보처리자로 확대됨

② 개인정보의 이용·제공 내역을 통지해야 하는 기준은 5만 명 이상의 민감정보 또는 고유식별정보를 처리하는 자, 100만 명 이상의 개인정보를 처리하는 자임

③ 개인정보의 이용·제공 내역을 통지하는 방법은 서면, 전자우편, 전화, 문자전송 등의 방법과 함께 알림창을 통해 통지하는 방법이 추가됨

④ 개인정보의 이용·제공 내역 통지와 정보주체 이외로부터 수집한 개인정보의 수집 출처 통지를 함께 할 수 있게 변경됨

⑤ 해당 보기는 정보주체에게 이용제공내역 통지 시 개인정보를 파기할 때까지 보관·관리하여야 하는 법령근거는 존재하지 않음. 간접수집 시 정보주체 이외로부터 수집한 개인정보의 수집 출처 등을 통지 후 해당 개인정보를 파기할 때까지 정보주체에게 알린 사실, 알린 시기, 알린 방법을 보관·관리하여야 함

※ 「개인정보보호법 & 시행령」 (2023. 9. 15 시행)

※ 「개인정보보호법 및 시행령」 개정사항 안내 (2023. 12.)

해설

[클라우드컴퓨팅서비스 품질·성능에 관한 기준] (가 다 라 사 자 차 하)

제4조(품질·성능 기준) ① 품질·성능 기준은 다음 각 호를 명시하여야 한다.

1. (가용성) 클라우드컴퓨팅서비스 제공자의 가용률 측정을 위한 기능 보유 및 가용률 유지 능력
2. (응답성) 클라우드컴퓨팅서비스 제공자의 응답시간 측정을 위한 기능 보유 및 응답시간 유지 능력
3. (확장성) 클라우드컴퓨팅서비스 제공자의 이용자 요구에 따라 자원의 양을 줄이거나 늘릴 수 있는 기능 및 시스템 보유
4. (신뢰성) 클라우드컴퓨팅서비스 제공자의 서비스 회복시간, 백업 주기, 백업 준수율 및 백업 데이터 보관 기간 측정을 위한 기능 및 시스템 보유
5. (서비스 지속성) 클라우드컴퓨팅서비스 제공자의 재무상태 및 기술보증, 서비스 추진전략, 조직 및 인력 등을 포함한 서비스 제공능력
6. (서비스 지원) 클라우드컴퓨팅서비스 제공자의 단말·운영체계 등 이용자 지원 기능과 보상대책 및 기술지원문서, 모니터링 웹사이트 등을 포함한 서비스 지원체계
7. (고객대응) 클라우드컴퓨팅서비스 제공자의 고객요청에 대응하기 위한 고객대응체계와 고객불만 수집체계 및 처리 절차

ISO/IEC 25010 품질 특성 모델 (나 마 바 아 카 파 타)

A. (기능성) : 사용자의 명시된, 묵시적 요구사항을 만족하는 기능을 제공하는 소프트웨어 제품능력
B. (신뢰성) : 규정된 조건에 사용될 때 규정된 성능수준을 유지할 수 있는 능력
C. (사용성) : 사용자에 의해 쉽게 이해되고 학습되며 선호할 수 있는 능력
　　　　　사용자가 s/w를 얼마나 쉽게 사용할 수 있는가?
D. (효율성) : 적은 자원으로 큰 효과를 낼 수 있는 능력
　　　　　요구되는 기능을 수행하기 위해 필요한 자원 INPUT의 정도
E. (유지보수성) : 운영환경과 요구사항 및 기능적 사양에 따른 SW의 수정, 개선 등 변경될 수 있는 능력
F. (이식성) : 다른 환경으로 이전되는 SW능력의 정도
G. (호환성) : 다른 제품과 함께 동일한 SW(HW)환경을 공유하며 필요 기능을 수행할 수 있는 정도
H. (보안성) : 제품(시스템)이 정보(데이터)를 보호하는 정도

해설

② 72시간은 영업일수 기준이 아닌 주말 및 공휴일이 포함된 시간이다.
③ 민감정보가 유출된 경우는 단 한 건이라도 신고하여야 한다.
④ 반드시 암호화 해야 하는 정보는 아니다.
⑤ 인터넷망에 공개된 시스템이 아니라면 반드시 안전한 인증수단을 적용해야 하는 것은 아니다.

해설

④ 공개서버 보안지침 상 GET, POST 제외한 method를 제한하라고 되어 있으나, 실제 설정 파일에는 PUT method도 허용되어 있다.

① 위 지문의 내용만으로는 2.6.1 네트워크접근 결함을 주기에는 부족하다.

② 해당 지문과 관련이 없다.

③ 디렉토리 인덱싱 허용 여부는 위 지문에서 알 수 없다.

⑤ Delete Method는 허용되어 있지 않다.

해설

② 위험평가는 내부 위험관리 계획에 따라 위험 식별 및 평가를 수행하고 있다고 해도, 실제 범위 내 중요 정보자산에 대한 위험 식별 및 평가를 수행하지 않았거나, 정보보호 관련 법적 요구사항 준수 여부에 따른 위험을 식별 및 평가하지 않은 경우 결함이 된다.

⑤ EOS 되는 소프트웨어는 사전에 판별 후 업그레이드하거나, 불가피한 사정이 있는 경우 그 보완대책을 수립 후 적용하여야 한다.

① 해당 지문에서 DOA 의사결정은 경영진이 한다고만 되어 있어 잘못된 부분을 발견할 수 없다.

③ 위 인터뷰 내용과 관계가 없는 내용이다.

④ EOS된 OS에 대해, 보완대책이 없고, 수행하지 않은 건 결함사유가 맞지만 1.3.1 보호대책 구현은 해당 문제에 대한 근본적인 해결책이 되지 않는다.

해설

근거 법률	「개인정보보호법」 제34조(개인정보 유출 등의 통지·신고)	「신용정보법」 제39조의4(개인신용정보 누설통지 등)
법률 간의 관계	일반법	특별법
적용 대상	개인정보처리자	신용정보회사 등에서의 상거래기업 및 법인
적용 범위	개인정보 유출 등	개인신용정보 누설
의무 사항	통지 및 신고	
벌칙 규정	3천만 원 이하의 과태료	

유출통지	규모	1명 이상	
	시점	72시간 이내	5일 이내
	방법	홈페이지, 서면 등의 방법으로 개별 통지	
	항목	유출 등이 된 개인정보 항목, 유출 등이 된 시점과 그 경위, 유출 등으로 인하여 발생할 수 있는 피해를 최소화하기 위하여 정보주체가 할 수 있는 방법 등에 관한 정보, 개인정보처리자 대응조치 및 피해구제절차, 피해 신고·상담 부서 및 연락처 등	
유출신고	규모	1. 1천 명 이상 2. 민감정보, 고유식별정보 유출 등 3. 외부로부터의 불법적인 접근에 의해 개인정보가 유출 등	1만 명 이상
	시점	72시간 이내	지체없이
	기관	개인정보보호위원회 또는 KISA	금융위원회 또는 금융감독원

해설

④ 신청기관은 마이데이터 사업자로서 「신용정보법」을 적용받는 기관으로 개인(신용)정보의 보유기간 경과 또는 처리목적 달성 후에도 관련 법령 등에 따라 파기하지 않고 보존하는 경우, 관련 법령에 따른 최소한의 기간으로 한정하여 최소한의 정보만을 보존하도록 관리해야 하고, 금융거래 등 상거래관계가 종료된 날로부터 5년이 경과하였음에도 법규상 파기 예외사유에 해당하여 개인신용정보를 파기하지 않고 보관하는 경우 개인신용정보가 안전하게 보호될 수 있도록 별도 DB 또는 Table로 분리하여 관리하여야 한다. 이를 토대로 신청기관의 담당자가 이야기한 파기 및 분리보관 사항에 대해서는 결함사항이 없다.

구분	필수적 개인신용정보	선택적 개인신용정보
(1단계) 3개월 이내	가. 상거래관계가 종료되지 않은 다른 신용정보주체와 별도 분리 ※ 같은 Table일 경우 직원이 조회를 차단하거나 접근권한이 강화된 별도 DB 또는 Table로 관리 나. 접근권한 관리책임자 및 접근가능한 임직원 지정 다. 접근권한 관리책임자에게 접근권한을 부여받은 자가 해당 개인신용정보를 이용하는 경우 접근권한 관리책임자의 사전 승인 후 이용 및 이용 내역 3년 보관	삭제
(2단계) 5년 이내	가. 현재 거래 중인 신용정보주체의 개인신용정보와 분리 ※ 현재 거래 중인 고객의 정보와 분리된 별도의 DB 또는 Table로 관리 나. (1단계)에 나, 다 사항 ※ 2단계 조치된 개인신용정보를 재이용하는 경우 1단계 접근권한보다 제한된 인원, 추가 승인절차 및 사후 감사 등 강화된 방식으로 통제 권고	–

① 「신용정보법」을 적용받는 기관은 처리하는 개인신용정보의 관리 및 보호 실태를 정기적으로 점검하고, 그 결과를 대표자 및 이사회에 보고하여야 한다.

② 「신용정보법」 제39조의4(신용정보의 누설통지 등)을 근거로 하여 「신용정보법」을 적용받는 마이데이터사업자는 1만 명 이상 신용정보주체에 관한 개인신용정보가 누설된 경우 신용정보주체에게 통지 및 조치 결과를 지체 없이 금융위원회 또는 금융감독원 또는 개인정보보호위원회에 신고토록 되어 있으나, 1만 명 미만의 개인정보를 유출한 경우에는 「개인정보보호법」이 적용되어 개인정보보호위원회 또는 한국인터넷진흥원(KISA)에 신고하여야 한다.

③ 신용정보회사등은 개인신용정보를 수집·이용한 경우 1) 개인신용정보를 수집·이용한 날짜 2) 개인신용정보를 수집·이용한 정보의 항목 3) 개인신용정보를 수집·이용한 사유와 근거 기록을 2년이 아닌 3년간 보존하여야 한다. 그래서 분리보관된 데이터를 복원처리한 이력은 2년이 아닌 최소 3년 이상 기록되어야 한다.

⑤ 개인신용정보법을 받는 기관은 개인정보 처리방침 및 신용정보활용체제를 (신용)정보주체가 쉽게 확인할 수 있도록 인터넷 홈페이지 등에 지속적으로 현행화하여 공개하여야 한다.

[신용정보활용체제 포함하여야 할 필수사항]

1. 개인신용정보 보호 및 관리에 관한 기본계획(개인신용평가회사, 개인사업자신용평가회사, 기업신용조회회사 및 신용정보집중기관, 직년 사업연도 말 기준으로 총자산 2조 원 이상 상시 종업원 수 300명 이상 대상)
2. 관리하는 신용정보의 종류 및 이용 목적
3. 신용정보를 제3자에게 제공하는 경우 제공하는 신용정보의 종류, 대상, 제공받는 자의 이용 목적
4. 신용정보의 보유 기간 및 이용 기간이 있는 경우 해당기간, 신용정보 파기 절차 및 방법
5. 신용정보의 처리를 위탁하는 경우 그 업무의 내용 및 수탁자
6. 신용정보주체의 권리의 종류 및 행사 방법
7. 신용평가에 반영되는 신용정보의 종류, 반영기간(기업신용조회회사로 한정)
8. 「개인정보보호법」 제30조 제1항 제6호 및 제7호의 사항
   - 신용정보관리   • 보호인 또는 신용정보관리   • 보호 관련 고충을 처리하는 사람의 성명, 부서 및 연락처
   - 인터넷 접속정보파일 등 개인신용정보를 자동으로 수집하는 장치의 설치
   - 운영 및 그 거부에 관한 사항 (해당 시에만 적용)
9. 검증위원회의 심의 결과(「신용정보법」 제26조의3에 따른 개인신용평가체계 검증 대상인 자에 한정)

31번 정답 ⑤

해설

가. **업무를 목적으로** 이동형 영상정보처리기기를 운영하려는 자는 법에서 정하는 예외사항을 제외하고는 공개된 장소에서 이동형 영상정보처리기기로 사람 또는 그 사람과 관련된 사물의 영상을 촬영할 수 없다.

나. 보호위원회가 구축하는 인터넷 사이트에 공지하는 방법으로 촬영 사실을 알리는 것은 드론을 이용한 항공 촬영에 한정한다.

라. 이동형 영상정보처리기기 운영 관련 사항은 고정형 영상정보처리기기 설치·운영 제한 관련 내용을 따르므로 위탁이 가능하다.

마. 누구든지 불특정 다수가 이용하는 목욕실, 화장실, 발한실, 탈의실 등 개인의 사생활을 현저히 침해할 우려가 있는 장소의 내부를 볼 수 있는 곳에서 이동형 영상정보처리기기로 사람 또는 그 사람과 관련된 사물의 영상을 촬영하여서는 아니 된다. **다만, 인명의 구조·구급 등을 위하여 필요한 경우로서 대통령령으로 정하는 경우에는 그러하지 아니하다.**

바. 안경이나 시계 등에 부착하여 촬영하는 장치도 이동형 영상정보처리기기에 해당한다.

참고

「개인정보보호법」

제25조의2(이동형 영상정보처리기기의 운영 제한) ① 업무를 목적으로 이동형 영상정보처리기기를 운영하려는 자는 다음 각 호의 경우를 제외하고는 공개된 장소에서 이동형 영상정보처리기기로 사람 또는 그 사람과 관련된 사물의 영상(개인정보에 해당하는 경우로 한정한다. 이하 같다)을 촬영하여서는 아니 된다.

1. 제15조 제1항 각 호의 어느 하나에 해당하는 경우
2. 촬영 사실을 명확히 표시하여 정보주체가 촬영 사실을 알 수 있도록 하였음에도 불구하고 촬영 거부 의사를 밝히지 아니한 경우. 이 경우 정보주체의 권리를 부당하게 침해할 우려가 없고 합리적인 범위를 초과하지 아니하는 경우로 한정한다.
3. 그 밖에 제1호 및 제2호에 준하는 경우로서 대통령령으로 정하는 경우

「개인정보보호법 시행령」

제3조(영상정보처리기기의 범위) ② 법 제2조 제7호의2에서 "대통령령으로 정하는 장치"란 다음 각 호의 장치를 말한다.

1. 착용형 장치 : 안경 또는 시계 등 사람의 신체 또는 의복에 착용하여 영상 등을 촬영하거나 촬영한 영상정보를 수집·저장 또는 전송하는 장치

2. 휴대형 장치 : 이동통신단말장치 또는 디지털 카메라 등 사람이 휴대하면서 영상 등을 촬영하거나 촬영한 영상 정보를 수집·저장 또는 전송하는 장치

3. 부착·거치형 장치 : 차량이나 드론 등 이동 가능한 물체에 부착 또는 거치(据置)하여 영상 등을 촬영하거나 촬영한 영상정보를 수집·저장 또는 전송하는 장치

제27조의2(이동형 영상정보처리기기 촬영 사실 표시 등) 법 제25조의2 제1항 각 호에 해당하여 이동형 영상정보처리기기로 사람 또는 그 사람과 관련된 사물의 영상을 촬영하는 경우에는 불빛, 소리, 안내판, 안내서면, 안내방송 또는 그 밖에 이에 준하는 수단이나 방법으로 정보주체가 촬영 사실을 쉽게 알 수 있도록 표시하고 알려야 한다. 다만, 드론을 이용한 항공촬영 등 촬영 방법의 특성으로 인해 정보주체에게 촬영 사실을 알리기 어려운 경우에는 보호위원회가 구축하는 인터넷 사이트에 공지하는 방법으로 알릴 수 있다.

32번 정답 ⬇ ③

해설

㉠ 신용정보회사 등은 다음 각 호의 구분에 따라 개인신용정보의 처리에 대한 기록을 3년간 보존하여야 한다. (「신용정보법」 제20조 2항)

1. 개인신용정보를 수집·이용한 경우

   가. 수집·이용한 날짜

   나. 수집·이용한 정보의 항목

   다. 수집·이용한 사유와 근거

2 개인신용정보를 제공하거나 제공받은 경우

   가. 제공하거나 제공받은 날짜

   나. 제공하거나 제공받은 정보의 항목

   다. 제공하거나 제공받은 사유와 근거

3. 개인신용정보를 폐기한 경우

   가. 폐기한 날짜

   나. 폐기한 정보의 항목

   다. 폐기한 사유와 근거

㉡ 신용정보제공·이용자는 금융거래 등 상거래관계가 종료된 날부터 최장 5년 이내(해당 기간 이전에 정보수집·제공 등의 목적이 달성된 경우에는 **그 목적이 달성된 날부터 3개월 이내**)에 해당 신용정보주체의 개인신용정보를 관리대상에서 삭제하여야 한다. 다만, 다음 각 호의 경우에는 그러하지 아니하다. (「신용정보법」 제20조의2 2항)

1. 이 법 또는 다른 법률에 따른 의무를 이행하기 위하여 불가피한 경우

2. 개인의 급박한 생명·신체·재산의 이익을 위하여 필요하다고 인정되는 경우

2의2. 가명정보를 이용하는 경우로서 그 이용 목적, 가명처리의 기술적 특성, 정보의 속성 등을 고려하여 대통령령으로 정하는 기간 동안 보존하는 경우

3. 그 밖에 다음 각 목의 어느 하나에 해당하는 경우로서 대통령령으로 정하는 경우

    가. 예금·보험금의 지급을 위한 경우

    나. 보험사기자의 재가입 방지를 위한 경우

    다. 개인신용정보를 처리하는 기술의 특성 등으로 개인신용정보를 보존할 필요가 있는 경우

    라. 가목부터 다목까지와 유사한 경우로서 개인신용정보를 보존할 필요가 있는 경우

ⓒ 「개인정보보호법」 제28조의 제4항

신용정보업감독규정 별표8. 가명정보에 관한 보호조치 기준 2. 가명정보에 대한 보호조치 제5항

: 가명정보를 파기한 경우 가명정보 처리기록을 3년이상 보관

ⓔ 신용정보회사 등은 제3항 및 제4항(**신용정보 삭제 및 정정)에 따른 처리결과를 7일 이내**에 해당 신용정보주체에게 알려야 하며, 해당 신용정보주체는 처리결과에 이의가 있으면 대통령령으로 정하는 바에 따라 금융위원회에 그 시정을 요청할 수 있다. (「신용정보법」 제38조 제5항)

ⓜ 신용정보회사 등은 개인신용정보가 업무 목적 외로 누설되었음을 알게 된 때에는 지체 없이 해당 신용정보주체에게 통지하여야 한다. 이 경우 통지하여야 할 사항은 「개인정보보호법」 제34조 제1항 각 호의 사항을 준용한다.(「신용정보법」 제39조의4 제1항)

ⓗ 신용정보회사 등은 대통령령으로 정하는 규모(1만 명) 이상의 개인신용정보가 누설된 경우 제1항에 따른 통지 및 제2항에 따른 조치결과를 지체 없이 금융위원회 또는 대통령령으로 정하는 기관(금융감독원)에 신고하여야 한다. (「신용정보법」 제39조의4 제3항)

ⓐ 총자산, 종업원 수 등을 감안하여 대통령령으로 정하는 금융회사 또는 전자금융업자는 정보보호최고책임자를 임원으로 지정하여야 한다. (「전자금융거래법」 제21조의2 제2항)

: 직전 사업연도 말을 기준으로 총자산이 2조 원 이상이고, 상시 종업원 수가 300명 이상인 금융회사 또는 전자금융업자

ⓞ 총자산, 종업원 수 등을 감안하여 대통령령으로 정하는 금융회사 또는 전자금융업자의 정보보호최고책임자는 제4항의 업무 외의 다른 정보기술부문 업무를 겸직할 수 없다. (「전자금융거래법」 제21조의2 제3항)

: 직전 사업연도 말을 기준으로 총자산이 10조 원 이상이고, 상시 종업원 수가 1,000명 이상인 금융회사

33번 정답 ⬇ ①

해설

① 개인정보의 수집 및 이용에 대한 동의서에 법령에 요구하는 사항을 명확하게 고지하고 있으며 명확히 표시하여야 할 사항을 밑줄 및 굵은 글씨로 표시하고 있다. 또한 생년월일을 정보주체로부터 직접 입력받는 형식으로 만 14세 미만 아동의 정보가 수집이 되지 않도록 조치하고 있다. 현재 제시된 자료를 바탕으로 **3.1.1 개인정보 수집·이용 결함은 없는 것으로 판단**된다.

② 회원가입에 필요한 최소한의 정보 외의 정보(선택정보)를 수집하면서 동의를 거부하더라도 서비스의 이용이 가능하다는 사실을 고지하지 않고 있으며, 동의하지 않을 경우 서비스에 제한이 있다고 고지하고 있는 것은 3.1.2 개인정보 수집 제한 결함으로 판단된다.

③ 전자적 전송매체를 이용하여 영리목적의 광고성 정보를 전송하기 위하여 사전동의를 받고 이를 저장하고 있으나 저장된 내용에 동의여부만 존재하고 동의일자가 존재하지 않아서 법령에 따라 2년마다 정기적으로 수신자의 수신동의 여부를 확인할 수 없으므로 3.1.7 마케팅 목적의 개인정보 수집·이용 결함으로 판단된다.

④ 개인정보 제3자 제공 동의를 수집 및 이용 동의와 별개로 받고 있으나 동의서 양식 내 법령에서 정한 중요한 내용을 밑줄 및 굵은 글씨로 표시하고 있으나 일부 항목(제공목적)이 누락이 되어 3.3.1 개인정보 제3자 제공 결함으로 판단된다.

⑤ 회원가입화면을 통해 수집하고 있는 개인정보에 대해 정보주체의 동의를 받고 있으나 개인정보처리방침 내 수집하는 개인정보 항목으로 공개된 내용에 실제 수집하고 있는 개인정보 중 생년월일 항목이 누락이 되어 3.5.1 개인정보 처리방침 공개 결함으로 판단된다.

34번 정답 ⬇ ④

해설

④ 통계법에 따라 수집된 개인정보파일은 예외사항이 아니다.

개인정보 보호위원회 등록이 면제되는 개인정보파일(공공기관)
1. 국가 안전, 외교상 비밀, 그 밖에 국가의 중대한 이익에 관한 사항을 기록한 개인정보파일
2. 범죄 수사, 공소 제기 및 유지, 형 및 감호 집행, 교정 처분, 보호처분, 보안관찰처분과 출입국 관리에 관한 사항을 기록한 개인정보파일
3. 「조세범처벌법」에 따른 범칙행위 조사 및 「관세법」에 따른 범칙행위 조사에 관한 사항을 기록한 개인정보파일
4. 일회성으로 운영되는 파일 등 지속적으로 관리할 필요가 낮다고 인정되어 대통령령으로 정하는 개인정보파일
   • 회의 참석 수당 지급, 자료·물품의 송부, 금전의 정산 등 단순 업무 수행을 위해 운영되는 개인정보파일로서 지속적 관리 필요성이 낮은 개인정보파일
   • 공중위생 등 공공의 안전과 안녕을 위하여 긴급히 필요한 경우로서 일시적으로 처리되는 개인정보파일
   • 그 밖에 일회적 업무 처리만을 위해 수집된 개인정보파일로서 저장되거나 기록되지 않는 개인정보파일
5. 다른 법령에 따라 비밀로 분류된 개인정보파일
6. 국가안전보장과 관련된 정보 분석을 목적으로 수집 또는 제공 요청되는 개인정보파일
7. 영상정보처리기기를 통하여 처리되는 개인영상정보파일
8. 「금융실명거래 및 비밀보장에 관한 법률」에 따른 금융기관이 금융업무 취급을 위하여 보유하는 개인정보파일

35번 정답 ⬇ ②

[해설]

1.3.2 보호대책 공유

보호대책의 실제 운영 또는 시행할 부서 및 담당자를 파악하여 관련 내용을 공유하고 교육하여 지속적으로 운영되도록 하여야 한다.

〈지문내용〉

위험 평가에 따른, 위험을 축소하기 위한 보호대책을 구현한 이후, 해당 내용에 대한 전파에 관한 인증기준이다. 지문의 인터뷰 내용상, 방침에 대한 변경 내용의 전파·일부 누락 등에 대해서 착각할 수 있지만, 관계있는 인증기준이라고 보기 어렵다.

2.3.1 외부자 현황 관리

업무의 일부(개인정보취급, 정보보호, 정보시스템 운영 또는 개발 등)를 외부에 위탁하거나 외부의 시설 또는 서비스(집적정보통신시설, 클라우드 서비스, 애플리케이션 서비스 등)를 이용하는 경우 그 현황을 식별하고 법적 요구사항 및 외부 조직·서비스로부터 발생되는 위험을 파악하여 적절한 보호대책을 마련하여야 한다.

〈지문내용〉

인터뷰 내용으로 보아, 계약 변경에 의해 업체가 변경된 내용이 방침에는 관리되어 있지만, 현황관리를 잘못하고 있는 것으로 보인다. ("다" → "라" 변경) 이는 계약 현황 업체 목록 리스트에 기존의 "다" 업체와의 계약이 타 업체로 변경된 내역이 있지만 현황 관리하지 않고 있기 때문으로 추론이 된다. 이를 근거로 "2.3.1 외부자 현황 관리" 인증기준 결함으로 판단할 수 있다.

2.3.2 외부자 계약 시 보안

외부 서비스를 이용하거나 외부자에게 업무를 위탁하는 경우 이에 따른 정보보호 및 개인정보보호 요구사항을 식별하고, 관련 내용을 계약서 또는 협정서 등에 명시하여야 한다.

〈지문내용〉

인터뷰 내용으로 미루어 보아, "다" 업체에서 "라" 업체로의 계약 변경이 관리자의 승인에 의해 정상적으로 이뤄 진 것으로 확인된다. 평가 등을 통해, 최선의 외부 업체 선정 등의 과정은 지문상으로 알 수 없으므로, 결함이라고 판단하기가 어렵다.

2.3.3 외부자 보안 이행 관리

계약서, 협정서, 내부정책에 명시된 정보보호 및 개인정보보호 요구사항에 따라 외부자의 보호대책 이행 여부를 주기적인 점검 또는 감사 등 관리·감독하여야 한다.

〈지문내용〉

계약된 수탁 업체의 페널티 및 어드밴티지 관리를 통해, 동반 성장 체계를 갖춰 가도록 운영하고 있다고 판단되며, 이는 보안 이행 결함으로 보기 어렵다.

3.3.2 개인정보 처리 업무 위탁

개인정보 처리업무를 제3자에게 위탁하는 경우 위탁하는 업무의 내용과 수탁자 등 관련사항을 공개하여야 한다. 또한 재화 또는 서비스를 홍보하거나 판매를 권유하는 업무를 위탁하는 경우 위탁하는 업무의 내용과 수탁자를 정보주체에게 알려야 한다.

〈지문내용〉

계약 변경된 내용에 대해서, 방침에는 정상적으로 공개하였으므로 업무 위탁 인증 기준에 대해서는 문제가 있는 결함으로 보기 어렵다.

해설

1.3.2 보호대책 공유

보호대책의 실제 운영 또는 시행할 부서 및 담당자를 파악하여 관련 내용을 공유하고 교육하여 지속적으로 운영되도록 하여야 한다.

〈지문내용〉

지문과 인터뷰는 보호대책 공유의 내용과 관련이 없다.

2.3.1 외부자 현황 관리

업무의 일부(개인정보취급, 정보보호, 정보시스템 운영 또는 개발 등)를 외부에 위탁하거나 외부의 시설 또는 서비스(집적정보통신시설, 클라우드 서비스, 애플리케이션 서비스 등)를 이용하는 경우 그 현황을 식별하고 법적 요구사항 및 외부 조직·서비스로부터 발생되는 위험을 파악하여 적절한 보호대책을 마련하여야 한다.

〈지문내용〉

내용으로 미루어 보면, 재위탁 하고 있는 Z 수탁 업체에 대한 현황이 관리되지 않고 있으므로, 2.3.1 외부자 현황 관리로 볼 수도 있으나, 다른 인증기준과 비교하여 판단할 필요가 있다.

2.3.3 외부자 보안 이행 관리

계약서, 협정서, 내부정책에 명시된 정보보호 및 개인정보보호 요구사항에 따라 외부자의 보호대책 이행 여부를 주기적인 점검 또는 감사 등 관리·감독하여야 한다.

〈지문내용〉

인터뷰 내용으로 미루어 보아, "가" 업체와 "Z" 수탁 업체간의 이루어진 재위탁 관계가 정상적인 승인 프로세스와 최초 위탁사의 승인과정이 없으므로, "2.3.3 외부자 보안 이행관리" 인증기준 결함으로 판단 가능하다. 이와 더불어 현황관리와 처리방침관리 또한 이 인증 결함의 영향으로 발생한 Side Effect 결함으로 볼 수 있으므로, 근본적인 결함으로 판단하는 것이 타당하다.

3.3.2 개인정보 처리 업무 위탁

개인정보 처리업무를 제3자에게 위탁하는 경우 위탁하는 업무의 내용과 수탁자 등 관련사항을 공개하여야 한다. 또한 재화 또는 서비스를 홍보하거나 판매를 권유하는 업무를 위탁하는 경우 위탁하는 업무의 내용과 수탁자를 정보주체에게 알려야 한다.

〈지문내용〉

23년 11월 바뀐 인증기준 안내서를 기준으로 판단하면, 해당 인증기준은 위수탁의 공개에 관한 사항으로 한정적이게 판단되는 인증기준이 되었다. 재위탁에 대한 인증 기준이 근본적인 문제이므로, 해당 근본적인 결함의 Side Effect로 판단되어질 수 있다.

3.5.1 개인정보 처리방침 공개

개인정보의 처리 목적 등 필요한 사항을 모두 포함하여 정보주체가 알기 쉽도록 개인정보 처리방침을 수립하고, 이를 정보주체가 언제든지 쉽게 확인할 수 있도록 적절한 방법에 따라 공개하고 지속적으로 현행화하여야 한다.

〈지문내용〉

인터뷰 내용으로 미루어 보아, "가" 업체와 "Z" 수탁 업체 간의 이루어진 재위탁 관계가 개인정보처리방침에 기록되어 있지 않음은, 결함으로 판단 가능하다. 하지만, 근본적인 인증 결함인지는 다른 보기를 기준으로 비교 평가해서 판단할 필요가 있다.

37번 정답 ⑤

해설

⑤ 개인정보처리자는 개인정보 접속기록을 월 1회 점검하여야 한다.

■ 해당 문제 해설에서 종전의 「개인정보의 기술적·관리적 보호조치 기준」 적용대상인 개인정보처리자를 "정보통신서비스제공자"라 칭하고 그 외 개인정보처리자(종전의 「개인정보의 안전성 확보조치 기준」 적용대상인 개인정보처리자)를 "개인정보처리자"라 칭하겠다.

① 90만 명 이상의 정보주체에 관하여 개인정보를 처리하는 중소기업의 경우 해당 절차에 대한 별도 규제사항이 존재하지 않는다.

■ 「개인정보의 안전성 확보 조치 기준」

제11조(재해·재난 대비 안전조치) **10만 명 이상의 정보주체에 관하여 개인정보를 처리하는 대기업·중견기업·공공기관 또는 100만 명 이상의 정보주체에 관하여 개인정보를 처리하는 중소기업·단체에 해당하는 개인정보처리자**는 화재, 홍수, 단전 등의 재해·재난 발생 시 개인정보처리시스템 보호를 위한 다음 각 호의 조치를 하여야 한다.

1. 위기대응 매뉴얼 등 대응절차를 마련하고 정기적으로 점검

2. 개인정보처리시스템 백업 및 복구를 위한 계획을 마련

단, 해당 조항은 부칙에 따라 종전에 「개인정보의 기술적·관리적 보호조치 기준」을 적용받던 "정보통신서비스제공자"는 2024.09.15.부터 시행한다.

② 제6조 제2항(접근통제) "정보통신서비스제공자"의 경우 안전한 인증수단 적용해야 하며, 그 외 "개인정보처리자"의 경우 안전한 인증수단 또는 접속수단 적용해야 함

③ 제5조 제6항(접근 권한의 관리) 개인정보취급자 외 정보주체도 일정 횟수 인증 실패 시 접근 제한

④ 제7조 제2항(개인정보의 암호화) 신용카드 암호화는 이용자의 경우 필수 규정임

■ 「개인정보의 안전성 확보 조치 기준」

2. "이용자"란 「정보통신망 이용촉진 및 정보보호 등에 관한 법률」 제2조 제1항 제4호에 따른 정보통신서비스제공자가 제공하는 정보통신서비스를 이용하는 자를 말한다.

제7조(개인정보의 암호화)

① 개인정보처리자는 비밀번호, 생체인식정보 등 인증정보를 저장 또는 정보통신망을 통하여 송·수신하는 경우에 이를 안전한 암호 알고리즘으로 암호화하여야 한다. 다만, 비밀번호를 저장하는 경우에는 복호화되지 아니하도록 일방향 암호화하여 저장하여야 한다.

② 개인정보처리자는 다음 각 호의 해당하는 이용자의 개인정보에 대해서는 안전한 암호 알고리즘으로 암호화하여 저장하여야 한다.

1. 주민등록번호

2. 여권번호

3. 운전면허번호

4. 외국인등록번호

5. 신용카드번호

6. 계좌번호

7. 생체인식정보

③ 개인정보처리자는 이용자가 아닌 정보주체의 개인정보를 다음 각 호와 같이 저장하는 경우에는 암호화하여야 한다.

    1. 인터넷망 구간 및 인터넷망 구간과 내부망의 중간 지점(DMZ : Demilitarized Zone)에 고유식별정보를 저장하는 경우

    2. 내부망에 고유식별정보를 저장하는 경우(다만, 주민등록번호 외의 고유식별정보를 저장하는 경우에는 다음 각 목의 기준에 따라 암호화의 적용여부 및 적용범위를 정하여 시행할 수 있다)

        가. 법 제33조에 따른 개인정보 영향평가의 대상이 되는 공공기관의 경우에는 해당 개인정보 영향평가의 결과

        나. 암호화 미적용시 위험도 분석에 따른 결과

④ 개인정보처리자는 개인정보를 정보통신망을 통하여 인터넷망 구간으로 송·수신하는 경우에는 이를 안전한 암호 알고리즘으로 암호화하여야 한다.

⑤ 개인정보처리자는 이용자의 개인정보 또는 이용자가 아닌 정보주체의 고유식별정보, 생체인식정보를 개인정보취급자의 컴퓨터, 모바일 기기 및 보조저장매체 등에 저장할 때에는 안전한 암호 알고리즘을 사용하여 암호화한 후 저장하여야 한다.

⑥ 10만 명 이상의 정보주체에 관하여 개인정보를 처리하는 대기업·중견기업·공공기관 또는 100만 명 이상의 정보주체에 관하여 개인정보를 처리하는 중소기업·단체에 해당하는 개인정보처리자는 암호화된 개인정보를 안전하게 보관하기 위하여 안전한 암호 키 생성, 이용, 보관, 배포 및 파기 등에 관한 절차를 수립·시행하여야 한다.

■「개인정보의 보호법 개정 안내서 중」

이용자의 개인정보와 이용자가 아닌 정보주체의 개인정보는 어떻게 구분되는지?

이용자의 개인정보는 정보통신서비스 제공자가 제공하는 정보통신서비스를 이용하는 자의 개인정보를 의미함. 따라서 정보통신서비스 제공자가 아닌 공공기관 및 오프라인 사업자 등이 수집·이용하는 정보주체의 개인정보는 이용자가 아닌 정보주체의 개인정보에 해당함. 또한 정보통신서비스 제공자라도 임직원 등 개인정보취급자의 개인정보, 오프라인으로 수집하여 저장·관리하는 고객의 개인정보는 이용자가 아닌 정보주체의 개인정보에 해당함

38번 정답 ⬇ ①, ④

【해설】
① 개인정보의 유출 사실을 알게 되었을 때에는 **72시간** 이내에 정보주체에게 알려야 한다.
④ 정보주체의 연락처를 알 수 없는 경우 등 정당한 사유가 있는 경우에는 인터넷 홈페이지에 30일 이상 게시하는 것으로 통지를 갈음할 수 있다.

【참고】
「개인정보보호법 시행령」
제39조(개인정보 유출 등의 통지)
① 개인정보처리자는 개인정보가 분실·도난·유출(이하 이 조 및 제40조에서 "유출 등"이라 한다)되었음을 알게 되었을 때에는 서면 등의 방법으로 72시간 이내에 법 제34조 제1항 각 호의 사항을 정보주체에게 알려야 한다. 다만, 다음 각 호의 어느 하나에 해당하는 경우에는 해당 사유가 해소된 후 지체 없이 정보주체에게 알릴 수 있다.
   1. 유출 등이 된 개인정보의 확산 및 추가 유출 등을 방지하기 위하여 접속경로의 차단, 취약점 점검·보완, 유출 등이 된 개인정보의 회수·삭제 등 긴급한 조치가 필요한 경우
   2. 천재지변이나 그 밖에 부득이한 사유로 인하여 72시간 이내에 통지하기 곤란한 경우
② 제1항에도 불구하고 개인정보처리자는 같은 항에 따른 통지를 하려는 경우로서 법 제34조 제1항 제1호 또는 제2호의 사항에 관한 구체적인 내용을 확인하지 못한 경우에는 개인정보가 유출된 사실, 그때까지 확인된 내용 및 같은 항 제3호부터 제5호까지의 사항을 서면 등의 방법으로 우선 통지해야 하며, 추가로 확인되는 내용에 대해서는 확인되는 즉시 통지해야 한다.
③ 제1항 및 제2항에도 불구하고 개인정보처리자는 정보주체의 연락처를 알 수 없는 경우 등 정당한 사유가 있는 경우에는 법 제34조 제1항 각 호 외의 부분 단서에 따라 같은 항 각 호의 사항을 정보주체가 쉽게 알 수 있도록 자신의 인터넷 홈페이지에 30일 이상 게시하는 것으로 제1항 및 제2항의 통지를 갈음할 수 있다. 다만, 인터넷 홈페이지를 운영하지 아니하는 개인정보처리자의 경우에는 사업장등의 보기 쉬운 장소에 법 제34조 제1항 각 호의 사항을 30일 이상 게시하는 것으로 제1항 및 제2항의 통지를 갈음할 수 있다.

제40조(개인정보 유출 등의 신고)
① 개인정보처리자는 다음 각 호의 어느 하나에 해당하는 경우로서 개인정보가 유출 등이 되었음을 알게 되었을 때에는 72시간 이내에 법 제34조 제1항 각 호의 사항을 서면 등의 방법으로 보호위원회 또는 같은 조 제3항 전단에 따른 전문기관에 신고해야 한다. 다만, 천재지변이나 그 밖에 부득이한 사유로 인하여 72시간 이내에 신고하기 곤란한 경우에는 해당 사유가 해소된 후 지체 없이 신고할 수 있으며, 개인정보 유출 등의 경로가 확인되어 해당 개인정보를 회수·삭제하는 등의 조치를 통해 정보주체의 권익 침해 가능성이 현저히 낮아진 경우에는 신고하지 않을 수 있다.
   1. 1천 명 이상의 정보주체에 관한 개인정보가 유출 등이 된 경우
   2. 민감정보 또는 고유식별정보가 유출 등이 된 경우
   3. 개인정보처리시스템 또는 개인정보취급자가 개인정보 처리에 이용하는 정보기기에 대한 외부로부터의 불법적인 접근에 의해 개인정보가 유출 등이 된 경우
② 제1항에도 불구하고 개인정보처리자는 제1항에 따른 신고를 하려는 경우로서 법 제34조 제1항 제1호 또는 제2호의 사항에 관한 구체적인 내용을 확인하지 못한 경우에는 개인정보가 유출 등이 된 사실, 그때까지 확인된 내용 및 같은 항 제3호부터 제5호까지의 사항을 서면 등의 방법으로 우선 신고해야 하며, 추가로 확인되는 내용에 대해서는 확인되는 즉시 신고해야 한다.
③ 법 제34조 제3항 전단 및 후단에서 "대통령령으로 정하는 전문기관"이란 각각 한국인터넷진흥원을 말한다.

39번 정답 ⬇ ③

해설

③ 사용자 인증 및 정보 송수신 시 안전한 암호화 기능(WPA2-Enterprise mode, WPA3-Enterprise mode 등)을 설정하여야 한다.

40번 정답 ⬇ ③

해설

③ jj 쇼핑몰 ERD의 회원(member)테이블에서 주민등록번호(ssn)컬럼의 길이가 13 bytes이다. 주민등록번호는 안전한 암호화 알고리즘으로 암호화 저장하여야 하는데, 최소 128bit 이상이어야 하므로 길이는 16 bytes 이상이어야 한다. 그래서 평문으로 주민등록번호를 저장했거나, 안전한 암호화 알고리즘으로 암호화 적용하지 않았다고 볼 수 있다.

① 비인가자 및 단말의 내부 네트워크 접근통제나, 네트워크 장비의 불필요한 서비스 및 포트 차단의 적정성 등은 해당 자료만으로는 판단할 수 없다.

② DB의 테이블 목록 등 정보 현행화 및 DB 접근통제에 대해서는 추가적인 자료를 확인을 해야 한다. 해당 자료에서는 결함이 있다고 판단할 요소는 없다.

④ 쇼핑몰 구축 등 시스템의 신규 도입·개발에 따른 (개인)정보보호 측면의 타당성 검토 및 인수 절차가 적절한지 확인해 볼 수 있으나, 해당 신청기관의 신규 시스템 등의 인수기준 및 절차, 보안요건 정의 등의 산출물을 추가적으로 확인해 보아야 한다.

⑤ member테이블에 주민등록번호가 저장이 법령에 의해 수집하여 저장하고 있는지 추가적으로 정황을 확인해 봐야 한다.

참고

암호 알고리즘 및 키 길이 이용 안내서

[보안강도에 따른 대칭키 암호 알고리즘 분류]

보안강도	NIST(미국)	CRYPTRE(일본)	ECRYPT(유럽)	국내
112 비트 이상	AES-128 AES-192 AES-256 3TDEA	AES-128 AES-192 AES-256 Camellia-128 Camellia-192 Camellia-256	AES-128 AES-192 AES-256 Camellia-128 Camellia-192 Camellia-256 Serpent-128 Serpent-192 Serpent-256	SEED HIGHT ARIA-128 ARIA-192 ARIA-256 LEA-128 LEA-192 LEA-256
128 비트 이상	AES-128 AES-192 AES-256	AES-128 AES-192 AES-256 Camellia-128 Camellia-192 Camellia-256	AES-128 AES-192 AES-256 Camellia-128 Camellia-192 Camellia-256 Serpent-128 Serpent-192 Serpent-256	SEED HIGHT ARIA-128 ARIA-192 ARIA-256 LEA-128 LEA-192 LEA-256
192 비트 이상	AES-192 AES-256	AES-192 AES-256 Camellia-192 Camellia-256	AES-192 AES-256 Camellia-192 Camellia-256 Serpent-192 Serpent-256	ARIA-192 ARIA-256 LEA-192 LEA-256
256 비트 이상	AES-256	AES-256 Camellia-256	AES-256 Camellia-256 Serpent-256	ARIA-256 LEA-256

해설

① 현행법 이전의 「개인정보보호법」 제39조의6의 규정에 따라 정보통신서비스 제공자 등은 1년 동안 서비스 이용이 없는 이용자의 개인정보는 파기하거나 별도 분리하여 보관하도록 의무화 하는 등 유효기간제가 시행되었으나, 23년 9월에 시행된 「개인정보보호법」에서는 유효기간제가 폐지되었다. 이에 따라 신청기관이 장기 서비스 미이용자에 대한 파기 또는 분리보관을 시행하지 않는다고 해서 결함을 줄 수는 없다.

② 인터페이스 정의서의 서브시스템명에 기재된 통합메시징이 수탁사 모듈을 사용하고 있다. 이를 근거로 개인정보처리업무 위탁의 적정성을 확인해 볼 수 있다.

③ 수탁사는 ㈜비즈톡톡, 재수탁사는 문자중계사, 카카오가 맞다. 수탁사 ㈜비즈톡톡에서 문자중계사, 카카오로 정보를 전달하기 때문이다.

④ 송·수신 정보 내역에 대한 암호화/평문여부를 확인하는 것은 맞지만, 해당 사항을 반드시 인터페이스 정의서에 있어야 되는 것은 아니다.

⑤ 주민등록번호가 법령에 의한 수집여부인지 확인 후 결함여부를 판단할 수 있다.

해설

2.1.1 정책의 유지관리

※ 정보보호 및 개인정보보호 관련 정책 및 시행문서를 제·개정하는 경우 이해관계자와 해당 내용을 충분히 협의·검토하여야 한다.

• 정보보호 및 개인정보보호 관련 정책 및 시행문서 변경으로 인한 업무 영향도, 법적 준거성 등 고려 (정보보호 및 개인정보보호 정책 및 시행문서(지침, 절차, 가이드, 매뉴얼 등))

• 회의록 등 검토 사항에 대한 증거자료를 남기고 정책·지침 등에 관련 사항 반영

• 조직의 대내외 환경에 중대한 변화 발생 시 정보보호 및 개인정보보호 관련 정책 및 시행문서에 미치는 영향을 검토하고 필요시 제·개정하여야 한다.

※ 1.3.2 보호대책 공유로 생각할 수 있겠으나 구현된 보호대책에 대한 공유가 충분히 되지 않는 내용이 아니라 상위 정책에 반영되었으나 근본적으로 이해관계자에 충분히 협의되지 못했고 일관성있게 전달되지 못해 매뉴얼까지 반영이 되지 못한 사례라고 할 수 있다.

43번 정답 ②

[해설]

PRIVACY BY DESIGN 적용을 위한 8가지 핵심전략

※ 자동처리되는 개인정보 보호 가이드라인 참고(행정안전부)

가. 최소화(Minimise)

프라이버시 침해 가능성을 최소화하기 위해 개인정보의 명확한 활용목적에 따라 처리되는 개인정보의 양을 최소화하여야 함

나. 숨기기(Hide)

개인정보가 처리되는 과정에서 평문 전송 등으로 인해 외부에서 해당 내용을 볼 수 없도록 조치하여야 함

다. 분리(Separate)

개인에 대한 다양한 정보들을 가능한 한 분리해서 저장하여 하나의 DB에서 개인이 식별되지 못하도록 하여야 함

라. 총계화(Aggregate)

많은 양의 개인정보를 처리할 경우, 가능한 한 개인이 식별되지 않도록 식별자를 최소화 하고, 처리 결과는 범주화 등을 통해 식별 불가능하도록 하여야 함

마. 정보제공(inform)

어떤 정보가 어떤 목적으로 어떻게 사용되는지 등 개인정보 처리과정 전반에 대해 정보주체가 투명하게 알 수 있도록 제공하여야 함

바. 통제(Control)

정보제공(inform) 전략 적용을 기반으로 정보주체가 개인정보 처리 과정 전반에 대해 명확하게 이해하여 자기 개인정보의 잘못된 활용이나 보안 수준에 대해 권리 행사가 가능하여야 함

사. 집행(Enforce)

내부 개인정보 보호정책은 법 제도 의무 사항을 모두 반영하여야 하며, 강제적으로 시행되어야 함

아. 입증(Demonstrate)

데이터 컨트롤로는 개인정보 보호 정책이 효과적으로 운영되고 있고, 데이터 유출사고에 즉시 대응이 가능하다는 등 법적 의무사항을 준수하고 있다는 내용을 입증할 수 있어야 함

44번 정답 ⬇ ②

해설

라, 바 틀림

[안전조치 고시 통합 주요 내용]

- 일반규정과 정보통신서비스제공자 특례규정으로 이원화 체계를, 안전조치 고시를 통합하여 정비
  - "개인정보의 안전성 확보조치기준"으로 통합하고 특례 규정 "개인정보의 기술적 관리적 보호조치 조치 기준"은 폐지
  - 정보통신서비스제공자를 구분하지 않고, 개인정보처리자로 일원화하여 단일화된 수범자로 통일
  - 유사/상이 조항은 정보주체의 권리보호를 우선으로 하고, 기술변화 및 사업자 영향 수준 등을 고려하여 합리적으로 개선
- 일반 규정의 별표 "개인정보처리자 유형 및 개인정보 보유량에 따른 안전조치 기준" 삭제
  - 개정 전 정의된 유형1(완화) / 유형2(표준)에 적용되는 안전조치 기준을 삭제함
- 개인정보 처리 현실을 반영
  - 구체적인 비밀번호 작성 규칙을 삭제 및 인증수단 안전하게 적용 관리 방법 자율 개선 유도
    (예: 비밀번호 2종류 10자리 이상 또는 3종류 8자리 이상/비밀번호 반기별 1회 이상 변경 등)
  - ※ 단, 개인정보보호위원회의 온라인 설명회 등을 기반으로 보면 비밀번호를 1~2자리로 간단히 활용할 수 있는 가이드가 아니라, **비밀번호 외에도 다양한 인증제도를 활용할 수 있는 취지**이므로, **비밀번호는 기존 가이드를 참고 하는게 바람직함**을 권고
  - 정당한 사유가 있는 경우 사용자 계정 공유를 허용
  - **개인정보보호에 필요한 프로그램(보안 패치 등)의 업데이트 지연을 허용**
  - **클라우드컴퓨팅서비스를 이용하여 개인정보처리시스템을 구성/운영하는 경우, 해당 서비스에 대한 접속 외에는 인터넷을 차단하는 조치를 허용**
  - **블록체인 등 기술적 특성으로 영구삭제가 현저히 곤란한 경우 익명정보로 파기한 것을 허용**
- 이동형 영상정보처리기기

  7의2. **"이동형 영상정보처리기기"란 사람이 신체에 착용 또는 휴대하거나 이동 가능한 물체에 부착 또는 거치(据置)하여 사람 또는 사물의 영상 등을 촬영하거나 이를 유·무선망을 통하여 전송하는 장치로서 대통령령으로 정하는 장치를 말한다.**

- 일반규정인 「개인정보의 안전성 확보조치 기준」과 특례규정인 「개인정보의 기술적·관리적 보호조치 기준」을 통합하여 체계화
  - **수범자를 개인정보처리자로 일원화하고 "[별표] 개인정보처리자 유형 및 개인정보 보유량에 따른 안전조치 기준" 삭제**

[금융분야 클라우딩서비스 이용가이드 주요 내용]

- 이용 대상 선정
  - 클라우드를 이용하는 것이 자체서비스를 이용하는 것보다 유리할 경우, 사용 적극 고려
    (※ AI, 빅데이터 등 신기술, 파일럿 서비스 등 사전 예측 힘든 경우, 사용량 변동이 큰 경우, 민첩 대응, 임시적 대응, 내부인력이 역량을 갖춘 경우 등)
  - 위의 효율성 외에도, 업무중요도, 취급 정보의 민감도, 경영전략 등 종합적 고려 필요

• 중요도 평가 기준 및 항목

> **감독규정 제14조의2(클라우드컴퓨팅서비스 이용 절차 등) 제1항 제1호**
> 1. 다음 각 목의 기준에 따른 이용업무의 중요도 평가
>   가. 규모, 복잡성 등 클라우드컴퓨팅서비스를 통해 처리되는 업무의 특성
>   나. 클라우드컴퓨팅서비스 제공자로부터 제공받는 서비스가 중단될 경우 미치는 영향
>   다. 전자적 침해 행위 발생이 고객에게 미치는 영향
>   라. 여러 업무를 같은 클라우드컴퓨팅서비스 제공자에게 위탁하는 경우 해당 클라우드컴퓨팅서비스 제공자에 대한 종속 위험
>   마. 클라우드컴퓨팅서비스 이용에 대한 금융회사 또는 전자금융업자의 내부통제 및 법규 준수 역량
>   바. 그 밖에 금융감독원장이 정하여 고시하는 사항

– 감독규정 제14조의 2 제1항 1호 기준 참고 (아래)

[중요도 평가 절차(예시)]
– 처리 정보 분류 : 고유식별정보, 금융정보, 개인신용정보, 업무정보, 공개정보 등
– 업무 영향 평가 : 평가 항목별 점수 가중치 반영 점수 합산 평가

[중요도 평가 절차(예시)]

① **(처리정보 분류)** 고유식별정보, 개인신용정보를 처리하고 있는지 여부를 확인하고, 처리정보의 주체(고객, 내부 직원 등) 및 서역(대외 공개 등)에 따라 금융정보, 업무정보, 공개정보로 분류

② **(업무 영향 평가)** 평가항목별 평가지표에 따라 평가(상, 중, 하, N/A)하고 항목별 배점에 평가에 따른 점수 가중치를 반영한 점수를 합산하여 점수화

③ **(최종 판단)** 처리정보 유형별 중요 판단기준에 따라 중요 업부 여부를 최종적으로 판단

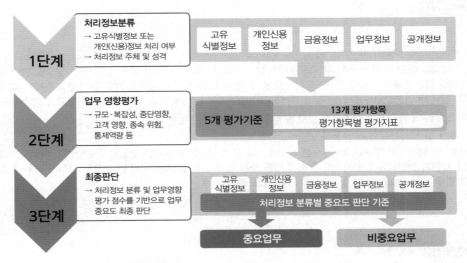

= (※위의 중요도 평가 기준에 따른 평가 점수 산정)
– 최종판단 : 업무 영향 판단

처리 정보 유형	업무 영향평가	최종 평가
고유식별정보 또는 개인신용정보	20점 이상	중요
	20점 미만	비중요
금융정보	40점 이상	중요
	40점 미만	비중요
업무정보	60점 이상	중요
	60점 미만	비중요
공개정보	80점 이상	중요
	80점 미만	비중요

45번 정답 ①

해설

라. 전송대상 개인정보처리시스템에 접속하여 전송대상 정보를 처리한 경우, 접속일시 및 수행업무 등 접속내역을 기록하고 보관하여야 하며, **월 1회** 이상 정기적으로 점검하여야 한다.

※ 조치기준에 따라 개인정보처리시스템의 접속기록 보관 및 점검에 준하여 관리(마이데이터 전송 보안 안내서, 2023.09)

46번 정답 ⑤

해설

① 조직 구성 결함과 관련이 없다.

② 보안팀 담당자 이탈로 인한 인적 자원의 문제로 볼 수 있으나, 이 상황만 보고 1.1.6 자원 할당으로 판단하기 어렵다. 자원 할당은 관리체계를 전체적으로 바라봤을 때 예산 및 자원 할당에 문제가 있어 관리체계가 제대로 운영되지 않을 때 결함으로 판단하는 것이 적절하다. (미흡 사항 단 건만으로 자원 할당 결함으로 보기 어려움)

④ 내부관리계획 내 개인정보 접속로그 보관 및 점검에 대한 내용은 문제가 없다.

⑤ 2.9.5 로그 및 접속기록 점검 결함이 적절하다.
점검 절차는 법적으로 정해진 바 없어 본 상황에서의 점검 절차만 보고서는 결함으로 판단하기 어렵다. 다만, 다운로드 사유가 확인되지 않았음에도 후속 조치를 하지 않고 점검 결과가 '이상 없음'으로 처리된 경우 등을 보아 접속기록 점검이 제대로 수행 및 관리되지 않는 것으로 보인다.

47번 정답 ④

해설

④ 「개인정보보호법」 2차 개정에 따라 개인정보 유효기간제가 폐지되어 분리보관 의무가 사라짐 (2023.9.15.)

해설

① 경찰이나 검찰 등에서 범죄 수사와 공소 제기 유지를 위해 CCTV 자료를 요청하는 경우 형사소송법 또는 경찰관직무집행법 상 제공할 수 있으며, 필요한 최소한의 범위에서 요청하고, 제공하여야 함

② 영상정보처리기기 운영자는 개인영상정보의 안전한 처리를 위하여 내부관리계획을 수립하여야 하며, 소상공인은 수립 의무가 면제됨

③ CCTV는 어떠한 경우에도 녹음 기능을 사용하는 것이 금지됨

④ CCTV 안내판에 기재해야 할 사항은 설치 목적 및 장소, 촬영 범위 및 시간, 관리책임자의 연락처(법 개정으로 관리책임자 "성명"은 삭제됨), 위탁자의 연락처 및 성명임. 또한 건물 내 여러 대의 CCTV를 설치할 경우 출입구 등 잘 보이는 곳에 해당 시설 또는 장소 전체가 CCTV 설치 지역임을 표시하는 안내판을 설치할 수 있음

⑤ 영상정보처리기기 운영·관리 방침을 개인정보처리방침에 포함하여 공개하는 것이 가능함

※「개인정보보호법 & 시행령」(2023. 9. 15 시행)

해설

① ㄱ. 개인정보 수집 및 이용동의서에는 문제가 없다.

② ㄴ. 생체인식 특징정보는 민감정보이기 때문에「개인정보보호법」제15조(개인정보의 수집·이용)뿐만 아니라 제23조(민감정보의 처리 제한)에 적용된다. 따라서, 생체인식 특징정보를 수집하기 위해서는 정보주체의 동의를 받거나 법령에서 민감정보의 처리를 요구하거나 허용하는 경우에만 수집이 가능하며, 개인정보(얼굴 정보)와 구분하여 별도 동의를 받아야 한다.

③ ㄷ. 생체인식 특징정보에 대한 동의를 받고 있지 않으므로, 처리목적 달성 시 지체없이 파기하여야 한다.

④ ㄹ. 생체인식 특징정보 생성 후에도 생체인식 원본정보를 파기하지 않고 보관하는 경우, 원본정보 유출에 따른 피해를 최소화하기 위하여 원본정보는 해당 이용자의 다른 개인정보와 분리하여 별도로 저장·관리 권장한다.

---

13 원본정보 보관 시 분리보관 : 권장, 안전성

특정정보 생성시 원본정보를 파기하지 않고 보관하는 경우, 원보정보 유출에 따른 피해를 최소화하기 위하여 원본정보는 해당 이용자의 다른 개인정보와 분리하여 별도로 저장·관리 권장

– 물리적으로 분리하여 보관하는 것을 원칙으로 하고, 불가피한 경우 물리적 분리와 대등한 수준으로 논리적으로 분리하여 보관 가능

– 분리 보관된 원본정보에 대한 접근권한을 최소화하고 접근 통제 및 외부 해킹방지 등의 보호조치 이행

– 이용자의 원본정보와 다른 개인정보를 연결하는 공통 식별자는 임의 값을 활용하여 직접적으로 해당 이용자가 식별되지 않도록 조치

→ 원본정보를 대량으로 보관·이용하는 국가기관·공공기관 등의 개인정보처리자는 원본정보 유출 시 피해가 더 클 수 있으므로 분리보관을 필수로 적용하는 것을 적극 권장함

---

⑤ ㅁ. 암호화 적용에는 문제가 없다.

해설

① 정보보호 공시 의무 대상 기준

사업분야	• 회선설비 보유 기간통신사업자 ※「전기통신사업법」제6조 제1항
	• 집적정보통신시설 사업자 ※「정보통신망법」제46조
	• 상급종합병원
	• 클라우드컴퓨팅 서비스제공자 ※「클라우드컴퓨팅법」시행령 제3조 제1호
매출액	• 정보보호 초고책임자(CISO) 지정·신고하여야 하는 유가증권시장 및 코스닥시장 상장 법인 중 매출액 3,000억 원 이상
이용자 수	• 정보통신서비스 일일 평균 이용자 수 100만 명 이상(전년도 말 직전 3개월간)

「클라우드컴퓨팅 발전 및 이용자 보호에 관한 법률 시행령」제3조 제1호 참조

> 제3조(클라우드컴퓨팅서비스) 법 제2조 제2호에서 "대통령령으로 정하는 것"이란 다음 각 호의 어느 하나에 해당하는 서비스를 말한다.
>
> 1. 서버, 저장장치, 네트워크 등을 제공하는 서비스
> 2. 응용프로그램 등 소프트웨어를 제공하는 서비스
> 3. 응용프로그램 등 소프트웨어의 개발·배포·운영·관리 등을 위한 환경을 제공하는 서비스
> 4. 그 밖에 제1호부터 제3호까지의 서비스를 둘 이상 복합하는 서비스

② '정보보호부문'이란 다음 각 활동을 위한 기업의 관리적·기술적·물리적 자산 및 서비스, 인력 및 조직, 인증·평가·점검, 내·외부 활동을 말한다. 다만, 인력 및 조직에서 기업의 출입통제, 보안경비 등 물리보안 관련 인력은 제외한다.

③ **정보기술 및 정보보호 인력은 전담 인력인 경우만 인정 가능하다.**
따라서, CTO(최고기술경영자)가 CISO(정보보호최고책임자)를 겸임하는 경우에는 정보보호 부문 인력으로 인정되지 않고, 정보기술 부문 인력으로만 인정된다.

④ 매년 6월 30일까지 최고경영자가 승인·결재한 정보보호 현황['정보보호 공시내용 양식+사후검증동의서' 또는 '정보보호 공시내용 양식+사전점검확인서(공시용) + 사전점검 확인서(조서용)']을 과학기술정보통신부 전자공시시스템(isds.kisa.or.kr)*에 등록하여야 한다.

⑤ 정보보호 공시 의무자는 6월 말까지 정보보호 공시를 이행하지 않을 경우, 최대 1천만 원 이하의 과태료가 부과된다.

3회 모의고사 정답표

1	②	2	③	3	③	4	③,⑤	5	②	6	①	7	②	8	⑤	9	④	10	②
11	③,⑤	12	④	13	④	14	②	15	③,⑤	16	②,⑤	17	③	18	⑤	19	⑤	20	①
21	②,⑤	22	⑤	23	①	24	①,⑤	25	①,②	26	③,④	27	③	28	①,②	29	③,④	30	④
31	②	32	⑤	33	②,③	34	①	35	④,⑤	36	①,③	37	③	38	②,④	39	④	40	②
41	②	42	⑤	43	①	44	⑤	45	③	46	③,④	47	④	48	①	49	②	50	④

1번 정답 ⬇ ②

해설

(가) 정보통신부문 전년도 매출액이 300억 원 이상이더라도 중소기업법에 따른 소기업이면 특례 규정(간편인증)대상이 된다. (X)

→ 「중소기업기본법」 제2조 제2항에 따른 소기업의 기준으로는 업종별 평균매출액 기준(정보통신업 50억 원 이하)을 충족해야 한다. 즉, 매출액이 300억 원 이상이면 소기업이 아닌 중기업이다.

(나) 정보통신서비스 부문 매출액이 300억 원 이상이더라도 클라우드 서비스를 이용하고 별도 서버로 AWS의 EC2 등의 서버를 사용하고 있을 경우 특례 규정(간편인증)대상이 된다. (X)

→ 정보통신서비스 부문 매출액이 300억 원 이상이더라도 자체 서비스 제공을 위한 주요 정보통신설비를 보유하지 않은 중기업의 경우 인증의 특례 대상에 해당한다.

▶ 다른 법인이 제공하는 웹호스팅 서비스 또는 클라우드 서비스를 이용함에 따라 별도 서버(VM, EC2 등 가상서버를 포함)가 없거나, 서버 운영체제(Windows, Linux 등), 데이터베이스시스템(Oracle, MS-SQL 등)에 대한 관리 책임이 없는 경우*를 의미한다.

*시스템 default 계정(root/administrator) 접근권한, 취약점 및 패치관리 등

(다) 정보통신부문 전년도 매출액이 300억 원 미만이고 중기업의 경우 특례 규정(간편인증) 대상이 된다. (O)

(라) ISP, IDC, 상급종합병원, 대학교, 금융회사, 가상자산사업자의 경우 특례 규정(간편인증)에 해당되지 않는다. (O)

(마) 특례 대상에 해당되는 기업의 간편인증 세부점검 항목은 동일한 세부항목을 적용한다. (X)

→ 소기업, 정보통신부문 매출액 300억 원 이하의 중기업

1. 관리체계 수립 및 운영(8개)/세부항목(19개)

2. 보호대책 요구사항(33개)/세부항목(122개)

3. 개인정보 처리단계별 요구사항(21개)/세부항목(91개)

→ 정보통신부문 매출액 300억 원 이상의 중기업

1. 관리체계 수립 및 운영(11개)/세부항목(25개)

2. 보호대책 요구사항(33개)/세부항목(106개)

3. 개인정보 처리단계별 요구사항(21개)/세부항목(91개)

해설

③ ㄹ과 ㅁ이 심사원이 올바르게 판단한 결함사례이다.

㉠ 시스템 운영이나 개인 식별을 위해 해당 정보를 활용해야 하는 경우 생년월일 및 성별을 포함한 앞 7자리를 제외하고 뒷자리 6개 번호만 암호화하여 사용하여도 결함이 되지는 않는다.
(출처 : 개인정보의 암호화 조치 안내서(2020.12월) 66p)

㉡ 이용 권한이 있는 특정 개인임을 확인하기 위하여 이용자가 입력한 생체정보를 기기 등에 저장된 정보와 대조하여 본인 여부 확인하는 것은 생체정보이며 특징점을 추출하는 등의 일정한 기술적 수단을 통해 생성되는 '생체인식 특징정보'와는 다르다. 따라서, 단순 저장된 지문정보와 대조하는 방법은 생체정보를 처리하는 것으로 암호화 대상은 아니다.
(출처 : 생체정보_보호_가이드라인(2021.9월) 3p)

㉢ 암호화하여야 하는 생체인식정보는 식별 및 인증 등의 업무절차상 수집이 명확한 경우로 한정되며, 이와 무관하게 수집되는 이미지, 녹취 정보 등은 암호화 대상에서 제외된다. 예를 들어, 콜센터 등에서 업무절차상 주민등록번호 수집이 명확한 경우의 음성기록은 암호화해야 하나, 단순 상담 시 저장되는 음성기록 등은 **암호화 대상에서 제외**될 수 있다.
(출처 : 개인정보의 암호화 조치 안내서(2020.12월) 67p)

㉣ 업무용 PC에 저장된 개인정보의 경우 상용프로그램(한글, 엑셀 등)에서 제공하는 비밀번호 설정기능을 사용하여 암호화를 적용하거나, 안전한 암호화 알고리즘을 이용하는 소프트웨어를 사용하여 암호화할 수 있다.
(출처 : 개인정보의 암호화 조치 안내서(2020.12월) 68p)

㉤ 개인정보의 암호화를 위한 안전성 확보조치는 원칙적으로 "개인정보처리자" 및 "정보통신서비스 제공자 등"의 의무이다. 따라서 개인정보처리시스템을 위탁하거나 ASP를 이용하는 경우에도 암호화 조치사항에 대한 이행 여부에 대한 책임은 위탁기관인 A사가 지게 된다. 다만, A사는 암호화에 대한 요구사항을 A사의 위탁을 받은 수탁기관(ASP, 클라우드 서비스 제공자 등)과의 계약서 등에 명시하여 수탁기관으로 하여금 암호화를 처리하게 요구할 수 있다.
(출처 : 개인정보의 암호화 조치 안내서(2020.12월) 68p)

해설

(가) 심사원의 자격 취소 적합여부를 심의·의결하기 위하여 인터넷진흥원의 장은 인증위원회 위원 3인 이상을 포함하여 구성한 자격심의위원회를 개최하여야 한다. **(O)**

〈「정보보호 및 개인정보보호 관리체계 인증 등에 관한 고시」 제16조 제2항〉

제16조(인증심사원 자격 취소)
② 인터넷진흥원의 장은 제1항에 따른 자격 취소의 적합여부를 심의·의결하기 위하여 자격심의위원회를 개최하여야 하며, 자격심의위원회는 제29조의 인증위원회 위원 3인 이상을 포함하여 구성한다.

(나) **ISMS-P 인증심사 일부 생략 신청**을 하는 경우 수수료 20% 감면이 가능하다. **(O)**

〈「정보보호 및 개인정보보호 관리체계 인증 등에 관한 고시」 제20조, 제21조〉

제20조(인증심사의 일부 생략 신청 등)

① 제18조 제1항 각 호의 어느 하나에 해당하는 인증을 신청한 자가 다음 각 호의 어느 하나에 해당하는 인증을 받거나 정보보호 조치를 취한 경우 별표 5의 인증심사 일부 생략의 범위 내에서 인증심사의 일부를 생략할 수 있다.

제18조(인증 신청 등) ① 신청인은 다음 각 호의 인증을 선택하여 신청할 수 있다.

　　1. 정보보호 및 개인정보보호 관리체계 인증

　　2. 정보보호 관리체계 인증

제21조(수수료의 산정) ① 인증 수수료는 별표 6의 인증 수수료 산정 및 심사원 보수 기준을 적용하여 산정한다.

② 심사수행기관은 제1항에 따라 산정된 인증 수수료를 공지하여야 한다.

③ 심사수행기관은 신청인이 다음 각 호의 어느 하나에 해당하는 경우 수수료를 감면 또는 조정할 수 있다.

　　1. 「중소기업기본법」 제2조 제2항에 따른 소기업

　　2. 제20조에 따른 인증심사 일부 생략 신청을 하는 경우

　　3. 「정보보호산업의 진흥에 관한 법률」 제13조에 따라 정보보호 현황을 공시한 자

　　4. 「정보통신망법」 제47조의7 제1항 각 호의 어느 하나에 해당하는 자로서 제23조제3항 및 제4항에 따른 인증심사 기준을 적용받는 경우

　　5. 그 밖에 신청인과 협의하여 수수료 조정이 필요하다고 판단되는 경우

〈「정보보호 및 개인정보보호 관리체계 인증수수료 산정내역서v1.9」〉

수수료 할인대상 ③ **심사 일부생략(20%)**

수수료 할인		
할인대상		※ ① 소기업(30%), ② 정보보호공시(30%), ③ 심사 일부생략(20%), ④ 인증의 특례(ISMS：50%, ISMS-P：40%) 중 선택

① 소기업 : 「중소기업기본법」 제2조에 따른 소기업
② 정보보호공시 : 「정보보호산업의 진흥에 관한 법률」 제13조에 따라 정보보호 현황을 공시한 경우
③ 심사 일부생략 : 고시 제20조에 따라 'ISO/IEC 27001', '주요정보통신기반시설의 취약점 점검'을 한 경우
④ 인증의 특례 : 「정보통신망법」 제47조의7에 따라 '인증의 특례'를 신청한 경우
※ 수수료 할인은 중복 적용 불가

(다) 심사원은 보수교육을 받아야 하고, 자격 유효기간은 3년이다. **(O)**

〈「정보보호 및 개인정보보호 관리체계 인증 등에 관한 고시」 제15조〉

제15조(인증심사원 자격 유지 및 갱신)

① 인증심사원의 자격 유효기간은 자격을 부여 받은 날부터 3년으로 한다.

② 인증심사원은 자격유지를 위해 자격 유효기간 만료 전까지 인터넷진흥원이 인정하는 보수교육을 수료하여야 한다.

(라) 신청인이 개인정보 처리업무를 위탁받아 처리하는 수탁자가 인증 받은 경우 인증범위의 현장심사와 서면심사는 생략이 가능하다. **(X)**

　　– 현장심사 생략 가능, 서면심사는 생략 불가

> **〈「정보보호 및 개인정보보호 관리체계 인증 등에 관한 고시」 제20조 제6항〉**
>
> **제20조(인증심사의 일부 생략 신청 등)**
>
> ⑥ 심사수행기관은 신청인의 인증범위 내에서 업무를 위탁받아 처리하는 자가 제18조제1항 각 호의 인증을 받은 범위의 **현장심사를 생략할 수 있다.**

(마) ISMS 인증 특례 대상에 ISP, IDC, 상급종합병원, 대학교, 금융회사, 가상자산사업자는 대상에 해당하지 않는다. **(O)**

  - 「ISMS-P 인증제도 안내서(2024.07)」 P.31 그림7

> **〈「정보통신망법」 시행령 제49조의2(정보보호 관리체계 인증의 특례 대상자의 범위) 제2항〉**
>
> **제49조의2(정보보호 관리체계 인증의 특례 대상자의 범위**
>
> ② 제1항에도 불구하고 다음 각 호의 어느 하나에 해당하는 자는 법 제47조의7 제1항 제2호에 따른 정보보호 관리체계 인증의 특례 대상에서 제외한다.
>
>   1. 법 제47조 제2항 제1호 또는 제2호에 해당하는 자
>   2. 제49조 제2항 제1호 또는 제3호에 해당하는 자
>   3. 「특정 금융거래정보의 보고 및 이용 등에 관한 법률」 제2조 제1호 하목에 따른 가상자산사업자
>   4. 「전자금융거래법」 제2조 제3호에 따른 금융회사

(바) 인증기관과 심사기관은 정당한 사유 없이 인증절차, 인증기준 등의 일부를 생략하는 행위가 발생되지 않도록 노력하여 인증심사의 공정성 및 독립성 확보를 하여야 한다. **(O)**

> **〈「정보보호 및 개인정보보호 관리체계 인증 등에 관한 고시」 제10조〉**
>
> **제10조(공정성 및 독립성 확보)** 인증기관 및 심사기관은 **인증심사의 공정성 및 독립성 확보를 위해 다음 각 호의 행위가 발생되지 않도록 노력**하여야 한다.
>
>   1. 정보보호 및 개인정보보호 관리체계 구축과 관련된 컨설팅 업무를 수행하는 행위
>   2. **정당한 사유 없이 인증절차, 인증기준 등의 일부를 생략하는 행위**
>   3. 조직의 이익 등을 위해 인증심사 결과에 영향을 주는 행위
>   4. 그 밖에 인증심사의 공정성 및 독립성을 훼손할 수 있는 행위

4번 정답 ↧ ③, ⑤

해설

「개인정보보호법」 제37조의2(자동화된 결정에 대한 정보주체의 권리 등) 제1항에서 "자동화된 결정이 제15조 제1항 제1호·제2호 및 제4호에 따라 이루어지는 경우에는 그러하지 아니하다."로 정의하고 있다.

개인정보 보호법 제15조(개인정보의 수집·이용) 제1항

1. 정보주체의 동의를 받은 경우
2. 법률에 특별한 규정이 있거나 법령상 의무를 준수하기 위하여 불가피한 경우
4. 정보주체와 체결한 계약을 이행하거나 계약을 체결하는 과정에서 정보주체의 요청에 따른 조치를 이행하기 위하여 필요한 경우

5번 정답 ②

해설

(가) X 직전연도 12월 31일 기준 재학생 수가 1만 명 미만으로 인증의무 대상자 아니다.

(나) X ISMS 인증 의무 대상자는 ISMS, ISMS-P 인증 중 선택 가능하다.

(다) X 사이버대학교는 고등교육법 제2조에 따른 학교이다.

(라) X 새마을금고(은행 포함)는 전자금융거래법에 따른 금융회사이므로 ISMS 인증의무 대상자가 아니다.

(마) O 매출액 1,500억 원 이상인 상급종합병원은 ISMS 인증 의무 대상 기관이다.

(바) X 정보통신서비스 부분 전년도 매출액이 100억 원 이상인 쇼핑몰은 ISMS 인증 의무 대상이다.

정보통신망 이용 촉진 및 정보보호 등에 관한 법률 시행령 제49조(정보보호 관리체계 인증대상자의 범위)

1. 전년도 매출액 또는 세입이 1,500억 원 이상인 자로서 다음 각 목의 어느 하나에 해당하는 자

    가. 「의료법」 제3조의4에 따른 상급종합병원

    나. 직전연도 12월 31일 기준으로 재학생 수가 1만명 이상인 「고등교육법」 제2조에 따른 학교

2. 정보통신서비스 부문 전년도(법인인 경우에는 전 사업연도를 말한다) 매출액이 100억 원 이상인 자. 다만, 「전자금융거래법」 제2조 제3호에 따른 금융회사는 제외한다.

3. 전년도 일일평균 이용자 수가 100만 명 이상인 자. 다만, 「전자금융거래법」 제2조 제3호에 따른 금융회사는 제외한다.

전자금융거래법 제2조(정의)

3. "금융회사"란 다음 각 목의 어느 하나에 해당하는 기관이나 단체 또는 사업자를 말한다.

    가. 「금융위원회의 설치 등에 관한 법률」 제38조 제1호부터 제5호까지, 제7호 및 제8호에 해당하는 기관

    나. 「여신전문금융업법」에 따른 여신전문금융회사

    다. 「우체국예금·보험에 관한 법률」에 따른 체신관서

    라. 「새마을금고법」에 따른 새마을금고 및 새마을금고중앙회

    마. 그 밖에 법률 규정에 따라 금융업 및 금융 관련 업무를 행하는 기관이나 단체 또는 사업자로서 대통령령이 정하는 자

6번 정답 ①

해설

(ㄷ) 서버존 내 서버 간 접근제어가 이루어지지 않아 권한이 없는 서버로의 경유 접근이 가능한 경우는 2.6.2 정보시스템 접근의 결함이다.

참고

ISMS-P 인증기준 안내서

2.6.1 네트워크 접근 결함 사례

사례2 : 내부망에 위치한 데이터베이스 서버 등 일부 중요 서버의 IP주소가 내부 규정과 달리 공인 IP로 설정되어 있고, 네트워크 접근 차단이 적용되지 않은 경우

사례3 : 서버팜이 구성되어 있으나, 네트워크 접근제어 설정 미흡으로 내부망에서 서버팜으로의 접근이 과도하게 허용되어 있는 경우

사례4 : 외부자(외부 개발자, 방문자 등)에게 제공되는 네트워크를 별도의 통제 없이 내부 업무 네트워크와 분리하지 않은 경우

사례5 : 내부 규정과는 달리 MAC 주소 인증, 필수 보안 소프트웨어 설치 등의 보호대책을 적용하지 않은 상태로 네트워크 케이블 연결만으로 사내 네트워크에 접근 및 이용할 수 있는 경우

2.6.2 정보시스템 접근

사례2 : 서버 간 접속이 적절히 제한되지 않아 특정 사용자가 본인에게 인가된 서버에 접속한 후 해당 서버를 경유하여 다른 인가받지 않은 서버에도 접속할 수 있는 경우

7번 정답 ⬇ ②

해설

① 보안업데이트 적용이 어려운 정당한 사유가 있고 별도의 보완대책을 마련하여 이행하고 있다면 결함으로 볼 수 없다.

② 결함

③ 결함 아님. 1.1.6 자원할당 결함으로 보기 어렵다.

④ 해당 취약점을 확인하고 보호대책을 선정하여 구현하고 있는 상태로 결함으로 보기 어렵다.

⑤ 타당한 사유로 지연되고 있고 후속조치를 하고 있어 결함으로 보기 어렵다.

8번 정답 ⬇ ⑤

해설

번호	SG 이름	방향	IP 프로토콜	포트 범위	SIP	DIP	CIDR
7	G-DEV	수신	TCP	22 (SSH)	100.2.2.27/32 (CIDR)	100.2.2.27/32	32
12	SERVER1	송신	TCP	3306 (MY SQL)	192.168.78.0/24 (CIDR)	192.168.78.0/24	24
16	SERVER2-WEB	수신	TCP	443 (HTTPS)	0.0.0.0/0 (CIDR)	0.0.0.0/0	0
23	HOMEPAGE-DB	수신	TCP	22 (SSH)	0.0.0.0/0	0.0.0.0/0	32

– 담당자는 SSH(22) 포트는 특정 IP에서만 접근할 수 있도록 제한하였다고 하였으나, 제한하지 않고 모든 IP가 HOMEPAGE-DB의 22번 포트에 접속할 수 있는 환경이다.

– 클라우드의 SECURITY GROUP 설정 변경 시 승인 절차가 없다.

– SERVER1은 송신하는 대역대가 열려 있고, SERVER2-WEB은 수신하는 대역대가 열려 있다.

– 가장 적절한 답을 고르는 것이므로 IAM 계정관리, 네트워크접근, 승인받지 않은 환경설정 모두 미비하여 2.10.2 클라우드 보안 결함이다.

9번 정답 ④

> **해설**

셀러사이트를 사용하는 **협력사 또한 이용자로서 협력사의 비밀번호도 암호화 조치 대상에 포함**된다. 가까운 시일 내 조치할 계획이 있다고 해도 비밀번호 암호화 조치는 법적 요구사항이라 결함이 된다.
그 외 클라우드의 AdminFullAccess 권한을 겸직 중인 직책자가 보유하고 있는 상황만으로는 결함 판단이 어렵다.

2.7.1 암호정책 적용

개인정보 및 주요정보 보호를 위하여 법적 요구사항을 반영한 암호화 대상, 암호 강도, 암호 사용 정책을 수립하고 개인정보 및 주요정보의 저장·전송·전달 시 암호화를 적용하여야 한다.

10번 정답 ②

> **해설**

- (나) **1.1.5 정책 수립** : MVNO서비스 이용 및 이용자 인증 등을 안전하게 제공, 관리하기 위한 보안요구사항이 정책, 매뉴얼, 지침 등에 포함되어 있는가?
- (다) **1.1.3 조직 구성** : 위원회에서 MVNO서비스의 안전성 확보 및 이용자의 보호에 관한 사항을 심의·의결하고 있는가?
- (라) **1.2.1 정보자산 식별** : 이용자 본인 확인을 위한 신분증 및 구비서류를 수취하기 위해 운영하는 시스템을 식별하여 그 목록을 최신으로 관리하고 있는가?
  - ※ 자산 유형별 항목(예시)
  - 정보시스템 : 신분증 스캐너, 평판스캐너, 웹팩스, 웹사이트, 웹하드, 앱
  - 정보 : 문서적 정보와 전자적 정보 모두를 포함(신분증 사본, 가족관계증명서 등)
  - – MVNO사업자가 개통 등의 업무를 위하여 MNO사업자가 관리하는 사이트를 이용할 경우 해당 사이트도 자산으로 식별 필요
- (사) **2.2.1 주요 직무자 지정 및 관리** : MVNO 서비스 처리 또는 관련 시스템의 주요 직무자 및 개인정보 취급자 지정을 최소화 하고 관리방안을 수립 및 이행하고 있는가?
  - ※ 주요 직무자 관리를 위해 포함되어야 하는 사항(예시)
  - 주요 직무자에 대한 전문화된 교육 방안(명의도용을 위한 사회공학 등)
  - 주요 직무자의 지정 및 변경, 해제 시 자산반납, 개인정보 및 중요정보의 처리, 감사로그 기록관리 등
- (아) **2.4.2 출입통제** : 전산실이 위치한 건물 출입구는 전산실 출입문을 한곳으로 지정하여 운영하고 있으며, 주요 설비시설에 대해 출입통제하고 있는가?
  - – 전산실에 상시 출입문은 한곳으로 정하며 상시 출입은 업무와 직접 관련이 있는 사전 등록자에 한해 허용, 그 밖의 출입자에 대해 책임자의 승인을 받아 출입하도록 하며 출입자 관리기록부를 기록·보관

해설

③ 데이팅 앱 서비스 社가 본인 서비스의 행태정보를 간편로그인 社에 보내는 것을 원한 것이 아닌 상황에서 간편 로그인 제공 社는 별도 계약이나 고지 없이 무단으로 간편로그인 시 행태정보를 수집한 것이므로 이는 데이팅 앱 서비스 社가 아닌 간편로그인 제공 社의 [3.1.5 개인정보 간접수집] 결함이다.

⑤ 필수항목으로 수집이 필요한 것은 이용자의 전화번호 정보이며, 이용자의 휴대폰 내 주소록에 있는 모든 연락처 정보가 아니다. 이러한 상황에서 모든 연락처 정보가 있는 주소록 권한은 반드시 필요한 권한이 아닌데 필수적 권한으로 적용하고 있어 [3.2.3 이용자 단말기 접근 보호] 결함이다.

① 데이팅 앱 서비스 社가 공개된 SNS나 제3의 인터넷 영역에서 수집하는 행위가 아니므로 3.1.5 인증기준은 검 토대상이 아니다.

② 데이팅앱 서비스 社의 의도 하에 본인 앱의 행태정보를 간편로그인 기능 제공 社에 전달하는 것이 아니기 때문 에 데이팅앱 서비스 社의 [3.3.1 개인정보 제3자제공] 결함은 아니다.

④ 과도하게 접근권한을 설정하는 것은 [3.2.3 이용자 단말기 접근 보호] 결함이다.

해설

④ [3.5.1 개인정보 처리방침 공개]가 아닌 [3.1.4 민감정보 및 고유식별정보의 처리 제한] 인증기준 결함에 해당한다.

① 행태정보의 수집·이용·제공 및 거부 등에 관해 해당이 있을 경우 개인정보처리방침에 고지 해야 한다.

② 결혼정보 회사와 제휴업체인 관계이므로 제3자제공 계약을 통해 제공되는 것이 맞다.

③ 재화 또는 서비스를 제공하는 과정에서 공개되는 정보에 정보주체의 민감정보가 포함됨으로써 사생활 침해의 위험성이 있다고 판단하는 때에는 재화 또는 서비스의 제공 전에 민감정보의 공개 가능성 및 비공개를 선택하 는 방법을 정보주체가 알아보기 쉽게 알려야 하며, 이를 준수하지 않았을 경우 [3.1.4 민감정보 및 고유식별정보 의 처리 제한] 결함이다.

⑤ 민감정보가 들어있는 채팅 대화를 수집하는 행위 자체에 대해서는 민감정보를 수집한 것이 아니다.

참고

개인정보위 '이루다' 개발사 ㈜스캐터랩에 과징금 과태료 등 제재 처분('21.4.28 보도자료)
– 주요 쟁점에 대한 Q&A

Q. 카카오톡 대화가 민감정보에 해당하는지?

A. 이용자가 자신의 성생활에 관한 정보 등을 언급한 경우에도 이용자가 자유롭게 작성하는 내용에 따라 민감한 성 격을 가질 수 있는 것에 불과하여 카카오톡 대화 내용 전체가 민감정보에 해당한다고 보기 어려움(서울중앙지 법 2013고합577 참조). 따라서 **위원회는 ㈜스캐터랩이 카카오톡 대화를 수집한 행위 자체에 대하여는 민감정 보를 수집한 것이 아니라고 판단함.** 다만, **성적 취향을 알 수 있는 심리테스트 설문 응답 결과를 이용자 별로 저 장해 놓은 것은 별도 동의 없이 민감정보를 수집한 것이라고 판단함.**

13번 정답 ④

해설

(가) SSID 브로드캐스트는 기본적으로 활성화되어 있지만, 보안을 위해 **비활성화하는 것이** 좋다.

(다) 디폴트로 발급되는 SSID는 **예측이 어려운 SSID로 변경**하고, 내부 구성을 파악할 만한 SSID는 사용은 지양하는 것이 좋다.

(라) WPA 또는 WPA2-PSK 인증보다는 RADIUS 서버를 이용하는 **WPA2-EAP 인증방식이** 안전하다.

(마) 일반 AP를 WIPS 센서로 활용하는 구조는 **하이브리드형 구조**이다.

무선랜 보안

- 보안에 취약한 WEP 방식은 사용을 금지하고 WPA 또는 WPA 2 PSK 인증보다는 RADIUS 서버를 이용하는 WPA 2 EAP 인증 이용
- 관리자페이지에 대한 접근제어 시행 고정 IP, MAC 주소 필터링 등
- 기본 SSID를 변경하고 내부 구성을 파악할 만한 SSID는 사용 금지
- 기본 SSID를 예측이 어려운 SSID로 변경
- SSID 브로드캐스트 비활성화
- 무선 네트워크 영역과 유선 네트워크 영역을 분리
- 무선 구간과 내부 네트워크 연결 구간에 정보보호시스템 안티바이러스 NAC, MAC 필터링 방화벽 침입탐지 시스템 등을 설치하여 내부 네트워크 보호
- WIPS를 이용하여 복잡한 무선 네트워크 위협에 대응
- 비인가 장비 탐지를 위한 무선네트워크 모니터링 환경 구축(WIPS 센서 활용)
- 비인가 AP/브릿지 라우터 탐지 기술 적용

14번 정답 ②

해설

① 복구 테스트 절차에 미흡한 내용이 발견되지 않았다.

② 2.9.1 변경관리 결함(변경 작업 절차가 일부 누락되었다.)

③ 작업 절차서에 롤백 절차를 누락하였으나 다음 작업 절차서에 보완하여 결함으로 보기 어렵다.

④ 확인된 내용만으로 결함으로 보기 어렵다.

⑤ 보완대책을 적절히 적용하고 있어 결함으로 보기 어렵다.

15번 정답 ③, ⑤

해설

① EOS 자산에 대해 해당 위험을 식별하고 있는지, 조치 계획을 수립하고 있는지, 예산 확보가 되어 있는지 등의 추가 확인이 필요하다.

② 미사용 자산에 대해 폐기 절차가 있는지, 관리를 하고 있는지 등 추가 확인이 필요하다.

③ 위험 평가 관리 지침에는 자산 중요도 지수의 분류 기준이 7~9, 4~6, 1~3으로 규정되어 있고, 정보 자산 관리 지침에는 8~9, 6~7, 3~5로 규정되어 있어 분류 기준이 일치하지 않는다. 자산 중요도 등급 또한 자산 중요도 지수 범위에 해당하는 자산 중요도 등급 또한 지침간 일치하지 않는다.

④ 위험 평가 결과를 단기, 중기, 장기로 조치 계획을 수립하여 조치 수행하고 있다. 식별된 모든 위험에 대해 심사 전까지 조치를 하지 않았다고 결함으로 판단할 수 없다.

⑤ 자산 관리 대장 내에는 클라우드 자산을 식별하여 관리하고 있으나, 위험 평가 관리 지침 내 자산 분류 기준에는 클라우드 자산이 포함되어 있지 않다.

해설

① 1개월 이상 장기 미접속자가 존재하여 2.5.6 접근권한 검토 결함이다. **(X)**

「시스템 운영 보안 지침」 제10조 제1호에 따라 **장기 미접속자에 대한 계정잠금처리 또는 삭제 미처리는 2.5.1 사용자 계정관리 결함으로 판단할 수 있으나**, 접근권한에 대한 검토 내용은 확인할 수 없으므로 2.5.6 결함으로 판단하기 어렵다.

② **유지보수용 계정을 공유하여 사용하고 있어 2.5.2 사용자 식별 결함이다. (O)**

유지보수용 계정을 별도의 승인절차 없이 공유하여 사용하고 있으므로 결함으로 판단할 수 있다.

ISMS-P 인증기준 안내서('23.11) P.90

2.5.2 사용자 식별 결함사례

외부직원이 유지보수하고 있는 정보시스템의 운영계정을 별도의 승인 절차 없이 개인 계정처럼 사용하고 있는 경우

③ 직원 A에게 DB 접근권한을 부여하지 않고 직원 B에게는 DB접근권한을 부여하여 2.5.1 사용자 계정 관리 결함이다. **(X)**

직원 A는 영업부서 인원명부에는 있으나 DB 접근 가능 계정에는 없고 직원 D는 DB 접근 가능 계정에는 있으나 영업부서 인원명부에는 없는데, 직무 확인 등 추가 확인이 필요하여 결함으로 판단하기 어렵다.

④ DBMS super관리자 권한을 DBA담당자 포함 20명에게 부여한 것은 2.5.5 특수계정 및 권한 관리 결함이다. **(X)**

DBMS super관리자 권한을 DBA 담당자 포함 20명에게 부여한 사유 및 업무분장 등의 추가 확인이 필요하므로 아직 결함으로 판단하기 어렵다.

⑤ **비밀번호를 3개월 이상 변경하지 않은 계정이 있어 2.5.4 비밀번호 관리 결함이다. (O)**

「시스템 운영 보안 지침」 제7조 제4호에 따라 비밀번호는 최대 3개월 이내에 한 번 이상 변경하여야 하므로 2.5.4 비밀번호 관리 결함으로 판단할 수 있다.

해설

③ admin, root 및 admin1 계정을 공용으로 사용하고 있지만 접근 IP가 동일하여 책임추적성 확보가 되지 않아 2.5.2 사용자 식별 결함이다.

① 공용 계정 사용 시 타당성 검토 및 책임자의 승인이 없다는 내용은 2.5.2 사용자 식별 통제항목의 결함이다.

② 서버의 계정을 변경할 수 있으나 admin, root와 같이 변경하지 않고 사용한다는 내용은 2.5.2 사용자 식별 통제항목의 결함이다.

④ 정보시스템의 서버에 접근이 허용되는 사용자 및 접근 가능 위치를 네트워크 대역으로 구분하고 있다는 내용은 2.6.2 정보시스템 접근 통제항목의 결함이다.

⑤ 정보시스템 계정 및 권한에 대해 주기적으로 검토하고 있으나 장기 미사용 계정이 활성화되어 있다는 내용은 2.5.6 접근권한 검토 통제항목의 결함이다.

참고

ISMS-P 인증기준 안내서

2.5.2 사용자 식별

결함사례2 : 개발자가 개인정보처리시스템 계정을 공용으로 사용하고 있으나, 타당성 검토 또는 책임자의 승인 등이 없이 사용하고 있는 경우

2.5.6 접근권한 검토

내부 정책, 지침 등에 장기 미사용자 계정에 대한 잠금(비활성화) 또는 삭제 조치하도록 되어있으나, 6개월 이상 미접속한 사용자의 계정이 활성화되어 있는 경우(접근권한 검토가 충실히 수행되지 않아 해당 계정이 식별되지 않은 경우)

 18번 정답 ⑤

해설

소스 코드1 – 중요한 자원에 대한 잘못된 권한 설정

– setExecutable(p1, p2) : 첫 번째 파라미터의 true/false 값에 따라 실행가능 여부를 결정한다. 두 번째 파라미터가 true일 경우 소유자만 실행 권한을 가지며, false일 경우 모든 사용자가 실행 권한을 갖는다.
– setReadable(p1, p2) : 첫 번째 파라미터의 true/false 값에 따라 읽기가능 여부를 결정한다. 두 번째 파라미터가 true일 경우 소유자만 읽기 권한을 가지며, false일 경우 모든 사용자가 읽기 권한을 갖는다.
– setWritable(p1, p2) : 첫 번째 파라미터의 true/false 값에 따라 쓰기가능 여부를 결정한다. 두 번째 파라미터가 true일 경우 소유자만 쓰기 권한을 가지며, false일 경우 모든 사용자가 쓰기 권한을 갖는다.

```
file file = new File("/home/setup/system.ini");
file.setExecutable(true, false); // 모든 사용자에게 실행 권한을 허용
file.setReadable(true, false); // 모든 사용자에게 읽기 권한을 허용
file.setWritable(true, false) // 모든 사용자에게 쓰기 권한을 허용
```

소스 코드2 – 하드코드된 중요 정보

– 데이터베이스 연결을 위한 패스워드를 소스코드 내부에 상수 형태로 하드코딩 하는 경우, 접속 정보가 노출될 수 있어 위험하다.

```
public class MemberDAO {
private static final String DRIVER = "oracle.jdbc.driver.OracleDriver";
private static final String URL = "jdbc:oracle:thin:@192.168.0.3:1521:ORCL";
private static final String USER = "SCOTT"; // DB ID;
private static final String PASS = "SCOTT"; // DB PW;
// DB 패스워드가 소스코드에 평문으로 저장
......
public Connection getConn() {
    Connection con = null;
    try {
        Class.forName(DRIVER);
        con = DriverManager.getConnection(URL, USER, PASS)
```

참고
소프트웨어 개발보안 가이드 제2절 보안기능

해설

⑤ 한 당사자가 다른 당사자에게 비밀 자체에 대한 정보를 공개하지 않고 비밀을 소유하고 있음을 증명할 때 사용하는 것은 맞지만 하드웨어 기반 TEE를 실행하기 위한 보안 메커니즘은 기밀 컴퓨팅을 설명하고 있다.

	주요 기술	개인정보보호 강화 기술 (PET, Privacy Enhancing Technology) 정의 및 특징
데 이 터 변 환	재현 데이터 (Synthetic Data)	• (개념) 실제 데이터로부터의 엄격한 샘플링, 의미적 접근, 시뮬레이션 시나리오 등 다양한 방법론을 통해 인공적으로 생성된 데이터를 의미 • (특징) 모델 학습에 필요한 데이터 확보의 어려움 개선, 개인 민감정보를 제거함으로써 데이터 활용성 제고에 기여 • (한계) 특정 데이터 편향을 추가할 위험, 자연적 이상치 누락, 기존 데이터 이외의 새로운 정보 미제공, 역설계를 통한 민감한 세부정보가 드러날 우려 상존
	동형 암호 (Homomorphic encryption)	• (개념) 기존 암호화 방식과 달리 암호화 상태에서 데이터를 결합하고 연산·분석 등이 가능한 차세대 수학 기법으로, 다양한 계산이 가능하고 양자 내성 암호 안정성 확보 • (특징) 데이터를 명확하게 보지 않고도 정확한 분석이 가능하며, 공동 작업 시 데이터를 노출하지 않고 분석 가능, 특히 사용 중인 데이터 보호 요구에 대한 수요 충족 • (한계) 다양한 형태의 동형 암호 기술로 복잡성, 느린 처리 속도, 전문 인력 필요, 일부 연산 제약, 고사양의 분석 장비 및 대용량 저장 매체 필요
	차분 프라이버시 (Differential privacy)	• (개념) 데이터셋의 개인 정보에 대한 특정 정보를 유보 및 왜곡하여 제공하는 시스템으로 노이즈 및 매개변수를 추가하는 정확한 수학적 알고리즘을 사용 • (특징) 개인 데이터의 프라이버시를 보장하면서 집계 데이터의 의미 있는 분석 지원, 원본 데이터를 변경하지 않고 데이터를 즉시 변환, 높은 수준의 정밀도가 필요한 고성능 환경이나 금융 및 의료와 같은 규제가 높은 분야 활용 • (한계) 복잡한 분석의 어려움, 분석 결과값의 정확도 손실, 숙련 전문가 필요
소 프 트 웨 어	다자간 컴퓨팅 알고리즘 (Secure Multi-Party Computation)	• (개념) 데이터 및 암호화 키를 보호된 상태로 유지하면서, 개인·조직·단말에서 데이터 작업이 가능하도록 하는 분산 컴퓨팅 및 암호화 방법 • (특징) 데이터 기밀을 유지하면서 다자간 통찰력 공유 가능, 사용 중인 데이터 보호가 가능해지면서 기계학습 훈련에 실시간 사용, 동형암호화 대비 빠른 속도 • (한계) 알고리즘이 대기시간에 민감하여 성능 저하 문제 발생, 하드웨어 기반 및 저장된 키 기반 암호화 대비 FIPS(Federal Information Processing Standards) 인증 등 잠재적 이슈 존재
	영지식증명 (Zero-knowledge proof)	• (개념) 기본 정보를 전송하거나 공유할 필요 없이 정보가 정확함을 증명할 수 있도록 하는 프라이버시 보호 메시지 프로토콜 • (특징) 민감한 데이터를 전송할 필요 없이 정보 유효성을 증명, 대량으로 디코딩/인코딩할 필요가 없어 네트워크 효율성 제고 • (한계) 다양한 작업 그룹 간의 공통 프레임워크를 통한 솔루션 실용화 필요
	연합 학습 (Federated Learning)	• (개념) 데이터 샘플을 교환하지 않고 로컬 노드에 있는 다중 데이터셋으로 기계학습 알고리즘을 훈련할 수 있게 하는 기술 • (특징) 분산 환경 기계 학습 알고리즘 훈련이 가능함으로써 데이터 전송 병목 현상을 해결하고, 데이터를 로컬에 유지하면서 중앙 수준에서 로컬 모델 개선 사항을 공유함으로써 협업 ML가능, 계산 병렬화를 통한 연산속도 향상* • (한계) 시스템 및 데이터 이질성 해결을 위한 표준화 필요, DataOps, ModelOps, 배포 및 지속적인 추적/재훈련 전반에 걸쳐서 기능을 통합하는 인프라 스택 필요, 이종데이터 결합분석 불가능*, 모델학습에만 사용 가능*
하 드 웨 어	기밀 컴퓨팅 (Enclave)	• (개념) 하드웨어 기반 TEE(Trusted-Execution Environment)를 실행하기 위한 보안 메커니즘으로 호스트 시스템으로부터 코드와 데이터를 격리 및 보호하여 코드 무결성 및 증명을 제공 • (특징) 칩 수준 TEE와 기존 키 관리 및 암호화 프로토콜과 결합하여 데이터 및 IP공유 없이 협력 가능, 퍼블릭 클라우드 컴퓨팅 환경에서 신뢰 확보 • (한계) 기술적 복잡성과 훈련된 직원 필요, 비용 및 실행 속도에 영향

20번 정답 ⬇ ①

해설

① HIGHT 암호 알고리즘 HIGHT(HIGh security and light weigHT)는 RFID, USN 등과 같이 저전력·경량화를 요구하는 컴퓨팅 환경에서 기밀성을 제공하기 위해 2005년 KISA, ETRI 부설연구소 및 고려대가 공동으로 개발한 64비트 블록암호 알고리즘이다. 128비트의 마스터키를 가지고 있어 현재까지 사용가능한 암호화 알고리즘이다(암호 알고리즘 및 키 길이 이용 안내서_2018).

②, ③ 개인정보처리자는 비밀번호, 생체인식정보 등 인증정보를 정보통신망을 통하여 송수신하는 경우에는 이를 안전한 암호 알고리즘으로 암호화하여야 한다.
  - '정보통신망'은 내부망과 외부망(인터넷망 등)을 포함한 모든 통신망을 의미하므로, 내부망에서 인증정보를 송수신하는 경우에도 이를 안전한 암호 알고리즘으로 암호화하여야 한다.
  - 송수신 시 암호화 방법으로는 통신구간 암호화 프로토콜(SSL/TLS 등), 응용프로그램을 통한 암호화 전송 등의 방법을 사용할 수 있다(개인정보의 안전성 확보조치 기준 안내서_2024).
  - 외부구간에 SSL/TLS를 적용하고 내부구간에 자체 암호화를 안전한 암호 알고리즘으로 수행하고 있다면 결함으로 판단할 수 없다.

④ 제공된 인터뷰 내용 만으로는 결함을 판단할 수 없다.

⑤ HAS-160의 경우 결함이 맞다. 메시지인증/키유도/난수생성용으로 해당 알고리즘을 사용 가능하지만 비밀번호를 해시하여 사용할 경우에는 단순해시/전자서명용 해시함수 분류표에 있는 알고리즘을 적용하여야 한다.
  - HAS-160 : 단순해시/전자서명용으로 만족해야 하는 안전성(충돌저항성)이 112비트 보안강도를 제공하지 못하므로 사용 불가능하지만, 메시지/키유도/난수생성용으로는 사용 가능하다(암호 알고리즘 및 키 길이 이용 안내서(2018.12)).

21번 정답 ⬇ ②, ⑤

해설

② [2.11.3 이상행위 분석 및 모니터링]은 내·외부에 의한 침해시도, 개인정보유출 시도, 부정행위 등 이상행위를 탐지할 수 있도록 주요 정보시스템, 응용프로그램, 네트워크, 보안시스템 등에서 발생한 네트워크 트래픽, 데이터 흐름, 이벤트 로그 등을 수집하여 분석 및 모니터링 하는 체계를 뜻하는 것으로 데이터 전처리의 보안기능의 적절한 구현을 확인하기 위해 검토하는 인증기준으로는 적절하지 않다. **관련 인증기준으로는 [2.8.1 보안요구사항 정의] 또는 [2.8.2 보안요구사항 검토 및 시험]기준이 좀 더 가깝다.**

⑤ FIDO 구현된 생체인증기능에서 생체인식정보를 모바일 디바이스 저장 시에는 서비스 앱 내 SW영역이 아닌 **안전한 하드웨어 영역이나 운영체제에서 제공하는 보안영역에 저장**하여야 한다.

참고

금융권 생체정보 인증·관리 안내서(5. 생체인증 단계별 보안 고려사항/(3) 저장)

나. 모바일 디바이스 저장 시(FIDO 방식)

모바일 디바이스에 생체인식정보를 저장할 경우 안전한 하드웨어 영역이나 운영체제에서 제공하는 보안영역(예: 안드로이드 키스토어, iOS 키체인)에 저장하여야 한다.

22번 정답 ⑤

해설

① 인터뷰 내용만으로 위험 평가의 결함을 판단할만한 정보가 부족하다. 또한 해당 위험에 대한 보호대책을 적용하고 경영층에 보고 및 차년도 개선계획에 대한 예산도 배정받음에 따라 1.2.3 위험 평가 결함이라고 판단하기에는 무리가 있다.

② 인터뷰 내용만으로 여러 사용자가 동일 계정을 공유하여 사용하고 있다는 명확한 증적이 없어서 2.5.2 사용자 식별 결함이라고 판단할 수 없다.

③ OKTA를 사용하여 안전한 인증방식을 적용하고 있으며, 동시접속 발생 시 경고 알림을 하고 있어서 2.5.3 사용자 인증 결함이라고 판단하기 어렵다.

④ 관리자 권한 등 특수계정의 신청/승인 절차의 문제점을 찾을 수 없고 동시접속에 대한 보완 대책을 적용하고 있어서 2.5.5 특수 계정 및 권한관리 결함이라고 판단하기 어렵다.

⑤ 동시접속 현상 자체만으로 2.6.3 응용프로그램 접근 결함이라고 판단할 수도 있겠으나, 아래와 같은 상황을 고려하면 결함이라고 판단하기 어렵다.

- 동시접속 가능한 상황에 대해 이미 인지하고 있음(위험식별)
- 두 번째 접속한 기기의 MAC/IP 정보를 기록하고 있음(추적성 확보)
- 동시접속 발생 시 기존 접속중인 기기 사용자에게 동시접속 발생 알림(경고)
- 동시접속 가능성을 경영층 보고, 개선계획수립, 차년도 예산반영(DOA, 보호대책수립)

23번 정답 ①

해설

① 직원의 퇴사에 대해 SSL VPN 운영 부서 담당자에게 공유가 되지 않아 해당 직원의 퇴사 이후에도 SSL VPN 계정이 삭제 처리되지 않고 남아있으므로 "2.2.5 퇴직 및 직무변경 관리" 결함으로 판단할 수 있다.

② 사용자 계정 관리 결함과 관련된 내용은 확인할 수 없다.

③ 개인별로 1인 1 계정으로 사용하고 있고, 관리자 또한 1명이 1 계정을 사용하고 있다. (유일하게 구분되는 식별자 할당) 원격 접속 솔루션의 경우, 기본 관리자 계정(admin)을 변경 가능한지 추가 확인이 필요하다. 제조사 특성상 변경이 불가능한 경우 "2.5.2 사용자 식별" 결함으로 판단하기 어렵다.

④ OTP 추가 인증을 적용하고 있고, 그 외 사용자 인증 결함과 관련된 내용은 확인할 수 없다.

24번 정답 ①, ⑤

해설

① **출고정보는 배송 업무를 위해 반드시 필요한 정보이므로 출력 최소화 조치를 하지 않을 수 있다.**

② 운송장의 비식별조치 항목은 '개인정보위와 택배사-쇼핑몰 관계자들의 운송장 개인정보 간담회'에서 운송장의 '이름'과 '전화번호' 대상으로 비식별 조치하기로 협의된 바 있다(개인정보보호위원회 보도자료 「추석 택배 운송장 개인정보 유출 주의」 2023.09.26.).

③ 물류창고 출고파트 인원에게 해당 접근권한을 모두 부여했다는 것만으로 결함으로 판단하기 어렵다. 인원수와 업무 연관성 등을 추가로 확인해봐야 한다.

④ 수탁자의 정보가 최신화되어 공개되어 있지 않으면 3.3.2 개인정보 처리 업무 위탁 결함이다.

⑤ **위탁 계약서는 반드시 계약서 형태만 가능한 것이 아니고 협정서, 협약서의 형태도 가능하다.**

2.3.2 외부자 계약 시 보안

외부 서비스를 이용하거나 외부자에게 업무를 위탁하는 경우 이에 따른 정보보호 및 개인정보보호 요구사항을 식별하고, 관련 내용을 계약서 또는 협정서 등에 명시하여야 한다.

3.3.2 개인정보 처리 업무 위탁

개인정보 처리업무를 제3자에게 위탁하는 경우 위탁하는 업무의 내용과 수탁자 등 관련사항을 공개하여야 한다. 또한 재화 또는 서비스를 홍보하거나 판매를 권유하는 업무를 위탁하는 경우 위탁하는 업무의 내용과 수탁자를 정보주체에게 알려야 한다.

사례 3 : 기존 개인정보 처리업무 수탁자와의 계약 해지에 따라 개인정보 처리업무 수탁자가 변경되었으나, 이에 대하여 개인정보 처리방침에 지체 없이 반영하지 않은 경우

25번 정답 ⬇ ①, ②

해설

③ 사용자 등록 시, 신청자의 업무를 가지고 담당자의 자의적 판단으로 사용자에게 권한을 부여하는 것은 권한에 대한 부여 절차와 적절성 검토가 미흡하므로 2.5.1 사용자 계정 관리 결함이다.

④ 장애 발생 시 사용하는 개인 PC는 회사 정책에 따르지 않아 내부망에 접근하기 위한 지정된 장비에 접근하더라도 보안에 취약한 개인 PC를 사용한 내부망 접근은 침해사고 예방을 위한 보호대책이 미흡하다고 판단되어야 한다.

⑤ 보안 통제가 미흡한 개인 PC를 사용하여 원격으로의 내부망 접근에 대한 보호대책이 미흡하므로 "2.6.6 원격접근 통제" 결함으로 판단하여야 한다.

26번 정답 ⬇ ③, ④

해설

① PC 통합보안 솔루션을 운영하는 시스템의 표준시각은 동기화되어 있으나 이를 접근하는 PC의 시간이 표준시각과 동기화가 되어있지 않다면, 문제 발생 시, 시스템 간 시간 불일치로 인한 정확한 타임라인을 구성하기 어렵고, 백업, 업데이트, 스캔 등과 같은 스케줄 기반 작업 시 예정된 시간에 실행하지 못하는 등의 문제를 야기시킬 수 있으므로, 관리용 PC의 시간도 표준시각과 동기화가 이루어져야 한다.

② 관리자 페이지를 불가피하게 외부 공개가 필요한 경우 안전한 인증수단(OTP 등) 또는 안전한 접속수단(VPN 등)을 적용하여야 하나, PC 통합보안 솔루션의 관리자 페이지가 내부망에서 접속하고 있는 상황으로 안전한 인증수단 적용하지 않은 것은 안전한 인증수단 적용의 미흡으로 볼 수 없다.

⑤ 운영 중인 응용프로그램(PC 통합보안 솔루션)의 기능 개선(개인정보보호기능 추가)에 따른 정보시스템 자산 변경이 필요한 경우 변경을 위한 공식적인 절차 수립 및 이행해야 하며 변경 수행 전 성능 및 보안에 미치는 영향을 분석하여야 한다. 하지만, 해당 인터뷰 내용에서는 변경에 따른 공식적인 절차 수립이나 영향에 대한 분석 등에 대해 미흡함을 판단하기엔 근거가 부족하다.

해설

③ 내부 지침에 정보보호 교육 실시 후, 교육 내용에 대한 이해도를 측정할 수 있는 평가를 실시하도록 되어 있다. 실제 정보보호 교육 수행 결과를 확인한 결과, 교육에 대한 만족도는 설문을 통해 평가받고 있으나 교육 참석자를 대상으로 교육 내용에 대한 이해도 평가는 따로 수행하고 있지 않으므로 "2.2.4 인식제고 및 교육훈련" 결함으로 판단할 수 있다.

해설

① 3.3.4 국외이전 결함에 해당하지 않음

제28조의8(개인정보의 국외 이전)

① 개인정보처리자는 개인정보를 국외로 제공(조회되는 경우를 포함한다)·처리위탁·보관하여서는 아니 된다. 다만, 다음 각 호의 어느 하나에 해당하는 경우에는 개인정보를 국외로 이전할 수 있다.
1. 정보주체로부터 국외 이전에 관한 별도의 동의를 받은 경우
2. 법률, 대한민국을 당사자로 하는 조약 또는 그 밖의 국제협정에 개인정보의 국외 이전에 관한 특별한 규정이 있는 경우
3. 정보주체와의 계약의 체결 및 이행을 위하여 개인정보의 처리위탁·보관이 필요한 경우로서 다음 각 목의 어느 하나에 해당하는 경우
   가. 제2항 각 호의 사항을 제30조에 따른 개인정보 처리방침에 공개한 경우
   나. 전자우편 등 대통령령으로 정하는 방법에 따라 제2항 각 호의 사항을 정보주체에게 알린 경우
4. 개인정보를 이전받는 자가 제32조의2에 따른 개인정보 보호 인증 등 보호위원회가 정하여 고시하는 인증을 받은 경우로서 다음 각 목의 조치를 모두 한 경우
   가. 개인정보 보호에 필요한 안전조치 및 정보주체 권리보장에 필요한 조치
   나. 인증받은 사항을 개인정보가 이전되는 국가에서 이행하기 위하여 필요한 조치
5. 개인정보가 이전되는 국가 또는 국제기구의 개인정보 보호체계, 정보주체 권리보장 범위, 피해구제 절차 등이 이 법에 따른 개인정보 보호 수준과 실질적으로 동등한 수준을 갖추었다고 보호위원회가 인정하는 경우

② 개인정보처리자는 제1항 제1호에 따른 동의를 받을 때에는 미리 다음 각 호의 사항을 정보주체에게 알려야 한다.
1. 이전되는 개인정보 항목
2. 개인정보가 이전되는 국가, 시기 및 방법
3. 개인정보를 이전받는 자의 성명(법인인 경우에는 그 명칭과 연락처를 말한다)
4. 개인정보를 이전받는 자의 개인정보 이용목적 및 보유·이용 기간
5. 개인정보의 이전을 거부하는 방법, 절차 및 거부의 효과

③ 개인정보처리자는 제2항 각 호의 어느 하나에 해당하는 사항을 변경하는 경우에는 정보주체에게 알리고 동의를 받아야 한다.

④ 개인정보처리자는 제1항 각 호 외의 부분 단서에 따라 개인정보를 국외로 이전하는 경우 국외 이전과 관련한 이 법의 다른 규정, 제17조부터 제19조까지의 규정 및 제5장의 규정을 준수하여야 하고, 대통령령으로 정하는 보호조치를 하여야 한다.

⑤ 개인정보처리자는 이 법을 위반하는 사항을 내용으로 하는 개인정보의 국외 이전에 관한 계약을 체결하여서는 아니 된다.

⑥ 제1항부터 제5항까지에서 규정한 사항 외에 개인정보 국외 이전의 기준 및 절차 등에 필요한 사항은 대통령령으로 정한다.

② 결함 여부를 확인하기 위해서는 마스킹 정책 확인 등의 추가 확인이 필요함

③ 3.1.1 개인정보 수집이용 결함. 미성년자용 개인정보 수집·이용 동의서에 법정대리인 동의를 받고 있지 않음

④ 2.4.4 보호설비 운영 결함이 더 적절함 (주요 확인사항 : 외부 집적정보통신시설(IDC)에 위탁 운영하는 경우 물리적 보호에 필요한 요구사항을 계약서에 반영하고 운영상태를 주기적으로 검토하고 있는가?)

⑤ 3.4.1 개인정보의 파기 결함. 개인정보의 처리목적이 달성되거나 보유기간이 경과한 경우 지체없이(5일이내) 개인정보를 파기하여야 한다.

29번 정답 　⬇　 ③, ④

해설

① 2.1.1 정책유지 관리 : 인터뷰4
- 안전성 확보조치로 통합되었으나 현행이 아닌 기술적·관리적 보호조치를 따르고 있으며 안확보에서 요구하는 사항이 내부 정책에 반영되어 있지 않음

② 2.5.3 사용자 인증 : 인터뷰4

③ 2.6.7 인터넷 접속 통제 : 인터넷 망 차단조치 의무 대상에 해당하지 않는다.
- 인터넷 망 차단조치 의무 대상자 : 전년도 말 기준 직전 3개월간 그 개인정보가 저장·관리되고 있는 이용자 수가 일일평균 100만 명 이상인 개인정보처리자

④ 2.9.4 로그 및 접속기록 관리 : 결함에 해당하지 않는다.

⑤ 3.4.1 개인정보의 파기 : 인터뷰3(보존기간 3년이 도래되는 시점에 지체없이 파기하여야 한다.)

30번 정답 　⬇　 ④

해설

① 신청기관은 겸직 금지 대상이 아니다.
- CISO 겸직 제한 대상
1. 자산총액이 5조 원 이상
2. 자산총액이 5천억 원 이상인 ISMS 인증 의무대상자

② 겸직 금지 대상기업이 아닌 경우 정보보호 최고책임자의 일반 자격요건 중 하나는 "정보보호 또는 정보기술 분야의 국내 또는 외국의 석사학위 이상 학위를 취득한 사람" 이기 때문에 정보기술 분야 국내 석사학위 취득자이면 정보보호 최고책임자 요건을 만족한다.

③, ⑤ 2024년 9월 15일부터 시행되는 개인정보보호법 시행령에서는 정보주체가 명확히 그 내용을 알고 자유로운 의사에 따라 동의 여부를 결정할 수 있도록 동의받는 방법에 관한 원칙을 명확히 규정하였다. 개인정보처리자는 서비스 이용 등 계약과 관련하여 필요한 개인정보는 정보주체에게 동의를 요구할 필요가 없으며, 이때 동의 없이 처리할 수 있는 필수적 개인정보라는 입증 책임은 개인정보처리자가 부담하게 된다. (참조 : 20240912_(석간)개인정보 필수동의 관행 개선한다.)

④ 알려지 정보 등 건강정보는 민감정보로서 계약 이행이나 서비스 제공 특성상 정보주체의 민감정보나 고유식별정보의 처리가 불가피하게 필요한 경우에는 **정보주체에게 동의내용을 충분히 알린 후 별도로 필수동의를 받아 처리하여야 한다.** 다만, 법령에 규정이 있는 경우에는 동의 없이 처리할 수 있다. (참조 : 20240912_(석간)개인정보 필수동의 관행 개선한다.)

② ⬇

해설

② 나, 사, 아, 자 내용이 취약하다고 볼 수 있다.

가. Key Pair(PEM)는 퍼블릭/프라이빗 키를 통한 암호화 기법으로 2048비트 SSH-2 RSA키로 생성된다. EC2 인스턴스에 일반 패스워드가 아닌 Key Pair(PEM)로 접근할 경우 안전하다고 판단할 수 있으며, 키의 보관 및 관리 상태를 확인하는 것이 중요하다.

나. Admin Console(/) 디렉토리에 Key Pair(PEM) 파일이 보관되어 있을 경우 타 사용자가 확인이 가능한 위치에 보관되어 계정 관리가 취약하다고 볼 수 있다.

다. Admin Console 관리자 계정을 서비스 용도로 사용하는 경우 취약하다고 볼 수 있다. 최고 권한을 보유하고 있는 관리자 계정이 아닌 권한을 조정한 계정을 사용하는 것이 권장된다.

라. Admin Console 계정의 Access Key는 전체 리소스에 대한 권한을 가지고 있으므로, 유출의 위험성 등을 고려하여 삭제가 권장되고, IAM 사용자 계정에 대한 Access Key도 60일 이내의 짧은 관리 주기가 권장된다.

마. 계정 및 IAM 사용자 계정 로그인 시 MFA와 같은 2차 인증 등 안전한 인증수단이 필요하며, SSO 인증 로그인에 대한 강화된 인증 적용 등의 보호 대책이 마련되었다고 볼 수 있다.

바. 네트워크 구성 시 Public, Private, DB 서브넷으로 3계층 네트워크를 구성하였을 경우 일반적인 서비스에 대한 구성이라고 볼 수 있다.

사. 보안 그룹(Security Group)에서 인바운드와 아웃바운드 포트가 Any로 허용되어 있는 정책 규칙이 존재하는 경우 취약하다고 판단할 수 있다.

아. 데이터베이스인 RDS가 Public Access로 허용되어 있는 경우 취약하다고 볼 수 있다.

자. 서브넷 그룹 내 불필요 가용영역이 존재한다면 취약하다고 볼 수 있다.

차. RDS 암호화된 DB 인스턴스는 AES-256 암호화 알고리즘을 사용하여 암호화가 된다. 특정 담당자가 알고리즘을 모른다고 해서 결함으로 보기는 어렵다.

카. Vault, AWS Secret Manager와 같은 외부 암호 저장소로 쿠버네티스 시크릿에서 지원되지 않는 암호 자동 교체 등을 설정하여 주기적인 시크릿 교체를 관리할 수 있다.

⑤ ⬇

해설

⑤ 국외이전에 공개하여야 할 사항 중 '이전 거부 절차 및 효과'가 누락되어 있다.

② 본인인증의 경우 최소한의 개인정보 수집이라는 입증책임은 개인정보처리자가 부담하기 때문에 추가 확인을 통해 수집 사유에 대한 확인이 필요하다.

④ DD사가 사용하는 AWS의 경우 리전의 위치 여부에 따라 위탁인지 국외위탁인지 판단이 가능하기 때문에 아직 결함으로 판단할 수 없다.

> **「개인정보보호법」** [시행 2024. 3. 15.]
>
> 제28조의8(개인정보의 국외 이전)
>
> ② 개인정보처리자는 제1항 제1호에 따른 동의를 받을 때에는 미리 다음 각 호의 사항을 정보주체에게 알려야 한다.
>   1. 이전되는 개인정보 항목
>   2. 개인정보가 이전되는 국가, 시기 및 방법
>   3. 개인정보를 이전받는 자의 성명(법인인 경우에는 그 명칭과 연락처를 말한다)
>   4. 개인정보를 이전받는 자의 개인정보 이용목적 및 보유·이용 기간
>   5. 개인정보의 이전을 거부하는 방법, 절차 및 거부의 효과
> ③ 개인정보처리자는 제2항 각 호의 어느 하나에 해당하는 사항을 변경하는 경우에는 정보주체에게 알리고 동의를 받아야 한다.
> ④ 개인정보처리자는 제1항 각 호 외의 부분 단서에 따라 개인정보를 국외로 이전하는 경우 국외 이전과 관련한 이 법의 다른 규정, 제17조부터 제19조까지의 규정 및 제5장의 규정을 준수하여야 하고, 대통령령으로 정하는 보호조치를 하여야 한다.
> ⑤ 개인정보처리자는 이 법을 위반하는 사항을 내용으로 하는 개인정보의 국외 이전에 관한 계약을 체결하여서는 아니 된다.

3.3.2 개인정보 처리 업무 위탁

개인정보 처리업무를 제3자에게 위탁하는 경우 위탁하는 업무의 내용과 수탁자 등 관련사항을 공개하여야 한다. 또한 재화 또는 서비스를 홍보하거나 판매를 권유하는 업무를 위탁하는 경우 위탁하는 업무의 내용과 수탁자를 정보주체에게 알려야 한다.

사례 3 : 기존 개인정보 처리업무 수탁자와의 계약 해지에 따라 개인정보 처리업무 수탁자가 변경되었으나, 이에 대하여 개인정보 처리방침에 지체 없이 반영하지 않은 경우

33번 정답 ⬇ ②, ③

해설

② 내부 지침인 응용프로그램 보안지침에서 일정 시간의 세션타임아웃 설정을 하도록 명시하고 있으며, **시간이 과도하게 설정되지 않은 선에서 관리자페이지의 성격에 맞게 시간이 설정되어 있다면 결함으로 도출하기 어렵다.**

③ 관리자페이지에서 LIKE 검색이 가능하다라는 이유만으로 결함으로 보기 힘들고, **업무상 객관적인 사유에 따라 LIKE 검색을 허용하고 이를 승인 등 관리하고 있다면 결함으로 도출하기 어렵다.**

① 고객의 개인정보를 처리하는 관리자페이지를 외부에서 접근 시 반드시 안전한 인증수단이 적용되어야 하나 적용되지 않아 2.5.3 사용자 인증 결함으로 적절하다.

④ 웹브라우저 소스보기를 통해 개인정보가 마스킹되지 않은 채로 조회가 된다면 2.6.3 응용프로그램 접근 결함으로 적절하다.

⑤ 관리자페이지마다 마스킹 적용 기준이 상이하다면 2.6.3 응용프로그램 결함으로 적절하다.

ISMS-P 인증기준 안내서

2.5.3 사용자 인증

인터넷 등 정보통신망을 통해 외부에서 개인정보처리시스템에 접속하려는 경우에는 법적 요구사항에 따라 **안전한 인증수단을 적용**하여야 하며, 다만 이용자 아닌 정보주체의 개인정보를 처리하는 개인정보처리시스템의 경우 가상사설망 등 안전한 접속수단 또는 안전한 인증수단을 적용할 수 있다.

2.6.3 응용프로그램 접근

사례6 : 개인정보 표시제한 조치 기준이 마련되어 있지 않거나 이를 준수하지 않는 등의 사유로 동일한 개인정보 항목에 대하여 개인정보처리시스템 화면별로 서로 다른 마스킹 기준이 적용된 경우

사례7 : 개인정보처리시스템의 화면상에는 개인정보가 마스킹되어 표시되어 있으나, 웹브라우저 소스보기를 통하여 마스킹되지 않은 전체 개인정보가 노출되는 경우

34번 정답   ①

해설

① 개인정보 흐름도를 작성하였으나, 실제 개인정보의 흐름과 상이한 부분이 다수 존재하거나 중요한 개인정보 흐름이 누락되어 있는 경우 1.2.2 현황 및 흐름 분석 결함이다. 개인정보 흐름도를 작성하였으나, 합격자 정보 업로드 부분을 누락하였으므로 답은 ①이다.

② 심사원은 지원시스템에서 다운로드 사유가 기록된 것을 확인한 후 2.9.4 로그 및 접속기록 관리 결함으로 판단하였다.
  – 다운로드 사유가 기록된 것을 확인하였으나 로그 및 접속기록 관리에 대한 인터뷰 및 증적확인 내용은 없으므로 2.9.4 로그 및 접속기록 관리 결함으로 도출할 수 없다.

③ 심사원은 흐름도에서 지원시스템을 표기하지 않은 이유를 들어 1.2.3 위험평가 결함으로 판단하였다.
  – 흐름도에서 정보서비스 현황을 누락한 경우 1.2.2 현황 및 흐름 분석 결함이다.

④ 심사원은 본인확인 절차를 인터넷발급 증명 흐름도에서 누락한 부분을 확인하여, 3.2.2 개인정보 품질보장 결함으로 판단하였다.
  – 흐름도에서 개인정보의 흐름을 누락한 경우 1.2.2 현황 및 흐름 분석 결함이다.

⑤ 심사원은 증명서 발급업체가 꼬끼오챗에 개인정보 제3자 제공 미동의로 생각하여 3.3.1 개인정보 제3자제공 결함으로 판단하였다.
  – 인터뷰 및 증적자료에서 개인정보 제3자 제공 동의를 받고 있음을 확인할 수 있다.

참고

ISMS-P 인증기준 안내서(2023.11.23)

1.2.2 현황 및 흐름 분석

관리체계 전 영역에 대한 정보서비스 및 개인정보 처리 현황을 분석하고 업무 절차와 흐름을 파악하여 문서화하며, 이를 주기적으로 검토하여 최신성을 유지하여야 한다.

• 관리체계 전 영역에 대한 정보서비스 현황을 식별하고 업무 절차와 흐름을 파악하여 문서화하고 있는가?

• 관리체계 범위 내 개인정보 처리 현황을 식별하고 개인정보의 흐름을 파악하여 개인정보 흐름도 등으로 문서화하고 있는가?

• 서비스 및 업무, 정보자산 등의 변화에 따른 업무절차 및 개인정보 흐름을 주기적으로 검토하여 흐름도 등 관련 문서의 최신성을 유지하고 있는가?

해설

• 위수탁관계 : 학생정보(학교) → 제증명서 발급업체 (주)OO인증
• 제3자제공 동의 : 증명서 발급업체 (주)OO인증 → (주)꼬끼오챗

① (주)꼬끼오챗은 학교에서 정보확인을 하지 않고 증명서 발급업체인 (주)OO인증을 통하여 학생 정보를 확인하여 3.2.2 개인정보 품질보장 결함으로 판단하였다. (×)
  – 개인정보의 정확성·완전성·최신성 보장에 대한 내용이 아니므로 3.2.2 개인정보 품질보장 내용과 거리가 멀다.
② 증명서 발급업체 (주)OO인증은 개인정보 제3자 제공 동의를 받고 있으나 제공 항목을 명확하게 표시하지 않아, 3.1.1 개인정보 수집·이용 결함으로 판단하였다.
  – 제공받는자, 목적, 보유기간을 명확하게 표시하고 있어 3.1.1 결함이 아니다.
③ 개인정보처리 수탁사가 위탁자로부터 제증명서 발급을 위한 유지보수 업무를 목적으로 위탁받은 개인정보를 정보주체의 동의없이 제3자 제공하여, 3.3.1 개인정보 제3자 제공 결함으로 판단하였다.
  – 위탁자(학교)로부터 수탁자(제증명발급업체)에 개인정보를 제공하지 않았으므로 3.3.1 개인정보 제3자 제공 결함이 아니다.
④ 개인정보처리방침에 증명서 발급업무의 위수탁 내용을 기재하지 않아 3.3.2 개인정보 처리 업무 위탁 결함으로 판단하였다.
  – 인터뷰 마지막 부분에 위수탁 관계를 맺고 있음에도 개인정보처리방침에 위수탁 내용을 기재하지 않았으므로 3.3.2 개인정보처리 업무 위탁 결함이다.
⑤ 증명서 발급업체 (주)OO인증은 학교로부터 증명서 발급을 위한 유지 보수 업무를 위탁받았으므로, 증명서 발급업체는 수탁사가 된다.
  – 증명서 발급업체는 학교와 위수탁 계약을 맺었으므로 증명서 발급업체는 수탁사가 된다.
▶ '제3자'란 정보주체와 정보주체에 관한 개인정보를 수집·보유하고 있는 개인정보 처리자를 제외한 모든 자를 의미하며, 정보주체의 대리인(명백히 대리의 범위 내에 있는 것에 한한다)과 제26조 제2항에 따른 수탁자는 제외한다(개인정보 처리 통합 안내서(안)(2024.12) p49).

해설

① 3.1.1 개인정보 수집·이용

개인정보 수집 및 활용 동의서에 보유 및 이용 기간을 명확히 표시하지 않았으므로 3.1.1 개인정보 수집·이용 결함이다.

3.1.1 개인정보 수집·이용

개인정보는 적법하고 정당하게 수집·이용하여야 하며, 정보주체의 동의를 근거로 수집하는 경우에는 적법한 방법으로 정보주체의 동의를 받아야 한다. 또한 만 14세 미만 아동의 개인정보를 수집하는 경우에는 그 법정대리인의 동의를 받아야 하며 법정대리인이 동의하였는지를 확인하여야 한다.

- 정보주체에게 개인정보 수집 동의를 받는 경우에는 법정 고지사항에 대해 명확하게 고지하고 동의를 받아야 하며, 법령에서 정한 중요 내용에 대해 명확히 표시하여 정보주체가 이를 알아보기 쉽게 하여야 한다.
- 「개인정보 보호법」 제22조(동의를 받는 방법) 제2항에 따라 개인정보 처리에 대한 동의를 서면(전자문서 및 전자거래기본법 제2조 제1호에 따른 전자문서를 포함)으로 받을 때에는 다음과 같이 중요한 내용을 명확히 표시하여 알아보기 쉽게 하여야 함
- 명확히 표시하여야 하는 중요한 내용(「개인정보 보호법 시행령」 제17조 제3항)
  - 개인정보의 수집·이용 목적 중 재화나 서비스의 홍보 또는 판매 권유 등을 위하여 해당 개인정보를 이용하여 정보주체에게 연락할 수 있다는 사실
  - 처리하려는 개인정보 항목 중 민감정보, 여권번호, 운전면허번호, 외국인등록번호
  - 개인정보의 보유 및 이용 기간(제공 시에는 제공받는 자의 보유 및 이용 기간)
  - 개인정보를 제공받는 자 및 개인정보를 제공받는 자의 개인정보 이용 목적
- 중요한 내용의 표시 방법(「개인정보 처리 방법에 관한 고시」 제4조)
  - 글씨의 크기, 색깔, 굵기 또는 밑줄 등을 통하여 그 내용이 명확히 표시되도록 할 것
  - 동의 사항이 많아 중요한 내용이 명확히 구분되기 어려운 경우에는 중요한 내용이 쉽게 확인될 수 있도록 그 밖의 내용과 별도로 구분하여 표시할 것
- 종이 인쇄물, 컴퓨터 표시화면 등 서면 동의를 요구하는 매체의 특성과 정보주체의 이용환경 등을 고려하여 정보주체가 쉽게 알아볼 수 있도록 표시
- 상세한 내용은 '개인정보 처리 동의 안내서(개인정보 보호위원회)' 참고

③ 3.1.3 주민등록번호 처리 제한

개인정보 수집 및 활용 동의서에 필수항목으로 채용 지원자 대상으로 주민등록번호를 수집하고 있으며 주민등록번호 수집이용에 대한 법적 근거를 제시하지 않고 있으므로 3.1.3 주민등록번호 처리 제한 결함이다.

3.1.3 주민등록번호 처리 제한

주민등록번호는 법적 근거가 있는 경우를 제외하고는 수집·이용 등 처리할 수 없으며, 주민등록번호의 처리가 허용된 경우라 하더라도 인터넷 홈페이지 등에서 대체수단을 제공하여야 한다.

37번 정답 ⬇ ③

해설

① 네트워크 운영 지침의 별표 4에 사설 IP대역이 구분되어 있으며, 명시된 대역은 모두 사설IP 대역으로 구성되어 있다.

② 네트워크 운영 지침에 이중화 서버의 대표IP(VIP) 지정 필요를 요구하고 있으나, 방화벽 정책도 대표IP에 대해서만 생성·부여할 필요는 없다.

③ 지침에 따라 admin 등 관리자로 유추할 수 있는 계정은 사용하지 않아야 하며, 이에 따라 일반적인 구성상 전체 방화벽의 관리자 계정 리스트 확인을 요청하는 것은 가능하다.

④ 보안장비 정책의 정기적인 점검은 지침에 따라 매 분기(90일)에 시행이 되어야 하므로, 최대 62일 동안 HitCount가 없는 정책이 존재하고 있다는 상황만으로는 정기적 정책의 타당성 점검의 효과성이 미흡하다고 보기는 어렵다.

⑤ 장비에 네트워크를 연결하였다는 상황만으로 현재 운용 상태로 보기는 어려우며, 지침에 따라 장비 운용 전 취약점 점검 및 조치가 이루어져야 하므로 현재 취약점 점검이 실시되지 않았다 하더라도 관리체계의 문제로 보긴 어렵다. 다만, 최근에 도입되어 운용 중인 장비들에 대해서 자산관리 및 취약점 점검 등의 사항들을 추가로 확인하는 것이 적절할 수 있다.

38번 정답 ②, ④

해설

① 1번 정책에서 허용된 22번 포트는 SSH 접속을 위한 포트로 관리를 위해 알려진 서비스 포트로 볼 수 있으므로, 네트워크 운영 지침 제3조 제6항에 위배된다.

② 3번 정책의 출발지 IP인 10.1.100.15는 내부 사용자 대역에서 서버망으로 접근하는 통신에 대한 허용정책으로, 허용된 서비스 포트 및 사용 기간이 적절하다고 볼 수 있다.

③ 4번 정책의 출발지 IP인 10.1.200.16은 사용자 대역으로 C클래스가 100 이하가 아니므로 자회사 및 용역사 등이 이용하는 자산이라고 볼 수 있다. 네트워크 운영 지침에 따라 용역사 직원 등 제3자가 이용하는 정책은 최대 3개월을 초과할 수 없으므로, 심사일인 2025년 3월 3일부터 3개월 이상 기간이 남은 정책은 네트워크 운영 지침 제3조 제4항에 위배된다고 볼 수 있다.

④ 5번과 6번 정책은 DMZ망의 서버 두 대가 내부망 특정 서버의 8089번 포트로 기간 제한 없이 통신이 허용된 정책으로, 해당 기관의 관리 체계상 문제될 사항은 발견되지 않다고 볼 수 있다.

⑤ 7번 정책의 경우 서버망에 위치한 방화벽에서 사용자망과 DMZ망간의 통신 정책이 포함되어 있으며, 해당 정책은 3개월 이전에 생성된 정책으로 분기별 적합성 검토에 따라 비활성화 되어 있어야 한다.

39번 정답 ④

해설

5개 (가) (다) (마) (자) (차)

(가) 위험관리계획에 따라 정보보호 및 개인정보보호 관리체계 범위 전 영역에 대한 위험평가를 베이스라인 접근 법만을 적용하여 위험평가를 실시한 바 1.2.3 위험 평가 결함으로 판단하였다. (✕)
  – 위험평가방법은 신청기관에서 정하여 실시할 수 있으므로 **결함 아님**

(나) 외부 집적정보 통신시설(IDC)에 위탁 운영하는 경우 물리적 보호에 필요한 요구사항(정보보호 관련 법규 준수, 화재, 전력 이상 등 재해·재난 대비, 출입통제, 자산 반출입 통제, 영상감시 등 물리적 보안통제 적용 및 사고 발생 시 손해 배상에 관한 사항 등)을 계약서에 반영하지 않아 2.4.4 보호설비 운영 결함으로 판단 (O)

(다) ISMS 인증 의무대상자이면서 전년도 말 기준 자산총액이 5천억 원을 초과한 정보통신서비스 제공자이고 지주회사로서 자회사의 경영관리업무와 그에 부수하는 업무 외에 영리를 목적으로 하는 다른 업무를 영위하지 않는 자로서 정보보호 최고책임자가 CIO를 겸직하고 있어 1.1.2 최고책임자의 지정 결함으로 판단하였다. (✕)
  – ISMS 인증 의무대상에서 지주회사로서 자회사의 경영관리업무와 그에 부수하는 업무 외에 영리를 목적으로 하는 다른 업무를 영위하지 않는 자는 겸직제외 가능으로 **결함 아님**

> 「정보통신망법」 제45조의3(정보보호 최고책임자의 지정 등)
> ③ 제1항 본문에 따라 지정 및 신고된 정보보호 최고책임자(**자산총액, 매출액 등 대통령령으로 정하는 기준에 해당하는 정보통신서비스 제공자의 경우로 한정한다**)는 제4항의 **업무 외의 다른 업무를 겸직할 수 없다.**
>
> 「정보통신망법 시행령」 제36조의7(정보보호 최고책임자의 지정 및 겸직금지 등)
> ① 법 제45조의3 제1항 본문에서 "대통령령으로 정하는 기준에 해당하는 임직원"이란 다음 각 호의 구분에 따른 사람을 말한다.
> 2. **다음 각 목의 어느 하나에 해당하는 정보통신서비스 제공자** : 이사(「상법」 제401조의2 제1항 제3호에 따른 자와 같은 법 제408조의2에 따른 집행임원을 포함한다)

가. 직전 사업연도 말 기준 **자산총액이 5조원 이상인 자**

나. 법 제47조 제2항에 따라 정보보호 관리체계 인증을 받아야 하는 자 중 직전 사업연도 말 기준 **자산총액이 5천억 원 이상인 자**

⑤ 법 제45조의3 제3항에서 **"자산총액, 매출액 등 대통령령으로 정하는 기준에 해당하는 정보통신서비스 제공자"**란 정보통신서비스 제공자로서 **제1항 제2호 각 목의 어느 하나에 해당하는 자**를 말한다. 다만, 제1항 제2호가목에 해당하는 자 중 「독점규제 및 공정거래에 관한 법률」 제2조제7호에 따른 **지주회사로서 자회사의 경영관리업무와 그에 부수하는 업무 외에 영리를 목적으로 하는 다른 업무를 영위하지 않는 자는 제외**한다.

(라) 침해사고 발생 또는 비밀번호의 노출 징후가 의심되었으나 지체 없이 비밀번호 변경하지 않아 2.5.4 비밀번호 관리 결함으로 판단 (O)

(마) 클라우드컴퓨팅 서비스 중 **SaaS를 제공하는 사업자**로서 정보보호 공시를 이행하지 않아 1.4.1 법적 요구사항 준수 검토 결함으로 판단하였다. (×)
  – 공시의무대상은 「클라우드컴퓨팅 발전 및 이용자 보호에 관한 법률 시행령」 제3조 제1호의 클라우드컴퓨팅서비스를 제공하는 자. 즉, 서버, 저장장치, 네트워크 등을 제공하는 서비스(IaaS) 제공 업자만 대상이므로 **결함 아님**

(바) 업무망의 경우 업무의 특성, 중요도에 따라 네트워크 대역 분리기준을 수립하여 운영하지 않아 2.6.1 네트워크 접근 결함으로 판단 (O)

(사) 운영환경에는 승인되지 않은 개발도구(편집기 등), 소스 프로그램 및 백업본, 업무 문서 등 서비스 실행에 불필요한 파일이 존재하지 않도록 관리하여야 하나 승인되지 않은 엑셀이 설치되어 있어 2.8.6 운영환경 이관 결함으로 판단 (O)

(아) 전자거래 및 핀테크 보호대책 수립 시 전자금융거래법, 전자상거래 등에서의 소비자 보호에 관한 법률 등을 고려하지 않고 수립하여 2.10.4 전자거래 및 핀테크 보안 결함으로 판단 (O)

(자) 개인정보 및 중요정보 표시제한 마스킹 적용이 화면별로 상이하나 이를 결합하여도 특정인이 식별이 되지 않도록 수준을 정하여 운영되고 있어 2.6.3 응용프로그램 접근 결함으로 판단 (×)
  – 식별되지 않도록 조치된다면 화면별로 상이하게 마스킹 적용 할 수 있으므로 **결함 아님**

(차) 업무용 모바일 기기 분실·도난 대책으로 비밀번호만을 사용하여 화면 잠금 설정하여 2.10.6 업무용단말기기 보안 결함으로 판단 (×)
  – 비밀번호 설정도 대책이므로 **결함 아님**

해설

ⓔ 보존기간 관련 질의 D가 잘못된 설명이라고 할 수 있다.

민간의료기관의 경우에도 공공의료기관에 준하는 절차로 예를 들어, 의무기록심의회와 같은 내부 심의를 거쳐, 진료정보의 보존기간 연장여부를 결정할 수 있음. 다만, 소규모 의료기관이 의무기록심의회 등의 구성이 곤란한 경우에는 진료정보의 보존기간 연장에 관한 내부 결재를 득하여야 함. 또한, 연장하여 보존하기로 결정한 경우, 연장 보존에 관한 사항을 개인정보 처리방침의 공개 처럼 의료기관의 인터넷 홈페이지 또는 의료기관 내의 보기 쉬운 장소에 게시하는 것을 권고함

기록물평가심의회의 설치·구성

• 기록물평가심의회는 공공의료기관의 장이 소관 기록물 평가 및 파기를 위하여 구성함
• 기록물평가심의회는 기록물의 보존 가치 평가에 적합하다고 인정되는 5명 이내의 민간 전문가 및 소속 공무원으로 구성하되, 2명 이상의 민간 전문가를 포함하여야 함 ※ 「공공기록물 관리에 관한 법률」 제27조, 제27조의2, 같은 법 시행령 제43조, 같은 법 시행규칙 제35조

(출처 : 의료기관_개인정보보호_가이드라인(2020.12월) 58p)

해설

② 만 14세 미만 아동으로부터 개인정보 수집 후 법정대리인의 동의를 철회하거나 확인되지 않는 경우 지체 없이 파기해야 하는데 일부 동의가 확인되지 않은 법정대리인의 개인정보를 장기간 보관하고 있어서 결함이다.

① 법정대리인의 동의를 받는 방법이 휴대폰 및 아이핀 인증 2개만 제공한다고 해서 결함이 되지 않는다.
③ 법정대리인의 연락처를 수집할 때는 수집하고자 하는 이유 등을 알리고, 수집한 법정대리인의 개인정보는 동의를 얻기 위한 용도로만 활용할 경우 문제되지 않는다.
④ 아동 및 법정대리인에게 동의를 받은 동의 기록의 보존기간은 회원탈퇴 등으로 인해 해당 개인정보를 파기할 때까지로 결함이 아니다.
⑤ 법정 대리인의 생년월일을 진위 여부 확인만을 위해 활용하고, 반드시 생년월일을 수집하여 저장하지 않는다고 하여 결함이 되지 않는다.

참고

ISMS-P 인증기준 안내서 3.1.1 개인정보 수집·이용

42번 정답 ⑤

해설

차분 프라이버시 기법에 해당한다.

① 표본추출(Sampling) : 데이터 주체별로 전체 모집단이 아닌 표본에 대해 무작위 레코드 추출 등의 기법을 통해 모집단의 일부를 분석하여 전체에 대한 분석을 대신하는 기법

② 해부화(Anatomization) : 기존 하나의 데이터셋(테이블)을 식별성이 있는 정보집합물과 식별성이 없는 정보집합물로 구성된 2개의 데이터셋으로 분리하는 기술

③ 재현데이터(Synthetic data) : 원본과 최대한 유사한 통계적 성질을 보이는 가상의 데이터를 생성하기 위해 개인정보의 특성을 분석하여 새로운 데이터를 생성하는 기법

④ 동형비밀분산(Homomorphic secret sharing) : 식별정보 또는 기타 식별가능정보를 메시지 공유 알고리즘에 의해 생성된 두 개 이상의 쉐어(기밀사항을 재구성하는데 사용할 수 있는 하위 집합)로 대체

⑤ 차분 프라이버시(Differential privacy) : 특정 개인에 대한 사전지식이 있는 상태에서 데이터베이스 질의(Query)에 대한 응답 값으로 개인을 알 수 없도록 응답 값에 임의의 숫자 잡음(Noise)을 추가하여 특정 개인의 존재 여부를 알 수 없도록 하는 기법

참고

가명정보 처리 가이드라인(개인정보보호위원회, 2024. 2.), 글로벌 기업의 차등 프라이버시 기술 적용 오픈 소스 지원 현황(KISA, 2020. 11.)

43번 정답 ①

해설

① ―anonymous―auth=false, ―**service―account―lookup=true**로 설정하여야 한다. service―account―lookup=false로 설정할 경우 kube―apiserver는 토큰의 형식만 확인하고 실제 존재 여부는 확인하지 않는다.

―anonymous―auth=true로 설정할 경우 익명 사용자의 실제 접근 권한은 RBAC(Role―Based Access Control) 정책에 따라 결정되어 **기본적으로 제한된 권한만 부여**되지만, **잘못 구성된 RBAC 정책은 추가적인 보안 위험을 초래**할 수 있다.

② authorization―mode 인자 값을 AlwaysAllow가 아닌 값으로 수정하여야 한다.

③ API Server의 서비스 API가 외부에서 접근 가능할 경우, Kubernetes 시스템의 모든 요소에 영향을 줄 수 있으므로 클러스터의 공격을 최소화하기 위해 로컬호스트 인터페이스에만 바인딩 설정을 해야 한다. ―bind―address=127.0.0.1

④ API서버는 SSL/TLS 통신 적용을 통해 네트워크 스니핑과 같은 공격으로 주요 정보가 노출되지 않도록 안전한 통신을 해야 하며, API server에 접근하는 대상에 대해 검증할 수 있도록 설정해야 한다. 또한 SSL/TLS 통신 적용시에는 주기적으로 인증서를 변경하고 안전한 버전의 암호화 방식을 사용하는 방법을 통해 위험을 최소화할 수 있는 정책 설정이 필요하다.

⑤ ―token―auth―file 파라미터가 존재할 경우, 해당 파라미터 삭제하여야 한다.

출처 : 클라우드 취약점 점검가이드(2024.6.)

44번 정답 ⑤

해설

(가)는 개인정보 보호책임자로 지정 요건 중 하나에 해당함

[공공기관 개인정보 보호수준 평가]

1. 관련법령

　가. 「개인정보보호법」 제11조의2(개인정보 보호수준 평가)

　나. 「개인정보보호법 시행령」 제13조의2

2. 평가대상

　가. 중앙행정기관및 그 소속기관 : 필수(별도 선정없이 매년 평가대상임)

　나. 지방자치단체 : 필수(별도 선정없이 매년 평가대상임)

　다. 그 밖에 대통령령으로정하는 기관

　　– 공공기관, 지방공사/지방공단 : 필수(별도 선정없이 매년 평가대상임)

　　– 그 밖에 보호위원회 고시기준에 해당하는 기관

> ② 영 제13조의2 제1항 제3호에 따른 평가대상은 특별법에 의하여 설립된 특수법인과 「고등교육법」 제2조**에 따른 학교 중에 다음 각 호의 사항을 종합적으로 고려하여 보호수준 평가가 필요한 기관에 대해 보호위원회가 정할 수 있다.
>
> 1. 5만 명 이상의 정보주체에 관한 법 제23조에 따른 민감정보 또는 법 제24조 제1항에 따른 고유식별 정보를 처리하는 경우
>
> 2. 100만 명 이상의 정보주체에 관한 개인정보를 처리하는 경우
>
> 3. 최근 3년간 개인정보 유출 등 개인정보 침해사고가 2회 이상 발생하였거나, 보호위원회로부터 과징금 또는 과태료 처분 등을 1회 이상 받은 경우
>
> 4. 그 밖에 개인정보 처리 및 관리에 있어서 개인정보 침해 우려가 크다고 판단되는 경우
>
> **대학, 산업대학, 교육대학, 전문대학, 방송대학·통신대학·방송통신대학 및 사이버대학, 기술대학, 각종학교

출처 : 개인정보_보호법_및_시행령_2차_개정사항_안내서(24.3.15.시행).pdf, P.1~ ,개보위

45번 정답 ③

해설

③ 24년 9월 15일 「개인정보보호법 시행령」 개정·시행내용을 살펴보면 정보주체가 명확히 그 내용을 알고 자유로운 의사에 따라 동의 여부를 결정할 수 있도록 동의받는 방법에 관한 원칙을 명확히 규정하며, 서비스 이용계약 관련 개인정보는 동의 없이 수집·이용이 가능하도록 하였고, 필수적 개인정보라는 입증 책임은 개인정보처리자가 부담하도록 하였다.

① 하단의 동의서는 민감정보 수집에 대한 동의서이기 때문에 별도로 동의 받아야 한다. 그래서 두 개의 체크 항목이 아닌 세 개의 체크 항목으로 구성해야 한다.

② 상단 "유치원 학습 상담 관리" 목적의 수집 이용 동의서에서 "보유 및 이용기간"에 대한 명확한 표시가 이뤄지지 않았다.

④ 보유 및 이용 기간이 명확하게 표시되지 않았고, 수집 근거법을 기재하지 않았다.

⑤ 올바르게 구성되지 않은 이유는 보유 및 이용 기간의 명확한 표시, 수집 근거법을 미기재 두 가지 사유이다.

동의서 작성 예시

구분	동의서 내용
예시1 (작성예시)	1. 수집·이용 목적 : 유치원 학습 상담 관리 2. 수집 항목 : [필수] 성명, 전화번호, 보호자성명 및 전화번호 　　[선택] 관심분야 3. 보유 및 이용 기간 : **1년** 4. 개인정보 수집·이용에 대한 동의를 거부할 수 있습니다. 동의를 거부할 경우 원생 신상파악이 미흡하여 학습 지도에 어려움이 있을 수 있습니다. [필수]　　　　개인정보 수집·이용에　　□ 동의합니다.　　□ 동의하지 않습니다. [선택]　　　　개인정보 수집·이용에　　□ 동의합니다.　　□ 동의하지 않습니다. 1. 수집·이용 목적 : 원생 생활 관리 2. 수집 항목 : **건강정보** 3. 보유 및 이용 기간 : **1년** 4. 개인정보 수집·이용에 대한 동의를 거부할 수 있습니다. 동의를 거부할 경우 원생생활 관리에 제한을 받을 수 있습니다. 민감정보 수집·이용에　　□ 동의합니다.　　□ 동의하지 않습니다.
예시2 (작성예시)	1. 수집·이용 목적 : 결합상품 리콜의무 이행 2. 수집 항목 : 성명, ID, 비밀번호, 이메일 주소 3. 보유 및 이용 기간 : **3년(소비자기본법 제48조)** 4. 수집·이용 근거 : 「소비자기본법」제48조, 「개인정보보호법」제15조 제1하 제2호 법령을 근거로 상기 개인정보를 수집합니다. 개인정보 수집·이용에　　□ 동의합니다.　　□ 동의하지 않습니다.

46번 정답　📥　③, ④

해설

③ 「개인정보보호법」제15조에 따른 수집·이용 중이고, 시행령 제14조의2에 의한 고려사항에 부합하고 조치 사항을 충족하는 경우라 하더라도, 민감정보의 경우 특별히 보호가 필요한 개인정보로서 **별도 동의를 받아 수집·이용하여야 한다.** (제15조가 아닌 제22조의2 적용)

	특별한 보호가 필요한 개인정보(§18)		
구분	아동의 개인정보(§22의2)	민감정보(§22의2)	고유식별정보(§24)
대상	• 14세 미만 아동	• 사상·신념, 노동조합·정당의 가입·탈퇴, 정치적 견해, 건강, 성생활 등 정보 • 유전정보, 범죄경력자료, 생체인식정보, 인종·민족 정보	• 주민등록번호 • 여권번호 • 운전면허번호 • 외국인등록번호
처리 요건	• 법정대리인 동의 • 알기 쉬운 문구 사용 등	• 별도 동의 • 법령 근거	• 별도 동의 • 법령 근거

④ 목적 외 이용·제공 개인정보처리자와 공공기관에 적용 가능한 조건이 다르다.

목적 외 이용·제공 (§18)	
(전제조건) "정보주체 또는 제3자의 이익을 부당하게 침해할 우려가 없을 것"	
모든 개인정보 처리자	모든 개인정보 처리자
① 별도 동의 ② 다른 법률 ③ 생명·신체·재산의 이익 ④ 공공의 안전 등	① 보호위원회 심의·의결 ② 조약 등 이행 ③ 범죄 수사와 공소제기·유지 ④ 법원의 재판업무 수행 ⑤ 형 및 감호, 보호처분 집행

출처 : 개인정보 처리 통합 안내서(안)(2024.12).pdf, P.5, 개인정보보호위원회

47번 정답 ④

해설

민·관 합동조사단이 발생한 침해사고의 원인 분석이 끝났을 때는 이미 늦었다고 볼 수 있다. 민·관 합동조사단의 원인 분석 결과는 침해사고의 재발 방지 및 피해 최소화를 위한 목적으로 활용될 수 있으므로, 조사가 완료된 후 결과를 공지하는 것은 바람직하나 이는 해당 이용자의 권리와 이익을 보호하기 위한 목적의 우선 통지와는 다른 성격의 것이다.

「클라우드컴퓨팅 발전 및 이용자 보호에 관한 법률」 [시행 2023. 1. 12.]

제25조(침해사고 등의 통지 등) ① 클라우드컴퓨팅서비스 제공자는 다음 각 호의 어느 하나에 해당하는 경우에는 지체 없이 그 사실을 해당 이용자에게 알려야 한다.

1. 「정보통신망 이용촉진 및 정보보호 등에 관한 법률」 제2조제7호에 따른 침해사고(이하 "침해사고"라 한다)가 발생한 때
2. 이용자 정보가 유출된 때
3. 사전예고 없이 대통령령으로 정하는 기간(당사자 간 계약으로 기간을 정하였을 경우에는 그 기간을 말한다) 이상 서비스 중단이 발생한 때

② 클라우드컴퓨팅서비스 제공자는 제1항 제2호에 해당하는 경우에는 즉시 그 사실을 과학기술정보통신부장관에게 알려야 한다. 〈개정 2017. 7. 26.〉

③ 과학기술정보통신부장관은 제2항에 따른 통지를 받거나 해당 사실을 알게 되면 피해 확산 및 재발의 방지와 복구 등을 위하여 필요한 조치를 할 수 있다. 〈개정 2017. 7. 26.〉

④ 제1항부터 제3항까지의 규정에 따른 통지 및 조치에 필요한 사항은 대통령령으로 정한다.

「클라우드컴퓨팅 발전 및 이용자 보호에 관한 법률 시행령」[시행 2023. 1. 12.]

제16조(통지가 필요한 클라우드컴퓨팅서비스의 중단 기간) 법 제25조 제1항 제3호에서 "대통령령으로 정하는 기간"이란 다음 각 호의 어느 하나에 해당하는 경우를 말한다.

1. 클라우드컴퓨팅서비스의 중단 기간이 연속해서 10분 이상인 경우
2. 클라우드컴퓨팅서비스의 중단 사고가 발생한 때부터 24시간 이내에 클라우드컴퓨팅서비스가 2회 이상 중단된 경우로서 그 중단된 기간을 합하여 15분 이상인 경우

48번 정답 ①

해설

① 「개인정보보호법」 제3조 제7항(익명·가명처리의 원칙), 제28조의2(가명정보의 처리 등)에 따라 AI 개발 및 서비스가 과학적 연구 등에 해당한다면 정보주체의 동의 없이 가명정보를 처리할 수 있다. 다만 이때도 개인정보 보호원칙에 따라 익명처리가 가능한 경우에는 익명에 의하여, 익명처리로 목적을 달성할 수 없는 경우에는 가명에 의하여 처리될 수 있도록 하여야 한다(「인공지능(AI) 개발·서비스를 위한 공개된 개인정보 처리 안내서」 2024. 7).

② 해외에서 한국인의 공개된 개인정보를 수집하는 경우에는 개인정보처리자에 의한 '이전' 행위가 있다고 볼 수 없으므로 **국외 이전에 해당하지 않으며**, 개인정보 보호법 제15조(개인정보의 수집·이용) 등이 적용된다(「인공지능(AI) 개발·서비스를 위한 공개된 개인정보 처리 안내서」 2024. 7).

③ **개인정보보호법 제30조의2**(개인정보 처리방침의 평가 및 개선권고) ① 보호위원회는 개인정보 처리방침에 관하여 다음 각 호의 사항을 평가하고, 평가 결과 개선이 필요하다고 인정하는 경우에는 개인정보처리자에게 제61조제2항에 따라 개선을 권고할 수 있다.

④ 경찰이나 검찰에서 수사목적으로 CCTV 자료를 요청하는 경우에도 그 범위는 **필요 최소한으로 제한되므로** 고정형영상정보처리기기운영자가 관련 영상을 먼저 확인한 후 해당 부분에 대해서만 열람 또는 제공시켜주는 것이 바람직하다(「민간분야 고정형 영상정보처리기기 설치·운영 가이드라인」 2024.1).

⑤ 법 제17조·제18조에 따른 제3자 제공 동의와 제28조의8 제1항 제1호의 국외 이전에 관한 동의는 **별도로 구분하여 받아야 한다**(「개인정보 보호법 개정 안내서 최종(공개)」 2023.12).

해설

② 이러한 CCTV영상·사진도 머리 스타일, 흉터, 문신 등 특이한 신체적 특징 때문에 식별위험이 있을 수 있다. 흉부 CT 촬영사진도 그 자체로는 식별위험이 높지 않지만 3차원 재건기술 악용, 특이한 흉터 등은 개인을 식별할 수 있는 위험요소가 될 수 있다.

참고 정형데이터와 비정형데이터의 차이점	
▶ 정형데이터	**▶ 비정형데이터**
(정의) 정해진 규칙에 맞게 구조화된 형식으로 존재하는 데이터 ※ 예) DB에 열과 행으로 저장된 테이블형식의 자료 등	(정의) 일정한 규격이나 정해진 형태가 없이 구조화되지 않은 데이터 ※ 예) 사진·이미지, 비디오, 통화음성, 대화기록, 논문·보고서, 블로그 등
(특징) 데이터 연산, 분석 등 데이터 처리 방식, 가명처리 기술·방법이 비교적 단순	(특징) 연구목적·환경에 따라 데이터 처리방식 및 가명처리 기술·방법이 복잡·다양

이미지 내 개인식별 위험성이 있는 메타데이터를 삭제하고 활용			
〈CT사진 내 환자관련정보〉 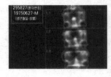	개인식별 위험성 검토	– 이미지 내 표시된 환자관련정보*는 타 정보와 결합되어 분석될 경우 개인식별 위험성이 있음 *DICOM 헤더정보(환자번호, 생년월일, 성별) 표시 – 해당 정보는 연구에 필요하지 않은 정보임	〈블랙마스킹 처리〉 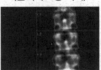
	데이터 처리 방안	➡ **블랙마스킹 기법**을 통해 환자관련정보 삭제	

개인식별 위험이 발생하지 않도록 처리환경을 안전하게 통제하고 복원 SW 반입 제한 조치 등을 통해 별도의 가명처리 없이 CT 사진을 그대로 활용			
〈흉부 CT사진〉 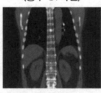	개인식별 위험성 검토	– 흉부 CT사진만으로는 개인식별 위험성 거의 없음 – 개인당 200장씩 촬영된 CT사진이 활용되는 연구로서 3차원 재건 기술 등을 통해 신체형상의 입체적 복원이 가능하고, 복원 시 특이한 외형·흉터 등이 있는 극히 일부 환자의 경우 낮은 확률로 개인식별 위험성 존재 – 클라우드 기반 폐쇄연구분석환경*을 이용하고 인가되지 않은 데이터·프로그램 반입을 철저히 통제하고 있어 3차원 재건기술 적용 불가	〈그대로 활용〉 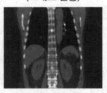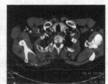
		*클라우드 서버에 데이터를 저장하고 타 외부망에서는 클라우드 서버 접속이 제한되는 분석실에서 인가받은 인원만 데이터 접근 가능	
	데이터 처리 방안	→ 3차원 재건으로 인한 개인식별 위험성이 존재하나, 환경적 통제로 인해 해당 위험의 발생 가능성이 없으므로 **별도의 가명처리 없이 그대로 활용 가능**	

출처 : 개인정보보호위원회 가명정보 처리 가이드라인(2024.2. 개정) / 240205 (조간) 인공지능 시대 이미지·영상·음성·텍스트에 대한 가명처리 기준나왔다(데이터안전정책과).pdf

50번 정답 ④

해설

(가) (마) (자)

(가) 정보통신망을 통한 불법적인 접근 및 침해사고 방지를 위해 개인정보처리시스템에 대한 접속권한을 IP주소 등으로 제한하였으나 접속한 IP주소등을 분석하여 개인정보 유출 시도 탐지 및 대응 조치를 하지않아 2.11.3 이상행위 분석 및 모니터링 결함으로 판단하였다. **(O)**

제6조(접근 통제)

① 개인정보처리자는 정보통신망을 통한 불법적인 접근 및 침해사고 방지를 위해 다음 각 호의 안전조치를 하여야 한다.

  1. 개인정보처리시스템에 대한 접속 권한을 인터넷 프로토콜(IP) 주소 등으로 제한하여 인가받지 않은 접근을 제한

  2. 개인정보처리시스템에 접속한 인터넷 프로토콜(IP) 주소 등을 분석하여 개인정보 유출 시도 탐지 및 대응

(나) 민감정보 및 고유식별정보는 보유하지 않고, 5만명 미만의 정보주체에 관한 개인정보를 처리하는데 개인정보처리시스템의 개인정보취급자의 접속 시 식별자, 접속일시, 접속지 정보, 처리한 정보주체 정보, 수행업무를 전자적으로 기록하고 1년 이상 보관하고 있어 2.9.4 로그 및 접속기록 관리 결함으로 판단하였다. **(X)**

  – 1년 이상 보관 맞으므로 결함이 아님

제2조(정의)

3. "접속기록"이란 개인정보처리시스템에 접속하는 자가 개인정보처리시스템에 접속하여 수행한 업무내역에 대하여 식별자, 접속일시, 접속지 정보, 처리한 정보주체 정보, 수행업무 등을 전자적으로 기록한 것을 말한다. 이 경우 "접속"이란 개인정보처리시스템과 연결되어 데이터 송신 또는 수신이 가능한 상태를 말한다.

제8조(접속기록의 보관 및 점검)

① 개인정보처리자는 개인정보취급자의 개인정보처리시스템에 대한 접속기록을 1년 이상 보관·관리하여야 한다. 다만, 다음 각 호의 어느 하나에 해당하는 경우에는 2년 이상 보관·관리하여야 한다.

  1. 5만 명 이상의 정보주체에 관한 개인정보를 처리하는 개인정보처리시스템에 해당하는 경우

  2. 고유식별정보 또는 민감정보를 처리하는 개인정보처리시스템에 해당하는 경우

  3. 개인정보처리자로서 「전기통신사업법」 제6조 제1항에 따라 등록을 하거나 같은 항 단서에 따라 신고한 기간통신사업자에 해당하는 경우

(다) 이용자가 아닌 정보주체의 개인정보처리하는 개인정보처리시스템인데 개인정보취급자가 외부에서 가상사설망(VPN)을 통해 ID와 PW로 접속하면서 안전한 인증수단을 적용하지 않아 2.5.3 사용자 인증 결함으로 판단하였다. **(X)**

  – 안전한 인증수단 적용 또는 안전한 접속수단 적용하면 되므로 결함 아님

제6조(접근 통제) ② 개인정보처리자는 개인정보취급자가 정보통신망을 통해 외부에서 개인정보처리시스템에 접속하려는 경우 인증서, 보안토큰, 일회용 비밀번호 등 안전한 인증수단을 적용하여야 한다. 다만, **이용자가 아닌 정보주체의 개인정보를 처리하는 개인정보처리시스템의 경우 가상사설망 등 안전한 접속수단** 또는 안전한 인증수단을 적용할 수 있다.

(라) 이용자 수가 일평균 100만 명 이상인 개인정보처리자인데 개인정보처리시스템에서 고객정보를 조회하여 업무를 수행하고 있는 고객센터의 직원 업무용 컴퓨터의 인터넷망 차단 조치를 하지 않아 2.6.7 인터넷 접속 통제 결함으로 판단하였다. (X)

  – 인터넷망차단 조치는 다운로드, 파기, 개인정보처리시스템에 대한 접근 권한 설정이 가능한 개인정보취급자의 컴퓨터 등이 대상이므로 결함 아님

제6조(접근 통제) ⑥ 전년도 말 기준 직전 3개월간 그 개인정보가 저장·관리되고 있는 이용자 수가 일일평균 100만 명 이상인 개인정보처리자는 개인정보처리시스템에서 개인정보를 다운로드 또는 파기할 수 있거나 개인정보처리시스템에 대한 접근 권한을 설정할 수 있는 개인정보취급자의 컴퓨터 등에 대한 인터넷망 차단 조치를 하여야 한다. 다만,「클라우드컴퓨팅 발전 및 이용자 보호에 관한 법률」제2조 제3호에 따른 클라우드컴퓨팅서비스를 이용하여 개인정보처리시스템을 구성·운영하는 경우에는 해당 서비스에 대한 접속 외에는 인터넷을 차단하는 조치를 하여야 한다.

(마) 중요시스템의 OS에 대한 보안패치를 정당한 사유가 없이 15일 이상 업데이트를 실시하지 않아 2.10.8 패치 관리 결함으로 판단하였다. (O)

제9조(악성프로그램 등 방지) ② 개인정보처리자는 악성프로그램 관련 경보가 발령된 경우 또는 사용 중인 응용 프로그램이나 운영체제 소프트웨어의 제작업체에서 보안 업데이트 공지가 있는 경우 정당한 사유가 없는 한 즉시 이에 따른 업데이트 등을 실시하여야 한다.

(바) 10만 명 이상의 정보주체에 관한 개인정보 처리하는 중소기업인데 화재, 홍수, 단전 등의 재해·재난 발생 시 개인정보처리시스템 보호를 위한 백업 및 복구를 위한 계획이 마련되어있지 않아 2.9.3 백업 및 복구 관리 결함으로 판단하였다. (X)

  – 10만 명 이상의 정보주체에 관한 개인정보 처리하는 대기업.중견기업.공공기관이 의무대상이므로 중소기업은 개인정보를 100만 명 이상 처리 시 해당되므로 결함 아님

제11조(재해·재난 대비 안전조치) 10만 명 이상의 정보주체에 관하여 개인정보를 처리하는 대기업·중견기업·공공기관 또는 100만 명 이상의 정보주체에 관하여 개인정보를 처리하는 중소기업·단체에 해당하는 개인정보처리자는 화재, 홍수, 단전 등의 재해·재난 발생 시 개인정보처리시스템 보호를 위한 다음 각 호의 조치를 하여야 한다.
  1. 위기대응 매뉴얼 등 대응절차를 마련하고 정기적으로 점검
  2. 개인정보처리시스템 백업 및 복구를 위한 계획을 마련

(사) 개인정보처리시스템을 구축하여 운영하지 않고 업무용 컴퓨터와 모바일기기를 이용하여 개인정보를 처리하는 개인정보처리자인데 보조저장매체의 반출입 통제 보안대책 마련되어 있지 않아 2.10.7 보조저장매체 관리 결함으로 판단하였다. (X)

  – 시스템 운영하지 않고 업무용 컴퓨터 또는 모바일기기 이용하여 개인정보 처리하는 경우 보안대책 마련 예외

제10조(물리적 안전조치) ③ 개인정보처리자는 개인정보가 포함된 보조저장매체의 반출·입 통제를 위한 보안대책을 마련하여야 한다. 다만, **별도의 개인정보처리시스템을 운영하지 아니하고 업무용 컴퓨터 또는 모바일 기기를 이용하여 개인정보를 처리하는 경우에는 이를 적용하지 아니할 수 있다.**

(아) 1만 명 미만의 정보주체에 관하여 개인정보를 처리하는 단체인데 내부 관리계획을 수립하지 않아 1.1.5 정책 수립 결함으로 판단하였다. (X)

  – 1만 명 미만의 정보주체에 관하여 개인정보를 처리하는 소상공인·개인·단체의 경우 생략 가능

제4조(내부 관리계획의 수립·시행 및 점검) ① 개인정보처리자는 개인정보의 분실·도난·유출·위조·변조 또는 훼손되지 아니하도록 내부 의사결정 절차를 통하여 다음 각 호의 사항을 포함하는 내부 관리계획을 수립·시행하여야 한다. 다만, 1만 명 미만의 정보주체에 관하여 개인정보를 처리하는 소상공인·개인·단체의 경우에는 생략할 수 있다.

(자) 개인정보취급자 로그인 인증 실패 횟수 제한 조치를 하고 있으나, 정보주체 로그인 인증 실패 시 별도의 제한 조치가 없어 2.5.3 사용자 인증 결함으로 판단하였다. **(O)**

제5조(접근 권한의 관리) ⑥ 개인정보처리자는 정당한 권한을 가진 **개인정보취급자 또는 정보주체만이** 개인정보처리시스템에 **접근할 수 있도록 일정 횟수 이상 인증에 실패한 경우** 개인정보처리시스템에 대한 접근을 제한하는 등 필요한 **조치를 하여야 한다.**

1	①	2	③	3	①, ③	4	①, ⑤	5	④	6	②, ⑤	7	④	8	②, ④	9	①, ②	10	③
11	①, ②	12	④	13	④	14	③	15	③	16	①	17	①, ④	18	④	19	⑤	20	④
21	①	22	②	23	①	24	⑤	25	①, ④	26	①, ③	27	①	28	⑤	29	⑤	30	②
31	①, ⑤	32	④	33	③	34	④, ⑤	35	①	36	①, ④	37	②, ④	38	③	39	①, ⑤	40	③
41	③	42	④	43	④	44	①, ②	45	③	46	①, ③	47	②	48	⑤	49	②	50	②, ⑤

1번 정답 ⬇ ①

해설

① 심사원이 잘못 판단한 것이다. 웹방화벽은 OSI L7의 응용층 관련 공격을 방어하는 장비로 APP 영역의 보호대책이다.

② IDS, IPS를 같이 구성되어 있는 경우가 있다. 예로 여러 개 온라인 서비스 채널을 갖고 있는 기관이 있다고 할 때 서비스 중 장애에 민감한 서비스에 대해서는 인라인(inline)으로 구성되어 오탐으로 발견된 패킷을 차단하는 IPS를 설치하여 만에 하나 비즈니스에 큰 영향을 끼칠 위험이 있을 경우 IDS를 설치하고 다른 보호대책을 결합하는 방식으로 구성하고, 나머지 서비스에는 IPS를 거치도록 하는 구성이 있을 수 있다.

③ DRM, TDE와 같은 암호화 대책과 DLP와 같은 외부로의 정보 반출을 통제하는 솔루션이 있어 기본적인 보호대책이 갖춰져 있을 것으로 판단할 수 있다.

④ Anti-DDoS 장비(분산서비스 공격), PMS(패치관리) 장비가 보이지 않아 그렇게 판단할 수 있다.

⑤ MDM 장비가 있어 보안대책이 적용되어 있을 것으로 판단할 수 있다.

2번 정답 ⬇ ③

해설

ISMS-P 간편인증 제도란 영세, 중소기업의 ISMS-P 인증 편입을 촉진하고 경량화된 기준, 저렴한 인증수수료 및 단축된 인증기간 등 기업 부담을 완화한 간이 인증 제도이다. 문제의 기업은 소기업 및 정보통신서비스 부문 매출액 300억 원 미만의 중기업 기준에 해당하며 간편 인증 제도의 경우 기존 "인증 및 권한관리" 통제항목의 (ㄱ)사용자 계정 관리, (ㄴ)사용자 식별, (ㄷ)사용자 인증, (ㄹ)비밀번호 관리 항목은 유지되었지만, **(ㅁ)특수 계정 및 권한 관리 및 (ㅂ)접근권한 검토는 삭제되었기 때문에 결함으로 도출되는 것은 적절하지 않다.**

참고

간편인증 제도 설명회 발표자료, ISMS-P 간편인증 세부점검항목(7의2)

※ 「정보통신망법」 제47조의7(정보보호 관리체계 인증의 특례)

① 과학기술정보통신부 장관은 제47조 제1항 및 제2항에 따른 인증을 받으려는 자 중 다음 각 호의 어느 하나에 해당하는 자에 대하여 제47조에 따른 인증기준 및 절차 등을 완화하여 적용할 수 있다.

1. 「중소기업기본법」 제2조 제2항에 따른 소기업
2. 그 밖에 정보통신서비스의 규모 및 특성 등에 따라 대통령령으로 정하는 기준에 해당하는 자

(이하 생략)

※ 「정보통신방법 시행령」 제49조의2(정보보호 관리체계 인증의 특례 대상자의 범위)

① 법 제47조의7 제1항 제2호에 따른 정보보호 관리체계 인증의 특례 대상은 「중소기업기본법」 제2조 제2항에 따른 중기업으로서 다음 각호의 어느 하나에 해당하는 자로 한다.

1. 정보통신서비스 부문 전년도 매출액이 300억 원 미만인 자
2. 정보통신서비스 부문 전년도 매출액이 300억 원 이상인 자 중 주요 정보통신설비를 직접 설치·운영하지 않는 자로서 다음 각 목의 어느 하나에 해당하는 서비스

　가. 호스팅서비스(인터넷 홈페이지 구축 및 웹서버 관리 등을 해주는 서비스를 말한다)

　나. 「클라우드컴퓨팅 발전 및 이용자 보호에 관한 법률 시행령」 제3조 제2호 및 제3호에 따른 클라우드컴퓨팅 서비스

※ (소기업, 300억 원 미만 중기업) ISMS-P 간편인증 세부 항목

1) 완화된 항목(5개)
 - 관리체계 수립 및 운영 : 1.1.3 조직 구성, 1.1.5 정책 수립
 - 보호대책 요구사항 2.4.1 보호구역 지정, 2.6.6 원격접근 통제, 2.11.1 사고예방 및 대응체계 구축

2) 병합된 항목(5개)
 - 관리체계 수립 및 운영 : 1.4.2 관리체계 점검(1.4.3 관리체계 개선)
 - 보호대책 요구사항 : 2.4.6 보호구역 지정(2.4.5 보호구역 내 작업), 2.6.1 네트워크 접근(2.6.5 무선 네트워크 접근), 2.7.1 암호정책 적용(2.7.2 암호키 관리), 2.9.4 로그 및 접속기록 관리(2.9.5 로그 및 접속기록 점검)

3) **삭제된 항목(39개)**
 - 관리체계 수립 및 운영 : 1.1.6 자원 할당, 12.2 현황 및 흐름분석, 1.2.3 위험평가, 1.2.4 보호대책 선정, 1.3.1 보호대책 구현, 1.3.2 보호대책 공유, 14.1 법적 요구사항 준수 검토, 1.4.3 관리체계 개선
 - 보호대책 요구사항 : 2.1.1 정책의 유지관리, 2.1.2 조직의 유지관리, 2.1.3 정보자산 관리, 2.2.1 주요 직무자 지정 및 관리, 2.2.2 직무 관리, 2.2.5 퇴직 및 직무변경 관리, 2.2.6 보안 위반 시 조치, 2.3.1 외부자 현황 관리, 2.3.3 외부자 보안 이행 관리, 2.3.4 외부자 계약 변경 및 만료 시 보안, 2.4.2 출입통제, 2.4.4 보호설비 운영, 2.4.5 보호구역 내 작업, **2.5.5 특수 계정 및 권한 관리, 2.5.6 접근권한 검토**, 2.6.3 응용프로그램 접근, 2.6.4 데이터베이스 접근, 2.6.5 무선네트워크 접근, 2.7.2 암호키 관리, 2.8.2 보안 요구사항 검토 및 시험, 2.8.6 운영환경 이관, 2.9.2 성능 및 장애관리, 2.9.5 로그 및 접속기록 점검, 2.9.6 시간 동기화, 2.9.7 정보자산의 재사용 및 폐기, 2.10.4 전자거래 및 핀테크 보안, 2.10.5 정보전송 보안, 2.11.3 이상행위 분석 및 모니터링, 2.11.4 사고 대응 훈련 및 개선, 2.12.1 재해·재난 대비 안전조치, 2.12.2 재해 복구 시험 및 개선

3번 정답 　⬇　 ①, ③

해설

① 인증기관은 인증위원회 운영, 인증심사원 양성 및 자격관리, 인증제도 및 기준 개선 등 ISMS-P 인증제도 전반에 걸친 업무를 수행한다.
 - 해당업무는 법정 인증기관인 **한국인터넷진흥원에서 수행하는 업무**에 관한 설명이다.
〈「ISMS-P 인증제도 안내서(2024.07)」 P.7〉

② 심사수행기관은 인증위원회 심의결과에 따라 인증위원회 종료 다음날부터 30일 이내에 신청인에게 추가 보완 조치를 요구할 수 있다.

〈「정보보호 및 개인정보보호 관리체계 인증 등에 관한 고시」 제25조 제5항〉

③ 신청기관은 인증심사 계약이 완료되면 계약에 따라 확정된 심사수수료를 인증심사 **시작일 이전까지(계약 후 1개월 이내)** 납부하여야 한다.

〈「정보보호 및 개인정보보호 관리체계 인증 등에 관한 고시」 제22조〉 및 〈「ISMS-P 인증제도 안내서 (2024.07)」 P.45〉

④ 인증 협의회는 인증제도 연구 및 개선, 정책 결정, 인증기관 및 심사기관 지정 등의 업무를 수행한다.

〈「정보보호 및 개인정보보호 관리체계 인증 등에 관한 고시」 제4조, 제5조〉

⑤ 인증위원회는 인증심사 결과가 인증기준에 적합한지 여부 등을 심의·의결하기 위하여 설치·운영하는 기구이다.

〈「정보보호 및 개인정보보호 관리체계 인증 등에 관한 고시」 제2조(용어의 정의)〉

4번 정답 ⬇ ①, ⑤

해설

㉠, ㉤은 위반사례에 해당

㉠ ISMS필수 인증 대상 시 자산총액 5천억 원 이상은 CISO겸직에 해당되므로 지위기준과 겸직금지 운영기준에 만족해야 한다. 또한, 실질적 정보보호 집행권한이 있다고 판단하기 어려운 경우 위반에 해당한다.

㉡ 상법에 따른 이사에 대한 해석은 전무·상무(보)·이사·본부장 처장·임원 등 대내외적으로 인정될 만한 이사급 호칭을 사용하고, 다른 임원과의 대등성 및 지휘 관계, 직급 체계, 대우 등을 종합적으로 고려한다면 가능하다. 다만, 부장(팀장) 직급은 임원급으로 보기 어렵다.

㉢ 정보보호 최고책임자로 지정된 임원(예: 상무이사) 상위에 다른 임원(예: 전무이사)이 있다 하더라도, 정보보호 최고책임자가 정보보호에 관한 회사의 업무를 집행할 수 있는 독자적인 권한과 책임을 갖는 경우 지정요건을 충족하고 있다고 판단된다.

㉣ 정보보호 최고책임자(CISO) 겸직금지 대상기업 중 자회사의 지배·관리 업무만 수행하는 '순수지주회사'의 경우 겸직운영 예외로 규정하여 겸직금지 의무를 완화하고 있으므로 충족된다.

㉤ 정보보호산업의 진흥에 관한 법률 제13조에 따른 정보보호 공시에 관한 업무를 겸업하는 것은 관계가 없으나 '대표이사', '경영기획·운영', '디지털(데이터) 전략기획', 'ICT기획·운영', '비상계획', '진료업무' 등을 겸직을 하는 것은 업무에 대한 겸직업무에 해당되므로 위반에 해당한다.

■ **모범사례**

• (이사급 호칭) 전무·상무(보)·이사·본부장·처장·임원 등 대내외적으로 인정될 만한 이사급 호칭을 사용

• (실질적 의사결정) 다른 임원과 직무상 독립하여 권한과 책임을 가진 자를 지정하여야 한다는 점을 고려하여 CEO 직속 또는 다른 C-레벨과 동등한 위치를 가지는 정보보호 조직도, 위임전결규정 등을 종합적으로 확인

• (겸직가능 업무) ①정보보호 공시에 관한 업무, ②정보통신기반 보호법에 따른 정보보호책임자 업무, ③전자금융거래법에 따른 정보보호최고책임자 업무, ④개인정보 보호법에 따른 개인정보 보호책임자 업무, ⑤ 그 밖에 이 법 또는 관계 법령상 업무로써 정보보호 최고책임자의 업무와 유사한 업무

■ **위반사례**
- 팀장·파트장·부장·차장·책임 등 임원이 아닌 일반 직원에게 부여되는 호칭을 사용하고 있음
- 조직구성에 따른 직급체계와는 달리 특수한 호칭(센터장·실장·국장 등)을 부여하고 있으나, 실질적 정보보호 집행권한이 있다고 판단하기 어려운 경우
  ex) CEO 직속이 아닌 2차 하위조직으로 운영 or CEO 직속이지만 팀 단위(전체 조직도와 비교)로 판단되는 경우
- 겸직금지에 해당될 때에 '대표이사', '경영기획·운영', '디지털(데이터) 전략기획', 'ICT기획·운영', '비상계획', '진료업무' 등을 겸직하는 경우

(출처: 정보보호 최고책임자(CISO) 지정신고제도 안내서(202409) 10~15페이지)

5번 정답 ④

해설
① 일반 사용자에서 Super User로 사용되는 기록을 남기기 위해서 su 사용 로그를 남기도록 하는 보안 설정이 필요하다. su 사용 로그는 /var/log/sulog, /var/log/secure 파일로 확인할 수 있으며, 기록이 남고 있지 않은 경우, 취약하다고 할 수 있다. 이 경우 syslong.conf 파일에서 "authpriv.* /var/log/secure"와 같은 설정으로 적용하여 조치할 수 있다.
④ wtmp는 성공한 로그인/로그아웃 정보를 담고 있는 로그파일로 last 명령어를 사용하여 확인할 수 있다.
⑤ utmp는 w, who, finger 명령어를 사용하여 확인할 수 있다.

6번 정답 ②, ⑤

해설
② 자회사라고 할지라도 개별 개인정보처리자이기 때문에 이용자의 별도 동의를 받은 후 동의받은 고객의 정보에 대해서만 조회권한을 부여할 수 있다.
⑤ 반드시 인터넷망 차단조치가 적용되어야 하는 것은 아니다. GA가 개인정보 보호법에 따른 인터넷망 차단 조치 적용대상이 아니면 보험사의 규정이나 시스템 이용 제약 등이 아닌 이상 반드시 인터넷망 차단조치가 적용되는 것은 아니다.

① 개인정보처리 업무 위수탁 관계가 맞다. 개인고객에게 보험상품의 판매에 대한 위수탁 관계이다.
③ 각각 다른 개인정보처리자이기 때문에 각각 CPO를 지정해야 한다.
④ 위탁자로서 수탁자인 GA에 대해 개인정보보호에 대한 점검을 할 수 있다.

7번 정답 ④

해설
③ 해킹 건에 대해서는 24시간 이내에 신고가 필요하며 인터넷 게시는 30일 이상이 요구된다.

「개인정보보호법 시행령」

제39조(개인정보 유출 등의 통지) ① 개인정보처리자는 개인정보가 분실·도난·유출(이하 이 조 및 제40조에서 "유출등"이라 한다)되었음을 알게 되었을 때에는 서면등의 방법으로 **72시간 이내에 법 제34조 제1항 각 호의 사항을 정보주체에게 알려야 한다.** 다만, 다음 각 호의 어느 하나에 해당하는 경우에는 해당 사유가 해소된 후 지체 없이 정보주체에게 알릴 수 있다.

1. 유출등이 된 개인정보의 확산 및 추가 유출등을 방지하기 위하여 접속경로의 차단, 취약점 점검·보완, 유출등이 된 개인정보의 회수·삭제 등 긴급한 조치가 필요한 경우

2. 천재지변이나 그 밖에 부득이한 사유로 인하여 72시간 이내에 통지하기 곤란한 경우

② 제1항에도 불구하고 개인정보처리자는 같은 항에 따른 통지를 하려는 경우로서 법 제34조 제1항 제1호 또는 제2호의 사항에 관한 구체적인 내용을 확인하지 못한 경우에는 개인정보가 유출된 사실, 그때까지 확인된 내용 및 같은 항 제3호부터 제5호까지의 사항을 서면등의 방법으로 우선 통지해야 하며, 추가로 확인되는 내용에 대해서는 확인되는 즉시 통지해야 한다.

③ 제1항 및 제2항에도 불구하고 개인정보처리자는 정보주체의 연락처를 알 수 없는 경우 등 정당한 사유가 있는 경우에는 법 제34조 제1항 각 호 외의 부분 단서에 따라 같은 항 각 호의 사항을 정보주체가 쉽게 알 수 있도록 자신의 **인터넷 홈페이지에 30일 이상 게시**하는 것으로 제1항 및 제2항의 통지를 갈음할 수 있다. 다만, 인터넷 홈페이지를 운영하지 아니하는 개인정보처리자의 경우에는 사업장등의 보기 쉬운 장소에 법 제34조 제1항 각 호의 사항을 30일 이상 게시하는 것으로 제1항 및 제2항의 통지를 갈음할 수 있다.

「정보통신망 이용촉진 및 정보보호 등에 관한 법률 시행령(약칭 : 정보통신망법 시행령)」

제58조의2(침해사고 신고의 시기, 방법 및 절차) ① 정보통신서비스 제공자는 법 제48조의3 제1항 전단에 따라 **침해사고를 신고하려는 경우에는** 침해사고의 발생을 알게 된 때부터 24시간 이내에 다음 각 호의 사항을 과학기술정보통신부장관 또는 한국인터넷진흥원에 신고해야 한다.

1. 침해사고의 발생 일시, 원인 및 피해내용

2. 침해사고에 대한 조치사항 등 대응 현황

3. 침해사고 대응업무를 담당하는 부서 및 연락처

② 정보통신서비스 제공자는 제1항에 따라 신고한 후 침해사고에 관하여 추가로 확인되는 사실이 있는 경우에는 확인한 때부터 **24시간 이내에 신고**해야 한다.

③ 제1항 및 제2항에 따른 신고는 서면, 전자우편, 전화, 인터넷 홈페이지 입력 등의 방법으로 할 수 있다. [본조신설 2024. 8. 13.]

④ 결함을 판단하기 위해서 추가 정보 확인이 필요하다. 취약점 점검에서 일부 취약점을 발견해내지 못했다는 사유로 결함을 주기는 어렵다.

⑤ 결함에 해당한다.

8번 정답 ②, ④

해설

① 전사적 정보보호 및 개인정보보호 활동을 위하여 정보보호 및 개인정보보호 관련 담당자 및 부서별 담당자로 구성된 실무 협의체를 구성하여 운영하지 않는 경우 **1.1.3 조직 구성** 결함이다.

② 정보보호 및 개인정보보호 위원회를 구성하였으나, 위원회 개최 이력을 확인할 수 없는 경우 1.1.3 조직 구성 결함이다.

③ 클라우드 운영자산 목록에 클라우드 NAS와 Object storage가 누락되어 있고, 운영 DB 목록에 홈페이지 DB가 누락되어 있는 경우 **1.2.1 정보자산 식별** 결함이다.

④ 지난 ISMS 인증 심사 시 발견하여 조치한 결함이 내부 점검을 통해 동일하게 반복되어 발생하여 1.4.3 관리체계 개선 결함이다. 관리체계 점검 시 발견된 문제점에 대하여 조치계획을 수립하지 않았거나 조치 완료 여부를 확인하지 않은 경우에 해당한다.

⑤ 응용프로그램의 관리자 페이지가 외부 인터넷에 오픈되어 있으면서 안전한 인증수단이 적용되어 있지 않은 경우는 2.6.3 응용프로그램 접근 결함이다.

9번 정답 ①, ②

해설

① 결함. 응용프로그램 보안지침과 다르게 성명에 마스킹 정책이 적용되어 있지 않다.

② 결함. 접속일시에 대해 초 단위까지 기록하지 않고 분 단위까지만 기록하고 있다.

③ 해당되는 결함 사항이 없다.

④ 결함이 아니다. 배송지 주소는 선택 정보로 수집하여 이용할 수 있다.

⑤ 해당되는 결함 사항이 없다.

10번 정답 ③

해설

③ 기업은 반드시 리소스에 대한 접근에 대해 일관되고 중앙 집중적인 정책 관리 및 접근제어 결정, 실행 조치가 필요하다. 만약, 접근 정책을 관리하는 지점이 흩어져 있다면, 일관된 정책을 수립하기가 어려우며 새로운 접근 주체 및 리소스를 추가할 때에 대한 정책을 적용하기가 매우 어려울 것이다.

6가지 제로트러스트 기본 원리

1. 기본 원칙 : 모든 종류의 접근에 대해 신뢰하지 않을 것(명시적인 신뢰 확인 후 리소스 접근 허용)
2. 일관되고 중앙 집중적인 정책 관리 및 접근제어 결정, 실행 필요
3. 사용자, 기기에 대한 관리 및 강력한 인증
4. 리소스 분류 및 관리를 통한 세밀한 접근제어(최소 권한 부여)
5. 논리 경계 생성 및 세션 단위 접근 허용, 통신 보호 기술 적용
6. 모든 상태에 대한 모니터링, 로그 및 이를 통한 신뢰성 지속적 검증, 제어

출처 : 제로트러스트 가이드라인 1.0(2023.6.)

11번 정답 ⬇ ①, ②

해설

① 정보보호 지침 제22조(인터넷 통제) 제6항에 따라 개발/운영을 위한 API 제공 사이트 접속이 가능하므로 내부 규정에 따라 승인 후 사용하고 있다면 결함이라고 판단하기 곤란하다.

② 개인정보취급자의 PC에 대해 인터넷 접속차단 조치가 필요하다고 하더라도, Cloud Console 접속은 가능하다.

> 다만, 이 기준에 따른 인터넷망 차단 조치를 해야 하는 개인정보처리자가 「클라우드컴퓨팅발전 및 이용자 보호에 관한 법률」제2조 제3호에 따른 클라우드컴퓨팅서비스를 이용하여 개인정보처리시스템을 구성·운영하는 경우에는 해당 **클라우드컴퓨팅서비스에 대한 접속 외에 다른 인터넷의 접속을 차단하는 경우 이 기준에서 정하는 인터넷망 차단 조치를 이행한 것으로 본다.**
>
> 출처 : 개인정보의 안전성 확보조치 기준 안내서(2024.10).pdf, P.83, 개인정보보호위원회

③ 생성형 AI 도입 시 별도의 위험평가를 수행하지 않았고, 생성형 AI 질의를 위한 API 활용여부 및 정보유출 방지를 위한 기업용 Telnet 사용에 대해 담당자가 정확히 인지하고 있지 않아 추가적인 확인이 필요하기는 하나 개인정보 유출 가능성이 존재한다고 판단할 수 있음.

④ 차단조치 대상이 될 수 있다.

> 클라우드컴퓨팅서비스 이용 시 인터넷망 차단 조치 예시
>
> 클라우드컴퓨팅서비스를 개인정보처리시스템으로 이용하는 경우 해당 시스템에 대한 **접근 권한을 관리 콘솔에서 부여 또는 변경할 수 있거나 관리 콘솔에서 다운로드할 수 있다면, 관리 콘솔 및 관리 콘솔에 접근하는 컴퓨터 등도 인터넷망 차단 조치의 대상이 될 수 있다.**

12번 정답 ⬇ ④

해설

④ 보기의 내용은 Insecure Communication(안전하지 않은 통신) 취약점에 대한 설명이다.

※ Security Misconfiguration(잘못된 보안 구성) : 모바일 앱의 잘못된 보안 구성은 무단 액세스의 취약점을 발생시킬 수 있는 부적절한 구성을 말한다. 이 취약점의 경우 공격자에 의해 민감한 데이터에 무단으로 접근하거나 악의적인 작업을 수행할 수 있는 위협을 가진다.

참고

owasp.org

13번 정답 ⬇ ④

해설

④ 테스트 데이터 이관 요청서를 작성 후 정보보호 최고책임자의 승인을 받고 운영계 데이터를 개발계 데이터로 이관하였으나, 테스트 기간 만료 이후에도 개발 DB에 있는 운영 데이터를 삭제하지 않고 있기 때문에 "2.8.4 시험 데이터 보안" 결함으로 판단할 수 있다.

14번 정답 ③

해설

③ 내부 지침에 운영 시스템 환경에는 컴파일러를 설치하지 않도록 규정하고 있으나, 실제 운영 서버에 자바 컴파일러가 설치되어 있음을 확인하였기 때문에 "2.8.6 운영환경 이관" 결함으로 판단할 수 있다.

15번 정답 ③

해설

③ 시스템 내 관리자가 새로 생성하는 파일에 대한 접근 권한 설정이다. UMASK* 값에 따라 접근 권한이 정해지며 적절하지 않은 관리자 UMASK 값은 잘못된 권한의 파일을 생성시킨다. 제시된 지침 내에서는 파일에 대한 접근 권한 설정 내용은 포함하고 있지 않으며, umask 600 설정 또한 적절하지 않은 설정이다.

*UMASK : 파일 및 디렉터리 생성 시 기본 퍼미션을 지정해주는 명령어
– 양호 : UMASK 022
– 취약 : UMASK 022

① root 계정에 대한 SSH 직접 접속 제한 설정이다. 해당 설정을 주석 처리하거나 No 설정으로 조치할 수 있다.
② TCP Wrapper 접근 제어 설정이다. hosts.deny에 시스템 접근을 제한할 IP와 서비스를 설정하고, hosts.allow에 시스템 접근을 허용할 IP와 서비스를 설정한다.
④ 패스워드 복잡도 설정이다. (–1 값을 주면 반드시 해당 문자 또는 숫자를 1개 이상 포함)
lcredit : 소문자 포함 수, ucredit : 대문자 포함 수, dcredit : 숫자 포함 수
ocredit : 특수문자 포함 수, minlen : 패스워드 최소 길이
⑤ 패스워드 사용 기간 설정이다.
chage –m 1 (계정명) : 패스워드 최소 사용 기간 설정
chage –M 90 (계정명) : 패스워드 최대 사용 기간 설정

16번 정답 ①

해설

DLP 시스템을 소프트웨어 업그레이드 하면서 OS도 CentOS 6.3에서 Rocky 9로 변경하고 IP 정보 또한 변경되었으나, 자산 관리 대장에 현행화가 이루어지지 않았으므로 "1.2.1 정보자산 식별" 결함으로 판단할 수 있다. 인터뷰 내용만으로는 로그 및 접속기록 관리, 보조저장매체 관리, 패치관리에 대한 결함 근거를 확인할 수 없다.

17번 정답 ①, ④

해설

① 1.2.2 현황 및 흐름분석 통제항목에서는 정보서비스 흐름도 및 개인정보 흐름도의 작성 및 관리를 요구하고 있으며 네트워크 구성도에 대해서는 관련이 없다.
④ 2.1.2 조직의 유지관리 통제항목에서는 정보보호 및 개인정보보호 관련 인력의 역할 및 책임, 활동 평가 및 의사소통 체계 등을 요구하고 있으며 개발 및 운영부서 등 일반 IT 부서의 인력과 관련하여 관련성이 없다. 또한, 현재 인력을 충원하고 있는 중으로 결함으로 판단하기 어렵다.

ISMS-P 인증기준 안내서

2.8.3 시험과 운영 환경 분리

사례2 : 불가피하게 개발시스템과 운영시스템을 분리하지 않고 운영 중에 있으나, 이에 대한 상호 검토 내역, 모니
터링 내역 등이 누락되어 있는 경우

2.8.5 소스 프로그램 관리

사례1 : 별도의 소스 프로그램 백업 및 형상관리시스템이 구축되어 있지 않으며, 이전 버전의 소스코드를 운영 서
버 또는 개발자 PC에 승인 및 이력관리 없이 보관하고 있는 경우

2.8.6 운영환경 이관

사례1 : 개발, 변경이 완료된 소스 프로그램을 운영환경으로 이관 시 검토, 승인하는 절차가 마련되어 있지 않은 경우

18번 정답 ④

해설

① 주어진 정보자산목록에 쇼핑몰 업무에 대한 서버, DB가 있고 인터뷰에서 누락없이 작성된 것으로 확인되었다
고 하였으므로 1.1.4 범위 설정 결함으로 판단하기 어렵다.

② 각 부서별로 정보자산을 식별하여 점검을 매월 수행하고 있으므로 1.2.1 정보자산 식별 결함으로 판단하기 어
렵다.

③ 정보자산목록을 매월 최신화하고 있으므로 2.1.3 정보자산 관리 결함으로 판단하기 어렵다.

④ 백업서버가 있는 DB센터는 통제구역으로 지정되어야 하므로 2.4.1 보호구역 지정 결함이다.

⑤ 원칙적으로 인가된 자가 출입이 가능하도록 지침에 명시되어 있으나 외부인 출입 시 담당자가 입회 하에 출입
을 통제하고 있으므로 2.4.2 출입통제 결함으로 판단하기 어렵다.

19번 정답 ⑤

해설

ⓓ **2.11.1 사고 예방 및 대응체계 구축 170p**

침해사고에 대비한 침해사고 대응 조직 및 대응 절차를 명확히 정의하고 있지 않은 경우에 결함을 줄 수는 있으
나, 본 경우처럼 단순히 악성코드 메일 훈련만 했다고 해서 침해사고 대응훈련계획에 따른 훈련이 아니라고 판
단하고 결함을 주기는 어렵다.

ⓐ **2.6.2 정보시스템 접근 결함 103p**

– 인증기준 : 서버, 네트워크시스템 등 정보시스템에 접근을 허용하는 사용자, 접근제한 방식, 안전한 접근수단
등을 정의하여 통제하여야 한다.

해당 관리자 계정이 반드시 필요하다면 월 1회 정기점검기간에만 사용하고 아닌 경우에는 disable시켜두는것이
좋다. 서버, 네트워크시스템, 보안시스템 등 정보시스템별 운영체제(OS)에 접근이 허용되는 사용자, 접근 가능 위
치, 접근 수단 등을 정의하여 통제하여야 한다. 사용자별로 개별 계정 부여 및 공용 계정 사용 제한이 필요하다.

ⓛ **2.6.1 네트워크 접근 결함 102p**
- 사례 1 : 네트워크 구성도와 인터뷰를 통하여 확인한 결과, 외부 지점에서 사용하는 정보시스템 및 개인정보 처리시스템과 IDC에 위치한 서버 간 연결 시 일반 인터넷 회선을 통하여 데이터 송수신을 처리하고 있어 내부 규정에 명시된 VPN이나 전용망 등을 이용한 통신이 이루어지고 있지 않은 경우

ⓒ **2.6.2 정보시스템 접근 104p**
- 사례 3 : 타당한 사유 또는 보완 대책 없이 안전하지 않은 접속 프로토콜(telnet, ftp 등)을 사용하여 접근하고 있으며, 불필요한 서비스 및 포트를 오픈하고 있는 경우

ⓓ **2.6.3 응용프로그램 접근 결함 105p**

개인정보 및 중요정보의 불필요한 노출(조회, 화면표시, 인쇄, 다운로드 등)을 최소화할 수 있도록 응용프로그램을 구현하여 운영하여야 한다.
- 사례 5 : 응용프로그램의 개인정보 조회화면에서 like 검색을 과도하게 허용하고 있어, 모든 사용자가 본인의 업무 범위를 초과하여 성씨만으로도 전체 고객 정보를 조회할 수 있는 경우

(출처: ISMS-P 인증기준 안내서(2023.11.23))

20번 정답	⬇	④

해설

① 정책 관점에서 보면 사내 설치된 모든 방화벽은 최소권한 정책, 기본 정책을 화이트리스트 정책으로 운영하라고 명시되어 있으므로 정책상에 문제로 보기에는 어렵다.

② 외부 인터넷 백신업데이트 포트는 최신 업데이트를 위해 필수사항으로 볼 수 있으므로 결함으로 판단하기 어렵다.

③ 실제 서버방화벽에 대한 실사가 필요한 부분이므로 현재 인터뷰 상으로는 결함으로 판단할 수 없다(인터뷰상 서버방화벽으로 통제되고 서버접근제어솔루션을 경유하는 것으로 제공되어 있음).

④ 보안시스템 운영지침의 방화벽 운영지침을 보면 모든 방화벽은 최소권한 정책을 준수하고 기본 정책을 화이트리스트 정책을 사용하여 필요한 트래픽만 명시적으로 허용하게 되어있다. #3 Firewall이 신규 도입되었으나 보안O/S에서 설정된 서버 방화벽과, #1, #2 방화벽을 우회하는 트래픽이 발생할 경우, 내부망이 노출될 위험이 있다.
 – 보안정책의 일관성 부족
 – 관리의 복잡성 증가
 – 가시성 부족
 – 보안 허점 발생
결국 신청기관에서는 새로 도입된 #3 Firewall의 역할에 대해서 명확히 정의하여 운영지침에 맞게 방화벽 정책을 설정하고 운영하여야 한다.

⑤ 우회경로가 존재할 경우 확인하려면 F/W에서 통제하지 못하는 부분 즉, 네트워크 구성도상의 내부망 사용자, 개발자 영역 간에 설치된 Switch에 대해서 ACL설정 등을 확인하여야 하므로 제공된 증적으로는 결함으로 판단할 수 없다.

해설

① 신용정보제공·이용자인 금융기관은 신용정보법 제20조의2(개인신용정보의 보유기간 등)에 따라 금융거래 등 상거래관계가 종료된 날부터 3개월 이내 선택적 개인신용정보(대화에서는 비중요 개인신용정보로 표기)를 파기하고, 필수적인 개인신용정보에 대해서는 접근통제 등 안전하게 보호되도록 관리함에 따라 3월에 거래종료가 된 고객의 정보에 대해 5월에 파기 및 접근통제를 적용하는 것은 결함 사항이 아니다.

② 대외채널 현황 중 '오픈뱅킹'이 누락됨에 따라 관련 정보자산의 식별이 안 되어있을 수 있기 때문에 추가 1.2.1 정보자산 식별 인증기준 결함 여부를 관련 추가 조사해보는 것은 바람직하다.

③ 전자금융거래 제공을 위하여 외부 시스템과 연계하는 경우 송·수신되는 관련 정보의 보호를 위한 대책을 수립·이행하고 안전성을 점검하여야 하기 때문에 2.10.4 전자거래 및 핀테크 보안 결함으로 판단될 수 있다.

④ 임시코드가 비활성화 처리 되어있고, 해당 테이블 내 컬럼의 현황관리가 안 되어있다고 보기는 어려워 [2.6.4 데이터베이스 접근]결함으로 판단하기 어려울 수 있다.

⑤ 은행의 계약종료가 된 고객의 중요정보 접근통제가 적용되지 않은 것은 [3.4.1 개인정보 파기] 결함사항이 맞다. 적용하는 것은 결함 사항이 아니다.

참고

"금융기관 ISMS 인증기준 3.4.1 개인정보 파기" 일부 내용

신용정보제공·이용자는 금융거래 등 상거래관계(고용관계는 제외)가 종료된 날부터 3개월 이내 금융거래 등 상거래관계의 설정 및 유지 등에 필수적인 개인신용정보(필수적 개인신용정보)와 필수적이지 않은 개인신용정보로(선택적 개인신용정보)로 구분하여 신용정보주체의 개인신용정보가 안전하게 보호될 수 있도록 관리하여야 한다.

22번 정답 ⬇ ②

해설

ⓒ은 SQL 인젝션 공격을 예방하기 위한 C# – 문자열 치환 예시이다.

파일 업로드 취약점을 위한 일부 확장자만 업로드를 허용하고, 업로드 파일 저장 시 파일명과 확장자를 추측할 수 없도록 치환하여 저장하게 하는 예시는 다음과 같다.

[JAVA – 허용되지 않은 확장자 업로드 제한 예시]

```
<%@ page import="com.oreilly.servlet.MultipartRequest" %>
<%@ page import="com.oreilly.servlet.multipart.DefaultFileRenamePolicy" %>
......
<%
......
MultipartRequest multi
= new MultipartRequest(request,savePath,sizeLimit,"euc-kr",new DefaultFileRenamePolicy());
......
String fileName = multi.getFilesystemName("filename");
if (fileName != null) {
String fileExt = FileName.substring(fileName.lastIndexOf(".")+1).toLowerCase();
if (!"gif".equals(fileExt) && !"jpg".equals(fileExt) && !"png".equals(fileExt)) {
alertMessage("업로드 불가능한 파일입니다.");
return;
}
}
......
sql = " INSERT INTO board(email,r_num,w_date,pwd,content,re_step,re_num,file-
name) "
+ " values ( ?, 0, sysdate(), ?, ?, ?, ?, ? ) ";
PreparedStatement pstmt = con.prepareStatement(sql);
......
Thumbnail.create(savePath+"/"+fileName, savePath+"/"+"s_"+fileName, 150);
......
```

(출처: KISA_웹서버_보안_강화_안내서(2018.6) 13페이지)

해설

금융회사는 클라우드서비스 이용 시 전자금융감독규정 제14조의2(클라우드서비스 이용 절차)를 준수하고 적절한 보안 수준을 확보하여야 한다. 클라우드서비스 이용 절차는 다음과 같다.

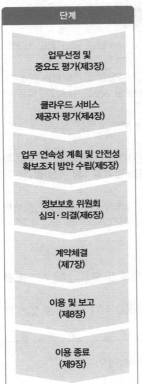
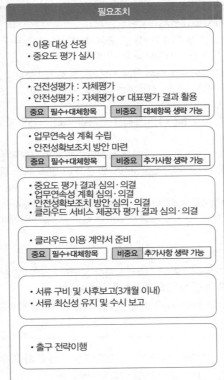

〈금융분야 클라우드컴퓨팅서비스 이용 가이드(금융보안원, 2023.02)〉

ㄴ. 금융회사는 클라우드서비스를 이용하고자 하는 경우 전자금융감독규정 14조의2 제1항 중요도 평가 기준에 따라 클라우드 이용 업무 중요도 평가를 진행해야 하며, 관련 중요도 평가 기준, 평가 방법 및 배점 등의 세부 내용은 각 금융회사가 내부 업무 사정에 따라 수립하여 적용하여야 한다. 중요업무와 비중요업무의 구분 기준이 60점은 아니다.

ㄷ. 건전성 평가의 경우, 금융회사 또는 전자금융업자에서 자체적으로 수행하고, 안전성 평가의 경우, 침해사고대응기관의 대표평가 결과를 공유받는 경우 활용 가능하다.

ㄹ. 전자금융감독규정 제37조의4(침해사고대응기관 지정 및 업무범위 등)에 따라 침해사고대응기관은 금융보안원이다.

ㅁ. 클라우드서비스제공자의 안전성 평가 항목은 필수 항목과 대체 항목이 있으며, 비중요업무인 경우 '대체 항목' 생략이 가능하고, 중요업무인 경우 국내외 클라우드 보안인증 등을 취득·유지하고 있는 클라우드서비스 제공자에 대해 대체 항목을 생략할 수 있다.

ㅂ. 금융회사는 클라우드서비스에 대해 예상치 못한 재해 또는 사고 발생 시 업무 연속성에 미칠 수 있는 영향을 파악하고, 데이터 백업, 재해복구 및 침해사고대응 훈련계획, 출구 전략 등을 포함한 업무 연속성 계획을 수립하고, 보안사고의 예방을 위한 안전성 확보조치 방안을 수립·이행하여야 한다.

ㅇ. 클라우드서비스 이용 계약을 신규로 체결하는 경우, 3개월 이내에 금융감독원장에게 보고하여야 한다.

해설

① 결함을 확인하고 구현 중인 상태라서 1.3.1 보호대책 구현 결함으로 보기 어렵다.

② 결함을 확인하고 구현 중인 상태라서 1.4.1 법적 요구사항 준수 검토 결함으로 보기 어렵다.

〈개인정보의 안전성 확보조치 기준 안내서〉

제16조(공공시스템운영기관의 접근 권한의 관리) ① 공공시스템운영기관은 공공시스템에 대한 접근 권한을 부여, 변경 또는 말소하려는 때에는 인사정보와 연계하여야 한다.

② 공공시스템운영기관은 인사정보에 등록되지 않은 자에게 제5조 제4항에 따른 계정을 발급해서는 안 된다. 다만, 긴급상황 등 불가피한 사유가 있는 경우에는 그러하지 아니하며, 그 사유를 제5조 제3항에 따른 내역에 포함하여야 한다.

③ 공공시스템운영기관은 제5조 제4항에 따른 계정을 발급할 때에는 개인정보 보호 교육을 실시하고, 보안 서약을 받아야 한다.

④ 공공시스템운영기관은 정당한 권한을 가진 개인정보취급자에게만 접근 권한이 부여·관리되고 있는지 확인하기 위하여 제5조 제3항에 따른 접근 권한 부여, 변경 또는 말소 내역 등을 **반기별 1회 이상 점검**하여야 한다.

⑤ 공공시스템에 접속하여 개인정보를 처리하는 기관(이하 "공공시스템이용기관"이라 한다)은 소관 개인정보취급자의 계정 발급 등 접근 권한의 부여·관리를 직접하는 경우 제2항부터 제4항까지의 조치를 하여야 한다.

제17조(공공시스템운영기관의 접속기록의 보관 및 점검)

① 공공시스템 접속기록 등을 자동화된 방식으로 분석하여 불법적인 개인정보 유출 및 오용·남용 **시도를 탐지하고 그 사유를 소명하도록 하는 등 필요한 조치를 하여야 한다.**

② 공공시스템운영기관은 공공시스템이용기관이 소관 개인정보취급자의 접속기록을 직접 점검할 수 있는 기능을 제공하여야 한다.

---

③ 이용자가 아닌 정보주체 정보를 보유하고 있기 때문에 인터넷망 차단 조치 의무대상이 아니다.

④ 공공시스템 접근 권한 관리 점검은 반기별 1회 이상 점검하여야 한다.

⑤ 결함. 서비스 이용에 필수 항목이라고 하여도 민감 정보인 경우에는 수집 동의를 받아야 한다.

해설

① 문화행사를 참석하는 참석자 정보에 1명 이상을 기입하게 되어있으므로 선택 정보가 아닌 필수 정보여야 하므로 개인정보 수집·이용 동의서에 참석자 정보가 [선택정보]로 잘못 안내되어 있으므로 3.1.1 개인정보 수집·이용 결함이 맞다.

② Whirlpool 알고리즘은 512bit의 해시값을 생성하는 안전한 해시 알고리즘으로 비밀번호 보호에 사용하기에 적합하다. 또한 생년월일과 성별 정보에서 생년월일은 주민번호를 이용한 숫자열로 보기 어려우며, 개인정보를 내부망에 저장하는 경우 암호화 대상이 아니므로 개인정보의 저장·관리 현황이 적절하다.

Q9 주민번호 앞자리(생년월일)는 사용 가능한가?
- 주민번호 앞자리의 생년월일은 주민번호의 체계에 따라 생성되는 것이 아니라, 출생신고 시 국민이 공공기관에 신고한 날짜를 토대로 정의되는 숫자 열임
- 따라서, 생년월일은 주민번호를 이용한 숫자열이라 보기 어려우며, 이용자의 동의를 받아 수집·이용 가능

Q10 주민번호 뒷자리만 사용하는 것은 괜찮은가?
- 주민번호의 뒷자리를 수집·이용하여 회원의 유일성과 식별성을 확보하는 것은 주민번호의 체계를 활용하여 주민번호의 고유한 특성을 이용하는 것이므로 주민번호를 수집·이용하는 경우에 해당한다고 볼 수 있음
- 따라서, 법령상 주민번호를 수집할 수 있는 구체적 근거가 없다면 주민번호의 뒷자리를 수집·이용할 수 없음

출저 : 주민등록번호 수집 금지 제도 가이드라인

③ 신청양식은 14세 미만 아동의 참가자인 학부모가 신청하는 것이므로 추가적인 법정대리인의 동의는 필요하지 않다.
④ 촬영하는 영상과 사진이 개인정보로 보기에는 어렵기 때문에 개인정보 흐름도에 작성하지 않아도 된다.
⑤ 문화행사를 위해 수집된 개인정보의 파기일이 개인정보 흐름도와 수집 양식에서의 내용이 다르므로 해당 사항은 현장심사나 인터뷰를 통해 흐름도의 작성이 잘못된 것인지 수집 양식에서 잘못 기입된 것인지 추가적으로 확인한 후 결함에 해당하는 인증기준을 결정할 수 있다.

26번 정답 ①, ③

해설
① 문화행사가 회원을 대상으로 하는 행사라면 회원가입을 요구하는 것은 도서관 운영 정책에 따른 것이므로 문제가 없다.
② 현장에서 문화행사 신청 시 수집하는 정보가 온라인 신청 내용과 동일하더라도 수집 경로가 다르므로 개인정보 흐름도에 작성해야 한다.
③ 문화행사 촬영 영상에 대해서는 사진이나 영상이 개인을 식별하기 위한 용도가 아닌 현장 보고 목적을 위해 촬영한 것이라 개인정보로 보기는 어려우므로 암호화 조치나 파기 대상으로 관리되지 않을 수 있다. 하지만, 내부 관리 지침을 통해 보유기간을 정하고 기간이 지나면 파기하는 것이 좋다.
④ 파기해야 하는 개인정보를 파쇄기를 이용하는 등의 안전한 방법으로 파기하지 않았으므로 3.4.1 개인정보 파기 결함이 더 적합하다.
⑤ 심사원이 보안 체계의 미흡한 점을 찾기 위해 신청기관의 사전 승인 없이 하는 행위는 부적절하다.

27번 정답 ①

해설
① 정보서비스 흐름도를 작성하여 관리하고 있으나, 인터넷 사용 VDI 연결 구간 표시 누락, 자료전송 연결 구간 표시 오기, 서버 접근제어와 DB 접근제어의 표시 누락과 같이 실제 정보서비스 흐름과 상이하고 미흡한 부분이 다수 존재하고 있으므로 "1.2.1 현황 및 흐름분석" 결함으로 판단할 수 있다.
⑤ VDI와 업무 PC간의 자료 전송이 어떻게 이루어지는지 추가 확인이 필요하다(VDI와 업무 PC간의 자료 전송 솔루션을 구축 운영 중인지, VDI로 자료 이동은 아예 차단인지, 자료 전송에 대한 통제 방안이 있는지 등). 해당 증적과 인터뷰 내용으로 판단하였을 때에는 "2.6.7 인터넷 접속 통제" 결함으로 판단하기 어렵다.

28번 정답 ⬇ ⑤

해설

① 결함에 해당하지 않는다. 개인정보처리시스템에 접속하기 위해서 VPN에서 2차 인증을 수행하도록 하고 있다.

② 결함에 해당하지 않는다. 운영 데이터를 시험 데이터로 사용하면서 책임자 승인, 유출 모니터링, 시험 후 데이터 삭제 등의 통제 절차를 잘 수행하고 있다.

③ 결함에 해당하지 않는다.

④ 결함에 해당하지 않는다. VPN 장비는 개인정보처리시스템에 해당하지 않는다.

⑤ 결함(통지 예외 사항에 해당하지 않으며 수집 출처에 알린 기록은 개인정보 파기시까지 보관해야 한다.)

[간접수집 출처 통지 예외]

1. 통지를 요구하는 대상이 되는 개인정보가 제32조 제2항 각 호의 어느 하나에 해당하는 개인 정보파일에 포함되어 있는 경우

2. 통지로 인하여 다른 사람의 생명·신체를 해할 우려가 있거나 다른 사람의 재산과 그 밖의 이익을 부당하게 침해할 우려가 있는 경우

※ 다만, 이 법에 따른 정보주체의 권리보다 명백히 우선하는 경우에 한함

[개인정보 이용·제공 내역 통지 예외]

1. 통지에 대한 거부의사를 표시한 정보주체

2. 개인정보처리자가 업무수행을 위해 그에 소속된 임직원의 개인정보를 처리한 경우 해당 정보주체

3. 개인정보처리자가 업무수행을 위해 다른 공공기관, 법인, 단체의 임직원 또는 개인의 연락처 등의 개인정보를 처리한 경우 해당 정보주체

4. 법률에 특별한 규정이 있거나 법령 상 의무를 준수하기 위하여 이용·제공한 개인정보의 정보주체

5. 공공기관이 법령 등에서 정하는 소관 업무의 수행을 위하여 이용·제공한 개인정보의 정보주체

※ 연락처 등 정보주체에게 통지할 수 있는 개인정보를 수집·보유하지 아니한 경우

29번 정답 ⬇ ⑤

해설

① 확인된 내용만으로 결함으로 보기 어렵다.

② 확인된 내용만으로 결함으로 보기 어렵다.

③ 추가 확인이 필요하다.

④ 시스템 변경 작업 절차 중 삭제 절차를 미이행하여 2.9.1 변경관리 결함으로 볼 수 있다.

⑤ 2.9.1 변경관리 결함으로 판단하기 위해서는 추가 정보가 필요하다. 2.9 7 정보자산의 재사용 및 폐기 결함이 적절하다.

해설

② 정보자산 관리 시 자산을 관리하는 담당자와 책임을 질 수 있는 책임자를 지정하도록 요구하고 있으나, **담당자와 관리자를 동일하게 지정하여 관리하고 있으므로 2.1.3 정보자산 관리 결함**이다.

① 모든 서버는 보안 취약점 점검이 완료된 AMI를 복사하여 사용하고 있으며, 운영되는 서버의 보안 설정 변경 이력을 별도로 점검하고 있기 때문에 취약점 진단 결과에 AMI만 점검하고 있다고 해서 결함이 아니다.

③ 자산관리대장 내 자산 평가에 대한 결과가 있지 않지만 별도 문서로 관리하고 있기 때문에 결함이 아니다.

④ 자산관리대장 내 식별된 직원 중 퇴직자가 존재하나 현행화되지 않은 결함은 2.1.3 정보자산 관리 통제항목이다.

⑤ 보안등급에 따른 취급절차가 존재하지 않은 결함은 2.1.3 정보자산 관리 통제항목이다.

참고

ISMS-P 인증기준 안내서

2.1.3 정보자산 관리

사례1 : 내부 지침에 따라 문서에 보안등급을 표기하도록 되어 있으나, 이를 표시하지 않은 경우

사례2 : 정보자산별 담당자 및 책임자를 식별하지 않았거나, 자산목록 현행화가 미흡하여 퇴직, 전보 등 인사이동이 발생하여 주요 정보자산의 담당자 및 책임자가 변경되었음에도 이를 식별하지 않은 경우

사례3 : 식별된 정보자산에 대한 중요도 평가를 실시하여 보안등급을 부여하고 정보 자산 목록에 기록하고 있으나, 보안등급에 따른 취급절차를 정의하지 않은 경우

해설

① 결함. 수집하는 개인정보 항목을 구체적으로 명시하지 않고 '~ 등'과 같이 포괄적으로 안내하고 있다.

⑤ 결함. 동의를 거부할 권리가 있다는 사실 및 동의 거부에 따른 불이익이 있는 경우 그 불이익의 내용을 고지하지 않고 누락함, 제공받는 자를 특정하지 않고 '전달받아야 하는 모든 주체'로 모호하게 표시하여 동의를 받고 있다.

해설

① ○○여행사는 만 14세 미만 아동에 대한 개인정보를 수집·이용하기 위해서는 법정대리인의 동의를 받아야 한다. **(O)**

법 제22조의2(아동의 개인정보 보호)

① 개인정보처리자는 만 14세 미만 아동의 개인정보를 처리하기 위하여 이 법에 따른 동의를 받아야 할 때에는 그 법정대리인의 동의를 받아야 하며, 법정대리인이 동의하였는지를 확인하여야 한다.

② 이벤트 관련한 개인정보 수집·이용 동의서에 목적을 '이벤트 경품 응모를 위한 경품 추첨 및 발송 등'으로 동의 내용을 불명확하게 기재하여서는 안 된다. (O)

시행령 제17조(동의를 받는 방법)

① 개인정보처리자는 법 제22조에 따라 개인정보의 처리에 대하여 정보주체의 동의를 받을 때에는 다음 각 호의 조건을 모두 충족해야 한다.

1. 정보주체가 자유로운 의사에 따라 동의 여부를 결정할 수 있을 것

2. 동의를 받으려는 내용이 **구체적이고 명확**할 것

3. 그 내용을 쉽게 읽고 이해할 수 있는 문구를 사용할 것

4. 동의 여부를 명확하게 표시할 수 있는 방법을 정보주체에게 제공할 것

③ ○○여행사는 상품의 판매 권유 또는 홍보를 목적으로 개인정보 처리에 대한 동의를 받을 때는 정보주체에게 판매 권유 또는 홍보에 이용된다는 사실을 다른 동의와 구분하여 정보주체가 이를 명확히 인지할 수 있게 알린 후 동의를 받아야 한다. (O)

법 제22조(동의를 받는 방법)

① 개인정보처리자는 이 법에 따른 개인정보의 처리에 대하여 정보주체(제22조의2 제1항에 따른 법정대리인을 포함한다. 이하 이 조에서 같다)의 동의를 받을 때에는 각각의 동의 사항을 구분하여 정보주체가 이를 명확하게 인지할 수 있도록 알리고 동의를 받아야 한다. 이 경우 다음 각 호의 경우에는 동의 사항을 구분하여 각각 동의를 받아야 한다.

7. 재화나 서비스를 홍보하거나 판매를 권유하기 위하여 개인정보의 처리에 대한 동의를 받으려는 경우

④ ○○여행사는 동의 받을 때에는 개인정보의 수집 항목 및 기간은 중요한 내용으로 알아보기 쉽게 명확히 표시하여야 한다. (X)

– **수집 항목은 중요 표시해야 하는 내용이 아니며**, 목적과 기간을 알아보기 쉽게 표시하고 있다.

법 제22조(동의를 받는 방법)

② 개인정보처리자는 제1항의 동의를 서면(「전자문서 및 전자거래 기본법」 제2조제1호에 따른 전자문서를 포함한다)으로 받을 때에는 개인정보의 수집·이용 목적, 수집·이용하려는 개인정보의 항목 등 대통령령으로 정하는 중요한 내용을 **보호위원회가 고시로 정하는 방법에 따라 명확히 표시하여 알아보기 쉽게 하여야 한다.**

영 제17조(동의를 받는 방법) ③ 법 제22조 제2항에서 "대통령령으로 정하는 중요한 내용"이란 다음 각 호의 사항을 말한다.

1. 개인정보의 **수집·이용 목적 중 재화나 서비스의 홍보 또는 판매 권유 등을 위하여** 해당 개인정보를 이용하여 정보주체에게 **연락할 수 있다는 사실**

2. 처리하려는 개인정보의 항목 중 다음 각 목의 사항

   가. 민감정보

   나. 제19조 제2호부터 제4호까지의 규정에 따른 여권번호, 운전면허의 면허번호 및 외국인등록번호

3. **개인정보의 보유 및 이용 기간**(제공 시에는 제공받는 자의 보유 및 이용 기간을 말한다)

4. 개인정보를 제공받는 자 및 개인정보를 제공받는 자의 개인정보 이용 목적

개인정보 처리 방법에 관한 고시 제4조(서면 동의 시 중요한 내용의 표시 방법) 법 제22조 제2항에서 "보호위원회가 고시로 정하는 방법"이란 다음 각 호의 방법을 통해 종이 인쇄물, 컴퓨터 표시화면 등 서면 동의를 요구하는 매체의 특성과 정보주체의 이용환경 등을 고려하여 정보주체가 쉽게 알아볼 수 있도록 표시하는 방법을 말한다.

1. 글씨의 크기, 색깔, 굵기 또는 밑줄 등을 통하여 그 내용이 명확히 표시되도록 할 것

2. 동의 사항이 많아 중요한 내용이 명확히 구분되기 어려운 경우에는 중요한 내용이 쉽게 확인될 수 있도록 그 밖의 내용과 별도로 구분하여 표시할 것

⑤ ○○여행사는 동의 내용을 게재한 인터넷 사이트에 법정대리인이 동의 여부를 표시하도록 하고 법정대리인의 신용카드·직불카드 등의 카드정보를 제공받아 법정대리인이 동의했는지 확인 할 수 있다. (O)

영 제17조의2(아동의 개인정보 보호)

① 개인정보처리자는 법 제22조의2 제1항에 따라 **법정대리인이 동의했는지를 확인하는 경우에는 다음 각 호의 어느 하나에 해당하는 방법으로 해야 한다.**

1. 동의 내용을 게재한 인터넷 사이트에 법정대리인이 동의 여부를 표시하도록 하고 개인정보처리자가 그 동의 표시를 확인했음을 법정대리인의 휴대전화 문자메시지로 알리는 방법
2. **동의 내용을 게재한 인터넷 사이트에 법정대리인이 동의 여부를 표시하도록 하고 법정대리인의 신용카드·직불카드 등의 카드정보를 제공받는 방법**
3. 동의 내용을 게재한 인터넷 사이트에 법정대리인이 동의 여부를 표시하도록 하고 법정대리인의 휴대전화 본인인증 등을 통하여 본인 여부를 확인하는 방법
4. 동의 내용이 적힌 서면을 법정대리인에게 직접 발급하거나 우편 또는 팩스를 통하여 전달하고, 법정대리인이 동의 내용에 대하여 서명날인 후 제출하도록 하는 방법
5. 동의 내용이 적힌 전자우편을 발송하고 법정대리인으로부터 동의의 의사표시가 적힌 전자우편을 전송받는 방법
6. 전화를 통하여 동의 내용을 법정대리인에게 알리고 동의를 받거나 인터넷주소 등 동의 내용을 확인할 수 있는 방법을 안내하고 재차 전화 통화를 통하여 동의를 받는 방법
7. 그 밖에 제1호부터 제6호까지의 규정에 준하는 방법으로서 법정대리인에게 동의 내용을 알리고 동의의 의사표시를 확인하는 방법

33번 정답 ③

해설

③ 2.6.1 네트워크 접근 통제는 주로 네트워크 구성, 서비스, 포트 등에 대한 접근 통제를 다루고 있다. 이는 주로 외부에서 내부 네트워크로의 접근을 제어하는 데 초점을 맞추고 있다.
 – 인증기준 : 네트워크에 대한 비인가 접근을 통제하기 위하여 IP관리, 단말인증 등 관리절차를 수립·이행하고, 업무목적 및 중요도에 따라 네트워크 분리(DMZ, 서버팜, DB존, 개발존 등)와 접근통제를 적용하여야 한다.

2.6.2 정보시스템 접근 통제는 개별 정보시스템에 대한 접근 권한 관리, 인증, 식별 등을 다룬다. NAS는 정보를 저장하는 시스템으로, 이에 대한 접근 통제는 2.6.2에 더 부합한다. 문제에서 언급된 "내부망의 모든 사용자가 접근 가능한 상태"는 NAS라는 특정 정보시스템에 대한 접근 권한 설정의 문제를 나타내고 있다. 이는 네트워크 레벨의 접근 통제보다는 정보시스템 레벨의 접근 통제 문제에 해당한다.
 – 인증기준 : 서버, 네트워크시스템 등 정보시스템에 접근을 허용하는 사용자, 접근제한 방식, 안전한 접근수단 등을 정의하여 통제하여야 한다.

34번 정답 ④, ⑤

해설

① 개인정보 보호책임자가 고정형 영상정보처리기기 관리책임자의 업무를 수행하고 있어 결함이다. (X)

「표준 개인정보 보호지침」 제37조(관리책임자의 지정)

① 고정형영상정보처리기기운영자는 개인영상정보의 처리에 관한 업무를 총괄해서 책임질 관리책임자를 지정하여야 한다.

③ 법 제31조에 따른 **개인정보 보호책임자는 관리책임자의 업무를 수행할 수 있다.**

② 고정형 영상정보처리기기 운영·관리 방침에 고정형 영상정보처리기기 설치 및 관리 등의 위탁에 관한 사항이 명시되어 있지 않아 결함이다. (X)

「개인정보보호법 시행령」 제25조(고정형 영상정보처리기기 운영·관리 방침)

① 고정형영상정보처리기기운영자는 법 제25조 제7항에 따라 다음 각 호의 사항이 포함된 고정형 영상정보처리기기 운영·관리 방침을 마련해야 한다.

    1. 고정형 영상정보처리기기의 설치 근거 및 설치 목적
    2. 고정형 영상정보처리기기의 설치 대수, 설치 위치 및 촬영 범위
    3. 관리책임자, 담당 부서 및 영상정보에 대한 접근 권한이 있는 사람
    4. 영상정보의 촬영시간, 보관기간, 보관장소 및 처리방법
    5. 고정형영상정보처리기기운영자의 영상정보 확인 방법 및 장소
    6. 정보주체의 영상정보 열람 등 요구에 대한 조치
    7. 영상정보 보호를 위한 기술적·관리적 및 물리적 조치
    8. 그 밖에 고정형 영상정보처리기기의 설치·운영 및 관리에 필요한 사항

「공공기관 고정형 영상정보처리기기 설치·운영 가이드라인」 P.36 예시에서 위탁한 경우에는 운영·관리 방침에 포함할 수 있으므로 결함 아님

③ 표준 개인정보 보호지침에 영상정보 30일 보관하도록 되어있는데 90일 보관하는 것은 결함이다. (X)

「표준 개인정보 보호지침」 제41조(보관 및 파기)

② 고정형영상정보처리기기운영자가 그 사정에 따라 보유 목적의 달성을 위한 **최소한의 기간을 산정하기 곤란한 때에는 보관 기간을 개인영상정보 수집 후 30일 이내로 한다.**

「공공기관 고정형 영상정보처리기기 설치·운영 가이드라인」 P.25

> **Q.** 영상정보의 보관기간은 반드시 30일 이내로 정해야 하는지?
>
> **A.** 반드시 30일 이내로 하여야 하는 것은 아니다. CCTV 설치 목적 등 해당 기관의 특성에 따라 보관 목적 달성을 위해 필요한 최소한의 기간이 30일을 초과하는 경우에는 이를 CCTV 운영·관리 방침에 반영하고 그 기간동안 보관할 수 있다. 다만, 다른 법령에 보관기간이 정해져 있는 경우에는 그에 따라야 한다.

④ 영상정보처리기기에 한시적으로 녹음 기능을 부여하여 운영하는 것은 결함이다. (O)

「개인정보보호법」 제25조(고정형 영상정보처리기기의 설치·운영 제한)

⑤ 고정형영상정보처리기기운영자는 고정형 영상정보처리기기의 설치 목적과 다른 목적으로 고정형 영상정보처리기기를 임의로 조작하거나 다른 곳을 비춰서는 아니 되며, 녹음기능은 사용할 수 없다.

개인정보보호위원회, 【2023 「개인정보 보호법」 표준 해석례('23.7) P.21】

> **(문의)** 영상정보처리기기에 한시적으로 음성 녹음을 하여도 되는지?
>
> **(답변)** 공개된 장소에서 영상정보처리기기를 통하여 녹음하는 행위는 한시적이라 하더라도 보호법 제25조에 위반됨

⑤ 고정형 영상정보처리기기 운영·관리에 관한 사항을 개인정보처리방침에 포함하지 않고 운영·관리 방침을 별도로 마련한 것은 결함이 아니다. (O)

「개인정보보호법」 제25조(고정형 영상정보처리기기 운영·관리 방침)

⑦ 고정형영상정보처리기기운영자는 대통령령으로 정하는 바에 따라 **고정형 영상정보처리기기 운영·관리 방침을 마련하여야 한다.** 다만, 제30조에 따른 개인정보 처리방침을 정할 때 고정형 영상정보처리기기 운영·관리에 관한 사항을 포함시킨 경우에는 고정형영상정보처리기기 운영·관리 방침을 마련하지 아니할 수 있다.

35번 정답 ⬇ ①

[해설]

① 2.5.1. 사용자 계정 관리

인터뷰 1, 2, 3에서 도출된 문제점의 근본 원인으로 사용자 계정관리가 적절하지 않다.

– 인터뷰 1 : 30일 이상 미접속하였음에도 비활성화되지 않은 육아휴직자 계정이 발견되었다.

– 인터뷰 2 : 서브관리자 계정이 1년 이상 사용되지 않았으나 비활성화되지 않은 문제점이 발견되었다.

– 인터뷰 3 : 홈페이지 관리자의 계정 24개가 동일한 권한을 갖고 있는 문제점이 발견되었다.

종합적으로 사용자 계정관리가 적절하게 이루어지지 않아 발생한 문제점이다.

36번 정답 ⬇ ①, ④

[해설]

① 심사원은 동의서에 명확히 표시하여 알아보기 쉽게 고지하여야 할 사항이 명확하게 표시되지 않아 3.1.1 개인 정보 수집·이용 결함이라고 판단하였다.

– 보유·이용기간은 명확하게 표시하여야 함

– 개인정보의 수집·이용 목적 중 재화나 서비스의 홍보 또는 판매 권유 등을 위하여 해당 개인정보를 이용하여 정보주체에게 연락할 수 있다는 사실도 명확하게 표시하여야 함

② 심사원은 개인정보 수집·이용 동의 시 필수 동의와 선택 동의를 구분하지 않고 동의 받도록 되어 있어 3.1.1 개 인정보수집·이용 결함이라고 판단하였다.

– 필수 동의와 선택 동의는 구분하였음

③ 심사원은 개인정보 수집·이용 동의 시 거부할 권리가 있다는 사실 및 동의 거부에 따른 불이익의 내용을 알리 고 있으나, 동의 여부를 선택할 수 없어 3.1.1 개인정보 수집·이용 결함이라고 판단하였다.

– 동의 거부권을 고지하였고 동의 여부를 선택할 수 있음

④ 심사원은 개인정보 수집·이용 동의 시 필수 동의와 선택 동의를 구분하였으나 배송지 정보(수령인, 휴대폰 번 호, 주소)에 대한 동의 여부를 체크할 수 없어 3.1.1 개인정보 수집·이용 결함이라고 판단하였다.

– 약관에 의한 동의를 받고 있음

⑤ 심사원은 개인정보 수집·이용 동의 시 마케팅 활용에 대해 다른 목적으로 수집하는 정보와 구분하지 않고 포괄 동의를 받고 있어서 3.1.2 개인정보 수집 제한 결함이라고 판단하였다.

– 마케팅 활용에 대해 구분하여 동의를 받고 있음

3.1.1 개인정보 수집·이용

개인정보는 적법하고 정당하게 수집·이용하여야 하며, 정보주체의 동의를 근거로 수집하는 경우에는 적법한 방 법으로 정보주체의 동의를 받아야 한다. 또한 만 14세 미만 아동의 개인정보를 수집하는 경우에는 그 법정대리 인의 동의를 받아야 하며 법정대리인이 동의하였는지를 확인하여야 한다.

3.1.2 개인정보 수집제한

개인정보를 수집하는 경우 처리 목적에 필요한 최소한의 개인정보만을 수집하여야 하며, 정보주체가 선택적으 로 동의할 수 있는 사항 등에 동의하지 아니한다는 이유로 정보주체에게 재화 또는 서비스의 제공을 거부하지 않아야 한다.

개인정보 보호법 제22조(동의를 받는 방법) ① 개인정보처리자는 이 법에 따른 개인정보의 처리에 대하여 정보주체(제22조의2 제1항에 따른 법정대리인을 포함한다. 이하 이 조에서 같다)의 동의를 받을 때에는 각각의 동의 사항을 구분하여 정보주체가 이를 명확하게 인지할 수 있도록 알리고 동의를 받아야 한다. 이 경우 다음 각 호의 경우에는 동의 사항을 구분하여 **각각 동의**를 받아야 한다.

1. 제15조 제1항 제1호에 따라 동의를 받는 경우 (수집이용)
2. 제17조 제1항 제1호에 따라 동의를 받는 경우 (개인정보의 제공)
3. 제18조 제2항 제1호에 따라 동의를 받는 경우 (개인정보 목적외이용,제3자제공)
4. 제19조 제1호에 따라 동의를 받는 경우 (제공받은자의 제공이용)
5. 제23조 제1항 제1호에 따라 동의를 받는 경우 (민감정보처리제한)
6. 제24조 제1항 제1호에 따라 동의를 받는 경우 (고유식별정보처리제한)
7. **재화나 서비스를 홍보하거나 판매를 권유하기 위하여 개인정보의 처리에 대한 동의를 받으려는 경우**
8. 그 밖에 정보주체를 보호하기 위하여 동의 사항을 구분하여 동의를 받아야 할 필요가 있는 경우로서 대통령령으로 정하는 경우

② 개인정보처리자는 제1항의 동의를 서면(「전자문서 및 전자거래 기본법」 제2조 제1호에 따른 전자문서를 포함한다)으로 받을 때에는 개인정보의 수집·이용 목적, 수집·이용하려는 개인정보의 항목 등 대통령령으로 정하는 중요한 내용을 보호위원회가 고시로 정하는 방법에 따라 **명확히 표시하여 알아보기 쉽게** 하여야 한다.

대통령령으로 정하는 중요한 내용

1. 재화나 서비스의 홍보 또는 판매 권유 등을 위하여 해당 개인정보를 이용하여 정보주체에게 연락할 수 있다는 사실
2. 민감정보
3. 여권번호, 운전면허의 면허번호 및 외국인등록번호
4. 개인정보의 보유 및 이용 기간(제공 시에는 제공받는 자의 보유 및 이용 기간을 말한다)
5. 개인정보를 제공받는 자 및 개인정보를 제공받는 자의 개인정보 이용 목적

명확히 표시하여 알아보기 쉽게 하는 방법 (개인정보 처리 방법에 관한 고시 제4조)

1. **글씨의 크기, 색깔, 굵기 또는 밑줄** 등을 통하여 그 내용이 명확히 표시되도록 할 것
2. 동의 사항이 많아 중요한 내용이 명확히 구분되기 어려운 경우에는 중요한 내용이 쉽게 확인될 수 있도록 그 밖의 **내용과 별도로 구분**하여 표시할 것

개인정보 질의응답 모음집 p72

개인정보를 수집하는 경우 목적과 항목 등을 구체적으로 밝히고, 약관과는 별도로 설명하여 자발적인 의사에 따라 동의 여부를 결정하도록 하여야 함

37번 정답 ②, ④

해설

Name	

?url=/mypage/apply_list.php
default.css
scroll.css
animate.css
main.css
bttn.css
slick.css
dropdown.css
sub.css
mCustomScrollbar.css
popup_modal.css
jquery-3.3.1.min.js
main_slider.js
slick.min.js
slick.js
faq.js
sticky.js
scroll.js
ModalPopup.js
popupcookiefunc.js
mobile_aside.css
ic_link_wh.png
main_course01.png
main_course01.png

96 requests   54.4 kB transferred

× Headers Payload Preview Response Initiator Timing Cookies

▼ General

Request URL: https://   kr/?url=/mypage/apply_list.php
Request Method: GET
Status Code: ● 200 OK
Remote Address: 133.111.3.1
Referrer Policy: strict-origin-when-cross-origin

▼ Response Headers   ☐ Raw

Cache-Control: no-cashe
Content-Type: text/html; charset=UTF-8
Date: Wed, 08 Jan 2025 17:39:12 GMT
Expires: Mon, 26 Jul 1997 05:00:00 GMT
Pragma: no-cashe
Server: Apache/2.4.6 (CentOS) OpenSSL/1.0.2k-fips PHP/5.4.16
Transfer-Encoding: chunked
X-Powered-By: PHP/5.4.16

▼ Request Headers   ☐ Raw

Accept: text/html,application/xhtml+xml,application/xml;q=0.9,image/avif,image/webp,image/apng,*/*;q=0.8,appl
Accept-Encoding: gzip, deflate, br, zstd
Accept-Language: ko-KR,ko;q=0.9,en-US;q=0.8,en;q=0.7
Connection: keep-alive
Cookie: _ga_G04M4YYDD2=GS1.1.1720405288.1.1.1720405338.0.0.0; ch-veil-id=6abe261a-15cb-4465-8c9f-9ccccc
                        _ga_L8FQ2KH2KC=GS1.3.1731239397.1.1.1731239455.0.0.0; _ga_WMC4LQFJR8=GS1.1.1731239457.1.1.173

인터넷으로 회원가입을 받고 있는 누리집(=홈페이지)의 회원가입 신청 화면이다.

① 수집하는 개인정보 항목과 동의서의 개인정보 항목이 상이하여 3.1.1 개인정보 수집·이용 결함으로 판단하였다.

② 수집하는 개인정보 항목과 동의서의 개인정보 항목이 상이하여 3.1.2 개인정보 수집 제한 결함으로 판단하였다.

   → **수집하는 개인정보 항목과 동의서의 개인정보 항목이 상이한 결함은 3.1.1 개인정보 수집·이용 결함이다.**

③ 수집하는 개인정보 항목의 필수, 선택이 구분되어 있지 않아 3.1.2 개인정보 수집 제한 결함으로 판단하였다.

④ 소스보기 화면에서 REMOTE ADDRESS가 노출되어 있어 2.6.6 원격접근통제 결함으로 판단하였다.

   → **서버 정보 노출은 2.10.3 공개서버보안 결함이다.**

⑤ 소스보기 화면에서 서버정보가 노출되어 있어 2.10.3 공개서버보안 결함으로 판단하였다.

2.10.3 공개서버 보안

외부 네트워크에 공개되는 서버의 경우 내부 네트워크와 분리하고 취약점 점검, 접근통제, 인증, 정보 수집·저장·공개 절차 등 강화된 보호대책을 수립·이행하여야 한다.

■ 웹 서버 등 공개서버를 운영하는 경우 이에 대한 보호대책을 수립·이행하여야 한다.

■ 공개서버는 내부 네트워크와 분리된 DMZ영역에 설치하고 침입차단시스템 등 보안시스템을 통하여 보호하여야 한다.

■ 공개서버에 개인정보 및 중요정보를 게시하거나 저장하여야 할 경우 책임자 승인 등 허가 및 게시절차를 수립·이행하여야 한다.

38번 정답 ③

해설

③ DRM에 대한 설명이다. 스테가노그래피는 악성 데이터를 이미지 파일에 숨긴 후 실행 시 이미지 연산을 통해 악성코드를 활성화하는 방식이다.

39번 정답 📥 ①, ⑤

해설

① 2.8.4 시험 데이터 보안

[ISMS-P 인증기준 안내서(2023.11)]

2.8.4 시험 데이터 보안

사례 4 : 실 운영데이터를 테스트 용도로 사용한 후 테스트가 완료되었음에도 실 운영데이터를 테스트 데이터베이스에서 삭제하지 않은 경우

3.4.1 개인정보 파기

사례 1 : 회원 탈퇴 등 목적이 달성되거나 보유기간이 경과된 경우 회원 데이터베이스에서는 해당 개인정보를 파기하였으나, CRM·DW 등 연계된 개인정보처리시스템에 복제되어 저장되어 있는 개인정보를 파기하지 않은 경우

사례 3 : 콜센터에서 수집되는 민원처리 관련 개인정보(상담이력, 녹취 등)를 전자상거래법을 근거로 3년간 보존하고 있으나, 3년이 경과한 후에도 파기하지 않고 보관하고 있는 경우

사례 4 : 블록체인 등 기술적 특성으로 인하여 목적이 달성된 개인정보의 완전 파기가 어려워 완전파기 대신 익명처리를 하였으나, 익명처리가 적절하게 수행되지 않아 일부 개인정보의 재식별 등 복원이 가능한 경우

⑤ 3.4.2 처리목적 달성 후 보유 시 조치

[ISMS-P 인증 결함 조치 사례(2024.01) P.135]

3.4.2 처리목적 달성 후 보유 시 조치

CASE 1 : 중견기업 A사 전자상거래법에 따른 소비자 불만 및 분쟁처리에 관한 기록에 대해 3년이 아닌 5년간 보존하고 있는 경우

40번 정답 📥 ③

해설

② 국외에서 국내 정보주체의 개인정보를 직접 수집하여 처리하는 경우에는 국외이전 국가명만 고지하면 된다.

구분	국외에서 국내 정보주체의 개인정보를 직접 수집하여 처리하는 경우	개인정보를 국외로 이전하는 경우
영 제31조 제1항 제2호		• 국외 이전 법적 근거 • 이전되는 개인정보 항목 • 개인정보가 이전되는 국가, 시기, 방법 • 개인정보를 이전받는 자의 성명 • 개인정보를 이전받는 자의 개인정보 이용 목적 및 보유·이용기간 • 개인정보의 이전을 거부하는 방법, 절차 및 거부의 효과
영 제31조 제1항 제4호	• 개인정보를 처리하는 **국가명**	

출처 : 개인정보_보호법_및_시행령_2차_개정사항_안내서(24.3.15.시행).pdf (P.43)

③ 추가적으로 이용 또는 제공하는 것이 지속적으로 발생하는 경우에는, 관련 내용(제공받는 자, 개인정보 항목, 이용·제공 목적, 제공받는 자의 보유 및 이용기간 등)을 시행령 제14조의2 제1항 각 호에 따른 추가적인 이용 및 **제공하기 위한 고려사항에 따른 판단기준과 함께 구체적으로 기재하여야 함**

[작성 예시]

추가적인 이용·제공 판단기준

① 〈개인정보처리자명〉은(는) 「개인정보 보호법」 제15조 제3항 또는 제17조 제4항에 따라 「개인정보 보호법」 시행령 제14조의2에 따른 사항을 고려하여 정보주체의 동의 없이 개인정보를 추가적으로 이용·제공할 수 있습니다.

제공받는 자	제공항목	이용 목적	보유 및 이용기간
중개 서비스에 가입한 택시 사업자	택시 중개서비스 제공	연락처, 위치정보	택시 서비스 이용 종료 시까지

② 이에 따라 〈개인정보처리자명〉은(는) 정보주체의 동의 없이 추가적인 이용·제공을 하기 위해서 다음과 같은 사항을 고려하였습니다.

▶ 제공하는 개인정보의 당초 수집 목적인 '택시 중개 서비스 제공' 목적을 위한 것으로 수집 목적과 관련성이 있습니다.

▶ 정보주체는 서비스 계약 과정에서 중개 서비스 특성 상 개인정보의 제공이 있을 수 있음을 예측 가능합니다.

※ 위 작성 예시는 단순 예시에 불과하며, 개인정보 처리자가 운영하는 서비스의 특성, 실제 처리 현황 등에 따라 작성 내용이 다를 수 있으므로, 각자의 상황에 맞게 개인정보 처리방침을 수립하여야 함

출처 : 0430–개인정보처리방침 작성지침('24.4).pdf, P.47, 개인정보보호위원회

⬇ ③

해설

③ 영업·판매 등 사업성이 없고, 정보통신망법 제45조의3 제4항 각 호의 계열사 업무를 수행하는 경우 정보보호 최고책임자의 업무에 포함되는 것으로 판단한다.

정보보호 최고책임자의 직무 관련 질의·답변

질의	답변
• 인프라(서버, 네트워크) 운영·관리업무가 정보보호 업무에 포함되는지?	• 정보보안의 차원에서 운영·관리하는 서버·네트워크 관련 업무는 정보보호 업무에 해당
• 프로그램 개발업무가 정보보호 업무에 포함되는지?	• 자체 보안 프로그램 개발 업무 등은 정보보호 업무에 해당되나, 일반 프로그램 개발업무는 정보보호 업무에 미해당
• **보안서비스 사업**이 정보보호 업무에 포함되는지?	• **기업 내부의 정보보호 서비스는 정보보호 업무에 해당되나, 다른 기업에 대한 보안서비스 사업은 정보보호 업무에 미해당**
• **계열사에 대한 정보보호 지원 업무**가 정보보호 업무에 포함되는지?	• **영업·판매 등 사업성이 없고, 「정보통신망법」 제45조의3 제4항 각 호의 업무를 수행하는 경우,** 다른 회사에 대한 정보보호 지원 업무는 **정보보호 업무에 포함되는 것으로 판단됨**

출처 : 정보보호 최고책임자_지정신고제도_안내서.pdf (P.21), KISA, 2021.12

42번 정답 ⬇ ④

해설

중요 정보보호 활동 (위험평가, 위험수용수준 결정, 정보보호대책 및 이행계획 검토, 정보보호 대책 이행결과 검토, 보안감사 등)을 수행하면서 관련 활동 보고, 승인 등 의사결정에 경영진 또는 경영진의 권한을 위임받은 자가 참여하지 않았거나 관련 증거자료가 확인되지 않은 경우 결함 사항에 해당한다. CIO, CISO 등 실질적인 의사결정을 할 수 있는 책임자가 주도할 수 있도록 비상대책반에 CIO, CISO 등이 포함되어야 한다.

43번 정답 ⬇ ④

해설

(라) 정보활용 동의등급은 「신용정보의 이용 및 보호에 관한 법률」 제34조의3(정보활용 동의등급)에 따른 신용정보제공·이용자에 해당하는 것으로 일반 개인정보처리자는 의무사항이 아니며, 눈속임 설계(다크패턴)에 해당하지 않는다.

참고

대 취약 분야 개인정보 처리 실태점검 결과 (개인정보보호위원회, 2024. 1. 11.)

[단계별 프라이버시 다크패턴 유형(종합)]

가입 단계	포괄 동의 또는 동의 간주	이용약관·처리방침 등을 통해 수집·이용 관련 일괄 동의 또는 회원 가입 시 별도 절차 없이 동의 간주
	부적절한 기본설정	개인정보 공유·맞춤형 광고 허용 등을 기본값으로 미리 설정(미인지로 수정 못하면 그대로 확정)
	오해 유도 문구 사용	가입 등의 문구 대신 즐기러 가기·계속하기·다음 등 불명확하거나 일회성 이용처럼 보이는 문구를 사용해 개인정보 수집·이용 동의 확보
	현저히 균형감을 잃은 표현 및 가독성 저해	선택 동의 사항임에도 과도하게 강조하거나 가독성을 낮게 해 부지불식간에 동의 유도
	정보 숨김(감추기)	처리 관련 정보를 제공하지 않거나, 화면상 보여지는 동의 외 숨겨진 동의가 있는 경우(아래로 스크롤해야 확인 가능 등)
이용 단계	개인정보 사후관리 불가 (개인정보 확인·수정 곤란)	대시보드 등을 통해 이용자 본인이 제공·공유키로 한 개인정보를 확인하거나 수정할 수 있는 기능 부재
	선택 동의 추가 강요 (일부 사실상 강제)	가입 완료 이후 추가적 정보 수집·이용에 동의 강요(미동의 시 앱(서비스) 이용 제한)
	지속·반복적 동의 요구	동의 거부 시 앱(서비스) 이용 단계에서도 지속·반복적으로 수집·이용 동의 요청 알림
	맞춤형 광고를 위한 쿠키 강요	웹(서비스) 이용 중 쿠키 수집에 대한 선택지로 '수락'만 있고 '거부'나 '부분 허용' 등은 없는 경우
탈퇴 단계	탈퇴 방해(해지 방어)	앱(서비스) 이용 해지나 회원 탈퇴를 어렵게 하거나 해당 기능 자체를 미제공
	감정에 호소	이용자의 자율적 선택권을 제약하는 감정적 이모티콘·표현 등 사용

44번 정답 📥 ①, ②

해설

① 개인정보 국외 이전 시 개인정보 처리방침에 **"근거"**와 **"고지사항"**만 기재하면 됨

[국외이전 법적근거]
- 정보주체의 별도 동의 받은 경우
- 법률, 조약 등에 특별한 규정이 있는 경우
- 정보주체와의 계약 체결/이행을 위한 경우
- 이전받는 자가 개인정보 보호 인증을 받은 경우
- 이전받는 국가가 개인정보 보호법과 동일한 개인정보 보호 수준을 갖춘 경우

[고지사항]
- 이전되는 개인정보 항목
- 개인정보가 이전되는 국가, 시기, 방법
- 개인정보를 이전받는 자의 개인정보 이용 목적 및 보유·이용기간
- 개인정보의 이전을 거부하는 방법, 절치 및 거부의 효과

② 주어진 세 가지 이외에 **아래 두 가지 근거가 신설되었음**
- 이전받는 자가 개인정보 보호 인증을 받은 경우
- 이전받는 국가가 개인정보 보호법과 동일한 개인정보 보호 수준을 갖춘 경우
출처 : 개인정보 보호법 시행령 제31조

⑤ 영업양도 등을 통하여 개인정보가 국외 이전 되는 경우 제27조만이 적용되는 것인지 또는 제28조의8 또한 적용되는 것인지?

> 입법취지·목적을 고려하면 법 제27조가 법 제28조의8의 특례라고 볼 사정이 없어, 국외 이전이 수반되는 양도·합병의 경우 제28조의8이 배제되지 않아 **법 제27조, 법 제28조의8 모두 적용됨**. 따라서, 양도 시점에 양도자가 국외 양수자에게 직접 개인정보를 이전하는 경우에는 양도자가 국외의 제3자에게 제공하는 형태로 국외 이전에 해당할 수 있음

출처 : 개인정보 처리 통합 안내서(안)(2024.12).pdf, P.142, 개인정보보호위원회

45번 정답 ③

해설

③ 신용정보제공·이용자가 다른 신용정보제공·이용자 또는 개인신용평가회사, 개인사업자 신용평가회사, 기업신용조회회사와 서로 신용정보를 제공하는 경우 신용정보 보안관리대책을 포함한 계약을 체결하여야 한다. 해당 약정서에는 "전담 관리자 지정"에 관한 사항이 누락되어 있다. 예시 조항내용으로 **"을'은 '갑'으로부터 제공받은 고객 개인(신용)정보에 대한 전담관리책임자를 지정하여 '갑'에게 통보하여야 한다." 이런 형식의 내용이 들어가는 것이 옳다.**

① 개인(신용)정보보호 처리에 관한 업무를 총괄하여 책임질 최고책임자를 공식적으로 지정여부를 확인하는 기준으로 본 약정서의 결함으로 판단되는 인증기준은 아니다.
② 관리체계 범위 내에서 발생하고 있는 업무 위탁 및 외부 시설·서비스의 이용 현황을 식별하고 있는지를 확인하는 기준으로 본 약정서의 결함으로 판단되기에는 약간 거리가 있다.
④ 개인(신용)정보를 제3자에게 제공 시 동의, 보호대책 수립·이행 여부 등을 전반적인 것을 확인하는 인증기준이다. 관련성이 약간 존재하는 인증기준이긴 하나 문제에서는 약정서의 내용이 적절하게 구성되어 있는지를 묻는 것으로써 가장 결함으로 적절한 인증기준은 2.3.2 외부자 계약 시 보안이다.
⑤ 개인(신용)정보 제3자 제공에 관한 사항이므로 본 약정서의 결함으로 판단되는 인증기준은 아니다.

참고

신용정보업감독규정 [별표 4] , 금융권에 적합한 정보보호및 개인정보보호 관리체계 인증기준 점검항목(2023.12)
2.3.2 외부자 계약 시 보안
- **신용정보제공·이용자 간 신용정보를 제공하는 경우**
가. 제공되는 신용정보의 범위 및 제공·이용 목적
나. 제공된 신용정보의 업무목적 외 사용 및 제3자 앞 제공 금지에 관한 사항
다. 제공된 신용정보의 이용자 제한 및 전담 관리자 지정에 관한 사항
라. 신용정보제공·이용자간 신용정보 송·수신시 정보유출 방지에 관한 사항
마. 신용정보의 사용·보관 기간 및 동 기간 경과 후 신용정보의 폐기·반납에 관한 사항
바. 가목부터 마목까지 위반한 경우의 책임소재 및 제재에 관한 사항

46번 정답 ⬇ ①, ③

해설

개인정보의 안전성 확보조치 기준 안내서 (2024.10)

① 공공시스템운영기관의 내부관리계획 수립(적절한 판단임)

　공공시스템운영기관은 공공시스템의 운영 및 안전성 확보에 필요한 영 제30조 제1항 제1호에 따른 사항(이하 '안전조치 방안')을 **공공시스템별로 내부 관리계획을 수립·시행하여야 한다.**

　– 공공시스템별로 내부 관리계획을 수립하여야 하므로, 영 30조에 따른 기관 내부 관리계획과 별도로 구분하여 공공시스템 각각 내부 관리계획을 수립할 수 있고, **기관 내부관리계획 내 별지 형식으로 '안전조치 방안'을 수립할 수 있다.**

　– 또한, 하나의 기관이 여러 개의 공공시스템을 운영하는 경우 시스템을 비슷한 유형으로 묶어 '유형별 안전조치 방안'을 수립할 수 있다.

② 공공시스템운영기관의 관리책임자 지정(결함이 아니다. 적절하지 않은 판단임)

　공공시스템운영기관은 영 제30조의2 제4항에 따른 관리책임자를 공공시스템 각각에 대하여 지정하여야 하며, 이 기준 제15조 제1호에 따른 관리책임자는 해당 공공시스템을 총괄하여 관리하는 부서의 장으로 지정하여야 한다.

　– 다만, **해당 공공시스템을 총괄하여 관리하는 부서가 없을 때에는 개인정보 안전조치 업무와의 관련성 및 수행 능력 등을 고려하여 해당 공공시스템운영기관의 관련 부서의 장 중에서 관리책임자를 지정**하여야 한다.

③ 공공시스템운영협의체 설치 및 운영(결함이 맞다. 적절한 판단)

　(영 제30조의2 제5항) 공공시스템운영기관은 공공시스템의 안전성 확보 조치 이행상황 점검 및 개선에 관한 사항을 협의하기 위하여 다음 각 호의 기관으로 구성되는 **공공시스템운영협의회를 공공시스템별로 설치·운영해야 한다.** 다만, 하나의 공공기관이 2개 이상의 공공시스템을 운영하는 경우에는 공공시스템운영협의회를 통합하여 설치·운영할 수 있다.

1. 공공시스템운영기관
2. 공공시스템의 운영을 위탁하는 경우 해당 수탁자
3. 공공시스템운영기관이 필요하다고 인정하는 공공시스템이용기관

※ 협의회 구성 예시

시스템 유형	주관기관	협의회 참여기관
단일접속	주관부처	기관 CPO, 시스템별 관리책임자, 주요 수탁기관 및 이용부서 등
표준배포	개발·배포부처	17개 시·도(교육청) CPO, 시스템별 관리책임자로 구성 (시·도는 산하기관에 협의회 논의 결과 전파 및 지도·감독)
개별	주관부처	**기관 CPO, 시스템별 관리책임자, 주요 수탁기관 및 이용부서 등**

공공시스템운영기관에서 운영하여야 하는 공공시스템운영협의회의 설치와 관련하여서는 인증기준 "1.1.3 조직구성"의 주요 확인사항으로 정보보호 최고책임자 및 개인정보 보호책임자의 업무를 지원하고 조직의 정보보호 및 개인정보보호 활동을 체계적으로 이행하기 위하여 전문성을 갖춘 실무조직을 구성하여 운영하고 있는가? 내용과 연계하여 고려해 봤을 때 OO공사의 개인정보보호 활동 중 하나인 공공시스템운영을 내부관리계획에 따라 체계적으로 이행하기 위한 전문성을 갖춘 실무조직(관리책임자, 주요 수탁기관 등)을 구성하여 공공시스템운영협의회를 구성하였다고 보기 어려우므로 1.1.3 조직구성 결함으로 판단할 수 있다.

④ 접근권한 검토 주기(결함이 아니다. 적절하지 않은 판단임)

제16조(공공시스템운영기관의 접근 권한의 관리) ④ 공공시스템운영기관은 정당한 권한을 가진 개인정보취급자에게만 접근 권한이 부여·관리되고 있는지 확인하기 위하여 제5조제3항에 따른 접근 권한 부여, 변경 또는 말소 내역 등을 **반기별 1회 이상 점검**하여야 한다.

⑤ 개인정보 보호책임자 자격 (결함이 아니다. 적절하지 않은 판단임)

제32조(개인정보 보호책임자의 업무 및 지정요건 등) ④ 다음 각 호의 어느 하나에 해당하는 개인정보처리자(공공기관의 경우에는 제2조제2호부터 제5호까지에 해당하는 경우로 한정한다)는 제3항 각 호의 구분에 따른 사람 중 **별표 1에서 정하는 요건을 갖춘 사람을 개인정보 보호책임자로 지정해야 한다.**

1. 연간 매출액등이 1,500억 원 이상인 자로서 다음 각 목의 어느 하나에 해당하는 자(제2조 제5호에 따른 각급 학교 및 「의료법」 제3조에 따른 의료기관은 제외한다)

   가. 5만 명 이상의 정보주체에 관하여 민감정보 또는 고유식별정보를 처리하는 자

   나. 100만 명 이상의 정보주체에 관하여 개인정보를 처리하는 자

2. 직전 연도 12월 31일 기준으로 재학생 수(대학원 재학생 수를 포함한다)가 2만명 이상인 「고등교육법」 제2조에 따른 학교

3. 「의료법」 제3조의4에 따른 상급종합병원

4. 공공시스템운영기관

(개인정보 보호법 시행령 [별표 1]) 개인정보 보호책임자로 지정되는 사람은 **개인정보보호 경력, 정보보호 경력, 정보기술 경력을 합하여 총 4년 이상** 보유하고, 그 중 **개인정보보호 경력을 최소 2년 이상 보유**해야 한다.

47번 정답 ②

해설

가. 직전 사업연도 말 기준 자산 총액이 5조원 이상이거나, 정보보호 관리체계(ISMS) 인증의무 대상자 중 직전 사업연도 말 기준 자산총액이 5천억 원 이상인 정보통신서비스 제공자는 정보보호 최고책임자 겸직 금지 대상이다. A 게임사는 직전 사업연도 말 기준 자산 총액이 5백억 원이므로 겸직 금지 대상이 아니다.

나. 자본금이 1억 원 이하인 정보통신서비스 제공자는 사업주 또는 대표자를 정보보호 최고책임자로 지정하여야 하며, 신고 의무 대상이 아니다. B 업체 대표가 본인을 CISO로 지정하고 신고를 하였다고 해서 문제가 되지 않는다.

다. 시도 및 시도 교육청이 개인정보 보호책임자를 지정하는 경우 3급 이상 공무원 또는 그에 상당하는 공무원으로 지정하여야 한다. 경기도 교육청의 공무원 C는 4급 공무원이므로 개인정보 보호책임자 지정 기준에 맞지 않는다.

라. 정보보호 최고책임자는 정보보호 공시에 관한 업무, 정보통신기반 보호법에 따른 정보보호책임자의 업무, 전자금융거래법에 따른 정보보호최고책임자의 업무, 개인정보 보호법에 따른 개인정보 보호책임자의 업무 등을 겸직할 수 있다. 개인정보 보호 계획의 수립, 개인정보 처리 실태 점검, 정보보호 교육 계획 수립 및 시행 업무는 개인정보보호법에 따른 개인정보보호책임자의 수행 업무이므로 금융회사 D의 정보보호 최고책임자의 업무 수행은 문제가 되지 않는다.

48번 정답 ⑤

해설

① 개인정보가 유출된 사실을 알게 된 경우에는 **72시간 이내**에 해당 정보주체에게 개인정보 유출**통지**를 이행하여야 한다.

② 단 1명의 개인정보라 할지라도 유출되는 경우에는 통지하여야 한다.

③ 해커 검거를 통해 유출된 개인정보를 회수하기 위해 경찰청으로부터 필요한 최소한의 기간동안 유출 통지 보류를 요청받은 경우에는 개인정보보호위원회에 유출 신고 후 협의하여야 하고 사유를 소명하여야 한다.

④ 유추 통지를 진행할 경우, 연락처가 없는 경우에는 홈페이지를 통해 **30일 이상 게시**하여야 한다.

⑤ 유출 등을 신고하여야 하는 사항 중, 구체적인 내용이 확인되지 않은 경우에는 그 때까지 확인된 내용을 중심으로 우선 신고하고, 추가로 확인되는 내용은 확인되는 즉시 신고하여야 한다.

49번 정답 ②

해설

구분	A기관	B기관
(가) 정보보호 공시 의무 대상	**대상아님**	**대상아님**
(나) 개인신용정보의 관리 및 보호 실태 상시평가 대상	**대상아님**	**대상아님**
(다) 개인정보의 보호수준 평가 의무 대상	공공기관	공공기관
(라) ISMS인증 의무 대상	일평균 100만 명 이상	**대상아님**
(마) 개인정보영향평가 의무 대상	100만 명 이상의 정보주체에 관한 개인정보파일	**대상아님**
(바) 개인정보처리방침 평가 대상	매출액이 1,500억 원 이상이면서 정보주체의 수가 100만 명 이상	**대상아님**

(가) 공공기관인 A, B기관은 둘다 의무대상 아님

▶ 정보보호 공시(「정보보호산업의 진흥에 관한 법률」 제13조, 영 제8조)
　□ 공시 의무 대상

사업 분야	회선설비 보유 기간통신사업자(ISP) – 전기통신사업법 제6조제1항 집적정보통신시설 사업자(IDC) – 정보통신망법 제46조 상급종합병원 클라우드컴퓨팅 서비스 제공자(IaaS) – 클라우드컴퓨팅법 시행령 제3조제1호
매출액	CISO 지정·신고해야하는 유가증권 및 코스닥시장 상장법인 중 직전 사업연도의 매출액 3,000억 원 이상
이용자수	정보통신서비스 일일평균 이용자 수 100만 명 이상(전년도말 직전 3개월 간)

□ 공시 예외 대상

공공기관	공기업 및 준정부기관 등
소기업	평균매출액 120억 원 이하 기업 – 업종별 매출액 기준 상이. 정보통신업은 50억 이하
금융회사	은행, 보험, 카드 등 금융회사
일부 전자금융업자	정보통신업 or 도·소매업을 주된 사업으로 하지 않는 전자금융업자

(나) 신용정보의 이용 및 보호에 관한 법률 제45조의5 제1항에서 "대통령령으로 정하는 신용정보회사등"이 대상이므로 **A기관, B기관은 둘다 의무대상 아님**

(다) **공공기관인 A기관, B기관 모두 보호수준 평가 의무 대상임**
  ▶ 개인정보의 보호수준 평가 의무 대상(개인정보보호법 제33조제1항, § 영 제35조)
  법 제11조의2(개인정보 보호수준 평가)
  ① 보호위원회는 공공기관 중 중앙행정기관 및 그 소속기관, 지방자치단체, 그 밖에 **대통령령으로 정하는 기관**을 대상으로 매년 개인정보 보호 정책·업무의 수행 및 이 법에 따른 의무의 준수 여부 등을 평가(이하 "개인정보 보호수준 평가")하여야 한다.
  영 제13조의2(개인정보의 보호수준 평가의 대상 · 기준 · 방법 · 절차 등)
  ① 법 제11조의2 제1항의 "그 밖에 대통령령으로 정하는 기관"이란 다음 각 호의 기관을 말한다.
  1. **「공공기관의 운영에 관한 법률」 제4조에 따른 공공기관**
  2. 「지방공기업법」에 따른 지방공사와 지방공단
  3. 그 밖에 제2조 제4호 및 제5호에 따른 공공기관 중 공공기관의 개인정보 처리 업무의 특성 등을 고려하여 보호위원회가 고시하는 기준에 해당하는 기관

(라) **A기관은 일평균 이용자 수 100만 명 이상으로 대상이나, B기관은 대상 아님**
  ▶ ISMS 인증 의무 대상 (정보통신망법 제47조, 영 제49조)

ISP	주요 정보통신서비스 제공자
IDC	집적정보통신시설 사업자
매출 또는 세입액	전년도 매출액 또는 세입이 1,500억 원 이상인 자로서 대통령령으로 정하는 기준에 해당하는 자 다음 각 목의 어느 하나에 해당하는 자 가. 「의료법」 제3조의4에 따른 상급종합병원 나. 직전연도 12월 31일 기준으로 재학생 수가 1만 명 이상인 「고등교육법」 제2조에 따른 학교
정보통신서비스 매출액	정보통신서비스 부문 전년도(법인인 경우에는 전 사업연도를 말한다) 매출액이 100억 원 이상인 자. 다만, 「전자금융거래법」 제2조 제3호에 따른 금융회사는 제외
이용자수	전년도 말 기준 직전 3개월간의 일일평균 이용자 수가 100만 명 이상인 자. 다만, 「전자금융거래법」 제2조 제3호에 따른 금융회사는 제외

(마) 공공기관인 A기관은 100만 명 이상의 정보주체에 관한 개인정보파일 처리로 대상이나, B기관은 대상이 아님

▶ 개인정보 영향평가 대상(법 제33조제1항, 영 제35조)

법 제33조(개인정보 영향평가)

① 공공기관의 장은 대통령령으로 정하는 기준에 해당하는 개인정보파일의 운용으로 인하여 정보주체의 개인 정보침해가 우려되는 경우에는 그 위험요인의 분석과 개선 사항 도출을 위한 평가(이하 "영향평가")를 하고 그 결과를 보호위원회에 제출하여야 한다.

영 제35조(개인정보 영향평가의 대상) 법 제33조 제1항에서 "대통령령으로 정하는 기준에 해당하는 개인정보파일"이란 개인정보를 전자적으로 처리할 수 있는 개인정보파일로서 다음 각 호의 어느 하나에 해당하는 개인 정보파일을 말한다.

1. 구축·운용 또는 변경하려는 개인정보파일로서 5만 명 이상의 정보주체에 관한 민감정보 또는 고유식별정보의 처리가 수반되는 개인정보파일

2. 구축·운용하고 있는 개인정보파일을 해당 공공기관 내부 또는 외부에서 구축·운용하고 있는 다른 개인정보파일과 연계하려는 경우로서 연계 결과 50만 명 이상의 정보주체에 관한 개인정보가 포함되는 개인정보파일

3. 구축·운용 또는 변경하려는 개인정보파일로서 100만 명 이상의 정보주체에 관한 개인정보파일

4. 법 제33조 제1항에 따른 개인정보 영향평가를 받은 후에 개인정보 검색체계 등 개인정보파일의 운용체계를 변경하려는 경우 그 개인정보파일. 이 경우 영향평가 대상은 변경된 부분으로 한정한다.

(바) 공공기관인 A기관은 매출액이 1,500억 원 이상이면서 정보주체의 수가 100만명 이상으로 대상이나, B기관은 대상이 아님

▶ 개인정보처리방침 평가 대상

법 제30조의2(개인정보 처리방침의 평가 및 개선권고)

② 개인정보 처리방침의 평가 대상, 기준 및 절차 등에 필요한 사항은 대통령령으로 정한다.

영 제31조의2(개인정보 처리방침의 평가 대상 및 절차)

⑤ 제1항부터 제4항 외에 개인정보 처리방침 평가를 위한 세부적인 대상 선정 기준과 절차는 보호위원회가 정하여 고시한다.

개인정보 처리방침 평가에 관한 고시 (제2024-3호, 2024. 2. 20일 시행)

제4조(평가 대상) ① 영 제31조의2 제1항에 따른 개인정보 처리방침의 평가 대상은 다음 각 호의 사항을 종합적으로 고려하여 처리방침 평가가 필요하다고 보호위원회가 심의·의결한 자로 한다.

1. **전년도**(법인의 경우에는 전 사업연도를 말하며, 이하 이 조에서 같다)**의 매출액이 1,500억 원 이상이면서** 전년도 말 기준 직전 3개월간 그 개인정보가 저장·관리되고 있는 **정보주체의 수가 일일평균 100만 명 이상일 것**

2. 전년도 말 기준 직전 3개월간 민감정보 또는 고유식별정보가 저장·관리되고 있는 정보주체의 수가 일일평균 5만 명(업무수행을 위해 처리되는 그에 소속된 임직원의 민감정보나 고유식별정보는 제외한다) 이상일 것

3. 개인정보 처리방침에 법 제22조 제3항에 따라 정보주체의 동의 없이 처리할 수 있는 개인정보의 항목과 처리의 법적 근거를 정보주체의 동의를 받아 처리하는 개인정보와 구분하고 있지 않을 것

4. 법 제37조의2에 따라 완전히 자동화된 시스템(인공지능 기술을 적용한 시스템을 포함)으로 개인정보를 처리하거나, 그 밖에 새로운 기술을 이용한 개인정보 처리 방식으로 인하여 개인정보 침해 발생 우려가 있을 것

5. 최근 3년 간 다음 각 목의 어느 하나에 해당할 것

   가. 2회 이상 법 제34조에 따른 개인정보 유출 등이 되었을 것
   나. 법 제62조의2에 따른 과징금을 부과 받았을 것
   다. 법 제75조에 따른 과태료를 부과 받았을 것

6. 19세 미만 아동 또는 청소년을 주된 이용자로 하는 「정보통신망 이용촉진 및 정보보호 등에 관한 법률」 제2조 제2호에 따른 정보통신서비스를 운영할 것

해설

① 유출된 정보확인을 위해 본인인증을 활용할 수 있다. 다만 본인을 확인하고 전송구간 암호화 미조치로 인하여 추가적으로 개인정보 유출이 발생할 위험성이 존재하므로 주민등록번호 등 유출된 정보를 재활용하지 않도록 하고 전송구간 암호화 조치(보안서버 구축 등)를 반드시 이행하여야 한다.

② **고유식별정보(여권번호)와 민감정보 유출 시에는 단 한 건이라도 신고**하여야 한다.

④ 해커 검거를 통해 유출된 개인정보를 회수하기 위해 경찰청으로부터 필요한 최소한의 기간 동안 유출 통지 보류를 요청받은 경우에도 개인정보보호위원회에 유출 신고 후 협의하여야 하고 사유를 소명하여야 한다.

⑤ **신용정보법 대상의 경우에도 개인신용정보가 아닌 개인정보의 유출 등에는 개인정보 보호법의 적용**을 받기 때문에 신용정보회사도 1천 건 이상의 개인정보 유출 등은 신고해야 한다.

제 __ 회 ISMS-P 실전 모의고사

ISMS-P 검정 대비 답안지

번호	1	2	3	4	5		번호	1	2	3	4	5		번호	1	2	3	4	5		번호	1	2	3	4	5
1	①	②	③	④	⑤		16	①	②	③	④	⑤		31	①	②	③	④	⑤		46	①	②	③	④	⑤
2	①	②	③	④	⑤		17	①	②	③	④	⑤		32	①	②	③	④	⑤		47	①	②	③	④	⑤
3	①	②	③	④	⑤		18	①	②	③	④	⑤		33	①	②	③	④	⑤		48	①	②	③	④	⑤
4	①	②	③	④	⑤		19	①	②	③	④	⑤		34	①	②	③	④	⑤		49	①	②	③	④	⑤
5	①	②	③	④	⑤		20	①	②	③	④	⑤		35	①	②	③	④	⑤		50	①	②	③	④	⑤
6	①	②	③	④	⑤		21	①	②	③	④	⑤		36	①	②	③	④	⑤							
7	①	②	③	④	⑤		22	①	②	③	④	⑤		37	①	②	③	④	⑤							
8	①	②	③	④	⑤		23	①	②	③	④	⑤		38	①	②	③	④	⑤							
9	①	②	③	④	⑤		24	①	②	③	④	⑤		39	①	②	③	④	⑤							
10	①	②	③	④	⑤		25	①	②	③	④	⑤		40	①	②	③	④	⑤							
11	①	②	③	④	⑤		26	①	②	③	④	⑤		41	①	②	③	④	⑤							
12	①	②	③	④	⑤		27	①	②	③	④	⑤		42	①	②	③	④	⑤							
13	①	②	③	④	⑤		28	①	②	③	④	⑤		43	①	②	③	④	⑤							
14	①	②	③	④	⑤		29	①	②	③	④	⑤		44	①	②	③	④	⑤							
15	①	②	③	④	⑤		30	①	②	③	④	⑤		45	①	②	③	④	⑤							

확인

필적 확인란

본인은 ISMS-P 인증심사원
자격검정 시험에 응시함에
있어 일체의 부정행위를 하
지 않을 것을 서약합니다.

-------- (서명)

성명

수험번호

⓪	①	②	③	④	⑤	⑥	⑦	⑧	⑨
⓪	①	②	③	④	⑤	⑥	⑦	⑧	⑨
⓪	①	②	③	④	⑤	⑥	⑦	⑧	⑨
⓪	①	②	③	④	⑤	⑥	⑦	⑧	⑨

문제 유형

형
__

① A형
② B형

제 _ 회 ISMS-P 실전 모의고사

성명

확인

문제유형	
0안	—
A안	①
B안	②

수험번호

⓪	①	②	③	④	⑤	⑥	⑦	⑧	⑨
⓪	①	②	③	④	⑤	⑥	⑦	⑧	⑨
⓪	①	②	③	④	⑤	⑥	⑦	⑧	⑨
⓪	①	②	③	④	⑤	⑥	⑦	⑧	⑨

ISMS-P 검정 대비 답안지

번호	①	②	③	④	⑤
1	①	②	③	④	⑤
2	①	②	③	④	⑤
3	①	②	③	④	⑤
4	①	②	③	④	⑤
5	①	②	③	④	⑤
6	①	②	③	④	⑤
7	①	②	③	④	⑤
8	①	②	③	④	⑤
9	①	②	③	④	⑤
10	①	②	③	④	⑤
11	①	②	③	④	⑤
12	①	②	③	④	⑤
13	①	②	③	④	⑤
14	①	②	③	④	⑤
15	①	②	③	④	⑤
16	①	②	③	④	⑤
17	①	②	③	④	⑤
18	①	②	③	④	⑤
19	①	②	③	④	⑤
20	①	②	③	④	⑤
21	①	②	③	④	⑤
22	①	②	③	④	⑤
23	①	②	③	④	⑤
24	①	②	③	④	⑤
25	①	②	③	④	⑤
26	①	②	③	④	⑤
27	①	②	③	④	⑤
28	①	②	③	④	⑤
29	①	②	③	④	⑤
30	①	②	③	④	⑤
31	①	②	③	④	⑤
32	①	②	③	④	⑤
33	①	②	③	④	⑤
34	①	②	③	④	⑤
35	①	②	③	④	⑤
36	①	②	③	④	⑤
37	①	②	③	④	⑤
38	①	②	③	④	⑤
39	①	②	③	④	⑤
40	①	②	③	④	⑤
41	①	②	③	④	⑤
42	①	②	③	④	⑤
43	①	②	③	④	⑤
44	①	②	③	④	⑤
45	①	②	③	④	⑤
46	①	②	③	④	⑤
47	①	②	③	④	⑤
48	①	②	③	④	⑤
49	①	②	③	④	⑤
50	①	②	③	④	⑤

확인

필적 확인란

본인은 ISMS-P 인증심사원 자격검정 시험에 응시함에 있어 일체의 부정행위를 하지 않을 것을 서약합니다.

___ (서명)